Die Wirksamkeit einer Forderungsübertragung gegenüber Dritten vor dem Hintergrund der internationalen Forderungsfinanzierung

Studien zum Europäischen und Internationalen Wirtschaftsrecht

Studies in European and International Economic Law

Herausgegeben von/eds.
Peter Hay, Meinhard Hilf, Herbert Kronke, Wolfgang Oehler

Band/Volume 18

PETER LANG
Frankfurt am Main · Berlin · Bern · Bruxelles · New York · Oxford · Wien

Stephan Bode

Die Wirksamkeit einer Forderungsübertragung gegenüber Dritten vor dem Hintergrund der internationalen Forderungsfinanzierung

PETER LANG
Europäischer Verlag der Wissenschaften

Bibliografische Information der Deutschen Nationalbibliothek
Die Deutsche Nationalbibliothek verzeichnet diese Publikation in der Deutschen Nationalbibliografie; detaillierte bibliografische Daten sind im Internet über <http://www.d-nb.de> abrufbar.

Zugl.: Heidelberg, Univ., Diss., 2006

D 16
ISSN 0941-3650
ISBN 978-3-631- 56017-4

Europäischer Verlag der Wissenschaften
Frankfurt am Main 2007

www.peterlang.de

Vorwort

Die Arbeit entstand zwischen September 1999 und November 2002 am Institut für ausländisches und internationales Privat- und Wirtschaftsrecht der Ruprecht-Karls-Universität Heidelberg. Den Mitarbeitern und Kollegen des Instituts bin ich für die freundliche Aufnahme und Unterstützung sehr dankbar.

Die Arbeit wurde gefördert durch Stipendien der Deutschen Forschungsgemeinschaft im Rahmen des Graduiertenkollegs „Unternehmensorganisation und unternehmerisches Handeln nach deutschem, europäischem und internationalem Recht" und des Landes Baden-Württemberg nach Maßgabe des Landesgraduiertenförderungsgesetzes. Für diese Unterstützung bedanke ich mich an dieser Stelle.

Die Gutachten erstatteten Prof. Dr. Dr. h.c. Herbert Kronke und Prof. Dr. Thomas Pfeiffer.

Die Arbeit befindet sich auf dem Stand November 2002.

Stephan Bode

Inhaltsübersicht

Dritter Teil

Die Wirksamkeit einer Forderungsübertragung gegenüber Dritten: Vereinheitlichung des Kollisionsrechts

Inhaltsverzeichnis

Zweiter Teil

Die Wirksamkeit einer Forderungsübertragung gegenüber Dritten: Vereinheitlichung des materiellen Rechts

Abkürzungsverzeichnis

A. C.	The Law Reports, Appeal Cases
A. J. C. L.	The American Journal of Comparative Law
All. E. R.	The All England Law Reports
App. Cas.	The Law Reports, Appeal Cases (1875–1890)
B. C. C.	British Company Cases
Bull. civ.	Bulletin des arrêts de la cour de cassation, chambres civiles
C. B.	Common Bench (in: English Reports, Band 135–139)
C. L. C.	Commercial Law Cases
Cass. ass. plén.	Cour de cassation, assemblée plénière
Cass. civ.	Cour de cassation, chambre civile
Cass. com.	Cour de cassation, chambre commerciale
Ch. D.	The Law Reports, Chancery Division (1875–1890)
Ch.	The Law Reports, Chancery Division
Chron.	Chronique
CISG	United Nations Convention on Contracts for the International Sale of Goods vom 11. 4. 1980
Cl. & F.	Clark & Finnelly (in: English Reports, Band 6–8)
D. S.	Receuil Dalloz Sirey
D. P.	Dalloz, Receuil périodique et critique de jurisprudence, de législation et de doctrine
Dick. L. Rev.	Dickinson Law Review
Duke J. Comp. Int. L.	Duke Journal of Comparative and International Law
E. L. R.	European Law Review
EuGVO	Verordnung (EG) Nr. 44/2001 über die gerichtliche Zuständigkeit und Anerkennung und Vollstreckung von Entscheidungen in Zivil- und Handelssachen vom 22. 12. 2002.
EuInsVO	Verordnung (EG) Nr. 1346/2000 über Insolvenzverfahren vom 29. 5. 2000
EVÜ	Europäisches Übereinkommen über das auf vertragliche Schuldverhältnisse anwendbare Recht vom 19. 6. 1980
Fasc.	Faszikel
FLF	Finanzierung, Leasing, Factoring
H. L. C.	House of Lords Cases (in: English Reports, Band 9–11)
I. C. L. Q.	International and Comparative Law Quarterly
InsO	Insolvenzordnung
Int. Enc. Comp. L.	International Encyclopedia of Comparative Law
J. O.	Journal officiel

J. B. L.	The Journal of Business Law
J. C. P.	Juris-Classeur périodique
J.	Judge
J.-Cl. civ.	Juris-Classeur civil
J.-Cl. int.	Juris-Classeur de droit international privé français
K. B.	The Law Reports, King's Bench Division
Kay	Kay (in : English Reports, Band 69)
L. C.	Lord Chancellor
L. J.	Lord Justice
L. Q. R.	The Law Quarterly Review
L. R. Ex.	The Law Reports, Exchequer Cases
L. G. D. J.	Librairie Générale de Droit et de Jurisprudence
Lloyd's M. C. L. Q.	Lloyd's Maritime and Commercial Law Quarterly
M. J. I. L.	Melbourne Journal of International Law
M. R.	Master of the Rolls
MünchKomm	Münchener Kommentar zum Bürgerlichen Gesetzbuch
N. J.	Nederlandse Jurisprudentie
NBW	Nieuw Burgerlijk Wetboek
O. J. L. S.	Oxford Journal of Legal Studies
Q. B. D.	The Law Reports, Queens Bench Disivion (1875–1890)
Q. B.	The Law Reports, Queen's Bench Division
Rdnr.	Randnummer
Rép. civ.	Répertoire de droit civil
Rép. com.	Répertoire de droit commerciale
Rép. int.	Répertoire de droit international
Rev. crit. dr. int. privé	Revue critique de droit international privé
Rev. trim. dr. civ.	Revue trimestrielle de droit civil
Rev. trim. dr. com.	Revue trimestrielle de droit commercial et de droit économique
Russ.	Russell (in: English Reports, Band 38)
s.	section
SI	Statutory Instruments
Slg.	Sammlung der Rechtsprechung des Gerichtshofs der Europäischen Gemeinschaften
Somm.	Sommaires commentés
Swan.	Swanston (in: English Reports, Band 36)
T. R.	Term Reports (in: English Reports, Band 99–101)
Tulane J. Int. Comp. L.	Tulane Journal of International and Comparative Law
U. Pa. J. Int. Econ. L.	University of Pennsylvania Journal of International Economic Law
Unif. L. Rev.	Uniform Law Review
W. L. R.	The Weekly Law Reports

ZEuP	Zeitschrift für Europäisches Privatrecht
ZVglRWiss	Zeitschrift für Vergleichende Rechtswissenschaft

Zu allen übrigen Abkürzungen *Kirchner,* Abkürzungsverzeichnis der Rechtssprache, Berlin: de Gruyter, 4. Auflage, 1993.

Aufgabenstellung

Als Grundlage zahlreicher Finanzierungstechniken spielen Forderungsübertragungen im internationalen Handelsverkehr eine wichtige Rolle. Ihre rechtlichen Rahmenbedingungen sind von entscheidender Bedeutung.[1] Sie ergeben sich in erster Linie aus den sach- und kollisionsrechtlichen Vorschriften der nationalen Rechtsordnungen. Zwischen den einschlägigen Vorschriften bestehen jedoch erhebliche Unterschiede, die zu Rechtsunsicherheit führen. In einigen Rechtsordnungen fehlen moderne, umfassende oder überhaupt jegliche Regelungen.[2]

Um die sich daraus ergebenden Hindernisse für den internationalen Handelsverkehr zu überwinden, hat die United Nations Commission on International Trade Law (UNCITRAL) nach mehreren vorbereitenden Berichten ihres Sekretariats[3] eine Arbeitsgruppe mit der Ausarbeitung einheitlicher Regeln für die internationale Übertragung von Forderungen beauftragt.[4]

Die Arbeitsgruppe hat ihre Arbeit im November 1995 aufgenommen und in acht Sitzungen[5] einen Konventionsentwurf erstellt, den sie der Kommission auf deren 33. Sitzung im Jahr 2000 vorgelegt hat.[6] Diese hat den Entwurf nach einer nochmaligen Überarbeitung durch die Arbeitsgruppe[7] auf ihrer 34. Sitzung im Jahr 2001 gebilligt und an die UN-Vollversammlung weitergeleitet.[8] Dort wurde die Konvention über die Forderungsübertragung im internationalen Handelsverkehr am 12. Dezember 2001 angenommen und zur Unterzeichnung aufgelegt.[9] Sie wurde bislang lediglich von Luxemburg unterzeichnet.[10]

Die Präambel der Konvention hebt die Bedeutung der Forderungsübertragung für den internationalen Handelsverkehr hervor und betont die Notwendigkeit einer internationalen Harmonisierung ihrer rechtlichen Rahmenbedingungen:

---

[1] *Oditah*, Receivables Financing, S. 1 f.

[2] *Bazinas*, in: Die Forderungsabtretung, insbesondere zur Kreditsicherung, in ausländischen Rechtsordnungen, 99, 101 ff.

[3] A/CN.9/378/Add. 3; A/CN.9/397; A/CN.9/412. Die wichtigsten Dokumente zur Entstehungsgeschichte der UN-Konvention über die Forderungsübertragung im internationalen Handelsverkehr sind in Anhang 2 nachgewiesen.

[4] A/50/17 (Bericht der Kommission), Rdnr. 379.

[5] Über jede dieser Sitzungen liegt ein Bericht der Arbeitsgruppe vor. Sie sind in Anhang 2 nachgewiesen.

[6] A/CN.9/466 (Bericht der Arbeitsgruppe), Rdnr. 19.

[7] A/CN.9/486 (Bericht der Arbeitsgruppe), Rdnr. 1.

[8] A/56/17 (Bericht der Kommission), Rdnr. 198 f.

[9] A/RES/56/81 (Resolution der Vollversammlung).

[10] Nachweise auf der Internetseite www.uncitral.org unter der Rubrik „Status of texts".

The Contracting States,

[...]

Considering that problems created by uncertainties as to the content and the choice of legal regime applicable to the assignment of receivables constitute an obstacle to international trade,

Desiring to establish principles and to adopt rules relating to the assignment of receivables that would create certainty and transparency and promote the modernization of the law relating to assignments of receivables, while protecting existing assignment practices and facilitating the development of new practices,

[...]

Being of the opinion that the adoption of uniform rules governing the assignment of receivables would promote the availability of capital and credit at more affordable rates and thus facilitate the development of international trade,

Have agreed as follows

Zu den rechtlichen Rahmenbedingungen internationaler Forderungsübertragungen gehören auch die Voraussetzungen, unter denen eine Forderungsübertragung Dritten entgegengehalten werden kann. Sowohl in den nationalen Rechtsordnungen als auch in der UN-Konvention sind hierzu Regelungen enthalten. Sie sind Gegenstand dieser Arbeit.

Die sachrechtlichen Lösungsansätze des deutschen, englischen und französischen Rechts werden im zweiten Teil der Arbeit rechtsvergleichend gegenübergestellt und daraufhin untersucht, inwieweit sie den Anforderungen der Praxis entsprechen und damit als Ausgangspunkt einer internationalen Harmonisierung in Betracht kommen. Auf dieser Grundlage können die sachrechtlichen Vorschriften der UN-Konvention bewertet werden.

Gegenstand des dritten Teils der Arbeit sind die Regelungen des Internationalen Privatrechts. Aus ihnen ergibt sich, welches nationale Sachrecht in einem internationalen Sachverhalt auf die Wirksamkeit einer Forderungsübertragung gegenüber Dritten Anwendung findet. Die einschlägige Kollisionsregel ist sowohl für das deutsche als auch für das englische und französische Recht ausgehend von dem Europäischen Übereinkommen über das auf vertragliche Schuldverhältnisse anwendbare Recht (EVÜ)[11] zu ermitteln. Für dessen Auslegung wird mit der Darstellung des deutschen, englischen und französischen Sachrechts im zweiten Teil der Arbeit eine Grundlage gelegt. Der Anknüpfungsregel des geltenden Rechts wird die entsprechende Regelung der UN-Konvention gegenübergestellt. Dabei zeigt sich, ob sie geeignet ist, die kollisionsrechtlichen Rahmenbedingungen internationaler Forderungsübertragungen zu verbessern.

[11] ABl. EG 1980 L 266.

Weder die sach- und kollisionsrechtlichen Vorschriften der nationalen Rechtsordnungen noch die Regelungen der UN-Konvention können jedoch sachgerecht beurteilt werden, ohne die Anforderungen der Praxis als Maßstab heranzuziehen. Daher wird im ersten Teil der Arbeit zunächst die internationale Forderungsfinanzierung als wirtschaftlich wichtiger Anwendungsbereich für internationale Forderungsübertragungen dargestellt.

Erster Teil

Die Praxis der internationalen Forderungsfinanzierung

I. Einleitung

Die internationale Forderungsfinanzierung ist ein wirtschaftlich wichtiger Anwendungsbereich für die internationale Übertragung von Forderungen. Dies zeigt sich nicht zuletzt daran, daß die UN-Konvention über die Forderungsübertragung im internationalen Handelsverkehr mit dem Ziel erarbeitet wurde, die internationale Forderungsfinanzierung zu erleichtern. So lautete der ursprünglich vorgesehene Titel des Übereinkommens *Convention on Assignment in Receivables Financing*. Zwar hat sich die Kommission schließlich gegen eine Erwähnung der Forderungsfinanzierung in Titel und Präambel des Übereinkommens entschieden,[1] um Mißverständnisse im Hinblick auf dessen über reine Finanzierungsgeschäfte hinausgehenden Anwendungsbereich zu vermeiden.[2] Aber aus den Materialien zur Entstehungsgeschichte der Konvention geht deutlich hervor, daß die internationale Forderungsfinanzierung den entscheidenden wirtschaftlichen Hintergrund des Übereinkommens bildet.[3]

Den wirtschaftlichen Hintergrund rechtlicher Fragestellungen im Auge zu behalten, ist auf dem Gebiet des Wirtschaftsprivatrechts in besonderem Maße erforderlich. Denn hier müssen die rechtlichen Rahmenbedingungen weniger dogmatischen Ansprüchen, als vielmehr den Bedürfnissen der Praxis entsprechen. Diese bilden den entscheidenden Maßstab für die Bewertung des geltenden Rechts.[4] Gerade auf internationaler Ebene kann eine Modernisierung des Wirtschaftsprivatrechts nur dann Erfolg haben, wenn sie die *„legitimate concerns and expectations of the business community"* als Ausgangspunkt nimmt.[5]

Die sach- und kollisionsrechtlichen Regelungen der nationalen Rechtsordnungen können daher nur beurteilt werden, wenn sie an den Anforderungen der Praxis gemessen werden. Nur auf dieser Grundlage läßt sich auch die Frage beantworten, ob die Vorschriften der UN-Konvention geeignet sind,

---

[1] A/55/17 (Bericht der Kommission), Rdnr. 181. Ein entsprechender Vorschlag wurde bereits während der 30. Sitzung der Arbeitsgruppe in die Diskussion eingebracht (A/CN.9/456 (Bericht der Arbeitsgruppe), Rdnr. 61).

[2] A/55/17 (Bericht der Kommission), Rdnr. 181. Siehe auch die Begründung in A/CN.9/456 (Bericht der Arbeitsgruppe), Rdnr. 58.

[3] A/CN.9/489 (Kommentierung des Sekretariats), Rdnr. 4: "The focus of the draft Convention is on financing practices".

[4] *Kronke*, JZ 2001, 1149, 1155.

[5] *Goode*, Unif. L. Rev. 1998, 453, 461: "The dictates of doctrine should give way to the realities and needs of business life. [The] task in the preparation of commercial law instruments is to provide rules which meet the legitimate concerns and expectations of the business community." Vgl. *Kronke*, JZ 2001, 453, 461; *ders.*, FS Henrich, 385, 386 ff.

die rechtlichen Rahmenbedingungen internationaler Forderungsübertragungen zu verbessern und dadurch internationale Forderungsfinanzierungen zu erleichtern. Daher muß zunächst geklärt werden, was unter dem Begriff der internationalen Forderungsfinanzierung zu verstehen ist (II.). Aus der Darstellung ihrer wichtigsten Erscheinungsformen (III.) ergeben sich die Anforderungen der Praxis an ihre rechtlichen Rahmenbedingungen (IV.).

II. Begriff der internationalen Forderungsfinanzierung

Die charakteristischen Merkmale der internationalen Forderungsfinanzierung können den Begriffen Finanzierung (1.), Forderungsfinanzierung (2.) und Internationalität (3.) zugeordnet werden.

1. Finanzierung

Internationale Forderungsfinanzierungen sind Rechtsgeschäfte, die eine Finanzierungsfunktion erfüllen. Sie dienen der Beschaffung zusätzlichen Kapitals.[6]

2. Forderungsfinanzierung

Wann ein Finanzierungsgeschäft als Forderungsfinanzierung bezeichnet werden kann, ergibt sich aus dem Begriff selbst. Das Verhältnis seiner beiden Bestandteile „Forderung" und „Finanzierung" erschließt sich jedoch nicht ohne weiteres: Die Forderung kann sowohl Mittel als auch Zweck der Finanzierung sein.[7]

Forderungsfinanzierung im Sinne der zweiten Alternative wäre jedes Finanzierungsgeschäft, bei dem das zusätzliche Kapital dem Erwerb von Forderungen dienen soll. Da aber jede unternehmerische Tätigkeit auf die Erlangung einer Gegenleistung und damit auf den Erwerb von Forderungen gerichtet ist, wäre die Forderungsfinanzierung nichts anderes als die allgemeine Unternehmensfinanzierung. Der Begriff wäre ohne eigenständigen Bedeutungsgehalt und daher entbehrlich.

Forderungsfinanzierung im Sinne der ersten Alternative ist dagegen jedes Finanzierungsgeschäft, bei dem Forderungen als Mittel der Finanzierung die Kapitalbeschaffung ermöglichen. Die Forderungsfinanzierung erweist sich damit als Oberbegriff für eine Vielzahl von Finanzierungstechniken, die dadurch gekennzeichnet sind, daß die Finanzierung auf der Grundlage des wirtschaftlichen Wertes von Forderungen erfolgt.

In diesem Sinn wurde der Begriff der Forderungsfinanzierung auch von der UNCITRAL Arbeitsgruppe verstanden. Die früheren Entwürfe der UN-Kon-

---

[6] Gabler Bank Lexikon, Stichwort „Finanzierung".
[7] *Oditah*, Receivables Financing, S. 2.

vention enthielten eine entsprechende Definition.[8] Sie wurde mit dem Verzicht auf die Erwähnung der Forderungsfinanzierung in Titel und Präambel der Konvention entbehrlich.

> **Article 6. Definitions and rules of interpretation.** For the purposes of this Convention [...]
> (c) „Receivables financing" means any transaction in which value, credit or related services are provided for value in the form of receivables. Receivables financing includes factoring, forfaiting, securitization, project financing and refinancing.

In dieser Bedeutung findet der Begriff auch in der englischen Literatur Verwendung: "The expression is used to denote any arrangement by which money is raised on the strength of contractual receivables."[9] In der französischen Literatur werden verschiedene Formen der Forderungsfinanzierung unter der Bezeichnung *crédits mobilisant une créance commerciale* zusammengefaßt.[10] In der deutschen Literatur wird der Begriff Forderungsfinanzierung dagegen kaum verwendet.[11]

Die Forderungsfinanzierung ist eine Erscheinungsform der objektgestützten Finanzierung: Die Finanzierung erfolgt unter Rückgriff auf besonders geeignete Vermögenswerte, nach deren Werthaltigkeit sich die Bonität des Kreditnehmers richtet.[12] Von anderen Formen der objektgestützten Finanzierung unterscheidet sich die Forderungsfinanzierung durch die Art der zu Finanzierungszwecken genutzten Vermögenswerte. Statt Forderungen können auch Grundstücke oder Waren als Grundlage eines Finanzierungsgeschäfts herangezogen werden. So sind beispielsweise der Hypothekarkredit und der Lieferantenkredit gegen Einräumung eines Eigentumsvorbehalts ebenfalls Formen der objektgestützten Finanzierung.

Damit der wirtschaftliche Wert von Forderungen zu Finanzierungszwecken genutzt werden kann, muß er dem Finanzier in irgendeiner Weise zugewiesen werden. Dies kann nur dadurch geschehen, daß ihm die Forderungen endgültig oder zur Sicherheit übertragen werden.[13] Die Forderungsübertragung ermöglicht dem ursprünglichen Forderungsinhaber die Nutzung des in den Forderungen liegenden Vermögenswerts[14] und ist daher gemeinsames Element, rechtliche Grundlage und charakteristisches Merkmal aller Erscheinungsformen der Forderungsfinanzierung. Die Vorschriften über die

---

[8] Zuletzt A/55/17 (Bericht der Kommission), Rdnr. 110.
[9] *Oditah,* Receivables Financing, S. 2. Vgl. *Goode,* Commercial Law, S. 800–819.
[10] *Rives-Lange/Contamine-Raynaud,* Droit bancaire, Rdnr. 480. Vgl. *Bonneau,* Droit bancaire, Rdnr. 556: "Les crédits avec mobilisation de créances".
[11] Siehe jedoch *Bette,* Das Factoring-Geschäft, S. 47; *ders.,* WM 2002, 205 („Abtretungsfinanzierung").
[12] Arbeitskreis „Finanzierung", zfbf 1992, 495, 498; *Benner,* BFuP 1988, 403, 409.
[13] *Benner,* BFuP 1988, 403, 409; *Oditah,* Receivables Financing, S. 2; *Rives-Lange/Contamine-Raynaud,* Droit bancaire, Rdnr. 480.
[14] *Larenz,* Allgemeines Schuldrecht, S. 569 f.; *Terré/Simler/Lequette,* Droit civil: Les obligations, Rdnr. 1173.

Forderungsübertragung sind daher wesentliche Rahmenbedingungen der Forderungsfinanzierung.[15]

Daß der Begriff der Forderungsfinanzierung in der deutschen Literatur kaum Verwendung findet, steht seiner Berechtigung nicht entgegen. Denn er verdeutlicht, daß die Übertragung von Forderungen die gemeinsame rechtliche Grundlage einer Vielzahl höchst unterschiedlicher Finanzierungstechniken bildet. Wenn aber rechtliche Fragen nicht ohne Berücksichtigung ihres praktischen Hintergrunds beurteilt werden können, dann muß dieser Hintergrund möglichst umfassend beschrieben werden. Dies wird durch den Begriff der Forderungsfinanzierung ermöglicht: Er faßt die zahlreichen Finanzierungstechniken zusammen, die sich auf den wirtschaftlichen Wert von Forderungen stützen, und verdeutlicht damit den weiten Wirkungsbereich und die große praktische Bedeutung des Rechts der Forderungsübertragung.

Die Definition der Forderungsfinanzierung als Finanzierungsgeschäft, das dadurch gekennzeichnet ist, daß die Finanzierung auf der Grundlage des wirtschaftlichen Wertes von Forderungen erfolgt, ist sehr weit und kann die Forderungsfinanzierung nicht genau von anderen Finanzierungstechniken abgrenzen. Dies ist weder bezweckt noch erforderlich. Der Begriff der Forderungsfinanzierung hat in erster Linie eine beschreibende Funktion. Die Einordnung eines Finanzierungsgeschäfts als Forderungsfinanzierung zieht keine Rechtsfolgen nach sich.

Eine genaue Definition wäre nur dann erforderlich, wenn die Forderungsfinanzierung rechtlich institutionalisiert und einer gesetzlichen Regelung zugeführt werden soll, um dem Rechtsverkehr einen verläßlichen Handlungs- und Entscheidungsrahmen zur Verfügung zu stellen.[16] Angesichts der sich beständig wandelnden wirtschaftlichen Bedürfnisse und der dadurch bedingten Entwicklung ständig neuer Erscheinungsformen der Forderungsfinanzierung kommt eine solche Institutionalisierung allenfalls für einzelne Finanzierungstechniken in Betracht, die sich im Laufe der Zeit zu klar umrissenen Rechtsinstituten entwickelt haben.[17] Für einen weiten Sammelbegriff, wie den der Forderungsfinanzierung, erscheint eine abschließende Definition nicht möglich. Eine darauf beruhende gesetzliche Regelung würde die Weiterentwicklung der Forderungsfinanzierung behindern,[18] eine davon ausgehende Systematisierung durch die Literatur wäre aufgrund der Weiterentwicklung der Praxis alsbald überholt. Die Forderungsfinanzierung kann daher nur als beschreibender und offener Begriff aufgefaßt werden, der nicht den Anspruch erhebt, einen bestimmten Ausschnitt aus der Rechtswirklichkeit abschließend zu erfassen.

---

[15] Vgl. *Kötz,* Europäisches Vertragsrecht, S. 400.
[16] *Martinek,* Moderne Vertragstypen, Bd. 1, S. 11.
[17] *Martinek,* Moderne Vertragstypen, Bd. 1, S. 11 und 29 ff.
[18] *Martinek,* Moderne Vertragstypen, Bd. 1, S. 27.

3. Internationale Forderungsfinanzierung

Es bleibt die Frage, unter welchen Voraussetzungen eine Forderungsfinanzierung international ist. Es liegt nahe, dies anzunehmen, wenn sie Fragen des Internationalen Zivilverfahrensrechts oder des Internationalen Privatrechts aufwirft, wie dies bei Sachverhalten mit Auslandsberührung der Fall ist.[19] Die Auslandsberührung kann sich sowohl aus dem schuldrechtlichen Finanzierungsvertrag als auch aus den Forderungen ergeben, auf die sich das Finanzierungsgeschäft stützt.

Der schuldrechtliche Finanzierungsvertrag hat Auslandsberührung, wenn die Vertragspartner in verschiedenen Staaten ansässig sind. Die dem Finanzierungsvertrag zugrunde liegenden Forderungen weisen eine Auslandsberührung auf, wenn der ursprüngliche Forderungsgläubiger in einem anderen Staat ansässig ist als der Schuldner. Damit kann man jedenfalls dann von einer internationalen Forderungsfinanzierung sprechen, wenn von den unmittelbar Betroffenen – dies sind die beiden Parteien des Finanzierungsvertrags und der Forderungsschuldner – zumindest einer im Verhältnis zu den beiden anderen im Ausland ansässig ist.

Da die Forderungsübertragung Grundlage und charakteristisches Merkmal der Forderungsfinanzierung ist, kann ihre Internationalität auch hieran festgemacht werden. Sind die Parteien des Finanzierungsvertrags in verschiedenen Staaten ansässig, muß dem Finanzier der wirtschaftliche Wert der Forderung durch eine grenzüberschreitende Forderungsübertragung zur Verfügung gestellt werden. Ist dagegen der Forderungsgläubiger in einem anderen Staat ansässig als der Forderungsschuldner, ist die Übertragung einer grenzüberschreitenden Forderung erforderlich. Die Internationalität einer Forderungsfinanzierung kann daher stets dann bejaht werden, wenn zu Finanzierungszwecken Forderungen grenzüberschreitend übertragen werden oder grenzüberschreitende Forderungen übertragen werden.

Diese Forderungsfinanzierungen fallen auch in den sachlichen Anwendungsbereich der UN-Konvention über die Forderungsübertragung im internationalen Handelsverkehr. Das für die Anwendbarkeit der Konvention erforderliche internationale Element ergibt sich aus Art. 1 Abs. 1 Buchst. a:[20]

---

[19] Allerdings kennt weder das Internationale Zivilverfahrensrecht (im Hinblick auf die EuGVO: *von Hoffmann*, Internationales Privatrecht, § 3, Rdnr. 210; *Kropholler*, Europäisches Zivilprozeßrecht, vor Art. 2, Rdnr. 6 f.) noch das Internationale Privatrecht (im Hinblick auf das EGBGB: *von Hoffmann*, Internationales Privatrecht, § 1, Rdnr. 22 f.; *Kegel/Schurig*, Internationales Privatrecht, S. 6 f.; *Neuhaus*, Grundbegriffe, S. 104 f.) eine eigenständige Anwendungsvoraussetzung der Auslandsberührung. Im Ergebnis wirken sich die Vorschriften des Internationalen Zivilverfahrensrechts und des Internationalen Privatrechts jedoch nur dann aus, wenn der zu beurteilende Sachverhalt eine Auslandsberührung aufweist (*Kegel/Schurig*, a. a. O.).

[20] Dazu A/CN.9/489 (Kommentierung des Sekretariats), Rdnr. 38 ff.; *Bazinas*, in: Die Forderungsabtretung, insbesondere zur Kreditsicherung, in ausländischen Rechtsordnungen, 99, 106 f.; *Ferrari*, M. J. I. L. 1 (2000) 1, 6 ff.

> **Article 1. Scope of application.** (1) This Convention applies to:
> (a) Assignments of international receivables and to international assignments of receivables as defined in this chapter, if, at the time of conclusion of the contract of assignment, the assignor is located in a Contracting State [...].

Was unter internationalen Forderungen und internationalen Forderungsübertragungen zu verstehen ist, sagt Art. 3:

> **Article 3. Internationality.**
> A receivable is international if, at the time of conclusion of the original contract, the assignor and the debtor are located in different States. An assignment is international if, at the time of conclusion of the contract of assignment, the assignor and the assignee are located in different States.

Danach ist die UN-Konvention anwendbar auf grenzüberschreitende Forderungsübertragungen und auf Forderungsübertragungen, die grenzüberschreitende Forderungen zum Gegenstand haben. Sie ist nicht anwendbar, wenn nationale Forderungen auf nationaler Ebene übertragen werden.[21]

Der Grundsatz, daß die UN-Konvention auf rein nationale Sachverhalte keine Anwendung findet, wird jedoch nach Art. 1 Abs. 1 Buchst. b durchbrochen, wenn eine bereits abgetretene Forderung weiterübertragen wird:

> **Article 1. Scope of application.** (1) This Convention applies to: [...]
> (b) Subsequent assignments, provided that any prior assignment is governed by this Convention.

Die Problematik dieser Bestimmung zeigt sich in dem praktisch häufigen Fall, daß eine grenzüberschreitende Forderung an einen Zessionar im Staat des Forderungsschuldners übertragen wird, der die Forderung zu Refinanzierungszwecken weiterüberträgt an einen zweiten Zessionar, der ebenfalls im Staat des Forderungsschuldners ansässig ist. Auf die erste Forderungsübertragung findet die UN-Konvention nach Art. 1 Abs. 1 Buchst. a Anwendung: Eine grenzüberschreitende Forderung wird grenzüberschreitend übertragen. Dagegen fehlt der zweiten Forderungsübertragung das notwendige internationale Element: Hier wird eine nationale Forderung innerhalb eines Staates übertragen. Dennoch wird auch diese Forderungsübertragung nach Art. 1 Abs. 1 Buchst. b von der UN-Konvention erfaßt.[22]

Die Ausdehnung des Anwendungsbereichs wird damit begründet, daß die Regelungen, denen die erste Forderungsübertragung unterliegt, auch die folgenden Übertragungen dieser Forderung beherrschen sollten (*continuatio iuris*). Anderenfalls hätten die Zessionare in einer Übertragungskette keine Gewißheit über die von ihnen erworbenen Rechte, da jede der vorangegangenen Übertragungen anderen Vorschriften unterworfen sein kann.[23]

---

[21] *Ferrari*, M. J. I. L. 1 (2000) 1, 9.

[22] A/CN.9/489 (Kommentierung des Sekretariats), Rdnr. 19; *Smith*, U. Pa. J. Int. Econ. L. 1999, 477, 485; *Walsh*, Dick. L. Rev. 106 (2001) 159, 165.

[23] Vgl. A/CN.9/455 (Bericht der Arbeitsgruppe), Rdnr. 45.

Die Ausweitung des Anwendungsbereichs der UN-Konvention durch Art. 1 Abs. 1 Buchst. b stößt nicht auf Bedenken, solange die von der Forderungsübertragung Betroffenen mit der Anwendbarkeit der UN-Konvention oder zumindest mit der Anwendbarkeit eines ausländischen Rechts rechnen können. Das ist der Fall, wenn Zedent, Zessionar und Forderungsschuldner zwar in ein und demselben Staat ansässig sind, sich also die Anwendbarkeit der Konvention nicht aus Art. 1 Abs. 1 Buchst. a ergeben kann, die Forderungsübertragung aber aus anderen Gründen ein internationales Element aufweist. War die Forderung am Anfang einer Übertragungskette grenzüberschreitend, so ergibt sich ein internationales Element in vielen Fällen daraus, daß kraft Rechtswahl oder objektiver Anknüpfung auf die Forderung das am Wohnsitz des ursprünglichen Gläubigers geltende Recht Anwendung findet. Das muß aber nicht so sein und ist insbesondere dann nicht der Fall, wenn eine nationale Forderung ins Ausland und wieder zurück übertragen wird. Hier erfaßt die UN-Konvention auch Sachverhalte, in denen nicht alle Beteiligten die Möglichkeit haben, deren Internationalität zu erkennen.[24] Dennoch enthält die UN-Konvention – anders als das UN-Kaufrecht in Art. 1 Abs. 2 – keine Regelung, die das berechtigte Vertrauen auf den Anschein eines rein nationalen Sachverhalts schützt.[25]

Der in Art. 1 Abs. 1 Buchst. b zum Ausdruck kommende Grundsatz der *continuatio iuris* wird in Art. 1 Abs. 2 durchbrochen. Danach findet die Konvention auf eine Forderungsübertragung innerhalb einer Übertragungskette auch dann Anwendung, wenn diese zwar die Voraussetzungen des Art. 1 Abs. 1 Buchst. a erfüllt, die ihr vorangegangenen Übertragungen aber von der Konvention nicht erfaßt werden. Mit dieser Regelung soll der Tatsache Rechnung getragen werden, daß einige Techniken der internationalen Forderungsfinanzierung mit einer nationalen Forderungsübertragung beginnen und nicht deswegen aus dem Anwendungsbereich der Konvention ausgeschlossen werden sollten.[26] Schließen sich an die Übertragung nach Art. 1 Abs. 1 Buchst. a weitere Übertragungen an, können diese unter Art. 1 Abs. 1 Buchst. b gefaßt werden. Damit wird eine Übertragungskette ab der ersten Übertragung, die den Voraussetzungen des Art. 1 Abs. 1 Buchst. a genügt, von der Konvention erfaßt. Die Konvention folgt damit dem Prinzip „once international, always international".[27]

---

[24] A/CN.9/455 (Bericht der Arbeitsgruppe), Rdnr. 45.
[25] *Ferrari*, M. J. I. L. 1 (2000) 1, 9.
[26] A/CN.9/455 (Bericht der Arbeitsgruppe), Rdnr. 42; A/CN.9/489 (Kommentierung des Sekretariats), Rdnr. 20.
[27] A/CN.9/455 (Bericht der Arbeitsgruppe), Rdnr. 46.

4. Zusammenfassung

Ein Rechtsgeschäft ist unter drei Voraussetzungen eine Erscheinungsform der internationalen Forderungsfinanzierung:

- Das Rechtsgeschäft dient als Finanzierungsgeschäft der Beschaffung zusätzlichen Kapitals.
- Diese Kapitalbeschaffung erfolgt auf der Grundlage des wirtschaftlichen Werts von Forderungen. Dies setzt voraus, daß dem Finanzier der wirtschaftliche Wert der Forderungen zugewiesen wird. Daher ist die Übertragung von Forderungen rechtliche Grundlage und charakteristisches Merkmal aller Erscheinungsformen der Forderungsfinanzierung.
- Die Forderungsfinanzierung weist ein internationales Element auf, wenn zu Finanzierungszwecken Forderungen grenzüberschreitend übertragen oder grenzüberschreitende Forderungen Gegenstand einer Übertragung werden.

Damit ist die internationale Forderungsfinanzierung ein Sammelbegriff für alle der Kapitalbeschaffung dienenden Rechtsgeschäfte, die dadurch gekennzeichnet sind, daß die Finanzierung auf der Grundlage des wirtschaftlichen Werts von Forderungen erfolgt, der dem Finanzier durch eine grenzüberschreitende Übertragung von Forderungen oder durch eine Übertragung grenzüberschreitender Forderungen zugewiesen wird.

III. Erscheinungsformen der internationalen Forderungsfinanzierung

Die Darstellung wichtiger Erscheinungsformen der internationalen Forderungsfinanzierung verfolgt mehrere Ziele: Sie dient einerseits der Konkretisierung des zuvor lediglich abstrakt bestimmten Begriffs. Dabei bestätigen die charakteristischen Gemeinsamkeiten der verschiedenen Finanzierungstechniken dessen Berechtigung. Die Darstellung bildet andererseits die Grundlage, um die Anforderungen, denen die rechtlichen Rahmenbedingungen aus Sicht der Praxis genügen müssen, bestimmen zu können. Diese Anforderungen gehen aus einer abstrakten Definition nicht hervor. Sie ergeben sich erst aus der Art und Weise, in der internationale Forderungsfinanzierungen in der Praxis durchgeführt werden, und aus den betriebswirtschaftlichen Zielen, die mit ihnen verfolgt werden. Letztere verdeutlichen schließlich die praktische Bedeutung, die der internationalen Forderungsfinanzierung und den mit ihr verbundenen rechtlichen Fragestellungen zukommt.

Die folgende Darstellung des Factoring (1), der Forfaitierung (2), der Finanzierung durch Asset Backed Securities (3) und der Projektfinanzierung (4) ist an dieser Zielsetzung ausgerichtet. In der Praxis gibt es weitaus mehr Finanzierungstechniken, die dem Bereich der internationalen Forderungsfinanzierung zugeordnet werden können. Die erforderliche Beschränkung auf einige Beispiele orientiert sich an der in früheren Entwürfen der UN-Konvention enthaltenen Definition der Forderungsfinanzierung.[28] Die dort beispielhaft genannten Finanzierungstechniken wurden von der Arbeitsgruppe als die wichtigsten Erscheinungsformen der internationalen Forderungsfinanzierung angesehen.[29]

1. Factoring

Das Factoring ist die bekannteste Erscheinungsform der Forderungsfinanzierung. Seine Bedeutung für den internationalen Handelsverkehr zeigt sich an den beständig wachsenden Umsätzen auf dem Factoring Weltmarkt.[30] Dem damit einhergehenden Bedürfnis nach einer international einheitlichen Regelung des Factoring trägt das UNIDROIT Übereinkommen über das internationale Factoring vom 28. Mai 1988[31] Rechnung.

a. Grundstruktur

Grundlage des Factoring ist ein Vertrag zwischen einem Factoringinstitut und einem Factoringkunden. Darin verpflichtet sich der Factoringkunde, Geldforderungen aus seinen Waren- oder Dienstleistungsgeschäften an das Factoringinstitut zu übertragen, während das Factoringinstitut eine oder mehrere der folgenden Funktionen übernimmt.[32]

---

[28] *Oben*, S. 7.

[29] A/CN.9/412 (Bericht des Sekretariats), Rdnr. 22–29; A/CN.9/489 (Kommentierung des Sekretariats), Rdnr. 7–13.

[30] Vgl. Factors Chain International, Annual Review 2001, S. 16.

[31] BGBl. 1998 II 172. Das Übereinkommen ist für die Bundesrepublik Deutschland am 1. 12. 1998 im Verhältnis zu Frankreich, Italien, Lettland, Nigeria und Ungarn in Kraft getreten (Bekanntmachung vom 31. 8. 1998, BGBl. 1998 II 2375).

[32] Vgl. die Definition des Factoring in Art. 1 Abs. 2 des UNIDROIT-Übereinkommens über das internationale Factoring:

> **Art. 1.** [...] (2) Im Sinne dieses Übereinkommens bedeutet „Factoring-Vertrag" einen Vertrag, der zwischen einer Partei (Lieferant) und einer anderen Partei (Factor) geschlossen wird und auf Grund dessen
> a) der Lieferant an den Factor Forderungen abtreten kann oder muß, die aus Warenkaufverträgen zwischen dem Lieferanten und seinen Kunden (Schuldner) entstehen, ausgenommen Kaufverträge über Waren, die in erster Linie für den persönlichen Gebrauch, oder den Gebrauch in der Familie oder im Haushalt gekauft werden.
> b) der Factor mindestens zwei der folgenden Aufgaben zu erfüllen hat:
> – Finanzierung für den Lieferanten, insbesondere Darlehensgewährung und Vorauszahlung;
> – Buchhaltung bezüglich der Forderungen;
> – Einziehung von Forderungen;
> – Schutz gegen Nichtzahlung oder verspätete Zahlung der Schuldner;
> c) den Schuldnern die Abtretung der Forderungen anzuzeigen ist.

Das UNIDROIT Übereinkommen setzt voraus, daß das Factoringinstitut nicht nur eine, sondern zwei der in Art. 1 Abs. 2 Buchst. b genannten Funktionen erfüllt. Diese sind mit

Im Vordergrund steht in der Regel die Finanzierungsfunktion.[33] Das Factoringinstitut verpflichtet sich, dem Factoringkunden den Gegenwert der übertragenen Forderungen sofort gutzuschreiben, selbst wenn diese wegen den Schuldnern eingeräumter Zahlungsziele erst in drei oder vier Monaten fällig werden. Dadurch erhält der Factoringkunde sofort verfügbare Liquidität. Seine Außenstände werden in Bargeld verwandelt. Nimmt der Factoringkunde diese Funktion nicht in Anspruch, wird ihm der Gegenwert der Forderungen erst bei deren Fälligkeit gutgeschrieben.[34]

Mit der Versicherungsfunktion übernimmt das Factoringinstitut das Bonitätsrisiko der übertragenen Forderungen.[35] Der Factoringkunde kann bei Zahlungsunfähigkeit oder -unwilligkeit des Schuldners nicht in Regreß genommen werden. Seine Haftung ist auf den rechtlichen Bestand der Forderungen beschränkt. Wenn das Factoringinstitut diese Funktion übernimmt, spricht man von echtem Factoring[36] oder von *factoring without recourse.*[37] Ist das Factoringinstitut dagegen zum Rückgriff berechtigt, handelt es sich um unechtes Factoring, um *factoring with recourse*. Das unechte Factoring macht in Deutschland weniger als 10% des Factoringumsatzes aus.[38] Dies liegt nicht zuletzt an der Rechtsprechung des Bundesgerichtshofs,[39] nach der bei einer Kollision von unechtem Factoring und verlängertem Eigentumsvorbehalt die Forderungsübertragung an das Factoringinstitut grundsätzlich unwirksam ist.[40] Nach französischem Verständnis ist die Versiche-

---

den im folgenden dargestellten Funktionen nicht deckungsgleich. Das UNIDROIT Übereinkommen unterscheidet zwischen der Buchhaltung bezüglich der Forderungen und deren Einziehung. Die folgende Darstellung faßt beide unter dem Begriff der Dienstleistungsfunktion zusammen. Die Definition des UNIDROIT Übereinkommens ist insofern etwas enger.

[33] *Bette,* Das Factoring-Geschäft, S. 28 ff.; *Gavalda,* Rép. Com., Factoring, Rdnr. 21 f.; *Larenz/Canaris,* Besonderes Schuldrecht, S. 85; *Martinek/Oechsler,* in: Bankrechts-Handbuch, § 102, Rdnr. 2; *Martinek,* Moderne Vertragstypen, Bd. 1, S. 223 f.; *Serick,* Eigentumsvorbehalt und Sicherungsübertragung, Bd. 4, S. 530; *Staudinger/Busche,* Einl zu §§ 398 ff., Rdnr. 162.

[34] Diese Form des Factoring wird als Fälligkeitsfactoring bezeichnet. *Martinek/Oechsler,* in: Bankrechts-Handbuch, § 102, Rdnr. 23; *Serick,* Eigentumsvorbehalt und Sicherungsübertragung, Bd. 4, S. 558; *Staudinger/Busche,* Einl zu §§ 398 ff., Rdnr. 162.

[35] *Bette,* Das Factoring-Geschäft, S. 35 f.; *Gavalda,* Rép. com., Factoring, Rdnr. 20; *Martinek/Oechsler,* in: Bankrechts-Handbuch, § 102, Rdnr. 4; *Martinek,* Moderne Vertragstypen, Bd. 1, S. 225; *Serick,* Eigentumsvorbehalt und Sicherungsübertragung, Bd. 4, S. 530 ff.; *Staudinger/ Busche,* Einl zu §§ 398 ff., Rdnr. 164 f.

[36] *Martinek/Oechsler,* in Bankrechts-Handbuch, § 102, Rdnr. 19; *Staudinger/Busche,* Einl zu §§ 398 ff., Rdnr. 136; *Serick,* Eigentumsvorbehalt und Sicherungsübertragung, Bd. 4, S. 531.

[37] *Goode,* Commercial Law, S. 801.

[38] *Brink,* in: Handbuch des nationalen und internationalen Factoring, 175, 178: Das unechte Factoring überlebe „hauptsächlich in juristischen Lehrbüchern".

[39] *Brink,* in: Handbuch des nationalen und internationalen Factoring, 175, 205.

[40] BGH, 14. 10. 1981, BGHZ 82, 50, 59 ff. und 64 ff. Demgegenüber ist die Forderungsabtretung im Rahmen des echten Factoring von der üblichen, mit dem verlängerten Eigentumsvorbehalt verbundenen Einziehungsermächtigung gedeckt (BGH, 7. 6. 1978, BGHZ

rungsfunktion für das Factoring konstitutiv.[41] Daher wird nicht von Factoring, sondern von Geschäftsbesorgung gesprochen, wenn die Parteien ausdrücklich eine Rückgriffsmöglichkeit des Factoringinstituts vereinbaren.[42] In England ist das unechte Factoring verbreitet.[43]

Im Rahmen der Dienstleistungsfunktion[44] führt das Factoringinstitut für den Factoringkunden die Debitorenbuchhaltung, das Mahnwesen sowie das Forderungsinkasso durch. Weitere Dienstleistungen wie das Erstellen der Rechnungen, die Überwachung der Zahlungsfähigkeit der Schuldner, das Anfertigen von Statistiken und Bilanzen, aber auch Beratungsleistungen können hinzutreten.[45]

Welche dieser Funktionen das Factoringinstitut übernimmt, ergibt sich aus dem an den wirtschaftlichen Bedürfnissen des Factoringkunden ausgerichteten Factoringvertrag.[46] Er bestimmt die Rechte und Pflichten der Vertragsparteien und gewährleistet, daß die Forderungen tatsächlich auf das Factoringinstitut übergehen.[47]

aa. Schuldrechtliche Aspekte des Factoringvertrags

Der Factoringvertrag enthält in aller Regel eine Verpflichtung des Factoringkunden, sämtliche Forderungen, die er im Laufe seiner künftigen Geschäftstätigkeit erwirbt, dem Factoringinstitut anzubieten.[48] Die Anbietungspflicht

---

72, 15, 19 ff.). Sie ist daher nicht nach den Grundsätzen der sogenannten Vertragsbruchsrechtsprechung wegen Sittenwidrigkeit unwirksam (BGH, 19. 9. 1977, BGHZ 69, 254, 256 ff.).

[41] *Gavalda*, Rép. com., Factoring, Rdnr. 24; *Ripert/Roblot*, Droit commercial, Rdnr. 2400; *Rives-Lange/Contamine-Raynaud*, Droit bancaire, Rdnr. 582. Anders *Bonneau*, Droit bancaire, Rdnr. 573; *Bourdeaux*, J.-Cl. int., Fasc. 566-10, Rdnr. 3.

[42] *Ripert/Roblot*, Droit commercial, Rdnr. 2401; *Rives-Lange/Contamine-Raynaud*, Droit bancaire, Rdnr. 586.

[43] *Goode*, Commercial Law, S. 802. Vgl. *Brink*, in: Handbuch des nationalen und internationalen Factoring, 175, 205.

[44] *Martinek/Oechsler*, in: Bankrechts-Handbuch, § 102, Rdnr. 3; *Martinek*, Moderne Vertragstypen, Bd. 1, S. 224; *Serick*, Eigentumsvorbehalt und Sicherungsübertragung, Bd. 4, S. 530; *Staudinger/Busche*, Einl zu §§ 398 ff., Rdnr. 163.

[45] Führt der Factoringkunde diese Aufgaben selbst durch, spricht man von Eigenservice- oder Inhouse-Factoring. *Martinek/Oechsler*, in: Bankrechts-Handbuch, § 102, Rdnr. 7; *Staudinger/Busche*, Einl zu §§ 398 ff., Rdnr. 163.

[46] Vgl. dazu den Mustervertrag des Deutschen Factoring-Verbands, abgedruckt in: *Hagenmüller/Sommer/Brink* (Hrsg.), Handbuch des nationalen und internationalen Factoring, S. 388–393. Ein englischer Mustervertrag ist abgedruckt bei *Goode*, Commercial Law, S. 804–814.

[47] *Martinek/Oechsler* (Bankrechts-Handbuch, § 102, Rdnr. 31) sprechen von einer unübersichtlichen „Gemengelage von obligatorischen und dinglichen Geschäften“.

[48] § 1. 1. des Mustervertrags des Deutschen Factoring-Verbands. *Bette*, Das Factoring-Geschäft, S. 25 f.; *Gavalda*, Rép. com., Factoring, Rdnr. 17; *Martinek/Oechsler*, in: Bankrechts-Handbuch, § 102, Rdnr. 16; *Martinek*, Moderne Vertragstypen, Bd. 1, S. 243; *Staudinger/Busche*, Einl zu §§ 398 ff., Rdnr. 148; *Ripert/Roblot*, Droit commercial, Rdnr. 2400.

kann auf bestimmte Produktgruppen, Absatzgebiete oder Schuldnerkreise beschränkt sein.[49] Innerhalb dieses Bereichs müssen dem Factoringinstitut jedoch sämtliche Forderungen angeboten werden. Diese *clause d'exclusivité*[50] soll verhindern, daß der Factoringkunde dem Factoringinstitut lediglich risikobehaftete Forderungen anbietet und die risikolosen selbst einzieht.[51] Seiner Anbietungspflicht kommt der Factoringkunde dadurch nach, daß er dem Factoringinstitut die wesentlichen Angaben über die vom Factoringvertrag erfaßten Forderungen übermittelt.[52]

Der Anbietungspflicht des Factoringkunden steht eine Annahmepflicht des Factoringinstituts gegenüber.[53] Behielte sich dieses vor, Forderungen nach Belieben zurückzuweisen, wären die Vorteile des Factoring für den Factoringkunden nicht kalkulierbar.[54] Daher läßt der Factoringvertrag die Annahmepflicht des Factoringinstituts lediglich unter bestimmten Bedingungen entfallen.[55] Beim echten Factoring setzt das Factoringinstitut für jeden Schuldner aufgrund einer nach banküblichen Kriterien durchgeführten Kreditwürdigkeitsprüfung ein Limit fest, bis zu dessen Höhe es bereit ist, Forderungen anzunehmen.[56] Es kann seine Annahmepflicht aber auch dadurch begrenzen, daß es sich nur bis zu einem bestimmten Gesamtbetrag verpflichtet, die Forderungen eines Factoringkunden anzunehmen. Dadurch kann gegenüber stark wachsenden Unternehmen das Kundenrisiko begrenzt werden.[57] Das Angebot des Factoringkunden nimmt das Factoringinstitut in der Regel durch Gutschrift des dem Factoringkunden zustehenden Betrags auf dessen Abrechnungskonto an.[58] Lehnt das Factoringinstitut For-

---

[49] *Staudinger/Busche,* vor §§ 398 ff., Rdnr. 148.

[50] *Ripert/Roblot,* Droit commercial, Rdnr. 2400.

[51] *Bette,* Das Factoring-Geschäft, S. 25 f.; *Bonneau,* Droit bancaire, Rdnr. 576; *Brink,* in: Handbuch des nationalen und internationalen Factoring, 175, 192 f.; *Gavalda,* Rép. com., Factoring, Rdnr. 27; *Larenz/Canaris,* Besonderes Schuldrecht, S. 86; *Ripert/Roblot,* Droit commercial, Rdnr. 2400.

[52] § 1. 2. des Mustervertrags des Deutschen Factoring-Verbands. *Brink,* in: Handbuch des nationalen und internationalen Factoring, 175, 193; *Staudinger/Busche,* Einl zu §§ 398 ff., Rdnr. 150.

[53] *Bette,* Das Factoring-Geschäft, S. 26; *Brink,* in: Handbuch des nationalen und internationalen Factoring, 175, 194; *Martinek/Oechsler,* in: Bankrechts-Handbuch, § 102, Rdnr. 17; *Martinek,* Moderne Vertragstypen, Bd. 1, S. 243; *Ripert/Roblot,* Droit commercial, Rdnr. 2400; *Staudinger/Busche,* Einl zu §§ 398 ff., Rdnr. 149.

[54] *Larenz/Canaris,* Besonderes Schuldrecht, S. 86.

[55] Zu weitgehend *Gavalda,* Rép. com., Rdnr. 17 („*pouvoir quasi discrétionnaire de selection*") und im Anschluß daran, *Hollweg-Stapenhorst,* Sicherungsabtretung, S. 55, sowie *Goode,* Commercial Law, S. 803.

[56] § 2. 1. des Mustervertrags des Deutschen Factoring-Verbands. *Brink,* in: Handbuch des nationalen und internationalen Factoring, 178, 194; *Gavalda,* Rép. com., Factoring, Rdnr. 32; *Rives-Lange/Contamine-Raynaud,* Droit bancaire, Rdnr. 583; *Serick,* Eigentumsvorbehalt und Sicherungsübertragung, Bd. 4, S. 534; *Staudinger/Busche,* Einl zu §§ 398 ff., Rdnr. 149.

[57] *Brink,* in: Handbuch des nationalen und internationalen Factoring, 175, 194.

[58] § 1. 4. des Mustervertrags des Deutschen Factoring-Verbands. *Brink,* in: Handbuch des nationalen und internationalen Factoring, 175, 194 f.

derungen ab, so greift in den meisten Fällen eine im Factoringvertrag enthaltene Einziehungsermächtigung ein, die das Factoringinstitut berechtigt, die Forderungen für Rechnung des Kunden einzuziehen.[59]

Durch das Angebot des Factoringkunden und die Annahme des Factoringinstituts werden bestimmte Forderungen Gegenstand des Factoringgeschäfts. Da unter dem Dach eines Rahmenvertrags auf bestimmte Forderungen bezogene Ausführungsverträge geschlossen werden, spricht man von einer zweistufigen Gestaltung.[60] Gegenstand der Ausführungsverträge ist eine Vielzahl bestehender Forderungen. Bei einer einstufigen Gestaltung wird das Factoringgeschäft dagegen von Anfang an auf sämtliche gegenwärtigen und zukünftigen Forderungen des Factoringkunden erstreckt.[61] Ein gesonderter Ausführungsvertrag ist daher entbehrlich. Gegenstand des Vertrags ist eine unbestimmte Vielzahl zukünftiger Forderungen. Im übrigen bestehen zwischen den beiden Gestaltungsformen keine grundsätzlichen Unterschiede.[62]

Die vom Factoringkunden geschuldete Gegenleistung hängt davon ab, welche Leistungen des Factoringinstituts er in Anspruch nimmt. Das Entgelt für die Finanzierungsfunktion des Factoringinstituts richtet sich nach der effektiven Laufzeit der einzelnen Forderungen. Der Factoringkunde muß den ihm gutgeschriebenen Gegenwert einer Forderung solange zu einem für Kontokorrentkredite üblichen Zinssatz verzinsen, bis der Schuldner auf die Forderung leistet oder der Versicherungsfall eintritt.[63] Für die Dienstleistungs- und Versicherungsfunktion muß der Factoringkunde eine laufzeitunabhängige Factoringgebühr entrichten, die individuell vereinbart wird. Üblicherweise beträgt sie zwischen 0,5 und 2,5% des Umsatzes.[64]

---

[59] § 4. 4. des Mustervertrags des Deutschen Factoring-Verbands. *Brink,* in: Handbuch des nationalen und internationalen Factoring, 175, 196; *Gavalda,* Rép. com., Factoring, Rdnr. 31; *Ripert/Roblot,* Droit commercial, Rdnr. 2400; *Staudinger/Busche,* Einl zu §§ 398 ff., Rdnr. 166.

[60] *Staudinger/Hopt/Mülbert,* Vorbem zu §§ 607 ff., Rdnr. 719. Vgl. *Brink,* in: Handbuch des nationalen und internationalen Factoring, S. 193.

[61] *Martinek,* Moderne Vertragstypen, Bd. 1, S. 227; *Staudinger/Hopt/Mülbert,* Vorbem zu §§ 607 ff., Rdnr. 720 und 727.

[62] *Staudinger/Hopt/Mülbert,* Vorbem zu §§ 607 ff., Rdnr. 727.

[63] *Bette,* Das Factoring-Geschäft, S. 30; *Brink,* in: Handbuch des nationalen und internationalen Factoring, 175, 198; *Martinek/Oechsler,* in: Bankrechts-Handbuch, § 102, Rdnr. 14; *Martinek,* Moderne Vertragstypen, Bd. 1, S. 226; *Mayer,* in: Handbuch des nationalen und internationalen Factoring, 103, 111; *Staudinger/Hopt/Mülbert,* Vorbem zu §§ 607 ff., Rdnr. 715.

[64] *Mayer,* in: Handbuch des nationalen und internationalen Factoring, 103, 112. *Brink,* in: Handbuch des nationalen und internationalen Factoring, 175, 198 nennt 0,8–1,5%, *Gavalda,* Rép. com., Factoring, Rdnr. 28, spricht von 1,25–3%; *Ripert/Roblot,* Droit commercial, Rdrn. 2400, geht von 1,5–2,5% aus; *Staudinger/Busche,* Einl zu §§ 398 ff., Rdnr. 166 von 0,7–4,2%.

bb. Dingliche Aspekte des Factoringvertrags

Der Factoringvertrag muß sicherstellen, daß die Forderungen, die Gegenstand des Factoringgeschäfts geworden sind, tatsächlich auf das Factoringinstitut übergehen. Dieses muß in die Lage versetzt werden, die Forderungen in eigenem Namen und auf eigene Rechnung einzuziehen. Die Forderungen können sowohl durch den Rahmenvertrag als auch durch den Ausführungsvertrag übertragen werden.

Sollen die Forderungen durch den Rahmenvertrag übertragen werden, ist eine Klausel erforderlich, daß der Factoringkunde alle zukünftigen Forderungen aus seiner Geschäftstätigkeit an das Factoringinstitut überträgt.[65] Dies setzt jedoch voraus, daß das anwendbare Recht eine solche Übertragung überhaupt zuläßt. Nach deutschem Recht ist eine Übertragung zukünftiger Forderungen wirksam, sofern diese so umschrieben sind, daß spätestens zum Zeitpunkt ihres Entstehens zweifelsfrei feststeht, ob sie von der Abtretungsabrede erfaßt werden.[66] Nach englischem Recht ist eine Übertragung zukünftiger Forderungen dagegen mangels *consideration* unwirksam, es sei denn, das Factoringinstitut verpflichtet sich, alle ihm angebotenen Forderungen anzukaufen.[67] Nach französischem Recht ist eine Übertragung zukünftiger Forderungen durch die für das Factoring übliche[68] *subrogation conventionnelle* ausgeschlossen.[69]

Da das Factoringinstitut unter bestimmten Voraussetzungen berechtigt ist, ihm angebotene Forderungen zurückzuweisen,[70] muß der Factoringvertrag gewährleisten, daß diese Forderungen in der rechtlichen Zuständigkeit des Factoringkunden verbleiben. In der deutschen Praxis wird die Übertragung der zukünftigen Forderungen daher unter die aufschiebende Bedingung des Zustandekommens eines auf die konkrete Forderung bezogenen Ausführungsvertrags gestellt.[71] Der Factoringvertrag kann aber auch eine unbedingte Vorausabtretung durch eine Verpflichtung des Factoringinstituts

---

[65] § 4. 1. des Mustervertrags des Deutschen Factoring-Verbands.

[66] BGH, 25. 10. 1952, BGHZ 7, 365, 369; *Larenz,* Allgemeines Schuldrecht, S. 584; *Nörr/Scheyhing,* in: Handbuch des Schuldrechts, S. 135 f.; *Serick,* Eigentumsvorbehalt und Sicherungsübertragung, Bd. 4, S. 289–292. *Staudinger/Busche,* § 398, Rdnr. 64. Das RG setzte noch voraus, daß die Abtretungsabrede in allen denkbaren Fällen eine sichere Aussage über die Reichweite der Abtretung ermöglichen müsse, RG, 6. 4. 1937, RGZ 155, 26, 29.

[67] *Goode,* Commercial Law, S. 803, Fn. 35; *Kötz,* Int. Enc. Comp. L., Bd. 7, Kap. 13, Rdnr. 82.

[68] *Blaise/Desgorces,* in: Die Forderungsabtretung, insbesondere zur Kreditsicherung, in ausländischen Rechtsordnungen, 245, 263; *Bonneau,* Droit bancaire, Rdnr. 578; *Gavalda,* Rép. com., Factoring, Rdnr. 37; *Ripert/Roblot,* Droit commercial, Rdnr. 2400.

[69] Cass. com., 21. 11. 1972, D. S., 1974, 213. *Blaise/Desgorces,* in: Die Forderungsabtretung, insbesondere zur Kreditsicherung, in ausländischen Rechtsordnungen, 245, 264, Fn. 63; *Gavalda,* Rép. com., Factoring, Rdnr. 39.

[70] Dazu *oben*, S. 16.

[71] § 4. 1. des Mustervertrags des Deutschen Factoring-Verbands.

ergänzen, zurückgewiesene Forderungen an den Factoringkunden zurückzuübertragen.[72]

Die Forderungsübertragung kann aber auch im Ausführungsvertrag vereinbart werden. Der Rahmenvertrag enthält dann lediglich eine Verpflichtung des Factoringkunden, dem Factoringinstitut die Übertragung der im Rahmen seiner Geschäftstätigkeit entstandenen Forderungen anzubieten.[73] Die Übertragungsabrede kommt zustande, wenn das Factoringinstitut im Ausführungsvertrag das Angebot des Factoringkunden annimmt. Dieses Verfahren findet vor allem in der französischen Praxis Anwendung, da keine zukünftigen Forderungen übertragen werden müssen. Sein Nachteil besteht darin, daß der Factoringkunde zunächst Forderungsinhaber bleibt. Als solcher kann er die Forderungen wirksam an einen Dritten übertragen und dadurch den Factoringvertrag unterlaufen. Darüber hinaus ist die Forderung bis zu ihrer Übertragung an das Factoringinstitut dem Zugriff der Gläubiger des Factoringkunden ausgesetzt. Daher ist eine solche Vertragsgestaltung in deutschen und englischen Factoringverträgen selten.[74] Üblich ist jedoch eine die Vorausabtretung ergänzende Klausel, die den Factoringkunden verpflichtet, jede Forderung, die beispielsweise wegen der Anwendbarkeit ausländischen Rechts nicht von der Vorausabtretung erfaßt worden ist, unmittelbar nach ihrem Entstehen an das Factoringinstitut zu übertragen.[75]

b. Internationales Factoring

Stammen die Forderungen des Factoringkunden aus grenzüberschreitenden Geschäften, ist das Factoringinstitut besonderen Risiken ausgesetzt: Wenn es mit der Sprache und den Handelsbräuchen im Land des Schuldners nicht vertraut ist, können sich bereits bei der Einziehung der Forderungen Schwierigkeiten ergeben. Im Rahmen des echten Factoring muß darüber hinaus die Kreditwürdigkeit des Schuldners zuverlässig überprüft und dauerhaft überwacht werden. Wenn dieser schließlich nicht leistet, muß das Factoringinstitut die Forderungen in den jeweiligen Importländern gerichtlich durchsetzen.[76] Diesen Risiken tragen besondere Formen des Factoring Rechnung, die unter dem Begriff des internationalen Factoring zusammengefaßt werden.[77]

---

[72] Art. 10 Abs. 1 des englischen Factoringvertrags bei *Goode*, Commercial Law, S. 804 ff.

[73] *Gavalda*, Rép. com., Factoring, Rdnr. 38.

[74] *Martinek*, Moderne Vertragstypen, Bd. 1, S. 259.

[75] § 4. 6. des Mustervertrags des Deutschen Factoring-Verbands; Art. 4 Abs. 1 des englischen Factoringvertrags bei *Goode*, Commercial Law, S. 804 ff.

[76] *Bolzoni*, in: Handbuch des nationalen und internationalen Factoring, 297, 299; *Bourdeaux*, J.-Cl. int., Fasc. 566-10, Rdnr. 5; *Gavalda*, Rep. Int., Affacturage, Rdnr. 5.

[77] Die Internationalität des Factoring ergibt sich dabei aus der Internationalität der Forderungen, die Gegenstand des Factoringgeschäfts sind. Daher müssen der Factoringkunde und sein Abnehmer in verschiedenen Staaten ansässig sein (*Basedow*, ZEuP 5 (1997) 615, 629; *Bolzoni*, in: Handbuch des nationalen und internationalen Factoring, 297, 299;

Die klassische Form des internationalen Factoring versucht diesen Risiken durch die Einschaltung eines weiteren Factoringinstituts im Land des Importeurs zu begegnen. Sie wird als Korrespondenzfactoring bezeichnet.[78] Ihre Grundstruktur zeigt Abbildung 1.

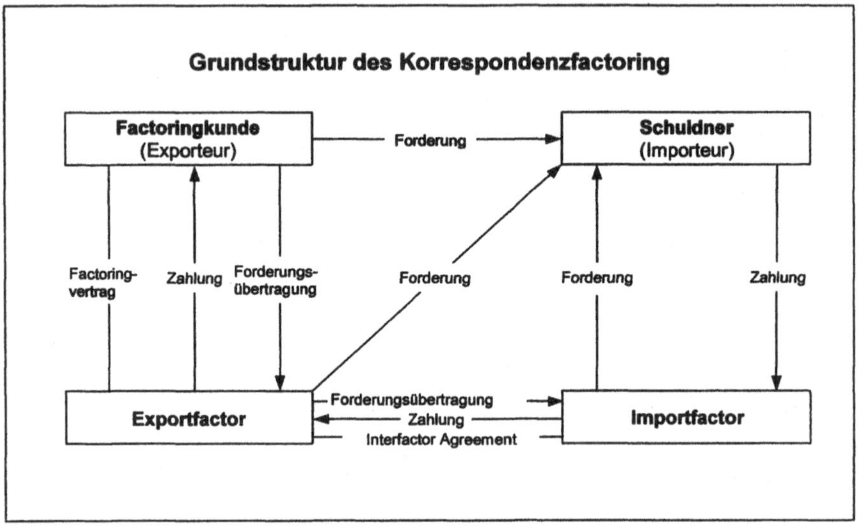

Abbildung 1

Diehl-Leistner, Internationales Factoring, S. 8; *Rebmann,* RabelsZ 53 [1989] 599, 601). Dementsprechend lautet Art. 2 Abs. 1 des UNIDROIT Übereinkommen über das internationale Factoring vom 28. 5. 1988:

> **Art. 2** (1) Dieses Übereinkommen ist anzuwenden, wenn die auf Grund eines Factoring-Vertrags abgetretenen Forderungen aus einem Warenkaufvertrag zwischen einem Lieferanten und einem Schuldner entstehen, die ihre Niederlassungen in verschiedenen Staaten haben, und wenn
> a) diese Staaten und der Staat, in dem der Factor seine Niederlassung hat, Vertragsstaaten sind oder
> b) sowohl der Warenkaufvertrag als auch der Factoring-Vertrag dem Recht eines Vertragsstaates unterliegen.

Ob die Parteien des Factoringvertrags in verschiedenen Staaten ansässig sind, ist dagegen unerheblich. Dies ist auch sinnvoll, da das internationale Factoring eine dem internationalen Waren- und Dienstleistungsverkehr dienende Funktion hat (*Basedow,* ZEuP 5 (1997) 615, 629) und daher ein grenzüberschreitendes Factoring nationaler Forderungen in der Praxis kaum vorkommen dürfte.

[78] Ebenfalls üblich ist die Bezeichnung Zwei-Factor-Verfahren. Dazu: *Basedow,* ZEuP 5 (1997) 615, 617 f.; *Bonneau,* Droit bancaire, Rdnr. 633; *Bourdeaux,* J.-Cl. int., Fasc, 566-10, Rdnr. 6; *Diehl-Leistner,* Internationales Factoring, S. 8 f.; *Finsterwalder,* in: Handbuch des internationalen Bankgeschäfts, 175, 194 f.; *Gavalda,* Rép. int., Affacturage, Rdnr. 12 f.; *Martiny/Oechsler,* in: Bankrechts-Handbuch, § 102, Rdnr. 10; *Schmitthoff,* Export Trade, Rdnr. 13-003.

Ausgangspunkt ist ein Factoringvertrag zwischen dem Exporteur und einem einheimischen Factoringinstitut (Exportfactor). Gegenstand des Vertrags sind die Forderungen des Exporteurs gegen seine ausländischen Abnehmer. Der Exportfactor ist durch ein sogenanntes *Interfactor Agreement* mit einem im Land des Importeurs ansässigen Factoringinstitut (Importfactor) verbunden.[79] Dieses überprüft die Kreditwürdigkeit des Importeurs und setzt ein Limit fest, bis zu dessen Höhe es bereit ist, Forderungen anzunehmen. Innerhalb dieses Limits kommt das Factoringgeschäft zwischen Exporteur und Exportfactor hinsichtlich der gegen den Importeur gerichteten Forderungen zustande und die Forderungen werden vom Exporteur auf den Exportfactor übertragen. Soll das Factoring eine Finanzierungsfunktion erfüllen, wird dem Exporteur der Gegenwert der Forderung unmittelbar gutgeschrieben.

Der Exportfactor überträgt die Forderungen weiter an den Importfactor, der sie einzieht und gegebenenfalls gerichtlich durchsetzt. Damit haben sowohl der Exporteur als auch der Importeur ausschließlich mit Factoringinstituten im eigenen Land zu tun.[80] Der Gegenwert der Forderungen wird dem Exportfactor gutgeschrieben, wenn der Importeur gezahlt hat oder der Versicherungsfall eingetreten ist. Das Korrespondenzfactoring führt damit zu einer Aufgabenteilung:[81] Indem der Importfactor die Einziehung der Forderungen übernimmt und das Bonitätsrisiko trägt, erfüllt er jene Aufgaben, denen der Exportfactor im Hinblick auf ausländische Schuldner nicht ohne weiteres gerecht werden kann. Die Finanzierungsfunktion des Factoring verbleibt dagegen beim Exportfactor. Die Factoringgebühr wird zwischen Export- und Importfactor geteilt.

Seit Beginn der 80er Jahre gewinnen Formen des internationalen Factoring an Bedeutung, die auf die Einschaltung eines weiteren Factoringinstituts

---

[79] Die Geschäftsbeziehung zwischen Export- und Importfactor ergibt sich in der Regel aus einer Mitgliedschaft in derselben internationalen Factoringorganisation. Viele dieser Organisationen haben Regelwerke über die Abwicklung internationaler Factoringgeschäfte ausgearbeitet, die den *Interfactor Agreements* ihrer Mitglieder zugrunde liegen. Ein solches Regelwerk ist der *Code of International Factoring Customs*, der für *Interfactor Agreements* zwischen den Mitgliedern der größten internationalen Factoringorganisation, der *Factors Chain International*, verbindlich ist. Er ist abgedruckt in: *Hagenmüller/Sommer/Brink* (Hrsg.): Handbuch des nationalen und internationalen Factoring, S. 426–437. Seine wesentlichen Bestimmungen erläutert *Sommer,* in: Handbuch des nationalen und internationalen Factoring, 287, 291 ff.

[80] Dadurch wird aber keineswegs „aus dem Auslandssachverhalt weitestgehend ein inländischer Tatbestand" (*Graf von Westphalen,* Rechtsprobleme der Exportfinanzierung, S. 476; ähnlich: *Diehl-Leistner,* Internationales Factoring, S. 8). Das Korrespondenzfactoring beseitigt keine der rechtlichen Fragen, die sich daraus ergeben, daß eine grenzüberschreitende Forderung Gegenstand des Factoringgeschäfts ist.

[81] *Sommer,* in: Handbuch des nationalen und internationalen Factoring, 287, 290.

verzichten.[82] Man spricht in diesem Zusammenhang von direktem internationalem Factoring und unterscheidet zwischen direktem Exportfactoring und direktem Importfactoring.

Das direkte Exportfactoring[83] findet insbesondere dann Anwendung, wenn der Exporteur die Versicherungsfunktion des Factoring nicht in Anspruch nehmen will. Die Überprüfung der Kreditwürdigkeit des Importeurs ist in diesem Fall entbehrlich. Das Factoringinstitut kann daher auf die Einschaltung eines Factoringinstituts im Importland verzichten, mit dem es die auf dem inländischen Markt erzielbaren Factoringgebühren teilen müßte. Das direkte Exportfactoring findet als einzige Möglichkeit des internationalen Factoring Anwendung, wenn im Importland kein Korrespondenzinstitut zur Verfügung steht. Es setzt voraus, daß das Factoringinstitut in der Lage ist, die Forderungen im Importland entsprechend der dort geltenden rechtlichen Voraussetzungen und wirtschaftlichen Gepflogenheiten einzuziehen und gegebenenfalls gerichtlich durchzusetzen.

Das direkte Importfactoring[84] kommt vor allem dann in Betracht, wenn der Factoringkunde nur in wenige Länder exportiert und daher direkte Geschäftsbeziehungen zu Factoringinstituten in den jeweiligen Importländern eingehen kann. Diese können aufgrund ihrer Präsenz vor Ort und ihrer Kenntnisse des Rechts und der Handelsbräuche des Importlands die Versicherungs- und Dienstleistungsfunktion des Factoring übernehmen. Das direkte Importfactoring setzt jedoch voraus, daß der Exporteur in der Lage ist, mit einem ausländischen Factoringinstitut zusammenzuarbeiten. Von den erforderlichen sprachlichen und rechtlichen Kenntnissen des Exporteurs kann man aufgrund der bestehenden Geschäftsbeziehungen zu seinen Abnehmern jedoch ausgehen. Zu beachten ist allerdings, daß dem Factoringvertrag im Unterschied zu den Exportverträgen häufig die Geschäftsbedingungen des Factoringinstituts zugrunde liegen. Sie können eine Rechtswahl zugunsten des im Staat des Factoringinstituts geltenden Rechts enthalten.

c. Das Factoring als Erscheinungsform der internationalen Forderungsfinanzierung

Das Factoring ist eine Erscheinungsform der internationalen Forderungsfinanzierung, wenn es deren oben genannten Voraussetzungen entspricht.[85]

---

[82] Inzwischen wird weniger als die Hälfte des Umsatzes im internationalen Factoring im Wege des Korrespondenzfactoring erzielt (*Bolzoni*, in: Handbuch des nationalen und internationalen Factoring, 297, 302 f.).
[83] Dazu *Bolzoni*, in: Handbuch des nationalen und internationalen Factoring, 297, 300 f.; *Diehl-Leistner*, Internationales Factoring, S. 10; *Martiny/Oechsler*, in: Bankrechts-Handbuch, § 102, Rdnr. 10; *Schmitthoff*, Export Trade, Rdnr. 13-003.
[84] Dazu *Bolzoni*, in: Handbuch des nationalen und internationalen Factoring, 297, 301 f.; *Diehl-Leistner*, Internationales Factoring, S. 10; *Martiny/Oechsler*, in: Bankrechts-Handbuch, § 102, Rdnr. 10; *Schmitthoff*, Export Trade, Rdnr. 13-003.
[85] *Oben*, S. 12 f.

Ein Finanzierungsgeschäft ist das Factoring nur dann, wenn der Factoringkunde dessen Finanzierungsfunktion in Anspruch nimmt. In diesem Fall stellt das Factoringinstitut dem Factoringkunden den Barwert der vom Factoringvertrag erfaßten Forderungen sofort zur Verfügung, obwohl diese erst später fällig werden. Dadurch erhält der Factoringkunde zusätzliches Kapital in Form von sofort verfügbarer Liquidität.

Diese Finanzierung wird dem Factoringkunden auf der Grundlage des wirtschaftlichen Werts der ihm zustehenden Forderungen gewährt. Die vom Factoringvertrag erfaßten Forderungen werden vom Factoringinstitut nur deshalb bevorschußt, weil sie ihm eine hinreichende Gewißheit bieten, die dem Factoringkunden gutgeschriebenen Beträge von den Forderungsschuldnern zurückzuerhalten. Der in dieser Erwartung liegende wirtschaftliche Wert der Forderungen wird dem Factoringinstitut durch die Übertragung der Forderungen zugewiesen.

Als internationale Forderungsfinanzierungen können die Erscheinungsformen des internationalen Factoring eingeordnet werden. Das Korrespondenzfactoring erfordert sowohl die Übertragung einer grenzüberschreitenden Forderung vom Exporteur an den Exportfactor, als auch eine grenzüberschreitende Übertragung dieser Forderung vom Exportfactor an den Importfactor. Das direkte Exportfactoring beruht auf der Übertragung grenzüberschreitender Forderungen vom Exporteur an den Exportfactor. Das direkte Importfactoring ist schließlich mit einer grenzüberschreitenden Übertragung grenzüberschreitender Forderungen vom Exporteur an den Importfactor verbunden.

d. Betriebswirtschaftliche Vorteile

Die betriebswirtschaftlichen Vorteile des Factoring hängen davon ab, welche Funktionen des Factoring der Factoringkunde in Anspruch nimmt.[86]

Durch die Finanzierungsfunktion des Factoring werden die Außenstände des Factoringkunden in Bargeld verwandelt. Der Factoringkunde erhält entsprechend seiner Leistungserbringung Liquidität. Dies ermöglicht es ihm, die Rechnungen seiner Lieferanten zu skontieren und dadurch erhebliche Einsparungen zu erzielen. Außerdem genießt er bei seinen Lieferanten die privilegierte Stellung eines Barzahlers. Er erzielt bessere Einkaufspreise und wird insbesondere bei Lieferengpässen bevorzugt behandelt. Das Factoring führt auch zu einer Verbesserung wichtiger Bilanzkennzahlen.[87]

---

[86] Zum folgenden *Bette*, Das Factoring-Geschäft, S. 39–49; *Mayer*, in: Handbuch des nationalen und internationalen Factoring, 103, 107–112; *Martinek*, in Bankrechts-Handbuch, § 102, Rdnr. 2–4; *ders.*, Moderne Vertragstypen, Bd. 1, S. 223–225.

[87] Entscheidend ist, daß das Factoring eine Verkürzung der Bilanzsumme nach sich zieht. Die an das Factoringinstitut übertragenen Forderungen scheiden auf der Aktivseite aus der Bilanz des Factoringkunden aus. Die durch das Factoring gewonnene Liquidität kann auf der Passivseite zur Tilgung kurzfristiger Lieferantenverbindlichkeiten oder längerfristi-

Schließlich versetzt sie den Factoringkunden in die Lage, seinen Abnehmern wettbewerbsfähige Zahlungsbedingungen anzubieten.

Die Dienstleistungsfunktion des Factoring führt zu Einsparungen bei Sach- und Personalkosten. Aufgrund seiner Spezialisierung kann das Factoringinstitut die Debitorenbuchhaltung häufig kostengünstiger führen als der Factoringkunde. Dies gilt insbesondere bei grenzüberschreitenden Forderungen, bei deren Einziehung und gerichtlicher Durchsetzung die rechtlichen Voraussetzungen und wirtschaftlichen Gepflogenheiten der verschiedenen Importländer beachtet werden müssen. Das Factoringinstitut entlastet den Factoringkunden von unternehmensfremden Aufgaben[88] und ist insofern eine Form des *outsourcing*.[89]

Die Versicherungsfunktion des Factoring und der damit verbundene Schutz vor Forderungsausfällen spielt vor allem in wirtschaftlich schwierigen Zeiten angesichts der damit einhergehenden hohen Zahl von Insolvenzen eine herausragende Rolle. Dies gilt insbesondere für das internationale Factoring, da das Bonitätsrisiko hier besonders hoch ist.[90] Denn die Kreditwürdigkeit ausländischer Geschäftspartner ist häufig nur schwer einzuschätzen, und die sonst üblichen Sicherungsmittel stehen dem Factoringkunden bei Exportgeschäften nicht ohne weiteres zur Verfügung. Die Sicherungsmittel des Importlands sind ihm oft nicht bekannt. Eine Exportkreditversicherung kann zwar eine dem Factoring vergleichbare Funktion erfüllen, ist jedoch mit verschiedenen Nachteilen verbunden:[91] Exportkreditversicherungen decken niemals das gesamte Ausfallrisiko und der Exporteur muß die versicherten Forderungen weiterhin in seiner Bilanz aktivieren, so daß die bilanziellen Vorteile des Factoring nicht verwirklicht werden können.

Das Gewicht dieser betriebswirtschaftlichen Vorteile und die Bedeutung der mit dem Factoring verbundenen rechtlichen Fragestellungen hängen von den Anwendungsmöglichkeiten dieser Finanzierungstechnik ab.[92] Diese sind im Hinblick auf die in Betracht kommenden Forderungen begrenzt. Bei Forderungen mit einer Laufzeit von mehr als 180 Tagen ist eine zuver-

---

ger Bankkredite verwendet werden. Aufgrund der Bilanzverkürzung erhöht sich insbesondere die Eigenkapitalquote. Die Liquiditätskennzahlen verbessern sich durch den Abbau der kurzfristigen Lieferantenverbindlichkeiten. Beide Kennzahlen spielen trotz aller Kritik an ihrer Aussagekraft bei der Kreditwürdigkeitsprüfung nach wie vor eine erhebliche Rolle. *Bette*, Das Factoring-Geschäft, S. 41; *Mayer*, in: Handbuch des nationalen und internationalen Factoring, 103, 109; *Küting/Weber*, Bilanzanalyse, S. 102–116 (Eigenkapitalquote), S. 116–125 (Liquiditätskennzahlen).

[88] *Schmitthoff*, Export Trade, Rdnr. 13-002.

[89] *Bette*, FLF 1993, 43; *Brink*, in: Handbuch des nationalen und internationalen Factoring, 175, 206.

[90] *Bolzoni*, in: Handbuch des nationalen und internationalen Factoring, 297, 299; *Häusler*, Das UNIDROIT Übereinkommen über internationales Factoring (Ottawa 1988), S. 19.

[91] *Gavalda*, Affacturage, Rép. int., Rdnr. 5.

[92] Zum folgenden *Bette*, Das Factoring-Geschäft, S. 28 f.; *Mayer*, in: Handbuch des nationalen und internationalen Factoring, 103, 115 f.

lässige Einschätzung der Zahlungsfähigkeit des Schuldners zum Fälligkeitszeitpunkt nicht möglich. Dies schließt eine kostengünstige Übernahme der Versicherungsfunktion durch das Factoringinstitut aus. Wegen der erforderlichen Kreditwürdigkeitsprüfung kommen auch Forderungen gegen Verbraucher nicht in Betracht. Der durchschnittliche Rechnungsbetrag sollte mindestens € 200 betragen, da der Aufwand des Factoringinstituts ansonsten in keinem Verhältnis zu den erzielbaren Erlösen steht. Für das Factoring nicht geeignet sind schließlich Forderungen, gegen die erfahrungsgemäß Einwendungen erhoben werden, wie dies insbesondere in der Baubranche oder im Maschinenbau der Fall ist. Die Anwendungsmöglichkeiten des Factoring sind dennoch erheblich. Sie liegen bei mittelständischen Unternehmen, die einen gleichbleibenden Kreis von gewerblichen Abnehmern mit Verbrauchsgütern beliefern. Schwerpunkte sind die Branchen Textil, Möbel, Nahrungsmittel, Haushaltsgeräte, Kleinmaschinen, Baumaterialien, Papier- und Druckerzeugnisse.

2. Forfaitierung

Eine weitere Erscheinungsform der internationalen Forderungsfinanzierung ist die Forfaitierung. Der Begriff bezeichnet den Ankauf einzelner mittel- bis langfristiger Forderungen aus Waren- oder Dienstleistungsgeschäften, wobei der Forderungsverkäufer (Forfaitist) dem Forderungskäufer (Forfaiteur) lediglich für den rechtlichen Bestand und die Einredefreiheit der Forderung haftet. Das Risiko der wirtschaftlichen und politischen Einbringlichkeit trägt der Forfaiteur. Ein Rückgriff auf den Forfaitisten ist insoweit ausgeschlossen. Die Forderung wird auf den Forfaiteur übertragen, der im Gegenzug dem Forfaitisten den Nennwert der Forderung abzüglich der Forfaitierungskosten sofort und vorbehaltlos gutschreibt.[93] Hauptanwendungsbereich der Forfaitierung ist die Exportfinanzierung. Sie ist jedoch nicht auf diesen Bereich beschränkt.[94] Es werden auch Forderungen gegen inländische Schuldner forfaitiert.[95]

Auch wenn die Forfaitierung eine Reihe von Gemeinsamkeiten mit dem direkten Exportfactoring aufweist, bestehen zwischen den beiden Finanzierungstechniken erhebliche Unterschiede, die ihrer Gleichsetzung entgegenstehen:[96] Mit der Forfaitierung ist stets die Übernahme des Bonitätsrisikos

---

[93] BGH, 21. 6. 1994, BGHZ 126, 261, 264; *Bernard,* Rechtsfragen des Forfaitierungsgeschäfts, S. 17 f.; *Bourdeaux,* J.-Cl. int., Fasc 566-80, Rdnr. 19 ff.; *Schmitthoff,* Export Trade, Rdnr. 13-008 f.; *Voigt,* Handbuch der Exportfinanzierung, S. 224; *Graf von Westphalen,* Rechtsprobleme der Exportfinanzierung, S. 483.

[94] Anders *Martinek/Oechsler,* in: Bankrechts-Handbuch, § 103, Rdnr. 1.

[95] *Bernard,* Rechsfragen des Forfaitierungsgeschäfts, S. 17; *Hakenberg,* RIW 1998, 906; *Schmitthoff,* Export Trade, Rdnr. 13-009; *Graf von Westphalen,* Rechtsprobleme der Exportfinanzierung, S. 484.

[96] Zum folgenden *Bernard,* Rechtsfragen des Forfaitierungsgeschäfts, S. 66–71; *Hakenberg,* RIW 1998, 906, 908; *Martinek/Oechsler,* in: Bankrechts-Handbuch, § 103, Rdnr. 5; *Martinek,* Moderne Vertragstypen, Bd. 1, S. 241 f.; *Staudinger/Hopt/Mülbert,* Vorbem zu

durch den Forderungserwerber verbunden. Das direkte Exportfactoring sieht dagegen für den Fall der Uneinbringlichkeit der Forderung in der Regel eine Rückgriffsmöglichkeit des Factoringinstituts vor.[97] Des weiteren hat eine Forfaitierung mittel- bis langfristigen Forderungen mit einer Laufzeit von einem Jahr bis zu sieben Jahren zum Gegenstand, während für das Factoring nur Forderungen mit Laufzeiten bis zu 180 Tagen in Betracht kommen. Die forfaitierten Forderungen lauten daher zwangsläufig auf hohe Beträge: Forderungen unter 125.000 € werden in der Praxis kaum forfaitiert.[98] Schließlich bezieht sich die Forfaitierung stets auf einzelne Forderungen und wird daher auf der Basis von Einzelverträgen abgewickelt.[99] Der Factoringvertrag ist dagegen auf Dauer angelegt und erfaßt sämtliche Forderungen eines bestimmten Geschäftsbereichs des Factoringkunden. Dies führt dazu, daß der für das Factoring typischen Dienstleistungsfunktion bei der Forfaitierung keine besondere Bedeutung zukommt.

Gegenstand der Forfaitierung sind vor allem in eigenen Wechseln verbriefte Forderungen.[100] Ursprünglich wurde der Begriff der Forfaitierung sogar auf den Ankauf von Wechselforderungen beschränkt.[101] Inzwischen werden aber zunehmend auch nicht verbriefte Forderungen forfaitiert,[102] da nicht alle Importeure bereit sind, Wechsel zu begeben.[103]

Für die forfaitierten Forderungen müssen in der Regel Sicherheiten bestellt werden.[104] Wegen Höhe und Laufzeit der Forderungen sind anderenfalls die wirtschaftlichen Risiken für den Forfaiteur so hoch, daß er die Forfaitierung kaum zu attraktiven Konditionen anbieten kann. Bei der Forfaitierung von Wechselforderungen ist die Wechselbürgschaft (Aval) einer international renommierten Bank die häufigste Sicherungsform.[105] Eine Forfaitierung ungesicherter Forderungen erfolgt nur in Ausnahmefällen. Voraussetzung ist die

---

§§ 607 ff., Rdnr. 694; *Graf von Westphalen*, Rechtsprobleme der Exportfinanzierung, S. 483 f.

[97] Dazu *oben*, S. 22.

[98] *Bernard*, Rechtsfragen des Forfaitierungsgeschäfts, S 36.

[99] *Schmitthoff*, Export Trade, Rdnr. 13-009.

[100] *Bernard*, Rechtsfragen des Forfaitierungsgeschäfts, S. 35 ff.; *Finsterwalder*, in: Handbuch des internationalen Bankgeschäfts, 175, 179; *Hakenberg*, RIW 1998, 906; *Voigt*, Handbuch der Exportfinanzierung, S. 228.

[101] Zur Entwicklung des Forfaitierungsbegriffs *Bernard*, Rechtsfragen des Forfaitierungsgeschäfts, S. 15 ff. Vgl. aber *Schmitthoff*, Export Trade, Rdnr. 13-008.

[102] *Bernard*, Rechtsfragen des Forfaitierungsgeschäfts, S. 35 f.; *Martinek/Oechsler*, in: Bankrechts-Handbuch, § 103, Rdnr. 4; *Hakenberg*, RIW 1998, 906; *Graf von Westphalen*, Rechtsprobleme der Exportfinanzierung, S. 483.

[103] *Bernard*, Rechtsfragen des Forfaitierungsgeschäfts, S. 41.

[104] Zum folgenden *Bernard*, Rechtsfragen des Forfaitierungsgeschäfts, S. 42 f.; *Hakenberg*, RIW 1998, 906, 907; *Martinek/Oechsler*, in: Bankrechts-Handbuch, § 103, Rdnr. 17 ff.; *Schmitthoff*, Export Trade, Rdnr. 13-010.

[105] Dazu: *Baumbach/Hefermehl*, Art. 30 WG, Rdnr. 1 ff.

einwandfreie Bonität des Schuldners und ein besonderes Vertrauensverhältnis zwischen Forfaitist und Forfaiteur.[106]

Grundlage des Forfaitierungsgeschäfts ist ein in der Regel schriftlich und in Anlehnung an die banküblichen Musterverträge[107] geschlossener Vertrag zwischen dem Exporteur und einer Bank.[108] Er regelt neben der Risikoverteilung zwischen Forfaitist und Forfaiteur[109] auch die Kosten der Forfaitierung.[110] Diese werden sofort und in voller Höhe vom Nennwert der Forderung abgezogen: Die Forderung wird diskontiert. Der verbleibende Barwert der Forderung wird dem Forfaiteur gutgeschrieben. Die Höhe des Diskontsatzes hängt von den Refinanzierungskosten des Forfaiteurs und den von ihm übernommenen Risiken ab. Die Diskontsatztabellen der Banken geben Richtwerte für die Höhe der Diskontsätze für die wichtigsten Länder und Währungen. Sie zeigen, daß es sich bei der Forfaitierung um eine eher teure Finanzierungsform handelt.[111]

Im Mittelpunkt des Forfaitierungsvertrags steht die Übertragung der forfaitierten Forderung und der für sie bestehenden Sicherheiten.[112] Handelt es sich um eine Wechselforderung, erfolgt die Übertragung durch Übereignung des indossierten Wechsels.[113] Dabei schließt der Exporteur in aller Regel

---

[106] *Bernard,* Rechtsfragen des Forfaitierungsgeschäfts, S. 43; *Martinek/Oechlser,* in: Bankrechts-Handbuch, § 103, Rdnr. 26.

[107] Ein Mustervertrag in deutscher Sprache ist abgedruckt bei *Schütze,* in: Münchener Vertragshandbuch, S. 283 ff. Musterverträge müssen wegen des Einzelfallcharakters der Forfaitierungsgeschäfte an die Besonderheiten der zu forfaitierenden Forderung angepaßt werden. Sie sind dementsprechend flexibel gehalten (*Bernard,* Rechtsfragen des Forfaitierungsgeschäfts, S. 79 f.; *Martinek/Oechsler,* in: Bankrechts-Handbuch, § 103, Rdnr. 10).

[108] Zum Zustandekommen des Forfaitierungsvertrags *Bernard,* Rechtsfragen des Forfaitierungsgeschäfts, S. 32 ff.; *Martinek/Oechsler,* in: Bankrechts-Handbuch, § 103, Rdnr. 10.

[109] Vgl. §§ 2 und 4 des Mustervertrags bei *Schütze,* in: Münchener Vertragshandbuch, S. 283 ff.

[110] Zum folgenden *Bernard,* Rechtsfragen des Forfaitierungsgeschäfts, S. 44 ff.; *Finsterwalder,* in: Handbuch des internationalen Bankgeschäfts, 175, 183 ff.; *Martinek/Oechsler,* in: Bankrechts-Handbuch, § 103, Rdnr. 10 ff.; *Voigt,* Handbuch der Exportfinanzierung, S. 232 ff.

[111] *Hakenberg,* RIW 1998, 906, 907; *Staudinger/Hopt/Mülbert,* Vorbem zu §§ 607 ff., Rdnr. 695.

[112] § 1 Abs. 2 des Mustervertrags bei *Schütze,* in: Münchener Vertragshandbuch, S. 283 ff.

[113] *Baumbach/Hefermehl,* Art. 11, Rdnr. 1; *Peters,* in: Bankrechts-Handbuch § 64, Rdnr. 24. Wird der Wechsel in Deutschland indossiert, richten sich die Wirkungen des Indossaments gemäß Art. 93 Abs. 2 WG nach deutschem Recht, d. h. nach den Art. 11 ff. WG. Die danach erforderliche Übereignung der Wechselurkunde richtet sich als Erstfrage gemäß deutschem Internationalem Sachenrecht nach dem Recht des Lageortes *(lex cartae sitae).*

eine Haftung aus dem Indossament aus.[114] Teilweise wird neben der Wechselforderung auch die sich aus dem Exportvertrag ergebende Grundforderung an den Forfaiteur übertragen. Angesichts der für die Wechselforderung bestehenden Sicherheiten ist die Übertragung der Grundforderung aber nur in Ausnahmefällen für den Forfaiteur von Interesse. Die gleichzeitige Inhaberschaft von Wechselforderung und Grundforderung kann die Position des Forfaiteurs sogar gefährden. Dies ist der Fall, wenn das nach Art. 93 Abs. 1 WG anwendbare Recht des Zahlungsorts einen Durchgriff von Einwendungen aus dem Grundgeschäft auf die Wechselforderung zuläßt.[115] Ist eine nicht verkörperte Forderung Gegenstand der Forfaitierung, so ist lediglich eine einfache Forderungsübertragung erforderlich.

Die Forfaitierung weist die oben genannten Merkmale internationaler Forderungsfinanzierungen auf.[116] Es handelt sich zunächst um ein Finanzierungsgeschäft: Dem Forfaitisten wird vom Forfaiteur Kapital zur Verfügung gestellt. Das Finanzierungsgeschäft kommt zustande, weil die forfaitierte Forderung dem Forfaiteur die Gewißheit bietet, daß er das dem Forfaitisten zur Verfügung gestellte Kapital bei Fälligkeit der Forderung vom Forderungsschuldner zurückerhält. Dieser wirtschaftliche Wert wird dem Forfaiteur durch die Übertragung der Forderung zugewiesen. Liegt der forfaitierten Forderung ein Exportgeschäft zugrunde, erfordert die Forfaitierung die *Übertragung einer grenzüberschreitenden Forderung.* Sie ist schon deshalb eine Erscheinungsform der internationalen Forderungsfinanzierung. Hinzu kommt, daß der Forfaiteur in vielen Fällen die Forderung an eine Bank im Staat des Importeurs weiterüberträgt, die die Forderung gegen ein entsprechendes Entgelt einzieht.[117] Die Forfaitierung ist in diesem Fall auch mit der *grenzüberschreitenden Übertragung einer Forderung* verbunden.

Die betriebwirtschaftlichen Vorteile der Forfaitierung entsprechen im wesentlichen denen des Factoring.[118] Über das Factoring hinausgehende Vorteile der Forfaitierung ergeben sich aus der deutlich längeren Laufzeit der finanzierten Forderungen. Durch die mittel- bis langfristigen Zahlungsziele gewährt der Exporteur seinen Abnehmern wirtschaftlich gesehen einen Kredit, meistens ohne sich fristenkongruent zu den entsprechenden Zinssätzen zu refinanzieren. Der Exporteur trägt daher das Zinsänderungsrisiko. Durch die Forfaitierung geht dieses Risiko auf den Forfaiteur über. Der Exporteur wird von seiner Funktion als „Bankier wider Willen“[119] befreit. Lautet die Forderung auf eine Fremdwährung, überträgt der Exporteur das Wechselkurs-

---

[114] *Bernard,* Rechtsfragen des Forfaitierungsgeschäfts, S. 36; *Martinek/Oechsler,* in: Bankrechts-Handbuch, § 103. Rdnr. 22. Zu dieser sogenannten Angstklausel *Baumbach/Hefermehl,* Art. 15 WG, Rdnr. 7; *Peters,* in: Bankrechts-Handbuch, § 64, Rdnr. 31.
[115] *Bernard,* Rechtsfragen des Forfaitierungsgeschäfts, S. 149–157; *Martinek/Oechsler,* in: Bankrechts-Handbuch, § 103, Rdnr. 21; *Schütze,* WM 1979, 962.
[116] *Oben,* S. 12 f.
[117] *Martinek,* in: Bankrechts-Handbuch, § 103, Rdnr. 13.
[118] Dazu *oben,* S. 23 ff.
[119] *Bernard,* Rechtsfragen des Forfaitierungsgeschäfts, S. 50.

risiko auf den Forfaiteur und vermeidet so die Kosten anderenfalls erforderlicher Kurssicherungsgeschäfte.

Schließlich trägt der Forfaiteur das Risiko eines Zahlungsausfalls nicht nur im Hinblick auf die Bonität des Schuldners, sondern auch im Hinblick auf die politischen Verhältnisse im Importland. Diese sind gerade bei längerfristigen Forderungen oft kaum einzuschätzen. So können Kriege, Unruhen und Streiks einen Forderungsausfall herbeiführen, ebenso wirtschaftspolitisch bedingte Maßnahmen des Importlands wie Konvertierungsverbote, Transferverbote, Zahlungsverbote und Moratorien.[120] Diese Risiken können zwar auch durch eine staatliche Exportkreditversicherung gedeckt werden,[121] die jedoch die Einhaltung vielfältiger Liefervorschriften voraussetzt und auch nicht ohne weiteres für jedes Land erhältlich ist.[122] Die Versicherungsbedingungen sehen darüber hinaus einen Selbstbehalt des Exporteurs von 10–25% des Forderungsbetrags vor.[123] Durch die Forfaitierung kann der Exporteur die Kosten einer Exportkreditversicherung vermeiden.

3. Asset Backed Securities

Während es sich bei Factoring und Forfaitierung um Finanzierungstechniken handelt, die in der deutschen Praxis ihren festen Platz haben, sind Asset Backed Securities ein verhältnismäßig neues Instrument der Unternehmensfinanzierung. Sie sind Teil einer als *Securitisation* bezeichneten Entwicklung an den internationalen Kapitalmärkten: Unternehmen decken ihren Kapitalbedarf nicht mehr durch Kredite, sondern durch die Emission von Wertpapieren, die sie unter Umgehung der Kreditinstitute direkt an den Kapitalmärkten plazieren. Die verschiedenen Möglichkeiten einer solchen Verbriefung von Finanzierungen faßt der Begriff *Securitisation* zusammen.[124]

a. Grundstruktur

Die Securitisation kann auf zwei Wegen erfolgen.[125] Große Unternehmen können selbst Wertpapiere direkt an den Kapitalmärkten plazieren. Deren

---

[120] Diese Maßnahmen werden unter dem Begriff der KT-ZM Risiken zusammengefaßt (*Bernard*, Rechtsfragen des Forfaitierungsgeschäfts, S. 47).

[121] Die staatliche Exportkreditversicherung wird in der Bundesrepublik Deutschland vor allem durch die HERMES Kreditversicherungs AG durchgeführt. Zur HERMES Deckung *Graf von Westphalen*, Rechtsprobleme der Exportfinanzierung, S. 395 ff; *Voigt*, Handbuch der Exportfinanzierung, S. 93 ff. Die staatliche Exportkreditversicherung wird in Frankreich von der Compagnie Française d'Assurance pour le Commerce Extérieur (COFACE) wahrgenommen (*Bourdeaux*, J.-Cl. int., Fasc. 566-80, Rdnr. 83 ff.).

[122] Zu den Voraussetzungen einer Hermesdeckung *Voigt*, Handbuch der Exportfinanzierung, S. 119 ff.

[123] *Voigt*, Handbuch der Exportfinanzierung, S. 124 ff.

[124] Arbeitskreis „Finanzierung“, zfbf 1992, 495; *Baums*, WM 1993, 1; *Benner*, BFuP 1988, 403, 404.

[125] Arbeitskreis „Finanzierung“, zfbf 1992, 495 f.; *Baums*, WM 1993, 1 f.

Bewertung richtet sich nach der Bonität des Unternehmens als Ganzem. Es können aber auch einzelne Vermögenswerte des Unternehmens als Grundlage für die Begebung von Wertpapieren genutzt werden. Diese Vermögenswerte müssen geeignet sein, die zur Bedienung der Wertpapiere erforderlichen Zahlungsströme zu erzeugen. In Betracht kommen vor allem Forderungen. Die sich darauf stützenden Formen der Securitisation können umschrieben werden als Umwandlung einem Unternehmen zustehender, an sich nicht kapitalmarktfähiger Forderungen in handelbare Wertpapiere. Diese Wertpapiere (*securities*) werden als Asset Backed Securities bezeichnet, weil sie mit ihnen ausdrücklich zugeordneten Vermögensgegenständen (*assets*) unterlegt (*backed*) sind.[126]

Obwohl Finanzierungen durch Asset Backed Securities in einem hohen Maß durch die Besonderheiten des Einzelfalls geprägt sind, liegen ihnen dennoch gemeinsame Konstruktionselemente zugrunde, die sich zur Grundstruktur einer Finanzierung durch Asset Backed Securities zusammenfügen lassen:[127]

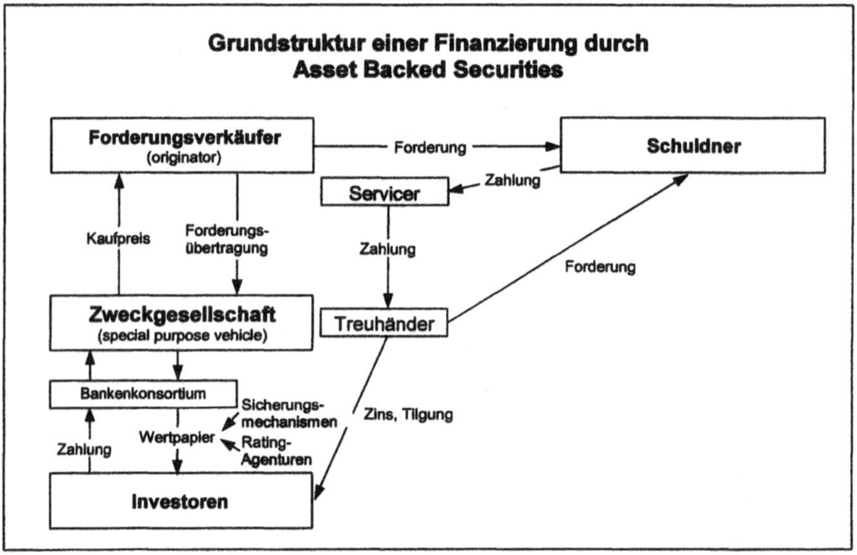

Abbildung 2

[126] Bundesaufsichtsamt für das Kreditwesen, Rundschreiben 4/97 vom 19. 3. 1997: Veräußerung von Kundenforderungen im Rahmen von Asset-Backed Securities-Transaktionen durch deutsche Kreditinstitute, abgedruckt in WM 1997, 1821 f.

[127] Dazu Arbeitskreis „Finanzierung", zfbf 1992, 495, 500 ff.; *Benner*, BFuP 1988, 403 ff.; *Früh*, BB 1995, 105 f.; *Oditah*, Receivables Financing, S. 34; *Rinze/Klüwer*, BB 1998, 1697 ff.; *Wiese*, BB 1998, 1713, 1714 f.

Ein Forderungsverkäufer verkauft und überträgt einen Pool von Forderungen an eine eigens zu diesem Zweck gegründete Gesellschaft. Diese verschafft sich die zur Bezahlung des Kaufpreises erforderlichen Mittel durch die Emission von Wertpapieren, die aus den Zahlungen der Schuldner auf die übertragenen Forderungen bedient werden. Die Forderungen werden an einen Treuhänder weiterübertragen. Die Wertpapiere werden von Ratingagenturen bewertet und durch ein Bankenkonsortium am Kapitalmarkt plaziert. Die Verwaltung des Forderungsportfolios, insbesondere die Einziehung der Forderungen, obliegt dem sogenannten Servicer, der mit dem Forderungsverkäufer identisch sein kann.[128] Dementsprechend wird die Übertragung der Forderungen den Schuldnern gegenüber in der Regel nicht offengelegt. Die eingehenden Zahlungen werden vom Servicer an den Treuhänder weitergeleitet, der damit die ausgegebenen Wertpapiere verzinst und tilgt. Vor Störungen in diesen Zahlungsströmen werden die Investoren durch verschiedene Sicherungsmechanismen geschützt, die sich aus Einstandsverpflichtungen Dritter oder aus der Emissionsstruktur ergeben.

Während den Finanzierungstechniken des Factoring und der Forfaitierung in der Regel ein einzelner Vertrag zugrunde liegt, wird der wirtschaftliche Erfolg einer Finanzierung durch Asset Backed Securities erst durch das Zusammenspiel einer Vielzahl unterschiedlicher Verträge erreicht.[129]

Entscheidend ist der Kaufvertrag zwischen dem Forderungsverkäufer und der Zweckgesellschaft. Er gewährleistet, daß die Zweckgesellschaft eine den Anforderungen der Ratingagenturen entsprechende Grundlage für die Begebung von Wertpapieren erhält. Die Anforderungen der Ratingagenturen beziehen sich auf die Zusammensetzung des Forderungspools und auf die Art seiner Übertragung.

Der Kaufvertrag sollte sich auf bestimmte, bereits bestehende Forderungen beziehen. Nur auf dieser Grundlage sind eine genaue Bestimmung des Kaufpreises und eine zuverlässige Bewertung des Forderungsportfolios durch die Ratingagenturen möglich.[130] Das verkaufte Forderungsportfolio muß darüber hinaus besonderen Qualitätsanforderungen genügen, um ein erstklassiges Rating zu rechtfertigen. Entscheidend ist die Prognostizierbarkeit der von dem Forderungsportfolio erzeugten Zahlungsströme, da von ihnen die zuverlässige Verzinsung und Tilgung der Wertpapiere abhängt. Der Kaufvertrag sollte sich auf eine möglichst große Zahl von Forderungen erstrecken. Denn die mit einer großen Zahl von Schuldnern einhergehende Risikostreuung senkt das Ausfallrisiko des Forderungsportfolios. Eine zusätzliche Diversifizierung kann durch eine geeignete Zusammensetzung

---

[128] In diesem Fall weist die Finanzierung durch Asset Backed Securities Ähnlichkeiten mit dem Eigenservice-Factoring auf. Dazu *oben*, Erster Teil, Fn. 45.

[129] Vgl. *Wiegand*, FS Schimansky, 837, 855.

[130] *Benner*, BFuP 1988, 403, 409 f.; *Wiegand*, FS Schimansky, 837, 844 f. Dennoch ist ein revolvierender Forderungsankauf nicht ausgeschlossen. Zu den damit verbundenen Schwierigkeiten Arbeitskreis „Finanzierung", zfbf 1992, 495, 514 ff.

nach geographischen Gesichtspunkten oder nach Branchenzugehörigkeit erreicht werden.[131]

Die Forderungen müssen endgültig auf die Zweckgesellschaft übertragen werden. Nur dadurch kann sichergestellt werden, daß die Grundlage der Asset Backed Securities auch in einer Insolvenz des Forderungsverkäufers nicht gefährdet ist.[132] Auch müssen die Forderungen nur dann nicht mehr vom Forderungsverkäufer bilanziert werden, wenn sie endgültig auf die Zweckgesellschaft übergegangen sind.[133] Der Vertrag darf daher keinerlei Rückabwicklungsvorbehalte vorsehen.[134]

Die Forderungsübertragung erstreckt sich auf eine Vielzahl bestehender Forderungen. Dabei gilt der Bestimmtheitsgrundsatz, so daß die Forderungen im Hinblick auf ihre Höhe und die Person des Schuldners genau bezeichnet werden müssen.[135] Auch eine Bewertung des Forderungspools durch die Ratingagenturen ist nur möglich, wenn ihnen diese Daten zugänglich gemacht werden.[136]

Handelt es sich bei dem Forderungsverkäufer um eine Bank, ergeben sich aus dieser Weitergabe personenbezogener Daten rechtliche Risiken im Hinblick auf Datenschutz[137] und Bankgeheimnis.[138] Ein Verstoß gegen die ein-

---

[131] Arbeitskreis „Finanzierung", zfbf 1992, 495, 511; *Baums*, WM 1993, 1, 4; *Benner*, BFuP 1988, 403, 409; *Rinze/Klüwer*, BB 1998, 1697, 1699.

[132] Arbeitskreis „Finanzierung", zfbf 1992, 495, 504 f.; *Baums*, WM 1993, 1, 11; *Caliebe*, BB 2000, 2369, 2370; *Früh*, BB 1995, 105, 107; *Wiegand*, FS Schimansky, 837, 843.

[133] Zu den bilanzrechtlichen Fragen *Wiese*, BB 1998, 1713, 1715 ff.

[134] *Wiegand*, FS Schimansky, 837, 843.

[135] *Früh*, WM 2000, 497, 502; *Wiegand*, FS Schimansky, 837, 845.

[136] *Früh*, WM 2000, 497, 501.

[137] Nach § 4 I i.V.m. § 3 IV 2 Nr. 3 BDSG ist die Übermittlung personenbezogener Daten (vgl. § 3 I BDSG) grundsätzlich unzulässig. Etwas anderes gilt nur dann, wenn der Betroffene einwilligt oder die Übermittlung durch andere Rechtsvorschriften erlaubt oder angeordnet wird. Nach § 28 I Nr. 2 BDSG ist die Übermittlung personenbezogener Daten durch nicht-öffentliche Stellen zulässig, wenn die berechtigten Interessen der datenübermittelnden Stelle das Geheimhaltungsinteresse des Betroffenen überwiegen. In dieser Abwägung wird dem Refinanzierungsinteresse der Banken besonderes Gewicht beigemessen. Daher wird die Übermittlung personenbezogener Daten durch den Forderungsverkäufer an die Zweckgesellschaft im Rahmen einer Finanzierung durch Asset Backed Securities als mit den Vorgaben des BDSG vereinbar angesehen (*Bruchner*, in: Bankrechts-Handbuch, § 39, Rdnr. 31; *Früh*, WM 2000, 497, 503 f.; *Kusserow/Dittrich*, WM 1997, 1786, 1790; *Wiegand*, FS Schimansky, 837, 846, Fn. 31). Werden die Daten ins Ausland übermittelt, sind jedoch zusätzliche Schutzvorkehrungen erforderlich (*Kusserow/Dittrich*, a. a. O., 1790 f.).

[138] Grundlage des Bankgeheimnisses ist das besondere Vertrauensverhältnis zwischen den Kreditinstituten und ihren Kunden. Daher ergibt sich die Verpflichtung zur Verschwiegenheit auch ohne ausdrückliche Vereinbarung als vertragliche Nebenpflicht aus der vertraglichen Beziehung zwischen den Kreditinstituten und ihren Kunden (BGH, 12. 5. 1958, BGHZ 27, 241, 246; *Bruchner*, in: Bankrechts-Handbuch, § 39, Rdnr. 7). Werden im Rahmen einer Finanzierung durch Asset Backed Securities Informationen ohne Einwilligung des Kunden weitergegeben, so wird das Bankgeheimnis nach Ansicht des Bundesauf-

schlägigen Vorschriften kann nach § 134 BGB zur Unwirksamkeit der Forderungsübertragung führen[139] oder die Qualität des Forderungsportfolios in anderer Weise beeinträchtigen.[140] Obwohl die Weitergabe personenbezogener Daten im Rahmen einer Finanzierung durch Asset Backed Securities nach überwiegender Auffassung nicht gegen das Bundesdatenschutzgesetz oder das Bankgeheimnis verstößt, beeinträchtigt bereits die bestehende Unsicherheit die Bewertung der Wertpapiere durch die Ratingagenturen.

In den meisten Fällen verpflichtet sich der Forderungsverkäufer in einem weiteren Vertrag, als Servicer die Verwaltung des Forderungsportfolios und die Einziehung der Forderungen durchzuführen, da die Zweckgesellschaft als bloßes Finanzierungsvehikel nicht über die personelle und sachliche Ausstattung verfügt, um diese Aufgaben selbst wahrzunehmen. Sie erteilt dem Forderungsverkäufer eine Einziehungsermächtigung[141] und zahlt für dessen Tätigkeit eine entsprechende Gebühr. Da der Forderungsverkäufer die Forderungen in eigenem Namen einzieht und die Schuldner an ihren ursprünglichen Gläubiger zahlen, wird die Forderungsübertragung in aller Regel nicht offengelegt.[142] Der Forderungsverkäufer zieht jedoch ihm rechtlich nicht mehr zustehende Forderungen ein, so daß sich die Frage stellt, ob er nach Art. 1 § 1 Abs. 1 S. 1 RBerG einer behördlichen Erlaubnis bedarf. Bis

---

sichtsamts für das Kreditwesen dann nicht verletzt, wenn die zur Einhaltung des Bestimmtheitsgrundsatzes erforderlichen Informationen verschlüsselt übermittelt werden und der Schlüssel bei einer neutralen Stelle hinterlegt wird. Zulässig ist auch die Weitergabe solcher Informationen, die für die Durchführung der Transaktion aus technischen Gründen unbedingt erforderlich ist. Die Identität der Kunden darf dabei jedoch nicht aufgedeckt werden. Die Empfänger der Informationen sind zur Wahrung der Vertraulichkeit zu verpflichten (Bundesaufsichtsamt für das Kreditwesen, Rundschreiben 4/97 vom 19. 3. 1997). Vgl. *Bruchner,* in: Bankrechts-Handbuch, § 39, Rdnr. 31; *Früh,* WM 2000, 497, 503; *Kusserow/Dittrich,* WM 1997, 1786, 1792. Für eine Einholung der Zustimmung der Bankkunden spricht sich *Wiegand* (FS Schimansky, 837, 851) aus.

[139] Ob es sich bei § 4 i.V.m. § 28 BDSG um ein Verbotgesetz i.S.d. § 134 BGB handelt, ist umstritten. Ein starkes Indiz für die Qualifikation einer Norm als Verbotsgesetz ist ihr strafrechtlicher Charakter (MünchKomm/*Mayer-Maly*, § 134, Rdnr. 47). Angesichts des § 44 i.V.m. § 43 II BDSG liegt es nahe, die Weitergabe personenbezogener Daten durch Kreditinstitute als Verstoß gegen ein Verbotsgesetz i.S.d. § 134 BGB anzusehen (*Kusserow/Dittrich,* WM 1997, 1786, 1791 f.; a. A. *Früh,* WM 2000, 497, 501, allerdings ohne Begründung).

[140] Bei einem Bruch des Bankgeheimnisses ist der Kreditnehmer nach Maßgabe der Nr. 18 Abs. 2 AGB-Banken zur außerordentlichen Kündigung des Kreditvertrags berechtigt (*Bruchner,* in: Bankrechts-Handbuch, § 39, Rdnr. 119; *Früh,* WM 2000, 497, 501). Damit steht die betroffene Kreditforderung als Grundlage der begebenen Wertpapiere nicht mehr zur Verfügung. Denkbar ist auch, daß sich das Bankgeheimnis als vertragliches Abtretungsverbot auswirkt (*Kusserow/Dittrich,* WM 1997, 1786, 1792).

[141] *Caliebe,* BB 2000, 2369, 2370; *Rinze/Klüwer,* BB 2000, 2483; *Wiegand,* FS Schimansky, 837, 851.

[142] *Caliebe,* BB 2000, 2369, 2371; *Rinze/Klüwer,* BB 2000, 2483. Daß der Forderungsverkäufer unter diesen Umständen in bezug auf die Forderungen Rechtsgeschäfte vornehmen kann, die gegenüber der Zweckgesellschaft wirksam sind (§ 407 BGB), kann jedoch die Qualität des Forderungsportfolios beeinträchtigen (*Wiegand,* FS Schimansky, 837, 852).

zu der Einführung des Art. 1 § 5 Nr. 4 RBerG durch das 4. Finanzmarktförderungsgesetz[143] war die Frage umstritten.[144] Die Rechtsunsicherheit hat Finanzierungen durch Asset Backed Securities erheblich erschwert.[145] Durch die Neuregelung wurde klargestellt, daß eine behördliche Erlaubnis nicht erforderlich ist.

Die weiteren vertraglichen Beziehungen, die bei einer Finanzierung durch Asset Backed Securities bestehen, sind mit der Übertragung des Forderungspools nicht unmittelbar verbunden. Sie treten bei einer Darstellung dieser Finanzierungstechnik als Erscheinungsform der internationalen Forderungsfinanzierung in den Hintergrund. Für den Eintritt des wirtschaftlichen Erfolgs sind sie dennoch von entscheidender Bedeutung. Dies gilt insbesondere für die vertraglichen Beziehungen zwischen der Zweckgesellschaft und den Investoren: Aus den von der Zweckgesellschaft emittierten Schuldverschreibungen ergeben sich die Bedingungen für deren Tilgung und Verzinsung.[146] Weitere vertragliche Beziehungen bestehen zwischen der Zweckgesellschaft und Dritten, die durch Garantien, Bürgschaften, *standby letters of credit*[147] oder durch sonstige Sicherheiten die Zahlungsfähigkeit und Liquidität der Zweckgesellschaft gewährleisten.[148]

b. Asset Backed Securities als Erscheinungsform der internationalen Forderungsfinanzierung

Eine Finanzierung durch Asset Backed Securities erfüllt die oben genannten[149] Voraussetzungen internationaler Forderungsfinanzierungen.

Es handelt sich um ein Finanzierungsgeschäft, da der Forderungsverkäufer zusätzliches Kapital erhält. Er bekommt den Kaufpreis für den Forderungspool von der Zweckgesellschaft sofort und vorbehaltlos gutgeschrieben, obwohl die Forderungen erst später fällig werden. Die Finanzierung wird ihm gewährt, weil sich die Zweckgesellschaft durch die Ausgabe von Wertpapie-

---

143 BGBl. 2002 I 2010.

144 Nach überwiegender Auffassung liegen bereits die Voraussetzungen des Art. 1 § 1 Abs. 1 S. 1 RBerG nicht vor. Es handele sich nicht um eine Einziehung *fremder* Forderungen (*Rinze/Klüwer,* BB 2000, 2483, 2485; *Kusserow/Dittrich,* WM 1997, 1786, 1795). Zumindest sei die Ausnahmeregelung des Art. 1 § 5 Nr. 1 RBerG anwendbar (*Rinze/Klüwer,* BB 2000, 2483, 2485 f.; *Kusserow/Dittrich,* WM 1997, 1786, 1785). Anders *Caliebe,* BB 2000, 2369, 2373 ff.

145 *Kusserow/Dittrich,* WM 1997, 1786, 1785 f. Nach Ansicht von *Caliebe* (BB 2000, 2369, 2376) führte der Verstoß gegen Art. 1 § 1 Abs. 1 S. 1 RBerG über § 134 BGB zur Unwirksamkeit des Kaufvertrags, der Einziehungsermächtigung und der Forderungsübertragung.

146 Arbeitskreis „Finanzierung", zfbf 1992, 495, 504; *Baums,* WM 1993, 1, 11; *Benner,* BFuP 1988, 403, 407 f.; *Früh,* BB 1995, 105, 108; *Rinze/Klüwer,* BB 1998, 1697, 1698 f.

147 Es handelt sich dabei um ein abstraktes Schuldversprechen nach § 780 BGB (BGH, 26. 9. 1989, BGHZ 108, 348, 350, MünchKommHGB/*Nielsen,* ZahlungsV, Rdnr. H 30).

148 Dazu: Arbeitskreis „Finanzierung", zfbf 1992, 495, 506 f.; *Rinze/Klüwer,* BB 1998, 1697, 1699 f.

149 *Oben,* S. 12 f.

ren an den Kapitalmärkten zu günstigen Konditionen refinanzieren kann. Dies setzt voraus, daß sie den Forderungspool als Haftungsgrundlage für die emittierten Wertpapiere nutzen kann. Zu diesem Zweck wird der in den Forderungen liegende wirtschaftliche Wert durch eine Forderungsübertragung rechtlich verselbständigt und der Zweckgesellschaft eindeutig zugewiesen. In aller Regel weisen Finanzierungen durch Asset Backed Securities ein internationales Element auf. Die Zweckgesellschaft ist häufig in einem Staat angesiedelt, in dem die steuerlichen und aufsichtsrechtlichen Voraussetzungen besonders günstig sind.[150] Daher erfordert eine Finanzierung durch Asset Backed Securities eine grenzüberschreitende Übertragung von Forderungen.

c. Betriebswirtschaftliche Vorteile

Gegenüber dem Factoring und der Forfaitierung zeichnet sich eine Finanzierung durch Asset Backed Securities dadurch aus, daß durch die Inanspruchnahme der internationalen Kapitalmärkte deutlich größere Forderungsbestände zu Finanzierungszwecken genutzt werden können.[151] Darüber hinaus können die Zinskosten an den Kapitalmärkten deutlich niedriger sein als bei einer herkömmlichen Kreditfinanzierung. Dies gilt vor allem dann, wenn die Asset Backed Securities ein besseres Rating erhalten als das finanzierte Unternehmen selbst.[152]

Ebenso wie durch Factoring und Forfaitierung kann der Forderungsverkäufer mit Hilfe einer Finanzierung durch Asset Backed Securities nicht liquide Vermögenswerte in Liquidität umwandeln. Diese kann für Investitionen oder zur Tilgung bestehender Verbindlichkeiten genutzt werden. Letzteres entlastet die Bilanz des Forderungsverkäufers und führt zu einer Verbesserung wichtiger Bilanzkennzahlen und damit zu höherer Kreditwürdigkeit. Dies wiederum erweitert nicht nur den Finanzierungsspielraum des Forderungsverkäufers, sondern verringert auch dessen Finanzierungskosten, da die Kreditzinsen mit steigender Bonität des Kreditnehmers sinken.[153] Die Finanzierung durch Asset Backed Securities eröffnet dem Forderungsverkäufer zusätzliche Finanzquellen, ohne seinen Verschuldungsgrad zu erhöhen.

Voraussetzung dieser Vorteile ist allerdings, daß sich die Finanzierungsspielräume und Finanzierungskosten eines Unternehmens tatsächlich nach seiner Bilanzstruktur richten.[154] Die ohnehin begrenzte Aussagekraft von Bilanzkennzahlen wird jedoch vermindert, wenn Unternehmen qualitativ hoch-

---

[150] Arbeitskreis „Finanzierung", zfbf 1992, 495, 525; *Rinze/Klüwer,* BB 1998, 1697, Fn. 7.
[151] Arbeitskreis „Finanzierung", zfbf 1992, 495, 524.
[152] Arbeitskreis „Finanzierung", zfbf 1992, 495, 498; *Baums,* WM 1, 4; *Benner,* BFuP 1988, 403, 410; *Rinze/Klüwer,* BB 1998, 1697, 1701.
[153] Arbeitskreis „Finanzierung", zfbf 1992, 495, 519; *Benner,* BFuP 1988, 403, 411 f.; *Früh,* WM 2000, 497, 499; *König/van Aerssen,* WM 1997, 1777, 1778.
[154] Skeptisch Arbeitskreis „Finanzierung", zfbf 1992, 495, 519; *Benner,* BFuP 1988, 403, 412.

wertige Aktiva in großem Umfang zu Finanzierungszwecken aus ihrem Vermögen herausnehmen und dadurch die Qualität des verbleibenden Vermögens beeinträchtigen („Rosinenpicken"[155]). Wenn die Kreditwirtschaft darauf mit höheren Anforderungen an die Bewertung der Kreditfähigkeit reagiert, können entscheidende Vorteile der Finanzierung durch Asset Backed Securities nicht mehr verwirklicht werden. Insofern untergräbt die Finanzierung durch Asset Backed Securities ihre eigene Grundlage.

Die bilanziellen Auswirkungen einer Finanzierung durch Asset Backed Securities sind für Kreditinstitute von besonderer Bedeutung. Kreditinstitute unterliegen nach § 10 KWG besonderen Eigenkapitalanforderungen: Forderungen aus Darlehen der Bank an ihre Kunden müssen zu einem bestimmten Prozentsatz mit Eigenkapital unterlegt sein. Um diesen Anforderungen zu genügen, müßten die Kreditinstitute bei expandierender Geschäftstätigkeit neues Eigenkapital zuführen. Sie können aber auch bestehende Kundenforderungen aus ihrer Bilanz herausnehmen und sich dadurch von der Pflicht zur Eigenkapitalunterlegung befreien. Eine Möglichkeit hierzu bieten Asset Backed Securities.[156] Die Voraussetzungen, unter denen das Bundesaufsichtsamt für das Kreditwesen die Veräußerung von Kundenforderungen im Rahmen einer Finanzierung durch Asset Backed Securities anerkennt, hat es in einem Rundschreiben niedergelegt.[157] Auch hier besteht jedoch die Gefahr, daß die Veräußerung von Kundenforderungen zu einer Verschlechterung des verbleibenden Forderungsbestands führt und damit langfristig eine weitere Verschärfung der gesetzlichen Eigenkapitalanforderungen nach sich zieht.[158]

4. Projektfinanzierung

Ob es sich bei der Projektfinanzierung um eine Erscheinungsform der internationalen Forderungsfinanzierung handelt, hängt davon ab, in welcher Bedeutung der Begriff verwendet wird. Im Bereich der öffentlichen Entwicklungshilfe und Exportförderung wird unter Projektfinanzierung eine Kreditvergabe verstanden, die einem Unternehmen die Verwirklichung eines bestimmten Projekts ermöglichen soll. Projektfinanzierung ist danach eine zweckgebundene Finanzierung, die sich auf die Bonität des Kreditnehmers und die bestellten Sicherheiten stützt.[159] Dagegen bedeutet Projektfinanzie-

---

[155] *Baums,* WM 1993, 1, 6.

[156] *Baums,* WM 1993, 1, 4; *Früh,* WM 2000, 497, 499.

[157] Rundschreiben 4/97 vom 19. 3. 1997, abgedruckt in: WM 1997, 1820 ff.

[158] Das Bundesaufsichtsamt für das Kreditwesen hat in seinem Rundschreiben die Auswahl der zu veräußernden Forderungen ausdrücklich besonderen Anforderungen unterworfen. Bei einer Verschlechterung des verbleibenden Forderungsbestandes drohen aufsichtsrechtliche Maßnahmen (*Baums,* WM 1993, 1, 6; *König/van Aerssen,* WM 1997, 1777, 1784).

[159] *Harries,* in: The Law of International Trade Finance, 345, 346; *Heintzeler,* in: Projektmanagement – international, 163, 164; *Horn,* in: Das Vertragsrecht der internationalen Konsortialkredite und Projektfinanzierungen, 201, 208.

rung an den internationalen Kapitalmärkten eine Kreditvergabe, die dadurch geprägt ist, daß nicht die Bonität des Kreditnehmers, sondern die wirtschaftliche Tragfähigkeit des zu finanzierenden Projekts die Grundlage der Kreditvergabe bildet. In dieser Bedeutung kommt die Projektfinanzierung als Erscheinungsform der internationalen Forderungsfinanzierung in Betracht.

a. Grundstruktur

Eine Projektfinanzierung im Sinne der internationalen Kapitalmärkte ist eine Kreditgewährung zur Finanzierung eines Projekts, bei der die Rückzahlung der Kredite aus den Erträgen des Projekts erfolgen soll. Grundlage der Finanzierung sind die erwarteten Einnahmen des Projekts. Die bestehenden Risiken werden durch umfassende Sicherungsmechanismen den verschiedenen Projektbeteiligten zugewiesen.[160]

Ebenso wie die Finanzierung durch Asset Backed Securities ist auch die Projektfinanzierung dadurch gekennzeichnet, daß sie auf einem komplexen Netzwerk von Verträgen zwischen einer Vielzahl von Beteiligten beruht.[161] Diese Verträge sind in hohem Maß von den Besonderheiten des Einzelfalls abhängig. Dennoch geht aus der Art und Weise, in der die wichtigsten Projektbeteiligten im Rahmen des von ihnen geknüpften Vertragsnetzes zusammenwirken, die charakteristische Grundstruktur einer Projektfinanzierung hervor:

---

[160] *Harries*, in: The Law of International Trade Finance, 345, 346; *Horn*, in: Das Vertragsrecht der internationalen Konsortialkredite und Projektfinanzierungen, 201; *Kümpel*, Bank- und Kapitalmarktrecht, Rdnr. 7.281; *Sutz*, in: Handbuch des internationalen Bankgeschäfts, 211, 213; *Uekermann*, in: Projektfinanzierung, 13, 15; *ders.*, Risikopolitik bei Projektfinanzierungen, S. 14.

[161] *Heintzeler*, in: Projektfinanzierung, 163, 171; *Horn*, in: Das Vertragsrecht der internationalen Konsortialkredite und Projektfinanzierungen, 201, 221; *Kümpel*, Bank- und Kapitalmarktrecht, Rdnr. 7.290.

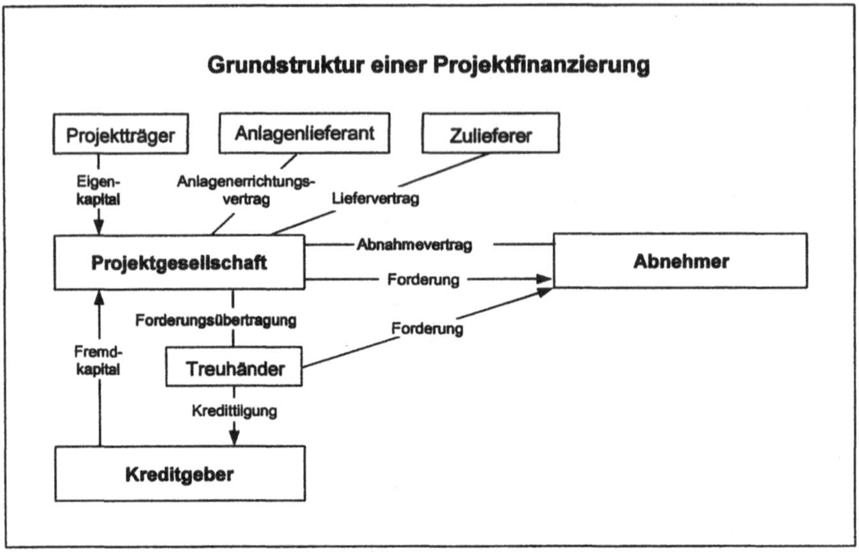

Abbildung 3

Im Mittelpunkt der Projektfinanzierung steht die Projektgesellschaft. Gesellschaftszweck ist die Verwirklichung eines kapitalintensiven Großprojekts, wie die Erschließung und Ausbeutung eines Erdölvorkommens. Derartige Vorhaben erfordern Investitionen, die die Kreditfähigkeit und Risikobereitschaft selbst größerer Unternehmen übersteigen. Um solche Vorhaben dennoch durchführen zu können, werden sie im Rahmen der Projektfinanzierung als wirtschaftlich und rechtlich selbständige Einheiten organisiert und somit von den an ihrer Verwirklichung beteiligten Unternehmen abgegrenzt. Dies geschieht in der Regel durch die Gründung einer Kapitalgesellschaft.[162] Diese ist „rechtlicher Bezugspunkt der im Hinblick auf das Projekt begründeten Rechtsverhältnisse."[163]

Gesellschafter der Projektgesellschaft sind die sogenannten Projektträger. Sie stellen das Eigenkapital der Projektgesellschaft zur Verfügung und tragen in diesem Umfang das unternehmerische Risiko.[164] Angesichts der hohen Investitionsvolumina reicht das Eigenkapital jedoch nicht aus, um der Projektgesellschaft die nach traditionellen Beurteilungskriterien erforderliche

---

[162] *Horn,* in: Das Vertragsrecht der internationalen Konsortialkredite und Projektfinanzierungen, 201, 233 f.; *Kümpel,* Bank- und Kapitalmarktrecht, Rdnr. 7.286; *Rieger,* in: Projektfinanzierung, 63, 67 f. Zu anderen Gestaltungsmöglichkeiten: *Horn,* a.a.O., 201, 235–237.

[163] *Horn,* in: Das Vertragsrecht der internationalen Konsortialkredite und Projektfinanzierungen, 201, 233.

[164] *Horn,* in: Das Vertragsrecht der internationalen Konsortialkredite und Projektfinanzierungen, 201, 218 und 221 f.; *Uekermann,* in: Projektfinanzierung, 13, 17.

Kreditfähigkeit zu verleihen.[165] Diese läßt sich auch durch die Bestellung dinglicher Sicherheiten am Anlagevermögen der Projektgesellschaft nicht wesentlich verbessern.[166] Ausschlaggebend für die Kreditvergabe ist daher, ob das Projekt voraussichtlich in der Lage ist, ausreichende Erträge zu erwirtschaften, mit denen das investierte Fremdkapital verzinst und zurückgezahlt werden kann.[167] Diese Form der Kreditgewährung kann als *cash flow related lending* bezeichnet werden.[168]

Der cash flow eines Projekts ist jedoch einer Vielzahl von Risiken ausgesetzt. So ist die planmäßige Verzinsung und Tilgung des Projektkredits gefährdet, wenn die vorgesehene Kapazität der Projektanlage nicht erreicht wird oder die erwarteten Verkaufserlöse nicht erzielt werden können. Die Kreditgeber sind in aller Regel nicht bereit, diese Risiken zu tragen, da dies einer Übernahme des mit dem Projekt verbundenen unternehmerischen Risikos gleichkäme. Sie wären nicht mehr Fremd-, sondern Eigenkapitalgeber.[169]

Insbesondere für Geschäftsbanken kommt daher eine Beteiligung an Projektfinanzierungen nur dann in Betracht, wenn für die Rückzahlung der Kredite ausreichende Sicherheiten bestehen. Insofern entspricht die Projektfinanzierung der klassischen Kreditfinanzierung.[170] Ihre Besonderheit besteht darin, daß zur Kreditsicherung das Netzwerk von Verträgen nutzbar gemacht wird, das die verschiedenen Projektbeteiligten miteinander verbindet: Die von der Projektgesellschaft mit den Projektbeteiligten geschlossenen Verträge werden so gestaltet, daß sie in ihrer Gesamtheit den cash flow des Projekts und damit die Verzinsung und Tilgung der aufgenommenen Kredite in einer den Anforderungen der Banken genügenden Weise sicherstellen.[171] Dabei werden jedem Projektbeteiligten diejenigen Risiken zugewiesen, die

---

[165] *Horn,* in: Das Vertragsrecht der internationalen Konsortialkredite und Projektfinanzierungen, 201, 234; *Sutz,* in: Handbuch des internationalen Bankgeschäfts, 211, 213 und 216.

[166] Zu der in erster Linie defensiven Funktion dinglicher Sicherheiten im Rahmen der Projektfinanzierung: *Harries,* in: Partnerschaftliche Infrastrukturprojekte, 20, 21 f.; *Horn,* in: Das Vertragsrecht der internationalen Konsortialkredite und Projektfinanzierungen, 201, 247 f.; *Stockmayer,* Projektfinanzierung und Kreditsicherung, 152; *Wood,* Project Finance, Subordinated Debt and State Loans, Rdnr. 5–1.

[167] *Harries,* in: Partnerschaftliche Infrastrukturprojekte, 19; *Horn,* in: Das Vertragsrecht der internationalen Konsortialkredite und Projektfinanzierungen, 201, 206; *Uekermann,* Risikopolitik bei Projektfinanzierungen, S. 11 f.

[168] *Uekermann,* in: Risikopolitik bei Projektfinanzierungen, 12.

[169] *Horn,* in: Das Vertragsrecht der internationalen Konsortialkredite und Projektfinanzierungen, 201, 219; *Uekermann,* in: Projektfinanzierung, 13, 19.

[170] *Horn,* in: Das Vertragsrecht der internationalen Konsortialkredite und Projektfinanzierungen, 201, 202.

[171] *Stockmayer,* Projektfinanzierung und Kreditsicherung, S. 125.

er aufgrund seiner Funktion innerhalb des Projekts am ehesten kontrollieren kann.[172]

Für den Projekterfolg ist zunächst entscheidend, daß die Projektanlagen den Planungen entsprechend errichtet werden. Die Errichtungsphase ist jedoch besonders risikoreich:[173] Unvorhergesehene Umstände können die Fertigstellung und damit den Beginn der Kredittilgung verzögern.[174] Kostenüberschreitungen können wegen des zusätzlichen Kapitalbedarfs die Kredittilgung gefährden.[175] Erreicht die Projektanlage nicht die vorgesehene Kapazität, ist die Projektgesellschaft außerstande, die Kredite innerhalb der vereinbarten Laufzeit zu tilgen.

Diesen Fertigstellungsrisiken begegnet die Projektfinanzierung zunächst durch die Ausgestaltung des Anlagenerrichtungsvertrags. Dieser kann die schlüsselfertige Errichtung der Projektanlage zu einem Festpreis und hohe Vertragsstrafen vorsehen.[176] Ein entscheidender Baustein der Projektfinanzierung sind jedoch die verschiedenen Fertigstellungsgarantien.[177] Der Anlagenlieferant hat in der Regel eine Bankgarantie zu stellen, die Abweichungen von der vertragsgemäßen Anlagenerrichtung abdeckt. Darüber hinaus können sich die Projektträger verpflichten, der Projektgesellschaft zusätzliches Eigenkapital zur Verfügung zu stellen, wenn dies zur Fertigstellung des Projekts erforderlich ist. Sie können schließlich den Kreditgebern die Kredittilgung garantieren, wenn die Leistungsfähigkeit der Projektanlage hinter den Planungen zurückbleibt. Angesichts der hohen Investitionsvolumina sind die Fertigstellungsgarantien jedoch in der Regel auf Ausschnitte aus dem Fertigstellungsrisiko und auf einen Höchstbetrag begrenzt. Sie würden anderenfalls die Leistungsfähigkeit der Garanten übersteigen.[178]

---

[172] *Stockmayer,* Projektfinanzierung und Kreditsicherung, S. 159; *Uekermann,* in: Projektfinanzierung, 13, 19.

[173] *Horn,* in: Das Vertragsrecht der internationalen Konsortialkredite und Projektfinanzierungen, 201, 210 f.; *Rieger,* in: Projektfinanzierung, 63, 71; *Sutz,* in: Handbuch des internationalen Bankgeschäfts, 211, 225; *Uekermann,* in: Projektfinanzierung, 13, 21.

[174] Ursachen können Streiks, Infrastrukturprobleme, der Ausfall von Lieferanten oder die nachträgliche Änderung von Sicherheitsvorschriften sein.

[175] Kostenüberschreitungen können sich aus notwendigen technischen Änderungen während der Bauphase ergeben, aus der inflationären Verteuerung von Baustoffen oder aus Fehlkalkulationen.

[176] *Horn,* in: Das Vertragsrecht der internationalen Konsortialkredite und Projektfinanzierungen, 201, 252 f.; *Rieger,* in: Projektfinanzierung, 63, 70; *Uekermann,* in: Projektfinanzierung, 13, 21; *Wood,* Project Finance, Subordinated Debts and State Loans, Rdnr. 2–5.

[177] *Horn,* in: Das Vertragsrecht der internationalen Konsortialkredite und Projektfinanzierungen, 201, 252 f.; *Stockmayer,* Projektfinanzierung und Kreditsicherung, 159 ff.; *Sutz,* in: Handbuch des internationalen Bankgeschäfts, 211, 225 f.; *Uekermann,* in: Projektfinanzierung, 13, 21.

[178] *Horn,* in: Das Vertragsrecht der internationalen Konsortialkredite und Projektfinanzierungen, 201, 252 f.; *Rieger,* in: Projektfinanzierung, 63, 71; *Stockmayer,* Projektfinanzierung und Kreditsicherung, 161 ff.; *Sutz,* in: Handbuch des internationalen Bankgeschäfts, 211, 237.

Während der Produktionsphase des Projekts hängen dessen Ertragskraft und damit die Fähigkeit der Projektgesellschaft zum Schuldendienst von einer reibungslosen Versorgung mit Rohstoffen und Energie ab. Zulieferrisiken in Form von Versorgungsengpässen und Preissteigerungen können die Kredittilgung gefährden. Diese Risiken versucht die Projektfinanzierung durch langfristige Lieferverträge zu kontrollieren.[179] Diese können das Zulieferrisiko jedoch nicht vollständig von der Projektgesellschaft fernhalten, denn es besteht immer die Gefahr, daß die Lieferverträge nicht durchgesetzt werden können.[180] Sind die Kreditgeber nicht bereit, sich auf die Liefergarantie und die Bonität des Lieferanten zu verlassen, müssen die verbleibenden Risiken durch Garantien der Projektträger abgedeckt werden.

Schließlich hängt die Fähigkeit der Projektgesellschaft zur Kredittilgung davon ab, ob die erwarteten Erträge auch tatsächlich erwirtschaftet werden können. Die Ertragskraft der Projektgesellschaft kann insbesondere dadurch beeinträchtigt werden, daß das hergestellte Produkt nicht zum vorgesehenen Preis oder nicht in der vorgesehenen Menge abgesetzt werden kann.[181] Durch eine entsprechende Ausgestaltung der Abnahmeverträge[182] kann jedoch sichergestellt werden, daß die Projektgesellschaft bestimmte Mindesterlöse erzielt, die ihr eine vereinbarungsgemäße Kredittilgung erlauben. Nicht selten werden Projektfinanzierungen erst durch solche Abnahmeverträge ermöglicht.[183]

Die sich aus den Abnahmeverträgen ergebenden Forderungen der Projektgesellschaft werden in der Regel an einen Treuhänder übertragen. Dessen Aufgabe ist es, die Forderungen einzuziehen, mit den Erlösen die aufgenommenen Kredite zu tilgen und den verbleibenden Überschuß an die Projektgesellschaft oder an die Projektträger abzuführen.[184] Da an einer Projektfinanzierung meist mehrere Banken beteiligt sind, stellt der Treuhänder sicher, daß keine der Banken bei der Kredittilgung bevorzugt wird.[185] Seine

---

[179] *Horn,* in: Das Vertragsrecht der internationalen Konsortialkredite und Projektfinanzierungen, 201, 214; *Rieger,* in: Projektfinanzierung, 63, 71 f.; *Uekermann,* in: Projektfinanzierung, 13, 22 f.

[180] *Rieger,* in: Projektfinanzierung, 63, 72.

[181] *Horn,* in: Das Vertragsrecht der internationalen Konsortialkredite und Projektfinanzierungen, 201, 213 f.; *Sutz,* in: Handbuch des internationalen Bankgeschäfts, 211, 228 f.

[182] Zu den in diesem Zusammenhang üblichen Klauseln (*take or pay, take and pay, hell and high water*): *Horn,* in: Das Vertragsrecht der internationalen Konsortialkredite und Projektfinanzierungen, 201, 255 ff.; *Rieger,* in: Projektfinanzierung, 63, 74; *Uekermann,* in: Projektfinanzierung, 13, 22.

[183] *Horn,* in: Das Vertragsrecht der internationalen Konsortialkredite und Projektfinanzierungen, 201, 253 f.

[184] *Harries,* in: The Law of International Trade Finance, 345, 354; *Horn,* in: Das Vertragsrecht der internationalen Konsortialkredite und Projektfinanzierungen, 201, 257; *Rieger,* in: Projektfinanzierung, 63, 74 f.

[185] *Harries,* in: The Law of International Trade Finance, 345, 354; *Rieger,* in: Projektfinanzierung, 63, 75; *Wood,* Project Finance, Subordinated Debt and State Loans, Rdnr. 4–6.

Einschaltung verringert aber vor allem das Transferrisiko. Es besteht insbesondere dann, wenn sich das Projekt in einem Entwicklungsland befindet, die Erlöse aber außerhalb des Projektlands in ausländischer Währung anfallen.[186] Fließen die Zahlungen direkt an die Projektgesellschaft, besteht die Gefahr, daß das Projektland angesichts hoher Verschuldung und Devisenknappheit einen Transfer an die im Ausland ansässigen Kreditgeber durch gesetzliche Verbote verhindert. Durch die Einschaltung eines im Ausland ansässigen Treuhänders wird sichergestellt, daß zumindest der Schuldendienst geleistet ist, bevor die überschüssigen Erträge in das Projektland transferiert werden.[187]

Obwohl die dargestellten Verträge lediglich das „Herzstück der Projektfinanzierung"[188] bilden und das Vertragsnetz in Wirklichkeit erheblich weiter reicht und weitaus enger geknüpft ist, werden die charakteristischen Merkmale der Kreditsicherung im Rahmen der Projektfinanzierung erkennbar. Die klassische Kreditsicherung beruht auf vertraglich begründeten Rechten des Kreditgebers, auf die er bei Zahlungsschwierigkeiten des Kreditnehmers unmittelbar zurückgreifen kann.[189] Dagegen stützt sich die Kreditsicherung im Rahmen der Projektfinanzierung auf die Gestaltung des Vertragsnetzwerks, das die verschiedenen Projektbeteiligten verbindet und Zahlungsschwierigkeiten des Kreditnehmers von vornherein ausschließen soll. Die Absicherung der Kreditgeber ist daher eine mittelbare Wirkung der im Rahmen der Projektfinanzierung geschlossenen Verträge. Dies wird insbesondere im Hinblick auf die Abnahmeverträge deutlich. Derartige Formen der Kreditsicherung können als mittelbare Kreditsicherheiten bezeichnet werden.[190]

b. Die Projektfinanzierung als Erscheinungsform der internationalen Forderungsfinanzierung

Die Projektfinanzierung besteht aus einem Netzwerk von Verträgen, das in seiner Gesamtheit dazu dient, der Projektgesellschaft das zur Durchführung des Projekts erforderliche Kapital zu beschaffen. Es handelt sich damit um ein Finanzierungsgeschäft.

---

[186] Beispiel: In einem Entwicklungsland werden Rohstoffe gefördert, gegen US-Dollar an ein ausländisches Unternehmen verkauft und exportiert.

[187] *Horn,* in: Das Vertragsrecht der internationalen Konsortialkredite und Projektfinanzierungen, 201, 217 f.; *Rieger,* in: Projektfinanzierung, 63, 74 f.; *Sutz,* in: Handbuch des internationalen Bankgeschäfts, 211, 230 f.; *Uekermann,* in: Projektfinanzierung, 13, 24 f.; *Wood,* Project Finance, Subordinated Debt and State Loans, Rdnr. 4–6.

[188] *Horn,* in: Das Vertragsrecht der internationalen Konsortialkredite und Projektfinanzierungen, 201, 230.

[189] *Ganter,* in: Bankrechts-Handbuch, § 90, Rdnr. 6; *Weber,* Kreditsicherheiten, S. 5 f.

[190] Vgl. *Horn,* in: Das Vertragsrecht der internationalen Konsortialkredite und Projektfinanzierungen, 201, 254, Fn. 90.

Der Projektgesellschaft wird das erforderliche Kapital jedoch nur dann zur Verfügung gestellt, wenn die Kreditgeber davon ausgehen können, daß der cash flow des Projekts zur Verzinsung und Tilgung der Kredite ausreicht. Der cash flow wird durch die zwischen der Projektgesellschaft und ihren Abnehmern bestehenden Abnahmeverträge erzeugt. Der wirtschaftliche Wert der sich aus diesen Verträgen ergebenden Forderungen bildet die Grundlage der Kreditvergabe. Er wird den Kreditgebern zugewiesen, indem die Forderungen an einen Treuhänder übertragen werden, der die Kredite aus den Zahlungen der Forderungsschuldner verzinst und tilgt.

Obwohl sich die Projektfinanzierung damit als Erscheinungsform der Forderungsfinanzierung erweist, liegen die Gestaltungselemente, die diese Finanzierungstechnik prägen, an anderer Stelle. Die Projektfinanzierung zeichnet sich vor allem dadurch aus, daß die Ertragskraft der Projektgesellschaft durch ein komplexes Netzwerk von Verträgen gewährleistet wird, das die verschiedenen Projektbeteiligten miteinander verbindet. Durch dieses Netzwerk versucht die Projektfinanzierung Zahlungsschwierigkeiten der Projektgesellschaft von vornherein auszuschließen. Die Projektfinanzierung ist damit in erster Linie ein Beispiel der mittelbaren Kreditsicherung durch die Schaffung tragfähiger vertraglicher Netzwerke. Sie ist aber – zumindest auch – eine Erscheinungsform der Forderungsfinanzierung.

Deren internationales Element kann sich daraus ergeben, daß die Projektgesellschaft in einem anderen Staat ansässig ist als ihre Abnehmer. Das ist beispielsweise der Fall, wenn die Projektgesellschaft in einem Entwicklungsland ein Rohstoffvorkommen ausbeutet und die geförderten Rohstoffe an den internationalen Rohstoffmärkten verkauft. In diesem Fall müssen im Rahmen der Projektfinanzierung grenzüberschreitende Forderungen an den Treuhänder übertragen werden. Das internationale Element einer Projektfinanzierung kann sich aber auch daraus ergeben, daß der Treuhänder in einem anderen Staat ansässig ist als die Projektgesellschaft. Das ist insbesondere dann erforderlich, wenn die Transferierbarkeit der Projekterlöse ins Projektausland aus politischen Gründen nicht gewährleistet ist. In diesem Fall werden im Rahmen der Projektfinanzierung Forderungen grenzüberschreitend übertragen.

c. Betriebswirtschaftliche Vorteile

Die Projektfinanzierung ist wesentlich teurer als eine herkömmliche Kreditfinanzierung. Denn zum einen ist ihre Strukturierung sehr aufwendig und kostenintensiv, zum anderen führen die von den Kreditgebern zusätzlich zu tragenden Risiken zu höheren Zinssätzen. Doch diese Nachteile werden in vielen Fällen durch Vorteile ausgeglichen, wie die zunehmende Häufigkeit von Projektfinanzierungen in den vergangenen Jahren zeigt.[191]

[191] *Heintzeler*, in: Projektmanagement – international, 163, 166.

Die Projektfinanzierung ermöglicht die Durchführung von kapitalintensiven Großprojekten, die die Finanzkraft und die Risikobereitschaft einzelner Unternehmen übersteigen und daher mit herkömmlichen Finanzierungstechniken nicht hätten verwirklicht werden können.[192] Die Projektfinanzierung erweitert damit den unternehmerischen Handlungsspielraum.

Die Projektfinanzierung wirkt sich auf die Bilanzen der Projektträger kaum aus. Denn das erforderliche Fremdkapital, das bis zu 90% des gesamten Investitionsvolumens ausmachen kann,[193] wird nicht von den Projektträgern, sondern von der Projektgesellschaft aufgenommen und muß daher in der Bilanz der Projektträger nicht ausgewiesen werden. Bei den Projektträgern sind lediglich die Eigenkapitalbeteiligung an der Projektgesellschaft und die im Zusammenhang mit der Projektfinanzierung abgegebenen Garantien zu bilanzieren. Die Projektfinanzierung ist daher ebenso wie die Finanzierung durch Asset Backed Securities eine *Off Balance Sheet* Finanzierung: Sie ermöglicht den Projektträgern unternehmerisches Handeln, ohne daß eine Kreditaufnahme zu einer Verschlechterung der Bilanzkennzahlen führt.[194]

Das Gewicht dieser betriebswirtschaftlichen Vorteile zeigt der praktische Anwendungsbereich der Projektfinanzierung.[195] Er erstreckt sich auf Projekte, die zwar hohe Investitionen erfordern, aber in der Lage sind, Erträge zu erwirtschaften, die zur Tilgung des investierten Kapitals ausreichen. Daher werden vor allem Vorhaben zur Rohstofferschließung auf diese Weise finanziert. Die Ausbeutung von Erdöl- oder Erdgasvorkommen, der Bau von Pipelines und die Förderung industriell verwertbarer Rohstoffe gehören zu den traditionellen Bereichen der Projektfinanzierung. Weitere Anwendungsgebiete sind im Laufe der Zeit hinzugekommen, insbesondere in den Bereichen Energiegewinnung und industrieller Anlagenbau.

Schließlich wird die Projektfinanzierung zur Durchführung großer Infrastrukturprojekte genutzt. Geeignet sind alle Infrastruktureinrichtungen, für deren Nutzung ein Entgelt verlangt werden kann. In Betracht kommen mautpflichtige Straßen, Brücken oder Tunnel sowie Bahnlinien, Hafenanlagen und Flughäfen. Viele Staaten sehen sich zunehmend außerstande, die erforderlichen Investitionen selbst vorzunehmen. Sie müssen daher bei der Finanzierung von Infrastruktureinrichtungen verstärkt auf privates Kapital zurückgreifen. In diesem Zusammenhang wird die Projektfinanzierung häufig als

[192] *Heintzeler,* in: Projektmanagement – international, 163, 164 f.; *Horn,* in: Das Vertragsrecht der internationalen Konsortialkredite und Projektfinanzierungen, 201, 219; *Sutz,* in: Handbuch des internationalen Bankgeschäfts, 211, 218.

[193] *Heintzeler,* in: Projektmanagement – international, 163, 171.

[194] *Heintzeler,* in: Projektmanagement – international, 163, 164 f; *Horn,* in: Das Vertragsrecht der internationalen Konsortialkredite und Projektfinanzierungen, 201, 219 und 223; *Uekermann,* in: Projektfinanzierung, 13, 19 f.

[195] Dazu: *Horn,* in: Das Vertragsrecht der internationalen Konsortialkredite und Projektfinanzierungen, 201, 203; *Sutz,* in: Handbuch des internationalen Bankgeschäfts, 211, 214 f.; *Uekermann,* in: Projektfinanzierung, 13, 15.

BOT-Modell bezeichnet.[196] Ausgangspunkt ist eine staatliche Konzession, die die Projektgesellschaft berechtigt und verpflichtet, ein Infrastrukturprojekt zu errichten („*build*"), eine gewisse Zeit zu betreiben („*operate*") und nach der Vertragslaufzeit auf den Staat zu übertragen („*transfer*"). Dabei ist die Vertragslaufzeit so bemessen, daß die erwirtschafteten Erträge ausreichen, um das investierte Kapital zu verzinsen und zu tilgen. Bekannteste Beispiele für derartig privatfinanzierte Infrastrukturprojekte sind der Tunnel unter dem Ärmelkanal, der Flughafen von Athen und die Brücke über den Großen Belt.

IV. Anforderungen der Praxis an die rechtlichen Rahmenbedingungen internationaler Forderungsübertragungen

Die Anforderungen der Praxis an die rechtlichen Rahmenbedingungen internationaler Forderungsübertragungen ergeben sich vor allem daraus, daß Forderungen nur dann als Grundlage eines Finanzierungsgeschäfts genutzt werden können, wenn der Finanzier die Gewißheit hat, daß ihm die übertragenen Forderungen tatsächlich zustehen und er deren wirtschaftlichen Wert auch in Krisensituationen ungehindert realisieren kann. Erforderlich ist eine eindeutige und zweifelsfreie Zuordnung des in den Forderungen liegenden Vermögenswerts.

Diese ist nur dann gewährleistet, wenn der Finanzier zuverlässig ausschließen kann, daß Dritte auf die Forderungen zugreifen können. Als Dritte kommen andere Zessionare derselben Forderung in Betracht, die Gläubiger des Zedenten oder – im Fall der Insolvenz – dessen Insolvenzverwalter. Je stärker die wirtschaftliche Grundlage eines Finanzierungsgeschäfts durch rechtliche Risiken im Hinblick auf die Wirksamkeit der Forderungsübertragung gegenüber Dritten beeinträchtigt wird, desto höher sind die Finanzierungskosten, mit denen die Übernahme dieser Risiken durch den Finanzier abgegolten werden muß. Indem Rechtsunsicherheit die Finanzierungskosten erhöht, schränkt sie den Finanzierungsspielraum der Unternehmen ein. Rechtssicherheit dagegen eröffnet zusätzliche Finanzierungsmöglichkeiten zu günstigen Konditionen.[197]

Die Bedeutung der Rechtssicherheit ist für das Sachenrecht anerkannt.[198] Für das Recht der Forderungsübertragung kann nichts anderes gelten. In beiden Bereichen ist eine möglichst eindeutige Zuordnung von Vermögenswerten erforderlich. Rechtssicherheit ist im Recht der Forderungsübertragung für die Durchführung von Forderungsfinanzierungen ebenso unver-

---

[196] *Uekermann*, in: Projektfinanzierung, 13, 16; *Wagner*, in: Partnerschaftliche Infrastrukturprojekte, 3, 5.

[197] Vgl. Präambel der UN-Konvention über die Forderungsübertragung im internationalen Handelsverkehr, *oben*, S. 1 f.

[198] *Baur/Stürner*, Sachenrecht, § 1, Rdnr. 8 ff. Die Bedeutung der Rechtssicherheit im Sachenrecht kommt insbesondere im sachenrechtlichen Typenzwang zum Ausdruck (*Staudinger/Seiler*, Einl zum SachenR, Rdnr. 38).

zichtbar wie im Sachenrecht für die Durchführung anderer objektgestützter Finanzierungen.

Am Beispiel der Finanzierung durch Asset Backed Securities wird die Bedeutung der Rechtssicherheit besonders deutlich. Die von der Zweckgesellschaft emittierten Wertpapiere können nur dann an den Kapitalmärkten plaziert werden, wenn die Verzinsung in einem angemessenen Verhältnis zu den Risiken der Wertpapiere steht. Die Risikoeinschätzung der Kapitalmärkte richtet sich nach der Beurteilung durch die Ratingagenturen. Diese überprüfen nicht nur die Bonität der Forderungsschuldner, die Leistungsfähigkeit des Servicers und andere wirtschaftliche Kriterien, sondern auch die rechtlichen Umstände des Finanzierungsgeschäfts.[199] Dazu gehört insbesondere die Zuordnung der Forderungen als Haftungsgrundlage der emittierten Wertpapiere. Ein erstklassiges Rating kommt nur dann in Betracht, wenn die Forderungen der Zweckgesellschaft eindeutig zugeordnet, zuverlässig vor dem Zugriff Dritter geschützt und von dem Schicksal und der Einflußnahme des Forderungsverkäufers unabhängig sind. Die Forderungen müssen ausschließlich für die Befriedigung der Investoren zur Verfügung stehen.[200] Jeder Zweifel beeinträchtigt das Rating der Wertpapiere und erhöht damit die Finanzierungskosten.

Auch ein Factoringgeschäft kann nur dann zu günstigen Konditionen zustande kommen, wenn das Factoringinstitut sicher sein kann, daß weder andere Zessionare derselben Forderung noch sonstige Dritte auf die Forderung zugreifen können.[201] Unsicherheiten können sich ergeben, wenn die Forderungen nicht nur von einem Factoringvertrag, sondern auch von einem verlängerten Eigentumsvorbehalt zugunsten der Lieferanten des Factoringkunden erfaßt werden. Kann das Factoringinstitut die mit dem Factoringkunden vereinbarte Forderungsübertragung dem Lieferanten nicht entgegenhalten, muß das Factoringgeschäft insoweit rückabgewickelt werden. Der Anspruch des Factoringinstituts auf Rückzahlung der ausgezahlten Beträge ist in der Insolvenz des Factoringkunden jedoch weitgehend wertlos. Dieses Risiko wird das Factoringinstitut nur gegen eine entsprechende Prämie zu tragen bereit sein.[202] Nach der Rechtsprechung des Bundesgerichtshofs bietet das echte Factoring einen zuverlässigen Schutz gegen einen Zugriff des Vorbehaltsverkäufers.[203] Die Bedeutung der Rechtssicherheit im

---

[199] Arbeitskreis „Finanzierung", zfbf 1992, 495, 507.

[200] *Früh*, BB 1995, 105, 107; *Rinze/Klüwer*, BB 1998, 1697, 1703.

[201] *Gavalda*, Rép. com., Factoring, Rdnr. 36.

[202] Das Risiko kann dadurch eingeschränkt werden, daß zur Sicherung der Rückzahlungsansprüche des Factoringinstituts ein Sperrkonto eingerichtet wird, auf dem von jeder Forderung 10–20% ihres Wertes zurückbehalten werden, bis der Schuldner gezahlt hat (*Bette*, Das Factoring-Geschäft, S. 29 f.; *Brink*, in: Handbuch des nationalen und internationalen Factoring, 178, 197; *Serick*, Eigentumsvorbehalt und Sicherungsübertragung, Bd. 4, S. 535; *Staudinger/Busche*, Einl zu §§ 398 ff., Rdnr. 166).

[203] BGH, 19. 9. 1977, BGHZ 69, 254, 256 ff., 7. 6. 1978, BGHZ 72, 15, 19 ff (Wirksamkeit des echten Factoring gegenüber einem verlängerten Eigentumsvorbehalt), BGH,

Hinblick auf die Wirksamkeit einer Forderungsübertragung gegenüber Dritten zeigt sich daran, daß das unechte Factoring seit den grundlegenden Entscheidungen des Bundesgerichtshofs in der deutschen Praxis keine Rolle mehr spielt.[204]

Im internationalen Handelsverkehr sind zwei Aspekte der Rechtssicherheit hervorzuheben. Rechtssicherheit kann nur durch einfache und klare sachrechtliche Regelungen gewährleistet werden. Je komplexer eine Regelung ist, desto schwieriger ist ihre Anwendung und mit desto mehr Unwägbarkeiten ist das Ergebnis der Rechtsanwendung behaftet.[205] Dies gilt insbesondere dann, wenn nationales Recht von ausländischen Geschäftspartnern berücksichtigt werden muß. Rechtssicherheit setzt aber auch die Vorhersehbarkeit des anwendbaren Rechts voraus, die durch das Internationale Privatrecht gewährleistet werden muß.[206] Ein Finanzier kann nur dann günstige Finanzierungskonditionen einräumen, wenn er Gewißheit darüber hat, welche Rechtsordnung über die vermögensrechtliche Zuordnung der dem Finanzierungsgeschäft zugrunde liegenden Forderungen entscheidet.

Bei Finanzierungstechniken, die wie das Factoring mit der fortlaufenden Übertragung einer Vielzahl von Forderungen verbunden sind, treten weitere Anforderungen hinzu. Für sie ist entscheidend, daß die rechtlichen Rahmenbedingungen eine möglichst einfache und kostengünstige Übertragung von Forderungen ermöglichen. Je mehr Aufwand erforderlich ist, um die Voraussetzungen eines wirksamen Forderungsübergangs zu erfüllen, desto höher sind die Kosten des Finanziers, die auf den Kunden abgewälzt werden. Die Praxis ist daher an rechtlichen Rahmenbedingungen interessiert, die Globalzessionen und die Übertragung zukünftiger Forderungen erleichtern und die Einfachheit und Leichtigkeit des Rechtsverkehrs gewährleisten.

Die Anforderungen der Praxis an die rechtlichen Rahmenbedingungen internationaler Forderungsübertragungen können demnach mit den Stichworten Rechtssicherheit und Leichtigkeit des Rechtsverkehrs zusammengefaßt werden.

Das Gewicht dieser Anforderungen ergibt sich aus den wirtschaftlichen Vorteilen der internationalen Forderungsfinanzierung. Diese können nur dann verwirklicht werden, wenn die rechtlichen Rahmenbedingungen den praktischen Bedürfnissen entsprechen. Ungeeignete rechtliche Rahmenbedingungen gefährden die Verwirklichung dieser Vorteile. Sie sind angesichts des unaufhörlich wachsenden Kapitalbedarfs vieler Unternehmen von be-

---

14. 10. 1981, BGHZ 82, 50, 59 ff. und 64 ff. (Unwirksamkeit des unechten Factoring gegenüber einem verlängerten Eigentumsvorbehalt), *Serick,* Eigentumsvorbehalt und Sicherungsübertragung, Bd. 4, S. 566–584.

[204] *Brink,* in: Handbuch des internationalen Factoring, 175, 178; *Martinek,* in: Bankrechts-Handbuch, § 102, Rdnr. 20.

[205] *Goode,* Unif. L. Rev. 1998, 453, 463 f.

[206] *Kegel/Schurig,* Internationales Privatrecht, S. 125.

sonderer Bedeutung. In einem intensiven Wettbewerb und in wirtschaftlich schwierigen Zeiten können Unternehmen ihre Wettbewerbsfähigkeit und damit ihr Überleben nur durch beständige Investitionen in Produktivitäts- und Qualitätsverbesserungen und in Umsatzsteigerungen aufrechterhalten. Daher sind sie gezwungen, sämtliche Finanzierungsquellen auszuschöpfen. Hier eröffnet die internationale Forderungsfinanzierung entscheidende Möglichkeiten der Kapitalbeschaffung und damit neuen Spielraum für unternehmerisches Handeln. Welche Bedeutung diesen Möglichkeiten der Kapitalbeschaffung zukommen kann, zeigt die Vielseitigkeit der Finanzierungstechniken, die unter dem Begriff der Forderungsfinanzierung zusammengefaßt werden, und die damit einhergehende Weite ihres Anwendungsbereichs.

Zweiter Teil

Die Wirksamkeit einer Forderungsübertragung gegenüber Dritten: Vereinheitlichung des materiellen Rechts

I. Einleitung

Die rechtlichen Rahmenbedingungen internationaler Forderungsübertragungen müssen zahlreiche Fragen beantworten: Unter welchen Voraussetzungen kann der Zessionar vom Schuldner Zahlung verlangen? Welche Einwendungen kann der Schuldner diesem Anspruch entgegenhalten? Wie wirkt sich ein vertragliches Abtretungsverbot aus? Ist die Übertragung zukünftiger Forderungen zulässig? Diese Fragen sind Gegenstand des Rechts der Forderungsübertragung.

Dazu gehören auch die Voraussetzungen, unter denen eine Forderungsübertragung Dritten entgegengehalten werden kann. Sie werden im zweiten und dritten Teil der Arbeit aus rechtsvergleichender und kollisionsrechtlicher Sicht untersucht.

Die Wirksamkeit einer Forderungsübertragung gegenüber Dritten kann jedoch nur dann zum Ausgangspunkt der Rechtsvergleichung[1] und zum Gegenstand des Kollisionsrechts[2] gemacht werden, wenn die Fragestellung zuvor näher umschrieben worden ist (1.). Welche Rechtsordnungen in welchem Umfang zu berücksichtigen sind, ergibt sich aus der Funktion der Rechtsvergleichung im Rahmen dieser Arbeit (2.).

1. Untersuchungsgegenstand

Die Frage der Wirksamkeit einer Forderungsübertragung gegenüber Dritten kann anhand der Begriffe Forderung, Forderungsübertragung und Wirksamkeit gegenüber Dritten eingegrenzt werden. Maßstab ist der wirtschaftliche Hintergrund der internationalen Forderungsfinanzierung.

a. Forderung

Grundlage jeder Forderungsfinanzierung ist der wirtschaftliche Wert von Forderungen. Dieser kann jedoch nur bei Geldforderungen zuverlässig bestimmt werden. Der wirtschaftliche Wert von Forderungen, die auf die Lieferung von Waren oder die Erbringung von Dienstleistungen gerichtet sind, ist dagegen mit zahlreichen Unwägbarkeiten behaftet. Diese zeigen sich besonders deutlich, wenn der Finanzier im Krisenfall die Forderungen oder die vom Schuldner bereits gelieferten Waren oder erbrachten Dienstleistungen verwerten muß. Daher werden nahezu ausschließlich Geld-

---

[1] Dazu *Zweigert/Kötz*, Einführung in die Rechtsvergleichung, S. 33.
[2] Dazu *Neuhaus*, Grundbegriffe, S. 118 ff.

forderungen als Grundlage für Forderungsfinanzierungen verwendet.[3] Der Begriff der Forderung wird in dieser Arbeit entsprechend eingeschränkt.

Geldforderungen können auch als Wechselforderungen Grundlage eines Finanzierungsgeschäfts sein. So wurde die Forfaitierung ursprünglich nur für Forderungen angeboten, die in Wechseln verbrieft waren.[4] Bei der Entstehung, Übertragung und Ausübung von Wechseln gelten jedoch sowohl auf der Ebene des Sachrechts als auch auf der Ebene des Kollisionsrechts besondere Regeln, die sich von denen für nicht verbriefte Forderungen grundlegend unterscheiden.[5] Wechselforderungen werden daher im Folgenden nicht berücksichtigt.

b. Forderungsübertragung

Damit der wirtschaftliche Wert von Forderungen als Grundlage eines Finanzierungsgeschäfts genutzt werden kann, muß er dem Finanzier durch Rechtsgeschäft zugewiesen werden. Die Forderungen müssen endgültig oder als Sicherheit übertragen werden können. Die meisten Rechtsordnungen stellen hierfür verschiedene Rechtsfiguren zur Verfügung. Entsprechend weit muß der Begriff der Forderungsübertragung gefaßt werden: Er umfaßt alle Rechtsgeschäfte, durch die Forderungen unabhängig von einer Mitwirkung des Schuldners endgültig oder zur Sicherheit übertragen werden können.[6] Dabei ist nicht die systematische Einordnung des Rechtsgeschäfts entscheidend, sondern seine praktische Funktion.[7]

c. Wirksamkeit gegenüber Dritten

Um als Grundlage eines Finanzierungsgeschäfts dienen zu können, muß der wirtschaftliche Wert einer Forderung dem Finanzier so zugewiesen werden, daß er diesem auch tatsächlich zur Verfügung steht. Das ist nicht der Fall, wenn neben dem Finanzier auch andere Personen auf die Forderung zugreifen können. Die Forderung muß so übertragen werden, daß der Zessionar die Übertragung Dritten entgegenhalten kann.

Dritte sind dabei diejenigen, die ein Interesse daran haben, daß eine Forderung nicht auf den Zessionar übergegangen ist, sondern nach wie vor dem

---

[3] *Oditah,* Receivables Financing, S. 3.

[4] Dazu *oben,* S. 26.

[5] *Baumbach/Hefermehl,* WPR, Rdnr. 4 ff.; *Kötz,* Int. Enc. Comp. L., Bd. 7, Kap. 13, Rdnr. 58.

[6] Vgl. *Blaise/Desgorces,* in: Die Forderungsabtretung, inbesondere zur Kreditsicherung, in ausländischen Rechtsordnungen, 245, Rdnr. 3; *Kötz,* Int. Enc. Comp. L., Bd. 7. Kap. 13, Rdnr. 58.

[7] *Zweigert/Kötz,* Einführung in die Rechtsvergleichung, S. 33 ff. Diesem weiten Verständnis folgt auch die Definition der Forderungsübertragung in Art. 2 Buchst. a der UN-Konvention über die Forderungsübertragung im internationalen Handelsverkehr.

Zedenten zusteht.[8] Dies kann ein anderer Zessionar sein, dem der Zedent die Forderung ebenfalls übertragen hat und der sie daher für sich beansprucht. Dritte können aber auch die Gläubiger des Zedenten sein, die im Wege der Zwangsvollstreckung auf die Forderung zuzugreifen versuchen. Dritter ist schließlich im Fall einer Insolvenz des Zedenten dessen Insolvenzverwalter, der die zuvor an den Zessionar übertragene Forderung für die Masse verwerten möchte.[9]

Den Interessenkonflikt zwischen Zessionar und Dritten veranschaulicht folgende Abbildung:

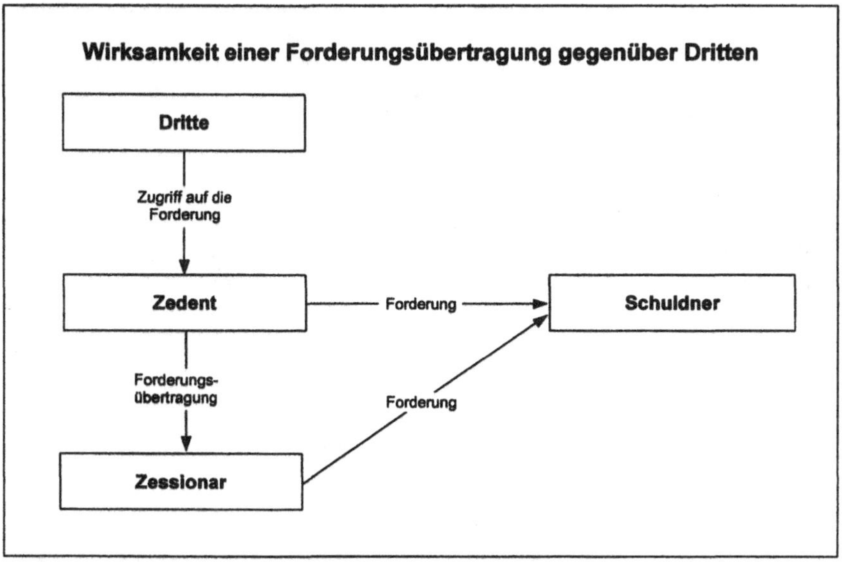

Abbildung 4

Die Abbildung wirft die Frage auf, warum nicht auch der Schuldner als Dritter anzusehen ist. Er ist ebenso wie die oben genannten Dritten nicht Partei der Übertragungsabrede und kann ebenfalls ein Interesse daran haben, daß der Zedent nach wie vor Inhaber der gegen ihn gerichteten Forderung ist.[10] Für den Schuldner gilt jedoch der international anerkannte

---

[8] Vgl. Cass. civ., 4. 12. 1985, Bull. civ. 1985 I 336, Anm. *Mestre,* Rev. trim. droit civ. 1986, 750 ff. Zu den folgenden Fallgruppen *Kötz,* Int. Enc. Comp. L., Bd. 7, Kap. 13, Rdnr. 100; *Pardoel,* Les conflits de lois en matière de cession de créance, Rdnr. 530; *Sinay-Cytermann,* Rev. crit. dr. int. privé 81 (1992) 35. 39.

[9] Forderungsübertragungen, die nach dem Eintritt der Zahlungsunfähigkeit des Zedenten vorgenommen werden, unterliegen besonderen Regeln und werden daher im folgenden nicht berücksichtigt. Vgl. *Pardoel,* Les conflits de lois en matière de cession de créance, Rdnr. 536.

[10] *Kötz,* Int. Enc. Comp. L., Bd. 7, Kap. 13, Rdnr. 73.

Grundsatz,[11] daß seine Rechtsstellung durch die Forderungsübertragung nicht beeinträchtigt werden darf. Die Regeln über die Wirkungen einer Forderungsübertragung gegenüber dem Schuldner sind weitgehend Ausprägungen dieses Grundsatzes[12] und unterscheiden sich daher grundlegend von den Regeln über die Wirksamkeit einer Forderungsübertragung gegenüber sonstigen Dritten.

Damit liegt der Frage nach der Wirksamkeit einer Forderungsübertragung gegenüber Dritten stets ein Vierpersonenverhältnis zugrunde. Die oben genannten Dritten sind im Grunde Vierte. Denn sie sind im Gegensatz zu Schuldner, Zedent und Zessionar nicht Parteien eines der Verträge, die mit der Forderungsübertragung in unmittelbarem Zusammenhang stehen. Der Begriff der Dritten muß daher in einem übertragenen Sinn verstanden werden. Er bezeichnet jene Personen, die als Außenstehende weder an dem der übertragenen Forderung zugrunde liegenden Vertrag noch an der Übertragungsabrede beteiligt sind, die aber dennoch ein Interesse daran haben, daß die Forderung nach wie vor dem Zedenten zusteht.

Die Wirksamkeit einer Forderungsübertragung gegenüber Dritten ist für die Forderungsfinanzierung von erheblicher Bedeutung. Forderungsfinanzierungen können nur dann zu attraktiven Konditionen angeboten werden, wenn die rechtlichen Rahmenbedingungen dem Finanzier die Gewißheit verschaffen, daß ihm die übertragenen Forderungen tatsächlich zustehen und er deren wirtschaftlichen Wert auch in Krisensituationen ungehindert realisieren kann.[13] Das ist nur dann der Fall, wenn er die Forderungsübertragung Dritten entgegenhalten kann. Eine Forderungsfinanzierung steht und fällt mit der Wirksamkeit der Forderungsübertragung gegenüber Dritten.

2. Ziele und Umfang der Darstellung

Die Darstellung der verschiedenen Lösungsansätze zur Regelung der Wirksamkeit einer Forderungsübertragung gegenüber Dritten verfolgt mehrere Ziele.

Sie soll zunächst die Feststellung ermöglichen, welcher Lösungsansatz den Anforderungen der Praxis am besten entspricht und damit am ehesten als Ausgangspunkt einer internationalen Harmonisierung des Sachrechts in Betracht kommt. Die Darstellung der verschiedenen Lösungsansätze bildet daher die Grundlage zur Bewertung der sachrechtlichen Vorschriften der UN-Konvention.

Sie ist darüber hinaus für die Auslegung der kollisionsrechtlichen Vorschriften des Europäischen Übereinkommens über das auf vertragliche Schuld-

---

[11] *Stadler*, Gestaltungsfreiheit und Verkehrsschutz durch Abstraktion, S. 631.
[12] *Kötz*, Int. Enc. Comp. L., Bd. 7, Kap. 13, Rdnr. 93–99.
[13] Dazu *oben*, S. 45.

verhältnisse anwendbare Recht (EVÜ)[14] von Bedeutung. Bei dessen Auslegung und Anwendung müssen die sachrechtlichen Begriffe und Abgrenzungen der nationalen Rechtsordnungen der Vertragsstaaten berücksichtigt werden.[15] Dies gilt nach Art. 36 EGBGB auch für das deutsche Kollisionsrecht, soweit es aus dem EVÜ hervorgegangen ist.[16]

Die Darstellung des Sachrechts verschiedener Rechtsordnungen ist schließlich erforderlich, um das geltende Kollisionsrecht und die kollisionsrechtlichen Vorschriften der UN-Konvention bewerten zu können. Kollisionsregeln, die bei ihrer Anwendung auf die Sachvorschriften nationaler Rechtsordnungen[17] schwierige Abgrenzungs- und Koordinierungsfragen aufwerfen,[18] werden dem Bedürfnis der Praxis nach klaren und einfach anzuwendenden Regeln nicht gerecht.

Diese Ziele verlangen keine umfassende Darstellung des Rechts der Forderungsübertragung verschiedener Rechtsordnungen. Die Darstellung kann sich vielmehr auf die Voraussetzungen konzentrieren, unter denen eine Forderungsübertragung Dritten entgegengehalten werden kann. Für das Kollisionsrecht sind daneben aber auch die Zusammenhänge von Bedeutung, die zwischen der Wirksamkeit einer Forderungsübertragung gegenüber Dritten und den anderen Aspekten einer Forderungsübertragung bestehen.

Aus der dargestellten Zielsetzung ergeben sich auch die Anforderungen an die Auswahl der zu berücksichtigenden Rechtsordnungen: Sie müssen Beispiele für die grundsätzlich denkbaren Lösungsansätze zur Regelung der Drittwirksamkeit von Forderungsübertragungen enthalten. Sie sollten verschiedenen Rechtskreisen angehören, damit das Recht der Forderungsübertragung und die in seinem Zusammenhang auftretenden Fragen aus verschiedenen Blickwinkeln erfaßt werden können. Da die Darstellung auch der Auslegung des EVÜ zugrunde gelegt werden soll, muß es sich schließlich um Rechtsordnungen von Vertragsstaaten handeln.

---

[14] ABl. EG 1980 L 266.

[15] *Kieninger,* RabelsZ 62 (1998) 678, 683. Zur Berücksichtigung des nationalen Sachrechts bei der Auslegung des EVÜ *unten*, S. 220 ff.

[16] Dazu *unten,* S.160.

[17] Nach herrschender Lehre werden Kollisionsnormen – abgesehen vom Sonderfall der Eingriffsnorm – nicht auf nationale Sachvorschriften, sondern auf die sich aus einem Lebenssachverhalt ergebenden Rechtsfragen angewandt (*Jayme,* Identité culturelle et intégration, S. 108 f.; *Neuhaus*, Grundbegriffe, S. 118 ff.). Es ist jedoch anerkannt, daß Kollisionsnormen zumindest auch auf nationale Sachvorschriften angewandt werden müssen, wenn auf ihrer Rechtsfolgenseite zu ermitteln ist, welche Sachvorschriften des für anwendbar erklärten Rechts tatsächlich maßgeblich sind (MünchKomm/*Sonnenberger*, Einl. IPR, Rdnr. 447; *Neuhaus,* a. a. O., S. 335 f.). Aus diesem Grund werden die Sachvorschriften der nationalen Rechtsordnungen teilweise auch als der eigentliche Gegenstand der Qualifikation angesehen: *Raape/ Sturm,* Internationales Privatrecht, Bd. 1, S. 279 f.

[18] Vgl. *unten,* S. 249 ff. und 267 ff.

Diese Anforderungen werden durch eine Einbeziehung des deutschen, englischen und französischen Rechts erfüllt. Die Voraussetzungen, unter denen eine Forderungsübertragung Dritten entgegengehalten werden kann, sind in diesen Rechtsordnungen unterschiedlich geregelt. Allerdings bestehen die Unterschiede nicht zwischen den Rechtsordnungen als solchen, sondern zwischen den verschiedenen Formen der Forderungsübertragung, die sie zur Verfügung stellen. Denn anders als das deutsche Recht, das im wesentlichen mit einer Form der Forderungsübertragung auskommt,[19] stellen das englische und französische Recht verschiedene Übertragungsformen mit jeweils eigenem Anwendungsbereich zur Verfügung. Daher können nicht die einzelnen Rechtsordnungen, sondern es müssen die einzelnen Formen der Forderungsübertragung einander gegenübergestellt werden.

Das deutsche, englische und französische Recht enthalten Beispiele für die grundsätzlich denkbaren Lösungsansätze:[20] Die Drittwirksamkeit kann davon abhängig gemacht werden, daß der Schuldner in einer vorgeschriebenen Form benachrichtigt worden ist (II.). Sie kann sich aber auch aus einer *erga omnes* wirkenden Übertragungsabrede ergeben (III.). Sie kann schließlich eine Eintragung der Forderungsübertragung in einem öffentlichen Register voraussetzen (IV.). Diese Lösungsansätze werden anhand von Beispielen aus dem deutschen, englischen und französischen Recht dargestellt und unter Berücksichtigung der Anforderungen der Praxis an die rechtlichen Rahmenbedingungen internationaler Forderungsübertragungen bewertet. Dem geltenden Recht werden die sachrechtlichen Vorschriften der UN-Konvention gegenübergestellt (V.).

II. Erster Lösungsansatz: Benachrichtigung des Schuldners

Dem ersten Lösungsansatz können die *signification* des französischen Code civil (1.) und die nach der englischen Entscheidung *Dearle v. Hall* (2.) erforderliche formlose Benachrichtigung des Schuldners zugeordnet werden.

1. Die *signification* des Code civil

Nach Art. 1690 Abs. 1 Code civil ist eine Forderungsabtretung *(cession de créance)* Dritten gegenüber nur dann wirksam, wenn der Schuldner davon durch eine Urkunde in Kenntnis gesetzt worden ist, die ihm durch einen Gerichtsvollzieher zugestellt wurde *(signification)*. Dieser förmlichen Benachrichtigung des Schuldners wird in Art. 1690 Abs. 2 Code civil die Annahme

---

[19] Neben der Forderungsabtretung nach § 398 BGB ist die Forderungsverpfändung nach §§ 1273 ff. BGB praktisch bedeutungslos (*Palandt/Bassenge,* Einf v § 1273, Rdnr. 2; *Pöggeler,* in: Handbuch des Schuldrechts, S. 140 f.; *Staudinger/Busche,* Einl zu §§ 398 ff., Rdnr. 66.).

[20] *Zweigert/Kötz,* Einführung in die Rechtsvergleichung, S. 452 f.; *Aubin,* FS Neumayer, 31.

der Forderungsübertragung durch den Schuldner in einer öffentlichen Urkunde *(acceptation dans un acte authentique)* gleichgestellt:

> **Art. 1690.** Le cessionnaire n'est saisi à l'égard des tiers que par la signification du transport faite au débiteur.
>
> Néanmoins le cessionnaire peut être également saisi par l'acceptation du transport faite par le débiteur dans un acte authentique.

Diese Voraussetzungen gelten nach Art. 2075 Code civil auch für die Forderungsverpfändung *(gage de créance)*.[21] Diese ist jedoch ohne praktische Bedeutung, da an die Bestellung und Verwertung des Pfandrechts zusätzliche Anforderungen gestellt werden[22] und der gleiche wirtschaftliche Erfolg durch eine Forderungsabtretung zu Sicherungszwecken erreicht werden kann.[23] Die folgende Darstellung beschränkt sich daher auf die Forderungsabtretung nach Art. 1689 ff. Code civil. Dabei sind zunächst in einem Überblick die verschiedenen Fragen darzustellen, die von einer Forderungsabtretung aufgeworfen werden, damit die Begriffe und Abgrenzungen des französischen Sachrechts in die Auslegung und Anwendung des Kollisionsrechts einbezogen werden können. Damit der Lösungsansatz des Art. 1690 Code civil anhand der Anforderungen der Praxis beurteilt werden kann, muß sich die Darstellung jedoch auf die Voraussetzungen einer *signification* und ihre Wirkungen konzentrieren.

a. Die Forderungsabtretung nach Art. 1689 ff. Code civil

Die *cession de créance* ist die klassische Form der Forderungsübertragung des französischen Zivilrechts. Sie ist in den Art. 1689–1695 Code civil geregelt und steht damit am Anfang des "Du transport des créances et autres droits incorporels" überschriebenen Kapitels VIII,[24] das wiederum am Ende des Titels VI "De la vente" steht. Dieser ist Bestandteil des dritten Buchs "Des différentes manières dont on acquiert la propriété". Aus der systematischen Stellung der Art. 1689 ff. geht hervor, daß der Code civil die Forderungsabtretung als eine besondere Form des Kaufs ansieht.[25] Es ist jedoch anerkannt, daß eine Forderung nicht nur im Rahmen eines Kaufvertrags abgetreten werden kann. Sie kann auch als Gegenstand einer Schenkung

---

[21] Die Vorschrift lautet:
Art. 2075. Lorsque le gage s'établit sur des meubles incorporels, tels que les créances mobilières, l'acte authentique ou sous seing privé, dûment enregistré, est signifié au débiteur de la créance donnée en gage, ou accepté par lui dans un acte authentique.

[22] Dazu *Blaise/Desgorces*, in: Die Forderungsabtretung, insbesondere zur Kreditsicherung, in ausländischen Rechtsordnungen, 245, Rdnr. 43–50 sowie *unten*, Zweiter Teil, Fn. 29.

[23] *Blaise/Desgorces*, in: Die Forderungsabtretung, insbesondere zur Kreditsicherung, in ausländischen Rechtsordnungen, 245, Rdnr. 42.

[24] Die übrigen Vorschriften des Kapitels betreffen die Abtretung von Erbschaftsansprüchen (Art. 1696–1698) und streitigen Ansprüchen (Art. 1699–1701).

[25] *Cadiet*, J.-Cl. civ., Art. 1689 à 1695, Fasc. 10, Rdnr. 5; *Rieg*, Rép. civ., Cession de créance, Rdnr. 40.

oder eines Tauschs sowie zur Erfüllung einer Verbindlichkeit abgetreten werden.[26] Die Forderungsabtretung ist daher ein an sich neutrales Rechtsgeschäft, das zu verschiedenen wirtschaftlichen Zwecken eingesetzt werden kann.[27]

Nach herrschender Ansicht kann eine Forderung nach Art. 1689 ff. Code civil auch zur Sicherheit abgetreten werden *(cession fiduciaire)*.[28] Auf diese Weise können insbesondere die schwerfälligen und kostspieligen Anforderungen an die Verwertung eines Forderungspfandrechts umgangen werden.[29] Der Zedent überträgt die Forderung an seinen Gläubiger, ohne daß eine Gegenleistung vereinbart wird. Die Sicherung der Zahlungsverpflichtung des Zedenten ist der einzige Zweck der Abtretung. Der Zessionar verpflichtet sich, die Forderung zurückzuübertragen, sobald die besicherte Schuld beglichen wird. Tritt der Sicherungsfall ein, kann er die Forderung als Forderungsinhaber selbst einziehen, ohne an die Anforderungen der Art. 2078 Abs. 1 Code civil und 521-3 Abs. 1 Code de commerce für die Verwertung eines Pfandrechts gebunden zu sein. Der Zessionar verpflichtet sich, etwaige Überschüsse an den Zedenten herauszugeben.[30]

Art. 2078 Abs. 2 Code civil und Art. 521-3 Abs. 4 Code de commerce sehen jedoch vor, daß alle Vereinbarungen nichtig sind, die es einem Pfandrechtsgläubiger ermöglichen, sich das Sicherungsgut zuzueignen oder es unter Umgehung der vorgesehenen Verfahren zu verwerten. Ein Teil der Rechtslehre will diese Vorschriften analog auf die Sicherungsabtretung anwenden und hält diese daher für unzulässig.[31] Sinn der Vorschriften ist es jedoch, die ungesicherten Gläubiger davor schützen, daß ihrem Schuldner Vermögensgegenstände entzogen werden, deren Wert nicht bekannt ist und der

[26] *Malaurie/Aynès*, Cours de droit civil, Bd. 6, Rdnr. 1220; *Mazeaud/Chabas*, Leçons de droit civil, Bd. 2/1, Rdnr. 1257; *Terré/Simler/Lequette*, Droit civil: Les obligations, Rdnr. 1178.

[27] *Cadiet*, J.-Cl. civ., Art. 1689–1695, Fasc. 10, Rdnr. 6.

[28] *Blaise/Desgorces*, in: Die Forderungsabtretung, insbesondere zur Kreditsicherung, in ausländischen Rechtsordnungen, 245, Rdnr. 57; *Cadiet*, J.-Cl. civ., Art. 1689–1695, Fasc. 10, Rdnr. 7; *Malaurie/Aynès*, Cours de droit civil, Bd. 6, Rdnr. 1220; *Marty/Raynaud/Jestaz*, Droit civil: Les obligations, Bd. 2, Rdnr. 353; *Mazeaud/Chabas*, Leçons de droit civil, Bd. 2/1, Rdnr. 1256; *Terré/Simler/Lequette*, Droit civil: Les obligations, Rdnr. 1178; *Witz*, La fiducie en droit privé français, Rdnr. 202.

[29] Im Sicherungsfall muß der Pfandgläubiger die Forderung gemäß Art. 2078 Abs. 1 Code civil entweder versteigern oder sich durch gerichtlichen Beschluß zuweisen lassen. Letzterem muß allerdings ein Sachverständigengutachten über den Wert des Sicherungsguts vorausgehen. Ein handelsrechtliches Pfandrecht kann nach Art. 521-3 Abs. 1 Code de commerce auch dadurch verwertet werden, daß der Sicherungsgeber benachrichtigt und die Forderung nach Ablauf einer Woche öffentlich verkauft wird. Zu den Schwierigkeiten bei der Verwertung eines Forderungspfandrechts *Witz*, La fiducie en droit privé français, Rdnr. 199.

[30] Zur Gestaltung einer *cession fiduciaire Witz*, La fiducie en droit privé français, Rdnr. 195.

[31] Vgl. *Blaise/Desgorces*, in: Die Forderungsabtretung, insbesondere zur Kreditsicherung, in ausländischen Rechtsordnungen, 245, Rdnr. 54.

daher auch über dem Wert der gesicherten Forderung liegen kann. Diese Gefahr besteht bei einer Sicherungsabtretung jedoch nicht, da die Höhe der abgetretenen Forderung eindeutig feststeht. Eine analoge Anwendung der Art. 2078 Abs. 2 Code civil und 521-3 Abs. 4 Code de commerce wird daher von der herrschenden Auffassung abgelehnt.[32]

Wie die systematische Stellung der Art. 1689 ff. Code civil zeigt, beruht die Forderungsabtretung auf einem gewöhnlichen Vertrag. Sowohl für sein Zustandekommen als auch für seine Wirkungen gelten die allgemeinen Regeln, solange sich aus Art. 1689 ff. Code civil nichts anderes ergibt.[33]

aa. Zustandekommen des Abtretungsvertrags

Für das Zustandekommen des Abtretungsvertrags gelten die allgemeinen Regeln über den Vertragsschluß (Art. 1108 ff. Code civil). Der Abtretungsvertrag ist danach ein Konsensualvertrag, der seine alleinige Grundlage in dem Willen der Vertragsparteien findet. Entscheidend ist, daß sich Zedent und Zessionar wirksam geeinigt haben, daß die Forderung auf den Zessionar übergehen soll.[34] Die Zustimmung des Schuldners ist nicht erforderlich.[35]

Die Parteien müssen sich aber auch über den wirtschaftlichen Zweck einigen, den sie mit der Forderungsabtretung erreichen wollen. Der Zessionar kann sich beispielsweise verpflichten, für die Forderung einen Kaufpreis zu zahlen oder ein Darlehen zu gewähren, das mit der Forderung gesichert werden soll. Dementsprechend muß der Vertrag zwischen Zedent und Zessionar nicht nur den Anforderungen der Art. 1108 ff. und 1689 ff. Code civil genügen, sondern muß auch die Voraussetzungen des Vertragstyps erfüllen, dessen wirtschaftliche Ziele die Parteien mit der Forderungsabtretung verfolgen.[36] Dies zeigt, daß dem französischen Recht die Unterscheidung zwischen der Forderungsabtretung auf der einen Seite und ihrer wirtschaftlichen Grundlage auf der anderen Seite nicht fremd ist.

---

[32] *Blaise/Desgorces,* in : Die Forderungsabtretung, insbesondere zur Kreditsicherung, in ausländischen Rechtsordnungen, 245, Rdnr. 54.

[33] *Cadiet,* J.-Cl. civ., Art. 1689–1695, Fasc. 20, Rdnr. 2; *Rieg,* Rép. civ., Cession de créance, Rdnr. 22; *Terré/Simler/Lequette,* Droit civil: Les obligations, Rdnr. 1180.

[34] *Blaise/Desgorces,* in: Die Forderungsabtretung, insbesondere zur Kreditsicherung, in ausländischen Rechtsordnungen, 245, Rdnr. 10; *Marty/Raynaud/Jestaz,* Droit civil: Les obligations, Bd. 2, Rdnr. 353; *Rieg,* Rép. civ., Cession de Créance, Rdnr. 22 f.; *Terré/Simler/Lequette,* Droit civil: Les obligations, Rdnr. 1180.

[35] *Cadiet,* J.-Cl. civ., Art. 1689–1695, Fasc. 20, Rdnr. 5; *Mazeaud/Chabas,* Leçons de droit civil, Bd. 2/1, Rdnr. 1259; *Rieg,* Rép. civ., Cession de créance, Rdnr. 24.

[36] *Marty/Raynaud/Jestaz,* Droit civil: Les obligations, Bd. 2, Rdnr. 353: "La cession de créance devra respecter les conditions de fond de l'opération dont elle est l'instrument." Zu den Anforderungen, die beispielsweise bei einem Forderungskauf zu beachten sind *Cadiet,* J.-Cl. civ., Art. 1689–1695, Fasc. 20, Rdnr. 39 ff.

Für die Abtretungsabrede bestehen grundsätzlich keine Formerfordernisse.[37] Etwas anderes ergibt sich auch nicht aus Art. 1689 Code civil.[38] Die Vorschrift setzt die Wirksamkeit der Abtretungsabrede vielmehr voraus und regelt lediglich die Erfüllung der sich aus den kaufvertraglichen Vorschriften[39] ergebenden Verpflichtung des Zessionars zur *délivrance*.[40] Wurde über die abgetretene Forderung keine Schuldurkunde ausgestellt, ist Art. 1689 Code civil gegenstandslos.[41]

Die Forderungsabtretung unterliegt allerdings den allgemeinen Beweisregeln der Art. 1315 ff. Code civil.[42] Danach können Verträge, die einen Wert von 800 € übersteigen, nur durch Vorlage eines Schriftstücks, nicht jedoch durch Zeugen bewiesen werden.[43] Fehlende Schriftform berührt demnach zwar nicht die Wirksamkeit der Forderungsabtretung, kann jedoch ihre gerichtliche Durchsetzung vereiteln.[44] Die genannten Beweisregeln gelten nicht unter Kaufleuten.[45]

Als Gegenstand einer Forderungsabtretung nach Art. 1689 ff. Code civil kommen grundsätzlich alle Forderungen in Betracht.[46] Es sind jedoch die gesetzlichen Abtretungsverbote zu beachten, die der besonderen Zielsetzung bestimmter Forderungen Rechnung tragen sollen. Sie bestehen beispielsweise für Unterhaltsleistungen, Renten, Pensionen, Beihilfen und für

---

[37] *Marty/Raynaud/Jestaz*, Droit civil: Les obligations, Bd. 2, Rdnr. 355; *Mazeaud/Chabas*, Leçons de droit civil, Bd. 2/1, Rdnr. 1259; *Rieg*, Rép. civ., Cession de créance, Rdnr. 118 ff. Soll die Forderung allerdings im Wege einer Schenkung übertragen werden, so ist die Abtretung gemäß Art. 931 Code civil notariell zu beurkunden (*Rieg*, a. a. O., Rdnr. 127).

[38] Die Vorschrift lautet:

> **Art. 1689.** Dans le transport d'une créance, d'un droit ou d'une action sur un tiers, la délivrance s'opère entre le cédant et le cessionnaire par la remise du titre.

[39] Art. 1582 und 1604 Code civil.

[40] *Mazeaud/Chabas*, Leçons de droit civil, Bd. 2/1, Rdnr. 1259.

[41] *Cadiet*, J.-Cl. civ., Art. 1689–1695, Fasc. 30, Rdnr. 18.

[42] *Terré/Simler/Lequette*, Droit civil: Les obligations, Rdnr. 1180; *Rieg*, Rép. civ., Cession de créance, Rdnr. 129.

[43] Art. 1341 Abs. 1 Code civil i. V. m. Décret N° 80-533 vom 15. 7. 1980 in der Fassung des Décret N° 2001-476 vom 30. 5. 2001. Maßgebend ist die Höhe der abgetretenen Forderung (*Terré/Simler/Lequette*, Droit civil: Les obligations, Rdnr. 1180). Art. 1341 Abs. 1 Code civil kann von den Vertragsparteien abbedungen werden und gilt dann nur gegenüber Dritten (*Terré/Simler/Lequette*, a. a. O., Rdnr. 154).

[44] *Cadiet*, J.-Cl. civ., Art. 1689–1695, Fasc. 20, Rdnr. 49. Ausnahmsweise sind jedoch auch andere Beweismittel zulässig, vgl. beispielsweise Art. 1347 Code civil.

[45] Art. 1341 Abs. 2 Code civil i. V. m. Art. 110-3 Code de commerce. *Blaise/Desgorces*, in: Die Forderungsabtretung, insbesondere zur Kreditsicherung, in ausländischen Rechtsordnungen, 245, Rdnr. 10.

[46] *Cadiet*, J.-Cl. civ., Art. 1689–1695, Fasc. 20, Rdnr. 11; *Marty/Raynaud/Jestaz*, Droit civil: Les obligations, Bd. 2, Rdnr. 354; *Mazeaud/Chabas*, Leçons de droit civil Bd. 2/1, Rdnr. 1258; *Rieg*, Rép. civ., Cession de créance, Rdnr. 39.

den unpfändbaren Teil des Gehalts.[47] Vertragliche Abtretungsverbote werden vom französischen Recht dagegen nicht anerkannt.[48]

Es bleibt die für Forderungsfinanzierungen wichtige Frage, ob auch zukünftige Forderungen nach Art. 1689 ff. Code civil abgetreten werden können. Unbestritten ist, daß eine Abtretung später fälliger und aufschiebend bedingter Forderungen möglich ist.[49] Unbestritten ist auch, daß eine Abtretung ausgeschlossen ist, wenn die Forderung lediglich in der Erwartung ihres vermeintlichen Gläubigers besteht: „Elle n'est qu'une simple virtualité et reste ignorée par le droit."[50] Eine Forderung muß, um Gegenstand eines Abtretungsvertrags sein zu können, *une certaine consistance* aufweisen,[51] sie muß zumindest *dans son principe* bestehen.[52] Diese Voraussetzungen sind wenig präzise und dementsprechend umstritten.[53] Den einschlägigen Entscheidungen läßt sich zumindest so viel entnehmen, daß der Rechtsgrund der Forderung zum Zeitpunkt ihrer Abtretung bereits gelegt sein muß.[54] So ist die Abtretung einer Werklohnforderung anerkannt worden, die nach Abschluß des Werkvertrags, aber vor Errichtung des Werks vorgenommen wurde.[55] Die Abtretung ist jedoch unwirksam, wenn sie vor Abschluß des Werkvertrags erfolgt.[56]

Diese im Vergleich zum deutschen Recht stark eingeschränkte Abtretbarkeit zukünftiger Forderungen verliert vor dem Hintergrund des Art. 1690 Code civil an Gewicht, da eine förmliche Benachrichtigung des Schuldners ohne-

---

[47] Zu diesen und weiteren gesetzlichen Abtretungsverboten *Cadiet,* J.-Cl. civ., Art. 1689–1695, Fasc. 20, Rdnr. 32 ff. Vgl. *Mazeaud/Chabas,* Leçons de droit civil, Bd. 2/1, Rdnr. 1258.

[48] *Kötz,* Int. Enc. Comp.L., Bd. 7, Kap. 13, Rdnr. 74. Die Frage wird in der französischen Rechtsprechung und Literatur in der Regel nicht einmal angesprochen. Vgl. jedoch *Aubry/Rau,* Droit civil français, Bd. 5, S. 135; *Huc,* Traité théorique de la cession, Bd. 1, Rdnr. 27–30.

[49] *Blaise/Desgorces,* in: Die Forderungsabtretung, insbesondere zur Kreditsicherung, in ausländischen Rechtsordnungen, 245, Rdnr. 17; *Cadiet,* J.-Cl. civ., Art. 1689–1695, Fasc. 20, Rdnr. 18–22; *Malaurie/Aynès,* Cours de droit civil, Bd. 6, Rdnr. 1221; *Marty/Raynaud/Jestaz,* Droit civil: Les obligations, Bd. 2, Rdnr. 354; *Rieg,* Rép. civ., Cession de créance, Rdnr. 46–52.

[50] *Cadiet,* J.-Cl. civ., Art. 1689–1695, Fasc. 20, Rdnr. 24. Vgl. *Marty/Raynaud/Jestaz,* Droit civil: Les obligations, Bd. 2, Rdnr. 354

[51] Vgl. *Rieg,* Rép. civ., Cession de créance, Rdnr. 53; *Marty/Raynaud/Jestaz,* Droit civil: Les obligations, Bd. 2, Rdnr. 354. Beide Autoren sprechen sich unter Hinweis auf Art. 1130 Code civil im Ergebnis dafür aus, die Abtretung zukünftiger Forderungen ohne Einschränkungen zuzulassen.

[52] *Cadiet,* J.-Cl. civ. Art. 1689–1695, Fasc. 20, Rdnr. 24; *Terré/Simler/Lequette,* Droit civil: Les obligations, Rdnr. 1181, Fn. 3.

[53] *Rieg,* Rép. civ., Cession de créance, Rdnr. 54: "les décisions jurisprudentielles et les textes revêtent un certain caractère arbitraire". Vgl. *Marty/Raynaud/Jestaz,* Droit civil: Les obligations, Bd. 2, Rdnr. 354.

[54] *Cadiet,* J.-Cl. civ., Art. 1689–1695, Fasc. 20, Rdnr. 24.

[55] Cass. civ., 7. 8. 1843, D. P. 1843 I 494; Cour d'appel Paris, 12. 2. 1863, D. P. 1863 II 63.

[56] Cass. civ., 7. 8. 1843, D. P. 1843 I 494.

hin erst dann erfolgen kann, wenn sowohl der Schuldner als auch die Höhe der Forderung feststehen. Daher besteht an einer Abtretung zukünftiger Forderungen nach Art. 1689 ff. Code civil kein praktisches Bedürfnis.[57]

bb. Wirkungen des Abtretungsvertrags

Ebenso wie das Zustandekommen des Abtretungsvertrags richten sich auch seine Wirkungen nach allgemeinen Regeln, soweit sich aus den Art. 1689 ff. Code civil nichts anderes ergibt.[58] Da der Code civil die Forderungsabtretung als eine besondere Form des Kaufs ansieht, müssen insbesondere die allgemeinen Vorschriften über den Kaufvertrag Berücksichtigung finden.

Nach Art. 1583 Code civil erwirbt der Käufer das Eigentum an der verkauften Sache, sobald sich die Parteien über die Sache und den Preis geeinigt haben:

> **Art. 1583.** [La vente] est parfaite entre les parties, et la propriété est acquise de droit à l'acheteur à l'égard du vendeur, dès qu'on est convenu de la chose et du prix, quoique la chose n'ait pas encore été livrée ni le prix payé.

Hinter dieser Vorschrift steht ein tragendes Prinzip des französischen Rechts: Das Eigentum geht über, sobald sich die Parteien über den Vertrag geeinigt haben, der den bisherigen Eigentümer zur Eigentumsübertragung verpflichtet. Weitere Voraussetzungen bestehen nicht. Der Eigentumsübergang vollzieht sich *solo consensu.* Ausdrücklich ist dieses Prinzip in Art. 711 Code civil niedergelegt:

> **Art. 711.** La propriété des biens s'acquiert et se transmet [...] par l'effet des obligations.

Das französische Recht betrachtet danach den zur Eigentumsübertragung verpflichtenden Vertrag und den dinglichen Eigentumsübergang als Einheit. Bereits der verpflichtende Vertrag läßt das Eigentum übergehen (Einheitsprinzip).[59] Ein gesondertes, den Eigentumsübergang herbeiführendes Rechtsgeschäft ist nicht erforderlich. Es wäre angesichts des Art. 1108 Code civil sogar unzulässig.[60] Ein über die bloße Einigung hinausgehender Vollzugsakt, wie beispielsweise die Übergabe der Sache, ist ebenfalls nicht erforderlich (Konsensprinzip).[61]

---

[57] *Marty/Raynaud/Jestaz,* Droit civil: Les obligations, Bd. 2, Rdnr. 354; *Kötz,* Int. Enc. Comp. L., Bd. 7, Kap. 13, Rdnr. 82.

[58] *Terré/Simler/Lequette,* Droit civil: Les obligations, Rdnr. 1191.

[59] Zur Unterscheidung zwischen Einheits- und Trennungsprinzip *Jauernig,* JuS 1994, 721, 721 f.

[60] Nach Art. 1108 Code civil ist *une cause licite dans l'obligation* unabdingbare Voraussetzung für die Wirksamkeit eines Vertrags. Verträge ohne gültige Zweckbestimmung, wie z. B. abstrakte Verfügungsgeschäfte, sind daher unzulässig. Dazu *Stadler,* Gestaltungsfreiheit und Verkehrsschutz durch Abstraktion, S. 31 f.

[61] Vgl. *Jauernig,* JuS 1994, 721, 721 f.

Überträgt man dieses Einheits- und Konsensprinzip auf die Forderungsabtretung, ergibt sich daraus, daß die Forderung auf den Zessionar übergeht, sobald zwischen den Parteien ein wirksamer Vertrag zustande gekommen ist, der den Zedenten zur Abtretung der Forderung verpflichtet:[62] „Conformément au principe du consensualisme, la cession opère, comme la vente, transfert instantané de la créance de la tête du cédant sur celle du cessionnaire par le seul échange des consentements."[63]

Durch die Abtretung wird der Zessionar neuer Gläubiger der Forderung. Die Forderung geht zu ihrem Nennbetrag[64] und mit ihren jeweiligen Eigenschaften auf den Zessionar über.[65] Nach Art. 1192 Code civil werden mit der Forderung auch alle Nebenrechte übertragen.[66] Da der Zedent nicht mehr Rechte auf den Zessionar übertragen kann, als er selbst hatte, bleiben grundsätzlich sämtliche Einreden und Einwendungen des Schuldners erhalten.[67]

Die dinglichen Wirkungen des Abtretungsvertrags werden jedoch durch Art. 1690 Code civil eingeschränkt: Im Verhältnis zu Dritten wird der Zessionar nur dann Forderungsinhaber, wenn der Schuldner durch eine *signification* von der Forderungsabtretung in Kenntnis gesetzt worden ist: „Le cessionnaire n'est saisi à l'égard des tiers que par la signification du transport faite au débiteur." Daraus folgt im Umkehrschluß, daß die Übertragungswirkung des Abtretungsvertrags nur im Innenverhältnis zwischen Zedent und Zessionar eintritt:[68] Art. 1690 Code civil schränkt mit anderen Wor-

---

[62] *Cadiet,* J.-Cl. civ., Art. 1689–1695, Fasc. 30, Rdnr. 1; *Malaurie/Aynès,* Bd. 6, Rdnr. 1224; *Marty/Raynaud/Jestaz,* Droit civil: Les obligations, Bd. 2, Rdnr. 359; *Mazeaud/Chabas,* Leçons de droit civil, Bd. 2/1, Rdnr. 1269; *Rieg,* Rép. civ., Cession de créance, Rdnr. 341.

[63] *Terré/Simler/Lequette,* Droit civil: Les obligations, Rdnr. 1192.

[64] Hierin liegt der wesentliche Unterschied der *cession de créance* zur *subrogation conventionnelle* nach Art. 1249 ff. Code civil (*Cadiet,* J.-Cl. civ., Art. 1689–1695, Fasc. 30, Rdnr. 4; *Marty/ Raynaud/Jestaz,* Droit civil: Les obligations, Bd. 2, Rdnr. 359; *Rieg,* Rép. civ., Cession de créance, Rdnr. 344). Grundlage der *subrogation* ist eine auf die Forderung bezogene Zahlung des neuen Gläubigers an den bisherigen Gläubiger. Die Forderung geht daher nur in Höhe dieser Zahlung auf den neuen Gläubiger über. Dazu *unten,* S. 96 ff.

[65] *Blaise/Desgorces,* in: Die Forderungsabtretung, insbesondere zur Kreditsicherung, in ausländischen Rechtsordnungen, 245, Rdnr. 12; *Marty/Raynaud/Jestaz,* Droit civil: Les obligations, Bd. 2, Rdnr. 359.

[66] Zur Reichweite des Art. 1192 Code civil *Cadiet,* J.-Cl. civ., Art. 1689–1695, Fasc. 30, Rdnr. 9 ff.; *Marty/Raynaud/Jestaz,* Droit civil: Les obligations, Bd. 2, Rdnr. 361; *Rieg,* Rép. civ., Cession de créance, Rdnr. 352 ff.

[67] *Cadiet,* J.-Cl. civ., Art. 1689–1695, Fasc. 30, Rdnr. 77 ff.; *Mazeaud/Chabas,* Leçons de droit civil, Bd. 2/1, Rdnr. 1271; *Rieg,* Rép. civ., Cession de créance, Rdnr. 345 ff.

[68] *Aubin,* FS Neumayer, 31; *Blaise/Desgorces,* in: Die Forderungsabtretung, insbesondere zur Kreditsicherung, in ausländischen Rechtsordnungen, 245, Rdnr. 11; *Stadler,* Gestaltungsfreiheit und Verkehrsschutz durch Abstraktion, S. 622; *Zweigert/Kötz,* Einführung in die Rechtsvergleichung, S. 446. Da der Abtretungsvertrag im Innenverhältnis zwischen Zedent und Zessionar auch dann dingliche Wirkungen entfaltet, wenn der Schuldner nicht

ten die Geltung des Konsensprinzips im Bereich der Forderungsabtretung ein.

Daher bringt der Abtretungsvertrag als solcher dem Zessionar auch kaum praktische Vorteile:[69] Da die Forderung dem Zessionar zumindest gegenüber dem Zedenten zusteht, kann er von ihm Herausgabe etwaiger Zahlungen des Schuldners auf die abgetretene Forderung verlangen.[70] Das gleiche gilt für die vom Schuldner zu zahlenden Zinsen. Sie stehen ab dem Zeitpunkt der Abtretung dem Zessionar zu.[71] Der Zessionar kann jedoch grundsätzlich nicht selbst vom Schuldner Zahlung verlangen.[72] Denn aus dessen Sicht ist nach wie vor der Zedent Gläubiger der gegen ihn gerichteten Forderung. Der Schuldner kann daher ungeachtet des Abtretungsvertrags mit befreiender Wirkung an den Zedenten leisten (Art. 1691 Code civil). Auch können im Verhältnis zwischen Schuldner und Zedent neue Einreden und Einwendungen begründet werden, die sich der Zessionar entgegenhalten lassen muß.[73]

Die Einschränkung des Konsensprinzips durch Art. 1690 Code civil findet im allgemeinen Kaufrecht keine Entsprechung. Lediglich in der älteren französischen Literatur wurde die Formulierung des Art. 1583 Code civil *„la propriété est acquise de droit à l'acheteur à l'égard du vendeur"*[74] so gedeutet, als seien auch bei einem Kaufvertrag die dinglichen Wirkungen auf das Innenverhältnis zwischen Käufer und Verkäufer beschränkt.[75] Die Auffassung berief sich insbesondere auf Art. 1141 Code civil, der einen Teilbereich des gutgläubigen Erwerbs vom Nichtberechtigten regelt:

> **Art. 1141.** Si la chose qu'on s'est obligé de donner ou de livrer à deux personnes successivement est purement mobilière, celle des deux qui en a été mise en possession réelle est préférée et en demeure propriétaire, encore que son titre soit postérieur en date, pourvu toutefois que la possession soit de bonne foi.

---

durch *signification* benachrichtigt wurde, ist die Forderungsabtretung nach Art. 1689 ff. Code civil kein Beispiel für die Existenz des Trennungsprinzips im französischen Recht. In den Anforderungen des Art. 1690 Code civil kommt eine Unterscheidung zwischen den obligatorischen und dinglichen Wirkungen eines Abtretungsvertrags nicht zum Ausdruck. Anders *Habermeier,* AcP 195 (1995) 283, 289.

[69] *Blaise/Desgorces,* in: Die Forderungsabtretung, insbesondere zur Kreditsicherung, in ausländischen Rechtsordnungen, 245, Rdnr. 11; *Cadiet,* J.-Cl. civ., Art. 1689–1695, Fasc. 20, Rdnr. 52.

[70] *Cadiet,* J.-Cl. civ., Art. 1689–1695, Fasc. 30, Rdnr. 5.

[71] *Cadiet,* J.-Cl. civ., Art. 1689–1695, Fasc. 30, Rdnr. 5.

[72] *Rieg,* Rép. civ., Cession de créance, Rdnr. 505. Vgl. jedoch *unten,* S. 65 f.

[73] *Cadiet,* J.-Cl. civ, Art. 1689–1695, Fasc. 30, Rdnr. 83; *Marty/Raynaud/Jestaz,* Droit civil: Les obligations, Bd. 2, Rdnr. 365; *Mazeaud/Chabas,* Leçons de droit civil, Bd. 2/1, Rdnr. 1262; *Rieg,* Rép. civ., Cession de créance, Rdnr. 497.

[74] Der Vorläufer des Art. 1583 Code civil lautete: „La vente est parfaite *entre parties* dès qu'on est convenu de la chose et du prix" (mit der Hervorhebung zitiert nach *Marty/Raynaud,* Droit civil, Bd. 2/2, Rdnr. 418).

[75] Zu dieser Auffassung *Marty/Raynaud,* Droit civil, Bd. 2/2, Rdnr. 418.

Die Bedeutung der Vorschrift veranschaulicht der folgende Sachverhalt:

> Käufer und Verkäufer schließen einen Kaufvertrag über eine bewegliche Sache. Bevor der Verkäufer diese ausliefert, schließt er einen weiteren Kaufvertrag über dieselbe Sache mit einem gutgläubigen Dritten. Die Sache wird an den Dritten ausgeliefert.

Nach Art. 1141 Code civil erwirbt der Dritte Eigentum. Dieses Ergebnis wurde in der älteren französischen Literatur damit erklärt, daß der erste Kaufvertrag zwar zwischen den Parteien dingliche Wirkungen entfalte. Diese könnten Dritten aber nur dann entgegengehalten werden, wenn der Käufer auch den Besitz an der verkauften Sache erlangt hat. Der Verkäufer sei daher gegenüber dem zweiten Käufer nach wie vor Eigentümer und könne ihm das Eigentum wirksam übertragen.

Diese Beschränkung der dinglichen Wirkungen eines Kaufvertrags auf das Innenverhältnis zwischen Käufer und Verkäufer wird von der neueren französischen Literatur jedoch einhellig abgelehnt.[76] Art. 1141 Code civil sei vielmehr ein besonderer Anwendungsfall des in Art. 2279 Abs. 1 Code civil niedergelegten Prinzips „En fait de meubles, la possession vaut titre". Der erste Käufer erwirbt mit Abschluß des Kaufvertrags Eigentum an der Kaufsache, wird aber durch den gutgläubigen Zweitkäufer aus dieser Eigentümerposition wieder verdrängt.[77] Dementsprechend ist anerkannt, daß die Kaufsache schon mit Abschluß des Kaufvertrags aus dem Vermögen des Verkäufers ausscheidet und daher weder von seinen Gläubigern noch von seinem Insolvenzverwalter in Anspruch genommen werden kann.[78] Die Beschränkung der dinglichen Wirkungen des verpflichtenden Vertrags auf das Innenverhältnis zwischen den Vertragsparteien ist somit eine Besonderheit des Abtretungsrechts, die im Kaufrecht keine Entsprechung findet.[79]

b. Die *signification* und die Wirksamkeit der Forderungsübertragung gegenüber Dritten

Die dinglichen Wirkungen eines Abtretungsvertrags treten gegenüber Dritten nach Art. 1690 Code civil nicht *solo consensu,* sondern erst dann ein, wenn der Schuldner von der Abtretung durch *signification* in Kenntnis gesetzt worden ist.

---

[76] *Marty/Raynaud,* Droit civil, Bd. 2/2, Rdnr. 418: "Les auteurs récents l'ont abandonnée de façon quasi unanime."

[77] *Marty/Raynaud,* Droit civil, Bd. 2/2, Rdnr. 418; *Mazeaud/Chabas,* Leçons de droit civil, Bd. 2/2, Rdnr. 1623; *Terré/Simler,* Droit civil: Les biens, Rdnr. 396.

[78] *Marty/Raynaud,* Droit civil, Bd. 2/2, Rdnr. 418; *Mazeaud/Chabas,* Leçons de droit civil, Bd. 2/2, Rdnr. 1623; *Stadler,* Gestaltungsfreiheit und Verkehrsschutz durch Abstraktion, S. 399 f. und 466; *Terré/Simler,* Droit civil: Les biens, Rdnr. 396, Fn. 3.

[79] Vgl. *Stadler,* Gestaltungsfreiheit und Verkehrsschutz durch Abstraktion, S. 622: Das Abtretungsrecht unterscheide „stärker zwischen der bloßen Abtretungsverpflichtung und ihrem Vollzug mit Drittwirksamkeit".

aa. Voraussetzungen einer *signification*

Da es sich bei der *signification* um einen prozeßrechtlichen Begriff handelt, ergeben sich ihre Voraussetzungen aus den Vorschriften des Nouveau Code de procédure civil. Dessen Art. 651 Abs. 2 definiert die *signification* als "notification faite par acte d'huissier de justice". Die Benachrichtigung des Schuldners durch Gerichtsvollzieher *(huissier)* ist in den Art. 653–664 Nouveau Code de procédure civil geregelt. Danach muß dem Schuldner eine Urkunde zugestellt werden,[80] aus der die Tatsache des Gläubigerwechsels, die Identität des neuen Gläubigers und die Höhe der übertragenen Forderung hervorgehen. Es ist nicht erforderlich, daß das Schriftstück ausschließlich dazu dient, den Schuldner von der Forderungsübertragung zu benachrichtigen. Auch die Zustellung einer Klage kann eine *signification* darstellen, wenn sie deren inhaltliche Anforderungen erfüllt.[81] Die Urkunde muß weder eine Abschrift des Abtretungsvertrags enthalten, noch diesen auszugsweise wiedergeben.[82]

Die *signification* kann sowohl durch den Zedenten als auch durch den Zessionar veranlaßt werden.[83] Die Initiative wird jedoch in aller Regel vom Zessionar ausgehen, da dieser ein Interesse daran hat, seinen Rechtserwerb möglichst bald zu vollenden.[84] Die *signification* muß an den Schuldner gerichtet sein[85] und diesem persönlich zugestellt werden.[86] Sie kann zu jedem beliebigen Zeitpunkt nach Zustandekommen des Abtretungsvertrags erfolgen.[87] Auch für Forderungsabtretungen unter Kaufleuten ist eine *signification* erforderlich.[88] Die dafür anfallenden Kosten sind erheblich: Bei Forderungen unter 128 € wird eine Gebühr von 8,80 € erhoben, bei Forde-

---

[80] Ein Einschreiben mit Rückschein oder die Benachrichtigung des Schuldners durch einen Notar genügen nicht (*Blaise/Desgorces*, in: Die Forderungsabtretung, insbesondere zur Kreditsicherung, in ausländischen Rechtsordnungen, 245, Rdnr. 20; *Cadiet*, J.-Cl. civ., Art. 1689–1695, Fasc. 20, Rdnr. 99; *Rieg*, Rép. civ., Cession de créance, Rdnr. 216).

[81] Cass. com., 18. 2. 1969, Bull. civ. 1969 IV 65; 4. 6. 1996, D 1996, 630; *Cadiet*, J.-Cl. civ., Art. 1689–1695, Fasc. 20, Rdnr. 103; *Marty/Raynaud/Jestaz*, Droit civil: Les obligations, Bd. 2; Rdnr. 357; *Mazeaud/Chabas*, Leçons de droit civil, Bd. 2/2, Rdnr. 1260, Fn. 1; *Rieg*, Rép. civ., Cession de créance, Rdnr. 225 f.

[82] *Cadiet*, J.-Cl. civ., Art. 1689–1695, Fasc. 20, Rdnr. 191; *Rieg*, Rép. civ., Cession de créance, Rdnr. 220.

[83] Vgl. Art. 1691 Code civil: "Si, avant que le cédant ou le cessionnaire eût signifié le transport au débiteur [...]".

[84] *Cadiet*, J.-Cl. civ., Art. 1689–1695, Fasc. 20, Rdnr. 82; *Rieg*, Rép. civ., Cession de créance, Rdnr. 178; *Terré/Simler/Lequette*, Droit civil: Les obligations, Rdnr. 1184.

[85] Art. 1690 Code civil: *faite au débiteur.*

[86] Art. 654 Abs. 1 Nouveau Code de procédure civil. Vgl. für juristische Personen Art. 654 Abs. 2. Zu den Ausnahmen von diesem Grundsatz und den Fragen der Ersatzzustellung *Cadiet*, J.-Cl. civ., Art. 1689—1695, Rdnr. 84 ff.

[87] *Cadiet*, J.-Cl. civ., Art. 1689—1695, Rdnr. 93.

[88] *Rieg*, Rép. civ., Cession de créance, Rdnr. 145.

rungen zwischen 128 € und 1280 € beträgt die Gebühr 17,60 € und bei darüber hinaus gehenden Forderungen 35,20 €.[89]

Der *signification* wird in Art. 1690 Abs. 2 Code civil die *acceptation faite par le débiteur dans un acte authentique* gleichgestellt. Der Begriff der *acceptation* ist allerdings mißverständlich, denn es ist keinesfalls erforderlich, daß der Schuldner der Forderungsübertragung zustimmt. Er muß lediglich in der Form eines *acte authentique* erklären, daß er die Forderungsübertragung zur Kenntnis genommen hat.[90] Ein *acte authentique* setzt nach Art. 1317 Code civil[91] eine öffentliche Beurkundung der Erklärung des Schuldners voraus. Üblich ist die Form einer notariellen Beurkundung.[92] Wird bereits der Abtretungsvertrag zwischen Zedent und Zessionar notariell beurkundet, kann der Schuldner hinzugezogen werden, um zu erklären, daß er von der Forderungsabtretung Kenntnis genommen hat.[93] Die *acceptation* des Schuldners kann aber auch selbständig beurkundet werden. Wegen der damit verbundenen Kosten ist ein solches Vorgehen jedoch selten.[94]

Die Rechtsprechung läßt von dem Erfordernis eines *acte authentique* eine Ausnahme zu: Obwohl der Schuldner Dritter im Sinne des Art. 1690 Code civil ist,[95] kann ihm eine Forderungsabtretung schon dann entgegengehalten werden, wenn er sie in einer privatschriftlichen Urkunde[96] oder konkludent angenommen hat.[97] Der Schuldner kann ab diesem Zeitpunkt nicht mehr mit befreiender Wirkung an den Zedenten leisten und keine neuen Einreden und Einwendungen aus dem Verhältnis zum Zedenten dem Zessionar entgegenhalten.

---

[89] Art. 6 f. i. V. m. Anhang I, Nr. 73 des Décret N° 96-1080 vom 12. 12. 1996 portant fixation du tarif des huissiers de justice en matière civile et commerciale in der Fassung des Décret N° 2001-373 vom 27. 4. 2001 portant adaptation de la valeur en euros de certains montants exprimés en francs.

[90] *Mazeaud/Chabas,* Leçons de droit civil, Bd. 2/1, Rdnr. 1260; *Rieg,* Rép. civ. Cession de créance, Rdnr. 249; *Terré/Simler/Lequette,* Droit civil: Les obligations, Rdnr. 1185.

[91] Die Vorschrift lautet:

Art. 1317. L'acte authentique est celui qui a été reçu par officiers publics ayant le droit d'instrumenter dans le lieu où l'acte a été rédigé, et avec les solennités requises.

[92] *Rieg,* Rép. civ., Cession de créance, Rdnr. 254. Zu den anderen Formen eines *acte authentique Cadiet,* J.-Cl. civ., Art. 1689–1695, Rdnr. 112.

[93] *Cadiet,* J.-Cl. civ., Art. 1689–1695, Rdnr. 111; *Malaurie/Aynès,* Cours de droit civil, Bd. 6, Rdnr. 1221; *Marty/Raynaud/Jestaz,* Droit civil: Les obligations, Bd. 2, Rdnr. 357; *Rieg,* Rép. civ., Cession de créance, Rdnr. 250.

[94] *Malaurie/Aynès,* Cours de droit civil, Bd. 6, Rdnr. 1221; *Rieg,* Rép. civ., Cession de créance, Rdnr. 251.

[95] *Marty/Raynaud/Jestaz,* Droit civil: Les obligations, Bd. 2, Rdnr. 364; *Mazeaud/Chabas,* Leçons de droit civil, Bd. 2/1, Rdnr. 1261; *Terré/Simler/Lequette,* Droit civil: Les obligations, Rdnr. 1187. Vgl. Cass. civ., 4. 12. 1985, Bull. civ. 1985 I 336.

[96] Dies kann beispielsweise ein Brief sein: Cass. civ., 19. 1. 1970, Bull. civ. 1970 I 19.

[97] Dies ist insbesondere dann der Fall, wenn der Schuldner im Hinblick auf die abgetretene Forderung gegenüber dem Zessionar rechtsgeschäftlich tätig wird: Cass. civ., 14. 12. 1994, Bull. civ. 1994 III 212. Vgl. *Cadiet,* J.-Cl. civ., Art. 1689–1695, Fasc. 20, Rdnr. 119 ff. mit weiteren Beispielen.

Die bloße Kenntnis des Schuldners von der Forderungsabtretung ist dagegen grundsätzlich unbeachtlich.[98] Dies gilt nicht, wenn ein bösgläubiger Schuldner in betrügerischer Absicht an den Zedenten leistet. Die Leistung hat keine befreiende Wirkung.[99] Die geringen Anforderungen der Rechtsprechung an das Vorliegen der genannten Voraussetzungen führen dazu, daß ein Schuldner, dem die Forderungsabtretung bekannt ist, praktisch nur noch an den Zessionar mit befreiender Wirkung leisten kann.[100] Dementsprechend kann der Zessionar auch unabhängig von den Voraussetzungen des Art. 1690 Code civil vom Schuldner Zahlung verlangen.[101] Sobald jedoch die Interessen des Schuldners berührt sind, ist dessen bloße Kenntnis stets unbeachtlich. Er kann daher nach wie vor Einreden und Einwendungen gegenüber dem Zedenten begründen, die sich der Zessionar entgegenhalten lassen muß.[102]

Die Ausnahmen von den Voraussetzungen einer *acceptation dans un acte authentique* gelten ausschließlich im Verhältnis des Zessionars zum Schuldner. Für die Wirksamkeit der Forderungsübertragung gegenüber den sonstigen Dritten gelten die Anforderungen des Art. 1690 Code civil dagegen ohne Einschränkungen.[103] Das französische Recht unterscheidet demnach zwischen der Wirksamkeit einer Forderungsabtretung gegenüber dem Schuldner einerseits und sonstigen Dritten andererseits: Für den Schuldner gelten andere Regeln als für sonstige Dritte.[104]

---

[98] Vgl. Cass. ass. plén., 14. 2. 1975, D. S. 1975, 349; *Cadiet,* J.-Cl. civ., Art. 1689–1695, Fasc. 20, Rdnr. 120; *Malaurie/Aynès,* Cours de droit civil, Bd. 6, Rdnr. 1125; *Mazeaud/Chabas,* Leçons de droit civil, Bd. 2/1, Rdnr. 1260; *Terré/Simler/Lequette,* Droit civil: Les obligations, Rdnr. 1185.

[99] *Cadiet,* J.-Cl. civ., Art. 1689–1695, Fasc. 20, Rdnr. 184; *Mazeaud/Chabas,* Leçons de droit civil, Bd. 2/1, Rdnr. 1262; *Planiol/Ripert,* Traité pratique de droit civil français, Bd. 7, Rdnr. 1222; *Rieg,* Rép. civ., Cession de créance, Rdnr. 284.

[100] *Malaurie/Aynès,* Cours de droit civil, Bd. 6, Rdnr. 1125; *Planiol/Ripert,* Traité pratique de droit civil français, Bd. 7, Rdnr. 1222. Vgl. *Cadiet,* J.-Cl. civ., Art. 1689–1695, Fasc. 20, Rdnr. 124; *Marty/Raynaud/Jestaz,* Droit civil: Les obligations, Bd. 2, Rdnr. 365; *Rieg,* Rép. civ., Cession de créance, Rdnr. 510.

[101] *Mazeaud/Chabas,* Leçons de droit civil, Bd. 2/1, Rdnr. 1262; *Planiol/Ripert,* Traité pratique de droit civil français, Bd. 7, Rdnr. 1229. Allerdings dürfen durch die Leistung des Schuldners die Rechte Dritter nicht gefährdet werden (*Mazaud/Chabas,* a. a. O.).

[102] *Malaurie/Aynès,* Cours de droit civil, Bd. 6, Rdnr. 1225. Daher trifft es nicht zu, daß sich die Formerfordernisse des Art. 1690 Code civil nur im Verhältnis zu sonstigen Dritten und nicht im Verhältnis zum Schuldner auswirken. Anders *Kieninger,* RabelsZ 62 (1998) 678, 699. Gegenüber dem Schuldner sind die Anforderungen des Art. 1690 Code civil abgeschwächt. Sie sind jedoch nicht völlig aufgehoben.

[103] *Marty/Raynaud/Jestaz,* Droit civil: Les obligations, Bd. 2, Rdnr. 364; *Mazeaud/Chabas,* Leçons de droit civil, Bd. 2/1, Rdnr. 1263; *Rieg,* Rép. civ., Cession de créance, Rdnr. 257; *Terré/Simler/Lequette,* Droit civil: Les obligations, Rdnr. 1185.

[104] *Marty/Raynaud/Jestaz,* Droit civil: Les obligations, Bd. 2, Rdnr. 366; *Rieg,* Rép. civ., Cession de créance, Rdnr. 507.

bb. Wirkungen der *signification*

Die vorherigen Abschnitte haben gezeigt, daß bereits der Abtretungsvertrag als solcher die Forderung zwischen Zedent und Zessionar übergehen läßt und daß der Zessionar die Abtretung dem Schuldner in gewissem Umfang auch dann entgegenhalten kann, wenn er die Anforderungen des Art. 1690 Code civil nicht vollständig erfüllt hat. Die wirtschaftlich entscheidenden Wirkungen der Abtretung gegenüber Dritten treten jedoch erst dann ein, wenn die Voraussetzungen des Art. 1690 Code civil vorliegen.

So kann der Zedent dieselbe Forderung solange an einen weiteren Zessionar abtreten, bis der Schuldner durch *signification* von der ersten Forderungsabtretung in Kenntnis gesetzt worden ist.[105] Bis zu diesem Zeitpunkt bleibt der Zedent gegenüber dem zweiten Zessionar Inhaber der Forderung und ist somit verfügungsbefugt.[106] Sofern der zweite Zessionar die frühere Forderungsabtretung nicht kennt[107] und den Schuldner durch *signification* benachrichtigt, wird er auch gegenüber dem ersten Zessionar Inhaber der Forderung.[108] Der Schuldner muß unabhängig von der zeitlichen Reihenfolge der Abtretungsverträge an den Zessionar zahlen, der ihm die Forderungsabtretung zuerst angezeigt hat.[109] Dies kann der erste Zessionar nur dadurch verhindern, daß er die Voraussetzungen des Art. 1690 Code civil zuerst erfüllt.[110] Eine Forderungsabtretung nach Art. 1689 ff. Code civil ist damit gegenüber anderen Zessionaren derselben Forderung nur dann wirksam, wenn der Schuldner durch *signification* von der Abtretung in Kenntnis gesetzt worden ist.

---

[105] Die *signification* kann nach Art. 1690 Abs. 2 Code civil stets durch eine *acceptation faite par le débiteur dans un acte authentique* ersetzt werden.

[106] *Planiol/Ripert*, Traité pratique de droit civil français, Bd. 7, Rdnr. 1128 (S. 518).

[107] *Blaise/Desgorces*, in: Die Forderungsabtretung, insbesondere zur Kreditsicherung, in ausländischen Rechtsordnungen, 245, Rdnr. 28; *Cadiet*, J.-Cl. civ., Art. 1689–1695, Fasc. 30, Rdnr. 69; *Larroumet*, J. C. P. 1990 II 15877, Rdnr. 3. *Zweigert/Kötz*, Einführung in die Rechtsvergleichung, S. 447 f. Nach einer anderen Ansicht ist der Forderungserwerb des zweiten Zessionars nur dann ausgeschlossen, wenn er in betrügerischer Absicht gehandelt hat (Cass. com., 19. 3. 1980, Bull. civ. 1980 IV 137; *Malaurie/Aynès*, Droit civil, Bd. 6, Rdnr. 1226).

[108] *Aubry/Rau*, Droit civil français, Bd. 6, S. 153; *Cadiet*, J.-Cl. civ., Art. 1689–1695, Fasc. 30, Rdnr. 69; *Larroumet*, J. C. P. 1990 II 15877, Rdnr. 3; *Marty/Raynaud/Jestaz*, Droit civil: Les obligations, Bd. 2, Rdnr. 366; *Mazeaud/ Chabas*, Leçons de droit civil, Bd. 2/1, Rdnr. 1264; *Planiol/Ripert*, Traité pratique de droit civil français, Bd. 7, Rdnr. 1128; *Rieg*, Rép. civ., Cession de créance, Rdnr. 589; *Terré/Simler/Lequette*, Droit civil: Les obligations, Rdnr. 1189; *Zweigert/ Kötz*, Einführung in die Rechtsvergleichung, S. 447.

[109] *Cadiet*, J.-Cl. civ., Art. 1689–1695, Fasc. 30, Rdnr. 69; *Rieg*, Rép. civ., Cession de créance, Rdnr. 592.

[110] Dabei ist es – anders als bei einer *signification* durch den zweiten Zessionar – unschädlich, wenn ihm bekannt ist, daß der Zedent in Ansehung derselben Forderung einen weiteren Abtretungsvertrag geschlossen hat.

Bis dahin können auch die Gläubiger des Zedenten im Wege der Zwangsvollstreckung noch auf die abgetretene Forderung zugreifen.[111] Sobald die Voraussetzungen des Art. 1690 Code civil erfüllt sind, läuft die Zwangsvollstreckung ins Leere: Die Forderung ist auch gegenüber seinen Gläubigern aus dem Vermögen des Zedenten ausgeschieden.[112]

Aus denselben Gründen kann im Fall der Zahlungsunfähigkeit des Zedenten dessen Insolvenzverwalter die abgetretene Forderung für die Masse in Anspruch nehmen und zu ihren Gunsten verwerten, wenn das Insolvenzverfahren eröffnet wurde, bevor der Schuldner durch *signification* von der Forderungsabtretung in Kenntnis gesetzt wurde.[113] Nach der Eröffnung des Insolvenzverfahrens können die Voraussetzungen des Art. 1690 Code civil nicht mehr herbeigeführt werden. Das gilt selbst dann, wenn der Abtretungsvertrag vor diesem Zeitpunkt geschlossen wurde.[114] Waren die Voraussetzungen des Art. 1690 Code civil zum Zeitpunkt der Eröffnung des Insolvenzverfahrens dagegen bereits erfüllt, ist die Forderung mit Wirkung gegenüber dem Insolvenzverwalter aus dem Vermögen des Zedenten ausgeschieden. Ihre Verwertung zugunsten der Masse ist ausgeschlossen.

Besonderheiten gelten, wenn der Abtretungsvertrag in der *période suspecte* zwischen dem Eintritt der Zahlungsunfähigkeit und der Eröffnung des Insolvenzverfahrens geschlossen wurde. Art. 107 des Gesetzes über die Sanierung und Liquidation von Unternehmen[115] erklärt bestimmte Rechtsgeschäfte für nichtig, wenn sie in diesem Zeitraum vorgenommen worden sind. Dazu gehört nach Art. 107 Ziffer 4[116] auch die Erfüllung fälliger Geldforderungen durch außergewöhnliche Verfahren. Als solches wurde lange

---

[111] *Cadiet,* J.-Cl. civ., Art. 1689–1695, Fasc. 30, Rdnr. 70; *Marty/Raynaud/Jestaz,* Droit civil: Les obligations, Bd. 2, Rdnr. 367 (2e hypothèse); *Mazeaud/Chabas,* Leçons de droit civil, Bd. 2/1, Rdnr. 1265; *Rieg.,* Rép. civ., Cession de créance, Rdnr. 523; *Terré/Simler/Lequette,* Droit civil: Les obligations, Rdnr. 1190; *Zweigert/Kötz,* Einführung in die Rechtsvergleichung, S. 447.

[112] Cass. civ., 24. 12. 1894, D. P. 1895 I 206; *Cadiet,* J.-Cl. civ., Art. 1689–1695, Fasc. 30, Rdnr. 89 und 98; *Marty/Raynaud/Jestaz,* Droit civil: Les obligations, Bd. 2, Rdnr. 367 (1re hypothèse); *Mazeaud/Chabas,* Leçons de droit civil, Bd. 2/1, Rdnr. 1265; *Rieg,* Rép. civ., Cession de créance, Rdnr. 603.

[113] *Mazeaud/Chabas,* Leçons de droit civil, Bd. 2/1, Rdnr. 1265; *Zweigert/Kötz,* Einführung in die Rechtsvergleichung, S. 447.

[114] *Aubry/Rau, Droit civil français,* Bd. 5, S. 148; *Cadiet,* J.-Cl. civ., Art. 1689–1695, Fasc. 30, Rdnr. 71; *Planiol/Ripert,* Traité pratique de droit civil français, Bd. 7, Rdnr. 1123 (S. 506).

[115] Loi n° 85-98 du 25. 1. 1985 relative au redressement et à la liquidation judiciaires des entreprises, J. O. 1985, 1097.

[116] Die Vorschrift lautet:

> **Art. 107.** Sont nuls, lorqu'ils auront été faits par le débiteur depuis la date de cessation des paiement, les actes suivants: [...]
> 4° Tout paiement pour dettes échues, fait autrement qu'en espèces, effets de commerce, virements, bordereaux de cession visés par la loi n° 81-1 du 2 janvier 1981 facilitant le crédit aux entreprises ou tout autre mode de paiement communément admis dans les relations d'affaires.

Zeit auch die Forderungsabtretung angesehen.[117] Für die Forderungsfinanzierung ist Art. 107 Ziffer 4 dennoch ohne größere Bedeutung. Hier werden Forderungen nicht zur Erfüllung bereits bestehender Verbindlichkeiten abgetreten. Die Abtretung bildet vielmehr erst die Grundlage für eine Zahlung des Zessionars, beispielsweise in der Form eines Vorschusses auf die abgetretene Forderung im Rahmen eines Factoringvertrags.[118] Keine Schwierigkeiten bestehen schließlich, wenn der Abtretungsvertrag vor dem Eintritt der Zahlungsunfähigkeit des Zedenten geschlossen wird. Er ist wirksam und kann dem Schuldner noch während der *période suspecte* durch *signification* angezeigt werden.[119]

Die dargestellten Wirkungen der *signification* zeigen, daß die Forderungsabtretung nach Art. 1689 ff. Code civil von der Unterscheidung zwischen den *effets entre les parties* und den *effets à l'égard des tiers* geprägt ist: Bereits der Abtretungsvertrag als solcher entfaltet im Innenverhältnis zwischen Zedent und Zessionar dingliche Wirkungen. Die wirtschaftlich entscheidenden Wirkungen treten jedoch erst dann ein, wenn die Voraussetzungen des Art. 1690 Code civil erfüllt sind und der Zessionar die Forderungsabtretung auch dem Schuldner und Dritten entgegenhalten kann.

2. Die Regel in *Dearle v. Hall*

Im englischen Recht richtet sich die Wirksamkeit einer Forderungsübertragung gegenüber Dritten in erheblichem Umfang nach den Grundsätzen aus der Entscheidung *Dearle v. Hall*.[120] Ihr lag folgender Sachverhalt zugrunde:

> Das Testament seines Vaters gewährt *Brown* einen Anspruch auf die jährliche Auszahlung der Erträge des von Treuhändern gehaltenen Nachlasses. Einen Teil dieses Rechts verkauft und überträgt er 1808 an *Dearle*. Weder *Brown* noch *Dearle* setzen die Treuhänder davon in Kenntnis.
>
> 1812 verkauft und überträgt *Brown* das gesamte Recht an *Hall*, der zuvor bei den Treuhändern ohne Ergebnis Erkundigungen über frühere Verfügungen eingezogen hat. *Hall* benachrichtigt die Treuhänder von der Übertragung.
>
> Die von den Treuhändern bei Gericht hinterlegten Beträge wurden in beiden Instanzen *Hall* zugesprochen.

Die Entscheidung gilt nicht für alle Formen der Forderungsübertragung. Sie wird insbesondere von den Registrierungserfordernissen des Companies Act 1995 überlagert, die zu beachten sind, wenn Forderungen von Unternehmen im Wege einer *charge* oder *mortgage* zu Sicherungszwecken über-

---

[117] Vgl. *Ripert/Roblot*, Droit commercial, Rdnr. 3125. Diese Auffassung ist wegen der neu in Art. 107 Ziffer 4 eingefügten Formulierung „tout autre mode de paiement communément admis dans les relations d'affaires" nicht mehr uneingeschränkt haltbar (*Ripert/Roblot*, a. a. O.).

[118] *Gavalda*, Rép. com., Factoring, Rdnr. 62.

[119] *Cadiet*, J.-Cl. civ., Art. 1698–1695, Fasc. 20, Rdnr. 95; *Ripert/Roblot*, Droit commercial, Rdnr. 3125.

[120] (1828) 3 Russ. 1.

tragen werden.[121] *Dearle v. Hall* ist daher vor allem für die Formen der Forderungsübertragung von Bedeutung, die einen endgültigen Übergang des Vollrechts bewirken (a.). Die Entscheidung ist in ihrem Anwendungsbereich aber auch insofern eingeschränkt, als sie die Wirksamkeit von Forderungsübertragungen gegenüber Dritten nicht umfassend regelt (b.).

a. Die Übertragung von Forderungen nach englischem Recht

Forderungen können nach englischem Recht durch *legal assignment* oder durch *equitable assignment* übertragen werden. Die Unterschiede in den Voraussetzungen und Wirkungen der beiden Übertragungsformen ergeben sich aus ihrer Entstehungsgeschichte.

aa. Die Unterscheidung zwischen *legal assignment* und *equitable assignment*

Hintergrund für das Nebeneinander von *legal assignment* und *equitable assignment* ist die das englische Recht prägende Unterscheidung zwischen *common law*[122] und *equity*.

Das *common law* hat Forderungsübertragungen nicht anerkannt. Ausschlaggebend war zunächst, daß einfache Forderungen als unkörperliche Gegenstände nicht übergeben werden konnten. Die Übertragung eines Rechts ohne Besitzverschaffung war jedoch nur schwer vorstellbar.[123] Später trat die Befürchtung hinzu, daß eine Forderungsübertragung die Möglichkeit eröffnen würde, daß eine Partei ohne eigenes legitimes Interesse an der Durchsetzung der Forderung rechtliche Mittel in Anspruch nehmen würde, die der ursprüngliche Gläubiger nicht genutzt hätte.[124] Schließlich stand

---

[121] Dazu *unten*, S. 117 ff.

[122] Die Bedeutung des Begriffs *common law* hängt ab von der Unterscheidung, die er hervorheben soll. Als *common law* wird häufig das Recht des anglo-amerikanischen Rechtskreises bezeichnet, dem das Recht der kontinentaleuropäischen Rechtsordnungen als *civil law* gegenübergestellt wird. Innerhalb des englischen Rechts kann unter dem Begriff *common law* aber auch das von den Gerichten geschaffene Recht (*case law*) zusammengefaßt und von dem Gesetzesrecht des Parlaments abgegrenzt werden. Als *common law* wird schließlich das durch die Rechtsprechung der königlichen Gerichte geschaffene Recht bezeichnet, das ab dem 12. Jahrhundert nach und nach die partikularen Rechtsgewohnheiten ersetzte. In diesem Sinne wird der Begriff des *common law* im folgenden gebraucht. Er ist zu unterscheiden von dem als *equity* bezeichneten Teil des englischen Rechts, der auf die vor allem von Billigkeitserwägungen geprägte Rechtsprechung des *Court of Chancery* zurückgeht (*James,* Introduction to English Law, S. 25 f.; *Zweigert/Kötz,* Einführung in die Rechtsvergleichung, S. 185).

[123] *Burrows,* in: Chitty on Contracts, Rdnr. 20-001; *Schumann,* Die Forderungsabtretung im deutschen, französischen und englischen Recht, S. 50–52; *Treitel,* The Law of Contract, S. 619.

[124] Die englische Rechtsprechung und Literatur spricht in diesem Zusammenhang von *maintenance and champerty: Burrows,* in: Chitty on Contracts, Rdnr. 20-001; *Goode,* Commercial Law, S. 52; *Schumann,* Die Forderungsabtretung im deutschen, französischen und englischen Recht. S. 52-54; *Treitel,* The Law of Contract, S. 619.

einer Forderungsübertragung der höchstpersönliche Charakter entgegen, der den Schuldverhältnissen beigemessen wurde.[125]

Die *Courts of Equity* teilten diese Bedenken nicht und erkannten die Wirksamkeit von Forderungsübertragungen an.[126] Wenn es sich bei der übertragenen Forderung um eine *equitable chose in action* handelte,[127] verurteilten sie den Schuldner zur Leistung an den Zessionar.[128] Bei einer *legal chose in action* fehlte ihnen hierzu jedoch die Gerichtsbarkeit. Sie verurteilten daher den Zedenten zu dulden, daß der Zessionar in einem weiteren Verfahren den Schuldner im Namen des Zedenten vor den *Courts of Common Law* auf Zahlung verklagte.[129] Denn nur durch eine Klage im Namen des Zedenten konnte der Zessionar ein Urteil gegen den Schuldner erreichen, das er auch dem Zedenten entgegenhalten konnte.[130]

Mit der Zusammenführung der *Courts of Common Law* und der *Courts of Equity* durch den Supreme Court of Judicature Act 1873[131] entfiel zunächst die Notwendigkeit, zur Durchsetzung einer übertragenen Forderung gegebenenfalls vor zwei Gerichten zu klagen. Nach wie vor muß aber der Zedent eines *equitable assignments* einer *legal chose in action* an dem Verfahren gegen den Schuldner beteiligt werden. Entweder auf Klägerseite oder, wenn er die Forderungsübertragung bestreitet, auf Beklagtenseite.[132]

---

[125] *Bailey*, L. Q. R. 48 (1932) 547, 548 ff.; *Goode*, Commercial Law, S. 52; *Schumann*, Die Forderungsabtretung im deutschen, französischen und englischen Recht, S. 54.

[126] "Courts of Equity from the earliest times thought the doctrine too absurd for them to adopt" (*Master v. Miller* (1791) 4 T. R. 320, 340 (Ashhurst J.)).

[127] Eine *chose in action* ist ein Recht, das ausschließlich durch eine Klage, nicht jedoch durch Besitzergreifung durchgesetzt werden kann (*Torkington v. Magee* [1902] 2 K. B. 427, 430 (Channell, J.)). Zu den *choses in action* gehören daher insbesondere die vertraglichen Ansprüche. Dagegen werden vor allem die dinglichen Rechte an beweglichen und unbeweglichen Sachen als *choses in possession* bezeichnet. Die *choses in action* werden nach den Gerichten unterschieden, vor denen sie geltend gemacht werden müssen. Über *equitable choses in action,* beispielsweise Ansprüche aus einem *trust*, können nur die Courts of equity entscheiden. *Legal choses in action* müssen dagegen vor den Courts of common law geltend gemacht werden. Letzteres gilt vor allem für die praktisch wichtigen Ansprüche aus vertraglichen Schuldverhältnissen. Vgl. *Pettit,* in: Halsbury's Laws of England, Choses in Action, Rdnr. 1 und 4–8; *Snell,* Principles of Equity, S. 78; *Treitel,* The Law of Contract, S. 621 f.

[128] Vgl. *Donaldson v. Donaldson* (1854) Kay 711, 718 ff.; *Burrows,* in: Chitty on Contracts, Rdnr. 20-002; *Treitel,* The Law of Contract, S. 622.

[129] *Wood v. Griffith* (1818) 1 Swan. 43, 56 (Lord Eldon, L. C.); *Bailey,* L. Q. R. 48 (1932) 547, 567; *Goode,* Commercial Law, S. 52; *Schumann,* Die Forderungsabtretung im deutschen, französischen und englischen Recht, S. 89; *Treitel,* The Law of Contract, S. 621 f.; *Zweigert/Kötz,* Einführung in die Rechtsvergleichung, S. 449.

[130] *Baileys,* L. Q. R. 48 (1932) 547, 567; *Burrows,* in: Chitty on Contracts, Rdnr. 20-002.

[131] Stautes 1873, Kapitel 66.

[132] *Performing Right Society Ltd. v. London Theater of Varieties Ltd.* [1924] A. C. 1; *Holt v. Heatherfield Trust Ltd.* [1942] 2 K. B. 1, 4 f. (Atkinson J.); *Burrows,* in: Chitty on Contracts, Rdnr. 20-037; *Goode,* Commercial Law, S. 53; *Treitel,* The Law of Contract, S. 621 f.

Durch den Supreme Court of Judicature Act 1873 wurde jedoch nicht nur das Verfahren zur Durchsetzung übertragener Forderungen vereinfacht. Durch s. 25 (6) des Gesetzes[133] wurden Forderungsübertragungen auch *at law* anerkannt. Danach kann der Zessionar, wenn die Voraussetzungen eines *legal assignment* vorliegen, in eigenem Namen und ohne, daß der Zedent am Verfahren beteiligt werden müßte, die übertragene Forderung gegenüber dem Schuldner geltend machen.[134]

Die gesetzliche Anerkennung der Forderungsübertragung läßt die Möglichkeit eines *equitable assignment* unberührt.[135] Wenn eine Forderungsübertragung die Voraussetzungen eines *legal assignment* nicht erfüllt, kann sie immer noch als *equitable assignment* wirksam sein.

bb. Voraussetzungen eines *legal assignment*

Die Voraussetzungen eines *legal assignment* ergeben sich aus s. 136 (1) Law of Property Act 1925:

> **Art. 136.** (1) Any absolute assignment by writing under the hand of the assignor (not purporting to be by way of charge only) of any debt or other legal thing in action, of which express notice in writing has been given to the debtor, trustee or other person from whom the assignor would have been entitled to claim such debt or thing in action, is effectual in law (subject to equities having priority over the right of the assignee) to pass and transfer from the date of such notice
>
> (a) the legal right to such debt or thing in action;
>
> (b) all legal and other remedies for the same; and
>
> (c) the power to give a good discharge for the same without the concurrence of the assignor
>
> [...].

Als Gegenstand eines *legal assignment* kommt nach dieser Vorschrift "any debt or other legal thing in action" in Betracht. Unter den Begriff *debt* fallen insbesondere die vor dem Hintergrund der Forderungsfinanzierung besonders wichtigen vertraglichen Geldforderungen.[136] Der Anwendungsbereich des *legal assignment* wird jedoch durch den Grundsatz des *common law*

---

[133] Die Vorschrift findet sich heute in s. 136 (1) Law of Property Act 1925.

[134] *Burrows*, in: Chitty on Contracts, Rdnr. 20-005; *Treitel*, The Law of Contract, S. 622.

[135] "The statute does not forbid or destroy equitable assignments or impair their efficacy in the slightest degree" (*Brandt's Sons & Co. v. Dunlop Rubber Co.* [1905] A. C. 454, 462 (Lord Macnaghten)).

[136] *Treitel*, The Law of Contract, S. 624 f. Von der Formulierung „other legal thing in action" werden darüber hinaus all jene Rechte erfaßt, die zuvor zwar nicht nach *common law* übertragen werden konnten, weil es sich um *choses in action* handelte, deren Übertragbarkeit aber *in equity* anerkannt war (*Torkington v. Magee* [1902] 2 K.B. 427, 430 f. (Channell, J.)). Daher können entgegen dem Wortlaut auch *equitable choses in action* nach s. 136 (1) Law of Property Act 1925 übertragen werden (*Burrows*, in: Chitty on Contracts, Rdnr. 20-011).

beschränkt, daß zukünftige Rechte nicht übertragen werden können.[137] Er gilt auch für das *legal assignment*.[138] Nach englischem Verständnis ist eine Forderung zukünftig und einem *legal assignment* demnach nicht zugänglich, wenn der Rechtsgrund der Forderung noch nicht besteht.[139] Erst wenn er gelegt worden ist, ist ein Forderungsübergang nach s. 136 (1) Law of Property Act 1925 möglich. Dabei ist es unschädlich, wenn die Forderungen noch nicht fällig sind oder der Zedent seine Gegenleistung noch nicht erbracht hat.[140]

Ein *legal assignment* muß schriftlich erfolgen ("by writing under the hand of the assignor"). Das bedeutet jedoch nicht, daß zwischen Zedent und Zessionar ein schriftlicher Vertrag geschlossen werden müßte. Es genügt eine einseitige Abtretungserklärung des Zedenten, in der er zu erkennen gibt, daß er die Forderung an den Zessionar übertragen will. Die Verwendung bestimmter Formulierungen ist nicht erforderlich.[141] Daher kann sich ein *legal assignment* auch daraus ergeben, daß der Zedent den Schuldner auffordert, nunmehr an den Zessionar zu leisten, weil er diesem die Forderung übertragen habe.[142] Die Abtretungserklärung des Zedenten muß dem Zessionar allerdings übermittelt werden, es sei denn, sie ist auf der Grundlage einer vorangegangenen Vereinbarung zwischen Zedent und Zessionar abgegeben worden.[143] Sie kann ansonsten durch den Zedenten frei widerrufen werden.[144] Der Zessionar hat das Recht, den Forderungsübergang zurückzuweisen.[145]

Die Abtretungserklärung des Zedenten muß auf ein *absolute assignment (not purporting to be by way of charge only)* gerichtet sein. Die Forderung muß vollständig übertragen und darf nicht lediglich belastet werden. Hinter dieser Voraussetzung steht die Überlegung, daß der Schuldner nicht feststellen kann, an wen er leisten muß, wenn der Zedent Rechte an der Forderung zurückbehält: „[The debtor] would have to investigate the state of

---

137 *Lunn v. Thornton* (1845) 1 C. B. 379.

138 *Burrows*, in: Chitty on Contracts, Rdnr. 20-008; *Cheshire/Fifoot/Furmston*, Law of Contract, S. 514; *Nicklaus*, Die Kollision von verlängertem Eigentumsvorbehalt und Factoringzession, S. 72; *Oditah*, Receivables Financing, S. 27 f.; *Snell*, Principles of Equity, S. 91.

139 *Burrows*, in: Chitty on Contracts, Rdnr. 20-028; *Oditah*, Receivables Financing, S. 28 f.; *Treitel*, The Law of Contract, S. 629 f.

140 *Walker v. Bradford Old Bank* (1884) 12 Q. B. D. 511, 516 (Smith, J.); *Burrows*, in: Chitty on Contracts, Rdnr. 20-008; *Oditah*, Receivables Financing, S. 28 f.; *Treitel*, The Law of Contract, S. 625.

141 *Re Westerton* [1919] 2 Ch. 104; *Burrows*, in: Chitty on Contracts, Rdnr. 20-015; *Treitel*, The Law of Contract, S. 626.

142 *Brandt's Sons & Co. v. Dunlop Rubber Co.* [1905] A. C. 454, 462 (Lord Macnaghten).

143 *Curran v. Newpark Cinemas Ltd.* [1951] 1 All. E. R. 295, 300 (Jenkins, L. J.); *Treitel*, The Law of Contract, S. 626 f. Anders *Oditah*, Receivables Financing, S. 145.

144 *Pettit*, in: Halsbury's Laws of England, Choses in Action, Rdnr. 19.

145 Vgl. *Standing v. Bowring* (1885) 31 Ch. D. 282.

accounts between the assignor and the assignee."[146] Wenn in diesem Fall der Zessionar auf der Grundlage eines *legal assignment* den Schuldner in eigenem Namen und ohne Hinzuziehung des Zedenten verklagen könnte, würde der Schuldner unangemessen benachteiligt. Zum einen müßte er mit einer weiteren Klage des Zedenten rechnen, gegen die er sich ebenfalls zu verteidigen hätte. Zum anderen würde er den Gefahren einander widersprechender Entscheidungen ausgesetzt.[147] Die Notwendigkeit eines *absolute assignment* gewährleistet, daß alle Parteien, die ein Recht an der übertragenen Forderung geltend machen können, an einem Prozeß beteiligt werden müssen.[148] Daher erfüllt auch weder die Abtretung eines Teils einer Forderung,[149] noch eine aufschiebend oder auflösend bedingte Forderungsübertragung[150] die Voraussetzungen eines *legal assignment*.

Schließlich setzt s. 136 (1) Law of Property Act 1925 eine schriftliche Benachrichtigung des Schuldners voraus: *express notice in writing to the debtor*. Der Schuldner muß, ohne daß hierzu bestimmte Formulierungen gebraucht werden müßten, klar und unmißverständlich davon in Kenntnis gesetzt werden, daß er an einen Dritten leisten muß, dem die Forderung übertragen worden ist und der nicht lediglich als Vertreter des ursprünglichen Gläubigers handelt.[151] Dies darf nicht von Bedingungen abhängig gemacht werden.[152] Die Benachrichtigung kann durch Zedent oder Zessionar erfolgen.[153] Sie ist nicht an eine bestimmte Frist gebunden und kann daher zu jedem beliebigen Zeitpunkt bis zur Klageerhebung herbeigeführt werden.[154] Sie wird wirksam mit Empfang durch den Schuldner.[155]

---

[146] *Treitel*, The Law of Contract, S. 623. Ebenso *Burrows*, in: Chitty on Contracts, Rdnr. 20-012.
[147] *Treitel*, The Law of Contract, S. 623.
[148] *Burrows*, in: Chitty on Contracts, Rdnr. 20-012 ff.; *Treitel*, The Law of Contract, S. 623.
[149] *Forster v. Baker* [1910] 2 K. B. 636, 638 f. (Bray J.); *Re Steel Wing Co.* [1921] 1 Ch. 349, 354 (Lawrence J.); *Burrows*, in: Chitty on Contracts, Rdnr. 20-014; *Snell*, Principles of Equity, S. 80; *Treitel*, The Law of Contract, S. 624.
[150] *Durham Brothers v. Robertson* [1898] 1 Q.B. 765, 773 (Chitty L. J.); *Burrows*, in: Chitty on Contracts, Rdnr. 20-013; *Treitel*, The Law of Contract, S. 624.
[151] *James Talcott Ltd. v. John Lewis & Co. Ltd.* [1940] 3 All E. R. 592, 595 (MacKinnon L. J.); *Treitel*, The Law of Contract, S. 627.
[152] *Burrows*, in: Chitty on Contracts, Rdnr. 20-016.
[153] *Bateman v. Hunt* [1904] 2 K. B. 530, 538 (Stirling L. J.); *Holt v. Heatherfield Trust Ltd.* [1942] 2 K. B. 1, 4 (Atkinson J.); *Treitel*, The Law of Contract, S. 627.
[154] *Bateman v. Hunt* [1904] 2 K. B. 530, 538 (Stirling L. J.); *Re Westerton*, [1919] 2 Ch. 104, 111 (Sargant J.); *Holt v. Heatherfield Trust Ltd.* [1942] 2 K. B. 1, 4 (Atkinson J.); *Burrows*, in: Chitty on Contracts, Rdnr. 20-016.
[155] *Holt v. Heatherfield Trust* [1942] 2 K. B. 1, 6 (Atkinson J.); *Burrows*, in: Chitty on Contracts, Rdnr. 20-017. Dagegen soll es nach *Treitel* (The Law of Contract, S. 627) auf den Zeitpunkt ankommen, an dem die Benachrichtigung abgeschickt worden ist, wenn die Wirksamkeit eines *legal assignment* im Verhältnis zu anderen Zessionaren derselben Forderung in Frage steht. In diesem Fall sollen Verzögerungen bei der Übermittlung der Benachrichtigung nicht zu Lasten des Zessionars gehen. Warum dies aber hinsichtlich der

Wenn der Schuldner nicht auf diese Weise benachrichtigt worden ist oder eine der anderen Voraussetzungen der s. 136 (1) Law of Property Act 1925 nicht erfüllt worden ist, können die Wirkungen eines *legal assignment* nicht eintreten. Es kann jedoch ein wirksames *equitable assignment* vorliegen.[156]

cc. Voraussetzungen eines *equitable assignment*

Anders als das *legal assignment* unterliegt das *equitable assignment* nur wenigen Voraussetzungen.

Zunächst können durch ein *equitable assignment* nicht nur bestehende, sondern auch zukünftige Forderungen übertragen werden.[157] Voraussetzung ist lediglich, daß beim Entstehen einer Forderung feststeht, ob sie von der Forderungsübertragung erfaßt wird.[158]

Die Übertragung zukünftiger Forderungen kann allerdings nicht wie bei einem *legal assignment* durch eine einseitige Abtretungserklärung des Zedenten herbeigeführt werden. Dies ist lediglich für die Übertragung bestehender Forderungen ausreichend: Die Aufforderung des ursprünglichen Gläubigers an den Schuldner, nunmehr an einen Dritten als neuen Gläubiger zu leisten, bewirkt einen Forderungsübergang *in equity.*[159] Sollen jedoch zukünftige Forderungen zum Gegenstand eines *equitable assignment* gemacht werden, ist eine bindende Vereinbarung zwischen Zedent und Zessionar *(agreement to assign)* erforderlich. Dies ergibt sich daraus, daß die Übertragung zukünftiger Forderungen ihre Grundlage in dem Grundsatz findet, „that equity considers as done that which ought to be done".[160] Aus den letzten vier Worten ergibt sich die Notwendigkeit einer wirksamen Verpflichtung des Zedenten, die Forderung an den Zessionar zu übertragen.

Damit ein *agreement to assign* diese Verpflichtungswirkung entfaltet und gegenüber dem Zedenten gegebenenfalls gerichtlich durchgesetzt werden kann, muß der Zessionar für das Versprechen des Zedenten, die Forderung zu übertragen, eine Gegenleistung erbringen: „An attempt to assign future property may operate as an agreement to assign which must be supported by consideration if it is to be binding."[161] Diese Voraussetzung ist erfüllt,

---

Wirksamkeit gegenüber dem Schuldner und anderen Dritten der Fall sein soll, läßt *Treitel* offen.

[156] *Brandt's Sons & Co. v. Dunlop Rubber Co.* [1905] A. C. 454, 462 (Lord Macnaghten).

[157] *Holroyd v. Marshall* (1862) H. L. C. 191; *Burrows,* in: Chitty on Contracts, Rdnr. 20-032; *Snell,* Principles of Equity, S. 91.

[158] *Tailby v. Official Receiver* (1888) 13 App. Cas. 523; *Pettit,* in: Halsbury's Laws of England, Choses in Action, Rdnr. 32.

[159] *Brandt's Sons & Co. v. Dunlop Rubber Co.* [1905] A. C. 454, 462 (Lord Macnaghten); *Burrows,* in: Chitty on Contracts, Rdnr. 20-021.

[160] *Tailby v. Official Receiver* (1888) 13 App. Cas. 523, 546 (Lord Macnaghten).

[161] *Treitel,* The Law of Contract, S. 629. Vgl. *Tailby v. Official Receiver* (1888) 13 App. Cas. 523, 546 (Lord Macnaghten); *Holt v. Heatherfield Trust Ltd.* [1942] 2 K. B. 1, 5

wenn der Zessionar im Hinblick auf die Forderungsübertragung dem Zedenten einen Vorteil verschafft oder selbst einen Nachteil in Kauf nimmt.[162] Im Rahmen der Forderungsfinanzierung liegt diese *consideration* darin, daß der Zessionar dem Zedenten Kapital zur Verfügung stellt oder verspricht, dies zu tun, sobald die Forderungen entstehen.[163]

Ein *equitable assignment* muß nicht auf die vollständige Übertragung einer Forderung gerichtet sein. Die entsprechende Voraussetzung der s. 136 (1) Law of Property Act 1925 findet keine Anwendung. Da der Zessionar eines *equitable assignment* den Schuldner ohnehin nicht in eigenem Namen, sondern nur unter Hinzuziehung des Zedenten verklagen kann, entfallen die Gefahren, vor denen s. 136 (1) den Schuldner durch das Erfordernis eines *absolute assignment* schützen will.[164] Daher kann eine Forderung *in equity* auch teilweise[165] oder unter einer aufschiebenden oder auflösenden Bedingung übertragen werden. Sie kann insbesondere zur Sicherung einer Schuld mit einer *charge* belastet werden.[166] Allerdings ist in diesem Fall stets eine *consideration* erforderlich.[167]

Das *equitable assignment* unterliegt grundsätzlich keinen Formerfordernissen. Es muß insbesondere nicht schriftlich erfolgen oder bestimmte Formulierungen enthalten.[168] Das gilt uneingeschränkt für die Übertragung von *legal choses in action,* beispielsweise für die im Rahmen der Forderungsfinanzierung wichtigen vertraglichen Forderungen. Für die Übertragung von *equitable choses in action* ist jedoch Schriftform erforderlich, eine mündliche Übertragung ist unwirksam.[169]

(Atkinson J.); *Goode,* Commercial Law, S. 803, Fn. 35; *Pettit,* in: Halsbury's Laws of England, Choses in Action, Rdnr. 36.

[162] „A valuable consideration in the sense of the law, may consist either in some right, interest, profit or benefit accruing to one party, or some forebearance, detriment, loss or responsibility given, suffered or undertaken by the other" (*Currie v. Misa* (1875) 10 L. R. Ex. 153, 162, zitiert nach *Cheshire/Fifott/Furmston,* Law of contract, S. 72, Fn. 11). Dazu *Cheshire/Fifoot/ Furmston,* a. a. O., S. 72 f.; *Treitel,* in: Chitty on Contracts, Rdnr. 3-004 ff.

[163] Vgl. *Cheshire/Fifoot/Furmston,* Law of Contract, S. 73; *Goode,* Commercial Law, S. 803, Fn. 35.

[164] Dazu *oben,* S. 73 f.

[165] *Gorringe v. Irwell India Rubber and Gutta Percha Works* (1886) 34 Ch. D. 128; *Durham Brothers v. Robertson* [1898] 1 Q. B. 765, 769 (Chitty L. J.); *Re Steel Wing Co.* [1921] Ch. 349; *Pettit,* in: Halsbury's Laws of England, Choses in Action, Rdnr. 29.

[166] *Durham Brothers v. Robertson* [1898] 1 Q. B. 765, 769 (Chitty L. J.); *Re Welsh Irish Ferries Ltd.* [1986] Ch. 471, 479 f. (Nourse J.); *Pettit,* in: Halsbury's Laws of England, Choses in Action, Rdnr. 28. Ausführlich *unten,* S. 119 ff.

[167] *Re Earl of Lucan* (1890) 45 Ch. D. 470; *Pettit,* in: Halsbury's Laws of England, Choses in Action, Rdnr. 36.

[168] *Tailby v. Official Receiver* (1888) 13 App. Cas. 523, 543 (Lord Macnaghten); *Pettit,* in: Halsbury's Laws of England, Choses in Action, Rdnr. 30.

[169] Dies ergibt sich aus s. 53 (1) (c) Law of Property Act 1925. Die Vorschrift lautet:

> **s. 53 (1) (c)** A disposition of an equitable interest or trust subsisting at the time of the disposition must be in writing signed by the person disposing of the same, or by his agent thereunto lawfully authorised in writing or by will.

Liegen die genannten Voraussetzungen eines *equitable assignment* vor, gehen bestehende Forderungen im Verhältnis zwischen Zedent und Zessionar unmittelbar über. Bei zukünftigen Forderungen tritt die Übertragungswirkung ein, sobald die Forderung entsteht.[170] Da das *equitable assignment* keine Benachrichtigung des Schuldners voraussetzt, tritt die Übertragungswirkung im Verhältnis zwischen Zedent und Zessionar unabhängig davon ein, ob der Schuldner benachrichtigt worden ist.[171]

Durch die Verknüpfung dieser Übertragungswirkungen mit dem Grundsatz *that equity considers as done that which ought to be done* und dem Erfordernis einer *consideration* für bestimmte Formen der Forderungsübertragung macht das englische Recht deutlich, daß es die Verpflichtung zu einer Forderungsübertragung und den Forderungsübergang als Einheit ansieht: Die wirksame Verpflichtung zur Forderungsübertragung führt den Forderungsübergang herbei. Ein gesondertes dingliches Rechtsgeschäft ist nicht erforderlich.

Dennoch ist dem englischen Recht die Unterscheidung zwischen den verpflichtenden und verfügenden Aspekten einer Forderungsübertragung nicht fremd.[172] Das zeigt sich zunächst daran, daß die Gegenleistung des Zessionars keinen inhaltlichen Beschränkungen unterworfen ist. Das *equitable assignment* kann daher zu verschiedenen wirtschaftlichen Zwecken eingesetzt werden: Der Zessionar kann sich beispielsweise verpflichten, für die Forderungen einen Kaufpreis zu zahlen oder auf der Grundlage des wirtschaftlichen Werts der Forderungen einen Kredit zu gewähren. Damit stehen auf der einen Seite die sich aus den wirtschaftlichen Bedürfnissen ergebenden gegenseitigen Verpflichtungen von Zedent und Zessionar, auf der anderen Seite der insofern neutrale Forderungsübergang.[173]

Die Unterscheidung zeigt sich auch dann, wenn sich der Zedent verpflichtet, Forderungen zu einem späteren Zeitpunkt an den Zessionar zu übertragen. Behält sich beispielsweise ein Factoringinstitut im Rahmenvertrag das Recht vor, einzelne Forderungen zurückzuweisen, ist die Verpflichtung zum Ankauf der angebotenen Forderungen wegen dieses Vorbehalts keine hinreichende *consideration,* so daß zukünftige Forderungen des Factoring-

---

Dazu *Grey v. Inland Revenue Commissioners* [1960] A. C. 1; *Burrows,* in: Chitty on Contracts, Rdnr. 20-025; *Pettit,* in: Halsbury's Laws of England, Choses in Action, Rdnr. 31; *Snell,* Principles of Equity, S. 86.

[170] *Holroyd v. Marshall* (1862) 10 H. L. C. 191, 220 (Lord Westbury L. C.); *Tailby v. Official Receiver* (1888) 13 App. Cas. 523, 543 (Lord Macnaghten); *Burrows,* in: Chitty on Contracts, Rdnr. 20-032.

[171] *Donaldson v. Donaldson* (1854) Kay 711, 719 f. (Wood V. C.); *Gorringe v. Irwell India Rubber and Gutta Percha Works* (1886) 34 Ch. D. 128; *Pettit,* in: Halsbury's Laws of England, Choses in Action, Rdnr. 41; *Treitel,* The Law of Contract, S. 627 f.

[172] *Kötz,* Int. Enc. Comp. L., Bd. 7, Kap. 13, Rdnr. 66; *Moshinsky,* L. Q. R. 108 (1992) 591, 594 f. Zum US-amerikanischen Recht *Stadler,* Gestaltungsfreiheit und Verkehrsschutz durch Abstraktion, S. 37 f. und 44.

[173] *Kötz,* Int. Enc. Comp. L., Bd. 7, Kap. 13, Rdnr. 66.

kunden nicht aufgrund des Rahmenvertrags übergehen können.[174] Die Verpflichtung des Factoringkunden zur Forderungsübertragung muß daher durch ein gesondertes Rechtsgeschäft erfüllt werden, sobald die Forderung entstanden ist.[175] In diesem zeitlichen Auseinanderfallen wird die Unterscheidung zwischen den verpflichtenden und verfügenden Aspekten einer Forderungsübertragung offensichtlich.[176]

Sie zeigt sich auch darin, daß die Übertragung bestehender Forderungen in der englischen Rechtsprechung und Literatur stets als *assignment* bezeichnet wird, während bei einer Übertragung zukünftiger Forderungen oder einer Belastung von Forderungen mit einer *charge* stets von einem *agreement to assign* gesprochen wird.[177] Schließlich können bestehende Forderungen auch verschenkt werden. Eine Schenkung ist jedoch nach englischem Recht kein Vertrag.[178] Die schenkweise Forderungsübertragung kann damit als reines Verfügungsgeschäft angesehen werden, so daß bestehende Forderungen übertragen werden können, ohne daß der Übertragung eine vertragliche Verpflichtung zugrunde liegt.[179]

Die Wirkungen eines *equitable assignment* sind jedoch solange auf das Verhältnis zwischen Zedent und Zessionar beschränkt, bis der Schuldner benachrichtigt worden ist. Bis zu diesem Zeitpunkt muß sich der Schuldner den Forderungsübergang nicht entgegenhalten lassen. Er kann nach wie vor mit befreiender Wirkung an den Zedenten leisten[180] und im Verhältnis zu ihm neue Einreden und Einwendungen erwerben, die der Zessionar gegen sich gelten lassen muß:[181] „Now an assignee of a *chose in action*, according to my view of the law, takes subject to all rights of set-off and other defences which were available against the assignor, subject only to this exception, that after notice of an assignment of a *chose in action* the debtor cannot by payment or otherwise do anything to take away or diminish the

---

[174] *Goode,* Commercial Law, S. 803, Fn. 35. Eine hinreichende *consideration* liegt jedoch bereits dann vor, wenn das Factoringinstitut die ihm angebotenen Forderungen nur unter bestimmten Bedingungen ablehnen darf (vgl. *Treitel,* in: Chitty on Contracts, Rdnr. 3-024).
[175] *Goode,* Commercial Law, S. 803, Fn. 35.
[176] *Kötz,* Int. Enc. Comp. L., Bd. 7, Kap. 13, Rdnr. 66.
[177] *Burrows,* in: Chitty on Contracts, Rdnr. 20-028: "distinction between an existing chose in action which is capable of immediate assignment, and a future chose in action which is only capable of being the subject of an agreement to assign"; *Goode,* Credit and Security, S. 88; *Pettit,* in: Halsbury's Laws of England, Choses in Action, Rdnr. 36; *Treitel,* The Law of Contract, S. 629.
[178] *Swadling,* in: English Private Law, Rdnr. 4.378 ff.
[179] *Republica de Guatemala v. Nuñez* [1927] 1 K. B. 669, 697 (Lawrence L. J.); *Moshinsky,* L. Q. R. 108 (1992) 591, 594.
[180] *Stocks v. Dobson* (1853) 4 D. M. & G. 11, 17 (Knight Bruce L. J.); *Snell,* Principles of Equity, S. 87; *Treitel,* The Law of Contract, S. 628.
[181] *Business Computers Ltd. v. Anglo-African Leasing Ltd.* [1977] 1 W. L. R. 578, 585 (Templeman J.); *Burrows,* in: Chitty on Contracts, Rdnr. 20-068; *Snell,* Principles of Equity, S. 89.

rights of the assignee as they stood at the time of the notice."[182] Erst wenn der Schuldner benachrichtigt worden ist, kann der zwischen Zedent und Zessionar bereits wirksame Forderungsübergang auch ihm entgegengehalten werden.[183]

Die unterschiedlichen Folgen der Benachrichtigung des Schuldners im Verhältnis zwischen Zedent und Zessionar einerseits und im Verhältnis gegenüber dem Schuldner andererseits zeigen, daß das englische Recht die Wirksamkeit einer Forderungsübertragung gegenüber dem Schuldner als eine Fragestellung ansieht, die von den Wirkungen der Forderungsübertragung zwischen Zedent und Zessionar unterschieden werden muß. Diese Unterscheidung zeigt sich auch darin, daß sich der Schuldner auf eine fehlende *consideration* nicht berufen kann,[184] obwohl der Zessionar die Verpflichtung des Zedenten zur Forderungsübertragung nicht durchsetzen kann.[185]

b. *Dearle v. Hall* und die Wirksamkeit der Forderungsübertragung gegenüber Dritten

Unter welchen Voraussetzungen eine Forderungsübertragung Dritten entgegengehalten werden kann, richtet sich in erheblichem Umfang nach den Grundsätzen, die in der Entscheidung *Dearle v. Hall* niedergelegt worden sind:[186] Wird eine Forderung[187] durch den Zedenten mehrmals entgeltlich übertragen, gebührt demjenigen Zessionar der Vorrang, der die Forderungsübertragung dem Schuldner zuerst angezeigt hat. Dabei kommt es auf den Zeitpunkt der jeweiligen Übertragungsabrede nicht an. Ein zeitlich späterer Zessionar kann daher Vorrang erlangen, wenn er den Schuldner zu-

---

[182] *Roxburghe v. Cox* (1881) 17 Ch. D. 520, 526 (James L. J.).

[183] Daher kann der Schuldner grundsätzlich nur mit solchen Forderungen aufrechnen, die zum Zeitpunkt der Benachrichtigung bestanden und in ihrer Höhe bestimmbar waren. Diese Einschränkung gilt jedoch nicht, wenn sich die Gegenforderung des Schuldners aus dem Rechtsverhältnis ergibt, das auch der abgetretenen Forderung zugrunde liegt, oder wenn sie auf andere Weise eng mit diesem verbunden ist (*Goode,* J. B. L 1982, 338).

[184] *Walker v. Bradford Old Bank* (1884) 12 Q. B. D. 511, 515 f. (Smith J.); *Treitel,* The Law of Contract, S. 629.

[185] *Treitel,* in: Chitty on Contracts, Rdnr. 3-001.

[186] Dazu *Oditah,* Receivables Financing, S. 130 ff.; *Snell,* Principles of Equity, S. 71; *Nicklaus,* Die Kollision von verlängertem Eigentumsvorbehalt und Factoringzession, S. 121 f.

[187] Gegenstand der Forderungsübertragungen in *Dearle v. Hall* war ein Recht an einem *trust.* Da ein derartiges Recht vor der Justizreform von 1873 vor einem *Court of Chancery* eingeklagt werden mußte, handelt es sich um eine sogenannte *equitable chose in action.* Die Rechtsprechung ging aber von Anfang an davon aus, daß die in *Dearle v. Hall* niedergelegten Grundsätze auf *legal choses in action* ebenfalls Anwendung finden (*Gorringe v. Irwell India Rubber and Gutta Percha Works* (1886) 34 Ch. D. 128; *E. Pfeiffer Weinkellerei-Weineinkauf GmbH & Co. v. Arbuthnot Factors Ltd.* [1988] 1 W. L. R. 150, 163 (Phillips J.)).

erst benachrichtigt. Dies gilt nicht, wenn er von der zeitlich früheren Übertragungsabrede wußte oder hätte wissen müssen.[188]

Diese Grundsätze regeln lediglich die Wirksamkeit einer Forderungsübertragung gegenüber anderen Zessionaren (aa.). Sie sind von den Voraussetzungen zu unterscheiden, unter denen eine Forderungsübertragung den Gläubigern des Zedenten und dessen Insolvenzverwalter entgegengehalten werden kann (bb.).

aa. Wirksamkeit der Forderungsübertragung gegenüber anderen Zessionaren

Ob die Grundsätze aus *Dearle v. Hall* auf alle denkbaren Konstellationen kollidierender Forderungsübertragungen Anwendung finden, ist umstritten. Konflikte können auftreten zwischen zwei *equitable assignments*, zwischen einem früheren *legal assignment* und einem späteren *equitable assignment*, zwischen zwei *legal assignments* und schließlich zwischen einem früheren *equitable assignment* und einem späteren *legal assignment*.

(1) *Equitable assignment – equitable assignment*

Es ist unbestritten, daß die Grundsätze aus *Dearle v. Hall* Anwendung finden, wenn der Zedent eine Forderung durch *equitable assignments* an verschiedene Zessionare übertragen hat. Eine solche Situation lag der Entscheidung *Dearle v. Hall* selbst zugrunde. In dieser Fallkonstellation sind die Voraussetzungen für die Benachrichtigung des Schuldners von erheblicher Bedeutung.

Sie unterliegt grundsätzlich keinen Formerfordernissen. Allerdings muß der Schuldner schriftlich benachrichtigt werden, wenn eine *equitable chose in action* übertragen werden soll.[189] Bei der Übertragung von *legal choses in action* ist eine mündliche Benachrichtigung ausreichend, solange sie dem Schuldner zur Kenntnis bringt, daß die gegen ihn gerichtete Forderung übertragen worden ist.[190] Es ist sogar für ausreichend erachtet worden, wenn der Schuldner von sich aus in Erfahrung gebracht hat, daß die Forderung übertragen worden ist.[191] Die Benachrichtigung des Schuldners muß

---

[188] *Spencer v. Clarke* (1878) 9 Ch. D. 137; *In re Hamilton's Windsor Iron Works* (1879) 12 Ch. D. 707, 711 (Malins V. C.); *In re Holmes* (1885) 29 Ch. D. 786; *Oditah,* Receivables Financing, S. 132 f.

[189] Dies ergibt sich aus s. 137 (3) Law of Property Act 1925. Die Vorschrift lautet:

> **s. 137 (3)** A notice, otherwise than in writing, given to, or received by, a trustee [...] as respects any dealing with an equitable interest in real or personal property, shall not affect the priority of competing claims of purchasers in that equitable interest.

[190] *Oditah,* Receivables Financing, S. 130 f.; *Snell,* Principles of Equity, S. 76.

[191] Auf eine derart erlangte Kenntnis des Schuldners kann sich allerdings nur ein zeitlich früherer Zessionar berufen. Sie ist nicht geeignet, einem späteren Zessionar Vorrang vor einem zeitlich früheren zu verschaffen (*Arden v. Arden* (1885) 29 Ch. D. 702, 708 (Kay J.); *Ipswich Permanent Money Club Ltd. v. Arthy* [1920] 2 Ch. 257, 271 (Lawrence J.)).

nicht durch den Zessionar selbst erfolgen. Sogar der zeitlich spätere Zessionar kann den Schuldner ungewollt von der zeitlich früheren Zession in Kenntnis setzen, auch wenn ihm die damit verbundenen Folgen ungelegen kommen.[192] Eine schriftliche Benachrichtigung wird mit Zugang beim Schuldner wirksam.[193]

Bei der Übertragung zukünftiger Forderungen kann die Benachrichtigung erst dann erfolgen, wenn die Forderung entstanden ist. Vor diesem Zeitpunkt ist die Benachrichtigung ist unwirksam und wird mit Entstehung der Forderung auch nicht wirksam.[194] Die Rechtsfolgen von *Dearle v. Hall* können lediglich dadurch herbeigeführt werden, daß der Schuldner erneut benachrichtigt wird, wenn die Forderung entstanden ist.

Ein späterer Zessionar kann den Schuldner allerdings nur dann wirksam benachrichtigen, wenn er die zeitlich frühere Forderungsübertragung nicht kannte und auch nicht hätte kennen müssen. Er muß sich dabei auch solche Umstände entgegenhalten lassen, die ihm unbekannt geblieben sind, weil er es absichtlich oder fahrlässig unterlassen hat, wie ein umsichtiger Geschäftsmann Erkundigungen einzuziehen. Von diesen Umständen hat er *constructive notice.*[195] Dies gilt insbesondere für zeitlich frühere Forderungsübertragungen, die nach den Vorschriften des Companies Act 1985 registriert worden sind.[196] Maßgeblicher Zeitpunkt ist die Vereinbarung der Forderungsübertragung oder die Leistung der *consideration*. Erlangt der Zessionar nach diesem Zeitpunkt, aber vor der Benachrichtigung des Schuldners, von einer früheren Forderungsübertragung Kenntnis, steht dies einer wirksamen Benachrichtigung des Schuldners nicht entgegen.[197]

(2) *Legal assignment – equitable assignment* und *legal assignment – legal assignment*

Ob *Dearle v. Hall* Anwendung findet, wenn ein *legal assignment* mit einem späteren *equitable assignment* oder einem späteren *legal assignment* zusammentrifft, ist umstritten.[198] Allerdings ist die Frage nicht von praktischer

---

[192] *Ipswich Permanent Money Club v. Arthy* [1920] 2 Ch. 257, 272-273 (Lawrence J.); *Oditah*, Receivables Financing, S. 131.
[193] *Holt v. Heatherfield Trust Ltd.* [1942] 2 K. B. 1, 6 (Atkinson J.).
[194] *Re Dallas* [1904] 2 Ch. 385, 394 f. (Buckley J.); *Oditah*, Receivables Financing, S. 133 ff.
[195] *Spencer v. Clarke* (1878) 9 Ch. D. 137, 142 (Hall V. C.); *Snell*, Principles of Equity, S. 56 ff.
[196] *Wilson v. Kelland* [1910] 2 Ch. 306, 313 (Eve J.); *Goode*, Commercial Law, S. 711; *Oditah*, Receivables Financing, S. 133. Zu s. 395 (1) Companies Act 1985 *unten*, S. 117 ff.
[197] *Mutual Life Assurance Society v. Langley* (1886) 32 Ch.D. 460, 468 (Cotton L. J.); *Pettit*, in: Halsbury's Laws of England, Choses in Action, Rdnr. 44; *Oditah*, Receivables Financing, S. 133.
[198] Für eine Anwendung von *Dearle v. Hall: Burrows*, in: Chitty on Contracts, Rdnr. 20-066; *Goode*, L. Q. R. 92 (1976) 528, 556; *Pettit*, Halsbury's Laws of England, Choses in

Bedeutung, da dem früheren *legal assignment* in jedem Fall Vorrang einzuräumen ist.[199] Geht man von der Anwendbarkeit von *Dearle v. Hall* aus, so ergibt sich der Vorrang des früheren *legal assignment* daraus, daß ein solches nur dann vorliegt, wenn der Schuldner schriftlich benachrichtigt worden ist. Damit sind aber auch die Voraussetzungen von *Dearle v. Hall* erfüllt. Verneint man die Anwendbarkeit von *Dearle v. Hall*, so richtet sich das Verhältnis zwischen den Forderungsübertragungen nach allgemeinen Grundsätzen. Es gilt daher die Regel *nemo dat quod non habet.*[200] Da ein *legal assignment* die Rechte des Zedenten an der Forderung vollständig auf den Zessionar überträgt, verbleibt dem Zedenten nichts, was er an einen weiteren Zessionar übertragen könnte.

Im Ergebnis ist damit die Benachrichtigung des Schuldners auch bei einem Zusammentreffen eines *legal assignment* mit einem späteren *legal* oder *equitable assignment* das entscheidende Kriterium für die Wirksamkeit des früheren *legal assignment* gegenüber anderen Zessionaren.

(3) *Equitable assignment – legal assignment*

Umstritten ist schließlich, ob *Dearle v. Hall* bei einem Aufeinandertreffen eines *equitable assignment* mit einem späteren *legal assignment* Anwendung findet. Nach überwiegender Auffassung ist das der Fall: Der Zessionar des früheren *equitable assignment* kann, wenn er den Schuldner zuerst benachrichtigt, den Forderungsübergang dem Zessionar des späteren *legal assignment* entgegenhalten.[201] Nach einer anderen Auffassung setzt sich dagegen der gutgläubige Zessionar eines entgeltlichen *legal assignment* gegenüber dem Zessionar eines früheren *equitable assignment* durch. Die rechtzeitige Benachrichtigung des Schuldners verleihe dem *equitable assignment* keine Wirksamkeit gegenüber dem späteren *legal assignment*. Es gelte vielmehr der Grundsatz,[202] daß der gutgläubige und entgeltliche Erwerber eines *legal title* Vorrang vor einem zuvor begründeten *equitable interest* erhält (*bona fide purchaser for value rule).*[203]

Die zweite Auffassung stützt sich auf eine enge Auslegung der Formulierung "subject to equities having priority over the right of the assignee" in s. 136 (1) Law of Property Act 1925. Damit seien lediglich die Einwendun-

---

Action, Rdnr. 44; *Smith,* in: English Private Law, Rdnr. 5-115. Gegen eine Anwendung von *Dearle v. Hall: Oditah,* Receivables Financing, S. 139.

[199] *Oditah,* Receivables Financing, S. 139 f. und 160 f.; *ders.,* O. J. L. S. 9 (1989) 513, 527 f.

[200] Dazu *Goode,* Commercial Law, S. 60.

[201] *Burrows,* in: Chitty on Contracts, Rdnr. 20-066; *Goode,* Legal Problems of Credit and Security, S. 93; *Goode,* L. Q. R. 92 (1976) 528, 555, Fn. 46; *Smith,* in: Private English Law, Rdnr. 5.115.

[202] Dazu *Snell,* Principles of Equity, S. 51 ff.

[203] *Oditah,* Receivables Financing, S. 154 ff.; *ders.,* O. J. L. S. 9 (1989) 513ff.

gen und Einreden des Schuldners gemeint.[204] Nach herrschender Auffassung bietet der Wortlaut der Vorschrift für eine solche Einschränkung jedoch keine Anhaltspunkte. S. 136 (1) Law of Property Act 1925 lasse nicht nur die Rechte des Schuldners, sondern auch die Rechte Dritter unberührt. Dies gelte insbesondere für die Rechte eines Zessionars, dem die Forderung zuvor durch *equitable assignment* übertragen wurde und der den Schuldner zuerst benachrichtigt hat. Die Grundsätze aus *Dearle v. Hall* seien durch die Einführung des *legal assignment* nicht eingeschränkt worden.[205] Für eine weite Auslegung der s. 136 (1) Law of Property Act 1925 spricht auch die Entstehungsgeschichte der Vorschrift. Diese geht zurück auf s. 25 (6) Supreme Court of Judicature Act 1873. Dort lautete die entsprechende Formulierung: „subject to all equities which would have been entitled to priority over the right of the assignee if this Act had not been passed". Hier kommt die umfassende Weitergeltung der *in equity* geltenden Regeln deutlich zum Ausdruck.

Die weite Auslegung der s. 136 (1) Law of Property Act 1925 kann sich schließlich auf die ursprüngliche Zielsetzung der Vorschrift berufen. Durch den Supreme Court of Judicature Act 1873 wurden die *Courts of common law* und die *Courts of equity* zusammengeführt, um die Rechtsverfolgung zu erleichtern.[206] Daraus hat die Rechtsprechung den Schluß gezogen, daß die Vorschrift lediglich prozessuale Hindernisse bei der Durchsetzung einer Forderungsübertragung beseitigt, ohne dadurch neue Rechte zu schaffen.[207] S. 136 (1) Law of Property Act 1925 ermöglicht daher nicht die Übertragung des vollständigen *legal title*. Dies ist jedoch Voraussetzung für die Anwendung der *bona fide purchaser for value rule*. Das *legal assignment* ist im Hinblick auf die Frage seiner Wirksamkeit gegenüber Dritten wie ein *equitable assignment* zu behandeln: Es kommt nach *Dearle v. Hall* darauf an, wer den Schuldner zuerst benachrichtigt hat.

Diese Auffassung wurde in der Entscheidung *E. Pfeiffer Weinkellerei-Weineinkauf GmbH & Co. v. Arbuthnot Factors Ltd.*[208] bestätigt.

> Ein englischer Importeur kaufte von der Klägerin Wein unter verlängertem Eigentumsvorbehalt. Der Wein wurde weiterverkauft und die sich daraus ergebenden Kaufpreisforderungen im Rahmen einer Factoringvereinbarung an die Beklagte übertragen. Die Käufer wurden von diesem Forderungsübergang schriftlich benachrichtigt, so daß die Voraussetzungen eines *legal assignment* erfüllt waren. Der verlängerte Eigentumsvorbehalt wurde den Käufern dagegen nicht mitgeteilt. Die Forderungen wurden der Beklagten zugesprochen.

---

[204] *Oditah*, O. J. L. S. 9 (1989) 513, 516.
[205] *Goode*, L. Q. R. 92 (1976) 528, 555, Fn. 46; *McLauchlan*, L. Q. R. 96 (1980) 90, 92 f.
[206] *James*, Introduction to English Law, S. 32 ff.
[207] *Torkington v. Magee* [1902] 2 K. B. 427, 435 (Channell J); *Goode*, L. Q. R. 92 (1976) 528, 555, Fn. 46.
[208] [1988] 1 W. L. R. 150.

In seiner Entscheidung hat Phillips J. die Anwendbarkeit von *Dearle v. Hall* auf das Zusammentreffen eines zeitlich früheren *equitable assignment* mit einem späteren *legal assignment* ausdrücklich bejaht.[209] Allerdings sind die entsprechenden Ausführungen *obiter dicta*. Denn die Vereinbarung des verlängerten Eigentumsvorbehalts entsprach nicht den strengen Anforderungen des englischen Rechts[210] und konnte daher lediglich als – nach s. 95 Companies Act 1948 registrierungsbedürftige – Belastung der Forderungen aus dem Weiterverkauf mit einer *charge* angesehen werden. Deren Registrierung ist jedoch nicht erfolgt. Damit war das in der *charge* liegende, zeitlich frühere *equitable assignment* unwirksam, so daß ein Konflikt zweier Forderungsübertragungen nicht vorlag.

Die Anwendbarkeit von *Dearle v. Hall* begründet Phillips J. mit der Zielsetzung der s. 136 (1) Law of Property Act 1925. Dem Zessionar werde die Möglichkeit gegeben, ein Recht zu erwerben, das zwar die prozessualen Vorteile eines *legal title* in sich vereine, aber im Hinblick auf seine Wirksamkeit gegenüber Dritten so zu behandeln sei, als sei es vor Inkrafttreten des Gesetzes begründet worden.[211] Eine Kollision eines *equitable assignment* mit einem späteren *legal assignment* sei demnach so zu lösen, als handele es sich um zwei *equitable assignments*.[212] Dies gehe aus dem Wortlaut des Gesetzes klar hervor.[213] Auch wenn die Aussagen von Phillips J. in der Literatur bezweifelt werden,[214] stellen sie doch den gegenwärtigen Stand des geltenden englischen Rechts dar.

bb. Wirksamkeit der Forderungsübertragung gegenüber dem Insolvenzverwalter und den Gläubigern des Zedenten

Der Anwendungsbereich der Regel in *Dearle v. Hall* ist auf die Wirksamkeit einer Forderungsübertragung gegenüber anderen Zessionaren beschränkt. Sie gilt nicht gegenüber dem Insolvenzverwalter und den Gläubigern des Zedenten. Diese treten nach englischem Recht unmittelbar in die Position des Zedenten ein, so daß ihnen grundsätzlich jede Forderungsübertragung,

---

209 [1988] 1 W. L. R. 150, 163.

210 Diese Anforderungen ergeben sich aus der Entscheidung *Aluminium Industrie Vaassen B. V. v. Romalpa Aluminium Ltd.* [1976] 1 W. L. R. 676. Grundlage des verlängerten Eigentumsvorbehalts nach englischem Recht ist nicht eine Forderungsübertragung, sondern ein *equitable right to trace*, das ein Treuhandverhältnis zwischen dem Vorbehaltsverkäufer und seinem Abnehmer voraussetzt. Dazu *Nicklaus*, Die Kollision von verlängertem Eigentumsvorbehalt und Factoringzession, S. 42–58.

211 *E. Pfeiffer Weinkellerei-Weineinkauf GmbH & Co. v. Arbuthnot Factors Ltd.* [1988] 1 W. L. R. 150, 162: „The section enables the assignee to acquire a title that has all the procedural advantages of legal title, but so far as priorities are concerned his position is no better than if the assignment had been effected prior to the Acts."

212 *Ibid.*, S. 163.

213 *Ibid.*, S. 162.

214 *Oditah*, O. J. L. S. 9 (1989) 513, 518 ff.

die gegenüber dem Zedenten wirksam ist, entgegengehalten werden kann.[215]

Gegenüber dem Zedenten ist ein *equitable assignment* jedoch unabhängig von einer Benachrichtigung des Schuldners wirksam. Erforderlich ist lediglich, daß der Zedent seinen Willen zum Ausdruck bringt, eine bestehende Forderung endgültig zu übertragen, und der Zessionar davon Kenntnis erlangt oder daß Zedent und Zessionar ein wirksames, von einer *consideration* getragenes *agreement to assign* vereinbaren.[216] Sind diese Voraussetzungen erfüllt, können weder die Gläubiger des Zedenten[217] noch dessen Insolvenzverwalter[218] auf die Forderung zugreifen.

Eine Ausnahme von diesem Grundsatz besteht insoweit, als eine Übertragung von Forderungen, zu denen der Zedent seine Gegenleistung bis zur Eröffnung des Insolvenzverfahrens noch nicht erbracht hat, dem Insolvenzverwalter nicht entgegengehalten werden kann.[219] Die Übertragung ist gegenüber dem Insolvenzverwalter nur dann wirksam, wenn die Forderungen ohne Zutun des Zedenten fällig werden können. Dadurch soll eine Benachteiligung der Gläubiger des Zedenten verhindert werden.[220] Weitere Ausnahmen ergeben sich aus den Vorschriften des Insolvency Act 1986. Danach können Rechtshandlungen des Zedenten unter bestimmten Voraussetzungen wegen Gläubigerbenachteiligung durch das Insolvenzgericht für unwirksam erklärt werden.[221]

Eine Forderungsübertragung ist auch dann gegenüber dem Zedenten, nicht aber gegenüber dessen Gläubigern wirksam, wenn sie dadurch zustande kommt, daß der Zedent seinen Schuldner anweist, an den Zessionar zu leisten. Der Zedent ist zwar an das darin liegende *equitable assignment* gebunden,[222] der Zessionar kann die Forderungsübertragung aber zurückwiesen. Sie ist daher solange unvollendet, bis der Zessionar von der Anweisung des Zedenten an seinen Schuldner Kenntnis erlangt und sie nicht zurückgewiesen hat. Bis zu diesem Zeitpunkt kann sie den Gläubigern des Zedenten nicht entgegengehalten werden.[223]

---

215 *Burrows,* in: Chitty on Contracts, Rdnr. 20-058 ff.; *Pettit,* in: Halsbury's Laws of England, Choses in Action, Rdnr. 41.

216 Dazu *oben,* S. 75 f.

217 *Holt v. Heatherfield Trust Ltd.* [1942] 2 K. B. 1, 6 (Atkinson J.).

218 *In re Wallis* [1902] 1 K. B. 719, 720 (Wright J.).

219 *Wilmot v. Alton* [1897] 1 Q. B. 17, 21 (Lord Esher M. R.); *In re Collins* [1925] Ch. 556, 561 ff. (Astbury J.); *Burrows,* in: Chitty on Contracts, Rdnr. 20-059.

220 *Burrows,* in: Chitty on Contracts, Rdnr. 20-058.

221 S. 238–246, 339–349 und 423–425 Insolvency Act 1986. Die einzelnen Fallgruppen sind: *transactions at an undervalue, preferences, extortionate credit transactions* und *transactions defrauding creditors.* Dazu *Bridge,* in: English Private Law, Rdnr. 16.152–16.171; *Prentice,* in: Chitty on Contracts, Rdnr. 21-027–21-031.

222 *Oben,* S. 75.

223 *Rekstin v. Severo etc. and Bank for Russian Trade* [1932] All E. R. 534, 540 f. (Lord Hanworth M. R.); *Burrows,* in: Chitty on Contracts, Rdnr. 20-065.

Der Grundsatz, daß eine Forderungsübertragung, die dem Zedenten entgegengehalten werden kann, auch gegenüber den Gläubigern des Zedenten und dessen Insolvenzverwalter wirksam ist, wird schließlich von den gesetzlichen Registrierungserfordernissen überlagert.[224] Registrierungsbedürftig ist nach s. 395 Companies Act 1985 insbesondere die Belastung von Forderungen durch ein Unternehmen mit einer *charge* oder *mortgage*.[225]

cc. Zusammenfassung

Das englische Recht wird geprägt von der Unterscheidung zwischen der Wirksamkeit einer Forderungsübertragung gegenüber anderen Zessionaren auf der einen Seite und ihrer Wirksamkeit zwischen den Zessionsparteien, gegenüber den Gläubigern des Zedenten und dessen Insolvenzverwalter auf der anderen Seite. Die Wirksamkeit einer Forderungsübertragung gegenüber Dritten wird nicht als einheitliche Fragestellung angesehen, sondern in Abhängigkeit von den betroffenen Personen in einzelne Fragestellungen unterteilt.

3. Die Vor- und Nachteile des ersten Lösungsansatzes

Eine *cession de créance* ist nach Art. 1690 Code civil gegenüber den Gläubigern des Zedenten, gegenüber dessen Insolvenzverwalter und gegenüber anderen Zessionaren derselben Forderung nur dann wirksam, wenn der Schuldner durch *signification* von der Forderungsabtretung in Kenntnis gesetzt worden ist. Der Abtretungsvertrag als solcher hat nur im Verhältnis zwischen Zedent und Zessionar Wirkungen, in begrenztem Umfang auch gegenüber dem Schuldner.[226]

Nach der Regel aus *Dearle v. Hall* kann ein Zessionar sowohl ein *equitable assignment* als auch ein *legal assignment* anderen Zessionaren derselben Forderung nur dann entgegenhalten, wenn er den Schuldner zuerst von der Forderungsübertragung in Kenntnis gesetzt hat, ohne von früheren, entgegenstehenden Forderungsübertragungen zu wissen oder wissen zu müssen. Bis zur Benachrichtigung des Schuldners ist ein *equitable assignment* lediglich gegenüber den Gläubigern des Zedenten und dessen Insolvenzverwalter wirksam.[227]

Sowohl Art. 1690 Code civil als auch die Regel aus *Dearle v. Hall* sind somit Beispiele für den Lösungsansatz, der die Wirksamkeit einer Forderungsübertragung gegenüber Dritten von einer Benachrichtigung des Schuldners abhängig macht. Dieser Lösungsansatz wird den praktischen Anforderungen der internationalen Forderungsfinanzierung gerecht, wenn er eine einfa-

---

[224] *Burrows*, in: Chitty on Contracts, Rdnr. 20-063 f.
[225] Dazu *unten*, S. 117 ff.
[226] *Oben*, S. 55 ff.
[227] *Oben*, S. 69 ff.

che und kostengünstige Übertragung von Forderungen ermöglicht und dem Zessionar die Gewißheit verschafft, daß ihm die übertragenen Forderungen tatsächlich zustehen und er deren wirtschaftlichen Wert auch in Krisensituationen ungehindert realisieren kann.[228]

Sowohl Art. 1690 Code civil als auch die Regel aus *Dearle v. Hall* stützen sich auf die Annahme, daß die Benachrichtigung des Schuldners die Publizität der Forderungsübertragung gewährleiste: Wer von dem Zedenten eine Forderung erwerben wolle, könne sich bei dessen Schuldner erkundigen, ob ihm bereits eine Übertragung der gegen ihn gerichteten Forderung angezeigt worden ist, und, wenn dieser verneine, sich darauf verlassen, daß der Zedent noch Inhaber der Forderung ist.[229] Wenn der Zessionar dann den Schuldner unverzüglich von der Forderungsübertragung benachrichtige, habe er die Gewißheit, daß ihm die Forderung tatsächlich zusteht. Dieser Publizitätsgedanke steht auch hinter der Aussage, daß die Benachrichtigung des Schuldners am besten der Besitzverschaffung bei der Übereignung beweglicher Sachen entspreche und daher am ehesten deren Funktionen erfüllen könne.[230] Die Notwendigkeit einer Benachrichtigung des Schuldners wird schließlich damit begründet, daß der erste Zessionar, dadurch daß er es unterlassen habe, den Schuldner zu benachrichtigen, eine betrügerische zweite Übertragung ermöglicht habe und daher hinter dieser zurücktreten müsse.[231]

Durch Art. 1690 Code civil und die Regel aus *Dearle v. Hall* wird dem Schuldner letztlich die Aufgabe übertragen, ein Privatregister zu führen, über das Dritte in Erfahrung bringen können, ob und gegebenenfalls an wen die gegen den Schuldner gerichteten Forderungen übertragen worden

[228] Zu diesen Anforderungen *oben*, S. 45 ff.

[229] *Cadiet*, J.-Cl. civ., Art. 1689–1695, Fasc. 20, Rdnr. 53; *Goode*, Commercial Law, S. 705: "method of searching for a previous disposition of the debt"; *Malaurie/Aynès*, Cours de droit civil, Bd. 6, Rdnr. 1222; *Marty/Raynaud/Jestaz*, Droit civil: Les obligations, Bd. 2, Rdnr. 366; *Mazeaud/Chabas*, Leçons de droit civil, Bd. 2/1, Rdnr. 1260: "procédés de publicité"; *Walsh*, Dick. L. Rev. 106 (2001) 159, 168.

[230] *Dearle v. Hall* (1828) 3 Russ. 1, 58 f. (Lord Lyndhurst L. C.); *Arden v. Arden* (1885) 11 Ch. 702, 708 (Kay J.); *Aubin*, FS Neumayer, 31, 39; *Firth*, L. Q. R. 11 (1985) 337, 339; *Goode*, Commercial Law, S. 705: "notice to the debtor is the nearest equivalent to taking possession"; *Oditah*, Receivables Financing, S. 130; *Walsh*, Dick. L. Rev. 106 (2001) 159, 168. Aus Sicht des französischen Rechts ist diese Begründung allerdings wenig überzeugend, da der Code civil für die Übereignung beweglicher Sachen einen bloßen Konsens genügen läßt (Art. 1138 Code civil; *Aubin*, FS Neumayer, 31, 40).

[231] *Dearle v. Hall* (1823) 3 Russ. 1, 14 (Sir Thomas Plumer, M. R.); *Snell*, Principles of Equity, S. 72. Allerdings kommt es nach englischem Recht nicht darauf an, ob der erste Zessionar die Benachrichtigung des Schuldners vorsätzlich oder fahrlässig unterlassen hat, oder ob ein späterer Zessionar beim Schuldner tatsächlich Erkundigungen eingezogen hat. Entscheidend ist allein die Tatsache der Benachrichtigung (*Foster v. Cockerell* (1835) 3 Cl. & F. 456, 475 ff. (Lord Lyndhurst); *Ward v. Duncombe* [1893] A. C. 369, 390 f. (Lord Macnaghten); *Firth*, L. Q. R. 11 (1895) 337, 342; *Oditah*, Receivables Financing, S. 130).

sind.[232] Dieses private Registrierungssystem ist jedoch nur eingeschränkt funktionsfähig.

So ist der Schuldner nicht verpflichtet ist, einem Unbekannten über die gegen ihn gerichteten Forderungen schnell und umfassend Auskunft zu geben.[233] Darüber hinaus müssen bei der Übertragung einer Vielzahl von Forderungen bei entsprechend vielen Schuldnern Erkundigungen eingezogen werden.[234] Das ist teuer und zeitaufwendig. Die Kosten werden letztlich auf die Unternehmen abgewälzt, die sich auf der Grundlage der ihnen zustehenden Forderungen zu möglichst günstigen Bedingungen finanzieren wollen. Schließlich kann auch die Benachrichtigung des Schuldners erhebliche Kosten verursachen.[235] Wird eine Vielzahl von Forderungen übertragen, muß jeder einzelne Schuldner in Kenntnis gesetzt werden. Dies wiegt besonders schwer, wenn die Benachrichtigung besonderen Anforderungen genügen muß. Nach Art. 1690 Code civil kann sie nur dadurch erfolgen, daß dem Schuldner durch Gerichtsvollzieher eine Urkunde zugestellt wird. Weitere Kosten können dadurch entstehen, daß die Benachrichtigung des Schuldners erst zu einem bestimmten Zeitpunkt erfolgen kann. So ist nach englischem Recht eine Benachrichtigung unwirksam, wenn sie den Schuldner erreicht, bevor die gegen ihn gerichtete Forderung im Sinne des englischen Rechts entstanden ist.[236]

Daher wird der erste Lösungsansatz den Anforderungen der Praxis im Hinblick auf die Leichtigkeit des Rechtsverkehrs nicht gerecht.[237] Für ihn spricht lediglich, daß die Benachrichtigung des Schuldners neben der Errichtung eines öffentlichen Registers die einzige Möglichkeit ist, um die Offenkundigkeit der Forderungsinhaberschaft und die Erkennbarkeit von Forderungsübertragungen zu gewährleisten und damit Rechtssicherheit zu schaffen.[238]

Der erste Lösungsansatz kann nicht mit den Erfordernissen des Schuldnerschutzes begründet werden.[239] Bei den Wirkungen einer Forderungsübertragung gegenüber dem Schuldner handelt es sich um eine rechtliche Fragestellung, die von der Wirksamkeit gegenüber Dritten unterschieden und daher auch abweichend geregelt werden kann.[240] Für den ersten Lösungs-

---

232 *Nicklaus,* Die Kollision von verlängertem Eigentumsvorbehalt und Factoringzession, S. 128.

233 *Firth,* L. Q. R. 11 (1895) 337, 342; *Mazeaud/Chabas,* Leçons de droit civil, Bd. 2/1, Rdnr. 1267; *Zweigert/Kötz,* Einführung in die Rechtsvergleichung, S. 452.

234 *Goode,* Commercial Law, S. 705; *Mazeaud/Chabas,* Leçons de droit civil, Bd. 2/1: "renseignent très mal les autres tiers"; *Oditah,* Receivables Financing, S. 142.

235 *Goode,* Commercial Law, S. 705.

236 *Oditah,* Receivables Financing, S. 142.

237 *Cadiet,* J.-Cl. civ., Art. 1689–1695, Fasc. 20, Rdnr. 53; *Oditah,* Receivables Financing, S. 142; *Zweigert/Kötz,* Einführung in die Rechtsvergleichung, S. 448.

238 *Mazeaud/Chabas,* Leçons de droit civil, Bd. 2/1, Rdnr. 1267.

239 *Zweigert/Kötz,* Einführung in die Rechtsvergleichung, S. 452.

240 Zu dieser Unterscheidung im englischen Recht *oben,* S. 79 und 86, im französischen Recht *oben,* S.66.

ansatz spricht auch nicht, daß eine Benachrichtigung des Schuldners ohnehin erforderlich ist, um ihm die Forderungsübertragung entgegenhalten zu können, so daß der Zessionar nicht zusätzlich belastet wird. Die Wirksamkeit einer Forderungsübertragung gegenüber Dritten ist jedoch von größerem wirtschaftlichem Gewicht als die Wirksamkeit gegenüber dem Schuldner. Auf die Wirksamkeit gegenüber dem Schuldner kann verzichtet werden, auf die gegenüber Dritten nicht. Dies gilt vor allem bei der Übertragung einer Vielzahl von Forderungen: Wenn sich ein Schuldner auf die Unwirksamkeit der Übertragung beruft, betrifft dies die gegen ihn gerichtete Forderung. Wenn sich aber ein Dritter, beispielsweise ein Gläubiger des Zedenten, auf die Unwirksamkeit der Forderungsübertragung beruft, betrifft dies alle Forderungen.[241]

Damit überwiegen die mit dem ersten Lösungsansatz verbundenen Nachteile. Die ihm folgenden Übertragungsformen werden dementsprechend in der Praxis möglichst vermieden.[242] Die Rechtsprechung weicht die entsprechenden Vorschriften zunehmend auf[243] und lehnt eine Erweiterung ihres Anwendungsbereichs ausdrücklich ab.[244] In der Literatur stößt das Erfordernis einer Benachrichtigung des Schuldners auf Ablehnung.[245] Von der Gesetzgebung wird der Lösungsansatz nicht weiter verfolgt.[246]

III. Zweiter Lösungsansatz: unmittelbare Wirksamkeit der Forderungsübertragung *erga omnes*

Dem zweiten Lösungsansatz sind jene Formen der Forderungsübertragung zuzuordnen, bei denen eine Abrede zwischen Zedent und Zessionar genügt, um die Forderung auch mit Wirkung gegenüber Dritten auf den Zessionar übergehen zu lassen. Beispiele sind die Forderungsabtretung nach § 398 BGB (1), die *subrogation conventionnelle* nach Art. 1249 ff. Code civil (2) und die Forderungsübertragung nach der *Loi Dailly* (3).

---

[241] Vgl. *Zweigert/Kötz,* Einführung in die Rechtsvergleichung, S. 452.

[242] *Zweigert/Kötz,* Einführung in die Rechtsvergleichung, S. 448.

[243] *Cadiet,* J.-Cl. civ., Art. 1689–1695, Fasc. 20, Rdnr. 54: "neutralisation progressive de l'article 1690 du Code civil".

[244] *Ward v. Duncombe* [1893] A. C. 369, 391 (Lord Macnaghten): "I am not sure that the doctrine rests upon any very satisfactory principle", S. 393: "I am inclined to think that the rule in *Dearle v. Hall* has on the whole produced at least as much injustice as it has prevented", S. 394: "I do not think that those principles are so clear or so convincing that the rule ought to be extended to a new case."

[245] *Firth,* L. Q. R. 11 (1985) 337, 344; *Goode,* Commercial Law, S. 705: "It is high time that the rule in *Dearle v. Hall* was abolished"; *McLauchlan,* L. Q. R. 96 (1980) 90, 98; *Oditah,* Receivables Financing, S. 140.

[246] *Zweigert/Kötz,* Einführung in die Rechtsvergleichung, S. 448.

1. Die Forderungsabtretung nach § 398 BGB

Forderungen werden nach deutschem Recht fast ausschließlich im Wege der Forderungsabtretung nach § 398 BGB übertragen.[247] Die einschlägigen Vorschriften wurden durch das Gesetz zur Modernisierung des Schuldrechts vom 26. November 2001[248] nicht verändert.

a. Voraussetzungen einer Forderungsabtretung

§ 398 BGB nennt als einzige Voraussetzung einer Forderungsabtretung den Abschluß eines Abtretungsvertrags zwischen Zedent und Zessionar. Dieser unterliegt grundsätzlich keinen Formerfordernissen[249] und kann daher auch stillschweigend geschlossen werden.[250] Der Zedent muß jedoch als Inhaber der Forderung verfügungsbefugt sein.[251] Ein gutgläubiger Forderungserwerb vom Nichtberechtigten wird durch das deutsche Recht wegen des fehlenden Rechtsscheins nicht anerkannt.[252] Eine Mitwirkung oder Benachrichtigung des Schuldners ist nicht erforderlich.[253]

Der Abtretungsvertrag ist ein abstraktes Verfügungsgeschäft. Er ist daher grundsätzlich[254] auch dann wirksam, wenn das ihm zugrunde liegende Verpflichtungsgeschäft nicht zustande gekommen ist.[255] In einem solchen Fall muß der Zedent nach den Vorschriften über die Herausgabe einer unge-

---

247 *Palandt/Bassenge,* Einf v § 1273, Rdnr. 2.

248 BGBl. 2001 I 3138.

249 *Larenz,* Allgemeines Schuldrecht, S. 575; *Scheyhing/Nörr,* in: Handbuch des Schuldrechts, S. 8 f.; *Staudinger/Busche,* § 398, Rdnr. 19. Zur Übertragung von Forderungen, die durch eine Hypothek gesichert sind, ist jedoch eine schriftliche Abtretungserklärung des Zedenten erforderlich (§§ 1153 Abs. 2, 1154 Abs. 1 S. 1 BGB). Die Annahmeerklärung des Zessionars kann allerdings formlos erfolgen (*Palandt/ Bassenge,* § 1154, Rdnr. 3). Zu weiteren Ausnahmen von der Formfreiheit *Staudinger/Busche,* § 398, Rdnr. 20 ff.

250 BGH, 21. 11. 1996, NJW 1997, 729, 730; MünchKomm/*Roth,* § 398, Rdnr. 13; *Palandt/ Heinrichs,* § 398, Rdnr. 7; *Scheyhing/Nörr,* in: Handbuch des Schuldrechts, S. 9; *Staudinger/Busche,* § 398, Rdnr. 4.

251 *Larenz,* Allgemeines Schuldrecht, S. 575 f.; MünchKomm/*Roth,* § 398, Rdnr. 27; *Scheyhing/Nörr,* in: Handbuch des Schuldrechts, S. 12.

252 *Larenz,* Allgemeines Schuldrecht, S. 576; MünchKomm/*Roth,* § 398, Rdnr. 28; *Stadler,* Gestaltungsfreiheit und Verkehrsschutz durch Abstraktion, S. 639. Der gutgläubige Erwerber einer Forderung, über die der Schuldner eine Urkunde ausgestellt hat, wird jedoch nach § 405 BGB insofern geschützt, als sich der Schuldner nicht auf die dort ausdrücklich genannten Einwendungen des Scheingeschäfts und des Abtretungsausschlusses berufen kann.

253 *Schlechtriem,* Allgemeines Schuldrecht, Rdnr. 572; *Staudinger/Busche,* § 398, Rdnr. 23.

254 Zu den Durchbrechungen des Abstraktionsprinzips durch Fehleridentität, Bedingungszusammenhang und Geschäftseinheit *Jauernig,* JuS 1994, 721, 723; *Stadler,* Gestaltungsfreiheit und Vekehrsschutz durch Abstraktion, S. 82 ff. und 136 ff.

255 RG, 9. 6. 1915, RGZ 87, 68, 71; 23. 9. 1921, RGZ 102, 385, 386; *Larenz,* Allgemeines Schuldrecht, S. 579; *Palandt/Heinrichs,* § 398, Rdnr. 3; *Schlechtriem,* Allgemeines Schuldrecht, Rdnr. 569; *Staudinger/Busche,* Einl zu §§ 398 ff., Rdnr. 20.

rechtfertigten Bereicherung die Rückübertragung der Forderung verlangen. Umgekehrt genügt die schuldrechtliche Verpflichtung nicht, um den Forderungsübergang herbeizuführen. Dazu ist der Abschluß eines zusätzlichen Rechtsgeschäfts, des Abtretungsvertrags, erforderlich. Im deutschen Recht wird die Forderungsübertragung demnach von der Unterscheidung zwischen ihren verpflichtenden und verfügenden Aspekten geprägt: Sie werden unterschiedlichen und voneinander unabhängigen Rechtsgeschäften zugeordnet.

Grundsätzlich können alle Forderungen nach § 398 BGB abgetreten werden.[256] Sie sind umlauffähige Bestandteile des Vermögens des jeweiligen Gläubigers.[257] Im Rahmen der Forderungsfinanzierung sind zwei Ausnahmen von diesem Grundsatz von Bedeutung: Eine Abtretung ist nach § 400 BGB unwirksam, wenn die abgetretene Forderung nicht gepfändet werden könnte. Dies soll verhindern, daß dem Zedenten mit der Abtretung die Lebensgrundlage entzogen wird.[258] Eine Abtretung ist nach § 399 Alt. 2 BGB aber auch dann unwirksam, wenn ihr ein zwischen Schuldner und ursprünglichem Gläubiger vereinbartes Abtretungsverbot entgegensteht. Es verpflichtet den Gläubiger nicht nur, die Forderung nicht abzutreten, sondern es nimmt ihr auch die Abtretbarkeit.[259] Das Abtretungsverbot ist allerdings seinerseits nach § 354 a S. 1 HGB weitgehend unwirksam, wenn es sich auf eine Geldforderung bezieht, die sich aus einem beiderseitigen Handelsgeschäft ergibt, oder sich gegen eine juristische Person des öffentlichen Rechts oder gegen ein öffentlich-rechtliches Sondervermögen richtet. Es hat dann lediglich zur Folge, daß der Schuldner mit befreiender Wirkung an den Zedenten leisten kann, auch wenn er von der Abtretung Kenntnis erlangt hat.[260]

Nach § 398 BGB können nicht nur bestehende, sondern auch zukünftige Forderungen übertragen werden. Dies gilt nicht nur für solche Forderungen, die zwar noch nicht entstanden sind, deren Rechtsgrund aber bereits gelegt ist. Gegenstand eines Abtretungsvertrags nach § 398 BGB können vielmehr auch solche Forderungen sein, deren Entstehung zwar möglich erscheint, deren Rechtsgrundlage zum Zeitpunkt der Abtretung aber noch nicht besteht.[261] Voraussetzung ist lediglich, daß die Forderungen im Abtretungsvertrag so genau umschrieben sind, daß sie zum Zeitpunkt ihres Entstehens

---

[256] *Esser /Schmidt,* Allgemeines Schuldrecht, S. 304; MünchKomm/*Roth,* § 398, Rdnr. 62.
[257] *Staudinger/Busche,* § 398, Rdnr. 35.
[258] BGH, 10. 2. 1994, BGHZ 125, 116, 122; *Staudinger/Busche,* § 400, Rdnr. 1.
[259] BGH, 1. 2. 1978, BGHZ 70, 299, 303; 31. 10. 1990, BGHZ 112, 387, 389; *Larenz,* Allgemeines Schuldrecht, S. 581; MünchKomm/*Roth,* § 399, Rdnr. 36; *Schlechtriem,* Allgemeines Schuldrecht, Rdnr. 582; *Staudinger/Busche,* § 399, Rdnr. 65.
[260] MünchKomm/*Roth,* § 399, Rdnr. 39 ff.; *Nörr,* in: Handbuch des Schuldrechts, S. 32 ff.; *Staudinger/Busche,* § 399, Rdnr. 69 ff.
[261] RG, 29. 9. 1903, RGZ 55, 334, 334 f.; BGH, 21. 11. 1969, BGHZ 53, 60, 63; *Pöggeler,* in: Handbuch des Schuldrechts, S. 111; *Serick,* Eigentumsvorbehalt und Sicherungsübertragung, Bd. 4, S. 270 ff.; *Staudinger/Busche,* § 398, Rdnr. 64.

dem Abtretungsvertrag eindeutig zugeordnet werden können.[262] Die Wirkungen der Abtretung treten ein, sobald die Forderung entsteht, jedoch rückwirkend auf den Zeitpunkt des Abtretungsvertrags.[263]

Forderungen können nach § 398 BGB als Sicherheit für eine Schuld übertragen werden. Auch in diesem Fall werden die Forderungen vollständig auf den Sicherungsnehmer übertragen. Allerdings ist dieser auch ohne eine ausdrückliche Vereinbarung verpflichtet, die Forderungen zurückzuübertragen, wenn der Sicherungszweck – etwa durch die Rückzahlung des besicherten Darlehens – entfällt.[264] Die Beschränkung der Forderungsabtretung auf die Besicherung einer Schuld kann auch dadurch erreicht werden, daß sie von vornherein mit einer auflösenden Bedingung versehen oder eine aufschiebend bedingte Rückübertragung vereinbart wird.[265] Bei Eintritt des Sicherungsfalls kann der Sicherungsnehmer als Forderungsinhaber die Forderungen einziehen oder auf andere Weise verwerten. Er ist allerdings verpflichtet, einen Überschuß an den Sicherungsgeber abzuführen.[266] Über diesen Anspruch kann der Sicherungsgeber verfügen, ihn beispielsweise abtreten.[267] Obwohl die Sicherungsabtretung zu einer vollständigen Übertragung der Forderungen auf den Sicherungsnehmer führt,[268] ist ihre Wirksamkeit gegenüber Dritten in einigen Punkten eingeschränkt.[269]

b. Wirksamkeit einer Forderungsabtretung gegenüber Dritten

Mit dem Abschluß des Abtretungsvertrags scheidet die Forderung aus dem Vermögen des Zedenten aus und geht in das Vermögen des Zessionars

---

[262] BGH, 25. 10. 1984, NJW 1985, 800, 802; MünchKomm/*Roth*, § 398, Rdnr. 81; *Pöggeler*, in: Handbuch des Schuldrechts, S. 125; *Schlechtriem*, Allgemeines Schuldrecht, Rdnr. 575; *Serick*, Eigentumsvorbehalt und Sicherungsübertragung, Bd. 4, S. 275.
[263] BGH, 9. 6. 1960, BGHZ 32, 367, 369 f.; 19. 9. 1983, BGHZ 88, 205, 206. f.; *Larenz*, Allgemeines Schuldrecht, S. 585; *Schlechtriem*, Allgemeines Schuldrecht, Rdnr. 575; *Staudinger/Busche*, § 398, Rdnr. 71.
[264] RG, 23. 9. 1921, RGZ 102, 385, 386; *Larenz*, Allgemeines Schuldrecht, S. 596; MünchKomm/*Roth*, § 398, Rdnr. 110; *Staudinger/ Busche*, Einl zu §§ 398 ff., Rdnr. 75.
[265] MünchKomm/*Roth*, § 398, Rdnr. 109; *Staudinger/Busche*, Einl zu §§ 398 ff., Rdnr. 76.
[266] MünchKomm/*Roth*, § 398, Rdnr. 110; *Staudinger/Busche*, Einl zu §§ 398 ff., Rdnr. 72.
[267] BGH, 10. 3. 1982, WM 1982, 482, 483; MünchKomm/*Roth*, § 398, Rdnr. 110.
[268] Der Sicherungsnehmer kann die ihm zur Sicherheit abgetretenen Forderungen beispielsweise weiterübertragen, auch wenn er damit gegen seine Verpflichtungen gegenüber dem Sicherungsgeber verstößt (*Esser/Schmidt*, Allgemeines Schuldrecht, S. 315; *Larenz*, Allgemeines Schuldrecht, S. 595; *Staudinger/Busche*, Einl zu §§ 398 ff., Rdnr. 91). Vereinbarungen, die die Forderungsinhaberschaft des Sicherungsnehmers einschränken sollen, sind mit dem Wesen der Abtretung nicht vereinbar. Ein Abtretungsvertrag, nach dem der Sicherungsnehmer nicht das Recht haben soll, die abgetretene Forderung selbst einzuziehen, ist unwirksam (RG, 22. 2. 1918, RGZ 92, 238, 240). Die für eine Sicherungsabtretung erforderlichen Beschränkungen der Rechtsstellung des Sicherungsnehmers können nur im Innenverhältnis zum Sicherungsgeber erreicht werden (*Staudinger/Busche*, Einl zu §§ 398 ff., Rdnr. 70).
[269] Dazu *unten*, S. 93 f.

über.[270] Der Forderungsübergang ist grundsätzlich sowohl zwischen den Parteien des Abtretungsvertrags als auch im Verhältnis zu Dritten unmittelbar wirksam,[271] ohne daß es darauf ankommt, ob der Schuldner benachrichtigt worden ist.[272] Eine Unterscheidung zwischen der Wirksamkeit der Forderungsabtretung zwischen Zedent und Zessionar einerseits und gegenüber Dritten andererseits ist dem deutschen Recht fremd.

Dementsprechend können abgetretene Forderungen in einem Insolvenzverfahren über das Vermögen des Zedenten grundsätzlich nicht mehr für die Masse in Anspruch genommen werden, wenn das Insolvenzverfahren nach dem Wirksamwerden des Abtretungsvertrags eröffnet worden ist.[273]

Dieser Grundsatz gilt nur eingeschränkt, wenn zukünftige Forderungen abgetreten wurden: Die Abtretung kann dem Insolvenzverwalter nur im Hinblick auf diejenigen Forderungen entgegengehalten werden, deren Rechtsgrund zum Zeitpunkt der Abtretung bereits gelegt war. Die begründete Aussicht des Zedenten, die entsprechenden Forderungen zu erwerben, stellt eine Rechtsposition dar, die er durch den Abtretungsvertrag auf den Zessionar übertragen hat. Die Forderungen entstehen ausgehend von dieser Rechtsposition unmittelbar in der Person des Zessionars (Direkterwerb). Sie werden von der zwischenzeitlichen Insolvenz des Zedenten nicht berührt.[274] Dies ist anders bei Forderungen, deren Rechtsgrund zum Zeitpunkt der Abtretung noch nicht gelegt war. Sie können vom Insolvenzverwalter für die Masse in Anspruch genommen werden. Das kann damit begründet werden, daß durch den Abtretungsvertrag keine bestehende Rechtsposition übertragen wurde, die einen Direkterwerb begründet kann.[275] Das Ergebnis kann aber auch aus Sinn und Zweck des § 91 InsO hergeleitet werden.[276]

Darüber hinaus werden von der Insolvenz des Zedenten auch solche Forderungen erfaßt, die er zur Sicherung einer Verbindlichkeit abgetreten hat.[277] Sie werden im Verhältnis zum Insolvenzverwalter als zum Vermögen des Zedenten gehörig angesehen.[278] Der Sicherungsnehmer ist jedoch nach § 51 Nr. 1 InsO zur abgesonderten Befriedigung berechtigt.

---

[270] *Larenz,* Allgemeines Schuldrecht, S. 577; *Schlechtriem,* Allgemeines Schuldrecht, Rdnr. 567; *Staudinger/Busche,* § 398, Rdnr. 27.
[271] *Aubin,* FS Neumayer, 31; *Staudinger/Busche,* § 398, Rdnr. 28.
[272] *Staudinger/Busche,* § 398, Rdnr. 23.
[273] MünchKomm/*Roth,* § 398, Rdnr. 96; *Stadler,* Gestaltungsfreiheit und Verkehrsschutz durch Abstraktion, S. 644.
[274] *Larenz,* Allgemeines Schuldrecht, S. 585 f.; MünchKomm/*Roth,* § 398, Rdnr. 85; *Palandt/Heinrichs,* § 398, Rdnr. 12; *Staudinger/Busche,* § 398, Rdnr. 73.
[275] *Larenz,* Allgemeines Schuldrecht, S. 586; *Palandt/Heinrichs,* § 398, Rdnr. 12; *Staudinger/Busche,* § 398, Rdnr. 75.
[276] *Pöggeler,* in: Handbuch des Schuldrechts, S. 117 ff.
[277] MünchKomm/*Roth,* § 398, Rdnr. 116; *Serick,* Eigentumsvorbehalt und Sicherungsübertragung, Bd. 3, S. 307.
[278] *Larenz,* Allgemeines Schuldrecht, S. 595 f.

Die Forderungsabtretung ist auch gegenüber den Gläubigern des Zedenten unmittelbar wirksam. Eine Forderungspfändung geht ins Leere, wenn sie nach dem Wirksamwerden des Abtretungsvertrags vorgenommen wird.[279] Dies gilt nach herrschender Ansicht auch im Fall einer Sicherungsabtretung.[280] Nach einer anderen Ansicht ist die Forderungspfändung dagegen trotz der Sicherungsabtretung wirksam, dem Zessionar stehe lediglich ein Recht auf vorzugsweise Befriedigung zu.[281] Die abweichende Auffassung wird mit den schutzwürdigen Interessen der Gläubiger des Zedenten an den lediglich zur Sicherheit übertragenen Forderungen begründet. Diesen Interessen werde die Möglichkeit einer Pfändung des Anspruchs auf Rückübertragung nicht mehr erforderlicher Sicherheiten und auf Auskehrung des bei einer Verwertung erzielten Mehrerlöses[282] nicht gerecht. Nach dieser Ansicht hätte allerdings eine Sicherungsabtretung einen im Verhältnis zu den Gläubigern des Sicherungsgebers inhaltlich beschränkten Forderungsübergang bewirkt:[283] Die Forderungen wären im Verhältnis zu den Gläubigern des Zedenten nach wie vor Bestandteil des Vermögens des Sicherungsgebers.

Eine Forderungsabtretung ist schließlich gegenüber anderen Zessionaren derselben Forderung wirksam, wenn deren Abtretungsvertrag mit dem Zedenten später geschlossen worden ist. Die späteren Abtretungsverträge sind mangels Verfügungsbefugnis des Zedenten nach § 185 Abs. 2 BGB schwebend unwirksam. Bei einer mehrfachen Abtretung setzt sich daher die zeitlich erste gegenüber allen späteren Forderungsabtretungen durch. Dieses Prioritätsprinzip gilt sowohl für die Abtretung bestehender als auch zukünftiger Forderungen.[284]

Die Auswirkungen des Prioritätsprinzips werden jedoch durch die Rechtsprechung in bestimmten Fällen eingeschränkt, etwa wenn Forderungen sowohl von einer Globalzession zur Besicherung eines Darlehens als auch von einem verlängerten Eigentumsvorbehalt erfaßt werden. In der Regel wird die Sicherungsabtretung wegen der längeren Laufzeit des Darlehens zeitlich vor dem verlängerten Eigentumsvorbehalt vereinbart, der lediglich einen kurzfristigen Lieferantenkredit sichern soll. Nach dem Prioritätsprinzip setzen sich daher die Banken als langfristige Geldkreditgeber gegen die

---

279 MünchKomm/*Roth*, § 398, Rdnr. 96; *Pöggeler*, in: Handbuch des Schuldrechts, S. 149 f.; *Stadler*, Gestaltungsfreiheit und Verkehrsschutz durch Abstraktion, S. 644.
280 *Serick*, Eigentumsvorbehalt und Sicherungsübertragung, Bd. 3, S. 234.
281 MünchKomm/*Roth*, § 398, Rdnr. 117.
282 Dazu *Serick*, Eigentumsvorbehalt und Sicherungsübertragung, Bd. 3, S. 238 ff.
283 *Esser/Schmidt*, Allgemeines Schuldrecht, S. 315; MünchKomm/*Roth*, § 398, Rdnr. 114.
284 BGH, 30. 4. 1959, BGHZ 30, 149, 151 f.; *Larenz*, Allgemeines Schuldrecht, S. 585; *Pöggeler*, in: Handbuch des Schuldrechts, S. 149 f.; MünchKomm/*Roth*, § 398, Rdnr. 27; *Stadler*, Gestaltungsfreiheit und Verkehrsschutz durch Abstraktion, S. 639 f.; *Staudinger/Busche*, § 398, Rdnr. 31.

Lieferanten als kurzfristige Warenkreditgeber durch.[285] Nach ständiger Rechtsprechung ist die Globalzession jedoch unter bestimmten Voraussetzungen nach § 138 BGB sittenwidrig und damit unwirksam, so daß die Forderungen von dem später vereinbarten Eigentumsvorbehalt erfaßt werden können. Eine Globalzession ist sittenwidrig, wenn in der Branche des Sicherungsgebers die Vereinbarung eines verlängerten Eigentumsvorbehalts üblich ist, so daß der Sicherungsgeber dazu verleitet wird, seine Lieferanten über die bereits vereinbarte Globalzession zu täuschen, um von ihnen beliefert zu werden.[286]

Es hat sich damit gezeigt, daß das deutsche Recht von dem Grundsatz geprägt ist, daß eine Forderungsabtretung sowohl im Innenverhältnis zwischen Zedent und Zessionar, als auch im Außenverhältnis gegenüber dem Insolvenzverwalter des Zedenten, gegenüber dessen Gläubigern und gegenüber anderen Zessionaren derselben Forderung mit Zustandekommen des Abtretungsvertrags wirksam wird. Das deutsche Recht unterscheidet nicht zwischen der Wirksamkeit *inter partes* und der Wirksamkeit gegenüber Dritten. Es differenziert lediglich in bestimmten Fällen bei der Drittwirksamkeit: Bei einer Sicherungsabtretung kommt es darauf an, ob sie dem Insolvenzverwalter des Zedenten,[287] dessen Gläubigern[288] oder anderen Zessionaren derselben Forderung[289] entgegengehalten werden soll.

Im Gegensatz zu den Wirkungen der Forderungsabtretung zwischen den Zessionsparteien und gegenüber Dritten hängen ihre Wirkungen gegenüber dem Schuldner von dessen Kenntnis der Abtretung ab. Der Schuldner kann beispielsweise nach § 407 Abs. 1 BGB mit befreiender Wirkung an den Zedenten leisten oder mit ihm eine Stundung vereinbaren, die sich der Zessionar entgegenhalten lassen muß. Nach § 406 BGB kann der Schuldner auch nach der Abtretung eine Forderung gegen den Zedenten erwerben und

---

285 *Esser/Schmidt,* Allgemeines Schuldrecht, S. 305; *Kötz,* Int. Enc. Comp. L., Bd. 7, Kap. 13, Rdnr. 105; MünchKomm/*Roth,* § 398, Rdnr. 147.

286 BGH, 30. 4. 1959, BGHZ 30, 149, 152 f.; 9. 11. 1978, BGHZ 72, 308, 310; MünchKomm/ *Roth,* § 398, Rdnr. 149; *Palandt/Heinrichs,* § 398, Rdnr. 25; *Pöggeler,* in: Handbuch des Schuldrechts, S. 152; *Serick,* Eigentumsvorbehalt und Sicherungsübertragung, Bd. 4, S. 446; *Staudinger/Busche,* Einl zu §§ 398 ff., Rdnr. 98 ff. Die Unwirksamkeit nach § 138 BGB kann durch eine dingliche Teilverzichtsklausel vermieden werden (BGH, 8. 10. 1986, BGHZ 98, 303, 315; 21. 4. 1999, ZIP 1999, 997, 998; *Pöggeler,* in: Handbuch des Schuldrechts, S. 152 f.; *Staudinger/Busche,* Einl zu §§ 398 ff., Rdnr. 101).

287 Die Forderungen bleiben im Verhältnis zum Insolvenzverwalter im Vermögen des Zedenten, *oben,* S. 93.

288 Die Wirkungen einer Sicherungsabtretung im Verhältnis zu den Gläubigern des Zedenten sind umstritten, *oben,* S. 94 f.

289 Gegenüber anderen Zessionaren ist die Sicherungsabtretung wirksam, *oben,* S. 94 f.

gegenüber dem Zessionar aufrechnen.[290] Voraussetzung ist jedoch stets, daß er die Abtretung nicht kennt.[291]

Diese Vorschriften zum Schutz des Schuldners können auf den Grundsatz zurückgeführt werden, daß eine Abtretung dem Schuldner nur dann entgegengehalten werden kann, wenn er von ihr Kenntnis hat.[292] Das deutsche Recht unterwirft somit die Wirksamkeit einer Forderungsabtretung gegenüber dem Schuldner anderen Grundsätzen als die Wirksamkeit zwischen den Zessionsparteien und gegenüber Dritten.

2. Die *subrogation conventionnelle* nach Art. 1249 ff. Code civil

Das französische Recht stellt mit der *subrogation conventionnelle* ebenfalls eine unmittelbar *erga omnes* wirkende Form der Forderungsübertragung zur Verfügung. Sie ist dadurch gekennzeichnet, daß die Forderung übergeht, weil der neue Gläubiger an der Stelle des Schuldners auf die Forderung geleistet hat. Die *subrogation conventionnelle* ist in den Art. 1249 ff. Code civil geregelt. Deren systematische Stellung zeigt, daß die *subrogation conventionnelle* aus der Sicht des Code civil der Erfüllung von Verbindlichkeiten zuzuordnen ist:[293] Die Art. 1249 ff. Code civil stehen unter der Überschrift „Du paiement avec subrogation" im 1. Abschnitt „Du paiement" des Kapitels V „De l'extinction des obligations". In der Literatur ist jedoch anerkannt, daß die *subrogation conventionnelle* ungeachtet ihrer systematischen Stellung vor allem eine Form der Forderungsübertragung ist und insofern der *cession de créance* nach Art. 1689 ff. Code civil gleichgestellt werden kann.[294] Wegen ihrer einfachen Voraussetzungen ist sie von erheblicher praktischer Bedeutung. So wird das Factoring in Frankreich fast ausschließlich auf der Grundlage der *subrogation conventionnelle* durchgeführt.[295]

---

290 Dies gilt allerdings dann nicht, wenn die Gegenforderung des Schuldners erst fällig wird, nachdem er von der Abtretung Kenntnis erlangt hat und die abgetretene Forderung fällig geworden ist. Dazu *Larenz,* Allgemeines Schuldrecht, S. 591 f.

291 Die Unkenntnis des Schuldners wird vermutet. Fahrlässigkeit schadet ihm nicht. Zu den Anforderungen an die Kenntnis des Schuldners *Larenz,* Allgemeines Schuldrecht, S. 588 f.; MünchKomm/*Roth,* § 398, Rdnr. 14 ff.; *Scheyhing/Nörr,* in: Handbuch des Schuldrechts, S. 81.

292 *Scheyhing/Nörr,* in: Handbuch des Schuldrechts, S. 75; *Staudinger/Busche,* § 407, Rdnr. 1.

293 Vgl. *Mazeaud/Chabas,* Leçons de droit civil, Bd. 2/1, Rdnr. 857; *Terré/Simler/Lequette,* Droit civil: Les obligations, Rdnr. 1264.

294 *Malaurie/Aynès,* Droit civil, Bd. 6, Rdnr. 1206; *Marty/Raynaud/Jestaz,* Droit civil: Les obligations, Bd. 2, Rdnr. 381.

295 *Blaise/Desgorces,* in: Die Forderungsabtretung, insbesondere zur Kreditsicherung, in ausländischen Rechtsordnungen, 245, Rdnr. 39; *Gavalda,* Rép. com., Factoring, Rdnr. 37; *Mestre,* La subrogation personnelle, Rdnr. 223; *Ripert/Roblot,* Droit commercial, Rdnr. 2400; *Rives-Lange/Contamine-Raynaud,* Droit bancaire, Rdnr. 585.

a. Die Voraussetzungen einer *subrogation conventionnelle*

Die Voraussetzungen einer *subrogation conventionnelle* ergeben sich aus Art. 1250 Code civil:

> **Art. 1250.** Cette subrogation est conventionnelle:
>
> 1° Lorsque le créancier recevant son paiement d'une tierce personne la subroge dans ses droit, actions, privilèges ou hypothèques contre le débiteur: cette subrogation doit être expresse et faite en même temps que le paiement;
>
> 2° Lorsque le débiteur emprunte une somme à l'effet de payer sa dette, et de subroger le prêteur dans les droits du créancier. Il faut, pour que cette subrogation soit valable, que l'acte d'emprunt et la quittance soient passés devant notaires; que dans l'acte d'emprunt il soit déclaré que la somme a été empruntée pour faire le paiement, et que dans la quittance il soit déclaré que le paiement a été fait des deniers fournis à cet effet par le créancier. Cette subrogation s'opère sans le concours de la volonté du créancier.

Es werden zwei Formen der *subrogation conventionnelle* unterschieden: Sie kann sich zum einen auf eine Vereinbarung zwischen dem ursprünglichen Gläubiger und dem an der Stelle des Schuldners auf die Forderungen zahlenden Dritten stützen (Art. 1250 Ziffer 1), sie kann aber auch auf einer Abrede des Dritten mit dem Schuldner beruhen (Art. 1250 Ziffer 2). Die zweite Form der *subrogation conventionnelle* scheidet als Grundlage der Forderungsfinanzierung aus, denn diese liegt in erster Linie im Interesse des ursprünglichen Gläubigers. Der Forderungsübergang muß daher von ihm herbeigeführt werden können und sollte nicht von einer Zustimmung des Schuldners abhängen. Hinzukommen die schwerfälligen und kostenträchtigen Formerfordernisse des Art. 1250 Ziffer 2 Code civil. In der Praxis wird dementsprechend vor allem die erste Form der *subrogation conventionnelle* verwendet.[296]

Diese *subrogation conventionnelle ex parte creditoris* unterliegt nach Art. 1250 Ziffer 1 Code civil zwei Voraussetzungen: Der ursprüngliche Gläubiger *(subrogeant)* und der anstelle des Schuldners leistende Dritte *(subrogé)* müssen den Forderungsübergang ausdrücklich vereinbaren: *cette subrogation doit être expresse.* Diese Vereinbarung und die Leistung des *subrogé* müssen darüber hinaus zeitlich zusammenfallen: *cette subrogation doit être faite en même temps que le paiement.*

aa. Vereinbarung zwischen *subrogeant* und *subrogé*

Daß die *subrogation conventionnelle* ausdrücklich vereinbart werden muß, bedeutet nicht, daß ihre Wirksamkeit an die Einhaltung einer bestimmten

---

[296] *Blaise/Desgorces,* in: Die Forderungsabtretung, insbesondere zur Kreditsicherung, in ausländischen Rechtsordnungen, 245, Rdnr. 36; *Lorvellec,* J.-Cl. civ., Art. 1249–1252, Fasc. 2, Rdnr. 48; *Terré/Simler/Lequette,* Droit civil: Les obligations, Rdnr. 1268.

Form gebunden ist. Grundsätzlich genügt eine mündliche Abrede.[297] Erforderlich ist jedoch, daß die Parteien klar und unmißverständlich ihren Willen zum Ausdruck bringen, daß die gegen den Schuldner gerichtete Forderung durch die Leistung des Dritten nicht erlöschen, sondern auf diesen übergehen soll.[298] Dadurch sollen vor allem die Interessen des Schuldners und seiner Gläubiger geschützt werden: Es soll Gewißheit bestehen, ob die Forderung gegen den Schuldner erloschen oder auf den Dritten übergegangen ist.[299] Den Parteien wird daher die ausdrückliche Verwendung des Begriffs *subrogation* empfohlen. Entscheidend ist jedoch stets ihr nach den allgemeinen Auslegungsregeln ermittelter Wille.[300] Daher kann eine Vereinbarung trotz der Verwendung des Wortes *subrogation* als Forderungsabtretung nach Art. 1689 ff. Code civil angesehen werden.[301]

Für die Vereinbarung einer *subrogation conventionnelle* gilt die allgemeine Beweisregel des Art. 1341 Code civil. Danach können Rechtsgeschäfte, deren Gegenstand einen Wert von 800 € übersteigt, nur durch ein Schriftstück bewiesen werden.[302] Das gilt nach Art. 110-3 Code de commerce nicht unter Kaufleuten.[303] Dennoch wird die *subrogation conventionnelle* in aller Regel schriftlich vereinbart, um sicherzustellen, daß der Forderungsübergang auch einem Schuldner entgegengehalten werden kann, für den die handelsrechtlichen Beweiserleichterungen nicht gelten. Dem Schriftformerfordernis kann durch eine sogenannte *quittance subrogatoire* Genüge getan werden, in der die *subrogation* ausdrücklich vereinbart und die nach Art. 1250 Ziffer 1 Code civil erforderliche Leistung des *subrogé* bestätigt wird. Der *quittance subrogatoire* wird ein Forderungsverzeichnis beigefügt, in dem die Forderungen, auf die sich das Rechtsgeschäft bezieht, aufgelistet sind.[304]

Aus der Vereinbarung der *subrogation conventionnelle* muß nicht hervorgehen, welche wirtschaftlichen Ziele die Parteien mit der Forderungsübertra-

---

[297] *Marty/Raynaud/Jestaz*, Droit civil: Les obligations, Bd. 2, Rdnr. 388; *Mestre*, La subrogation personnelle, Rdnr. 61; *Ponsard/Blondel*, Rép. civ., Subrogation, Rdnr. 36.

[298] *Marty/Raynaud/Jestaz*, Droit civil: Les obligations, Bd. 2, Rdnr. 388; *Mestre*, La subrogation personnelle, Rdnr. 50; *Mazeaud/Chabas*, Leçons de droit civil, Bd. 2/1, Rdnr. 848.

[299] *Mestre*, La subrogation personnelle, Rdnr. 50.

[300] *Mestre*, La subrogation personnelle, Rdnr. 51.

[301] Cass. civ., 3. 2. und 5. 8. 1985, D. P. 1986 I 173. Der Entscheidung lag folgender Sachverhalt zugrunde: Ein Versicherungsvertrag enthielt eine Klausel, wonach sämtliche Ansprüche des Versicherungsnehmers aus zukünftigen Schadensereignissen gegen Dritte im Wege der *subrogation* auf den Versicherer übergehen sollten. Weil jedoch eine *subrogation* nur gleichzeitig mit der Leistung des *subrogé* (hier: der Versicherungsgesellschaft) vereinbart werden kann, hat die Cour de Cassation die Klausel als Vereinbarung einer den Anforderungen des Art. 1690 Code civil unterworfenen Forderungsabtretung angesehen.

[302] Dazu *oben*, S. 58 f.

[303] Zur Reichweite des Art. 110-3 Code de commerce *Mestre*, La subrogation personnelle, Rdnr. 61.

[304] *Mestre*, La subrogation personnelle, Rdnr. 61; *Terré/Simler/Lequette*, Droit civil: Les obligations, Rdnr. 1270.

gung verfolgen. Ursprünglich sollte sie einen uneigennützigen Freundschaftsdienst erleichtern: Wer an der Stelle eines anderen eine Schuld beglichen hat, sollte auf die dafür bestellten Sicherheiten, beispielsweise Bürgschaften oder Grundpfandrechte, aber auch auf den Schuldner selbst zurückgreifen können. Grundlage hierfür war der Übergang der Forderung samt der bestehenden Sicherheiten.[305] Diese ursprüngliche Zielsetzung ist im Laufe der Zeit in den Hintergrund getreten. Die *subrogation conventionnelle* hat sich zu einem Verfahren gewandelt, durch das Forderungen zu unterschiedlichen wirtschaftlichen Zwecken übertragen werden können.[306]

Die *subrogation conventionnelle* ist somit ein neutrales Rechtsgeschäft, dessen wirtschaftliche Zielsetzung sich erst aus einem übergeordneten Rechtsgeschäft ergibt. So liegt dem Factoring nach französischem Recht eine Rahmenvereinbarung zwischen dem Factoringinstitut und dem Factoringkunden zugrunde.[307] Dieser Rahmenvertrag kann den Forderungsübergang jedoch nicht selbst herbeiführen, da nur bestehende Forderungen Gegenstand einer *subrogation conventionnelle* sein können.[308] Daher wird in regelmäßigen Abständen eine *subrogation conventionnelle* über die bestehenden und vom Rahmenvertrag erfaßten Forderungen des Factoringkunden vereinbart.[309] Die *subrogation conventionnelle* ist demnach ein Ausführungsvertrag unter dem Dach des Rahmenvertrags, aus dem sich ihre wirtschaftliche Zielsetzung ergibt.

Das französische Recht unterscheidet insofern bei der *subrogation conventionnelle* zwischen zwei unterschiedlichen Rechtsgeschäften: Aus dem einen ergeben sich die gegenseitigen Rechte und Pflichten der Vertragsparteien und damit die wirtschaftliche Zielsetzung des Gesamtgeschäfts, durch das andere wird die Verpflichtung zur Übertragung bestimmter Forderungen erfüllt.[310] Dem französischen Recht ist die Unterscheidung zwischen den verpflichtenden und verfügenden Aspekten einer Forderungsübertragung daher nicht unbekannt.

---

[305] *Lorvellec*, J.-Cl. civ., Art. 1249–1252, Fasc. 1, Rdnr. 2; *Malaurie/Aynès*, Droit civil, Bd. 6, Rdnr. 1207; *Mestre*, La subrogation personnelle, Rdnr. 23 f.; *Terré/Simler/Lequette*, Droit civil: Les obligations, Rdnr. 1265.
[306] *Marty/Raynaud/Jestaz*, Droit civil: Les obligations, Bd. 2, Rdnr. 381; *Mestre*, La subrogation personnelle, Rdnr. 201.
[307] *Gavalda*, Rép. com., Factoring, Rdnr. 33 f.; *Mestre*, La subrogation personnelle, Rdnr. 217; *Ripert/Roblot*, Droit commercial, Rdnr. 2400; *Rives-Lange/Contamine-Raynaud*, Droit bancaire, Rdnr. 583.
[308] Dazu *unten*, S. 100 f.
[309] *Gavalda*, Rép. com., Factoring, Rdnr. 38; *Mestre*, La subrogation personnelle, Rdnr. 221; *Ripert/Roblot*, Droit commercial, Rdnr. 2400; *Rives-Lange/Contamine-Raynaud*, Droit bancaire, Rdnr. 585.
[310] *Stadler*, Gestaltungsfreiheit und Verkehrsschutz durch Abstraktion, S. 624.

bb. Leistung des *subrogé*

Neben einer ausdrücklichen Vereinbarung zwischen *subrogeant* und *subrogé* setzt Art. 1250 Ziffer 1 Code civil auch voraus, daß der *subrogé* zeitgleich an der Stelle des Schuldners auf die zu übertragende Forderung leistet.[311] Unbestritten ist daher, daß die *subrogation* unwirksam ist, wenn sie erst vereinbart wird, nachdem der *subrogé* an den *subrogeant* geleistet hat. Durch die Leistung des *subrogé* erlischt die gegen den Schuldner gerichtete Forderung, die spätere Vereinbarung einer *subrogation* läuft ins Leere.[312]

Umgekehrt müßte eine *subrogation* auch dann unwirksam sein, wenn sie vereinbart wird, bevor der *subrogé* an den *subrogeant* leistet.[313] Von diesem Ausgangspunkt ist die Rechtsprechung jedoch zunehmend abgewichen. In zwei Fällen hat die Cour de cassation entschieden, daß die Voraussetzungen des Art. 1250 Ziffer 1 Code civil auch dann erfüllt sind, wenn die *subrogation* zwar vor der Leistung des *subrogé* vereinbart wird, aber der *subrogé* in dieser Vereinbarung deutlich seinen Willen zum Ausdruck bringt, daß die ihm zustehenden Forderungen zu dem späteren Zeitpunkt der Leistung durch den *subrogé* ohne weiteres auf diesen übergehen sollen.[314] Eine ausdrückliche Bezugnahme auf die vorangegangene Vereinbarung ist nicht erforderlich.[315]

Die Entscheidungen der Cour de cassation dürfen aber nicht so verstanden werden, als ermöglichten sie die Übertragung zukünftiger Forderungen durch *subrogation conventionnelle*. Zum einen lagen den Entscheidungen Sachverhalte zugrunde, in denen sich die Vereinbarungen zwischen *subrogeant* und *subrogé* auf bereits bestehende Forderungen bezogen

---

[311] Die Leistung des *subrogé* auf eine Geldforderung kann insbesondere durch eine Gutschrift des entsprechenden Betrags auf einem Konto des *subrogeant* erfolgen (Cass. com., 25. 11. 1955, J. C. P. 1955 II 8547; *Gavalda*, Rép. com., Factoring, Rdnr. 37; *Rives-Lange/Contamine-Raynaud*, Droit bancaire, Rdnr. 585).

[312] Cass. com., 14. 12. 1965, Bull. civ. III 647; *Malaurie/Aynès*, Cours de droit civil, Bd. 6, Rdnr. 1208; *Marty/Raynaud/Jestaz*, Droit civil: Les obligations, Bd. 2, Rdnr. 389; *Mestre*, La subrogation personnelle, Rdnr. 53; *Planiol/Ripert*, Traité pratique de droit civil français, Rdnr. 1222; *Terré/Simler/Lequette*, Droit civil: Les obligations, Rdnr. 1270.

[313] *Malaurie/Aynès*, Cours de droit civil, Bd. 6, Rdnr. 1208: "La subrogation doit être consentie au moment du paiement, ni avant, ni après. Comme dans le langage militaire: avant l'heure, ce n'est pas l'heure, après l'heure, ce n'est plus l'heure." Vgl. *Marty/Raynaud/Jestaz*, Droit civil: Les obligations, Bd. 2, Rdnr. 389; *Mestre*, La subrogation personnelle, Rdnr. 54; *Terré/Simler/ Lequette*, Droit civil: Les obligations, Rdnr. 1270.

[314] Cass. com., 9. 1. 1990, Bull civ. 1990 IV 1; Anmerkung *Mestre*, Rev. trim. dr. civ. 89 (1990) 661; Cass. com., 29. 1. 1991, Bull. civ. 1991 IV 48: „La condition de concomitance de la subrogation au paiement, exigée par l'article 1250, 1°, du Code civil, peut être remplie lorsque le subrogeant a manifesté, fût-ce dans un document antérieure, sa volonté de subroger son cocontractantes dans ses créances à l'instant même du paiement"; Anmerkung *Mestre*, Rev. trim. dr. civ. 90 (1991) 531.

[315] In diesem Sinne noch: Cour d'appel de Paris, 13. 12. 1965, J. C. P. 1966 II 14784: „une référence à la promesse antérieure aurait donc été nécessaire au moment des versement des fonds".

haben.[316] Es ist nicht ersichtlich, daß die Cour de cassation von ihrer im Zusammenhang mit der Forderungsabtretung nach Art. 1689 ff. Code civil vertretenen Auffassung abweichen wollte, daß zukünftige Forderungen nur dann Gegenstand eines Rechtsgeschäfts sein können, wenn sie *une certaine consistance* aufweisen.[317] Zum anderen setzte die *subrogation conventionnelle* voraus, daß der *subrogé* an der Stelle des Schuldners auf die Forderung leistet. Dies ist jedoch erst dann möglich, wenn die Forderung entstanden ist. Somit können nur bestehende Forderungen Gegenstand einer *subrogation conventionnelle* sein.[318]

Damit der Forderungsübergang dem Schuldner und sonstigen Dritten entgegengehalten werden kann, müssen die Voraussetzungen des Art. 1250 Ziffer 1 Code civil vor Gericht bewiesen werden können. Dies gilt auch hinsichtlich des Zeitpunkts der Vereinbarung der *subrogation conventionnelle*. Er muß mit dem Zeitpunkt der Leistung des *subrogé* zusammenfallen. Um diesen Beweis führen zu können, genügt es nicht, daß die *subrogation* wegen der Beweisregel des Art. 1341 Code civil[319] schriftlich in einer *quittance subrogatoire*[320] vereinbart worden ist. Nach Art. 1328 Code civil kann der Zeitpunkt eines schriftlichen Rechtsgeschäfts gegenüber Dritten nur dann bewiesen werden, wenn es registriert worden ist:

> **Art. 1328.** Les actes sous seing privé n'ont de date contre les tiers que du jour où ils ont été enregistrés [...].

Gewöhnliche Quittungen unterliegen nicht den Anforderungen des Art. 1328 Code civil.[321] Da aber die *quittance subrogatoire* nicht nur eine Leistung des *subrogé* bestätigen, sondern auch einen Forderungsübergang bewirken soll, findet auf sie nach überwiegender Ansicht Art. 1328 Code civil Anwendung.[322] Allerdings wird der Schuldner, an dessen Stelle der *subrogé* an den

---

[316] In Cass. com., 29. 1. 1991, Bull. civ. 1991 IV 48, war eine Schadensersatzforderung aus einem bereits eingetretenen Schadensereignis Gegenstand der Vereinbarung. In Cass. com., 9. 1. 1990, Bull. civ. 1990 IV 1, ging es um mehrere bestehende Forderungen eines Factoringkunden gegen seine Abnehmer, die das Factoringinstitut bevorschussen sollte. Der Sachverhalt der Entscheidung ergibt sich jedoch lediglich aus der Anmerkung von *Mestre*, Rev. trim. dr. civ. 89 (1990) 661.

[317] Vgl. *oben*, S. 59 f.

[318] Vgl. *Ponsard/Blondel*, Rép. civ., Subrogation, Rdnr. 23: "[Il n'est pas] question de subrogation dans des droits qui n'existent pas encore"; *Rives-Lange/Contamine-Raynaud*, Droit bancaire, Rdnr. 554, Fn. 2.

[319] Dazu *oben*, S. 58 f.

[320] Dazu *oben*, S. 98.

[321] *Marty/Raynaud/Jestaz*, Droit civil: Les obligations, Bd. 2, Rdnr. 221; *Mazeaud/Chabas*, Leçons de droit civil, Bd. 2/1, Rdnr. 929; *Terré/Simler/Lequette*, Droit civil: Les obligations, Rdnr. 1258.

[322] *Malaurie/Aynès*, Cours de droit civil, Bd. 6, Rdnr. 1208; *Marty/Raynaud/Jestaz*, Droit civil: Les obligations, Bd. 2, Rdnr. 390; *Mazeaud/Chabas*, Leçons de droit civil, Bd. 2/1, Rdnr. 849; *Mestre*, La subrogation personnelle, Rdnr. 63; *Terré/Simler/Lequette*, Droit civil: Les obligations, Rdnr. 1270. Anders jedoch die Rechtsprechung Cass. civ.,

subrogeant geleistet hat, nicht als Dritter im Sinne dieser Vorschrift angesehen. Ihm gegenüber ist eine Registrierung der *quittance subrogatoire* nicht erforderlich, da er kein berechtigtes Interesse daran hat, sich dem Forderungsübergang zu widersetzen und in jedem Fall leisten muß, entweder an den *subrogeant* oder an den *subrogé*.[323]

Um eine *quittance subrogatoire* jedoch den Gläubigern des *subrogé*, dessen Insolvenzverwalter sowie konkurrierenden Zessionaren derselben Forderung entgegenhalten zu können, müssen die Voraussetzungen des Art. 1328 Code civil erfüllt sein. Die Registrierung erfolgt durch die Vorlage der *quittance subrogatoire* in zweifacher Ausfertigung bei der Steuerverwaltung.[324] Eine Ausfertigung verbleibt im Register, auf der anderen wird das Datum der Registrierung verzeichnet und zurückgegeben. Dieses Datum kann Dritten als Zeitpunkt der *subrogation conventionnelle* entgegengehalten werden.[325] Die Beweisregel des Art. 1328 Code civil gilt nicht für Handelsgeschäfte unter Kaufleuten.[326]

b. Die Wirksamkeit der *subrogation conventionnelle* gegenüber Dritten

Mit der ausdrücklichen Vereinbarung der *subrogation conventionnelle* und der zeitgleichen Leistung des *subrogé* auf die gegen den Schuldner gerichtete Forderung geht diese auf den *subrogé* über. Die Übertragungswirkung erstreckt sich auf alle für die Forderung bestehenden Sicherheiten: *Le créancier recevant son paiement d'une tierce personne la subroge dans ses actions, privilèges ou hypothèques* (Art. 1250 Ziffer 1 Code civil). In der älteren Rechtsprechung und Literatur wurde die Auffassung vertreten, daß die Forderung des ursprünglichen Gläubigers durch die Leistung des *subrogé* erlösche. In der Person des *subrogé* entstehe eine neue, ebenfalls gegen den Schuldner gerichtete Forderung. Die *subrogation conventionnelle* bewirke lediglich den Übergang der für die erloschene Forderung bestehenden

---

16. 7. 1987, Bull. civ. 1987 III 145. Dazu *Lorvellec*, J.-Cl. civ.. Art. 1249–1252, Fasc. 2, Rdnr. 44 f.

[323] *Marty/Raynaud/Jestaz*, Droit civil: Les obligations, Bd. 2, Rdnr. 390; *Mazeaud/Chabas*, Leçons de droit civil, Bd. 2/1, Rdnr. 849; *Mestre*, La subrogation personnelle, Rdnr. 62; *Terré/ Simler/Lequette*, Droit civil: Les obligations, Rdnr. 1270, Fn. 3. Etwas anderes gilt jedoch, wenn der Schuldner dem *subrogeant* Einwendungen oder Einreden entgegensetzen kann. In diesem Fall kann der Schuldner ein Interesse daran haben, daß die Forderung nicht oder erst zu einem späteren Zeitpunkt übergegangen ist. Es gelten daher die Beweisregeln des Art. 1328 Code civil (*Mestre*, La subrogation personnelle, Rdnr. 62, Fn. 86).

[324] Die französischen Steuergesetze erfordern auch in einer Vielzahl anderer Fälle eine Registrierung von Schriftstücken durch die Steuerverwaltung (*Mazeaud/Chabas*, Leçons de droit civil, Bd. 1/1, Rdnr. 419, Fn. 4).

[325] *Mazeaud/Chabas*, Leçons de droit civil, Bd. 1/1, Rdnr. 419.

[326] Cass. com., 17. 3. 1992, Bull. civ. 1992 IV 121; *Lorvellec*, J.-Cl. civ., Art. 1249–1252, Fasc. 2, Rdnr. 46; *Mestre*, La subrogation personnelle, Rdnr. 63.

Sicherheiten.[327] Heute ist jedoch anerkannt, daß die Vereinbarung einer *subrogation conventionnelle* nicht nur verhindert, daß durch die Leistung des *subrogé* die Forderung des ursprünglichen Gläubigers gegen den Schuldner erlischt, sondern auch dazu führt, daß die Forderung mit allen ihren Eigenschaften und samt aller für sie bestehenden Sicherheiten auf den leistenden Dritten übergeht.[328]

Die Übertragungswirkung tritt allerdings nur in Höhe des tatsächlich geleisteten Betrags ein.[329] Forderungen können daher durch eine *subrogation conventionnelle* nicht sicherungshalber übertragen werden. Aus der Sicht des Code civil ist der Forderungsübergang die Folge einer Leistung des anstelle des Schuldners uneigennützig handelnden Dritten. Dessen selbstloser Freundschaftsdienst soll dadurch unterstützt werden, daß die Forderung und die dafür bestehenden Sicherheiten in Höhe der Leistung auf ihn übergehen und ihm dadurch einen Rückgriff erleichtern. Die *subrogation conventionnelle* ist kein Rechtsgeschäft, das einen Gewinn ermöglicht, sie will lediglich vor Verlusten schützen. Sie steht damit im Gegensatz zur Forderungsabtretung nach Art. 1689 ff. Code civil, die den Erwerb einer Forderung unter ihrem Nennwert zuläßt und dem Zessionar dadurch die Möglichkeit gibt, aus der Forderungsübertragung Gewinn zu ziehen. Das Mißtrauen des Gesetzgebers gegenüber derartigen spekulativen Geschäften hat sich in den strengen Voraussetzungen für deren Wirksamkeit niedergeschlagen.[330]

Um mit einer *subrogation conventionnelle* dennoch einen Übergang der gesamten Forderung zu erreichen, wird beispielsweise beim Factoring dem Factoringkunden stets der Nennwert der akzeptierten Forderungen durch das Factoringinstitut gutgeschrieben. Mit der Factoringgebühr und den Zinsen für die Bevorschussung der Forderungen wird ein anderes Konto des Factoringkunden belastet.[331]

Der Forderungsübergang kann sowohl dem *subrogeant* als auch Dritten unmittelbar entgegengehalten werden. Neben einer ausdrücklichen Verein-

---

[327] Zu dieser Auffassung: *Mestre,* La subrogation personnelle, Rdnr. 307–309.

[328] *Lorvellec,* J.-Cl. civ., Art. 1249–1252, Fasc. 1, Rdnr. 23; *Malaurie/Aynès,* Cours de droit civil, Bd. 6, Rdnr. 1213; *Marty/Raynaud/Jestaz,* Droit civil: Les obligations, Bd. 2, Rdnr. 402; *Mazeaud/Chabas,* Leçons de droit civil, Bd. 2/1, Rdnr. 858; *Planiol/Ripert,* Traité pratique de droit civil français, Bd. 7, Rdnr. 1235; *Ponsard/Blondel,* Rép. civ., Subrogation, Rdnr. 170; *Terré/Simler/Lequette,* Droit civil: Les obligations, Rdnr. 1288.

[329] *Malaurie/Aynès,* Cours de droit civil, Bd. 6, Rdnr. 1215; *Marty/Raynaud/Jestaz,* Droit civil: Les obligations, Bd. 2, Rdnr. 403; *Mazeaud/Chabas,* Leçons de droit civil, Bd. 2/1, Rdnr. 859; *Mestre,* La subrogation personnelle, Rdnr. 554; *Terré/Simler/Lequette,* Droit civil: Les obligations, Rdnr. 1286. Die Berechtigung dieses Grundsatzes ist für die *subrogation légale* anerkannt, wird im Hinblick auf die *subrogation conventionnelle* jedoch zunehmend in Zweifel gezogen (*Terré/Simler/Lequette,* a. a. O.).

[330] Dazu *Mestre,* La subrogation personnelle, Rdnr. 23 f. und 553–557.

[331] *Mestre,* La subrogation personnelle, Rdnr. 221, Fn. 28. Vgl. *Ponsard/Blondel,* Rép. civ., Factoring, Rdnr. 25.

barung und der zeitgleichen Leistung des *subrogé* müssen dazu keine weiteren Voraussetzungen erfüllt werden. Sowohl gegenüber konkurrierenden Zessionaren derselben Forderung, als auch gegenüber den Gläubigern des *subrogeant* und dessen Insolvenzverwalter ist der Forderungsübergang unmittelbar wirksam.[332] Die Rechtsprechung hat dies in einer Reihe von Entscheidungen anerkannt. So hat die Cour d'appel de Paris entschieden, daß eine Forderung, die zunächst durch *subrogation conventionnelle* an ein Factoringinstitut übertragen und kurze Zeit darauf nach den Vorschriften der Loi Dailly[333] an eine Bank abgetreten wurde, dem Factoringinstitut zustehe.[334] Die spätere Forderungsabtretung „a été réalisée dans le vide. La société d'affacturage doit donc l'emporter sur l'établissement de crédit".[335] Die *subrogation conventionnelle* zugunsten des Factoringinstituts war gegenüber späteren Zessionaren derselben Forderung unmittelbar wirksam.

Über einen Konflikt zwischen einem Factoringinstitut und dem Insolvenzverwalter des Factoringkunden hatte die Cour de cassation zu entscheiden.[336] Zwischen dem Eintritt der Zahlungsunfähigkeit und der Eröffnung des Insolvenzverfahrens hatte ein Factoringkunde mehrere Forderungen durch *subrogation conventionnelle* an das Factoringinstitut übertragen. Der Insolvenzverwalter war der Ansicht, der Forderungsübergang könne der Masse nicht entgegengehalten werden, und verlangte von den Schuldnern Zahlung. Das Gericht sprach die Forderungen jedoch dem Factoringinstitut zu. Die speziellen Unwirksamkeitsgründe, die Art. L. 621-107 Code de commerce für Rechtsgeschäfte während der *période suspecte* vorsieht, seien nicht einschlägig, da diese Vorschriften nur Zahlungen *durch den* Gemeinschuldner betreffen. Die *subrogation conventionnelle* werde jedoch durch eine Zahlung *an den* Gemeinschuldner bewirkt.[337] Die vor der Eröffnung des Insolvenzverfahrens vorgenommene *subrogation conventionnelle* konnte daher dem Insolvenzverwalter des *subrogeant* in vollem Umfang unmittelbar entgegengehalten werden.[338]

---

[332] *Lorvellec,* J.-Cl. civ., Art. 1249–1252, Fasc. 1, Rdnr. 73; *Mazeaud/Chabas,* Leçons de droit civil, Bd. 2/1, Rdnr. 1276; *Ponsard/Blondel,* Rép. civ., Subrogation, Rdnr. 220; *Rives-Lange/ Contamine-Raynaud,* Droit bancaire, Rdnr. 585; *Terré/Simler/Lequette,* Droit civil: Les obligations, Rdnr. 1291.

[333] Dazu *unten,* S. 106 ff.

[334] Cour d'appel de Paris, 25. 9. 1989, D. S. 1990 Somm. 234.

[335] *Vasseur,* Anmerkung zu Cour d'appel de Paris, 25. 9. 1989, D. S. 1990 Somm. 234.

[336] Cass. com., 17. 6. 1980, Bull. civ. 1990 IV 259.

[337] *Cabrillac/Rives-Lange,* Rev. trim. dr. com. 34 (1981) 5 f.

[338] Etwas anderes gilt, wenn die Gegenleistung der übertragenen Forderung erst nach der Eröffnung des Insolvenzverfahrens durch den Gemeinschuldner erfüllt wurde. Die Cour de Cassation hat entschieden, daß die Forderung in einem solchen Fall der Masse zustehe und der Schuldner daher an den Insolvenzverwalter zahlen müsse (Cass. com., 21. 11. 1972, Bull. civ. 1972 IV 296). Dahinter steht die Überlegung, daß der Schuldner nur wegen der Leistung des Gemeinschuldners zur Zahlung verpflichtet ist und ansonsten die Nichterfüllung des Vertrags geltend machen könnte.

Die Wirksamkeit einer *subrogation conventionnelle* gegenüber Dritten setzt demnach nicht voraus, daß der Schuldner durch *signification* oder auf sonstige Weise von der Forderungsübertragung benachrichtigt wird. Seine Zustimmung ist erst recht nicht erforderlich.[339] Die Anforderungen einer *subrogation conventionnelle* sind daher erheblich leichter zu erfüllen als die einer Forderungsabtretung nach Art. 1689 ff. Code civil, die Dritten nur unter den Voraussetzungen des Art. 1690 Code civil entgegengehalten werden kann. Dies erklärt die weite Verbreitung der *subrogation conventionnelle* in der französischen Praxis: "Elle est alors une véritable alternative à la cession de créance, choisie en raison de la plus grande simplicité de sa mise en œuvre."[340]

Das Fehlen besonderer Voraussetzungen für die Wirksamkeit der *subrogation conventionnelle* gegenüber Dritten ergibt sich aus deren fehlender Schutzbedürftigkeit: Anders als bei der Forderungsabtretung nach Art. 1690 ff. Code civil können die Interessen Dritter durch eine *subrogation conventionnelle* nicht beeinträchtigt werden, da die Forderung nur insoweit übergeht, als der *subrogeant* durch den *subrogé* befriedigt worden ist.[341]

Die unmittelbare Wirksamkeit der *subrogation personnelle* gegenüber Dritten bedeutet, daß diese nicht anders behandelt werden als die Parteien der Übertragungsabrede. Bei der *subrogation conventionnelle* tritt daher anders als bei der Forderungsabtretung nach Art. 1689 ff. Code civil die Unterscheidung zwischen den *effets entre les parties* und den *effets à l'égard des tiers* nicht in Erscheinung. Der Forderungsübergang kann Dritten unter den Voraussetzungen entgegengehalten werden, die auch für die Wirksamkeit zwischen den Parteien der Übertragungsabrede bestehen.

Grundsätzlich kann der Forderungsübergang auch dem Schuldner unmittelbar entgegengehalten werden. Dieser kann zwar dem *subrogé* alle Einwendungen und Einreden entgegensetzen, die zum Zeitpunkt des Forderungsübergangs ihrem Rechtsgrund nach in der Forderung bereits angelegt waren.[342] Sobald aber die Voraussetzungen des Art. 1250 Ziffer 1 Code civil erfüllt sind, kann der Schuldner aus seiner rechtlichen Beziehung zum Zedenten keine weiteren Einwendungen und Einreden herleiten. Daher ist eine Aufrechnung möglich, wenn der Schuldner vor dem Zeitpunkt des Forderungsübergangs eine gegen den *subrogé* gerichtete, in ihrer Höhe

---

339 *Marty/Raynaud/Jestaz,* Droit civil: Les obligations, Bd. 2, Rdnr. 387; *Mestre,* La subrogation personnelle, Rdnr. 46; *Planiol/Ripert,* Traité pratique de droit civil français, Bd. 7, Rdnr. 1246; *Ponsard/Blondel,* Rép. civ., Subrogation, Rdnr. 220; *Rives-Lange/Contamine-Raynaud,* Droit bancaire, Rdnr. 585; *Terré/Simler/ Lequette,* Droit civil: Les obligations, Rdnr. 1291.

340 *Terré/Simler/Lequette,* Droit civil: Les obligations, Rdnr. 1291.

341 *Mestre,* La subrogation personnelle, Rdnr. 46.

342 Cass. civ., 4. 4. 1984, Bull. civ. 1984 I 131; *Gavalda,* Rép. com., Factoring, Rdnr. 51; *Marty/ Raynaud/Jestaz,* Droit civil: Les obligations, Bd. 2, Rdnr. 402; *Mestre,* La subrogation personnelle, Rdnr. 407; *Ripert/Roblot,* Droit commercial, Rdnr. 2400; *Terré/Simler/ Lequette,* Droit civil: Les obligations, Rdnr. 1289.

bestimmte und fällige Forderung hatte. Tritt eine dieser Bedingungen jedoch erst nach dem Forderungsübergang ein, kann die Aufrechnung dem *subrogé* nicht entgegengehalten werden.[343]

Allerdings kann ein Schuldner, dem der Forderungsübergang durch die *subrogation conventionnelle* nicht bekannt ist, gemäß Art. 1240 Code civil[344] nach wie vor mit befreiender Wirkung an seinen ursprünglichen Gläubiger leisten.[345] Daher wird der Schuldner in der Regel von der *subrogation conventionnelle* benachrichtigt.[346] Formerfordernisse für diese Benachrichtigung bestehen nicht,[347] es wird jedoch geraten, das Wort *subrogation* zu verwenden.[348]

Art. 1240 Code civil macht deutlich, daß die Wirksamkeit der *subrogation conventionnelle* gegenüber dem Schuldner zumindest teilweise anderen Regeln unterliegt als die Wirksamkeit gegenüber sonstigen Dritten. Für den Schuldner ist die Forderung, anders als für *subrogeant, subrogé* und die sonstigen Dritten, kein Vermögensgegenstand, sondern eine Leistungsverpflichtung. Die sich daraus ergebende besondere Interessenlage schlägt sich darin nieder, daß das französische Recht im Hinblick auf die *subrogation conventionnelle* zwischen ihrer Wirksamkeit gegenüber dem Schuldner einerseits und den sonstigen Dritten andererseits unterscheidet.

3. Die Forderungsübertragung nach der Loi Dailly (Art. L. 313-23 ff. Code monétaire et financier)

Die Forderungsübertragung nach den Vorschriften des Code civil ist aus Sicht der Forderungsfinanzierung mit zum Teil erheblichen Nachteilen verbunden. Bei der Forderungsabtretung nach Art. 1689 ff. Code civil müssen

---

343 *Lorvellec,* J.-Cl. civ., Art. 1249–1252, Fasc. 1, Rdnr. 47; *Mestre,* La subrogation personnelle, Rdnr. 417. Eine Ausnahme besteht jedoch, wenn der Schuldner mit einer Forderung aufrechnen möchte, die sich auf denselben Vertrag stützt wie die übertragene Forderung, z. B. eine Schadensersatzforderung aus einer Vertragsverletzung. Mit solchen Forderungen kann der Schuldner auch dann aufrechnen, wenn sie nach der *subrogation conventionnelle* entstehen (*Gavalda,* Rép. com., Factoring, Rdnr. 52; *Lorvellec,* a. a. O.; *Mestre,* a. a. O., Rdnr. 420).

344 Die Vorschrift lautet:

> **Art. 1240.** Le paiement fait de bonne foi à celui qui est en possession de la créance est valable, encore que le possesseur en soit par la suite évincé.

Der Schuldner kann danach mit befreiender Wirkung an denjenigen leisten, der aus Sicht des Rechtsverkehrs Inhaber der Forderung zu sein scheint (Cass. civ., 22. 3. 1921, D. P. 1924 I 194).

345 *Marty/Raynaud/Jestaz,* Droit civil: Les obligations, Bd. 2, Rdnr. 387; *Rives-Lange/Contamine-Raynaud,* Droit bancaire, Rdnr. 585; *Terré/Simler/Lequette,* Droit civil: Les obligations, Rdnr. 1271, Fn. 3.

346 *Gavalda,* Rép. com., Factoring, Rdnr. 43; *Ripert/Roblot,* Droit commercial, Rdnr. 2400; *Rives-Lange/Contamine-Raynaud,* Droit bancaire, Rdnr. 585.

347 Cass. com., 14. 10. 1975, Bull. civ., 1975 IV 232. *Marty/Raynaud/Jestaz,* Droit civil: Les obligations, Bd. 2, Rdnr. 387; *Ripert/Roblot,* Droit commercial, Rdnr. 2400.

348 *Rives-Lange/Contamine-Raynaud,* Droit bancaire, Rdnr. 585.

für die Drittwirksamkeit die schwerfälligen und kostenträchtigen Anforderungen des Art. 1690 Code civil erfüllt werden. Die Forderungsübertragung durch *subrogation conventionnelle* nach Art. 1250 Ziffer 1 Code civil kommt zwar durch ihre einfacheren Voraussetzungen den Bedürfnissen der Praxis entgegen, doch sie ermöglicht keine Übertragung zukünftiger Forderungen, keine Sicherungsabtretungen, und ihre Wirkungen treten nur in der Höhe des vom *subrogé* an den *subrogeant* gezahlten Betrags ein.

Vor diesem Hintergrund wurde am 2. Januar 1981 das Gesetz Nr. 81-1 „Loi facilitant le crédit aux entreprises" verabschiedet.[349] Es soll den Unternehmen eine Finanzierung auf der Grundlage von Forderungen erleichtern, indem es deren Abtretung und Verpfändung durch bloße Übergabe eines Forderungsverzeichnisses ermöglicht. Da das Gesetz auf eine Initiative des Senators Dailly zurückgeht, wird es üblicherweise als Loi Dailly bezeichnet. Ihre heutige Fassung hat die Loi Dailly durch zwei Änderungsgesetze erhalten,[350] die den Anwendungsbereich erheblich erweitert und etliche Zweifelsfragen geklärt haben.[351] Die Loi Dailly wurde schließlich im Jahr 2000 in den neugeschaffenen Code monétaire et financier eingearbeitet.[352] Ihre Regelungen finden sich inhaltlich unverändert in den Art. L. 313-23 bis 313-35.

a. Voraussetzungen einer Forderungsübertragung nach Art. L. 313-23 ff. Code monétaire et financier

Der Anwendungsbereich der Loi Dailly beziehungsweise der Art. L. 313-23 ff. Code monétaire et financier ist in persönlicher und sachlicher Hinsicht begrenzt. Nach Art. L. 313-23 Abs. 1[353] muß zunächst der Zedent entweder

---

[349] J. O. vom 3. 1. 1981, S. 150.

[350] Art. 61 ff. der loi n° 84-46 du 24. 1. 1984 relative à l'activité et au contrôle des établissements de crédit, J. O. vom 25. 1. 1984, S. 390; Art. 5 der loi n° 93-1444 du 31. 12. 1993 portant diverses dispositions relatives à la Banque de France, à l'assurance, au crédit et aux marchés financiers, J. O. vom 5. 1. 1994, S. 231.

[351] *Hollweg-Stapenhorst,* Sicherungsabtretung zugunsten des Geldkreditgebers und Factoring, S. 26.

[352] Der Code monétaire et financier faßt die bislang in verschiedenen Codes, Lois und Décrets verstreuten „dispositions législatives concernant la monnaie ainsi que les activités bancaires et financières" (Rapport au Président de la République, J. O. vom 16. 12. 2000, S. 20003) im Interesse des Rechtsverkehrs zusammen. Der Code ist in einem Anhang zur Verordnung Nr. 2000-1223 „Ordonnance relative à la partie législative du code monétaire et financier" vom 14. 12. 2000, J. O. vom 16. 12. 2000, S. 20004, enthalten. Gesetzliche Grundlage dieser Verordnung ist das Gesetz Nr. 99-1071 „Loi portant habilitation du Gouvernement à procéder, par ordonnance, à l'adoption de la partie législative de certains codes" vom 16. 12. 1999, J. O. vom 22. 12. 1999, S. 19040. Auf der Grundlage dieses Gesetzes wurden auch der Code de commerce und sieben weitere Codes durch Verordnungen neu gefaßt bzw. neu geschaffen. Zur Gesetzgebungstechnik: *Arrighi de Casanova/Douvreleur,* J. C. P. 2001 I 285.

[353] Die Vorschrift lautet:

Art. L. 313-23. Tout crédit qu'un établissement de crédit consent à une personne morale de droit privé ou de droit public, ou à une personne physique dans l'exercice par celle-ci de son activité professionnelle, peut donner lieu au profit de cet établissement,

eine juristische Person sein oder die Finanzierung, die ihm auf der Grundlage der übertragenen Forderungen gewährt wurde, zur Ausübung seiner beruflichen Tätigkeit verwenden. Als Zessionar der Forderungen kommt nur ein *établissement de crédit* in Betracht. Der Begriff ist weit zu verstehen und umfaßt alle Unternehmen, bei denen die Vergabe von Krediten zur regulären Geschäftstätigkeit gehört.[354] Das sind neben den Banken auch Factoringinstitute und ähnliche Finanzdienstleister.[355] Schließlich können nur solche Forderungen übertragen werden, die sich entweder gegen eine juristische Person richten oder vom Schuldner in Ausübung seiner beruflichen Tätigkeit eingegangen wurden. Forderungen gegen Verbraucher kommen als Gegenstand einer Forderungsübertragung nach Art. L. 313-23 ff. Code monétaire et financier nicht in Betracht.[356] Trotz dieser Einschränkung ist der Anwendungsbereich der Vorschriften weit genug, um als Grundlage der verschiedenen Formen der Forderungsfinanzierung dienen zu können.

Nach Art. L. 313-23 Abs. 2 Code monétaire et financier[357] können nicht nur fällige und befristete, sondern auch solche Forderungen abgetreten werden, die sich aus einem „acte déjà intervenue ou à intervenir mais dont le montant et l'exigibilité ne sont pas encore déterminés" ergeben. Damit ist die Möglichkeit einer Übertragung zukünftiger Forderungen von Gesetzes wegen anerkannt.[358] Das bedeutet jedoch nicht, daß der Zedent wie nach deutschem Recht beispielsweise alle Forderungen gegen Schuldner mit bestimmten Anfangsbuchstaben übertragen kann. Vielmehr müssen die Forderungen bereits zum Zeitpunkt der Übertragung zugeordnet werden können: „Il faut mais il suffit que la créance soit « identifiable ».“[359] Denn

---

par la seule remise d'un bordereau, à la cession ou au nantissement par le bénéficiaire du crédit, de toute créance que celui-ci peut détenir sur un tiers, personne morale de droit public ou de droit privé ou personne physique dans l'exercice par celle-ci de son activité professionnelle.

[...]

[354] *Ripert/Roblot,* Droit commercial, Rdnr. 2428-3; *Schmidt/Gramling,* D. S. 1981, 217, Rdnr. 9.

[355] *Hollweg-Stapenhorst,* Sicherungsabtretung zugunsten des Geldkreditgebers und Factoring, S. 28; *Schmidt/Gramling,* D. S. 1981, 217, Rdnr. 9.

[356] *Rives-Lange/Contamine-Raynaud,* Droit bancaire, Rdnr. 534.

[357] Die Vorschrift lautet:

Art. L. 313-23. [...]

Peuvent être cédées ou données en nantissement les créances liquides et exigibles, même à terme. Peuvent également être cédées ou données en nantissement les créances résultant d'un acte déjà intervenu ou à intervenir mais dont le montant et l'exigibilité ne sont pas encore déterminés.

[358] *Blaise/Desgorces,* in: Die Forderungsabtretung, insbesondere zur Kreditsicherung, in ausländischen Rechtsordnungen, 245, 284; *Hollweg-Stapenhorst,* Sicherungsabtretung zugunsten des Geldkreditgebers und Factoring, S. 29; *Marty/Raynaud/Jestaz,* Droit civil: Les obligations, Bd. 2, Rdnr. 378; *Mazeaud/Chabas,* Leçons de droit civil, Bd. 2/1, Rdnr. 1268-2; *Rives-Lange/ Contamine-Raynaud,* Droit bancaire, Rdnr. 535.

[359] *Rives-Lange/Contamine-Raynaud,* Droit bancaire, Rdnr. 535. Vgl. *Gavalda/Stoufflet,* J. C. P. 1985 I 3176, Rdnr. 42.

zum einen spricht das Gesetz nur von solchen zukünftigen Forderungen, bei denen lediglich Höhe und Fälligkeit noch nicht feststehen. Zum anderen können Forderungen nur dann in ein Forderungsverzeichnis eingetragen werden, wenn ihr Rechtsgrund zumindest in Umrissen bekannt ist.[360] Diesen Anforderungen genügt beispielsweise die zukünftige Forderung eines Lieferanten gegen einen regelmäßigen Abnehmer, der lediglich die übliche Bestellung noch nicht erteilt hat.[361] Es genügt dagegen nicht, wenn erst bei Entstehen einer Forderung bestimmt werden kann, ob sie von der Abtretung erfaßt ist oder nicht. Daher gelten für die Übertragung zukünftiger Forderungen nach den Art. L. 313-23 ff. Code monétaire et financier im wesentlichen dieselben Einschränkungen wie für die Forderungsabtretung nach Art. 1689 ff. Code civil.[362] Sie wurden gelockert, nicht jedoch grundlegend geändert.[363]

Die Forderungsübertragung erfolgt nach Art. L. 313-23 Abs. 1 Code monétaire et financier durch die Übergabe eines schriftlichen Forderungsverzeichnisses („par la seule remise d'un bordereau"), das den Voraussetzungen des Art. L. 313-23 Abs. 3 genügen muß.[364] Wenn das Forderungsverzeichnis die erforderlichen Angaben nicht enthält, ist eine Forderungsübertragung durch Übergabe des Forderungsverzeichnisses ausgeschlossen.[365] Die Übergabe eines unvollständigen Forderungsverzeichnisses kann jedoch als Vereinbarung einer Forderungsabtretung nach Art. 1689 ff. Code civil

---

[360] Zu den Anforderungen an die Bezeichnung der Forderungen im Forderungsverzeichnis Art. L. 313-23 Abs. 3 Code monétaire et financier, abgedruckt *unten*, Fn. 364. Cass. com., 21. 6. 1994, Bull civ. 1994 IV 223; 13. 10. 1992, Bull. civ. 1992 IV 301.

[361] *Rives-Lange/Contamine-Raynaud*, Droit bancaire, Rdnr. 535.

[362] Dazu *oben*, S. 59 f.

[363] *Gavalda/Stoufflet*, J. C. P. 1985 I 3176, Rdnr. 42. Anders *Blaise/Desgorces*, in: Die Forderungsabtretung, insbesondere zur Kreditsicherung, in ausländischen Rechtsordnungen, 245, 284: „wichtiger Unterschied zur Forderungsabtretung, die den Regeln des Zivilrechts unterworfen ist".

[364] **Art. L. 313-23.** [...]

Le bordereau doit comporter les énonciations suivantes:

1° La dénomination, selon le cas, « acte de cession de créances professionnelles » ou « acte de nantissement de créances professionnelles »;

2° La mention que l'acte est soumis aux dispositions des articles L. 313-23 à 313-34;

3° Le nom ou la dénomination sociale de l'établissement de crédit bénéficiaire;

4° La désignation ou l'individualisation des créances cédées ou données en nantissement ou des éléments susceptibles d'effectuer cette désignation ou cette individualisation, notamment par l'indication du débiteur, du lieu de paiement, du montant des créances ou de leur évaluation et, s'il y a lieu, de leur échéance.

[...]

[365] **Art. L. 313-23.** [...]

Le titre dans lequel une des mentions indiquées ci-dessus fait défaut ne vaut pas comme acte de cession ou de nantissement de créances professionnelles au sens des articles L. 313-23 à 313-34.

angesehen werden.[366] Deren Übertragungswirkung tritt zumindest zwischen Zedent und Zessionar unmittelbar ein. Sie kann Dritten jedoch nur unter den Voraussetzungen des Art. 1690 Code civil entgegengehalten werden.[367]

Das Forderungsverzeichnis muß nach Art. L. 313-25[368] vom Zedenten unterschrieben, an den Zessionar übergeben und von diesem mit dem Datum der Übergabe versehen werden.[369] Durch die Entgegennahme des Forderungsverzeichnisses und dessen Datierung bringt der Zessionar seinen Willlen zum Ausdruck, die Forderungsübertragung anzunehmen. Seine Unterschrift ist daher nicht erforderlich.[370]

Zweck der Forderungsübertragung nach Art. L. 313-23 ff. Code monétaire et financier ist die Finanzierung eines Unternehmens durch ein *établissement de crédit*.[371] Auf welche Weise die Finanzierung erfolgt, lassen die Vorschriften offen. Die Forderungsübertragung durch Übergabe eines Forderungsverzeichnisses kann sich daher „à des situations extrêmement variées" anpassen.[372] Die Loi Dailly will nicht nur Sicherungsabtretungen, sondern auch andere Finanzierungstechniken erleichtern, die sich auf den wirtschaftlichen Wert von Forderungen stützen.[373] Für das Factoring ist dies gesetzlich anerkannt: Ein auf der Grundlage der Loi Dailly ergangenes *Décret* trifft für das Factoring ausdrückliche Vorkehrungen.[374]

Auf welche Weise die von Art. L. 313-23 Code monétaire et financier vorausgesetzte Finanzierung gewährt wird, ergibt sich nicht aus dem Forderungsverzeichnis, sondern aus einem Finanzierungsvertrag, der die gegen-

---

[366] *Ripert/Roblot,* Droit commercial, Rdnr. 2428-4; *Rives-Lange/Contamine-Raynaud,* Droit bancaire, Rdnr. 541; *Schmidt/Gramling,* D. S. 1981 Chron. 217, Rdnr. 21; *Stoufflet/Chaput,* J. C. P. 1981 I 3044, Rdnr. 12.

[367] Dazu *oben,* S. 63 ff.

[368] Die Vorschrift lautet:

Art. L. 313-25. Le bordereau est signé par le cédant. La signature est apposée soit à la main, soit par tout procédé non manuscrit. Le bordereau peut être stipulé à ordre.
La date est apposée par le cessionnaire.

[369] Der Zessionar trägt die Beweislast für die Richtigkeit des auf dem Forderungsverzeichnis vermerkten Datums (Art. L. 313-27 Abs. 4). Der Beweis kann auf beliebige Weise erbracht werden, die Beweisregel des Art. 1328 Code civil findet keine Anwendung (*Ripert/Roblot,* Droit commercial, Rdnr. 2428-5). Vgl.: *Stoufflet,* Anmerkung zu Cass. com., 3. 1. 1996, J. C. P. 1996 II 848 Ziffer I b. Eine Vordatierung des Forderungsverzeichnisses führt zur Unwirksamkeit der Forderungsübertragung (*Gavalda,* D. S. 1981 Chron. 199 Rdnr. 29).

[370] *Schmidt/Gramling,* D. S. 1981 Chron. 217, Rdnr. 23.

[371] Dies ergibt sich aus der Formulierung des Art. 313-23 Abs. 1 Code monétaire et financier: „Tout crédit qu'un établissement de crédit consent [...] peut donner lieu [...] à la cession ou au nantissement [...] de [...] créance."

[372] *Rives-Lange/Contamine-Raynaud,* Droit bancaire, Rdnr. 576. Vgl. *Stoufflet/Chaput,* J. C. P. 1981 I 3044, Rdnr. 12. Einschränkend *Schmidt/Gramling,* D. S. 1981 Chron. 217, Rdnr. 6.

[373] *Rives-Lange/Contamine-Raynaud,* Droit bancaire, Rdnr. 576; anders *Schmidt/Gramling,* D. S. 1981 Chron. 217, Rdnr. 6.

[374] Décret n° 81-862 du 9 septembre 1981, J. O. 19. 9. 1981.

seitigen Verpflichtungen von Zedent und Zessionar regelt und damit das der Forderungsübertragung zugrunde liegende Finanzierungsgeschäft enthält. Die Forderungsübertragung erfolgt durch ein gesondertes Rechtsgeschäft unter dem Dach dieses Vertrags. Sie setzt ein Finanzierungsgeschäft voraus, ist aber von ihm zu unterscheiden. Denn anders als die Verpflichtung zu einer Forderungsabtretung nach Art. 1689 ff. Code civil, zieht die Verpflichtung zu einer Forderungsübertragung nach Art. L. 313-23 ff. Code monétaire et financier keine dinglichen Wirkungen nach sich.[375] Diese treten erst mit der Übergabe und Datierung des Forderungsverzeichnisses und der damit verbundenen Einigung zwischen Zedent und Zessionar ein. Die Art. L. 313-23 ff. Code monétaire et financier bilden daher eine Ausnahme von dem Grundsatz des Art. 711 Code civil "La propriété des biens s'acquiert et se transmet [...] par l'effet des obligations". Das französische Recht unterscheidet bei der Forderungsübertragung durch Übergabe eines Forderungsverzeichnisses deutlich zwischen deren verpflichtenden und verfügenden Aspekten.

b. Wirksamkeit der Forderungsübertragung nach Art. L. 313-23 ff. Code monétaire et financier gegenüber Dritten

Die Wirkungen der Übergabe und Datierung des Forderungsverzeichnisses ergeben sich aus Art. L. 313-27 Abs. 1 Code monétaire et financier:

> **Art. L. 313-27.** La cession ou le nantissement prend effet entre les parties et devient opposable aux tiers à la date portée sur le bordereau.
>
> [...]

Die Forderungsübertragung wird sowohl zwischen Zedent und Zessionar als auch gegenüber Dritten zu dem vom Zessionar vermerkten Zeitpunkt der Übergabe des Forderungsverzeichnisses wirksam. Um die Forderungsübertragung Dritten entgegenhalten zu können, ist eine *signification* oder *acceptation dans un acte authentique* nicht erforderlich.[376] Die Übertragungswirkung tritt zwischen den Parteien der Übertragungsabrede und gegenüber Dritten unter denselben Voraussetzungen ein. Damit läßt Art. L. 313-27 Abs. 1 Code monétaire et financier die Unterscheidung zwischen der Wirksamkeit *entre les parties* und der Wirksamkeit *à l'égard des tiers* ausdrücklich fallen,[377] so daß nur die in der Praxis seltene Forderungsabtretung nach Art. 1689 ff. Code civil von dieser Unterscheidung geprägt wird.

Daß eine Forderungsübertragung durch Übergabe eines Forderungsverzeichnisses ab dem vom Zessionar vermerkten Datum der Übergabe Dritten

---

[375] *Stoufflet/Chaput*, J. C. P. 1981 I 3044, Rdnr. 25.

[376] *Rives-Lange/Contamine-Raynaud*, Droit bancaire, Rdnr. 526; *Schmidt/Gramling*, D. S. 1981 Chron. 217, Rdnr. 2.

[377] *Malaurie/Aynès*, Cour de droit civil, Bd. 6, Rdnr. 1235; *Marty/Jestaz/Raynaud*, Droit civil: Les obligations, Bd. 2, Rdnr. 380; *Sinay-Cytermann*, Rev. crit. dr. int. privé 81 (1992) 35, 50; *Stoufflet/Chaput*, J. C. P. 1981 I 3044, Rdnr. 27.

entgegengehalten werden kann, hat die Rechtsprechung in zahlreichen Entscheidungen bestätigt. So hatte die Cour de Cassation über einen Konflikt zwischen zwei Zessionaren zu entscheiden:[378] Mehrere Forderungen wurden zunächst durch Übergabe eines Forderungsverzeichnisses an eine Bank abgetreten. Später leistete ein Factoringinstitut an der Stelle der Schuldner an den ursprünglichen Gläubiger, um einen Forderungsübergang durch *subrogation conventionnelle* herbeizuführen. Die Forderung war der Bank zuzusprechen, weil das Forderungsverzeichnis übergeben und datiert worden war, bevor das Factoringinstitut auf die Forderung gezahlt hat.[379]. Auf die gleiche Weise hat die Cour d'appel de Paris einen Konflikt zwischen konkurrierenden Zessionaren gelöst, denen dieselben Forderungen jeweils durch Übergabe eines Forderungsverzeichnisses übertragen werden sollten. Die Forderungen wurden dem Zessionar zugesprochen, dessen Forderungsverzeichnis das frühere Datum trug.[380]

Art. L. 313-27 Code monétaire et financier hat auch zur Folge, daß die Gläubiger des Zedenten nicht mehr im Wege der Zwangsvollstreckung auf die Forderungen zugreifen können, sobald das Forderungsverzeichnis an den Zessionar übergeben und von diesem mit dem Datum der Übergabe versehen worden ist: Der Zedent ist nicht mehr Inhaber der Forderung, die Zwangsvollstreckung greift ins Leere.[381]

Auch dem Insolvenzverwalter des Zedenten kann eine Forderungsübertragung nach Art. L. 313-23 ff. Code monétaire et financier entgegengehalten werden. Das gilt selbst dann, wenn sie während der *période suspecte* nach Eintritt der Zahlungsunfähigkeit, aber vor Eröffnung des Insolvenzverfahrens vorgenommen wird. Die Forderungsübertragung durch Übergabe eines Forderungsverzeichnisses wird von Art. L. 621-107 Ziffer 4 Code de commerce ausdrücklich von den besonderen Unwirksamkeitsgründen für Rechtsgeschäfte während der *période suspecte* ausgenommen.[382] Erst recht sind

---

[378] Cass. com., 3. 1. 1996, Bull. civ. 1996 IV 2 mit Anmerkung *Stoufflet,* J. C. P. Entreprises 1996 II 848. Vgl. Cass. com., 19. 5. 1992, Bull. civ. 1992 IV 190.

[379] Das Instanzgericht hatte zu dieser Frage keine Feststellungen getroffen, so daß dessen Urteil aufzuheben war. Der Vorrang der zeitlich früheren Forderungsabtretung nach Art. L. 313-23 ff Code monétaire et financier gilt auch dann, wenn der Bank die entgegenstehende Factoringvereinbarung bekannt war (Cass. com., 3. 1. 1996, Bull. civ. 1996 IV 2).

[380] Cour d'appel de Paris, 4. 1. 1990, D. S. 1990 I. R. 44. Vgl. Cass. com., 5. 7. 1994, Bull. civ. 1994 IV 251. *Cabrillac,* D. S. 1990 Chron. 127, Rdnr. 8; *Larroumet,* J. C. P. 1990 II 15877, Rdnr. 4; *Ripert/Roblot,* Droit commercial, Rdnr. 2428-9; *Rives-Lange/Contamine-Raynaud,* Droit bancaire, Rdnr. 557; *Schmidt/Gramling,* D. S. 1981 Chron. 217, Rdnr. 33.

[381] Conseil d'État, 17. 2. 1993, D. S. 1993 I. R. 73; *Rives-Lange/Contamine-Raynaud,* Droit bancaire, Rdnr. 553; *Schmidt/Gramling,* D. S. 1981 Chron. 217, Rdnr. 31.

[382] Die Forderungsübertragung kann allerdings nach Art. L. 621-108 Code de commerce für unwirksam erklärt werden, wenn der Zessionar bei der Entgegennahme und Datierung des Forderungsverzeichnisses von der Zahlungseinstellung wußte (*Ripert/Roblot,* Droit commercial, Rdnr. 2428-12).

Forderungsübertragungen wirksam, die vor Eintritt der Zahlungsunfähigkeit erfolgt sind.[383]

Mit der Übergabe und Datierung des Forderungsverzeichnisses wird die Forderungsübertragung auch gegenüber dem Schuldner wirksam.[384] Ab diesem Zeitpunkt kann er aus seiner Beziehung zum Zedenten keine neuen Einwendungen und Einreden mehr herleiten. Er kann dem Zessionar lediglich die Einwendungen und Einreden entgegenhalten, die er schon dem Zedenten hätte entgegenhalten können oder die zumindest ihrem Rechtsgrund nach in der Forderung bereits angelegt waren.[385]

Aus Art. L. 313-28 Code monétaire et financier[386] ergibt sich allerdings im Umkehrschluß, daß der Schuldner auch nach der Übertragung der Forderung noch mit befreiender Wirkung an den Zedenten leisten kann:[387] Dieser wird als vom Zessionar stillschweigend zur Entgegennahme der Leistung ermächtigt angesehen. Durch eine Benachrichtigung des Schuldners kann diese Ermächtigung aufgehoben werden, so daß der Schuldner mit befreiender Wirkung nur noch an den Zessionar leisten kann.[388]

---

383 *Gavalda,* Rép. com., Factoring, Rdnr. 46; *Rives-Lange/Contamine-Raynaud,* Droit bancaire, Rdnr. 556. Etwas anderes gilt, wenn die Gegenleistung zu der übertragenen Forderung erst nach Eröffnung des Insolvenzverfahrens durch eine Leistung des Gemeinschuldners erbracht wird. Obwohl die Forderungsabtretung an sich gegenüber Dritten wirksam ist und die Forderung damit dem Zessionar zusteht, wird sie dennoch dem Insolvenzverwalter zugesprochen (unter Hinweis auf die entsprechende Rechtsprechung zur *subrogation conventionnelle* und *cession de créance*: *Rives-Lange/Contamine-Raynaud,* Droit bancaire, Rdnr. 556).

384 *Hollweg-Stapenhorst,* Sicherungsabtretung zugunsten des Geldkreditgebers und Factoring, S. 35; *Rives-Lange/Contamine-Raynaud,* Droit bancaire, Rdnr. 551. Anders *Schmidt/Gramling,* D. S. 1981 Chron. 217, Rdnr. 28 (Zeitpunkt der Benachrichtigung des Schuldners).

385 Cass. com., 9. 11. 1993, Bull. civ. 1993 IV 385; Cour d'appel de Poitiers, 30. 4. 1986, D. S. 1987 Somm. 144 f.; *Mazeaud/Chabas,* Leçons de droit civil, Bd. 2/1, Rdnr. 1268-2; *Ripert/ Roblot,* Droit commercial, Rdnr. 2428-8; *Stoufflet/Chaput,* J. C. P. 1981 I 3044, Rdnr. 30. Etwas anderes gilt für die Aufrechnung. Sie wird als Form der Erfüllung angesehen. Da der Schuldner mit befreiender Wirkung an den Zedenten leisten kann, bis er von der Forderungsabtretung in Kenntnis gesetzt wird (dazu sogleich), kommt es auf den Zeitpunkt dieser Benachrichtigung an (Cass. com., 14. 12. 1993, Bull. civ. 1993 IV 469; *Ripert/Roblot,* Droit commercial, Rdnr. 2428-8).

386 Die Vorschrift lautet:

> **Art. L. 313-28.** L'établissement de crédit peut, à tout moment, interdire au débiteur de la créance cédée ou nantie de payer entre les mains du signataire du bordereau. À compter de cette notification [...] le débiteur ne se libère valablement qu'auprès de l'établissement de crédit.

387 *Mazeaud/Chabas,* Leçons de droit civil, Bd. 2/1, Rdnr. 1268-2; *Ripert/Roblot,* Droit commercial, Rdnr. 2428-7; *Rives-Lange/Contamine-Raynaud,* Droit bancaire, Rdnr. 551.

388 *Larroumet,* J. P. C. Entreprises 1990 II 15877, Rdnr. 4; *Ripert-Roblot,* Droit commercial, Rdnr. 2428-7; *Rives-Lange/Contamine-Raynaud,* Droit bancaire, Rdnr. 551.

Die Benachrichtigung des Schuldners kann formlos erfolgen, sie muß allerdings bestimmte Angaben enthalten.[389] Sind diese Anforderungen nicht erfüllt oder hat der Zessionar von einer Benachrichtigung des Schuldners überhaupt Abstand genommen, bleibt die Forderungsabtretung in ihrer Wirksamkeit zwischen Zedent und Zessionar sowie gegenüber den sonstigen Dritten davon unberührt. Die Benachrichtigung betrifft ausschließlich die Wirksamkeit der Forderungsübertragung gegenüber dem Schuldner.[390] Damit macht Art. L. 313-28 Code monétaire et financier deutlich, daß das französische Recht auch bei der Forderungsübertragung durch Übergabe eines Forderungsverzeichnisses zwischen der Wirksamkeit zwischen den Parteien und gegenüber Dritten einerseits und der Wirksamkeit gegenüber dem Schuldner andererseits unterscheidet.[391]

4. Die Vor- und Nachteile des zweiten Lösungsansatzes

Bei einer Forderungsabtretung nach § 398 BGB genügt ein formloser Abtretungsvertrag zwischen Zedent und Zessionar, um die Forderung mit Wirkung gegenüber Dritten auf den Zessionar übergehen zu lassen. Der Forderungsübergang kann den Gläubigern des Zedenten, dessen Insolvenzverwalter sowie anderen Zessionaren derselben Forderung unmittelbar entgegengehalten werden. Zusätzliche Voraussetzungen für die Drittwirksamkeit bestehen nicht, insbesondere ist eine Benachrichtigung des Schuldners nicht erforderlich.[392]

Eine Forderungsübertragung durch *subrogation conventionnelle* nach Art. 1249 ff. Code civil ist ebenfalls unmittelbar *erga omnes* wirksam. Allerdings ist neben einer ausdrücklichen Vereinbarung zwischen Zedent und Zessionar erforderlich, daß der Zessionar zeitgleich mit dieser Vereinbarung an der Stelle des Schuldners an den Zedenten leistet. Die Forderung geht nur in Höhe dieser Leistung auf den Zessionar über.[393]

Die Art. L. 313-23 ff. Code monétaire et financier ermöglichen schließlich eine Forderungsübertragung durch Übergabe eines Forderungsverzeichnisses. Mit der Übergabe und Datierung des Forderungsverzeichnisses durch den Zessionar gehen die Forderungen mit unmittelbarer Wirkung *erga omnes* auf den Zessionar über.[394]

Die Forderungsabtretung nach § 398 BGB, die *subrogation conventionnelle* und die Forderungsübertragung nach Art. L. 313-23 ff. Code monétaire et financier sind Beispiele für den zweiten Lösungsansatz, nach dem eine Ver-

---

[389] Vgl. hierzu: Décret n. 81-862 du 9 septembre 1981 „pris pour l'application de la loi n. 81-1 du 2 janvier 1981 facilitant le crédit aux entreprises", J. O. vom 19. 9. 1981.
[390] *Larroumet*, J. P. C. Entreprises 1990 II 15877, Rdnr. 4.
[391] *Schmidt/Gramling*, D. S. 1981 Chron. 217, Rdnr. 31: „distinction logique".
[392] *Oben*, S. 92 ff.
[393] *Oben*, S. 102 ff.
[394] *Oben*, S. 111 ff.

einbarung zwischen Zedent und Zessionar ausreicht, um eine Forderung mit unmittelbarer Wirkung *erga omnes* auf den Zessionar übergehen zu lassen. Eine Benachrichtigung des Schuldners oder eine Registrierung der Forderungsübertragung ist nicht erforderlich. Dieser Lösungsansatz wird den praktischen Anforderungen der internationalen Forderungsfinanzierung gerecht, wenn er eine einfache und kostengünstige Übertragung von Forderungen ermöglicht und dem Zessionar die Gewißheit verschafft, daß ihm die übertragenen Forderungen tatsächlich zustehen.[395]

Der zweite Lösungsansatz stellt die Leichtigkeit des Rechtsverkehrs in den Vordergrund. Er ermöglicht eine einfache, schnelle und kostengünstige Übertragung von Forderungen. Außerdem gestattet er stille Forderungsübertragungen. Diese treten im Rechtsverkehr nicht in Erscheinung: Der Schuldner muß von der Forderungsübertragung nicht in Kenntnis gesetzt werden, der Zedent kann auf der Grundlage einer Einziehungsermächtigung vom Schuldner Zahlung verlangen und diese mit Erfüllungswirkung entgegennehmen. Den Erlös hat er an den Zessionar weiterzuleiten.[396]

Der zweite Lösungsansatz führt jedoch zu Schwierigkeiten, wenn die Forderungsübertragung formlos vereinbart werden kann. Haben Zedent und Zessionar von dieser Möglichkeit Gebrauch gemacht, muß der Zessionar den Zeitpunkt der Forderungsübertragung beweisen, wenn im Rahmen einer gerichtlichen Auseinandersetzung entgegenstehende Ansprüche auf die Forderung erhoben werden. Beweisschwierigkeiten hindern den tatsächlich Berechtigten an der schnellen und unkomplizierten Ausübung seiner Rechte und beeinträchtigen dadurch nicht nur die Rechtssicherheit, sondern auch die Leichtigkeit des Rechtsverkehrs. Dies kann vermieden werden, indem für die Vereinbarung zwischen den Zessionsparteien Formerfordernisse gesetzlich vorgeschrieben oder freiwillig eingehalten werden.[397] Die damit verbundenen Nachteile sind jedoch gering, da sich die Formerfordernisse anders als bei einer Benachrichtigung des Schuldners nicht auf die einzelnen Forderungen, sondern auf die gesamte Übertragungsvereinbarung erstrecken. Die Bedeutung einer schriftlichen Abtretungsvereinbarung wird durch das deutsche Recht anerkannt. Es billigt in § 403 BGB dem Zessionar das Recht zu, vom Zedenten die Ausstellung einer öffentlich beglaubigten Urkunde über die Forderungsabtretung zu verlangen.

Der entscheidende Nachteil des zweiten Lösungsansatzes besteht darin, daß er die Übertragung großer Teile des Vermögens des Zedenten ermöglicht, ohne daß dies für den Rechtsverkehr erkennbar ist. Die Geschäftspartner des Zedenten können dessen Vermögenslage und Zahlungsfähigkeit nicht zuverlässig einschätzen. Sie können insbesondere nicht mit Sicherheit feststellen, ob dem Zedenten die Forderungen, die er ihnen beispielsweise

---

395 Dazu *oben*, S. 45 ff.
396 *Staudinger/Busche*, Einl zu §§ 398 ff., Rdnr. 28.
397 *Kötz*, Europäisches Vertragsrecht, S. 418.

als Sicherheit anbietet, tatsächlich zustehen.[398] Dies wiegt besonders schwer, wenn der zweite Lösungsansatz mit einer weitreichenden Anerkennung der Übertragung zukünftiger Forderungen verbunden ist.

Dies ist bei der Forderungsabtretung nach § 398 BGB der Fall. Der Bundesgerichtshof hat den sich daraus ergebenden Schwierigkeiten Rechnung getragen, indem er eine Sicherungsabtretung zukünftiger Forderungen nach § 138 BGB für sittenwidrig und nichtig erklärt hat, soweit dadurch Forderungen übertragen werden, die auch von einem verlängerten Eigentumsvorbehalt erfaßt werden, den der Zedent mit seinen Lieferanten vereinbaren muß, um von ihnen beliefert zu werden. Die Sittenwidrigkeit beruht darauf, daß der Zedent verleitet wird, seine Lieferanten zu täuschen.[399] Grundlage der Rechtsprechung ist die Schutzwürdigkeit der Lieferanten, die keine Möglichkeit haben, von der Sicherungsabtretung Kenntnis zu erlangen. Die Rechtsprechung schränkt die Folgen der unmittelbaren Wirksamkeit einer Forderungsabtretung *erga omnes* ein, um die Nachteile, die mit dem zweiten Lösungsansatz und der weitgehenden Übertragbarkeit zukünftiger Forderungen verbunden sind, zu verringern.

Die Gefahr einer für den Rechtsverkehr nicht erkennbaren Aushöhlung des Vermögens des Zedenten besteht bei einer Forderungsübertragung durch *subrogation conventionnelle* dagegen nicht. Sie ermöglicht zum einen keine Übertragung zukünftiger Forderungen, zum anderen wird jede Forderungsübertragung durch einen Vermögenszufluß in gleicher Höhe ausgeglichen. Auch bei einer Forderungsübertragung durch Übergabe eines Forderungsverzeichnisses wirkt sich dieser Nachteil des zweiten Lösungsansatzes nicht in vollem Umfang aus. Es können nach Art. L. 313-23 Code monétaire et financier nur solche Forderungen übertragen werden, die bereits so weit konkretisiert sind, daß sie im Forderungsverzeichnis mit der erforderlichen Bestimmtheit bezeichnet werden können.

Demnach folgen sowohl das deutsche als auch das französische Recht dem zweiten Lösungsansatz nur mit Einschränkungen. Das französische Recht läßt eine Übertragung zukünftiger Forderungen überhaupt nicht zu, das deutsche Recht erklärt sie in besonderen Einzelfällen für unwirksam. In beiden Rechtsordnungen wird der Gefahr Rechnung getragen, daß dem Zedenten wesentliche Teile seines Vermögens entzogen werden können, ohne daß dies für den Rechtsverkehr erkennbar ist. Diese Gefahr ist jedoch mit jeder Regelung auf der Grundlage des zweiten Lösungsansatzes verbunden. Er zieht daher im Interesse des Rechtsverkehrs stets Einschränkungen bei der Übertragbarkeit zukünftiger Forderungen nach sich. Diese Einschränkungen führen entweder zu Unsicherheiten, wenn sie – wie im deutschen Recht – von den Besonderheiten des Einzelfalls abhängen, oder zu Beeinträchtigungen des Rechtsverkehrs, wenn die Übertragung zukünf-

[398] *Kötz*, Europäisches Vertragsrecht, S. 419.
[399] *Oben*, S. 94 f.

tiger Forderungen – wie im französischen Recht – weitgehend ausgeschlossen wird. Die Vorteile des zweiten Lösungsansatzes im Hinblick auf die Einfachheit und Leichtigkeit der Forderungsübertragung werden dadurch zumindest teilweise wieder aufgehoben.

Der zweite Lösungsansatz stellt die Einfachheit und Leichtigkeit der Forderungsübertragung in den Vordergrund. Das deutsche und das französische Recht zeigen jedoch, daß dies nicht ohne Einschränkungen im Interesse der Rechtssicherheit möglich ist. Die Nachteile, die mit diesen Einschränkungen verbunden sind, heben die Vorteile des zweiten Lösungsansatzes zumindest teilweise wieder auf.

IV. Dritter Lösungsansatz: Registrierung der Forderungsübertragung

Dem dritten Lösungsansatz sind jene Vorschriften zuzuordnen, nach denen die Wirksamkeit einer Forderungsübertragung gegenüber Dritten von ihrer Registrierung in einem öffentlichen Register abhängt.

1. Die Registrierung nach s. 395 (1) Companies Act 1985

Diesem Lösungsansatz folgt s. 395 (1) Companies Act 1985:

> **S. 395 (1)** Subject to the provisions of this Chapter, a charge created by a company registered in England and Wales and being a charge to which this section applies is, so far as any security on the company's property or undertaking is conferred by the charge, void against the liquidator and any creditor of the company, unless the prescribed particulars of the charge together with the instrument (if any) by which the charge is created or evidenced, are delivered to or received by the registrar of companies for registration in the manner required by this Chapter within 21 days after the date of the charge's creation.

Das Registrierungserfordernis der s. 395 (1) Companies Act 1985 findet nicht auf alle Formen einer Forderungsübertragung Anwendung, sondern nur auf eine „charge to which this section applies". Nach s. 396 (1) (e) sind dies unter anderem "charges on book debts of the company". Dieser Anwendungsbereich wird durch s. 396 (4) noch erweitert: "In this Chapter 'charge' includes mortgage." Danach greift s. 395 (1) Companies Act 1985 ein, wenn Forderungen im Wege einer *charge* oder *mortgage* zur Sicherheit übertragen werden (a) und die weiteren Voraussetzungen der Vorschrift erfüllt sind (b). S. 395 (1) Companies Act 1985 ist nicht anwendbar, wenn Forderungen endgültig und vollständig übertragen werden sollen.[400]

---

[400] *Pennington,* Company Law, S. 502. Mit dem Gesetzeswortlaut dagegen nicht vereinbar *Klein,* WM 1978, 390, 398: „Die Registrierungspflicht erstreckt sich auf alle denkbaren Abtretungsarten [...]. Insbesondere müssen auch Sicherungsabtretungen registriert werden [...]." Die Unterscheidung zwischen eine vollständigen Übertragung und einer Übertragung zur Sicherheit ist daher von erheblicher Bedeutung. Dazu *Oditah,* Receivables Financing, S. 35–40.

Das bestehende Registrierungssystem sollte durch die ss. 92–107 Companies Act 1989 weitgehend verändert werden. Die Neuregelungen wurden jedoch sowohl inhaltlich, als auch wegen ihrer unzureichenden gesetzgebungstechnischen Umsetzung heftig kritisiert.[401] Sie sind noch nicht in Kraft gesetzt worden.[402] Mit ihrem Inkrafttreten wird nicht mehr gerechnet.[403]

Neben s. 395 (1) Companies Act 1985 machen auch andere Vorschriften die Wirksamkeit einer Forderungsübertragung gegenüber Dritten von ihrer Registrierung abhängig. So ist nach s. 344 Insolvency Act 1986 ein *general assignment of book debts* durch einen Einzelkaufmann oder eine Personengesellschaft gegenüber dem Insolvenzverwalter unwirksam, wenn es nicht nach den Vorschriften des Bills of Sale Act 1878 registriert worden ist.[404] Da aber in England auch Einzelhändler und kleine Handwerksbetriebe zumeist als Kapitalgesellschaften organisiert sind[405] und der praktische Anwendungsbereich der s. 344 Insolvency Act 1986 auch ansonsten eher eingeschränkt ist,[406] kommt dem Registrierungserfordernis nach s. 395 (1) Companies Act 1985 in der Praxis die größere Bedeutung zu.

---

[401] *Bridge*, in: Palmer's Company Law, Rdnr. 13.337; *Goode*, Commercial Law, S. 712, Fn. 79.

[402] S. 215 (2) Companies Act 1989 setzt für das Inkrafttreten der genannten Vorschriften eine *order made by statutory instrument* voraus.

[403] *Bridge*, in: Palmer's Company Law, Rdnr. 13.337; Goode, *Commercial Law*, S. 712, Fn. 79. Darstellungen des Registrierungssystems für von Unternehmen bestellte Sicherheiten, die sich auf die Regelungen des Companies Act 1989 stützen, geben daher nicht das geltende Recht wieder. Teilweise kann jedoch auf die Vorauflagen zurückgegriffen werden.

[404] Die Vorschrift lautet:

> **S. 344** (1) The following applies where a person engaged in any business makes a general assignment to another person of his existing or future book debts, or any class of them, and is subsequently adjudged bankrupt.
>
> (2) The assignment is void against the trustee of the bankrupt's estate as regards book debts which were not paid before the presentation of the bankruptcy petition, unless the assignment has been registered under the Bills of Sale Act 1878.
>
> (3) For the purposes of subsections (1) and (2)
>
> (a) "assignment" includes an assignment by way of security or charge on book debts, and
>
> (b) "general assignment" does not include
>
> (i) an assignment of book debts due at the date of the assignment from specified debtors or of debts becoming due under specified contracts, or
>
> (ii) an assignment of book debts included either in a transfer of a business made in good faith and for value or in an assignment of assets for the benefit of the creditors generally.
>
> [...]

[405] *Mitchell*, in: English Private Law, Rdnr. 3.50; *Brink/Habel*, Recht der Kreditsicherheiten in europäischen Ländern, S. 214, Fn. 4.

[406] S. 344 (3) (b) Insolvency Act 1986; *Bridge*, in: English Private Law, Rdnr. 16.88; *Ellinger/ Lomnicka*, Modern Banking Law, S. 702 f.

a. Sicherungsrechte an Forderungen nach englischem Recht

Das englische Recht kennt verschiedene Wege, auf denen Vermögensgegenstände zu Sicherungszwecken nutzbar gemacht werden können: „Only four forms of consensual security *stricto sensu* are known to English law: the pledge, the contractual lien, the mortgage and the equitable charge."[407] An nicht verbrieften Forderungen können lediglich *equitable charge* (aa.) oder *mortgage* (bb.) begründet werden.[408] Die beiden anderen Sicherungsformen setzen Besitz des Sicherungsnehmers am Sicherungsgut voraus und kommen daher nur im Hinblick auf verbriefte Forderungen in Betracht.[409] Sie kommen in der Praxis kaum vor.[410] Von s. 395 (1) Companies Act 1985 werden sie nicht erfaßt.

aa. *Charge*

Durch die Belastung einer Forderung mit einer *charge* wird dem Sicherungsnehmer das Recht eingeräumt, bei Eintritt des Sicherungsfalls aus der Forderung befriedigt zu werden, ohne daß ihm die Forderung vollständig übertragen werden müßte.[411] Ihm wird lediglich ein beschränktes dingliches Recht eingeräumt. Die *charge* kann dementsprechend als inhaltlich beschränkte Übertragung einer Forderung angesehen werden.[412] Da eine Forderung *at law* jedoch nur vollständig übertragen werden kann,[413] ist die Bestellung einer *charge* nur *in equity* möglich.[414]

Der Sicherungsnehmer kann die *charge* bei Eintritt des Sicherungsfalls nicht selbst verwerten. Er kann insbesondere die (Dritt-) Schuldner nicht aus den belasteten Forderungen in Anspruch nehmen. Er muß vielmehr vom Sicherungsgeber die Übertragung der Forderungen verlangen und diesen Anspruch gegebenenfalls gerichtlich durchsetzen.[415] Um die damit verbundenen Schwierigkeiten zu vermeiden, kann der Sicherungsnehmer durch den

---

[407] *Goode,* Commercial Law, S. 642.

[408] *Goode,* J. B. L. 1984, 172: "There are two ways in which a debt not embodied in an instrument may be given as security: by mortgage and by equitable charge."

[409] Dazu *Oditah,* Receivables Financing, S. 82–88.

[410] *Brink/Habel,* Recht der Kreditsicherheiten in europäischen Ländern, S. 195.

[411] *Tancred v. Delagoa Bay & East Africa Railway Co.* (1889) 23 Q. B. D. 239, 242: A charge "gives a right to payment out of a particular fund or particular property, without transferring that fund or property" (Denman J.); *Goode,* Commercial Law, S. 645 f.; *Oditah,* Receivables Financing, S. 95.

[412] *Durham Brothers v. Robertson* [1898] 1 Q. B. 765, 769: „A mere charge on a [...] debt operates as a partial equitable assignment"; *Nicklaus,* Die Kollision von verlängertem Eigentumsvorbehalt und Factoringzession, S. 16.

[413] *Oben,* S. 73 f.

[414] *Goode,* Commercial Law, S. 646. Die Belastung eines Vermögensgegenstands mit einer *charge* kann jedoch gesetzlich anerkannt werden. Dies ist für Immobilien der Fall: s. 85 (1) Law of Property Act 1925.

[415] *Burlinson v. Hall* (1884) 12 Q. B. D. 347, 350 (Day J.); *Oditah,* Receivables Financing, S. 95. Zu den weiteren gesetzlichen Möglichkeiten der Verwertung einer *charge Goode,* Commercial Law, S. 689 ff.

Sicherungsgeber unwiderruflich ermächtigt werden, in seinem Namen die Forderung bei Eintritt des Sicherungsfalls endgültig zu übertragen.[416] Häufig wird dem Sicherungsnehmer aber auch durch vertragliche Vereinbarung die Befugnis erteilt, im Sicherungsfall einen Verwalter einzusetzen, der die Forderungen zugunsten des Sicherungsnehmers einzieht.[417]

Grundlage jeder *charge* ist eine Vereinbarung zwischen Sicherungsgeber und Sicherungsnehmer.[418] Diese ist jedoch nur dann wirksam, wenn sie von einer *executed consideration* des Sicherungsnehmers getragen wird.[419] Daher kann im Rahmen einer Forderungsfinanzierung eine *charge* nur dann entstehen, wenn der Sicherungsnehmer zumindest einen Teil der versprochenen Finanzierung gewährt hat. Ist diese Voraussetzung erfüllt, bewirkt der Grundsatz „that equity considers as done that which ought to be done",[420] daß an den von der Vereinbarung erfaßten Forderungen ohne weiteres das beschränkte dingliche Recht einer *charge* entsteht: The „security interest has attached",[421] es ist zwischen Sicherungsgeber und Sicherungsnehmer wirksam. Dies gilt unabhängig davon, ob die *charge* nach s. 395 (1) Companies Act 1985 registriert worden ist.[422] Der Sicherungsnehmer kann daher eine nicht registrierte *charge* verwerten, wenn es keine Dritten gibt, die sich auf die fehlende Registrierung berufen können.[423]

Erstreckt sich die Vereinbarung einer *charge* auf zukünftige Forderungen,[424] werden diese erfaßt, sobald sie entstehen. Erforderlich ist, daß die Forderungen in der Vereinbarung zwischen Sicherungsgeber und Sicherungsnehmer so genau umschrieben sind, daß sie bei ihrer Entstehung der *charge* eindeutig zugeordnet werden können.[425] Die *charge* an den einzelnen Forderungen entsteht rückwirkend zum Zeitpunkt ihrer Vereinbarung.[426]

---

[416] *Goode,* J. B. L. 1984, 172, 174; *Smith,* in: English Private Law, Rdnr. 5.99: "irrevocable power of attorney".

[417] *Goode,* J. B. L. 1984, 172, 174: "usual provisions for appointment of a receiver".

[418] *Goode,* Commercial Law, S. 679 f. Unter besonderen Voraussetzungen kann eine *charge* auch auf Gesetz beruhen (*Smith,* in: English Private Law, Rdnr. 5.84).

[419] *Tailby v. Official Receiver* (1888) 13 App. Cas. 523, 533 (Lord Watson); *Goode,* Commercial Law, S. 676; *ders.,* Legal Problems of Credit and Security, S. 5.

[420] *Tailby v. Official Receiver* (1888) 13 App. Cas. 523, 546 (Lord Macnaghten).

[421] *Goode,* Legal Problems of Credit and Security, S. 1. Zur Definition des *attachment ders.,* Commercial Law, S. 673 f.

[422] *Independent Automatic Sales Ltd. v. Knowles & Foster* [1962] 3 All E. R. 27, 30 (Buckley J.). Daher konnte sich der Sicherungsgeber nicht selbst auf die Unwirksamkeit der *charge* berufen. Die darauf gestützte Klage hätte durch den Insolvenzverwalter erhoben werden müssen. Vgl. *Goode,* Commercial Law, S. 721.

[423] *Goode,* Commercial Law, S. 721; *Smith,* in: English Private Law, Rdnr. 5.135.

[424] Die Möglichkeit einer Verfügung über zukünftige Forderungen ist *in equity* anerkannt (*oben,* S. 75 f.).

[425] *Tailby v. Official Receiver* (1888) 13 App. Cas. 523, 533 (Lord Watson).

[426] *In re Lind* [1915] 2 Ch. 350, 374 (Bankes L. J.); *Goode,* Legal Problems of Credit and Security, S. 7: "takes effect as from the date of the security agreement".

Der Grundsatz *that equity considers as done that which ought to be done* und das Erfordernis einer *consideration* zeigen, daß nach englischem Recht zwischen der Verpflichtung zur Bestellung einer *charge* und ihrer Entstehung ein enger Zusammenhang besteht. Dennoch tritt auch bei einer *charge* der Unterschied zwischen ihren verpflichtenden und verfügenden Aspekten in Erscheinung. Wenn sich der Sicherungsgeber beispielsweise verpflichtet, auf Anforderung des Sicherungsnehmers zusätzliche Sicherheiten zur Verfügung zu stellen,[427] hat diese Vereinbarung keine dinglichen Wirkungen, auch dann nicht, wenn der Sicherungsnehmer die zusätzlichen Sicherheiten tatsächlich anfordert. Die Vereinbarung einer *charge* hat nur dann dingliche Wirkungen, wenn aus ihr deutlich hervorgeht, daß sie die in der Vereinbarung genannten Vermögensgegenstände unmittelbar erfassen soll.[428] Erforderlich ist daher die erneute Vereinbarung einer *charge* und eine erneute *consideration*.[429] Diese erneute Vereinbarung dient der Erfüllung einer bestehenden vertraglichen Verpflichtung durch ein Rechtsgeschäft, das ausschließlich eine dingliche Wirkung herbeiführen soll.

Eine *charge* kann in Form einer *fixed charge* oder einer *floating charge* vereinbart werden. Sie unterscheiden sich durch den Umfang, in dem der Sicherungsgeber über die von der *charge* erfaßten Vermögensgegenstände verfügen kann.[430]

(1) *Fixed Charge*

Eine *fixed charge* setzt voraus, daß die Berechtigung des Sicherungsgebers, über die belasteten Vermögensgegenstände zu verfügen, eingeschränkt wird. Handelt es sich um Forderungen, muß sich der Sicherungsgeber verpflichten, die Forderungen zum einen nicht zugunsten Dritter zu belasten oder an sie zu übertragen und sie zum anderen nur über ein bestimmtes Konto einzuziehen, über das er nur mit Zustimmung des Sicherungsnehmers verfügen kann.[431] Die zweite Voraussetzung wird von einigen jüngeren Entscheidungen in Frage gestellt: Wesentlich sei der Wille der

---

[427] „Affirmative negative pledge clause". Dazu *Goode,* Legal Problems of Credit and Security, S. 48 f.; *Smith,* in: English Private Law, Rdnr. 5.90. Vgl. *In re Gregory Love* [1916] 1 Ch. 203, 211 (Sargant J.).

[428] *Palmer v. Carey* [1926] A. C. 703, 706 (Lord Wrenbury); *Goode,* Commercial Law, S. 676 f.

[429] *Goode,* Legal Problems of Credit and Security, S. 49 ff.

[430] *Siebe Gorman & Co. Ltd. v. Barclays Bank Ltd.* [1979] 2 Lloyd's Rep. 142, 158 f. (Slade J.); *Carl,* in: Die Forderungsabtretung, insbesondere zur Kreditsicherung, in ausländischen Rechtsordnungen, 197, 208; *Ellinger/Lomnicka,* Modern Banking Law, S. 669; *Goode,* L. Q. R. 110 (1994) 592, 594 ff.; *Oditah,* Receivables Financing, S. 110 f.; *Smith,* in: English Private Law, Rdnr. 5.85.

[431] *Siebe Gorman & Co. Ltd. v. Barclays Bank Ltd.* [1979] 2 Lloyd's Rep. 142, 159 (Slade J.); *In re Brightlife* [1987] Ch. 200, 209 (Hoffmann J.); *Goode,* L. Q. R. 110 (1994) 592, 602: "At the end of the day, the only question is whether or not the charge let the debtor company free to deal with the proceeds of the collected debts in the ordinary course of business"; *Pennington,* Company Law, S. 449.

Parteien, eine *fixed charge* an Forderungen des Sicherungsgebers zu bestellen. Daß der Sicherungsgeber über die Erlöse der belasteten Forderungen unbeschränkt verfügen kann, stehe dem nicht entgegen.[432] Angesichts widersprüchlicher Entscheidungen, von denen die einen die Rechtssicherheit, die anderen die Vertragsfreiheit in den Vordergrund stellen, ist die Unterscheidung zwischen *fixed* und *floating charge* an Forderungen von erheblicher Unsicherheit geprägt.[433]

Diese Unsicherheit ist nicht zuletzt deshalb erheblich, weil sich der Anwendungsbereich beider Sicherungsformen weitgehend deckt. Seit der Entscheidung *Siebe Gorman & Co. Ltd. v. Barclays Bank Ltd.* ist anerkannt, daß eine *fixed charge* auch über zukünftige Forderungen bestellt werden kann, sofern diese so umschrieben sind, daß sie bei ihrer Entstehung der *fixed charge* eindeutig zugeordnet werden können. Entscheidend ist nicht die Art des belasteten Vermögensgegenstands, sondern die dem Sicherungsgeber verbleibenden Verfügungsmöglichkeiten.[434] Eine *fixed charge* an bestehenden Forderungen entfaltet zwischen Sicherungsgeber und Sicherungsnehmer dingliche Wirkungen, sobald die entsprechende Vereinbarung wirksam wird. Bei einer *fixed charge* über zukünftige Forderungen treten diese Wirkungen ein, sobald die Forderungen entstehen.

(2) *Floating Charge*

Bei einer *floating charge* darf der Sicherungsgeber anders als bei einer *fixed charge* im Rahmen seiner gewöhnlichen Geschäftstätigkeit über die belasteten Vermögensgegenstände frei verfügen.[435] Der Begriff der gewöhnlichen Geschäftstätigkeit wird unbeschadet einer Vereinbarung zwischen Sicherungsgeber und Sicherungsnehmer weit verstanden.[436] Die *floating charge* tritt daher im normalen Geschäftsbetrieb nicht in Erscheinung. So kann der Sicherungsgeber die mit einer *floating charge* belasteten Forderungen über sein allgemeines Geschäftskonto einziehen und sie zu Finan-

---

[432] *In re Atlantic Computer Systems Plc.* [1992] Ch. 505; *In re New Bullas Trading Ltd.* [1994] B. C. C. 36. In der letztgenannten Entscheidung wird dieses Ergebnis dadurch erreicht, daß die Vereinbarung der Parteien dahin ausgelegt wird, daß die Forderungen des Sicherungsgebers bis zu ihrer Erfüllung Gegenstand einer *fixed charge* seien, während die Erlöse der Forderungen von einer *floating charge* erfaßt würden. Daß eine solche gespaltene Sicherheit nach englischem Recht möglich ist, bestreitet *Goode,* L. Q. R. 110 (1994) 592, 600 ff. Die sich daraus ergebende *unity of the security interest* wird wiederum abgelehnt von *Berg,* J. B. L. 1995, 433, 449 ff.

[433] *Berg,* J. B. L.. 1995, 433, 470 f.; *Goode,* L. Q. R. 110 (1994) 592, 605; *Smith,* in: English Private Law, Rdnr. 5.87.

[434] [1979] 2 Lloyd's Rep. 142, 159 (Slade J.); *Ellinger/Lomnicka,* Modern Banking Law, S. 695 f.; *Goode,* L. Q. R. 110 (1994) 592, 594 ff.; *Hofmann,* Mortgage und Charge, S. 59; *Smith,* in: English Private Law, Rdnr. 5.85.

[435] *Re Yorkshire Woolcombers Association Ltd.* [1903] 2 Ch. 284, 295 (Romer L. J.); *Ellinger/Lomnicka,* Modern Banking Law, S. 668; *Goode,* Commercial Law, S. 646; *Smith,* in: English Private Law, Rdnr. 5.85.

[436] *Goode,* Commercial Law, S. 741 f.; *Oditah,* Receivables Financing, S. 111.

zierungszwecken nutzen. Die Verfügungsmöglichkeiten des Sicherungsgebers können jedoch durch eine Vereinbarung mit dem Sicherungsnehmer eingeschränkt werden, indem beispielsweise bestimmte Forderungen von der Verwendung zu Finanzierungszwecken ausgeschlossen werden.[437] Diese Einschränkungen wirken Dritten gegenüber nur, wenn sie ihnen bekannt sind oder hätten bekannt sein müssen.[438]

Mit einer *floating charge* wird in aller Regel das Vermögen des Sicherungsgebers als ganzes oder eine nach allgemeinen Merkmalen bestimmte, sich in ihrer Zusammensetzung verändernde Gruppe von Vermögensgegenständen belastet.[439] Sie kann aber auch auf bestimmte Vermögensgegenstände beschränkt werden.[440] Die *floating charge* schwebt gewissermaßen über diesen Vermögensgegenständen, ohne jedoch im Hinblick auf einzelne von ihnen dingliche Wirkungen zu entfalten.[441]

Dies ändert sich bei Eintritt des Sicherungsfalls oder einer anderen von Sicherungsgeber und Sicherungsnehmer vereinbarten Bedingung.[442] Die *floating charge* ergreift die belasteten Vermögensgegenstände und entzieht sie der Verfügungsbefugnis des Sicherungsgebers. Dieser Vorgang wird als *crystallisation* bezeichnet.[443] Durch ihn wird die *floating charge* in eine *fixed charge* umgewandelt.[444] Die damit einhergehende Beschränkung der Verfügungsmöglichkeiten des Sicherungsgebers wirkt nur gegenüber denjenigen Dritten, denen dies bekannt war oder hätte bekannt sein müssen.[445]

Das Wesen einer *floating charge* und ihre Unterschiede gegenüber einer *fixed charge* faßt *Lord Macnaghten* in der Entscheidung *Illingworth v. Houldsworth* zusammen:

> A specific charge, I think, is one that without more fastens on ascertained and definite property or property being capable of being ascertained and defined; a floating charge, on the other hand, is ambulatory and shifting in its nature, hovering over and so to speak floating with the property which it is entitled to affect until

---

[437] *Goode*, Commercial Law, S. 741 f.

[438] *In re Castell & Brown Ltd.* [1998] 1 Ch. 315, 321 f.; *Ellinger/Lomnicka*, Modern Banking Law, S. 674; *Goode*, Commercial Law, S. 717. Inwieweit die Registrierung einer *floating charge* dazu führt, daß Dritte nicht registrierungspflichtige Beschränkungen der Verfügungsmöglichkeiten hätten kennen müssen, ist umstritten. Dazu *Goode*, a. a. O., S. 715–720.

[439] *Re Yorkshire Woolcombers Association Ltd.* [1903] 2 Ch. 284, 295 (Romer L. J.); *Pennington*, Company Law, S. 449.

[440] *Goode*, Commercial Law, S. 734.

[441] *Goode*, Legal Problems of Credit and Security, S. 11.

[442] Zu diesen Bedingungen *Goode*, Legal Problems of Credit and Security, S. 34 ff.; *Oditah*, Receivables Financing, S. 113 f.

[443] *Goode*, Commercial Law, S. 732.

[444] *Ellinger/Lomnicka*, Modern Banking Law, S. 676; *Goode*, Legal Problems of Credit and Security, S. 33; *Hofmann*, Mortgage und Charge, S. 58; *Oditah*, Receivables Financing, S. 113.

[445] *Goode*, Legal Problems of Credit and Security, S. 45.

some event occurs or some act is done which causes it to settle and fasten on the subject of the charge within its reach and grasp.[446]

Die Sicherungswirkung einer *floating charge* ist beschränkt. Dies ergibt sich zunächst aus den Verfügungsmöglichkeiten, die dem Sicherungsgeber verbleiben: Die *floating charge* tritt hinter allen Rechten zurück, die Dritte im Rahmen der gewöhnlichen Geschäftstätigkeit des Sicherungsgebers an den von der *floating charge* erfaßten Vermögensgegenständen erwerben.[447] Wurde die *floating charge* später als zwölf Monate vor der Insolvenz des Sicherungsgebers vereinbart, ist sie darüber hinaus nur in Höhe der vom Sicherungsnehmer seit diesem Zeitpunkt tatsächlich erbrachten Gegenleistung wirksam.[448] Dies gilt nicht, wenn der Sicherungsgeber zum Zeitpunkt der Vereinbarung der *floating charge* die bereits bestehenden Verbindlichkeiten hätte erfüllen können.[449] Schließlich tritt eine *floating charge* hinter einer Vielzahl durch Gesetz bevorrechtigter Forderungen anderer Gläubiger zurück.[450] Dies sind etwa die Arbeitnehmer des Sicherungsgebers oder der Staat in Ansehung seiner Steuerforderungen.[451]

Wegen dieser Nachteile kommt die *floating charge* als ausschließliches Mittel der Kreditsicherung nur dann in Betracht, wenn der Kreditgeber Vertrauen in die Zahlungsbereitschaft und die Zahlungsfähigkeit des Kreditnehmers hat. Häufig wird die *floating charge* als subsidiäre Form der Kreditsicherung angesehen und von einer *fixed charge* über andere, besonders werthaltige Vermögensgegenstände ergänzt.[452] Die Wirksamkeit dieser *fixed charge* steht im Krisenfall im Vordergrund und bildet dementsprechend den Ausgangspunkt für die folgende Darstellung des Registrierungserfordernisses nach s. 395 (1) Companies Act. Dennoch stellt die *floating charge* wegen ihrer Flexibilität und der dem Sicherungsgeber verbleibenden Freiheit die von den Banken bevorzugte Form der Kreditsicherung dar.[453]

bb. *Mortgage*

Forderungen können auch im Wege einer *mortgage* zur Sicherung einer Verbindlichkeit übertragen werden. Zwischen der *mortgage* auf der einen Seite und *fixed* und *floating charge* auf der anderen Seite bestehen grund-

---

[446] [1904] A. C. 355, 295.
[447] *Ellinger/Lomnicka*, Modern Banking Law, S. 674; *Goode*, Legal Problems of Credit and Security, S. 43 f.; *Pennington*, Company Law, S. 452.
[448] S. 245 (2) Insolvency Act 1986. Dazu *Bridge*, in: Private English Law, Rdnr. 16.169 ff.; *Ellinger/Lomnicka*, Modern Banking Law, S. 676.
[449] S. 245 (4) Insolvency Act 1986.
[450] S. 175 (2) (b) Insolvency Act 1986; *Ellinger/Lomnicka*, Modern Banking Law, S. 676.
[451] S. 386 (1) Insolvency Act 1986, Schedule 6 Insolvency Act 1986; *Bridge*, in: English Private Law, Rdnr. 16.114 ff.
[452] *Goode*, Commercial Law, S. 646; *Hofmann*, Mortgage und Charge, S. 124; *Ellinger/Lomnicka*, Modern Banking Law, S. 679.
[453] *Ellinger/Lomnicka*, Modern Banking Law, S. 679.

legende Unterschiede.[454] Dennoch werden *charge* und *mortgage* häufig gleichgesetzt.[455]

Um Forderungen zum Gegenstand einer *mortgage* zu machen, müssen diese vollständig auf den Sicherungsnehmer übertragen werden, der sich im Gegenzug verpflichtet, sie an den Sicherungsgeber zurückzuübertragen, sobald die gesicherte Verbindlichkeit getilgt ist.[456] Diese Verpflichtung muß nicht ausdrücklich vereinbart werden. Sie wird *in equity* unterstellt, wenn aus der Vereinbarung zwischen Zedent und Zessionar hervorgeht, daß die Forderungen zu Sicherungszwecken übertragen wurden.[457] Die Verpflichtung des Zessionars begründet nicht nur ein obligatorisches Recht, sondern bildet auch die Grundlage für ein – *equitable right of redemption* genanntes – selbständiges dingliches Recht des Zedenten an den übertragenen Forderungen. Es entspricht der vollen Forderungsinhaberschaft abzüglich ihrer Belastung durch die *mortgage*. Dieses Recht kann durch den Sicherungsgeber weiterübertragen oder belastet werden.[458] Es erlischt, wenn der Sicherungsnehmer das Sicherungsgut verwertet.

Die einer *mortgage* zugrunde liegende vollständige Forderungsübertragung kann durch ein *equitable assignment* erfolgen.[459] Es handelt sich dann um eine *equitable mortgage*.[460] Ob eine *mortgage* auch durch ein *legal assignment* begründet werden kann, hängt davon ab, ob es sich dabei um ein *absolute assignment (not purporting to be by way of charge only)* im Sinne von s. 136 (1) Law of Property Act 1925 handelt. Dies wird in der Rechtsprechung mit der Begründung bejaht, daß bei einer *mortgage* dem Sicherungsnehmer das Recht an der Forderung vollständig übertragen wird und dieser allein das Recht hat, vom Schuldner Zahlung zu verlangen. Daher könne der Schuldner mit Sicherheit sagen, an wen er mit erfüllender Wirkung leisten kann. Dies sei das entscheidende Kriterium eines *absolute assignment*

---

[454] *Burlinson v. Hall* (1884) 12 Ch. 347, 350 (Day J.); *Goode,* J. B. L. 1984, 172; *Oditah,* Receivables Financing, S. 95: "As a matter of legal theory, an equitable charge is altogether a different animal from a mortgage"; *Smith,* in: English Private Law, Rdnr. 5.66, Fn. 229.

[455] So erwähnt die als umfassend gedachte Darstellung des englischen Kreditsicherungsrechts von *Brink/Habel,* Recht der Kreditsicherheiten in England, lediglich *floating charge* und *mortgage.* Die *fixed charge* an Forderungen findet sich der Sache nach unter der Überschrift *equitable mortgage* (a. a. O., S. 192). Durch eine Forderungsübertragung *in equity* kann jedoch nicht nur eine *fixed charge,* sondern auch eine *mortgage* bestellt werden. Die grundlegende Unterscheidung besteht daher nicht zwischen *legal mortgage* und *equitable mortgage,* sondern zwischen *charge* und *mortgage.*

[456] Goode, *Commercial Law,* S. 644; *Hofmann,* Mortgage und Charge, S. 48; *Oditah,* Receivables Financing, S. 96.

[457] *Durham Brothers v. Robertson* [1898] 1 Q. B. 765, 772 (Chitty L. J.).

[458] *Nicklaus,* Die Kollision von verlängertem Eigentumsvorbehalt und Factoringzession, S. 17; *Swadling,* in: English Private Law, Rdnr. 4.220.

[459] Zu den Voraussetzungen eines *equitable assignment oben,* S. 75 ff.

[460] *Smith,* in: English Private Law, Rdnr. 5.80.

(not purporting to be by way of charge only).[461] Der Anwendungsbereich der *legal mortgage* ist jedoch insofern eingeschränkt, als lediglich bestehende Forderungen nach s. 136 (1) Law of Property Act 1925 übertragen werden können.[462]

Die Auswirkungen der Registrierung einer *mortgage* nach s. 395 (1) Companies Act 1985 und die Folgen ihres Fehlens richten sich grundsätzlich nach den Regeln, die auch bei einer *fixed charge* beachtet werden müssen. Wegen der unterschiedlichen Ausgangspunkte führen diese Regeln jedoch bei ihrer Anwendung auf die *mortgage* zu anderen Ergebnissen. Aus Gründen der Übersichtlichkeit bleibt die *mortgage* im folgenden unberücksichtigt, obwohl dies ihrer Bedeutung für das englische Wirtschaftsleben nicht gerecht wird.

b. Die Voraussetzungen von s. 395 (1) Companies Act 1985

S. 395 (1) Companies Act 1985 findet nur dann Anwendung, wenn es sich bei dem Sicherungsgeber um eine Gesellschaft handelt, die nach den Vorschriften des Companies Act 1985 registriert worden ist.[463] Diese Voraussetzung wird von den meisten englischen Gesellschaften erfüllt.[464] S. 395 (1) Companies Act 1985 gilt aber auch für Gesellschaften, die nicht in England oder Wales ansässig sind, dort aber eine Niederlassung unterhalten, sofern die *charge* in England oder Wales belegenes Vermögen erfaßt.[465] Unter diesen Voraussetzungen können sich auch ausländische Insolvenzverwalter auf das Registrierungserfordernis des Companies Act 1985 berufen und die Schuldner der vermeintlich zugunsten eines Dritten belasteten Forderungen vor englischen Gerichten auf Zahlung an die Masse in Anspruch nehmen.[466] Wann Forderungen im Sinne des Companies Act 1985 in England oder Wales belegen sind, läßt das Gesetz offen. In anderen Zusammenhängen stellt das englische Recht auf den Wohnsitz des Schuldners ab.[467] Dies kann auf den Companies Act 1985 übertragen werden.

---

[461] *Burlinson v. Hall* (1884) 12 Q.B.D. 347, 350 (Day J.); *Tancred v. Delagoa Bay & East Africa Railway Co.* (1889) 23 Q.B.D. 239, 242 (Denman J.); *Durham Brothers v. Robertson* [1898] 1 Q. B. 765, 771 ff. (Chitty L. J.).

[462] *Smith,* in: English Private Law, Rdnr. 5.73. Auch die weiteren Voraussetzungen eines *legal assignment* müssen erfüllt sein. Dazu *oben,* S. 72 ff.

[463] Ss. 1–24 Companies Act 1985. Dazu *Pennington,* Company Law, S. 3 ff.

[464] *Mitchell,* in: English Private Law, Rdnr. 3.40.

[465] S. 409 (1) Companies Act 1985; *N. V. Slavenburg's Bank v. Intercontinental Natural Resources Ltd.* [1980] 1 W. L. R. 1076, 1084 ff. (Lloyd J.); *Bridge,* in: Palmer's Company Law, Rdnr. 13.323; *Pennington,* Company Law, 5. Auflage, 1048.

[466] *Bridge,* in: Palmer's Company Law, Rdnr. 13. 323.

[467] *In re Banque des Marchands de Moscou (Koupetschesky)* [1952] 1 All E. R. 1269, 1271 (Vaisey J.); *Englisch, Scottish and Australian Bank Ltd. v. Commissioners of Inland Revenue* [1932] A. C. 238, 246 (Lord Buckmaster). Zur Belegenheit von Forderungen *unten,* S. 196 f.

Eine *charge* wird von dem Registrierungserfordernis der s. 395 (1) Companies Act 1985 nur dann erfaßt, wenn sie sich auf bestimmte, in s. 396 (1) genannte Vermögensgegenstände bezieht. Zu diesen gehören „book debts of the company“.[468] Dies sind alle Forderungen, die sich aus dem Geschäftsbetrieb eines Unternehmens ergeben und bei einem gut geführten Unternehmen unter gewöhnlichen Umständen in dessen Bücher eingetragen würden.[469] Dazu zählen auch Forderungen, die sich gegen ausländische Schuldner richten und daher als im Ausland belegene Vermögenswerte angesehen werden.[470]

Eine *charge* muß schließlich nur dann registriert werden, wenn sie von der Gesellschaft bestellt worden ist ("created by the company"). Davon sind Sicherheiten zu unterscheiden, die durch Gesetz entstehen.[471]

Unter den genannten Voraussetzungen ist der Sicherungsgeber verpflichtet,[472] innerhalb von 21 Tagen[473] nach Vereinbarung der *charge* die gesetzlich vorgeschriebenen Angaben dem in Cardiff ansässigen[474] Companies Registration Office anzuzeigen und die im Hinblick auf die *charge* aufgesetzten Schriftstücke einzureichen. Zu den gesetzlich vorgeschriebenen Angaben gehören der Zeitpunkt, an dem die Sicherheit vereinbart wurde, die Höhe der gesicherten Verbindlichkeit, die Bezeichnung des belasteten Vermögens und die Person des Sicherungsnehmers.[475] Die Richtigkeit dieser Angaben wird durch das Register anhand der eingereichten Schriftstücke überprüft.[476] Es besteht die Möglichkeit, zusätzliche Angaben freiwillig registrieren zu lassen. Dies können etwa Beschränkungen der dem Sicherungsgeber bei einer *floating charge* verbleibenden Verfügungsmöglichkeiten sein.[477] Das Register kann von jedermann gegen eine Gebühr[478] eingesehen werden.[479]

---

468 S. 396 (1) (e) Companies Act 1985.

469 *Shipley v. Marshall* (1863) 14 C. B. N. S.566, 572 (Williams J.); *Independent Automatic Sales Ltd. v. Knowles and Foster* [1962] 3 All E. R. 27, 34 (Buckley J.); *Bridge*, in: Palmer's Company Law, Rdnr. 13.317; *Pennington*, Company Law, S. 499 f.

470 Dies ergibt sich aus s. 398 Companies Act, die besondere Regelungen für eine *charge* an im Ausland belegenen Vermögensgegenständen enthält. *Curry/Hannigan/Tamlyn*, Halsbury's Laws of England, Companies, Rdnr. 1304; *Goode*, Legal Problems of Credit and Security, S. 22.

471 *Pennington*, Company Law, S. 494.

472 S. 399 (1) Companies Act 1985.

473 Die Frist kann durch gerichtliche Entscheidung verlängert werden (s. 404 Companies Act 1985). Zu deren Voraussetzungen *Bridge*, in: Palmer's Company Law, Rdnr. 13.413; *Curry/Hannigan/Tamlyn*, Halsbury's Laws of England, Companies, Rdnr. 1314 f.

474 Es besteht eine Außenstelle in London. Nähere Angaben in Palmer's Company Law, Rdnr. 2.301.

475 S. 401 (1) (b) Companies Act 1985.

476 *National Provincial Union Bank of England v. Charnley* [1924] 1 K. B. 431, 443 (Bankes L. J.). Die Schriftstücke werden nach der Registrierung an den Antragsteller zurückgegeben (*Pennington*, Company Law, 5. Auflage, S. 539, Fn. 14).

477 *Goode*, Commercial Law, S. 715 f.

Die Wirkungen der Registrierung treten nicht erst mit ihrer Vornahme oder Beantragung ein. Sie wirkt vielmehr auf den Zeitpunkt zurück, zu dem die *charge* vereinbart wurde. Eine registrierte *charge* ist daher von Anfang an gegen die Unwirksamkeit nach s. 395 (1) Companies Act 1985 geschützt.

Das Register erteilt über die Registrierung ein *certificate of registration.*[480] Das Zertifikat beweist unwiderleglich, daß die Registrierungserfordernisse für die bezeichnete Sicherheit erfüllt worden sind.[481] Das gilt selbst dann, wenn einige der gesetzlich vorgeschriebenen Angaben dem Register nicht oder nicht zutreffend mitgeteilt worden sind.[482] Daher treten die Wirkungen der Registrierung nicht im Hinblick auf die registrierten Angaben ein. Maßgeblich ist vielmehr die zwischen Sicherungsgeber und Sicherungsnehmer schriftlich vereinbarte Sicherungsabrede: „But when once the registrar has given his certificate that the registration was complete, and that the mortgage or charge was created by an instrument [...] in my opinion you have to go to the instrument to see what was actually charged"[483] Etwas anderes gilt lediglich dann, wenn die Registrierung durch betrügerisches Verhalten erschlichen wurde.[484]

Kommt der Sicherungsgeber seinen Verpflichtungen aus s. 399 (1) Companies Act 1985 nicht nach, zieht dies eine strafrechtliche Haftung des Unternehmens und der verantwortlichen Manager nach sich.[485] Die Registrierung kann auch durch andere Personen veranlaßt werden, die ein Interesse am Bestehen der *charge* haben.[486] Sie haben einen Anspruch gegen den Sicherungsgeber auf Erstattung der bei der Registrierung entstandenen Kosten.[487]

---

478 *Bridge,* Palmer's Company Law, Rdnr. 13.336.

479 S. 401 (3) Companies Act 1985.

480 S. 401 (1) (a) Companies Act 1985.

481 S. 401 (1) (b) Companies Act 1985.

482 *National Provincial Union Bank of England v. Charnley* [1924] 1 K. B. 431, 443–445 (Bankes L. J.), 447 f. (Scrutton L. J.), 452 (Atkin L. J.); *In re Eric Holmes (Property) Ltd.* [1965] Ch. 1052; *In re Mechanisations (Eaglescliffe) Ltd.* [1966] Ch. 20; *In re C. L. Nye Ltd.* [1971] Ch. 442; *Bridge,* in: Palmer's Company Law, Rdnr. 13.332; *Curry/Hannigan/Tamlyn,* Halsbury's Laws of England, Companies, Rdnr. 1311; *Goode,* Commercial Law, S. 714; *Pennington,* Company Law, 5. Auflage, S. 539.

483 *National Provincial Union Bank of England v. Charnley* [1924] 1 K. B. 431, 444 (Bankes L. J.). In dem Fall waren die von der *charge* erfaßten Vermögensgegenstände nicht vollständig im Register aufgeführt.

484 *National Provincial Union Bank of England v. Charnley* [1924] 1 K. B. 431, 454 (Atkin L. J.); *In re C. L. Nye Ltd.* [1971] Ch. 442, 474 (Russell L. J.); *Regina v. Registrar of Companies, ex parte Central Bank of India* [1986] 2 W. L. R. 177, 192 (Lawton L. J.); *Bridge,* in: Palmer's Company Law, Rdnr. 13.332.

485 S. 399 (3) Companies Act 1985; *Pennington,* Company Law, S. 504 f. Kritisch hinsichtlich der Berechtigung dieser umfassenden Strafdrohung *Goode,* Commercial Law, S. 703 f.

486 S. 399 (1) Companies Act 1985.

487 S. 399 (2) Companies Act 1985.

c. S. 395 (1) Companies Act 1985 und die Wirksamkeit einer Forderungsübertragung gegenüber Dritten

Im Verhältnis zwischen Sicherungsgeber und Sicherungsnehmer treten die Wirkungen einer *charge* unmittelbar mit dem Zustandekommen der entsprechenden Vereinbarung ein. Der Eintritt dieser Wirkungen wird als *attachment* bezeichnet. Eine Registrierung der *charge* ist hierfür nicht erforderlich.[488] Gegenüber Dritten ist eine *charge* jedoch nur dann wirksam, wenn die Voraussetzungen für ihre *perfection*[489] vorliegen. Sie ergeben sich bei einer *charge over book debts of a company* aus s. 395 (1) Companies Act 1985. Sind sie erfüllt, ist damit noch nicht gesagt, welchem von mehreren, im Verhältnis zueinander wirksamen Rechten der Vorrang zukommt. Diese Frage der *priority* richtet sich nach allgemeinen Regeln.[490] Sie ergeben sich bei Forderungsübertragungen aus der Entscheidung *Dearle v. Hall*.[491]

Die dem englischen Recht eigene Unterscheidung zwischen diesen verschiedenen dinglichen Wirkungen einer Forderungsübertragung zeigt, daß die Bedeutung des Registrierungserfordernisses der s. 395 (1) Companies Act 1985 in zweierlei Hinsicht eingeschränkt ist: "Registration of the security interest is merely a perfection requirement. It does not validate an ineffective security nor does it constitute a priority point."[492] Zwischen den Wirkungen der Registrierung einer *charge over book debts* und den allgemeinen Prioritätsregeln nach *Dearle v. Hall* bestehen zahlreiche Wechselwirkungen.[493] Sie unterscheiden sich danach, ob die *charge* dem Insolvenzverwalter des Sicherungsgebers, dessen Gläubigern oder anderen Zessionaren derselben Forderung entgegengehalten werden soll.

aa. Wirksamkeit einer *charge* gegenüber dem Insolvenzverwalter des Sicherungsgebers

Eine nicht registrierte *charge* ist nach s. 395 (1) Companies Act 1985 gegenüber dem Insolvenzverwalter des Sicherungsgebers unwirksam. Der Insolvenzverwalter kann die belasteten Forderungen zugunsten der Masse in Anspruch nehmen.[494] Da aber der Sicherungsnehmer die nicht registrierte *charge* dem Sicherungsgeber entgegenhalten kann,[495] enthält s. 395 (1)

---

[488] *Oben*, S. 120.
[489] *Goode*, Commercial Law, S. 674.
[490] *Curry/Hannigan/Tamlyn*, Halsbury's Laws of England, Companies, Rdnr. 1273; *Goode*, Commercial Law, S. 715; *Oditah*, Receivables Financing, S. 179.
[491] Dazu *oben*, S. 79 ff. Für andere Vermögensgegenstände gelten andere Prioritätsregeln. Da das Zusammenspiel und *perfection* und *priority* in der englischen Literatur häufig am Beispiel beweglicher oder unbeweglicher Sachen dargestellt wird, müssen die Darstellungen sinngemäß auf Sicherungsrechte an Forderungen übertragen werden.
[492] *Goode*, Commercial Law, S. 715.
[493] *Bridge*, in: Palmer's Company Law, Rdnr. 13.325.
[494] *Bridge*, in: Palmer's Company Law, Rdnr. 13.324.
[495] *Oben*, S. 120.

Companies Act 1985 eine gesetzlich angeordnete Ausnahme von der Regel, daß eine Forderungsübertragung, die gegenüber dem Zedenten wirksam ist, auch dessen Insolvenzverwalter entgegengehalten werden kann.[496] Wurde die *charge* registriert, kann der Insolvenzverwalter auf die Forderungen nicht mehr zugreifen. Auf eine Benachrichtigung der Schuldner kommt es nicht an.

bb. Wirksamkeit einer *charge* gegenüber den Gläubigern des Sicherungsgebers

Nach s. 395 (1) Companies Act 1985 ist eine *charge,* die nicht registriert worden ist, nicht nur gegenüber dem Insolvenzverwalter unwirksam, sondern auch gegenüber *any creditor of the company.*

Wenn darunter auch die ungesicherten Gläubiger des Sicherungsgebers zu verstehen sind, ist eine nicht registrierte *charge* wertlos. Der Sicherungsnehmer wäre im Insolvenzfall nicht besser gestellt als die ungesicherten Gläubiger. S. 395 (1) Companies Act 1985 hätte dann aber auch vorsehen können, daß eine nicht registrierte *charge* gegenüber Dritten unwirksam ist. Die Vorschrift schränkt ihre Rechtsfolgen jedoch ein: Eine nicht registrierte *charge* ist unwirksam *against the liquidator and any creditor of the company.* Daher können sich auf die Unwirksamkeit einer nicht registrierten *charge* nur jene Gläubiger des Sicherungsgebers berufen, die selbst Rechte an den belasteten Forderungen erworben haben, und daher den Sicherungsgeber daran hindern können, über sie zu verfügen.[497] Diese Einschränkung der Wirkungen von s. 395 (1) Companies Act 1985 steht im Einklang mit der Tatsache, daß eine nicht registrierte *charge* gegenüber dem Sicherungsgeber wirksam ist. Diese Wirksamkeit wäre bedeutungslos, wenn die sich aus ihr ergebenden Rechte des Sicherungsnehmers von jedem ungesicherten Gläubiger des Sicherungsgebers angegriffen werden könnten.[498]

Daher können sich ungesicherte Gläubiger nicht darauf berufen, daß ihr Schuldner eine *charge* über ihm zustehende Forderungen nicht registriert hat.[499] Sie können auf die belasteten Forderungen im Wege der Zwangsvollstreckung nicht zugreifen. Es gilt somit die allgemeine Regel, daß eine Forderungsübertragung, die dem Zedenten gegenüber wirksam ist, auch dessen ungesicherten Gläubigern entgegengehalten werden kann.[500] Eine fehlende Registrierung kommt den ungesicherten Gläubigern erst dann

---

[496] *Oben,* S. 84.
[497] *Re Ehrmann Brothers Ltd.* [1906] 2 Ch. 697, 704 (Vaughan Williams L. J.); *Goode,* Commercial Law, S. 720 f.; *Smith,* in: Private English Law, Rdnr. 5.135.
[498] *Goode,* Commercial Law, S. 721.
[499] *Goode,* Commercial Law, S. 720 f.
[500] *Oben,* S. 84.

zugute, wenn über das Vermögen des Sicherungsgebers ein Insolvenzverfahren eröffnet wurde.[501]

cc. Wirksamkeit einer *charge* gegenüber anderen Zessionaren derselben Forderung

Die Wirksamkeit einer *charge* gegenüber anderen Zessionaren derselben Forderung hängt davon ab, ob diese sich als *creditors of the company* nach s. 395 (1) Companies Act 1985 auf eine fehlende Registrierung berufen können.

Hat der Sicherungsgeber die mit einer *charge* belasteten Forderungen einem Dritten nicht nur zur Sicherheit, sondern vollständig und endgültig übertragen, ist dieser nicht Gläubiger des Sicherungsgebers, sondern Erwerber von dessen Forderungen. Er kann sich daher nicht als *creditor of the company* auf s. 395 (1) Companies Act 1925 berufen, wenn die *charge* nicht registriert wurde und seinem Forderungserwerb entgegensteht.[502] Hat der Sicherungsgeber dem Dritten aber ebenfalls ein Sicherungsrecht an den mit einer *charge* belasteten Forderungen eingeräumt, kann dieser als *creditor of the company* die Unwirksamkeit der seinen Sicherungsrechten entgegenstehenden, nicht registrierten *charge* geltend machen.

Die Wirksamkeit einer *charge* gegenüber anderen Zessionaren derselben Forderung hängt somit davon ab, ob diesen ein weiteres Sicherungsrecht an der Forderung eingeräumt wurde, oder ob ihnen die Forderung vollständig und endgültig übertragen wurde.

(1) Wirksamkeit gegenüber einem weiteren Sicherungsrecht an der belasteten Forderung

Die Wirksamkeit einer *charge* gegenüber einem weiteren Sicherungsrecht an der belasteten Forderung hängt davon ab, welche der konkurrierenden Sicherungsrechte nach s. 395 (1) Companies Act 1985 registriert worden sind.

(a) Zusammentreffen einer registrierten mit einer nicht registrierten *charge*

Hat der Sicherungsgeber an ihm zustehenden Forderungen zunächst eine *charge* begründet, die registriert worden ist, und anschließend eine weitere *charge* zugunsten eines anderen Sicherungsnehmers, die nicht registriert worden ist, ist die zweite *charge* gegenüber der ersten nach s. 395 (1) Companies Act 1985 unwirksam. Deren Registrierung verhindert demnach, daß

---

[501] *Goode*, Commerical Law, S. 720 f.; *Smith*, in: Private English Law, Rndr. 5.135.

[502] Vgl. *E. Pfeiffer Weinkellerei-Weineinkauf GmbH & Co. v. Arbuthnot Factors Ltd.* [1988] W. L. R. 150, 161 ff. (Phillips J.); *Bridge*, in: Palmer's Company Law, Rdnr. 13.324; *Goode*, Commercial Law, S. 720 f.; *ders.*, Legal Problems of Credit and Security, S. 92.

sie durch eine spätere Belastung unterlaufen wird.[503] Dies gilt auch dann, wenn der zweite Sicherungsnehmer von der vorhergehenden Belastung nichts wußte und auch nichts hätte wissen können.[504] Letzteres ist beispielsweise der Fall, wenn der zweite Sicherungsnehmer das Register einsieht, bevor die erste *charge* dort eingetragen wird. Da diese aber dem Register erst 21 Tage nach ihrer Vereinbarung angezeigt werden muß,[505] die Registrierung aber zum Zeitpunkt der Vereinbarung zurückwirkt, hat der zweite Sicherungsnehmer keine Möglichkeit, die bereits bestehende Belastung zu erkennen.

Eine registrierte und eine nicht registrierte *charge* können auch in zeitlich umgekehrter Reihenfolge aufeinandertreffen. Dazu muß der Sicherungsgeber an ihm zustehenden Forderungen zunächst eine *charge* begründet haben, deren Registrierung unterblieben ist, und daran anschließend eine weitere, die nach den Vorschriften des Companies Act 1985 registriert worden ist. Die nicht registrierte *charge* ist nach s. 395 (1) Companies Act 1985 gegenüber der zeitlich späteren, aber registrierten *charge* unwirksam. Dabei kommt es nicht darauf an, ob der zweite Sicherungsnehmer von der bereits bestehenden Belastung wußte oder nicht.[506]

Eine nicht registrierte *charge* ist demnach gegenüber einer registrierten *charge* stets unwirksam. Auf die Reihenfolge, in der die Sicherheiten vereinbart wurden, kommt es nicht an.[507]

(b) Zusammentreffen zweier nicht registrierter *charges*

Für die Fälle, in denen der Sicherungsgeber ihm zustehende Forderungen mit zwei *charges* zugunsten unterschiedlicher Sicherungsnehmer belastet hat und keine dieser *charges* registriert worden ist, werden unterschiedliche Lösungsansätze diskutiert. Nach *Goode* ist die erste *charge* unwirksam.[508] Der zweite Sicherungsnehmer habe durch die *charge*, die er auch ohne Registrierung dem Sicherungsgeber entgegenhalten kann, ein Recht an den Forderungen erworben, das es ihm ermöglicht, den Sicherungsgeber daran zu hindern, über diese Forderungen frei zu verfügen. Er sei daher ein *creditor of the company* im Sinne der s. 395 (1) Companies Act 1985. Die

---

[503] *Goode*, Commercial Law, S. 715; *Pennington*, Company Law, 5. Auflage, S. 536.

[504] *Pennington*, Company Law, 5. Auflage, S. 536.

[505] Angesichts der Möglichkeit einer gerichtlichen Verlängerung dieser Frist (*oben*, Fn. 473) verschafft die Registereinsicht auch für den davorliegenden Zeitraum keine Gewißheit, daß das Vermögen des Sicherungsgebers nicht bereits belastet ist. Fristverlängerungen werden allerdings von den Gerichten in aller Regel dahin eingeschränkt, daß die Registrierung die Rechte Dritter unberührt läßt, die zwischen der Vereinbarung der *charge* und ihrer Registrierung erworben worden sind (*Goode*, Commercial Law, S. 722).

[506] *In re Monolithic Building Company* [1915] 1 Ch. 643, 662 f. (Lord Cozens-Hardy M. R.); *Bridge*, in: Palmer's Company Law, Rdnr. 13.324; *Goode*, Commercial Law, S. 721.

[507] *Pennington*, Company Law, 5. Auflage, S. 535; *Smith*, in: English Private Law, Rdnr. 5.135.

[508] *Goode*, Commercial Law, S. 721. Ebenso *Smith*, in: English Private Law, Rdnr. 5.135.

erste *charge* sei ihm gegenüber unwirksam. Das Registrierungserfordernis des Companies Act 1985 führe auf diese Weise zu einer Umkehrung der ansonsten geltenden Regel *prior tempore potior iure.*

Dabei wird jedoch nicht deutlich, warum gerade die zweite *charge* als Ausgangspunkt für die Anwendung der s. 395 (1) Companies Act 1985 herangezogen wird. Auch der erste Sicherungsnehmer hat ein Recht an den später nochmals belasteten Forderungen erworben, das es ihm erlaubt, den Sicherungsgeber daran zu hindern, über die Forderungen frei zu verfügen. Er ist daher ebenso wie der zweite Sicherungsnehmer ein *creditor of the company* im Sinne der s. 395 (1) Companies Act 1985, so daß er sich gegenüber der zweiten *charge* auf deren Unwirksamkeit wegen fehlender Registrierung berufen kann. Daher kommt *Pennington* zu dem überzeugenderen Ergebnis, daß beide *charges* im Verhältnis zueinander unwirksam sind und die beiden Sicherungsnehmer im Verhältnis zu ihren jeweiligen Ansprüchen gegen den Sicherungsgeber aus dem Verwertungserlös befriedigt werden müssen.[509]

Das Zusammentreffen zweier nicht registrierter *charges* dürfte jedoch wegen der Möglichkeit, bei Gericht eine Verlängerung der für die Registrierung geltenden Frist von 21 Tagen zu erwirken, eine in der Praxis selten vorkommende Fallgestaltung sein.[510]

(c) Zusammentreffen zweier registrierter *charges*

Hat der Sicherungsgeber an ihm zustehenden Forderungen zwei *charges* zugunsten unterschiedlicher Sicherungsnehmer bestellt und wurden beide Sicherungsrechte nach s. 395 (1) Companies Act 1985 registriert, kann keiner der beiden Sicherungsnehmer die Unwirksamkeit der jeweils anderen *charge* geltend machen. Ihr Verhältnis zueinander bestimmt sich vielmehr nach allgemeinen Regeln.[511] Wurden die Sicherheiten an Forderungen bestellt, sind dies die Grundsätze aus der Entscheidung *Dearle v. Hall.*[512]

Danach kann derjenige Sicherungsnehmer vorrangig auf die belasteten Forderungen zugreifen, der den Schuldner zuerst von der jeweiligen sicherungsweisen Forderungsübertragung benachrichtigt. Die Registrierung der *charge* ist nicht geeignet, diese Benachrichtigung zu ersetzen.[513] Wenn der Schuldner jedoch das Register von sich aus einsieht und dadurch von der

---

[509] *Pennington,* Company Law, 5. Auflage, S. 537.

[510] Zu denGrenzen einer wirksamkeitswahrenden Registrierung nach Fristverlängerung: *Watson v. Duff Morgan (Holdings) Ltd.* [1974] 1 All E. R. 794; *Pennington,* Company Law, 5. Auflage, S. 535 ff.

[511] Nachweise *oben,* Fn. 490.

[512] Dazu *oben,* S. 79 ff.

[513] Oditah, *Receivables Financing*, S. 180.

Forderungsübertragung Kenntnis erlangt, genügt dies, um zumindest dem zeitlich früheren Sicherungsnehmer Vorrang zu verschaffen.[514]

Der spätere Sicherungsnehmer kann seiner *charge* gegenüber einem früheren Sicherungsnehmer nur dadurch Wirksamkeit verleihen, daß er die Schuldner der belasteten Forderungen zuerst benachrichtigt. Voraussetzung ist jedoch, daß er die frühere *charge* weder kannte, noch hätte kennen müssen.[515] Gerade das ist allerdings der Fall, wenn das frühere Sicherungsrecht registriert worden ist. Denn die Registrierung führt bei allen späteren Sicherungsnehmern zu einer *constructive notice* derjenigen Angaben, deren Registrierung gesetzlich vorgeschrieben ist.[516] Sie hätten von der bereits bestehenden *charge* wissen müssen. Die Registrierung schützt daher den Inhaber einer *charge* an Forderungen davor, daß seine Rechtsstellung dadurch beeinträchtigt wird, daß ihm eine später vereinbarte *charge* über dieselben Forderungen entgegengehalten werden kann. Bei einem Zusammentreffen zweier registrierter *charges* hat demnach die zuerst vereinbarte den Vorrang.

Eine Registrierung unvollständiger oder falscher Angaben macht diese nicht unwirksam.[517] Sie schränkt aber die Reichweite der durch sie herbeigeführten *constructive notice* Dritter ein.[518] Wird beispielsweise nicht registriert, daß eine *charge* auch die Forderungen des Sicherungsgebers umfaßt, hat ein späterer Sicherungsnehmer hiervon keine *constructive notice* und kann daher durch eine rechtzeitige Benachrichtigung des Schuldners eine gegenüber dem ersten Sicherungsnehmer wirksame *charge* an diesen Forderungen erwerben.

(2) Wirksamkeit gegenüber einer vollständigen Übertragung der belasteten Forderung

Eine *charge* an einer Forderung ist gegenüber einem Zessionar, dem die belastete Forderung nicht nur zur Sicherheit, sondern vollständig und endgültig übertragen wurde, „for some curious reason"[519] auch dann wirksam, wenn sie nicht registriert worden ist. Der Zessionar ist kein *creditor of the company* im Sinne der s. 395 (1) Companies Act 1985, so daß er sich auf

---

[514] Vgl. *oben*, S. 80.

[515] *Oben*, S. 81.

[516] *Wilson v. Kelland* [1910] 2 Ch. 306, 313 (Eve J.); *Goode*, Commercial Law, S. 715 f. und 719. Dagegen zieht die freiwillige Registrierung weiterer Angaben keine *constructive notice* nach sich. Die Registrierung verschafft Dritten insbesondere keine Kenntnisse vom Inhalt der Sicherungsabrede: *Goode*, a. a. O., S. 717: „Registration of an instrument of charge constitutes notice of the existence of the charge but not notice of the contents of the charge instrument". Dies gilt auch hinsichtlich solcher Klauseln, deren Verwendung üblich ist (*Goode*, a. a. O., S. 717 ff.).

[517] *Oben*, S. 128.

[518] *Goode*, Commercial Law, S. 716 f.

[519] *Goode*, Commercial Law, S. 721.

die von der Vorschrift angeordnete Unwirksamkeit der *charge* nicht berufen kann.[520] Das Verhältnis zwischen dem Inhaber der *charge* an einer Forderung und dem Zessionar dieser Forderung richtet sich nach den Grundsätzen aus *Dearle v. Hall.*[521] Danach steht die Forderung demjenigen zu, der den Schuldner zuerst von der Forderungsübertragung in Kenntnis gesetzt hat und dabei eine zeitlich frühere, entgegenstehende Übertragung der Forderung nicht gekannt hat und auch nicht hätte kennen müssen.[522]

Ob der Zessionar einer Forderung von einer zeitlich früheren Belastung mit einer *charge* hätte wissen müssen, hängt davon ab, ob die Registrierung der *charge* ihm gegenüber zu einer *constructive notice* dieser Belastung führt. Dies ist nur dann der Fall, wenn die Geschäftsbeziehung zwischen Zedent und Zessionar im Hinblick auf die Forderungen „is of such a kind that it would be reasonable to expect the party in question to search [the register]."[523] Die in dieser Formulierung zum Ausdruck kommende Beschränkung der *constructive notice* ist vor allem bei einem Verkauf von Handelsgütern im gewöhnlichen Geschäftsverlauf von praktischer Bedeutung. Werden Forderungen übertragen, so geschieht dies in aller Regel zu Finanzierungszwecken, so daß von dem Erwerber der Forderungen vernünftigerweise erwartet werden kann, daß er, bevor er ein solches Geschäft eingeht, das Register einsieht.[524]

Daher schützt die Registrierung den Inhaber einer *charge* an Forderungen davor, daß seine Rechtsstellung durch eine vollständige und endgültige Übertragung dieser Forderungen an einen Dritten beeinträchtigt wird. Auch wenn der Zessionar den Schuldner zuerst von dem Forderungsübergang benachrichtigt, kann er diesen dem Inhaber der *charge* nicht entgegenhalten. Etwas anderes gilt, wenn die *charge* nicht registriert worden ist. Dann ist diejenige Forderungsübertragung wirksam, von der der Schuldner zuerst in Kenntnis gesetzt wurde.

d. Zusammenfassung

Das Ineinandergreifen des Registrierungserfordernisses nach s. 395 (1) Companies Act 1985 und der Grundsätze aus *Dearle v. Hall* zeigt, daß das englische Recht die Wirksamkeit einer sicherungsweisen Forderungsübertragung gegenüber Dritten nicht als in sich geschlossene und von den dinglichen Wirkungen zwischen Sicherungsgeber und Sicherungsnehmer deutlich zu trennende Fragestellung ansieht.

---

[520] *Oben*, S. 131.
[521] *E. Pfeiffer Weinkellerei-Weineinkauf GmbH & Co. v. Arbuthnot Factors Ltd.* [1988] W. L. R. 150, 163 (Phillips J.).
[522] *Oben*, S. 79 f.
[523] *Goode*, Commercial Law, S. 719 f.
[524] *Goode*, Commercial Law, S. 719.

Das englische Recht unterscheidet vielmehr folgende drei Fallgruppen: Zwischen Sicherungsnehmer und Sicherungsgeber sowie gegenüber dessen ungesicherten Gläubigern entfaltet eine *charge* allein aufgrund ihrer Vereinbarung dingliche Wirkungen. Die Wirksamkeit einer *charge* gegenüber dem Insolvenzverwalter des Sicherungsgebers hängt ausschließlich von ihrer Registrierung ab. Die Wirksamkeit einer *charge* gegenüber den Gläubigern des Sicherungsgebers, die ebenfalls ein Sicherungsrecht an den Forderungen geltend machen, und anderen Zessionaren, denen die Forderungen ebenfalls vollständig und endgültig übertragen wurden, richtet sich schließlich nach den Regeln aus *Dearle v. Hall.* Hier ist die Registrierung der *charge* insofern von Bedeutung, als sie eine *constructive notice* vom Bestehen der *charge* nach sich ziehen kann.

Von diesen dinglichen Aspekten einer sicherungsweisen Übertragung von Forderungen sind ihre Wirkungen gegenüber den Schuldnern zu unterscheiden. Da der Sicherungsnehmer die *charge* im Sicherungsfall nicht unmittelbar gegenüber den Schuldnern der belasteten Forderungen durchsetzen kann, sondern erst eine Übertragung der belasteten Forderungen bewirken muß,[525] entfaltet eine frühere Benachrichtigung des Schuldners ihm gegenüber keine Wirkungen.[526] Sie dient lediglich dazu, daß der Sicherungsnehmer die *charge* Dritten entgegenhalten kann. Der Schuldner kann daher solange mit befreiender Wirkung an den Sicherungsgeber leisten, bis er nach Eintritt des Sicherungsfalls und nach der endgültigen Übertragung der belasteten Forderungen von diesem Forderungsübergang in Kenntnis gesetzt worden ist.[527] Bis zu diesem Zeitpunkt kann er im Verhältnis zum Sicherungsgeber neue Einreden und Einwendungen begründen.[528]

2. Die Vor- und Nachteile des dritten Lösungsansatzes

Ob eine *charge* an Forderungen einer in England oder Wales eingetragenen Gesellschaft deren Insolvenzverwalter und anderen Zessionaren derselben Forderungen entgegengehalten werden kann, hängt davon ab, ob sie nach s. 395 (1) Companies Act 1985 registriert worden ist. Bis zu ihrer Registrierung ist die *charge* lediglich zwischen Sicherungsnehmer und Sicherungsgeber, sowie gegenüber dessen ungesicherten Gläubigern wirksam.[529]

---

[525] *Oben*, S. 119.
[526] *Goode*, J. B. L. 1984, 172, 173.
[527] *Goode*, J. B. L. 1984, 172, 173 f.
[528] *Goode*, J. B. L. 1984, 172, 174. Dies ist im Hinblick auf den Einwand der Aufrechnung jedoch umstritten. Nach *Oditah* (Receivables Financing, S. 95 f.) kann der Schuldner bereits ab der Benachrichtigung von der *charge* keine zusätzlichen Aufrechungsmöglichkeiten begründen. Diese Auffassung schränkt jedoch die Verteidigungsmöglichkeiten des Schuldners ein. Bis zum Eintritt des Sicherungsfalls könnte er nur vom Sicherungsgeber in Anspruch genommen werden, zusätzliche Aufrechnungsmöglichkeiten aber nur im Verhältnis zum Sicherungsnehmer erwerben.
[529] *Oben*, S. 129 ff.

S. 395 (1) Companies Act 1985 ist somit ein Beispiel für den dritten Lösungsansatz, nach dem die Wirksamkeit einer Forderungsübertragung gegenüber Dritten von ihrer Registrierung in einem öffentlichen Register abhängt. Dieser Lösungsansatz wird den praktischen Anforderungen der internationalen Forderungsfinanzierung gerecht, wenn er eine einfache und kostengünstige Übertragung von Forderungen ermöglicht und dem Zessionar die Gewißheit verschafft, daß ihm die übertragenen Forderungen tatsächlich zustehen.

Ein Registrierungserfordernis ist jedoch dem Einwand ausgesetzt, daß es die Einfachheit und Leichtigkeit des Rechtsverkehrs beeinträchtigt, da bei jeder Forderungsübertragung die erforderlichen Angaben dem Register angezeigt werden müssen. Dieser Einwand ist allerdings nicht von erheblichem Gewicht. Dies gilt vor allem dann, wenn man die beiden anderen Lösungsansätze als Vergleichsmaßstab heranzieht.

Zum einen muß das Registrierungserfordernis nicht für jede Forderung, sondern nur für jede Übertragungsabrede erfüllt werden. Da aber durch eine Vereinbarung eine Vielzahl von Forderungen übertragen werden kann, sind die durch den dritten Lösungsansatz verursachten Beeinträchtigungen deutlich geringer als bei der nach dem ersten Lösungsansatz erforderlichen Benachrichtigung jedes einzelnen Schuldners.

Zum anderen beeinträchtigt der dritte Lösungsansatz die Einfachheit und Leichtigkeit des Rechtsverkehrs nicht wesentlich stärker als der zweite Lösungsansatz. Danach wirkt die Übertragungsabrede zwischen Zedent und Zessionar unmittelbar *erga omnes*. Für die Übertragungsabrede wird jedoch im Interesse der Rechtssicherheit die Einhaltung einer bestimmten Form entweder gesetzlich vorgeschrieben oder ist in der Praxis zumindest üblich. Ob aber das ohnehin angefertigte Schriftstück zusätzlich mit den erforderlichen Angaben noch an ein öffentliches Register übermittelt wird, macht keinen entscheidenden Unterschied. Dies gilt um so mehr, wenn das Register an die Anforderungen des modernen Geschäftsverkehrs angepaßt ist und eine Registrierung auf elektronischem Wege ermöglicht, zumindest aber keine schwerfälligen und kostenträchtigen Formerfordernisse vorsieht.

Ein weiterer Einwand gegen den dritten Lösungsansatz besteht darin, daß er dem praktischen Bedürfnis nach stillen Forderungsübertragungen nicht gerecht werde.[530] Bei einer stillen Forderungsübertragung ist entscheidend, daß der Schuldner als Geschäftspartner des Zedenten nicht von dem Forderungsübergang in Kenntnis gesetzt wird. Dadurch will der Zedent schon den Verdacht vermeiden kann, er sei in eine finanzielle Schieflage geraten. Außerdem soll eine stille Forderungsübertragung im täglichen Geschäftsablauf nicht in Erscheinung treten: Der Schuldner soll nach wie vor mit be-

---

[530] Vgl. *Janzen,* RabelsZ 63 (1999) 368, 369: Die deutsche Delegation habe nach Aussage des Delegationsmitglieds Uwe H. Schneider Bedenken gegen das vorgeschlagene Registrierungssystem gehabt, da es zu einem gläsernen Unternehmen führe.

freiender Wirkung an den Zedenten leisten, dieser die Forderung geltend machen können.

Diesen Anforderungen wird aber auch der dritte Lösungsansatz gerecht. Denn die Registrierung einer Forderungsübertragung ist nicht mit einer Benachrichtigung der Schuldner verbunden und kann daher auch keine Zweifel an der finanziellen Leistungsfähigkeit des Zedenten wecken. Die Forderungsübertragung ist lediglich für diejenigen erkennbar, die bereits Zweifel haben oder sich aus anderen Gründen ein Bild über die Vermögenslage des Zedenten machen wollen und daher das Register einsehen. Der Zedent hat kein schutzwürdiges Interesse daran, dies zu verhindern und seine Vermögenslage zu verschleiern. Dies gilt um so mehr, wenn es sich um eine publizitätspflichtige Kapitalgesellschaft handelt. Gegenüber dem Schuldner tritt auch eine registrierte Forderungsübertragung im täglichen Geschäftsablauf nicht in Erscheinung. Er kann mit befreiender Wirkung an den Zedenten leisten, bis ihm die Forderungsübertragung angezeigt wird. Dem Zedenten kann durch eine Einziehungsermächtigung das Geltendmachen der Forderung ermöglicht werden.

Somit können auch mit dem dritten Lösungsansatz die mit einer stillen Forderungsübertragung verbundenen Ziele erreicht werden: Die Forderungsübertragung gibt den Geschäftspartnern des Zedenten keinen Anlaß, an dessen finanzieller Leistungsfähigkeit zu zweifeln, und sie tritt im täglichen Geschäftsablauf nicht in Erscheinung. Der dritte Lösungsansatz verhindert lediglich solche Forderungsübertragungen, die dem Rechtsverkehr völlig verborgen bleiben. Daran hat der Zedent allerdings auch kein schutzwürdiges Interesse.

Die Nachteile einer Regelung der Wirksamkeit einer Forderungsübertragung gegenüber Dritten auf der Grundlage des dritten Lösungsansatzes sind daher nur von geringem Gewicht. Sowohl die Einfachheit und Leichtigkeit des Rechtsverkehrs als auch die Möglichkeit stiller Forderungsübertragung bleiben gewährleistet.

Der entscheidende Vorteil des dritten Lösungsansatzes liegt in der durch das Register gewährleisteten Rechtssicherheit.[531] Dritte können durch Einsicht in das Register zuverlässig feststellen, in welchem Umfang der Zedent über die ihm zustehenden Forderungen bereits verfügt hat. Mit der Einführung eines Registrierungssystems werden auch die Einschränkungen entbehrlich, die den Rechtsverkehr vor einer weitgehenden und nicht erkennbaren Aushöhlung des Vermögens des Zedenten schützen sollen. Dies gilt etwa für die Begrenzung der Übertragbarkeit zukünftiger Forderungen und für die von den Umständen des Einzelfalls abhängige Unwirksamkeit bestimmter Forderungsübertragungen.

---

531 *Zweigert/Kötz*, Einführung in die Rechtsvergleichung, S. 453; *Schwarcz*, U. Pa. J. Int. Econ. L. 1999, 455, 462 ff.; *Walsh*, Dick. L. Rev. 106 (2001) 159, 169.

Daher ist der dritte Lösungsansatz am besten geeignet, als Grundlage für eine Regelung der Wirksamkeit einer Forderungsübertragung gegenüber Dritten zu dienen. Anders als der zweite Lösungsansatz gewährleistet er in wietem Umfang die für den Rechtsverkehr wichtige Rechtssicherheit. Anders als der erste Lösungsansatz beeinträchtigt er die Einfachheit und Leichtigkeit des Rechtsverkehrs nur insoweit, als es zum Erreichen dieses Zwecks erforderlich ist.

In der englischen Literatur wird aus diesen Gründen die Abschaffung des Erfordernisses einer Benachrichtigung des Schuldners nach *Dearle v. Hall* und die Einrichtung eines umfassenden Registrierungssystems gefordert.[532] Auch in der deutschen Literatur findet der dritte Lösungsansatz Unterstützung.[533] In zahlreichen Staaten werden Regelungen auf der Grundlage des dritten Lösungsansatzes in Kraft gesetzt.[534]

V. Die Vereinheitlichung des materiellen Rechts durch die UN-Konvention über die Forderungsübertragung im internationalen Handelsverkehr

Die UN-Konvention über die Forderungsübertragung im internationalen Handelsverkehr enthält kein einheitliches Sachrecht für die Wirksamkeit einer Forderungsübertragung gegenüber Dritten. Sie bestimmt in Art. 22 lediglich das anwendbare nationale Recht und beschränkt sich somit auf eine Vereinheitlichung des Kollisionsrechts.

Die Vereinheitlichung der sachrechtlichen Vorschriften über die Drittwirksamkeit einer Forderungsübertragung war jedoch eines der wesentlichen Ziele der Konvention.[535] Auch in der Arbeitsgruppe bestand Einigkeit, daß eine sachrechtliche Regelung dem Interesse des Rechtsverkehrs an Rechtssicherheit weitaus besser Rechnung getragen hätte als der schließlich gewählte kollisionsrechtliche Ansatz.[536] Doch trotz einer umfassenden Diskussion über die Vor- und Nachteile der verschiedenen Lösungsansätze,[537] konnte sich die Arbeitsgruppe nicht einigen, welcher Lösungsansatz einer einheitlichen Regelung zugrunde gelegt werden sollte. Die zwischen den nationalen Rechtsordnungen bestehenden Unterschiede erwiesen sich als unüberbrückbar. Der Versuch einer sachrechtlichen Regelung wurde da-

---

[532] *Goode*, Commercial Law, S. 705.

[533] *Zweigert/Kötz*, Einführung in die Rechtsvergleichung, S. 453.

[534] *Schwarcz*, U. Pa. J. Int. Econ. L. 1999, 455, 469 ff.

[535] A/49/17 (Bericht der Kommission), Rdnr. 212; A/CN.9/412 (Bericht des Sekretariats), Rdnr. 84.

[536] A/CN.9/445 (Bericht der Arbeitsgruppe), Rdnr. 20; *Bazinas*, Duke J. Comp. Int. L. 8 (1998) 315, 350.

[537] A/CN.9/412 (Bericht des Sekretariats), Rdnr. 73–80; A/CN.9/420 (Bericht der Arbeitsgruppe), Rdnr. 149–159; A/CN.9/434 (Bericht der Arbeitsgruppe), Rdnr. 245–253; A/CN.9/445 (Bericht der Arbeitsgruppe), Rdnr. 21.

her zugunsten eines kollisionsrechtlichen Ansatzes aufgegeben:[538] Nach Art. 22 unterliegt die Wirksamkeit einer Forderungsübertragung gegenüber Dritten dem Recht des Staates, in dem der Zedent ansässig ist.

Sachrechtliche Regelungen finden sich lediglich im Anhang der Konvention. Dort werden ausgehend von den Lösungsansätzen, die von der Arbeitsgruppe diskutiert worden sind, drei voneinander unabhängige Regelungsmodelle gleichberechtigt nebeneinander gestellt: Nach den Vorschriften des ersten Abschnitts kommt es auf die Registrierung der Forderungsübertragung in einem öffentlichen Register an. Ein solches Register kann auf der Grundlage der Vorschriften des zweiten Abschnitts eingerichtet und geführt werden. Der dritte Abschnitt stellt auf den Zeitpunkt ab, zu dem die Forderungsübertragung von den Zessionsparteien vereinbart wurde. Der Zeitpunkt, zu dem der Schuldner von der Forderungsübertragung benachrichtigt wurde, ist schließlich für die Vorschriften des vierten Abschnitts entscheidend.

Der Anhang der UN-Konvention leistet keinen Beitrag zu einer Harmonisierung des Abtretungsrechts. Das entspricht jedoch auch nicht seiner Zielsetzung. Denn er richtet sich lediglich an jene Staaten, in denen Regelungen über die Wirksamkeit von Forderungsübertragungen gegenüber Dritten gänzlich fehlen, unvollständig sind oder den Anforderungen des modernen Rechtsverkehrs nicht entsprechen.[539] Ihnen soll die Möglichkeit gegeben werden, auf der Grundlage der Konvention ihr nationales Recht zu modernisieren: „The annex provided usefull guidance to States that wished to modernize their priority systems."[540] Ob eine Modernisierung erforderlich ist, soll ein Vergleich der bestehenden Rechtslage mit den im Anhang der Konvention vorgeschlagenen Regelungsmodellen ergeben.[541] Der Anhang hat damit Funktion eines an die Konvention angeschlossenen, unselbständigen Modellgesetzes: „The rules, set forth in the annex, are intended to serve as a model for national legislation."[542]

Der Anhang der UN-Konvention kann diese Funktion erfüllen, da er sachrechtliche Vorschriften über die Wirksamkeit einer Forderungsübertragung gegenüber Dritten enthält (1.), die jedoch nur für jene Vertragsstaaten verbindlich sind, die eine entsprechende Erklärung abgegeben haben. Die

---

[538] A/CN.9/445 (Bericht der Arbeitsgruppe), Rdnr. 22 („After discussion, the Working Group came to the conclusion that it would not be feasable to reach agreement on a substantive law provision"), 26 f., 31. Vgl. *Janzen*, RabelsZ 63 (1999) 368, 369; *Kuhn*, in: Liber amicorum et discipulorum Kurt Siehr, 93, 104.

[539] A/CN.9/497 (Bericht der Arbeitsgruppe), Rdnr. 137; A/CN.9/489/Add. 1 (Kommentierung des Sekretariats), Rdnr. 72; A/CN.9/455 (Bericht der Arbeitsgruppe), Rdnr. 121; *Bazinas*, ZEuP 2002, 782, 799.

[540] A/CN.9/486 (Bericht der Arbeitsgruppe), Rdnr. 138. Vgl. A/CN.9/455 (Bericht der Arbeitsgruppe), Rdnr. 121.

[541] A/CN.9/489/Add. 1 (Kommentierung des Sekretariats), Rdnr. 72.

[542] A/CN.9/489/Add. 1 (Kommentierung des Sekretariats), Rdnr. 73; A/CN.9/486 (Bericht der Arbeitsgruppe), Rdnr. 137.

Konvention räumt den Vertragsstaaten dabei weitgehende Gestaltungsmöglichkeiten ein (2.).

1. Die sachrechtlichen Regelungen im Anhang der UN-Konvention

Der Anhang der UN-Konvention regelt in den Art. 1, 6 und 9 die Wirksamkeit einer Forderungsübertragung gegenüber anderen Zessionaren derselben Forderung und in den Art. 2, 7 und 10 die Wirksamkeit gegenüber dem Insolvenzverwalter und den Gläubigern des Zedenten. Dabei stellen die Art. 1 und 2 auf den Zeitpunkt ab, zu dem die Forderungsübertragung registriert worden ist, nach Art. 6 und 7 ist der Zeitpunkt der Übertragungsabrede entscheidend und nach Art. 9 und 10 kommt es auf den Zeitpunkt an, zu dem der Schuldner von der Forderungsübertragung in Kenntnis gesetzt wurde.[543]

Die Vorschriften weisen untereinander weitgehende Parallelen auf, denn die Bezeichnung des Regelungsgegenstands ist in den insofern zusammengehörenden Art. 1, 6 und 9 auf der einen Seite und in den Art. 2, 7 und 10 auf der anderen Seite identisch. Die Vorschriften unterscheiden sich lediglich durch die Kriterien, aus denen sich der Zeitpunkt ergibt, von dem an die Forderungsübertragung Dritten entgegengehalten werden kann. Auf diese Weise verdeutlicht die Konvention, daß über die Notwendigkeit einer Regelung der Drittwirksamkeit einer Forderungsübertragung und über die Umschreibung dieses Regelungsgegenstands Einigkeit besteht (a.), daß der Regelung aber verschiedene Lösungsansätze zugrunde gelegt werden können (b.).

Diese Struktur der im Anhang der UN-Konvention enthaltenen sachrechtlichen Vorschriften verdeutlicht Abbildung 5.

[543] Zu den Gründen, die dazu geführt haben, daß die Drittwirksamkeit nach jedem Lösungsansatz durch zwei Vorschriften geregelt wird, *unten*, S. 148 f.

	1. Lösungsansatz	2. Lösungsansatz	3. Lösungsansatz
Wirksamkeit einer Forderungsübertragung gegenüber anderen Zessionaren derselben Forderung	**Art. 1**	**Art. 6**	**Art. 9**
	As between assignees of the same receivable from the same assignor, the priority of the right of an assignee in the assigned receivable is determined by the order …		
	… in which data about the assignment are registered under section II of this annex, regardless of the time of transfer of the receivable. If no such data are registered, priority is determined by the order of conclusion of the respective contracts of assignment.	… of conclusion of the respective contracts of assignment.	… in which notification of the respective assignments is received by the debtor. However, an assignee may not obtain priority over a prior assignment of which the assignee had knowledge at the time of conclusion of the contract of assignment to that assignee by notifying the debtor.
Wirksamkeit einer Forderungsübertragung gegenüber dem Insolvenzverwalter und den Gläubigern des Zedenten	**Art. 2**	**Art. 7**	**Art. 10**
	The right of an assignee in an assigned receivable has priority over the right of an insolvency administrator and creditors who obtain a right in the assigned receivable by attachment, judicial act or similar act of a competent authority that gives rise to such right, if the receivable was assigned …		
	… and data about the assignment were registered under section II of this annex, …	…	… and notification was received by the debtor …
	… before the commencement of such insolvency proceeding, attachment, judicial act or similar act.		

Abbildung 5

a. Regelungsgegenstand

Die Vorschriften im Anhang der UN-Konvention bezeichnen ihren Regelungsgegenstand ausgehend von dem Schlüsselbegriff der *priority*. Die Art. 1, 6 und 9 bestimmen: „the priority of the right of an assignee in the assigned receivable is determined by [...]". Fast wortgleich regeln die Art. 2, 7, und 10: „the right of an assignee in the assigned receivable has priority over [...] if, [...]". Gegenstand der Vorschriften ist damit die Frage, ob die Rechte eines Zessionars an einer ihm übertragenen Forderung *priority* haben.

Was darunter zu verstehen ist, ergibt sich aus Art. 5 Buchst. g, dessen Definition auch für den Anhang maßgebend ist.[544]

> **Art. 5. Definitions and rules of interpretation.** For the purpose of this Convention: [...]
>
> (g) "Priority" means the right of a person in preference to the right of another person and, to the extent relevant for such purpose, includes the determination whether the right is a personal or a property right, whether or not it is a security right for indebtedness or other obligation and whether any requirements necessary to render the right effective against a competing claimant have been satisfied; [...]

Priority bezeichnet danach den Vorrang des Rechts einer Person vor dem Recht einer anderen Person. Diese Begriffsbestimmung wird durch die sich anschließende Formulierung erweitert: „and, to the extent relevant for such purpose, includes [...]". Dies führt jedoch in der Vorschrift zu einem Bruch, der sich bereits in ihrem Wortlaut zeigt: Der Vorrang eines Rechts vor einem anderen Recht ist kein Zweck („purpose"), sondern eine Rechtsfolge. Welchen Zweck die Arbeitsgruppe bei der Formulierung des Art. 5 Buchst. g im Auge hatte, machen die im zweiten Halbsatz von Art. 5 Buchst. g genannten Punkte deutlich: Es war nicht die sachrechtliche Regelung der *priority* durch die Vorschriften des Anhangs, sondern die Bestimmung des anwendbaren Rechts durch Art. 22. Nicht ohne Grund erinnern die Formulierungen im zweiten Halbsatz des Art. 5 Buchst. g an Anknüpfungsgegenstände von Kollisionsnormen.

Diesen Eindruck bestätigt die Entstehungsgeschichte des Art. 5 Buchst. g. Dessen zweiter Halbsatz war ursprünglich Bestandteil der jetzt in Art. 22 enthaltenen Kollisionsregel. Diese verwies in ihrem ersten Absatz „characteristics and priority of the right of an assignee in the assigned receivable" an das am Wohnsitz des Zedenten geltende Recht. Der Begriff *characteristics* wurde in einem weiteren Absatz definiert.[545] Auf Anregung des Sekretariats[546] wurde diese Definition mit der ursprünglichen Definition

---

[544] A/CN.9/486 (Bericht der Arbeitsgruppe), Rdnr. 140.
[545] *Unten,* Dritter Teil, Fn. 618.
[546] A/CN.9/491 (Arbeitspapier des Sekretariats), Rdnr. 18.

der *priority* zusammengeführt.[547] Der zweite Halbsatz des Art. 5 Buchst. g ist somit kollisionsrechtlichen Ursprungs.[548]

Daß die dort genannten Punkte zu den Vorschriften des Anhangs nicht passen, wird deutlich, wenn man sie in diese Vorschriften hineinliest: Ob die Forderung dem Zessionar als Sicherheit für eine Verbindlichkeit übertragen wurde (Art. 5 Buchst. g), kann sich schwerlich aus der Reihenfolge ergeben, „in which data about the assignment are registered under section II of this annex" (Art. 1 des Anhangs). *Priority* im Sinne des Anhangs ist daher lediglich der im ersten Halbsatz des Art. 5 Buchst. g genannte Vorrang des Rechts einer Person vor dem Recht einer anderen Person. Für die Auslegung der Vorschriften des Anhangs ist der zweite Halbsatz des Art. 5 Buchst. g ohne Bedeutung. Dies hätte durch eine präzisere Formulierung der Vorschrift klargestellt werden können.

Aus Art. 5 Buchst. g geht nicht hervor, wie die *priority* von anderen Aspekten einer Forderungsübertragung abzugrenzen ist, insbesondere von ihren dinglichen Wirkungen zwischen Zedent und Zessionar und von ihrer Wirksamkeit gegenüber dem Schuldner.[549] Ob beispielsweise nur noch der Zessionar oder auch noch der Zedent die Leistung des Schuldners verlangen und mit befreiender Wirkung entgegennehmen kann, ließe sich ohne weiteres als Frage des Vorrangs des Rechts einer Person vor dem Recht einer anderen Person ansehen. Insbesondere für jene Rechtsordnungen, die die Wirkungen einer Forderungsübertragung einheitlich beurteilen und die *priority* nicht als eigenständige Fragestellung kennen, ist eine genaue Begriffsbestimmung unverzichtbar.[550]

Hierzu können im Wege einer systematischen Auslegung die Regelungen im Hauptteil der Konvention herangezogen werden, denn die Vorschriften des Anhangs können auf Fragen, die in der Konvention selbst geregelt sind, keine Anwendung finden. Die Konvention wäre anderenfalls in sich widersprüchlich.

aa. Abgrenzung der *priority* von der Wirksamkeit gegenüber dem Schuldner

Nach Art. 15 Abs. 1 wird die Rechtsstellung des Schuldners von der Übertragung einer gegen ihn gerichteten Forderung nur in den von der Konvention ausdrücklich genannten Fällen und nur in dem dort vorgesehenen Um-

---

[547] A/56/17 (Bericht der Kommission), Rdnr. 37.

[548] Zu dessen Bedeutung *unten*, S. 299 f.

[549] In seinem Referat auf dem Hamburger Symposium zum UN-Konventionsentwurf zum Recht der Internationalen Forderungsabtretung kritisiert *Trunk* die „vage Definition der ‚priority'", vgl. den Tagungsbericht von *Janzen*, RabelsZ 63 (1999) 368, 371. Auch in der Arbeitsgruppe wurde Kritik an der Definition der *priority* geäußert (A/CN.9/455, Rdnr. 23 und 108).

[550] A/CN.9/455 (Bericht der Arbeitsgruppe), Rdnr. 23.

fang berührt. Vorschriften, die sich nicht ausdrücklich auf die Rechtsstellung des Schuldners beziehen, können sie nicht verändern.[551] Eine ausdrückliche Regelung enthält beispielsweise Art. 17: Danach kann der Schuldner zwar mit befreiender Wirkung an den Zedenten leisten, solange er von der Forderungsübertragung nicht in Kenntnis gesetzt worden ist (Abs. 1).[552] Sobald sie ihm jedoch angezeigt wurde, kann er mit befreiender Wirkung nur noch an den Zessionar leisten (Abs. 2).[553] Eine weitere ausdrückliche Regelung findet sich in Art. 18 Abs. 2 im Hinblick auf die Aufrechnungsmöglichkeiten des Schuldners: Er kann nur dann aufrechnen, wenn ihm die Gegenforderung zur Verfügung stand[554] bevor er von der Forderungsübertragung in Kenntnis gesetzt worden ist, es sei denn die Gegenforderung ergibt sich nach Art. 18 Abs. 1 aus dem Gesamtgeschäft, aus dem auch die übertragene Forderung stammt.[555]

Anders als Art. 17 und 18 weisen die sachrechtlichen Vorschriften im Anhang der Konvention und die Definition der *priority* in Art. 5 Buchst. g keinen Bezug zur Rechtsstellung des Schuldners auf. Sie kann von ihnen nach Art. 15 Abs. 1 nicht verändert werden. Die Wirksamkeit einer Forderungsübertragung gegenüber dem Schuldner ist somit keine Frage der *priority*.[556]

---

[551] A/CN.9/489 (Kommentierung des Sekretariats), Rdnr. 131: "The thrust of the rule set forth in paragraph 1 is that there are no implied effects of the draft Convention on the legal position of the debtor (any doubt as to whether an assignment changes the debtor's legal position should be resolved in favour of the debtor)"; *Bazinas,* Duke J. Int. Comp. L. 12 (2002) 365, 377.

[552] Zu den Voraussetzungen, die von der Konvention für eine wirksame Benachrichtigung des Schuldners aufgestellt werden, *unten,* S. 154 f. Ob der Schuldner von der Forderungsübertragung wußte oder hätte wissen müssen, ist unerheblich (*Bazinas,* Duke J. Comp. Int. L. 12 (2002) 365, 378.

[553] Eine wichtige Ausnahme enthält Art. 18 Abs. 6: Wird eine Forderung teilweise übertragen, kann der Schuldner auch nach seiner Benachrichtigung mit befreiender Wirkung an den Zedenten leisten. Er soll dadurch vor den zusätzlichen Kosten geschützt werden, die sich ergeben können, wenn er nicht nur an einen, sondern an verschiedene Gläubiger leisten müßte (A/56/17 (Bericht der Kommission), Rdnr. 20).

[554] Die Bedeutung des Begriffs *available* läßt die Konvention offen: "The exact meaning of the term 'available' (e.g. whether the right of set-off has to be actual and ascertained, mature or quantified at the time notification is received by the debtor) is also left to other law" (A/CN.9/489/Add. 1 (Kommentierung des Sekretariats), Rdnr. 17). Wenn die Kollisionsregeln des Kapitels V Anwendung finden, ergibt sich das anwendbare Recht aus Art. 29 (*Bazinas,* Duke J. Comp. Int. L. 12 (2002) 365, 385 f.

[555] Art. 18 Abs. 2 gilt nicht für Forderungen, denen Verträge zugrunde liegen, die mit dem Vertrag, aus dem sich die übertragene Forderung ergibt, eng verbunden sind. Eine enge Verbindung ist beispielsweise bei einem Wartungsvertrag im Verhältnis zu einem Anlagenerrichtungsvertrag gegeben. A/CN.9/489/Add. 1 (Kommentierung des Sekretariats), Rdnr. 17.

[556] A/CN.9/489/Add. 1 (Kommentierung des Sekretariats), Rdnr. 9; *Bazinas,* Duke J. Comp. Int. L. 12 (2002) 365, 370: „the Convention draws a clear distinction between the debtor's protection and priority."

bb. Abgrenzung der *priority* von der Wirksamkeit zwischen Zedent und Zessionar

Ebenfalls keine Frage der *priority* sind die dinglichen Wirkungen einer Forderungsübertragung zwischen Zedent und Zessionar. Dies ging aus dem Entwurf, den die Arbeitsgruppe der Kommission vorgelegt hat, deutlich hervor. Dessen Art. 9 lautete:[557]

> **Art. 9. Effectiveness of assignments, bulk assignments, assignments of future receivables and partial assignments.** (1) An assignment of one or more existing or future receivables and parts of or undivided interests in receivables is effective as between the assignor and the assignee [...] whether the receivables are described:
>
> (a) Individually as receivables to which the assignment relates; or
>
> (b) In any other manner, provided that they can, at the time of the assignment or, in the case of future receivables, at the time of the conclusion of the original contract, be identified as receivables to which the assignment relates.

Die Vorschrift hat in Verbindung mit der Definition des Begriffs *assignment* in Art. 2 Buchst. a („transfer by agreement") klar gestellt, daß eine Forderungsübertragung zwischen Zedent und Zessionar Wirkungen entfaltet („is effective as between the assignor and the assignee"), sobald sie vereinbart wurde. Diese ausdrückliche sachrechtliche Regelung der dinglichen Wirkungen einer Forderungsübertragung zwischen Zedent und Zessionar stand ihrer Einbeziehung in den Regelungsbereich der *priority* entgegen.

In der Kommission wurde jedoch die Befürchtung geäußert, daß Art. 9 Abs. 1 auch solchen Forderungsübertragungen zwischen den Zessionsparteien Wirksamkeit verleihen könnte, die gegen ein gesetzliches Abtretungsverbot verstoßen.[558] Dadurch würde Art. 9 jedoch in sich widersprüchlich, da Abs. 3 gesetzliche Abtretungsverbote ausdrücklich unberührt läßt. Um Mißverständnisse zu vermeiden, wurde der erste Halbsatz der Vorschrift umformuliert:

> **Art. 8. Effectiveness of assignments.** (1) An assignment is not ineffective as between the assignor and the assignee [...] on the ground that it is an assignment of more than one receivable, future receivables or parts of or undivided interests in receivables, provided that the receivables are described: [...]

Die negative Fassung („not ineffective") vermeidet zwar Widersprüche im Hinblick auf gesetzliche Abtretungsverbote. Sie führt aber dazu, daß die dinglichen Wirkungen einer Forderungsübertragung zwischen Zedent und Zessionar nicht mehr ausdrücklich geregelt sind. Sie werden von Art. 8 Abs. 1 lediglich vorausgesetzt. Damit fehlt in der Konvention eine Vorschrift, aus der klar hervorgeht, daß eine Forderung mit der Übertragungsvereinbarung im Innenverhältnis vom Zedenten auf den Zessionar übergeht.

---

[557] A/56/17 (Bericht der Kommission), Rdnr. 165. Dazu *Bazinas*, Tulane J. Int. Comp. L. 9 (2001) 259, 272 ff; *ders.*, Duke J. Comp. Int. L. 8 (1998) 315, 329 f.
[558] A/56/17 (Bericht der Kommission), Rdnr. 166.

Dies könnte bedeuten, daß die Konvention nunmehr eine Regelungslücke aufweist, die nach Art. 7 Abs. 2 unter Rückgriff auf die der Konvention zugrunde liegenden Grundsätze oder unter Rückgriff auf das nach den Vorschriften des Internationalen Privatrechts maßgebliche Recht geschlossen werden müßte. Letzteres hätte zur Folge, daß es aus Sicht der Konvention an einem Forderungsübergang fehlt, wenn das Kollisionsrecht des Gerichtsstaats[559] auf eine Rechtsordnung verweist, die auch den Forderungsübergang zwischen Zedent und Zessionar von einer schriftlichen Benachrichtigung des Schuldners abhängig macht.[560] Derartige Risiken würden die Leichtigkeit des Rechtsverkehrs erheblich beeinträchtigen.

Aus den Materialien zu der Kommissionssitzung, in der die Neufassung des Art. 8 Abs. 1 beschlossen wurde, ergeben sich keine Anhaltspunkte, daß mit ihr eine derart weitreichende Änderung verbunden sein sollte. Lediglich die Gefahr von Widersprüchen zwischen Art. 8 Abs. 1 und Abs. 3 sollte vermieden werden.[561] Die Kommission ging offensichtlich davon aus, daß die Konvention auch nach der Neufassung des Art. 8 Abs. 1 bestimmt, daß eine Übertragungsvereinbarung zwischen Zedent und Zessionar unmittelbare Wirkungen entfaltet.

Deren Text bietet hierfür jedoch kaum eine Grundlage. Die verbliebenen Vorschriften des dritten Kapitels, das sich mit den Wirkungen einer Forderungsübertragung beschäftigt, setzen eine zwischen Zedent und Zessionar wirksame Forderungsübertragung lediglich voraus. Nach Art. 10 Abs. 1 S. 1 gehen mit der Forderung grundsätzlich auch die für sie bestellten Sicherheiten über, ohne daß es hierzu eines neuen Übertragungsakts bedarf. Der Übergang der Forderung ist in Art. 10 jedoch nicht geregelt. Nach Art. 9 Abs. 1 ist eine Forderungsübertragung ungeachtet eines zwischen Zedent und Schuldner vereinbarten Abtretungsverbots wirksam. Damit ist zwar gesagt, daß die Forderungsübertragung nicht an einem vertraglichen Abtretungsverbot scheitert. Daß sie aber im übrigen wirksam ist, sagt Art. 9 nicht.

Daß eine Übertragungsabrede zwischen Zedent und Zessionar dingliche Wirkungen entfaltet, sobald sie vereinbart wurde, kann jedoch mit der Definition des *assignment* in Art. 2 Buchst. a begründet werden. Die Formulie-

---

[559] Nach *Bazinas* (Duke J. Comp. Int. L. 12 (2002) 365, 381) gehören die dinglichen Wirkungen einer Übertragungsabrede zwischen den Zessionsparteien zu den *requirements necessary to render the right effective against a competing claimant* im Sinne des Art. 5 Buchst. g. Sie seien daher nach Art. 22 an das Recht des Staates anzuknüpfen, in dem der Zedent ansässig ist. Die Konvention enthalte somit eine Kollisionsregel für die dinglichen Wirkungen einer Forderungsübertragung *inter partes*. Ein Rückgriff auf nationales Kollisionsrecht nach Art. 7 Abs. 2 sei unzulässig. Durch diese weite Auslegung des Art. 5 Buchst. g wird jedoch der Anwendungsbereich des Art. 22 uferlos. Mit dem einschränkenden Wortlaut des Art. 5 Buchst. g ist dies nicht zu vereinbaren.

[560] Dies ist etwa bei einer Forderungsübertragung nach niederländischem Recht der Fall (*Reehuis*, in: Die Forderungsabtretung, insbesondere zur Kreditsicherung, in ausländischen Rechtsordnungen, 469, 472). Vgl. *Walsh*, Dick. L. Rev. 106 (2001) 189 ff.

[561] A/56/17 (Bericht der Kommission), Rdnr. 166.

rung *transfer by agreement* bezeichnet die Vereinbarung zwischen Zedent und Zessionar als Grundlage für die Übertragung einer Forderung. Da für die Wirksamkeit dieser Vereinbarung zwischen Zedent und Zessionar weder in Art. 2 Buchst. a, noch an anderer Stelle weitere Voraussetzungen genannt werden, entfaltet sie unmittelbar dingliche Wirkungen.[562]

Diese Auslegung entspricht der Entstehungsgeschichte der Konvention und ihrer Zielsetzung: Internationale Forderungsübertragungen sollen durch eine umfassende und moderne Regelung erleichtert werden. Dem würde es widersprechen, wenn die Frage der Wirksamkeit einer Forderungsübertragung zwischen Zedent und Zessionar offengelassen und an nationales Recht verwiesen würde.

Die dinglichen Wirkungen zwischen den Zessionsparteien sind somit in der Konvention selbst geregelt und können nicht als Frage der *priority* angesehen werden. Die *priority* setzt die Wirksamkeit der Forderungsübertragung zwischen Zedent und Zessionar vielmehr voraus.[563] Da auch die Wirkungen einer Forderungsübertragung gegenüber dem Schuldner keine Fragen der *priority* sind,[564] betreffen die Vorschriften im Anhang der Konvention allein die Wirksamkeit einer Forderungsübertragung gegenüber sonstigen Dritten.

cc. Zwei Aspekte der *priority*

Die Vorschriften im Anhang der UN-Konvention behandeln die Wirksamkeit einer Forderungsübertragung gegenüber Dritten jedoch nicht als einheitliche Fragestellung. Sie unterscheiden vielmehr zwischen zwei Aspekten: zwischen der Wirksamkeit gegenüber anderen Zessionaren derselben Forderung auf der einen Seite und der Wirksamkeit gegenüber den Gläubigern des Zedenten und dessen Insolvenzverwalter auf der anderen Seite. Sie werden für jeden Lösungsansatz durch unterschiedliche Vorschriften geregelt. Die Art. 1, 6 und 9 beschränken ihren Regelungsgegenstand durch die Formulierung „as between assignees of the same receivable“, die Art. 2, 7 und 9 durch die Worte „priority over the right of an insolvency administrator and creditors". Dieser Unterscheidung steht die Definition der *priority* nicht entgegen. Art. 5 Buchst. g läßt offen, wer mit „another person“ gemeint ist. Aus der Systematik des Übereinkommens ergibt sich lediglich, wer nicht gemeint ist, nämlich der Schuldner und die Parteien der Übertragungsabrede.

Der Grund für die Unterscheidung liegt darin, daß der zeitliche Bezugspunkt für die Bestimmung der *priority* unterschiedlich ist: Geht es um einen Konflikt zwischen zwei Zessionaren, so gelten für beide die gleichen Vorausset-

---

562 *Markell,* Duke J. Comp. Int. L. 12 (2002) 401, 408. Vgl. *Walsh,* Dick. L. R. 106 (2001) 159, 189 ff.

563 A/CN.9/489 (Kommentierung des Sekretariats), Rdnr. 66: "Priority does not mean validity. It presupposes an assignment that is valid as between the assignor and the assignee."

564 Dazu *oben,* S. 144.

zungen für den Erwerb eines gegenüber Dritten wirksamen Rechts. Es kommt auf die Reihenfolge an, in der sie diese Voraussetzungen erfüllen. Die Art. 1, 6 und 9 bestimmen dementsprechend: „the priority of the right of an assignee in the assigned receivable is determined by the order [...]". Dann werden die Voraussetzungen genannt, die nach dem jeweiligen Lösungsansatz erfüllt sein müssen. Kennzeichnend ist der Begriff *order*.

Geht es um den Konflikt eines Zessionars mit einem Gläubiger des Zedenten oder dessen Insolvenzverwalter, ist entscheidend, ob der Zessionar ein gegenüber Dritten wirksames Recht erworben hat, bevor die Gläubiger oder der Insolvenzverwalter ihrerseits nach den für ihren Rechtserwerb einschlägigen Vorschriften ein Recht an der Forderung erworben haben, das sie dem Zessionar entgegenhalten können. Die Art. 2, 7 und 10 regeln daher übereinstimmend: "The right of an assignee in the assigned receivable has priority over the right of an insolvency administrator and creditors who obtain a right in the assigned receivable by attachment, judicial act or similar act of a competent authority that gives rise to such right", wenn die Voraussetzungen des jeweiligen Lösungsansatzes erfüllt sind, „before the commencement of such insolvency proceeding, attachment, judicial act or similar act". Kennzeichnend ist der Begriff *before*.

b. Die verschiedenen Lösungsansätze

Den im Anhang der UN-Konvention enthaltenen Vorschriften ist gemeinsam, daß sie eine Forderungsübertragung voraussetzen, die zwischen Zedent und Zessionar wirksam ist.[565] Übereinstimmend bezeichnen sie ihren Regelungsgegenstand als *priority of the right of an assignee in the assigned receivable*. Das in dieser Formulierung genannte Recht des Zessionars wird durch eine Übertragungsabrede begründet, deren dingliche Wirkung zunächst auf das Verhältnis *inter partes* beschränkt ist.[566] Die Vorschriften im Anhang der Konvention begründen keine völlig neuen Rechte, sie erweitern lediglich die bestehende Rechtsstellung des Zessionars auf das Außenverhältnis gegenüber Dritten.

Ihnen ist weiterhin gemeinsam, daß sie die *priority* durch einen Vergleich verschiedener Zeitpunkte bestimmen: Bei einem Konflikt zwischen mehreren Zessionaren kommt es darauf an, wer zuerst die nach dem jeweiligen Lösungsansatz erforderlichen Voraussetzungen erfüllt hat. Bei einem Konflikt eines Zessionars mit den Gläubigern des Zedenten oder mit dessen Insolvenzverwalter ist entscheidend, ob der Zessionar die Voraussetzungen erfüllt hat, bevor die Gläubiger oder der Insolvenzverwalter ein gesetzliches Recht an der Forderung erworben haben, das sie dem Zessionar entgegenhalten können. Gemeinsamer Ausgangspunkt ist der Grundsatz *prior tem-*

---

[565] A/CN.9/489 (Kommentierung des Sekretariats), Rdnr. 66; *Bazinas,* ZEuP 2002, 782, 798.

[566] *Oben,* S. 146 ff.

pore potior iure. Lediglich der maßgebliche Zeitpunkt wird unterschiedlich bestimmt.[567]

Die Konvention enthält keine Hinweise darauf, welcher Lösungsansatz als Grundlage einer sachrechtlichen Regelung der *priority* am besten geeignet ist. Die verschiedenen Lösungsansätze stehen gleichberechtigt nebeneinander. In der Sitzung der Arbeitsgruppe, in dem der Anhang der Konvention seine endgültige Fassung erhielt, wurde ausdrücklich festgestellt, "that, in view of the lack of agreement in the Working Group as to which was the most appropriate priority system, the annex should reflect all the alternatives in a balanced way."[568]

Berücksichtigt man die Entstehungsgeschichte der Konvention, zeigt sich, daß die Reihenfolge der Vorschriften die Einschätzung der Arbeitsgruppe über die Sachgerechtigkeit der verschiedenen Lösungsansätze widerspiegelt.

Nach Art. 9 und 10 kommt es für die Wirksamkeit einer Forderungsübertragung gegenüber Dritten auf den Zeitpunkt an, zu dem der Schuldner benachrichtigt worden ist. Die Vorschriften wurden erst in der letzten Sitzung der Arbeitsgruppe wieder in die Konvention aufgenommen. Ausschlaggebend hierfür war allein die Überlegung, daß es mit der Grundentscheidung, sich einer Bewertung der verschiedenen Lösungsansätze zu enthalten, nicht vereinbar sei, einen denkbaren Lösungsansatz nicht in die Konvention aufzunehmen.[569] Zu Beginn der Arbeiten war die Benachrichtigung des Schuldners noch als eine zur Regelung der *priority* ungeeignete Grundlage verworfen worden.[570] Entscheidend waren die Nachteile dieses Lösungsansatzes.[571]

Nach Art. 6 und 7 des Anhangs ist der Zeitpunkt der Übertragungabrede entscheidend. Die Vorschriften wurden ebenfalls erst im Verlauf der Arbeiten an der Konvention in den Anhang aufgenommen.[572] Die mit einem Registrierungssystem verbundenen Schwierigkeiten[573] wurden von einigen Mitgliedern der Arbeitsgruppe als so schwerwiegend angesehen, daß den Vertragsstaaten eine alternative Regelung angeboten werden sollte.[574]

---

[567] Vgl. *Bazinas,* Tulane J. Int. Comp. L. 9 (2001) 259, 282; *Walsh,* Dick. L. Rev. 106 (2001) 159, 167.

[568] A/CN.9/486 (Bericht der Arbeitsgruppe), Rdnr. 139. Vgl. A/56/17 (Bericht der Kommission), Rdnr. 113.

[569] A/CN.9/486 (Bericht der Arbeitsgruppe), Rdnr. 139.

[570] A/CN.9/445 (Bericht der Arbeitsgruppe), Rdnr. 83 ff.; A/CN.9/WG.II/WP.93 (Arbeitspapier des Sekretariats), vor Art. 23, Rdnr. 9.

[571] Dazu A/CN.9/434 (Bericht der Arbeitsgruppe), Rdnr. 249; A/CN.9/WG.II/WP.93 (Arbeitspapier des Sekretariats), vor Art. 23, Rdnr. 9; *oben,* S. 86 ff.

[572] A/CN.9/445 (Bericht der Arbeitsgruppe), Rdnr. 87.

[573] Dazu *oben,* S. 136 ff.

[574] A/CN.9/445 (Bericht der Arbeitsgruppe), Rdnr. 84.

Die Regelung der Wirksamkeit einer Forderungsübertragung gegenüber Dritten auf der Grundlage einer Registrierung war dagegen von Anfang an in den Konventionsentwürfen enthalten, wurde ausführlich diskutiert und hat weitgehende Zustimmung erfahren.[575] Vor allem das UNCITRAL-Sekretariat hat diesen Lösungsansatz gefördert.[576] Es hat beispielsweise ein zweistufiges Vorgehen vorgeschlagen, wonach eine vorläufige Regelung, entweder auf der Grundlage einer Kollisionsnorm oder einer sachrechtlichen Regelung ausgehend von dem Zeitpunkt der Übertragungsabrede, in eine endgültige Regelung auf der Grundlage eines Registrierungssystems übergehen sollte, sobald ein solches errichtet worden ist.[577] Die Arbeitsgruppe hat diesen zweistufigen Ansatz zugunsten der in Art. 22 enthaltenen kollisionsrechtlichen Lösung verworfen.[578]

Die Entstehungsgeschichte der Konvention bestätigt damit das aus der Gegenüberstellung des deutschen, englischen und französischen Sachrechts gewonnene Ergebnis, daß die Wirksamkeit einer Forderungsübertragung gegenüber Dritten am sachgerechtesten auf der Grundlage eines Registrierungssystems geregelt werden kann.[579]

aa. Registrierung der Forderungsübertragung

Nach Art. 1 und 2 des Anhangs ist für die Wirksamkeit einer Forderungsübertragung gegenüber Dritten der Zeitpunkt maßgeblich, in dem „data about the assignment are registered". Art. 1 stellt klar, daß es auf den Zeitpunkt der Übertragungsvereinbarung und des damit verbundenen Forderungsübergangs *inter partes* nicht ankommt: „regardless of the time of transfer of the receivable". Der Zeitpunkt der Übertragungsvereinbarung spielt lediglich dann eine Rolle, wenn eine Forderung an zwei Zessionare übertragen und keine der Übertragungen registriert worden ist. Für diese Fälle enthält Art. 1 Satz 2 eine Auffangregelung auf der Grundlage des zweiten Lösungsansatzes: Entscheidend ist die Reihenfolge der Übertragungsvereinbarungen.

Die Errichtung eines internationalen Registrierungssystems ist Gegenstand der Art. 3 bis 5. Die Vorschriften enthalten allerdings keine vollständige Rechtsgrundlage für die Errichtung eines Registers, sondern lediglich einige ergänzungsbedürftige Rahmenvorschriften. Die konkrete Ausgestaltung des Registrierungssystems ist Aufgabe der registerführenden Stelle und ihrer Aufsichtsbehörde (Art. 3 des Anhangs). Nach Art. 42 Abs. 6 ist auf Verlan-

---

[575] A/CN.9/412 (vorbereitender Bericht des Sekretariats), Rdnr. 75 ff.; A/CN.9/420 (Bericht der Arbeitsgruppe), Rdnr. 155 ff.; A/CN.9/434 (Bericht der Arbeitsgruppe), Rdnr. 250 ff.
[576] A/CN.9/WG.II/WP.93 (Bericht des Sekretariats), vor Art. 23, Rdnr. 1.
[577] A/CN.9/WG.II/WP.93 (Bericht des Sekretariats), vor Art. 23, Rdnr. 2. Dazu *Bazinas*, in: Die Forderungsabtretung, insbesondere zur Kreditsicherung, in ausländischen Rechtsordnungen, 99, 123 f.
[578] A/CN.9/445 (Bericht der Arbeitsgruppe), Rdnr. 26 f.
[579] *Oben*, S. 139.

gen von mindestens einem Drittel der Vertragsstaaten durch den Generalsekretär der Vereinten Nationen eine Vertragsstaatenkonferenz einzuberufen, die eine registerführende Stelle schafft,[580] eine Aufsichtsbehörde benennt[581] und erste Vorschriften erläßt. Diese müssen gemäß Art. 3 des Anhangs auf der Grundlage des Übereinkommens detailliert die Funktionsweise des Registers regeln und ein Verfahren zur Beilegung von Streitigkeiten über die Registerführung schaffen.

Art. 4 umreißt die Grundzüge eines Registrierungssystems.[582] Art. 4 Abs. 1 sieht als inhaltliche Mindestanforderung an eine Registrierung die genaue Bezeichnung von Zedent und Zessionar sowie eine kurze Beschreibung der übertragenen Forderungen vor. Nach Art. 4 Abs. 2 muß eine Forderungsübertragung auch dann registriert werden können, wenn sie sich auf eine Vielzahl gegenwärtiger und zukünftiger Forderungen bezieht. Forderungsübertragungen können demnach registriert werden, bevor die Forderungen entstanden sind. Art. 4 Abs. 3 ermöglicht darüber hinaus eine Registrierung, bevor die Forderungsübertragung überhaupt vereinbart worden ist. Auf diese Weise kann ein Zessionar seinen Forderungserwerb zuverlässig absichern. Dies ist nicht zuletzt deshalb erforderlich, weil die Registrierung anders als nach englischem Recht nicht auf den Zeitpunkt der Übertragungsvereinbarung zurückwirkt:[583] Die Registrierung im UNCITRAL-Register wird nach Art. 4 Abs. 4 erst dann wirksam, wenn die erforderlichen Angaben dem Rechtsverkehr zugänglich gemacht worden sind. Die Wirksamkeit einer Registrierung ist auf fünf Jahre beschränkt, sie kann aber nach Art. 4 Abs. 5 verlängert werden. Art. 4 Nr. 6 sieht vor, daß derjenige, der eine Forderungsübertragung registrieren läßt, das Risiko der korrekten Bezeichnung des Zedenten trägt: Führen fehlerhafte Angaben dazu, daß eine Forderungsübertragung nicht angezeigt wird, obwohl der Zedent bei der Anfrage an das Register richtig benannt worden ist, ist die Registrierung unwirksam.

Art. 5 Abs. 1 des Anhangs gewährleistet, daß das Register als öffentliches Register geführt wird: Anfragen können von jedermann gestellt werden. Sie sind schriftlich zu beantworten. Das Register wird nach Zedenten geführt. Anfragen müssen sich dementsprechend auf einen bestimmten Zedenten beziehen. Die schriftliche Auskunft des Registers begründet nach Art. 5 Abs. 2 einen widerlegbaren Anscheinsbeweis für die Registrierung der in der Auskunft enthaltenen Angaben und für den Zeitpunkt der Registrierung.

---

[580] Gedacht ist an die Gründung einer privaten juristischen Person (A/CN.9/ 489/Add. 1 (Kommentierung des Sekretariats), Rdnr. 77).

[581] Als Aufsichtsbehörde ist eine internationale Organisation ins Auge gefaßt worden (A/CN.9/ 489/Add. 1 (Kommentierung des Sekretariats), Rdnr. 77).

[582] A/CN.9/489/Add. 1 (Kommentierung des Sekretariats), Rdnr. 78.

[583] Dazu *oben*, S. 128.

bb. Zeitpunkt der Übertragungsvereinbarung

Nach Art. 6 und 7 ist für die Wirksamkeit einer Forderungsübertragung gegenüber Dritten der Zeitpunkt ihrer Vereinbarung entscheidend. Die Beweismittel für diesen Zeitpunkt unterliegen nach Art. 8 keinen Beschränkungen, insbesondere ist der Zeugenbeweis zulässig. Die Vorschrift setzt besondere Beweisanforderungen nationaler Rechtsordnungen innerhalb des Anwendungsbereichs der Art. 6 und 7 des Anhangs der Konvention außer Kraft. Dahinter steht die Überlegung, daß diese Beweisanforderungen dieselbe Wirkung haben wie Formerfordernisse und daher die Leichtigkeit des Rechtsverkehrs beeinträchtigen. Dies gilt beispielsweise für Art. 1328 Code civil, nach dem der Zeitpunkt eines schriftlichen Rechtsgeschäfts nur bewiesen werden kann, wenn es registriert worden ist.[584]

Art. 6 und 7 des Anhangs der Konvention können zu erheblichen Schwierigkeiten führen, wenn die Übertragung zukünftiger Forderungen unbeschränkt zulässig ist. Dies ist nach den sachrechtlichen Vorschriften im Hauptteil der UN-Konvention jedoch der Fall: Art. 8 hebt die in vielen nationalen Rechtsordnungen enthaltenen gesetzlichen Beschränkungen der Übertragbarkeit zukünftiger Forderungen auf.[585] Voraussetzung ist lediglich, daß die Forderung zum Zeitpunkt ihres Entstehens der Übertragungsvereinbarung eindeutig zugeordnet werden kann. Vor diesem Hintergrund ermöglichen die Art. 6 und 7 des Anhangs eine weitgehende Aushöhlung des Vermögens des Zedenten, ohne daß der Rechtsverkehr dies erkennen und sich darauf einstellen kann.

Diese Gefahr besteht auch nach deutschem Recht, das die Übertragung zukünftiger Forderungen zuläßt und für die Wirksamkeit der Forderungsübertragung gegenüber Dritten auf den Zeitpunkt der Übertragungsabrede abstellt. Die deutsche Rechtsprechung hat aufgrund der damit verbundenen Gefährdung des Rechtsverkehrs vor allem der Sicherungsabtretung zukünftiger Forderungen Grenzen gezogen: Sie ist sittenwidrig und damit unwirksam, wenn in der Branche des Sicherungsgebers die Vereinbarung eines verlängerten Eigentumsvorbehalts üblich ist, so daß der Sicherungsgeber dazu verleitet wird, seine Lieferanten über die bereits vereinbarte Globalzession zu täuschen, um von ihnen beliefert zu werden.[586]

Auf ähnliche Weise müssen Staaten, die Art. 6 und 7 des Anhangs für anwendbar erklären, durch nationale Vorschriften den Gefahren für den Rechtsverkehr entgegenwirken, die mit der Möglichkeit einer für Außenstehende nicht erkennbaren Aushöhlung des Vermögens des Zedenten verbunden sind. Die Vorschriften im Anhang der Konvention enthalten daher keine vollständige und in sich geschlossene Regelung. Sie müssen

---

[584] *Oben*, S. 101 f.
[585] Die Vorschrift ist *oben*, S. 146, abgedruckt. Dazu *Bazinas*, ZEuP 2002, 782, 787.
[586] Dazu *oben*, S. 94 f.

durch nationales Recht ergänzt werden[587] Die Schwierigkeiten, die mit der Entwicklung der deutschen Vertragsbruchrechtsprechung verbunden waren, rechtfertigen die Feststellung, daß die eigentlichen Probleme der Art. 6 und 7 des Anhangs nicht geregelt, sondern den nationalen Gesetzgebern überlassen werden, ohne daß die Konvention Lösungswege aufzeigt oder auf die Probleme auch nur hinweist.

cc. Benachrichtigung des Schuldners

Nach Art. 9 und 10 kommt es für die Wirksamkeit einer Forderungsübertragung gegenüber Dritten auf den Zeitpunkt an, zu dem dem Schuldner die Benachrichtigung über die Forderungsübertragung zugegangen ist. Die Anforderungen an die Benachrichtigung ergeben sich aus dem Hauptteil der Konvention. Nach Art. 5 Buchst. d muß sie schriftlich erfolgen und die übertragene Forderung sowie den Zessionar hinreichend deutlich bezeichnen.[588] Die Schriftform wird nach Art. 5 Buchst. c eingehalten durch „any form of information that is accessible so as to be usable for subsequent reference". Damit kann der Schuldner nicht nur durch die Zusendung eines Schriftstücks, sondern auch auf anderem Wege wirksam benachrichtigt werden. Voraussetzung ist, daß die anderen Formen der Benachrichtigung die wesentlichen Funktionen der Zusendung eines Schriftstücks erfüllen.[589] Durch die offene Formulierung läßt Art. 5 Buchst. c Raum für zukünftige technische Entwicklungen.

Art. 9 enthält anders als Art. 1 des Anhangs keine Auffangregelung für den Fall, daß von mehreren Zessionaren keiner die Übertragung dem Schuldner angezeigt hat. Art. 9 Satz 2 macht eine ausdrückliche Regelung jedoch entbehrlich: Danach kommt einem späteren Zessionar die Benachrichtigung des Schuldners nur dann zugute, wenn er von der früheren Forderungsübertragung nichts wußte. Dies entspricht in etwa dem englischen Recht im Anwendungsbereich der Entscheidung *Dearle v. Hall.*[590] Lediglich eine fahrlässige Unkenntnis des Zessionars ist nach Art. 9 Satz 2 des Anhangs unschädlich. Wenn jedoch zwei Zessionare über ihr Recht an der Forderung streiten, hat der zweite Zessionar notwendigerweise Kenntnis von der früheren Forderungsübertragung, so daß eine wirksame Benachrichtigung des Schuldners ausgeschlossen ist. Damit hat Art. 9 Satz 2 zur Folge, daß bei einem Streit zweier konkurrierender Zessionare, von denen keiner den Schuldner benachrichtigt hat, demjenigen die Forderung zusteht, dessen Forderungsübertragung zuerst vereinbart wurde. Art. 9 Satz 2 hat zur Folge,

---

[587] "These rules do not necessarily form a complete model law. States, therefore, might need to supplement them with additional provisions" (A/CN.9/489/Add. 1 (Kommentierung des Sekretariats), Rdnr. 73).
[588] A/CN.9/489 (Kommentierung des Sekretariats), Rdnr. 63.
[589] Dazu A/CN.9/489 (Kommentierung des Sekretariats), Rdnr. 60.
[590] Dazu *oben,* S. 79 ff.

daß Art. 6 die Auffangregel bildet, wenn keiner von mehreren konkurrierenden Zessionaren die Forderungsübertragung dem Schuldner angezeigt hat.

2. Die Anwendbarkeit des Anhangs der UN-Konvention

Die Vorschriften des Anhangs finden grundsätzlich keine Anwendung. Sie müssen vielmehr nach Art. 1 Abs. 5 in Verbindung mit Art. 42 Abs. 1 S. 1 ausdrücklich für anwendbar erklärt werden. Vor allem dieser *opting-in*-Mechanismus[591] gibt dem Anhang den Charakter eines Modellgesetzes: Die Vertragsstaaten können sich für eines der Regelungsmodelle entscheiden, sie können aber auch ihr geltendes nationales Recht beibehalten.[592] Dieses Ergebnis hätte auch durch einen *opting-out*-Mechanismus erreicht werden können. Dann hätte allerdings jeder Vertragsstaat durch entsprechende Vorbehalte die seinen Vorstellungen nicht entsprechenden Lösungsansätze ausschließen müssen. Der von der Konvention gewählte Weg wird dem Bedürfnis nach Rechtsklarheit und Rechtssicherheit besser gerecht.

Art. 42 Abs. 1 sieht fünf verschiedene Möglichkeiten vor, wie die Vertragsstaaten die Regelungen des Anhangs für anwendbar erklären können.[593] Die ersten beiden Möglichkeiten betreffen die auf einer Registrierung beruhenden Vorschriften: Nach Art. 42 Abs. 1 Buchst. a können die Vertragsstaaten Art. 1 und 2 des Anhangs auf der Grundlage eines nach Art. 3 bis 5 des Anhangs zu errichtenden internationalen Registers anwenden. Sie können nach Art. 42 Abs. 1 Buchst. b aber auch auf ein eigenes Register zurückgreifen. Voraussetzung ist allerdings, daß dieses den Anforderungen gerecht wird, die sich aus der Zielsetzung der Art. 1 und 2 ergeben: „registration system that fulfils the purpose of such rules“. Die Formulierung ist keine Verweisung auf die Anforderungen der Art. 3 bis 5 des Anhangs, da Art. 42 Abs. 1 Buchst. b ansonsten gegenüber Art. 42 Abs. 1 Buchst. a keine eigenständige Bedeutung hätte. Erforderlich ist lediglich, daß das Register dem Rechtsverkehr die Feststellung ermöglicht, welche Forderungen ein Zedent bereits übertragen hat und welche ihm noch zustehen. Die Konvention läßt den Vertragsstaaten bei der Ausgestaltung eines eigenen Registrierungssystems weitgehende Freiheiten.

Nach Art. 42 Abs. 1 Buchst. c können Art. 6 und 7 des Anhangs für anwendbar erklärt werden, so daß sich die Wirksamkeit gegenüber Dritten nach dem Zeitpunkt der Übertragungsabrede richtet. Art. 42 Abs. 1 Buchst. d bezieht sich auf die Art. 9 und 10 des Anhangs, nach denen es auf die Benachrichtigung des Schuldners ankommt. Art. 42 Abs. 1 Buchst. e erlaubt schließlich eine Kombination der beiden zuletzt genannten Lösungsansätze: Für die Wirksamkeit gegenüber anderen Zessionaren ist gemäß Art. 7 des Anhangs der Zeitpunkt der Benachrichtigung des Schuldners entscheidend,

---

591 A/CN.9/445 (Bericht der Arbeitsgruppe), Rdnr. 26.
592 A/CN.9/455 (Bericht der Arbeitsgruppe), Rdnr. 120.
593 A/CN.9/466 (Bericht der Arbeitsgruppe), Rdnr. 188 ff.

für die Wirksamkeit gegenüber sonstigen Dritten gemäß Art. 9 der Zeitpunkt der Übertragungsvereinbarung. Dieser Kombinationsansatz entspricht den Grundsätzen in *Dearle v. Hall*.[594]

Einen wesentlichen Vorteil der von Art. 42 Abs. 1 eröffneten Wahlmöglichkeiten sieht die Arbeitsgruppe darin, daß die Praxis die Vor- und Nachteile der verschiedenen Lösungsansätze aufzeigen und den Vorschriften auf der Grundlage eines internationalen Registrierungssystems zum Durchbruch verhelfen werde.[595] Dabei unterstellt sie allerdings, daß sich die Vertragsstaaten bei ihrer Entscheidung, welche Vorschriften des Anhangs für anwendbar erklärt werden sollen, in erster Linie von den Anforderungen der Praxis leiten lassen. Wegen des im Interesse der Rechtssicherheit liegenden Beharrungsvermögens des bestehenden Rechts[596] muß für den von der Arbeitsgruppe ins Auge gefaßten Ausleseprozeß zumindest ein erheblicher Zeitraum angesetzt werden.

Daß der Anhang der Konvention den Charakter eines Modellgesetzes hat, ergibt sich jedoch nicht allein aus den Wahlmöglichkeiten des Art. 42 Abs. 1. Art. 42 Abs. 5 Buchst. a erlaubt den Vertragsstaaten darüber hinaus, den Anwendungsbereich des Anhangs durch eine entsprechende Erklärung auf bestimmte Übertragungs- und Forderungsarten zu beschränken. In der letzten Sitzung der Kommission wurde schließlich Art. 42 Abs. 5 Buchst. b eingeführt. Danach können die Vertragsstaaten die Vorschriften des Anhangs auch inhaltlich verändern.[597] Deren Umsetzung wird damit vollständig den Vertragsstaaten überlassen.

3. Bewertung

Die Vorschriften im Anhang der UN-Konvention geben einen Überblick über die verschiedenen Lösungsansätze, die in den nationalen Rechtsordnungen zur Regelung der Wirksamkeit einer Forderungsübertragung gegenüber Dritten verfolgt werden.[598] Da sich die Arbeitsgruppe nicht einigen konnte, welcher Lösungsansatz einer einheitlichen Regelung zugrunde gelegt werden sollte, stellt die Konvention ausgehend von den verschiedenen Lösungsansätzen mehrere Regelungsmodelle zur Verfügung.

Die Vertragsstaaten können sich nach Art. 42 durch eine Erklärung an eines dieser Regelungsmodelle binden. Art. 42 Abs. 1 räumt ihnen dabei zahlreiche Wahlmöglichkeiten ein. Bereits dadurch rückt das Ziel einer Harmonisierung der unterschiedlichen nationalen Vorschriften in den Hintergrund.

---

594 Dazu *oben*, S. 79 ff.

595 A/CN.9/445 (Bericht der Arbeitsgruppe), Rdnr. 26: „leaving it to market practice to demonstrate the benefits of registration systems". *Bazinas*, ZEuP 2002, 782, 799; *ders.*, Duke J. Comp. Int. L. 12 (2002) 365, 383 f.

596 Vgl. *Markell*, Duke J. Comp. Int. L. 12 (2002) 401, 408.

597 A/56/17 (Bericht der Kommission), Rdnr. 85.

598 *Walsh*, Dick. L. Rev. 106 (2001) 159, 170.

Es wird in Art. 42 Abs. 5 vollständig aufgegeben. Die Vorschrift erlaubt den Vertragsstaaten, nicht nur den Anwendungsbereich des Anhangs einzuschränken, sondern auch dessen Vorschriften inhaltlich zu verändern. Der Anhang der UN-Konvention wird zu einem Modellgesetz, dessen Umsetzung in das Ermessen der Vertragsstaaten gestellt ist.

Indem die Konvention die verschiedenen Regelungsmodelle gleichberechtigt nebeneinander stellt, den Vertragsstaaten weitgehende Wahlmöglichkeiten bei ihrer Umsetzung zugesteht und keine Aussage trifft, welcher Lösungsansatz den praktischen Anforderungen internationaler Forderungsfinanzierungen am besten gerecht wird, lenkt sie die Rechtsentwicklung nicht, und sei es auch nur unverbindlich, in eine bestimmte Richtung. Der Anhang der UN-Konvention leistet keinen Beitrag zur Harmonisierung der unterschiedlichen nationalen Vorschriften über die Wirksamkeit von Forderungsübertragungen gegenüber Dritten.

Die gleichberechtigte Gegenüberstellung der verschiedenen Regelungsmodelle wird jedoch auch den Interessen jener Staaten nicht gerecht, die die eigentliche Zielgruppe des Anhangs bilden, weil ihr nationales Recht keine oder nur unvollständige Vorschriften über die Drittwirksamkeit von Forderungsübertragungen enthält. Diesen Staaten gibt die Konvention keine Anhaltspunkte, welcher Lösungsansatz den Interessen des Rechtsverkehrs am besten gerecht wird, auf welche Weise internationale Forderungsfinanzierungen am ehesten erleichtert und die Finanzierungsschwierigkeiten von Unternehmen am besten beseitigt werden können.

Das Ziel des komplizierten *opting-in*-Mechanismus in Art. 42 kann somit allein darin bestehen, ein höheres Maß an Rechtssicherheit zu schaffen: Vertragsstaaten, die eine Erklärung nach Art. 42 Abs. 1 abgeben, legen sich auf den gewählten Lösungsansatz mit den jeweiligen Einschränkungen und Veränderungen fest. Durch die Veröffentlichung dieser Erklärungen durch die Vereinten Nationen erhält der Rechtsverkehr einen zuverlässigen Überblick über die Rechtslage in den verschiedenen Vertragsstaaten. Es stellt sich allerdings die Frage, ob dieses Ziel der Auslandsrechtskunde nicht auf einem anderen Weg einfacher und kostengünstiger hätte erreicht werden können.

Der Zuwachs an Rechtssicherheit durch den *opting-in*-Mechanismus des Art. 42 ist darüber hinaus eher gering. Der Rechtsverkehr kann selbst dann kaum direkt auf die Vorschriften im Anhang der Konvention zurückgreifen, wenn sich ein Vertragsstaat an einen Lösungsansatz gebunden hat. Denn zum einen müssen die jeweiligen Einschränkungen und Veränderungen nach Art. 42 Abs. 5 beachtet werden, zum anderen sind die Vorschriften des Anhangs unvollständig und müssen durch nationales Recht ergänzt werden, das aus einer Erklärung nach Art. 42 aber nicht hervorgeht. Diese Situation unterscheidet sich nicht wesentlich von der, daß sich der Rechtsverkehr unabhängig von einer Konvention über die Rechtslage in anderen Staaten informieren muß.

Die Vorteile, die mit einer Bindung an eines der Regelungsmodelle im Hinblick auf die Rechtssicherheit und auf die Harmonisierung der nationalen Rechtsordnungen erreicht werden können, sind damit gering. Sie werden durch die Einschränkungen, die mit einer verbindlichen Festlegung auf ein bestimmtes Regelungsmodell verbunden sind, und durch die Unsicherheiten, die mit dessen Einfügung in das geltende Recht einhergehen,[599] aufgewogen. Es ist daher zu erwarten, daß der Anhang der UN-Konvention das bleibt, was er trotz des *opting-in*-Mechanismus des Art. 42 ist: ein Modellgesetz, das in einigen Vertragsstaaten umgesetzt werden mag, aber in keinem direkt anwendbar ist.[600]

Diesem Ergebnis hätte es entsprochen, wenn die Konvention auf den komplizierten *opting-in*-Mechanismus des Art. 42 verzichtet und die Vorschriften des Anhangs deutlich als unverbindliches Modellgesetz gekennzeichnet hätte. Dann wäre es vielleicht auch möglich gewesen, bei deren Erarbeitung den Anforderungen des Rechtsverkehrs mehr Beachtung zu schenken als den Unterschieden zwischen den bestehenden nationalen Rechtsordnungen. Die UN-Konvention erweckt den Eindruck, sie habe bei der Harmonisierung der sachrechtlichen Vorschriften über die Wirksamkeit einer Forderungsübertragung gegenüber Dritten Fortschritte erzielt. Das ist jedoch nicht der Fall.

Die einzigen Vorschriften im Anhang der UN-Konvention, die zu einer internationalen Harmonisierung der rechtlichen Voraussetzungen für die Drittwirksamkeit von Forderungsübertragungen führen können, betreffen die Errichtung eines internationalen Registrierungssystems. Dieses kann nur dann international sein, wenn es in den Staaten, die sich an ihm beteiligen, einheitlich ist. Daher ist für das darauf beruhende Regelungsmodell eine Bindung nach Art. 42 unverzichtbar. Hätte die UN-Konvention diese Vorschriften in den Vordergrund gestellt, hätte sie nicht nur einen Lösungsansatz bezeichnet, der zur Regelung der Drittwirksamkeit internationaler Forderungsübertragungen besonders geeignet ist. Sie hätte die Rechtsentwicklung selbst dann in eine den praktischen Anforderungen entsprechende Richtung gelenkt, wenn die Beteiligung an dem internationalen Registrierungssystem für die Vertragsstaaten nicht verbindlich ist.

---

[599] Vgl. *Markell,* Duke J. Comp. Int. L. 12 (2002) 401, 408 f.
[600] Vgl. *Walsh,* Dick. L. Rev. 106 (2001) 159, 170 f.

Dritter Teil

Die Wirksamkeit einer Forderungsübertragung gegenüber Dritten: Vereinheitlichung des Kollisionsrechts

I. Einleitung

Solange es verschiedene Staaten gibt und solange in ihnen verschiedenes Privatrecht gilt, ist das Internationale Privatrecht unentbehrlich.[1] Dies gilt trotz aller Vereinheitlichungsbemühungen auch für den Bereich der internationalen Forderungsübertragung. Die Aufgabe des Internationalen Privatrechts ist es, die unterschiedlichen Lösungsansätze der einzelnen nationalen Rechtsordnungen zu koordinieren: „La coordination des systèmes existants paraît bien rester dans l'état actuel des choses [...] l'objectif du droit international privé."[2] Es muß daher auch die Frage beantworten, welcher Rechtsordnung in einem Fall mit Auslandsberührung die Voraussetzungen für die Wirksamkeit einer Forderungsübertragung gegenüber Dritten zu entnehmen sind. Es entscheidet darüber, ob der Schuldner durch einen Gerichtsvollzieher von der Forderungsübertragung benachrichtigt werden muß, ob die Forderungsübertragung in einem öffentlichen Register eingetragen werden muß oder ob sie unmittelbar *erga omnes* wirkt.

Da von einer Forderungsübertragung zumindest drei Personen direkt betroffen sind und dementsprechend vielfältige Interessen berührt sein können, kommen für die Bestimmung des anwendbaren Rechts mehrere Anknüpfungsregeln in Betracht. Die Darstellung der denkbaren Anknüpfungsregeln und der mit ihnen verbundenen Vor- und Nachteile (II.) bildet die Grundlage für die sich anschließende Ermittlung und Bewertung des geltenden Rechts.

Das geltende Kollisionsrecht ist sowohl für das deutsche als auch für das englische und französische Recht ausgehend von dem Europäischen Übereinkommen über das auf vertragliche Schuldverhältnisse anwendbare Recht vom 19. Juni 1980 (EVÜ)[3] zu ermitteln. Die Auslegung der einschlägigen Vorschriften steht im Mittelpunkt der folgenden Überlegungen (III.).

---

[1] *Kegel/Schurig,* Internationales Privatrecht, S. 5; *Neuhaus,* Grundbegriffe, S. 3.

[2] *Batiffol,* Aspects philosophiques du droit international privé, Rdnr. 46.

[3] ABl. EG 1980 L 266. Das Übereinkommen ist für die Bundesrepublik Deutschland am 1. 4. 1991 im Verhältnis zu Belgien, Dänemark, Frankreich, Griechenland, Italien, Luxemburg und dem Vereinigten Königreich in Kraft getreten (Bekanntmachung vom 12. 7. 1991, BGBl. 1991 II 871). Es gilt heute ferner im Verhältnis zu den Niederlanden (seit dem 1. 9. 1991, Bekanntmachung vom 9. 7. 1992, BGBl. 1992 II 550), Irland (seit dem 1. 1. 1992, Bekanntmachung vom 9. 7. 1992, BGBl. 1992 II 550), Portugal und Spanien (seit dem 1. 9. 1995, Bekanntmachung vom 26. 9. 1995, BGBl. II 908), Österreich und Schweden (seit dem 1. 1. 1999, Bekanntmachung vom 3. 12. 1998,

Das EVÜ ist jedoch in Deutschland nach Art. 1 Abs. 2 des Zustimmungsgesetzes vom 25. Juli 1986[4] nicht unmittelbar anwendbar. Der deutsche Gesetzgeber hat die Vorschriften des EVÜ schon vor dessen Inkrafttreten durch das Gesetz zur Neuregelung des Internationalen Privatrechts[5] mehr oder weniger wortgetreu in das EGBGB und damit in nationales Recht überführt.[6] Bei Auslegung und Anwendung der auf dem EVÜ beruhenden Vorschriften des EGBGB ist jedoch nach Art. 36 EGBGB deren staatsvertragliche Herkunft zu berücksichtigen. Das führt dazu, daß in Deutschland zwar die Vorschriften des EGBGB Anwendung finden, aber mit dem Inhalt der ihnen entsprechenden Vorschriften des EVÜ:[7] Das „zur Tür hinausgeworfene Abkommen kehrt durch das Fenster des Art. 36 EGBGB zurück".[8] Auch aus deutscher Sicht bildet daher das EVÜ den Ausgangspunkt für die Ermittlung der für die Drittwirksamkeit einer Forderungsübertragung maßgeblichen Anknüpfungsregel.[9] Letztlich ausschlaggebend sind jedoch die Vorschriften des EGBGB (IV.).

Die Wirksamkeit einer Forderungsübertragung gegenüber Dritten ist schließlich Gegenstand der Kollisionsregeln in Art. 22 und 30 Abs. 1 der UN-Konvention über die Forderungsübertragung im internationalen Handelsverkehr. Ob eine Ratifizierung der Konvention die rechtlichen Rahmenbedingungen internationaler Forderungsfinanzierungen verbessern würde, hängt davon ab, ob sie eine sachgerechtere Anknüpfungsregel zur Verfügung stellt als das geltende Recht (V.).

II. Die verschiedenen Anknüpfungsregeln

Die Darstellung der verschiedenen Anknüpfungsregeln und ihrer Vor- und Nachteile ist zum einen Grundlage für die teleologische Auslegung des EVÜ. Da einem Normgeber innerhalb eines Auslegungsspielraums die Absicht einer sachgerechten Regelung unterstellt werden kann, kommt es dar-

---

BGBl. 1999 II 7) und Finnland (seit dem 1. 4. 1999, Bekanntmachung vom 16. 6. 1999, BGBl. 1999 II 503).

[4] BGBl. 1986 II 809.

[5] BGBl. 1986 I 1142.

[6] Zur Kritik an dieser Umsetzungstechnik: *von Hoffmann*, IPRax 1984, 10 ff.; *Nolte*, IPRax 1985, 71 ff.; *Sandrock*, RIW 1986, 841, 842 ff.

[7] *von Hoffmann*, Internationales Privatrecht, § 1, Rdnr. 80; *Junker*, RabelsZ 55 (1991) 674, 693; *Nolte*, IPRax 1985, 71, 76.

[8] *Kegel/Schurig*, Internationales Privatrecht, S. 13. Vgl. *Junker*, RablesZ 55 (1991) 674, 694 f.: Der deutsche Richter habe so zu entscheiden, „als sei das Übereinkommen für ihn unmittelbar anwendbares Recht."

[9] Aus englischer und französischer Sicht ist die Anwendbarkeit des EVÜ dagegen unproblematisch. In England hat das EVÜ durch den Contracts (Applicable Law) Act 1990 (Statutes 1990, Kapitel 36) unmittelbare innerstaatliche Geltung erlangt. Das Gesetz ist am 1. 4. 1991 in Kraft getreten (Contracts (Applicable Law) Act 1990 (Commencement No. 1) Order 1991, Statutory Instruments 1991, Nr. 707). In Frankreich wurde das Übereinkommen durch das Décret 91-242 vom 28. 2. 1991 (J. O. vom 3. 3. 1991) umgesetzt.

auf an, in welcher Auslegung eine Vorschrift am besten den Anforderungen entspricht, die sich aus ihrem Regelungsgegenstand ergeben.[10] Bei der teleologischen Auslegung des EVÜ ist daher zu berücksichtigen, welche Anknüpfungsregel das auf die Wirksamkeit einer Forderungsübertragung gegenüber Dritten anwendbare Recht am sachgerechtesten bestimmt.

Die Darstellung ist zum anderen Ausgangspunkt für die Bewertung des geltenden Kollisionsrechts und für die Beantwortung der Frage, ob die von der UN-Konvention vorgesehenen Kollisionsregeln den internationalprivatrechtlichen Interessen besser gerecht werden.

Zunächst stellt sich jedoch die Frage, ob die Wirksamkeit einer Forderungsübertragung gegenüber Dritten überhaupt als eigenständiger Anknüpfungsgegenstand einer Kollisionsnorm in Betracht kommt (1.). Um die Vor- und Nachteile einer Anknüpfungsregel bestimmen zu können, müssen sodann die Anforderungen benannt werden, die an eine sachgerechte Kollisionsregel zu stellen sind (2.). Erst auf dieser Grundlage können die verschiedenen Anknüpfungsregeln und die mit ihnen verbundenen Vor- und Nachteile dargestellt werden (3. und 4.).

1. Die Wirksamkeit einer Forderungsübertragung gegenüber Dritten als eigenständiger Anknüpfungsgegenstand

Unter welchen Voraussetzungen eine Rechtsfrage ein eigenständiger Anknüpfungsgegenstand sein kann, wird in der Literatur meist unter den Stichworten Teilfrage[11] oder *dépeçage*[12] diskutiert. Im Vordergrund stehen dabei die Voraussetzungen, unter denen eine Rechtsfrage von dem ihr übergeordneten Rechtsverhältnis abgespalten und einer anderen Rechtsordnung zugewiesen werden kann. Der Begriff der Teilfrage wird demnach gleichgesetzt mit der Maßgeblichkeit verschiedener Rechtsordnungen für einen einheitlichen Sachverhalt; die Darstellung der damit verbundenen Probleme nimmt einen entsprechend breiten Raum ein.[13]

Diese Gleichsetzung ist jedoch nicht zwingend. Wenn ein Rechtsverhältnis in einzelne Rechtsfragen aufgegliedert wird und diese als Teilfragen zu eigenständigen Anknüpfungsgegenständen verschiedener Kollisionsregeln gemacht werden, führt dies nicht unbedingt zu einer Spaltung des auf das Rechtsverhältnis anwendbaren Rechts.[14] Dies zeigt sich besonders deut-

---

[10] *Larenz,* Methodenlehre, S. 333 f.

[11] *von Hoffmann,* Internationales Privatrecht, § 6, Rdnr. 43; MünchKomm/*Sonnenberger,* Einl. IPR, Rdnr. 495; *Neuhaus,* Grundbegriffe, S. 133 ff.; *Serick,* RabelsZ 18 (1953) 633 ff.

[12] *Jayme,* FS Kegel, 253 ff.; *Kegel/Schurig,* Internationales Privatrecht, S. 123.

[13] *Neuhaus,* Grundbegriffe, S. 133 ff.; *Serick,* RabelsZ 18 (1953) 633 ff.

[14] Der Begriff *dépeçage* ist schon nach seinem Wortsinn mit einer bestimmten kollisionsrechtlichen Behandlung verbunden: *dépeçage* bedeutet stets Spaltung des anwendbaren Rechts. Dies ist hinsichtlich des Begriffs *Teilfrage* nicht der Fall. Mit dessen Wortsinn ist auch eine einheitliche kollisionsrechtliche Behandlung vereinbar.

lich, wenn die sich aus einem Sachverhalt ergebenden Rechtsfragen ohnehin nur auf der Grundlage mehrerer Rechtsordnungen sachgerecht gelöst werden können. In einem solchen Fall muß die zu einer Teilfrage verselbständigte Rechtsfrage nicht zwingend an eine weitere Rechtsordnung angeknüpft werden. Sie kann auch akzessorisch an eine der ohnehin anwendbaren Rechtsordnungen angeknüpft werden. Insofern ist die Bildung von Teilfragen kein Gegenstück der akzessorischen Anknüpfung sondern deren Voraussetzung.[15]

Dies verdeutlicht ein Blick auf das Kollisionsrecht der Forderungsübertragung. Die Rechte und Pflichten des Schuldners dürfen durch die Forderungsübertragung nicht berührt werden. Daher richten sich die Wirkungen einer Forderungsübertragung gegenüber dem Schuldner nach einhelliger Ansicht nach dem Forderungsstatut.[16] Liegt der Forderungsübertragung ein Verpflichtungsgeschäft zwischen Zedent und Zessionar zugrunde, unterliegen deren vertragliche Verpflichtungen nach herrschender Ansicht dem Schuldvertragsstatut.[17]

Wenn man vor diesem Hintergrund die Wirksamkeit der Forderungsübertragung gegenüber Dritten als Teilfrage und damit als eigenständigen Anknüpfungsgegenstand ansieht, kann sowohl das Forderungsstatut als auch das Statut des Verpflichtungsgeschäfts und damit eine Rechtsordnung für anwendbar erklärt werden, die bei einer Forderungsübertragung ohnehin zu beachten ist. Die Bildung von Teilfragen ist somit nicht notwendigerweise mit einer Rechtsspaltung verbunden. Selbst wenn sich eine selbständige Anknüpfung an eine dritte Rechtsordnung als sachgerechter erweist, so ergibt sich die Rechtsspaltung nicht daraus, daß die Drittwirksamkeit einer Forderungsübertragung als eigenständiger Anknüpfungsgegenstand angesehen wird, sondern aus dessen kollisionsrechtlicher Behandlung.

---

[15] Aus den genannten Gründen ist die gegenteilige Ansicht von *von Hoffmann*, Internationales Privatrecht, § 6, Rdnr. 45 nicht überzeugend.

[16] Der Regelungsgehalt des Art. 12 Abs. 2 EVÜ ist insofern unbestritten: BGH, 24. 2. 1994, BGHZ 125, 196, 205; BGH, 26. 11. 1990, IPRax 1992, 43, 44; Cour d'appel de Grenoble, 13.9.1995, Rev. crit. dr. int. privé 85 (1996) 666; *von Bar*, Internationales Privatrecht, Bd. 2, Rdnr. 565; *Einsele*, ZVglRWiss 90 (1991) 1, 2; *Ferid*, Internationales Privatrecht, Rdnr. 6-120; *Goode*, Commercial Law, S. 1128 f.; *Jobard-Bachellier*, Rép. int., Créances (Opérations sur), Rdnr. 52; *Kropholler*, Internationales Privatrecht, S. 471; *Lagarde*, Rev. crit. dr. int. privé 80 (1991) 287, 335; *Mayer/Heuzé*, Droit international privé, Rdnr. 750; *Moshinsky*, L. Q. R. 109 (1992) 591, 618; MünchKomm/*Martiny*, Art. 33, Rdnr. 1; *Pardoel*, Les conflits de lois en matière de cession de créance, Rdnr. 477; *Peltzer*, RIW 1997, 893; *Sinay-Cytermann*, Rev. crit. dr. int. privé 81 (1992) 35, 36; *Stadler*, Gestaltungsfreiheit und Verkehrsschutz durch Abstraktion, S. 709; *Staudinger/Hausmann*, Art. 33, Rdnr. 40; *Staudinger/Stoll*, Int SachenR, Rdnr. 347.

[17] Insofern ist auch der Regelungsgehalt des Art. 12 Abs. 1 EVÜ unbestritten: *Audit*, Droit international privé, Rdnr. 762; *von Bar*, Internationales Privatrecht, Bd. 2, Rdnr. 564; MünchKomm/*Martiny*, Art. 33, Rdnr. 4 f.; *Peltzer*, RIW 1997, 893; *Sinay-Cytermann*, J.-Cl. int., Fasc. 554, Rdnr. 3; *Soergel/von Hoffmann*, Art. 33, Rdnr. 6; *Staudinger/Hausmann*, Art. 33, Rdnr. 31; *Staudinger/Stoll*, Int SachenR, Rdnr. 347.

Wenn aber die Bildung von Teilfragen nicht immer zu einer Spaltung des anwendbaren Rechts führt, müssen zwei Fragestellungen unterschieden werden. Auf der einen Seite stehen die Voraussetzungen, unter denen eine Rechtsfrage als Teilfrage und somit als eigenständiger Anknüpfungsgegenstand angesehen werden kann. Auf der anderen Seite steht die Frage nach seiner kollisionsrechtlichen Behandlung.

Wenn die Literatur den Begriff der Teilfrage mit der Spaltung des auf einen einheitlichen Sachverhalt anwendbaren Rechts gleichsetzt,[18] erfaßt sie damit einen kollisionsrechtlich besonders problematischen Aspekt. Das Begriffsverständnis birgt jedoch die Gefahr in sich, daß eine Aufgliederung eines Rechtsverhältnisses in einzelne Rechtsfragen wegen der drohenden Rechtsspaltung unbesehen abgelehnt wird. Die hier vorgeschlagene Unterscheidung zwischen den Voraussetzungen für das Vorliegen einer Teilfrage einerseits und ihrer kollisionsrechtlichen Behandlung andererseits erleichtert ein analytisches Vorgehen, das auf der einen Seite die Besonderheiten komplexer Rechtsverhältnisse besser erfassen kann und dadurch einer unangebrachten Vereinfachung vorbeugt,[19] auf der anderen Seite aber auch die gegen eine Spaltung des anwendbaren Rechts sprechenden Erwägungen berücksichtigt.[20]

Daher ist zunächst die Frage zu beantworten, ob es sich bei der Wirksamkeit einer Forderungsübertragung gegenüber Dritten um eine Teilfrage handelt. Es geht somit um die Voraussetzungen, unter denen „sich Rechtsregeln zu Teilfragen so verselbständigen lassen, daß sie von anderen Normen getrennt werden können".[21] Soweit in der Literatur überhaupt Voraussetzungen für das Vorliegen von Teilfragen genannt werden, sind diese häufig von dem Verständnis geprägt, daß die Bildung einer Teilfrage zu einer Rechtsspaltung führe und wegen der damit verbundenen Schwierigkeiten grundsätzlich zu vermeiden sei.[22] Teilweise werden die tatbestandlichen Voraussetzungen eines komplexen Rechtsverhältnisses als mögliche Teilfragen genannt.[23]

Wenn man die Voraussetzungen für das Vorliegen einer Teilfrage jedoch von ihrer kollisionsrechtlichen Behandlung unterscheidet, kommt jede Rechtsfrage, die einer eigenständigen kollisionsrechtlichen Behandlung zugänglich ist, als Teilfrage in Betracht. Da das Kollisionsrecht dem Ideal der

---

[18] Nachweise *oben*, Dritter Teil, Fn. 11 und 12.

[19] Nach *Neuhaus* (Grundbegriffe, S. 136 f.) ist dies der entscheidende Grund dafür, daß ein allgemeines Verbot der Sonderanknüpfung von Teilfragen nicht gerechtfertigt werden kann. Vgl. *Staudinger/Stoll*, Int SachenR, Rdnr. 350.

[20] Eine entsprechende Argumentation findet sich im Hinblick auf das Internationale Bereicherungsrecht bei *Cheshire/North*, Private International Law, S. 690.

[21] *Jayme*, FS Kegel, 253, 255.

[22] *von Schwind*, RabelsZ 23 (1958) 449, 456; *Serick*, RabelsZ 18 (1953) 633, 636 f.

[23] *von Hoffmann*, Internationales Privatrecht, § 6, Rdnr. 43; *von Schwind*, RabelsZ 23 (1958) 449, 456.

internationalprivatrechtlichen Gerechtigkeit verpflichtet ist[24] und dem Ausgleich der unterschiedlichen kollisionsrechtlichen Interessen dient,[25] ist eine Rechtsfrage dann einer eigenständigen kollisionsrechtlichen Behandlung zugänglich, wenn sie zumindest teilweise andere kollisionsrechtliche Interessen berührt als die ihr übergeordnete Hauptfrage. Damit liegt eine Teilfrage vor, wenn sich eine Rechtsfrage von der ihr übergeordneten Hauptfrage durch eine besondere kollisionsrechtliche Interessenlage unterscheidet. Der Begriff der Teilfrage ist weit. Die Problematik liegt in ihrer kollisionsrechtlichen Behandlung.

Danach kann die Wirksamkeit einer Forderungsübertragung gegenüber Dritten als Teilfrage angesehen werden, wenn sie zumindest teilweise andere kollisionsrechtliche Interessen berührt als die übrigen mit einer Forderungsübertragung verbundenen Fragestellungen. Die Wirksamkeit gegenüber Dritten betrifft die Interessen eines besonderen Personenkreises, der von der Forderungsübertragung im übrigen nicht unmittelbar betroffen ist. Die Interessen Dritter spielen beispielsweise für die Wirkungen gegenüber dem Schuldner keine Rolle. Sie unterscheiden sich darüber hinaus sowohl von den Interessen des Schuldners, als auch von den Interessen von Zedent und Zessionar. Damit ist die Wirksamkeit gegenüber Dritten einer eigenständigen kollisionsrechtlichen Bewertung zugänglich und kommt als Gegenstand einer eigenständigen Anknüpfungsregel in Betracht. Es handelt sich um eine Teilfrage aus dem komplexen Rechtsverhältnis der Forderungsübertragung.

Dieses Ergebnis kann dahingehend verallgemeinert werden, daß die Wirkungen eines Rechtsgeschäfts gegenüber verschiedenen Personen grundsätzlich als Teilfragen angesehen werden können.[26] Die Wirkungen einer Forderungsübertragung gegenüber dem Schuldner können daher ebenso Gegenstand einer eigenständigen kollisionsrechtlichen Bewertung sein wie deren Wirkungen im Verhältnis zwischen Zedent und Zessionar.[27]

Daß es sich bei der Wirksamkeit einer Forderungsübertragung gegenüber Dritten um eine eigenständige kollisionsrechtliche Fragestellung handelt, zeigt auch ein Blick in die englische und französische Rechtsprechung und

---

[24] *Kegel/Schurig*, Internationales Privatrecht, S. 114; *Kropholler*, Internationales Privatrecht, S. 24; *Neuhaus*, Grundbegriffe, S. 42; *Cheshire/North*, Private International Law, S. 32.

[25] *Kegel/Schurig*, Internationales Privatrecht, S. 114 ff.

[26] Anders *von Schwind* (RabelsZ 23 (1958) 449, 456), der die Bildung von Teilfragen grundsätzlich ablehnt.

[27] Die Bildung entsprechender Teilfragen ist (unausgesprochene) Grundlage der in der deutschen Literatur vertretenen Auffassung, daß die Wirkungen einer Forderungsübertragung im Verhältnis zwischen Zedent und Zessionar dem Statut des Verpflichtungsgeschäfts zu unterstellen seien, während sich die Wirkungen gegenüber dem Schuldner nach dem Statut der übertragenen Forderung richten sollen (*Staudinger/Hausmann*, Art. 33, Rdnr. 27; *Einsele*, ZVglRWiss 90 (1991) 1, 22 f.).

Literatur, wo sie unter den Stichworten *priority*,[28] *perfection*[29] und *opposabilité aux tiers*[30] Gegenstand ausführlicher kollisionsrechtlicher Erörterungen ist. Dies mag durch das nationale Sachrecht bedingt sein, das für die Wirksamkeit einer Forderungsübertragung gegenüber Dritten besondere Voraussetzungen aufstellt. Aber auch wenn das deutsche Sachrecht derartige Voraussetzungen nicht kennt, müssen sie dennoch durch das deutsche Kollisionsrecht angemessen erfaßt werden können. Dieser kollisionsrechtlichen Aufgabe wird nicht gerecht, wer ohne die erforderlichen Differenzierungen nach dem auf die Forderungsübertragung insgesamt anwendbaren Recht fragt.[31] Dies gilt auch dann, wenn die verschiedenen Aspekte einer Forderungsübertragung letztlich gleich anzuknüpfen sind. Insofern ist der Begriff des Zessionsstatuts problematisch, da er einen einheitlichen Anknüpfungsgegenstand voraussetzt, der in Wirklichkeit nicht besteht.

Kann die Wirksamkeit einer Forderungsübertragung gegenüber Dritten somit als eigenständiger Anknüpfungsgegenstand angesehen werden, stellt sich die Frage der sachgerechten Anknüpfung.

2. Anforderungen an eine sachgerechte Anknüpfungsregel

Um die Vor- und Nachteile der verschiedenen Anknüpfungsregeln bestimmen zu können, ist ein Bewertungsmaßstab erforderlich, der sich aus den Anforderungen ergibt, die an eine sachgerechte Anknüpfungsregel zu stellen sind. Sie bestehen sowohl in materieller als auch in formeller Hinsicht.[32]

Die materiellen Anforderungen ergeben sich daraus, daß das Kollisionsrecht ebenso wie das Sachrecht dazu dient, Gerechtigkeit zu verwirklichen.[33] Das Gerechtigkeitsideal des IPR ist jedoch mit dem des materiellen Rechts nicht identisch. Das IPR verwirklicht Gerechtigkeit nicht dadurch, daß es eine Rechtsfrage einer als gerecht empfundenen Lösung zuführt, sondern es beschränkt sich darauf, eine bestimmte Rechtsordnung für anwendbar zu erklären.[34] Dementsprechend ist es nicht Aufgabe des IPR,

---

[28] *Cheshire/North*, Private International Law, S. 961 f.; *Collier*, Conflict of Laws, S. 257 ff.; *Dicey/Morris*, Conflict of Laws, Rdnr. 24-057; *Goode*, Commercial Law, S. 1129 f.; *Moshinsky*, L.Q.R. 108 (1992) 591, 621 ff.

[29] *Moshinsky*, L.Q.R. 108 (1992) 591, 616 ff.

[30] *Audit*, Droit international privé, Rdnr. 762; *Jobard-Bachelier*, Rép. int., Créances (Opérations sur), Rdnr. 58 ff.; *Sinay-Cytermann*, J.-Cl. int., Fasc. 554, Rdnr. 8 ff.; *dies.*, Rev. crit. dr. int. privé 81 (1992) 39, 20 ff.

[31] *Hoffmann-Klein*, Die Anerkennung ausländischer Sicherungsrechte an Forderungen, S. 142: „Bestimmung des Zessionsstatuts"; *Mangold*, Die Abtretung im Europäischen Kollisionsrecht, S. 124.

[32] *Neuhaus*, Grundbegriffe, S. 160.

[33] *Cheshire/North*, Private International Law, S. 32; *Kropholler*, Internationales Privatrecht, S. 24; *Kegel/Schurig*, Internationales Privatrecht, S. 114; *Neuhaus*, Grundbegriffe, S. 42.

[34] *Kegel/Schurig*, Internationales Privatrecht, S. 114 ff.; *Kropholler*, Internationales Privatrecht, S. 25; *Neuhaus*, Grundbegriffe, S. 42 f. Anders *von Bar*, Internationales Privatrecht,

die Anwendung des seinem Inhalt nach gerechtesten Sachrechts sicherzustellen.[35] Es geht vielmehr von einer inhaltlichen Gleichwertigkeit der in Betracht kommenden Rechtsordnungen aus.[36] Das Gerechtigkeitsideal des IPR kann demnach nur darin bestehen, jene Rechtsordnung für anwendbar zu erklären, die zur Regelung des Sachverhalts, in dem sich die jeweilige Rechtsfrage typischerweise stellt,[37] am angemessensten ist.[38]

Dies bedeutet zunächst, daß eine Kollisionsregel die Interessen der betroffenen Parteien zu einem angemessenen Ausgleich bringen muß.[39] Die Parteien haben ein Interesse daran, daß ihr Handeln nach einem Recht beurteilt wird, mit dem sie eng verbunden sind. Hinzu kommt das Interesse des Rechtsverkehrs an einer sicheren und bequemen Abwicklung der Geschäfte, die durch unsachgemäße Kollisionsregeln erheblich erschwert werden kann,[40] wenn beispielsweise bei der Vornahme eines einzelnen Rechtsgeschäfts eine Vielzahl unterschiedlicher Rechtsordnungen beachtet werden muß. Schließlich kann ein staatliches Interesse bestehen, daß Vorschriften zum Schutz des nationalen Rechtsverkehrs möglichst umfassend angewandt werden.[41] Im Bereich der Forderungsübertragung kann dies im Hinblick auf Publizitätserfordernisse der Fall sein.

Bd. 1, Rdnr. 510: Im Prinzip gebe es „keinen Unterschied zwischen einer internationalprivatrechtlichen und einer sachrechtlichen Gerechtigkeit." Das Kollisionsrecht stelle aufgrund seiner besonderen Fragestellung lediglich andere Wertungen in den Vordergrund (a. a. O., Rdnr. 511).

[35] *Kegel/Schurig,* Internationales Privatrecht, S. 114; *Neuhaus,* Grundbegriffe, S. 37 ff. Die Anwendung des materiell besseren Rechts ist jedoch für den *better law approach* ein maßgeblicher Gesichtspunkt (*Leflar/McDougal/Felix,* American Conflicts Law, S. 297–303; vgl. *Zweigert,* RabelsZ 37 (1973) 435, 447 f.).

[36] *von Hoffmann,* Internationales Privatrecht, § 1, Rdnr. 12; MünchKomm/*Sonnenberger,* Einl. IPR, Rdnr. 9; *Neuhaus,* Grundbegriffe, S. 43.

[37] Die Bedeutung der Typenbildung betonen *Kegel/Schurig,* Internationales Privatrecht, S. 117; MünchKomm/*Sonnenberger,* Einl. IPR, Rdnr. 30 ff.; *Neuhaus,* Grundbegriffe, S. 110 ff. Eine individuelle Bestimmung des anwendbaren Rechts auf der Grundlage der besonderen Umstände des konkreten Sachverhalts birgt die Gefahr der Willkür in sich. Rechtssicherheit ist aber insbesondere dort erforderlich, wo eine Entscheidung nicht nur für die daran unmittelbar Beteiligten, sondern auch für Außenstehende von Bedeutung ist. Daher mag es seine Berechtigung haben, die Besonderheiten des Einzelfalls im Rahmen des Vertragsrechts in den Vordergrund zu stellen (vgl. die Bestimmung des *proper law of the contract* nach traditionellem englischem Kollisionsrecht: *The Assunzione* [1954] All ER 278), nicht aber bei der Beurteilung von Fragen der Vermögenszuordnung.

[38] *Neuhaus,* Grundbegriffe, S. 43. Vom räumlich besten Recht sprechen *von Bar,* Internationales Privatrecht, Bd. 1, Rdnr. 509; *Kegel/Schurig,* Internationales Privatrecht, S. 114, vom räumlich gerechten Recht MünchKomm/*Sonnenberger,* Einl. IPR, Rdnr. 79.

[39] *von Bar,* Internationales Privatrecht, Bd. 1, Rdnr. 509; *Kegel/Schurig,* Internationales Privatrecht, S. 115.

[40] *Kegel/Schurig,* Internationales Privatrecht, S. 120; *Kropholler,* Internationales Privatrecht, S. 32; MünchKomm/*Sonnenberger,* Einl. IPR, Rdnr. 88.

[41] *Kegel/Schurig,* Internationales Privatrecht, S. 130 ff.

Darüber hinaus können die Wertentscheidungen des materiellen Rechts auf das IPR ausstrahlen.[42] Sie dürfen durch das IPR nicht konterkariert werden. Denn obwohl sich internationalprivatrechtliche und materiellrechtliche Gerechtigkeit nicht entsprechen, so stehen sie doch nicht unabhängig nebeneinander. Im Bereich der Forderungsübertragung findet beispielsweise der im materiellen Recht verwirklichte Grundsatz des Schuldnerschutzes seine kollisionsrechtliche Entsprechung in der Anknüpfung der Wirkungen der Forderungsübertragung gegenüber dem Schuldner an das Statut der übertragenen Forderung.

Diesen sich aus dem Ideal der internationalprivatrechtlichen Gerechtigkeit ergebenden materiellen Anforderungen an eine sachgerechte Kollisionsregel steht der formale Gesichtspunkt der Rechtssicherheit gegenüber.[43] Er verlangt eindeutige Regeln und vorhersehbare Entscheidungen.[44]

Eine Anknüpfungsregel ist nur dann eindeutig, wenn sie einfach anzuwenden ist.[45] Zu vorhersehbaren Entscheidungen führt sie nur dann, wenn das anwendbare Recht nicht erst durch den Richter bestimmt wird, sondern von den Parteien eines Rechtsstreits schon vorher ermittelt werden kann: Die Entscheidungen müssen berechenbar sein.[46] Vorhersehbarkeit bedeutet aber nicht nur, daß die Gerichte in vergleichbaren Sachverhalten zu vergleichbaren Ergebnissen kommen, ihre Entscheidungen mithin überprüfbar und nachvollziehbar sind.[47] Da das Internationale Privatrecht zumindest mittelbar die Rechtsbeziehungen zwischen Privatrechtssubjekten regelt,[48] ist das anwendbare Recht nicht schon dann vorhersehbar, wenn die abstrakten Kriterien feststehen, nach denen es bestimmt wird. Erforderlich ist vielmehr, daß ein fremdes Recht nur dann zur Anwendung kommt, wenn die Betroffenen sowohl den Auslandsbezug des konkreten Sachverhalts als auch die Umstände erkennen konnten, aus denen sich das anwendbare Recht ergibt. Denn nur unter diesen Umständen ist es ihnen möglich, ihr Verhalten an den maßgeblichen rechtlichen Rahmenbedingungen auszurichten. Daher muß eine Anknüpfungsregel auf Umstände abstellen, die den Betroffenen schon bei der Vornahme des Rechtsgeschäfts bekannt waren[49] oder zumindest hätten bekannt sein können.

---

[42] *Kropholler*, Internationales Privatrecht, S. 33; *Neuhaus*, Grundbegriffe, S. 44 f.
[43] *Kropholler*, Internationales Privatrecht, S. 29.
[44] *Kegel/Schurig*, Internationales Privatrecht, S. 125; *Kropholler*, Internationales Privatrecht, S. 29 f.; MünchKomm/*Sonnenberger*, Einl IPR, Rdnr. 88; *Neuhaus*, Grundbegriffe, S. 161–164.
[45] *Neuhaus*, Grundbegriffe, S. 161.
[46] *Kegel/Schurig*, Internationales Privatrecht, S. 125; *Kropholler*, Internationales Privatrecht, S. 29 f.; MünchKomm/*Sonnenberger*, Einl. IPR, Rdnr. 88; *Neuhaus*, Grundbegriffe, S. 162.
[47] Anders *Kegel/Schurig*, Internationales Privatrecht, S. 125.
[48] *von Bar*, Internationales Privatrecht, Bd. 1, Rdnr. 509.
[49] *Neuhaus*, Grundbegriffe, S. 162 f.

Die Rechtssicherheit kann beeinträchtigt werden, wenn ein einheitlicher Lebenssachverhalt in verschiedene Rechtsfragen unterteilt wird und diese verschiedenen und sich unter Umständen widersprechenden Rechtsordnungen zugewiesen werden. Die dabei möglichen ungereimten Ergebnisse aufgrund von Normwidersprüchen können durch geeignete Anknüpfungsregeln vermieden werden.[50] Anknüpfungsregeln sollen gewährleisten, daß das auf einen einheitlichen Lebenssachverhalt anwendbare Recht nach Möglichkeit in sich widerspruchsfrei ist (innerer Entscheidungseinklang).[51] Hierin liegt das entscheidende Problem bei der kollisionsrechtlichen Behandlung von Teilfragen.

Rechtssicherheit bedeutet auch, daß der Ausgang eines Rechtsstreits nicht vom Ort des Verfahrens abhängt (äußerer Entscheidungseinklang).[52] Der Gefahr hinkender Rechtsverhältnisse kann am besten durch international vereinheitlichtes Kollisionsrecht begegnet werden,[53] aber auch durch die Verwendung international gebräuchlicher Anknüpfungsregeln.[54] Insofern kann bei der Auslegung und Anwendung des nationalen Kollisionsrechts dem Erfordernis des äußeren Entscheidungseinklangs auch dadurch Rechnung getragen werden, daß der Inhalt des ausländischen Kollisionsrechts berücksichtigt wird.[55]

Schließlich folgt aus dem Gesichtspunkt der Rechtssicherheit, daß Entscheidungen vermieden werden müssen, die nicht durchsetzbar sind.[56] Dies kann dadurch erreicht werden, daß die Anknüpfungsregeln auf ein Recht verweisen, das auch von dem Staat für maßgeblich erachtet wird, in dem die Entscheidung vollstreckt werden muß. Denn die Anerkennung einer ausländischen Entscheidung hängt häufig davon ab, ob ihr eine Rechtsordnung zugrunde gelegt wurde, die auch nach dem Kollisionsrecht des Vollstreckungsstaats hätte angewandt werden müssen. Auch aus diesem Grund muß das ausländische Kollisionsrecht berücksichtigt werden.

Auf Grundlage dieser Kriterien können im folgenden die in der deutschen, englischen und französischen Rechtsprechung und Literatur vertretenen Auffassungen zur Anknüpfung der Wirksamkeit einer Forderungsübertragung gegenüber Dritten auf die mit ihnen jeweils verbundenen Vor- und Nachteile hin untersucht werden. Die verschiedenen Anknüpfungsregeln

---

[50] *Kegel/Schurig*, Internationales Privatrecht, S. 123 f.; *Neuhaus*, Grundbegriffe, S. 164.
[51] *Kegel/Schurig*, Internationales Privatrecht, S. 124; MünchKomm/*Sonnenberger*, Einl. IPR, Rdnr. 83; *Neuhaus*, Grundbegriffe, S. 164. Der Begriff des inneren Entscheidungseinklangs wird nicht ganz einheitlich gebraucht und teilweise dahingehend beschränkt, daß derselbe Sachverhalt in verschiedenen Entscheidungen von den Gerichten desselben Staates gleich beurteilt werden müsse (*Kropholler*, Internationales Privatrecht, S. 35 f.).
[52] *Neuhaus*, Grundbegriffe, S. 50.
[53] *Kegel/Schurig*, Internationales Privatrecht, S. 122; *Neuhaus*, Grundbegriffe, S. 57.
[54] *Kegel/Schurig*, Internationales Privatrecht, S. 123; *Neuhaus*, Grundbegriffe, S. 55.
[55] *Neuhaus*, Grundbegriffe, S. 56.
[56] *Kegel/Schurig*, Internationales Privatrecht, S. 126; *Neuhaus*, Grundbegriffe, S. 161.

können nach der ihnen zugrunde liegenden kollisionsrechtlichen Technik in zwei Gruppen unterteilt werden: Die Wirksamkeit einer Forderungsübertragung gegenüber Dritten kann entweder akzessorisch (3.) oder selbständig (4.) angeknüpft werden.

3. Akzessorische Anknüpfung

Eine akzessorische Anknüpfung liegt vor, wenn die Anknüpfungsregel das auf ein Rechtsverhältnis anwendbare Recht dadurch bestimmt, daß sie auf das Statut eines anderen Rechtsverhältnisses verweist, das aufgrund einer unabhängigen kollisionsrechtlichen Würdigung bereits feststeht.[57]

Die Wirksamkeit einer Forderungsübertragung gegenüber Dritten kann akzessorisch an das Statut eines der beiden Rechtsverhältnisse angeknüpft werden, die bei einer Forderungsübertragung notwendigerweise bestehen. Dies ist zum einen das Rechtsverhältnis zwischen Zedent und Schuldner, aus dem sich die zu übertragende Forderung ergibt, zum anderen das Rechtsverhältnis zwischen Zedent und Zessionar, das den Zedenten zur Übertragung der Forderung verpflichtet. Damit kommt eine Anknüpfung an das Statut der übertragenen Forderung (a.) oder an das Statut des der Forderungsübertragung zugrunde liegenden Verpflichtungsgeschäfts (b.) in Betracht.

---

[57] *von der Seipen*, Akzessorische Anknüpfung, S. 47. Ähnlich: *von Hoffmann*, Internationales Privatrecht, § 6, Rdnr. 45; MünchKomm/*Sonnenberger*, Einl. IPR, Rdnr. 610.
Nach Ansicht *von der Seipens* ist der Begriff der akzessorischen Anknüpfung jedoch auf solche Kollisionsregeln zu beschränken, die durch ein generalklauselartiges Anknüpfungsmoment –beispielsweise das der engsten Verbindung – eine Anknüpfungsfreiheit gewähren, die durch den Rechtsanwender unter Berücksichtigung des Akzessorietätsgedankens ausgeübt werden kann (a.a.O., S. 51). Davon sei die einheitliche Anknüpfung zu unterscheiden. Hier sei es der Gesetzgeber, der mehrere zusammenhängende Einzelfragen demselben Sachrecht zuweise und so deren einheitliche kollisionsrechtliche Behandlung vorschreibe (a.a.O., S. 48 f.; ebenso: *Keller/Siehr*, Allgemeine Lehren des internationalen Privatrechts, S. 285).
Diese Differenzierung vermag nicht zu überzeugen, denn die Wertungen, die einer akzessorischen Anknüpfung durch den Rechtsanwender zugrunde liegen, sind von denen einer einheitlichen Anknüpfung durch den Gesetzgeber nicht zu unterscheiden (so auch *von der Seipen*, a.a.O., S. 162). Daher beruht die vorgeschlagene Differenzierung in erster Linie auf den Zufälligkeiten des Gesetzeswortlauts (*von der Seipen*, a.a.O., S. 162: „Die Zuordnung eines Phänomens zu der einen oder anderen Kategorie [erscheint] bisweilen fast beliebig") und ist dementsprechend ohne Aussagekraft, wenn Anknüpfungsregeln *de lege ferenda* diskutiert werden. Es erscheint näherliegend, schon dann von akzessorischer Anknüpfung zu sprechen, wenn eine Teilfrage einer Rechtsordnung unterstellt wird, die aufgrund einer unabhängigen kollisionsrechtlichen Bewertung auf das übergeordnete Rechtsverhältnis anwendbar ist, ohne daß es darauf ankommt, ob die einheitliche kollisionsrechtliche Behandlung durch den Gesetzgeber mittels eines weiten Anknüpfungsgegenstands oder durch den Rechtsanwender mittels einer entsprechenden Auslegung eines weiten Anknüpfungsmoments bewirkt wird. Daher sind die in diesem Abschnitt diskutierten Anknüpfungsregeln auch dann Erscheinungsformen der akzessorischen Anknüpfung, wenn die einheitliche kollisionsrechtliche Behandlung vom Gesetzgeber vorgeschrieben wird.

Beide Anknüpfungsregeln vermeiden eine weitere Zersplitterung des anwendbaren Rechts. Bei einer Forderungsübertragung müssen ohnehin zwei Rechtsordnungen berücksichtigt werden: Die Wirkungen der Forderungsübertragung gegenüber dem Schuldner richten sich nach dem Statut der übertragenen Forderung,[58] die gegenseitigen Rechte und Pflichten von Zedent und Zessionar nach dem Statut des der Forderungsübertragung zugrunde liegenden Verpflichtungsgeschäfts.[59] Während eine selbständige Anknüpfung der Drittwirksamkeit dazu führen kann, daß eine weitere Rechtsordnung berücksichtigt werden muß, werden bei einer akzessorischen Anknüpfung die von einer Forderungsübertragung aufgeworfenen Fragen durch zwei Rechtsordnungen vollständig erfaßt.

Die sich aus einer Zersplitterung des anwendbaren Rechts ergebenden Schwierigkeiten werden von manchen als so schwerwiegend angesehen, daß die Bildung von Teilfragen[60] und erst recht deren selbständige Anknüpfung grundsätzlich abgelehnt wird.[61] Soweit sie gesetzlich angeordnet werde, seien die entsprechenden Vorschriften „möglichst eng zu interpretieren".[62] Schon die Akzessorietät als solche ist nach dieser Ansicht ein entscheidendes Argument für die im folgenden dargestellten Anknüpfungsregeln. Dies wird mit dem Gesichtspunkt des inneren Entscheidungseinklangs begründet.[63] Allein eine akzessorische Anknüpfung gewährleiste die Widerspruchsfreiheit der auf einen Sachverhalt anwendbaren Sachvorschriften, denn: „Innerhalb derselben Rechtsordnung sind die Rechtssätze meist aufeinander abgestimmt; Widerspruchsfreiheit kann im allgemeinen unterstellt werden".[64] Je mehr Rechtsordnungen aber zur Beurteilung eines Sachverhalts herangezogen werden, desto mehr werde diese Widerspruchsfreiheit gefährdet. Das auf einen Sachverhalt anwendbare Recht werde zu einem „Mosaik aus nicht aneinander angepaßten Splittern nicht zusammenhängender Rechtsordnungen."[65] Das anwendbare Sachrecht müsse aber nach Möglichkeit in sich geschlossen sein.[66]

Damit gerät der Gesichtspunkt des inneren Entscheidungseinklangs jedoch in die Gefahr, zu einem formalen Kriterium zu werden, das unabhängig von den Besonderheiten der jeweiligen Rechtsfrage und des ihr zugrunde

---

[58] Nachweise *oben*, Dritter Teil, Fn. 16.
[59] Nachweise *oben*, Dritter Teil, Fn. 17.
[60] Dazu *oben*, S. 163.
[61] *von Schwind*, RabelsZ 23 (1958) 449, 456 f.; *Serick*, RabelsZ 18 (1953) 633, 650: „Lehre des Verbots einer Sonderanknüpfung von Teilfragen".
[62] *Serick*, RabelsZ 18 (1953) 633, 637 ff.
[63] *Kegel/Schurig*, Internationales Privatrecht, S. 124; *von Schwind*, RabelsZ 23 (1958) 449, 465; *Serick*, RabelsZ 18 (1953) 633, 636.
[64] *Kegel/Schurig*, Internationales Privatrecht, S. 123. Ebenso: *Kropholler*, Internationales Privatrecht, S. 127.
[65] *von Schwind*, RabelsZ 23 (1958) 448, 457.
[66] *Kegel/Schurig*, Internationales Privatrecht, S. 124.

liegenden Sachverhalts gegen eine selbständige Anknüpfung streitet.[67] Zur Simplifizierung darf das Ideal des Entscheidungseinklangs aber nicht führen.[68] Einheitliche Anknüpfungsregeln, die einen ganzen Komplex von Rechtsfragen derselben Rechtsordnung zuweisen, finden dort ihre Grenzen, wo die kollisionsrechtliche Interessenbewertung Differenzierungen verlangt.[69] Die kollisionsrechtlich einheitliche Beurteilung eines Sachverhalts kann nicht immer das oberste Ziel sein.[70] Die Vor- und Nachteile einer akzessorischen Anknüpfung der Wirksamkeit einer Forderungsübertragung gegenüber Dritten müssen gegen die Vor- und Nachteile einer selbständigen Anknüpfung abgewogen werden.

a. Anknüpfung an das Statut der übertragenen Forderung

Das Forderungsstatut ist nach dem Kollisionsrecht der *lex fori* zu ermitteln. Auf eine vertragliche Forderung findet nach Art. 3 Abs. 1 S. 1 EVÜ in erster Linie das Recht Anwendung, das von den Parteien des der Forderung zugrunde liegenden Vertrags gewählt wurde. Fehlt es an einer Rechtswahl, ist objektiv anzuknüpfen. Maßgeblich ist nach Art. 4 Abs. 1 S. 1 EVÜ das Recht, mit dem der Vertrag die engste Verbindung aufweist. Nach Art. 4 Abs. 2 S. 1 EVÜ wird vermutet, daß ein Vertrag mit jenem Staat die engste Verbindung aufweist, in dem die Partei, die die charakteristische Leistung erbringt, ihren gewöhnlichen Aufenthalt hat. Da aber die charakteristische Leistung in der Regel jene ist, für die Zahlung geschuldet wird,[71] führt die objektive Anknüpfung regelmäßig zu dem am gewöhnlichen Aufenthaltsort des Zedenten geltenden Recht.[72]

Das Forderungsstatut ist in gleicher Weise zu ermitteln, wenn die übertragene Forderung dem UN-Kaufrecht[73] unterliegt. Da dieses Übereinkommen die Forderungsübertragung nicht regelt,[74] muß es durch die Vorschriften einer nach dem Kollisionsrecht der *lex fori* zu ermittelnden nationalen

---

[67] *Jayme,* FS Kegel, 253, 267.
[68] *Neuhaus,* Grundbegriffe, S. 137.
[69] *Staudinger/Stoll,* Int SachenR, Rdnr. 350.
[70] *Neuhaus,* Grundbegriffe, S. 137; *von der Seipen,* Akzessorische Anknüpfung, S. 80.
[71] *Giuliano/Lagarde,* ABl. EG 1980 C 282, S. 20 f.
[72] *von Bar,* Internationales Privatrecht, Bd. 2, Rdnr. 566; *Kropholler,* Internationales Privatrecht, S. 472. Dies gilt nicht, wenn die Forderung aus einem Vertrag stammt, für den besondere Kollisionsregeln gelten. Das ist beispielsweise der Fall für Grundstücksgeschäfte (Art. 4 Abs. 3), Güterbeförderungsverträge (Art. 4 Abs. 4) und Verbraucherverträge (Art. 5 Abs. 3 EVÜ).
[73] Übereinkommen der Vereinten Nationen über Verträge über den internationalen Warenkauf vom 11. 4. 1980, BGBl. 1989 II 588.
[74] OLG Hamm, 8. 2. 1995, IPRax 1996, 197; *Schlechtriem/Ferrari,* Art. 4, Rdnr. 38; *Soergel/Lüderitz/Fenge,* Art. 4 CISG, Rdnr. 9. Es handelt sich dabei nicht um eine „interne" Lücke des UN-Kaufrechts im Sinne des Art. 7 Abs. 2 CISG, die nach den dort genannten Regeln zu schließen wäre, sondern um einen Gegenstand, der vom UN-Kaufrecht nicht geregelt wird (zu dieser Unterscheidung: *Schlechtriem/Ferrari,* Art. 7, Rdnr. 42 f.).

Rechtsordnung ergänzt werden.[75] Daher ist als Forderungsstatut einer dem UN-Kaufrecht unterliegenden Forderung für die Frage der Wirksamkeit ihrer Übertragung gegenüber Dritten diejenige Rechtsordnung maßgebend, die nach Art. 3 ff. EVÜ auf die Forderung anzuwenden gewesen wäre, wenn nicht vorrangig das UN-Kaufrecht eingreifen würde. Dies ist bei fehlender Rechtswahl regelmäßig das am Wohnsitz des Zedenten geltende Recht.[76]

Das Forderungsstatut ist auch dann eine nach dem Kollisionsrecht der *lex fori* zu ermittelnde Rechtsordnung, wenn die Forderung im Rahmen eines Factoringvertrags übertragen wird, auf den das UNIDROIT-Übereinkommen über das internationale Factoring Anwendung findet. Das Übereinkommen enthält keine materiellrechtlichen Regelungen über die Drittwirksamkeit von Forderungsübertragungen, so daß es ebenfalls durch eine nach dem Kollisionsrecht der *lex fori* zu ermittelnde Rechtsordnung ergänzt werden muß.[77]

Die Anknüpfung der Wirksamkeit einer Forderungsübertragung gegenüber Dritten an das Forderungsstatut wird von der in Deutschland herrschenden Meinung befürwortet.[78] Sie findet auch in der englischen[79] und franzö-

---

[75] OLG Hamm, 8. 2. 1995, IPRax 1996, 197; *von Bar,* Internationales Privatrecht, Bd. 2, Rdnr. 566; *Erman/Hohloch,* Art. 33, Rdnr. 4; *Gebauer,* IPRax 1999, 432, 433; MünchKomm/*Martiny,* Art. 33, Rdnr. 6; *Schlechtriem,* IPRax 1996, 184; *Schlechtriem/Ferrari,* Art. 7, Rdnr. 42; *Soergel/Lüderitz/Fenge,* Art. 4 CISG, Rdnr. 8; *Staudinger/Hausmann,* Art. 33, Rdnr. 46.

[76] Anders *Stoll,* FS Ferid, 495, 507. *Stoll* unterscheidet hinsichtlich der im UN-Kaufrecht nicht geregelten Fragen (sog. Restfragen) danach, ob sie – wie die Haftung für Verschulden beim Vertragsschluß – den Vertrag in seiner Gesamtheit betreffen oder – wie die Verjährung und die Forderungsabtretung – lediglich eine einzelne Leistungspflicht (a. a. O., S. 503 f.). Die Restfragen der ersten Gruppe seien an das nach allgemeinen Regeln zu ermittelnde Vertragsstatut anzuknüpfen, bei fehlender Rechtswahl nach Art. 4 Abs. 2 S. 1 EVÜ an das am gewöhnlichen Aufenthaltsort des Verkäufers geltende Recht (a. a. O., S. 504). Die Restfragen der zweiten Gruppe seien an diejenige Rechtsordnung anzuknüpfen, zu welcher die einzelne Leistungspflicht die engste Verbindung aufweist. Dies sei bei einer Kaufpreisforderung bei sinngemäßer Anwendung des Art. 4 Abs. 2 S. 1 EVÜ das am gewöhnlichen Aufenthaltsort des Käufers geltende Recht (a. a. O., S. 507). Diese Unterscheidung hat jedoch zur Folge, daß die Vorschriften des UN-Kaufrechts durch mehrere nationale Rechtsordnungen ergänzt werden. Die Gefahr von Normwidersprüchen wird dadurch erhöht.

[77] *Diehl-Leistner,* Internationales Factoring, S. 133; MünchKommHGB/*Brink,* Art. 5 FactÜ, Rdnr. 17; *Rebmann,* RabelsZ 53 (1989) 599, 618; *Weller,* RIW 1999, 161, 168; *Zaccaria,* IPRax 1995, 279, 286.

[78] BGH, 24. 2. 1994, BGHZ 125, 196, 204 f.; 26. 11. 1990, IPRax 1992, 43, 44; 20. 6. 1990, BGHZ 111, 376, 382; *von Bar,* Internationales Privatrecht, Bd. 2, Rdnr. 567; *Basedow,* ZEuP 5 (1997) 615, 622 f.; *Erman/Hohloch,* Art. 33, Rdnr. 4 ff.; *von Hoffmann,* Internationales Privatrecht, § 10, Rdnr. 90; *von Hoffmann/Höpping,* IPRax 1993, 302, 304; *Kropholler,* Internationales Privatrecht, S. 471 f.; MünchKomm/*Martiny,* Art. 33, Rdnr. 12a; *Palandt/Heldrich,* Art. 33, Rdnr. 2; *Soergel/von Hoffmann,* Art. 33, Rdnr. 12; *Sonnenberger,* IPRax 1987, 221, 222. Nur hinsichtlich der Einzelabtretung: *Kaiser,* Verlängerter Eigentumsvorbehalt und Globalzession im IPR, S. 223; *Stoll,* IPRax 1991, 223.

[79] *Dicey/Morris,* Conflict of Laws, Rdnr. 24–054; *Cheshire/North,* Private International Law, S. 961 f.; *Wolf,* Private International Law, S. 544.

sischen[80] Literatur Unterstützung, ohne daß man jedoch insofern von einer überwiegenden Auffassung sprechen könnte.[81]

aa. Vorteile einer Anknüpfung an das Statut der übertragenen Forderung

(1) Engste Verbindung

Die Anknüpfung an das Forderungsstatut wird zunächst damit begründet, daß eine Forderungsübertragung am engsten mit jener Rechtsordnung verbunden sei, der die übertragene Forderung unterliegt.[82] Der Gesichtspunkt der engsten Verbindung ist jedoch nur dann von Gewicht, wenn er durch eine Begründung inhaltliche Substanz gewinnt. Für die dazu erforderliche Konkretisierung der engsten Verbindung bietet sich ein Rückgriff auf die Methodik des traditionellen englischen Kollisionsrechts an. Danach ist auf vertragliche Schuldverhältnisse bei fehlender Rechtswahl jene Rechtsordnung anzuwenden, *„with which the transaction has the closest and most real connections"*.[83] Sie wird dadurch bestimmt, daß die *connecting factors*, die das Rechtsgeschäft mit den in Frage kommenden Rechtsordnungen verbinden, ermittelt und gegeneinander abgewogen werden.[84]

Ein solcher *connecting factor*, der die Forderungsübertragung mit dem auf die Forderung anwendbaren Recht verbindet, besteht darin, daß die Forderung den Gegenstand der Forderungsübertragung bildet.[85] Das auf sie anwendbare Recht entscheidet über die Leistungspflicht des Schuldners und damit über den wirtschaftlichen Wert der Forderung. Ob die Forderungsübertragung die mit ihr verbundenen wirtschaftlichen Ziele erfüllen kann, hängt daher von dem auf die Forderung anwendbaren Recht ab. Die Forderung und das auf sie anwendbare Recht stehen somit im Mittelpunkt der Forderungsübertragung.

---

80 *Audit,* Droit international privé, Rdnr. 762; *Batiffol/Lagarde,* Droit international privé, Bd. 2, Rdnr. 611, Fn. 2.

81 *Kieninger,* RabelsZ 62 (1998) 678, 696.

82 MünchKomm/*Martiny*, Art. 33, Rdnr. 2: „Es gibt keinen anderen aussagekräftigeren Fixpunkt". *Kieninger*, RabelsZ 62 (1998) 678, 696; *Pardoel*, Les conflits de lois en matière de cession de créance, Rdnr. 367.

83 *John Lavington Bonython v. Commonwealth of Australia* [1951] A. C. 201, 219 (P.C.).

84 *John Lavington Bonython v. Commonwealth of Australia* [1951] A. C., 201; *The Assunzione* [1954] 1 All ER 278; *Compagnie Tunisienne de Navigation S. A. v. Compagnie d'Armement Maritime S.A.* [1971] A. C. 572; *Coast Lines Ltd. v. Hudig and Veder Chartering NV* [1972] 2 Q. B. 34; *Offshore International S. A. v. Banco Central S. A.* [1976] 3 All ER 749; *Power Curber International Ltd. v. National Bank of Kuwait* [1981] 3 All ER 607; *Amin Rasheed Corporation v. Kuwait Insurance Co.* [1984] A. C. 50; *Dicey/ Morris,* Conflict of Laws, 11. Auflage (1987), Bd. 2, S. 1190 ff. *Cheshire/North,* Private International Law, 11. Auflage (1987), S. 461 ff.

85 *Kegel/Schurig,* Internationales Privatrecht, S. 654; *Cheshire/North,* Private International Law, S. 957.

Das Gewicht dieses *connecting factors* hängt davon ab, ob er dauerhafter oder lediglich zufälliger und vorübergehender Natur ist. Eine Anknüpfung an das Statut der übertragenen Forderung weist aber *„indéniablement une qualité de stabilité"* auf.[86] Dies gilt auch angesichts der Möglichkeit einer nachträglichen Rechtswahl nach Art. 3 Abs. 2 S. 1 EVÜ. Folgender Sachverhalt soll dies veranschaulichen:

> Ein Unternehmen mit Sitz in England überträgt eine englischem Recht unterliegende Forderung als Sicherheit an eine deutsche Bank, ohne daß dies nach s. 395 Companies Act 1985 in das Gesellschaftsregister eingetragen worden wäre. Um der Forderungsübertragung gegenüber Dritten Wirksamkeit zu verleihen, vereinbaren Zessionar und Schuldner zu einem späteren Zeitpunkt die Anwendbarkeit deutschen Rechts.

Diejenigen Autoren, die zu dem zeitlichen Aspekt der Anknüpfung an das Forderungsstatut überhaupt Stellung nehmen, schließen einen Statutenwechsel aufgrund einer nachträglichen Rechtswahl dadurch aus, daß sie im Interesse der Rechtssicherheit das Forderungsstatut zum Zeitpunkt der Übertragung für maßgeblich erklären.[87] Daher kann lediglich eine Rechtswahl, die bei einer Übertragung derselben Forderung an mehrere Zessionare zwischen den einzelnen Übertragungsvorgängen von Zedent und Schuldner vorgenommen wird, zu Schwierigkeiten führen.[88] Hier greift jedoch Art. 3 Abs. 2 S. 2 EVÜ ein: Die Rechte des ersten Zessionars werden durch die nachträgliche Rechtswahl nicht berührt.[89]

---

[86] *Pardoel*, Les conflits de lois en matière de cession de créance, Rdnr. 369.

[87] *Diehl-Leistner*, Internationales Factoring, S. 87 f.; *Erman/Hohloch*, Art. 33, Rdnr. 4; MünchKomm/*Martiny*, Art. 33, Rdnr. 5; *Staudinger/Hausmann*, Art. 33, Rdnr. 46. Anders *Möllenhoff*, Nachträgliche Rechtswahl und Rechte Dritter, S. 86: Ohne die Schutzbestimmung des Art. 27 Abs. 2 S. 2 EGBGB könnten „aufgrund der unselbständigen Anknüpfung der Zession an den für die zedierte Forderung maßgeblichen Anknüpfungspunkt gem. Art. 33 Abs. 2 EGBGB [...] der Zessionar und der Schuldner (nachträglich) nicht nur das Forderungs-, sondern auch das Zessionsstatut beeinflußen [sic]." *Möllenhoff* (a.a.O., S. 84, Fn. 105) beruft sich für diese Ansicht auf MünchKomm/*Martiny*, Art. 33, Rdnr. 10 und *von Bar*, RabelsZ 53 (1989) 463, 466 (Fn. 17), 470. Ein Wechsel des Zessionsstatuts aufgrund einer nachträglichen Rechtswahl wird jedoch von keinem der beiden Autoren bejaht. Insbesondere *Martiny* (a.a.O.) hebt die Maßgeblichkeit des Zeitpunkts der Abtretung deutlich hervor.

[88] Der Zedent überträgt eine Forderung an den ersten Zessionar, vereinbart daraufhin mit dem Schuldner für den der Forderung zugrunde liegenden Vertrag ein anderes Recht, nach dem die Forderung mit Wirksamkeit gegenüber dem ersten Zessionar nochmals übertragen werden kann. Daraufhin überträgt er die Forderung an einen zweiten Zessionar.

[89] Nach *Möllenhoff* (Nachträgliche Rechtswahl und Rechte Dritter, S. 88) ist eine Rechtswahl durch Zedent und Schuldner nach erfolgter Forderungsübertragung bereits wegen der fehlenden Rechtszuständigkeit des Zedenten unwirksam. Durch die Forderungsabtretung erwerbe der Zessionar „ein Stück Vertragspartnerstellung, die alle Sekundärrechte umfaßt, die zur Geltendmachung, Modifizierung oder Aufhebung des erworbenen Rechts erforderlich sind" (a. a. O., S. 84). Nach herrschender Auffassung erwirbt der Zessionar lediglich die Gläubigerstellung des Zedenten, ohne Vertragspartei zu werden (*Larenz*, All-

(2) Vorhersehbarkeit

Die Anknüpfung der Wirksamkeit einer Forderungsübertragung gegenüber Dritten an das Forderungsstatut kann auch mit der Vorhersehbarkeit des anwendbaren Rechts begründet werden. Zumindest die an der Forderungsübertragung unmittelbar beteiligten Parteien können das auf die Forderung zum Zeitpunkt ihrer Übertragung anwendbare Recht zuverlässig bestimmen.[90] Ein mögliches Gegenargument ist seit dem Inkrafttreten der Anknüpfungsregeln des EVÜ überholt:[91] Die Anknüpfung an das Forderungsstatut sei ungeeignet, weil der Zessionar wegen der Unwägbarkeiten bei der objektiven Anknüpfung vertraglicher Schuldverhältnisse selbst bei einer Übertragung bestehender Forderungen das Forderungsstatut nicht zuverlässig ermitteln könne. Es sei mit Sinn und Zweck der in verschiedenen Rechtsordnungen vorgesehenen besonderen Voraussetzungen für die Drittwirksamkeit nicht vereinbar und verletze die Interessen des Zessionars, wenn das anwendbare Recht erst nach einer gerichtlichen Entscheidung zuverlässig feststehe. Der Zessionar müsse die Voraussetzungen für die Drittwirksamkeit von Anfang an erkennen und seine Rechte entsprechend absichern können.

Obwohl dies im Anwendungsbereich des EVÜ zumindest für bestehende Forderungen gewährleistet ist, wird die fehlende Vorhersehbarkeit des anwendbaren Rechts nach wie vor als Argument gegen eine Anknüpfung an das Forderungsstatut vorgetragen: Selbst bei einer bereits bestehenden und dem Zessionar bekannten Forderung bleibe die Vorstellung, daß dieser das auf die Forderung anwendbare Recht ermittelt und sich darauf einstellt, „einigermaßen theoretisch".[92] In dieser Argumentation kommt ein bestimmtes Verständnis der Vorhersehbarkeit zum Ausdruck: Diese könne nicht schon dann bejaht werden, wenn es dem Betroffenen möglich gewesen wäre, das anwendbare Recht zu bestimmen, sondern erst dann, wenn das anwendbare Recht nicht nur hätte erkannt werden können, sondern sogar hätte erkannt werden müssen.[93]

Um zu ermitteln, wann das anwendbare Recht hätte erkannt werden müssen, ist ein Maßstab erforderlich, der in der Person eines umsichtigen und vernünftigen Dritten in der Position des Betroffenen zu suchen sein dürfte. Auf dieser Grundlage wäre das anwendbare Recht dann vorhersehbar,

---

gemeines Schuldrecht, S. 577 f.). Demnach ist eine Rechtswahl zwischen Zedent und Schuldner auch nach einer Forderungsübertragung möglich.

[90] *Kieninger,* RabelsZ 62 (1998) 678, 696; *Martiny,* ZEuP 1993, 298, 300 "Maßgeblichkeit der charakteristischen Leistung [...] verspricht [...] sichere Resultate"; *Pardoel,* Les conflits de lois en matière de cession de créance, Rdnr. 370.

[91] Wegen Art. 4 Abs. 5 EVÜ nach wie vor zweifelnd: *Sinay-Cytermann,* Rev. crit. dr. int. privé 81 (1992) 35, 53 f.

[92] *Kieninger,* RabelsZ 62 (1998) 678, 698.

[93] So ausdrücklich *Holzner* (ZfRV 1994, 134, 136), auf den sich *Kieninger* (a. a. O., Fn. 92) beruft.

wenn es den natürlichen Erwartungen eines solchen Dritten entspricht. Diese natürlichen Erwartungen zu bestimmen, erweist sich jedoch als problematisch. Während die Anwendbarkeit des Forderungsstatuts nach *Kieninger* aus Sicht des Zessionars „einigermaßen theoretisch" ist,[94] beschreiben *North* und *Fawcett* die Sicht des Zessionars wie folgt: „It will naturally occur to him that an obligation having its origin in, and deriving its protection from, [its proper law] will in all respects be subject to that law [...] and we should naturally expect him to inquire what is necessary under [that] law for the completion of an effective assignment."[95]

Hier zeigt sich die Problematik eines Arguments, das sich auf die natürlichen Erwartungen eines umsichtigen und vernünftigen Dritten stützt. Das Argument ist zwar flexibel und vielseitig, beruht jedoch häufig eher auf Behauptungen als auf Tatsachen. In seiner Aussagekraft ist es dementsprechend eingeschränkt. Dies gilt nicht zuletzt hinsichtlich der Forderungsübertragung, bei der es sich aus Sicht der Parteien um einen komplexen und wenig handfesten Vorgang handelt, so daß sie in aller Regel keine klare Vorstellung über das anwendbare Recht haben dürften.

Es ist sachgerechter, die Vorhersehbarkeit des anwendbaren Rechts schon dann zu bejahen, wenn der Betroffene den Auslandsbezug des Sachverhalts erkennen konnte und es ihm möglich gewesen wäre, die für die Bestimmung des anwendbaren Rechts erforderlichen Umstände zu ermitteln. Entscheidend ist das Erkennenkönnen, nicht das Erkennenmüssen.[96] Der Zessionar kann als Erwerber einer Forderung deren Auslandsbezug erkennen und sich bei seinem Vertragspartner, dem Zedenten, über die für die Ermittlung des anwendbaren Rechts wesentlichen Umstände informieren. Der Gesichtspunkt der Vorhersehbarkeit des anwendbaren Rechts spricht daher aus Sicht des Zessionars nicht gegen eine Anknüpfung der Wirksamkeit einer Forderungsübertragung gegenüber Dritten an das Statut der übertragenen Forderung.[97]

(3) Konkurrierende Forderungsübertragungen

Ein Vorteil einer Anknüpfung an das Forderungsstatut besteht schließlich darin, daß ein Konflikt zwischen konkurrierenden Übertragungen derselben Forderung sachgerecht gelöst werden kann.[98] Hat der Zedent dieselbe Forderung an mehrere Zessionare übertragen, so ist mit dem Forderungsstatut ein von den einzelnen Übertragungsvorgängen unabhängiges und damit

---

[94] *Kieninger*, RabelsZ 62 (1998) 678, 698. Vgl. *Collier*, Private Internationale Law, S. 259.

[95] *Cheshire/North*, Private International Law, S. 957 f.

[96] Vgl. *Jayme*, Identité culturelle et intégration, S. 204: "Pour la détermination de la loi applicable l'on préfère des critères de rattachement que les parties peuvent prévoir et qui, par cela, correspondent à leur attente légitime."

[97] *Sinay-Cytermann*, Rev. crit. dr. int. privé 81 (1992) 35, 43: "aisément identifiable".

[98] *Cheshire/North*, Private International Law, S. 957; MünchKomm/*Martiny*, Art. 33, Rdnr. 12a; *Wolf*, Private International Law, S. 538.

neutrales Recht anwendbar.[99] Die Gefahr von Normwidersprüchen wird dadurch vermieden. Wären für die Drittwirksamkeit der einzelnen Forderungsübertragungen verschiedene Rechtsordnungen maßgeblich, bestünde die Gefahr, daß jede Rechtsordnung die ihr unterworfene Forderungsübertragung für wirksam erklärt. Die Schwierigkeiten, die sich aus der gleichzeitigen Anwendbarkeit inhaltlich nicht übereinstimmender Rechtsordnungen ergeben, müßten im Wege der Anpassung gelöst werden.[100] Solange nicht gewichtige Argumente für eine solche Anknüpfung sprechen, ist eine Lösung, die auf der Ebene des Kollisionsrechts Normenhäufung vermeidet, vorzuziehen.[101]

bb. Nachteile einer Anknüpfung an das Statut der übertragenen Forderung

(1) Vorhersehbarkeit

Auch wenn der Einwand der fehlenden Vorhersehbarkeit des anwendbaren Rechts aus Sicht der Zessionsparteien nicht durchgreift, so hat er aus Sicht der von der Forderungsübertragung betroffenen Dritten dennoch seine Berechtigung.[102] Dies gilt insbesondere dann, wenn die Parteien des der Forderung zugrunde liegenden Vertrags das anwendbare Recht gewählt haben. Da das EVÜ das Prinzip der freien Rechtswahl nahezu uneingeschränkt verwirklicht, haben sie die Möglichkeit, ein neutrales oder ihnen besonders entgegenkommendes Recht zu wählen.[103] Die von der Forderungsübertragung betroffenen Dritten können daher mit einer Rechtsordnung konfrontiert werden, die keinerlei Bezug zu dem der Forderung zugrunde liegenden Vertrag oder seinen Parteien aufweist. Mit der Anwendbarkeit einer solchen Rechtsordnung können sie nicht rechnen und damit auch nicht feststellen, unter welchen Voraussetzungen eine Forderungsübertragung ihnen gegenüber wirksam ist und durch welche Publizitätsanforderungen sie geschützt werden.[104]

---

[99] *Soergel/von Hoffman*, Art. 33, Rdnr. 12.

[100] *Kegel/Schurig*, Internationales Privatrecht, S. 307 f.; MünchKomm/*Sonnenberger*, Einl. IPR, Rdnr. 537; *Neuhaus*, Grundbegriffe, S. 353–359.

[101] MünchKomm/*Sonnenberger*, Einl. IPR, Rdnr. 532; *Neuhaus*, Grundbegriffe, S. 358 f.

[102] *Collier*, Private Internationnal Law, S. 259; *Pardoel*, Les conflits de lois en matière de cession de créance, Rdnr. 369; *Sinay-Cytermann*, Rev. crit. dr. int. privé 81 (1992) 35, 53 f.; *Staudinger/Hausmann*, Art. 33, Rdnr. 29.

[103] *von Hoffmann*, Internationales Privatrecht, § 10, Rdnr. 27; *Kegel/Schurig*, Internationales Privatrecht, S. 570; *Lagarde*, Rev. crit. dr. int. privé 80 (1991) 287, Rdnr. 20; MünchKomm/*Martiny*, Art. 27, Rdnr. 20; *Neuhaus*, Grundbegriffe, S. 259.

[104] *Holzner*, ZfRV 1994, 134, 136; *Kieninger*, RabelsZ 62 (1998), 678, 697; *Pardoel*, Les conflits de lois en matière de cession de créance, Rdnr. 370; *Sinay-Cytermann*, Rev. crit. dr. int. privé 81 (1992) 35, 53; *Staudinger/ Hausmann*, Art. 33, Rdnr. 50; *Walsh*, Dick. L. Rev. 106 (2001) 159, 161.

Dies verdeutlicht folgender Sachverhalt.[105]

> Ein Unternehmen (A) mit Sitz in England hat Maschinen produziert und sie unter anderem an ein in Deutschland ansässiges Unternehmen (B) verkauft. Der Kaufvertrag zwischen A und B unterliegt aufgrund einer Rechtswahl deutschem Recht. A überträgt die sich aus dem Verkauf der Maschinen ergebenden Forderungen zur Sicherheit an seine Hausbank (C), ohne daß die Übertragung in das Gesellschaftsregister eingetragen worden wäre. Als A insolvent wird, streiten C und der Insolvenzverwalter um den von B bei einem deutschen Gericht hinterlegten Kaufpreis.

Ist die Wirksamkeit der Forderungsübertragung gegenüber dem Insolvenzverwalter nach dem Forderungsstatut und damit nach deutschem Recht zu beurteilen, wird der hinterlegte Betrag C zugesprochen. Nach deutschem Recht wirkt eine Sicherungsabtretung unmittelbar *erga omnes*. Durch die Forderungsübertragung wird damit A zum Nachteil seiner Gläubiger auf eine Weise Vermögen entzogen, mit der diese nicht rechnen konnten. Sie mögen zwar wissen, daß ihr Schuldner ausländische Abnehmer beliefert und daß die ihm zustehenden Forderungen einem fremden Recht unterstehen können. Ob dies tatsächlich so ist und auf welches Recht sie sich gegebenenfalls einstellen müssen, können sie als Außenstehende jedoch nicht erkennen.[106] Dies wiegt besonders schwer, wenn – wie im obigen Fall – die eigenen Beziehungen der Dritten zum Zedenten keinen Auslandsbezug aufweisen und das gemeinsame Heimatrecht für die Drittwirksamkeit von Forderungsübertragungen einen Publizitätsakt vorsieht.[107]

Der Einwand mangelnder Vorhersehbarkeit greift aus Sicht der Dritten auch dann, wenn das Forderungsstatut durch eine objektive Anknüpfung zu ermitteln ist. Da die Dritten außerhalb des Dreipersonenverhältnisses von Zedent, Zessionar und Schuldner stehen, entziehen sich die bei einer objektiven Anknüpfung zu berücksichtigenden Gesichtspunkte ihrer Kenntnis. Zwar gewährleistet die Vermutung des Art. 4 Abs. 2 EVÜ ein gewisses Maß an Vorhersehbarkeit, da sie in aller Regel zur Anwendung des am gewöhnlichen Aufenthaltsort des Zedenten geltenden Rechts führt.[108] Dies gilt jedoch nicht, wenn eine Forderung mehrmals nacheinander übertragen wird.

---

[105] Ein ähnlicher Sachverhalt lag der Entscheidung des österreichischen Obersten Gerichtshofs vom 11. 7. 1990, IPRax 1992, 47, zugrunde. Dazu *Posch*, IPRax 1992, 51 ff.

[106] Etwas anderes könnte gelten, wenn den Gläubigern nicht nur bekannt war, daß ihr Schuldner auch ausländische Abnehmer beliefert, sondern sie auch in einer Verhandlungsposition waren, um diesen zu verpflichten, Lieferverträge nur auf der Grundlage genehmigter Vertragsbedingungen abzuschließen oder die Gläubiger zumindest über die den abgeschlossenen Verträgen zugrunde liegenden Bedingungen zu informieren. Angesichts der damit verbundenen erheblichen Eingriffe in die unternehmerische Freiheit des Schuldners, können solche Verpflichtungen der kollisionsrechtlichen Bewertung jedoch nicht als Regelfall zugrunde gelegt werden.

[107] *Kieninger*, RabelsZ 62 (1998) 678, 694.

[108] Dazu *oben*, S. 171.

(2) Beeinträchtigung der Gläubigerordnung

Dies führt zu dem weiteren Einwand, daß die Anwendbarkeit des Forderungsstatuts die Gläubigerordnung beeinträchtigen könne, die der international zuständige Staat[109] in der Insolvenz des Zedenten verwirklichen will.[110] Da Forderungen zum haftenden Vermögen des Zedenten gehören und damit dem Zugriff seiner Gläubiger ausgesetzt sind, beeinträchtigt jede Forderungsübertragung die Erfolgsaussichten des Insolvenzverfahrens. Vor dem Hintergrund einer Rechtsordnung, die den Rechtsverkehr durch Publizitätsanforderungen schützt, kann die für Dritte nicht erkennbare Anwendbarkeit einer anderen Rechtsordnung zu einer schleichenden Aushöhlung des haftenden Vermögens führen. Daher kann die Gläubigerordnung durch die Anwendbarkeit des Forderungsstatuts insbesondere zum Nachteil der ungesicherten Gläubiger in eine Schieflage geraten.

Nach Ansicht *Stadlers* haben Dritte jedoch kein schutzwürdiges Interesse daran, daß dem Zedenten nur nach Maßgabe einer Rechtsordnung Vermögen entzogen wird, mit deren Anwendbarkeit sie rechnen können. Denn auch die Publizitätsanforderungen der nationalen Rechtsordnungen seien nicht in der Lage, die Dritten umfassend zu schützen, da selbst ein Registrierungserfordernis keinen vollkommenen Schutz biete. Dieser Schutz greife nur dann, wenn das Register tatsächlich eingesehen werde. Dem Interesse Dritter an der Vorhersehbarkeit des auf die Vermögensminderung anwendbaren Rechts komme daher nur geringes Gewicht zu.[111]

Warum jedoch ein Registrierungserfordernis die Interessen Dritter allein deshalb nicht ausreichend schützen soll, weil das Register zwar eingesehen werden kann, aber nicht eingesehen werden muß, leuchtet nicht ohne weiteres ein. Nutzt ein Gläubiger die Möglichkeit der Registereinsicht, um sich von den Vermögensverhältnissen seines Schuldners ein Bild zu machen, wird er zuverlässig vor ihm nicht erkennbaren Verfügungen geschützt. Dieser Schutz versagt, wenn der Zedent auf der Grundlage eines dem Gläubiger nicht erkennbaren Rechts außerhalb des Registers wirksam über sein Vermögen verfügen kann. Der Gläubiger hat ein schützenswertes Interesse daran, dieses Risiko zu begrenzen. Dazu muß er zumindest das auf mögliche Vermögensverfügungen anwendbare Recht vorhersehen können, da er nur so erkennen kann, ob er durch andere Publizitätserfordernisse geschützt ist.

---

[109] Dies ist nach Art. 3 Abs. 1 der Verordnung (EG) Nr. 1346/2000 des Rates über Insolvenzverfahren vom 29. 5. 2000 (ABl. EG 2000 L 160, 1) derjenige Mitgliedsstaat, in dessen Gebiet der Zedent den Mittelpunkt seiner hauptsächlichen Interessen hat. Bei Gesellschaften und juristischen Personen wird vermutet, daß dies der Ort ihres satzungsmäßigen Sitzes ist.

[110] *Staudinger/Stoll,* Int SachenR, Rdnr. 349.

[111] *Stadler,* IPRax 2000, 104, 108; *Staudinger/Hausmann,* Art. 33, Rdnr. 50. In dieser Richtung auch *Kieninger,* RabelsZ 62 (1998) 678, 694.

Aus der Sicht des deutschen Rechts hat das Argument *Stadlers* jedoch eine gewisse Berechtigung. Denn das deutsche Sachrecht läßt stille Forderungsübertragungen unbegrenzt zu[112] und schützt Dritte damit nicht vor unbemerkten Forderungsübertragungen. Die Anknüpfung an das Forderungsstatut kann daher allenfalls zu einem zusätzlichen Schutz des Rechtsverkehrs durch die Publizitätsanforderungen ausländischer Rechtsordnungen führen. Eine Gefährdung der durch das deutsche Recht verwirklichten Gläubigerordnung erscheint dagegen ausgeschlossen.[113] Jedoch verlangt das kollisionsrechtliche Ideal des äußeren Entscheidungseinklangs, daß jeder Staat nur solche Kollisionsnormen aufstellt, die zumindest im Grundsatz allgemeiner Annahme fähig sind.[114] Daher hat das deutsche Kollisionsrecht zu berücksichtigen, daß ausländische Rechtsordnungen ein kollisionsrechtliches Interesse Dritter an der Erkennbarkeit des auf die Wirksamkeit einer Forderungsübertragung gegenüber Dritten anwendbaren Rechts bejahen. Insofern hat der Schutz der Gläubigerordnung auch für das deutsche Kollisionsrecht Gewicht.

(3) Globalzessionen

Problematisch erweist sich die Anknüpfung an das Forderungsstatut bei der Übertragung einer Vielzahl von Forderungen. Sie kann dazu führen, daß die unterschiedlichen Anforderungen einer Vielzahl von Rechtsordnungen beachtet werden müssen, um eine Globalzession Dritten so weit wie möglich entgegenhalten zu können. Dadurch wird die Übertragung von Forderungen behindert, ihre Umlauffähigkeit beeinträchtigt und ihre Nutzung als wirtschaftliche Grundlage für Finanzierungsgeschäfte erschwert.[115] Im Falle des Factoring hätte die Anwendbarkeit des Forderungsstatuts zur Folge, daß das Factoringinstitut für jede einzelne Forderung das anwendbare Recht bestimmen müßte, um die jeweiligen Voraussetzungen für die Drittwirksamkeit der Forderungsübertragung erfüllen zu können. Die dabei entstehenden Kosten können das Factoring seiner entscheidenden Vorteile berauben,[116] die darin bestehen, daß durch EDV-gestütztes und standardisiertes Forderungsmanagement eine Vielzahl von Forderungen kostengünstig bearbeitet und daher zu attraktiven Konditionen finanziert werden kann.

---

[112] *Staudinger/Busche*, § 398, Rdnr. 23.
[113] *Kieninger*, RabelsZ 62 (1998) 678, 698. Nicht ohne Grund spielt daher der von *Stoll* (*Staudinger/Stoll*, Int SachenR, Rdnr. 349) zur Veranschaulichung angeführte Fall (Österreichischer Oberster Gerichtshof, 11. 7. 1990, IPRax 1992, 47) vor dem Hintergrund des österreichischen Rechts, das für Sicherungszessionen einen Publizitätsakt vorschreibt. Forderungsstatut war deutsches Recht.
[114] *Neuhaus*, Grundbegriffe, S. 55.
[115] *Kaiser*, Verlängerter Eigentumsvorbehalt und Globalzession im IPR, S. 210; *Kieninger*, RabelsZ 62 (1998) 678, 698; *Moshinsky*, L. Q. R. 108 (1992) 592, 610; MünchKomm/*Martiny*, Art. 33, Rdnr. 12a; *Stadler*, IPRax 2000, 104, 107; *Walsh*, Dick. L. Rev. 106 (2001) 159, 174; *von Wilmowsky*, Europäisches Kreditsicherungsrecht, S. 399 f.
[116] *Moshinsky*, L. Q. R. 108 (1992) 592, 610.

Dieses Argument wiegt jedoch aus mehreren Gründen nicht ganz so schwer, wie es auf den ersten Blick scheint.[117] Zunächst wird eine Forderung üblicherweise nur dann von einer Factoringvereinbarung erfaßt, wenn sie aus einem Vertrag hervorgeht, dem vom Factoringinstitut genehmigte Vertragsbedingungen zugrunde liegen. Das Factoringinstitut kann dadurch die Anzahl der zu berücksichtigenden Rechtsordnungen einschränken und sich auf deren Anforderungen einstellen. Des weiteren liegt die Umlauffähigkeit von Forderungen vor allem im Interesse des ursprünglichen Forderungsinhabers. Dieser hat es in der Hand, durch entsprechende Vertragsgestaltung – insbesondere durch einheitliche Rechtswahlklauseln – eine Übertragung der ihm zustehenden Forderungen zu erleichtern.[118] Dabei ist allerdings auch zu bedenken, daß Unternehmen, die einem hohen Wettbewerbsdruck ausgesetzt sind, nur selten die für eine entsprechende Vertragsgestaltung erforderliche Verhandlungsposition haben. Die Anwendbarkeit des Forderungsstatuts auf die Drittwirksamkeit einer Forderungsübertragung kann daher den Finanzierungsspielraum gerade derjenigen Unternehmen einschränken, die auf die Möglichkeiten der Forderungsfinanzierung in besonderem Maße angewiesen sind.

Schließlich müssen die Publizitätsanforderungen des Forderungsstatuts in vielen Fällen ohnehin erfüllt werden, da sich die Wirksamkeit der Forderungsübertragung gegenüber dem Schuldner nach dem Forderungsstatut richtet und die Voraussetzungen für die Wirksamkeit gegenüber dem Schuldner häufig mit den Voraussetzungen für die Wirksamkeit gegenüber Dritten übereinstimmen.[119] Dieser Einwand ist jedoch insofern wieder abzuschwächen, als bei der Übertragung einer Vielzahl von Forderungen die Wirksamkeit gegenüber den einzelnen Schuldnern von nachrangiger Bedeutung sein kann. Das entscheidende Risiko einer Globalzession besteht häufig nicht darin, daß ein einzelner Schuldner die Leistung an den Zessionar verweigert. Dieses Risiko fällt bei der Vielzahl der übertragenen Forderungen und angesichts der Rückgriffsmöglichkeiten gegen den Zedenten kaum ins Gewicht. Entscheidend ist vielmehr, ob die Forderungsübertragung bei einer wirtschaftlichen Schieflage des Zedenten durch Dritte angegriffen werden kann. Denn von den Zugriffsrechten Dritter wären nicht nur einzelne, sondern alle Forderungen betroffen. Bei einer Globalzession ist daher vor allem die Wirksamkeit gegenüber Dritten von Bedeutung.

(4) Übertragung zukünftiger Forderungen

Die Anwendbarkeit des Forderungsstatuts auf die Wirksamkeit einer Forderungsübertragung gegenüber Dritten wirft schließlich bei der Übertragung zukünftiger Forderungen erhebliche Schwierigkeiten auf. Zu dem Zeitpunkt, zu dem die Forderungsübertragung vereinbart wird, können weder Zedent

---

[117] BGH, 20. 6. 1990, BGHZ 111, 376, 381.
[118] *Schütze*, WM 1979, 962, 963.
[119] *Kieninger*, RabelsZ 62 (1998) 678, 699; *Staudinger/Hausmann*, Art. 33, Rdnr. 53.

und Zessionar noch die von der Forderungsübertragung betroffenen Dritten vorhersehen, welches Recht auf die Forderung anwendbar sein wird.[120]

Dies berührt nicht nur die Interessen Dritter, sondern auch die des Zessionars. Er kann bis zum Entstehen der Forderung nicht feststellen, welche Anforderungen er erfüllen muß, um die Forderungsübertragung Dritten entgegenhalten zu können. Daher kann der Zedent durch eine entsprechende Rechtswahl mit dem Schuldner eine mit dem Zessionar vereinbarte Übertragung zukünftiger Forderungen ins Leere laufen lassen.[121] Diese Gefahr illustriert der einer Entscheidung des Landgerichts Hamburg[122] zugrunde liegende Sachverhalt:

> Ein Unternehmen mit Sitz in Deutschland produziert Holzbearbeitungsmaschinen und verkauft sie unter verlängertem Eigentumsvorbehalt an ein ebenfalls in Deutschland ansässiges Unternehmen. Dieses veräußert zwei der Maschinen an eine französische Firma. Dabei wird die Anwendbarkeit französischen Rechts vereinbart.

Wurde der Dritterwerber von der mit dem verlängerten Eigentumsvorbehalt verbundenen Vorausabtretung der Kaufpreisforderung nicht durch *signification* benachrichtigt, kann der Vorbehaltsverkäufer die Forderungsübertragung in der Insolvenz des Vorbehaltskäufers dem Insolvenzverwalter nicht entgegenhalten. Die Forderung gegen den Dritterwerber fällt vielmehr in die Insolvenzmasse, ohne daß dem Vorbehaltsverkäufer ein Absonderungsrecht nach § 51 Nr. 1 Alt. 2 InsO[123] zustünde.[124] Ob der Vorbehaltskäufer

---

[120] *Kaiser,* Verlängerter Eigentumsvorbehalt und Globalzession im IPR, S. 211; *Kieninger,* RabelsZ 62 (1998) 678, 699; *Moshinsky,* L. Q. R. 108 (1992) 592, 610; *Sinay-Cytermann,* Rev. crit. dr. int. privé 81 (1992) 35, 43; *Stadler,* Gestaltungsfreiheit und Verkehrsschutz durch Abstraktion, S. 712 f.; *Staudinger/Stoll,* Int SachenR, Rdnr. 351; *von Wilmowsky,* Europäisches Kreditsicherungsrecht, S. 399.

[121] Auf diese Gefahr weisen hin: LG Hamburg, 20. 11. 1980, IPRspr. 1980, Nr. 53; *Mangold,* Die Abtretung im Europäischen Kollisionsrecht, S. 189; *Posch,* IPRax 1992, 51, 54; *Stadler,* Gestaltungsfreiheit und Verkehrsschutz durch Abstraktion, S. 712; *dies.,* IPRax 2000, 104, 107. *Stadler* (IPRax 2000, 104, 107, Fn. 42) rät den Parteien, daß sich der Zedent gegenüber dem Zessionar zu einer bestimmten Rechtswahlvereinbarung mit seinem späteren Schuldner verpflichten solle. Aber eine solche Verpflichtung sichert die Interessen des Zessionars nur unvollkommen. Ist der Zedent zahlungsunfähig geworden und hat er gegen seine Verpflichtung zu einer bestimmten Rechtswahl verstoßen, kann der Zessionar weder die Forderungsübertragung Dritten entgegenhalten noch damit rechnen, die sich aus der Vertragsverletzung ergebende Schadensersatzforderung gegen den Zedenten durchsetzen zu können.

[122] 20. 11. 1980, IPRspr.1980, Nr. 53.

[123] Die Anwendbarkeit des § 51 InsO ergibt sich aus Art. 4 Abs. 2 b der Verordnung (EG) Nr. 1346/2000 des Rates über Insolvenzverfahren vom 29. 5. 2000 (ABl. EG 2000 L 160, 1) (EuInsVO). Danach beurteilt sich die Frage, welche Vermögenswerte zur Masse gehören, nach dem Recht des Mitgliedsstaats, in dem das Insolvenzverfahren eröffnet wird. Da Absonderung das Recht meint, sich aus einem zur Masse gehörenden Gegenstand vorzugsweise zu befriedigen (*Kübler/Prütting/Prütting,* § 49, Rdnr. 1), betrifft die Frage nach dem Kreis der Absonderungsrechte notwendigerweise auch die Frage,

dem Vorbehaltsverkäufer im Sinne des § 51 Nr. 1 Alt. 2 InsO ein Recht zur Sicherheit übertragen hat, bestimmt sich als Vorfrage im engeren Sinne[125] nach dem Kollisionsrecht des Staates, in dem das Insolvenzverfahren eröffnet wurde.[126] Wenn das deutsche Kollisionsrecht die Wirksamkeit einer Forderungsübertragung gegenüber Dritten an das Forderungsstatut anknüpft, läßt die Rechtswahl von Vorbehaltskäufer und Dritterwerber den verlängerten Eigentumsvorbehalt ins Leere laufen. Denn nach dem anwendbaren französischen Recht fehlt es an einer wirksamen Forderungsübertragung.

Dem verlängerten Eigentumsvorbehalt könnte durch folgende Argumentation zur Wirksamkeit verholfen werden: Das französische Recht gesteht dem Vorbehaltsverkäufer in der Insolvenz des Vorbehaltskäufers unter den Voraussetzungen des Art. 122 des französischen Insolvenzgesetzes[127] einen auf den Kaufpreis gerichteten Herausgabeanspruch (*droit de revendication*) gegen den Dritterwerber zu.[128] Da dieser insolvenzrechtliche Herausgabeanspruch in seiner Funktion den in §§ 49 ff. InsO genannten und zur Absonderung berechtigenden Rechten weitgehend entspricht, ist es denkbar, ihn im Wege der Substitution[129] als Sicherungsübertragung der Kaufpreisforderung im Sinne des § 51 Nr. 1 Alt. 2 InsO anzuerkennen. Für eine solche Substitution spricht, daß unter den Voraussetzungen des Art. 122 des französischen Insolvenzgesetzes nicht nur das deutsche, sondern auch das französische Recht dem Vorbehaltsverkäufer eine bevorzugte Befriedigung zubilligen würde. Es wäre widersprüchlich, wenn das kollisionsrechtlich bedingte Zusammentreffen beider Rechtsordnungen zu einem anderen Ergebnis führen würde.

---

welche Vermögenswerte zur Masse gehören. Ebenfalls für Anwendung der *lex concursus*: *Trunk*, Internationales Insolvenzrecht, S. 139 f.

[124] *Kübler/Prütting/Prütting*, § 51, Rdnr. 10. Daß dem Zessionar einer Sicherungsabtretung nur ein Absonderungsrecht zusteht, obwohl er durch die Sicherungsabtretung Vollinhaber der Forderung geworden ist und ihm daher ein Aussonderungsrecht zustehen müßte, war in Rechtsprechung und Literatur schon vor der ausdrücklichen Regelung des § 51 Nr. 1 Alt. 2 InsO anerkannt: RG, 2. 2. 1889, RGZ 24, 45, 47 ff.; BGH, 10. 3. 1982, WM 1982, 482, 484; 2. 4. 1998, ZIP 1998, 830, 833; *Serick*, Eigentumsvorbehalt und Sicherungsübertragung, Bd. 3, S. 307; *Staudinger/Busche*, Einl zu §§ 398 ff., Rdnr. 96.

[125] *von Hoffmann*, Internationales Privatrecht, § 6, Rdnr. 58.

[126] *Trunk*, Internationales Insolvenzrecht, S. 140. Ebenso im Hinblick auf die entsprechende Fragestellung, ob eine Sicherungsabtretung im Sinne des Art. 5 Abs. 2 b EuInsVO vorliegt: *Huber*, ZZP 114 (2001) 133, 154.

[127] Gesetz Nr. 85–98 relative au redressement et à la liquidation judicaires des entreprises vom 25. 1. 1985, J. O. 1998, 1097 in der Fassung des Gesetzes Nr. 94–475 vom 10. 6. 1994, J. O. 1994, 8440.

[128] *Ripert/Roblot*, Traité de Droit Commercial, Rdnr. 3144.

[129] Zu deren Voraussetzungen, insbesondere der Funktionsäquivalenz der ausländischen Rechtserscheinung: *von Hoffmann*, Internationales Privatrecht, § 6, Rdnr. 40 f.; *Kropholler*, Internationales Privatrecht, S. 225 ff.; MünchKomm/*Sonnenberger*, Einl. IPR, Rdnr. 550–554; *Neuhaus*, Grundbegriffe, S. 351 ff.; *Trunk*, Internationales Insolvenzrecht, S. 141.

Von Bar sieht in den sich aus einer nachträglichen Rechtswahl ergebenden Risiken des Zessionars keinen Nachteil der Anknüpfung an das Forderungsstatut, sondern vielmehr einen Nachteil des vom Zessionar vereinbarten Finanzierungsgeschäfts.[130] Daß der Zessionar für die von ihm gewährte Finanzierung eine bessere Grundlage als die Übertragung zukünftiger Forderungen hätte verlangen können, ändert jedoch nichts daran, daß sich der mit der Übertragung zukünftiger Forderungen verbundene Nachteil gerade aus der Anwendbarkeit des Forderungsstatuts ergibt.

b. Anknüpfung an das Statut des Verpflichtungsgeschäfts

Die Wirksamkeit einer Forderungsübertragung gegenüber Dritten kann auch an das Statut des Verpflichtungsgeschäfts angeknüpft werden, das der Forderungsübertragung zugrunde liegt. Auch hierbei handelt es sich um eine akzessorische Anknüpfung. Das auf das Verpflichtungsgeschäft anwendbare Recht können Zedent und Zessionar gemäß Art. 3 Abs. 1 S. 1 EVÜ frei wählen. Haben sie von dieser Möglichkeit keinen Gebrauch gemacht, findet nach Art. 4 Abs. 1 S. 1 EVÜ das Recht jenes Staates Anwendung, mit dem der Vertrag die engste Verbindung aufweist. Dies ist nach Art. 4 Abs. 2 S. 1 EVÜ jener Staat, in dem die Partei, welche die charakteristische Leistung zu erbringen hat, ihren gewöhnlichen Aufenthalt hat.

Die charakteristische Leistung läßt sich bei den einer Forderungsfinanzierung zugrunde liegenden Verträgen allerdings nicht ohne weiteres bestimmen. Grundsätzlich erbringt der Verkäufer die für einen Kaufvertrag charakteristische Leistung.[131] Werden jedoch Forderungen zu Finanzierungszwecken verkauft, wird dieser Vertrag durch die Leistungen des Forderungskäufers geprägt, der eine Finanzierungsfunktion übernimmt, die durch Versicherungs- und Dienstleistungsfunktionen ergänzt werden kann. Ein Factoringvertrag ist daher an das an der Niederlassung des Factoringinstituts geltende Recht anzuknüpfen.[132] Aus denselben Gründen findet auf einen Forfaitierungsvertrag das Niederlassungsrecht des Forfaiteurs Anwendung.[133] Bei einer Finanzierung durch Asset Backed Securities liegt es

---

[130] Internationales Privatrecht, Bd. 2, Rdnr. 572: Es zeige nur, „daß er sich auf ein schlechtes Sicherungsmittel eingelassen hat; daß die kollisionsrechtliche Anknüpfung korrekturbedürftig wäre, beweist es nicht."

[131] *von Bar*, Internationales Privatrecht, Bd. 2, Rdnr. 496; *von Hoffmann*, Internationales Privatrecht, § 10, Rdnr. 46; MünchKomm/*Martiny*, Art. 28, Rdnr. 112.

[132] *Basedow*, ZEuP 5 (1997) 615, 619 f.; *Diehl-Leistner*, Internationales Factoring, S. 82 ff.; MünchKomm/*Martiny*, Art. 28, Rdnr. 245a. Anders *Soergel/von Hoffmann*, Art. 28, Rdnr. 328: Das echte Factoring sei an das Niederlassungsrecht des Factoringkunden, das unechte Factoring an das Niederlassungsrecht des Factoringinstituts anzuknüpfen. Nach *Staudinger/Hausmann*, Art. 33, Rdnr. 39, erbringt im Regelfall der Zedent die charakteristische Leistung, so daß dessen Niederlassungsrecht maßgebend sei.

[133] MünchKomm/*Martiny*, Art. 28, Rdnr. 246. Anders *Soergel/von Hoffmann*, Art. 28, Rdnr. 331: Das Niederlassungsrecht des Forfaiteurs sei nur dann anwendbar, wenn dieser das Risiko für die Bonität der Forderung trage.

dagegen nahe, den Vertrag zwischen dem Forderungsverkäufer und der Zweckgesellschaft an das Niederlassungsrecht des Forderungsverkäufers anzuknüpfen. Denn der Vertrag dient lediglich der rechtlichen Verselbständigung der Forderungen, so daß die Zweckgesellschaft nur in engen Grenzen eigene Tätigkeiten entfaltet und aus steuerlichen Gründen häufig in einem Staat ansässig ist, der zu dem Finanzierungsgeschäft im übrigen keinerlei Bezug hat.

Die akzessorische Anknüpfung der Wirksamkeit einer Forderungsübertragung gegenüber Dritten an das Statut des Verpflichtungsgeschäfts hat lediglich in der deutschen Literatur Unterstützung gefunden.[134] Einige Autoren befürworten zwar grundsätzlich eine Anknüpfung der Forderungsübertragung an das Statut des ihr zugrunde liegenden Verpflichtungsgeschäfts. Sie verbinden dies jedoch mit einer Beschränkung auf das Innenverhältnis zwischen Zedent und Zessionar: Die dinglichen Wirkungen einer Forderungsübertragung gegenüber dem Schuldner und sonstigen Dritten seien gesondert anzuknüpfen.[135]

Für die französische Literatur stellt *Pardoel* fest: „S'il est un point, sur lequel la doctrine française est unanime, c'est bien sur l'exclusion de l'application de la lex contractus régissant le contrat de transfert à la publicité des créances. Cette règle d'évidence est rarement expliquée ou énoncée."[136]

aa. Vorteile einer Anknüpfung an das Statut des Verpflichtungsgeschäfts

(1) Engste Verbindung

Die Anknüpfung an das Statut des Verpflichtungsgeschäfts wird zunächst mit dem Gesichtspunkt der engsten Verbindung begründet.[137] Ein *connecting factor* kann jedoch nur darin bestehen, daß die Wirksamkeit einer Forderungsübertragung gegenüber Dritten derart eng mit dem der Forderungsübertragung zugrunde liegenden Verpflichtungsgeschäft zusammenhängt, daß eine einheitliche kollisionsrechtliche Beurteilung erforderlich ist. Ob dies

---

[134] *Ebenroth,* EWiR 1991, 161, 162; *Keller,* Zessionsstatut im Lichte des Übereinkommens über das auf vertragliche Schuldverhältnisse anzuwendende Recht, S. 161 f., *Mankowski,* in: FS Herber, 147, 178; *ders.,* Seerechtliche Vertragsverhältnisse im Internationalen Privatrecht, S. 265 ff.; *von der Seipen,* Akzessorische Anknüpfung, S. 236 f.; *Stadler,* Gestaltungsfreiheit und Verkehrsschutz durch Abstraktion, S. 714; *Staudinger/Hausmann,* Art. 33, Rdnr. 50.

[135] *Einsele,* ZVglRWiss 90 (1991) 1, 22 ff.; *dies.,* RabelsZ 60 (1996) 417, 432 f.; *von Wilmowsky,* Europäisches Kreditsicherungsrecht, S. 432 ff.

[136] Les conflits de lois en matière de cession de créance, Rdnr. 303. Dessenungeachtet schreibt *Mankowski* (FS Herber 147, 178), die Anknüpfung der verfügungsrechtlichen Aspekte einer Forderungsübertragung an das Statut des Verpflichtungsgeschäfts entspreche insbesondere in Frankreich der herrschenden Meinung.

[137] *Stadler,* Gestaltungsfreiheit und Verkehrsschutz durch Abstraktion, S. 712.

der Fall ist, soll jedoch zunächst offengelassen werden, da die Frage eine entscheidende Rolle für die Auslegung des Art. 12 Abs. 1 EVÜ spielt und in diesem Zusammenhang untersucht werden soll:[138] Für die Auslegung des Art. 12 Abs. 1 EVÜ kommt es darauf an, ob die dinglichen Wirkungen einer Forderungsübertragung so eng mit den von der Vorschrift erwähnten Verpflichtungen zwischen Zedent und Zessionar verbunden sind, daß sie nicht von ihnen getrennt und selbständig angeknüpft werden können.

Eine enge Verbindung zu dem auf das Verpflichtungsgeschäft letztlich anwendbaren Recht kommt dagegen nicht in Betracht. Denn angesichts der durch das EVÜ nahezu uneingeschränkt verwirklichten Parteiautonomie[139] können Zedent und Zessionar den sie verpflichtenden Vertrag einer Rechtsordnung unterstellen, die mit der Forderungsübertragung selbst nichts oder nur wenig zu tun hat.

(2) Parteiautonomie

Bei einer der Zielsetzung dieses Abschnitts entsprechenden isolierten Untersuchung der mit den verschiedenen Anknüpfungsregeln verbundenen Vor- und Nachteile rückt ein Argument in den Vordergrund, das dem Gesichtspunkt der engsten Verbindung in gewisser Weise entgegengesetzt ist:[140] Die akzessorische Anknüpfung an das Statut des Verpflichtungsgeschäfts gewähre Zedent und Zessionar die Freiheit, das über die dingliche Zuordnung einer Forderung entscheidende Recht zu wählen.[141]

Diese Erweiterung des Anwendungsbereichs der Parteiautonomie kann jedoch nicht damit begründet werden, daß es sich dabei um einen Grundbaustein des EVÜ handelt.[142] Die Parteiautonomie spielt im EVÜ zwar eine zentrale Rolle,[143] das Übereinkommen betrifft aber in erster Linie vertragliche

---

[138] *Unten*, S. 243 ff.

[139] *von Hoffmann*, Internationales Privatrecht, § 10, Rdnr. 27; *Kegel/Schurig*, Internationales Privatrecht, S. 570; *Neuhaus*, Grundbegriffe, S. 259.

[140] Der Gegensatz zwischen dem objektiven Gesichtspunkt der engsten Verbindung und der Parteiautonomie ergibt sich daraus, daß letztere ihre Rechtfertigung unter anderem darin findet, daß in manchen Bereichen mehrere Rechtsordnungen gleich geeignet sind, die Parteiinteressen zu einem sachgerechten Ausgleich zu bringen. Dem Gesetzgeber ist es somit nicht möglich, das Ideal der engsten Verbindung durch eine generelle Norm zur Geltung zu bringen. Es liegt vielmehr nahe, die Beteiligten gemäß dem Grundsatz *in dubio libertas* von den Beschränkungen der engsten Verbindung zu befreien und ihnen die Rechtswahl zu ermöglichen (*von Bar*, Internationales Privatrecht, Bd. 2, Rdnr. 413; *Kegel/Schurig*, Internationales Privatrecht, S. 569 f.; *Neuhaus*, Grundbegriffe, S. 256 f.). Anders *Kaiser*, Verlängerter Eigentumsvorbehalt und Globalzession im IPR, S. 186: Zedent und Zessionar seien mit dem von ihnen gewählten Recht am engsten verbunden.

[141] *Mangold*, Die Abtretung im Europäischen Kollisionsrecht, S. 189; *Stadler*, Gestaltungsfreiheit und Verkehrsschutz durch Abstraktion, S. 714; *Staudinger/Hausmann*, Art. 33, Rdnr. 28.

[142] Anders *Stadler*, IPRax 2000, 104, 108.

[143] *von Bar*, Internationales Privatrecht, Bd. 2, Rdnr. 412; *von Hoffmann*, Internationales Privatrecht, § 10, Rdnr. 27; *Kropholler*, Internationales Privatrecht, S. 439.

Schuldverhältnisse. Diese berühren in der Regel nur die Interessen der Vertragsparteien, nicht jedoch die Interessen Dritter. Die dinglichen Wirkungen einer Forderungsübertragung betreffen dagegen die Interessen Dritter in erheblichem Umfang. Daher kann der Grundsatz der Parteiautonomie nicht unbesehen übertragen werden.[144]

Eine Ausdehnung des Anwendungsbereichs der Parteiautonomie kann auch nicht damit begründet werden, daß diese in den Grundfreiheiten des EG-Vertrags eine Grundlage findet.[145] Denn die Grundfreiheiten des EG-Vertrags können eingeschränkt werden, um zwingende Erfordernisse des Gemeinwohls zu fördern,[146] wobei insbesondere die Interessen Dritter eine Einschränkung der freien Rechtswahl rechtfertigen.[147]

Es kommt daher darauf an, inwieweit die Interessen Dritter durch eine Rechtswahl von Zedent und Zessionar tatsächlich beeinträchtigt werden können. Diese Frage muß im Zusammenhang mit den Nachteilen beantwortet werden, die mit einer Anknüpfung an das Statut des Verpflichtungsgeschäfts verbunden sind.[148] Sie müssen gegen die Vorteile dieser Anknüpfungsregel abgewogen werden.

Die Maßgeblichkeit des Statuts des Verpflichtungsgeschäfts ermöglicht es den Zessionsparteien, ein ihren Interessen entsprechendes Recht zu wählen.[149] Die Bedeutung dieser Möglichkeit ergibt sich aus den unterschiedlichen Voraussetzungen, die von den Rechtsordnungen für die Wirksamkeit einer Forderungsübertragung gegenüber Dritten aufgestellt werden.[150] Einige Rechtsordnungen sehen umständliche und kostenintensive Publizitätsanforderungen vor, die Forderungsübertragungen so erheblich erschweren, daß sie ihre wirtschaftliche Funktion nicht erfüllen können.[151] Andere Rechtsordnungen erklären bestimmte Formen der Forderungsübertragung für gänzlich unzulässig.[152]

---

144 *Kronke/Berger,* IPRax 1991, 316, 320: „[Die Parteiautonomie] findet dort ihre Grenzen, wo Rechte Dritter berührt werden." Vgl. *Walsh,* Dick. L. Rev. 106 (2001) 159, 161. Allerdings ist die Parteiautonomie für Rechtsgeschäfte, die die Interessen Dritter berühren, auch nicht von vornherein unbrauchbar (anders *Neuhaus,* Grundbegriffe, S. 258), da die Interessen Dritter auf anderen Wegen geschützt werden können (*Kropholler,* Internationales Privatrecht, S. 291).

145 Dazu *von Wilmowsky,* Europäisches Kreditsicherungsrecht, S. 43 ff.

146 *von Wilmowsky,* Europäisches Kreditsicherungsrecht, S. 61.

147 *von Wilmowsky,* Europäisches Kreditsicherungsrecht, S. 422.

148 *Unten,* S. 188 ff.

149 *Kieninger,* RabelsZ 62 (1998) 678, 693; *Mangold,* Die Abtretung im Europäischen Kollisionsrecht, S. 205; *Moshinsky,* L. Q. R. 108 (1992) 591, 603; *Stadler,* IPRax 2000, 104, 107 f.; *Walsh,* Dick. L. Rev. 106 (2001) 159, 171; *von Wilmowsky,* Europäisches Kreditsicherungsrecht, S. 45.

150 *Stadler,* IPRax 2000, 104, 107; *Staudinger/Hausmann,* Art. 33, Rdnr. 28.

151 Beispielsweise die *signification* des französischen Rechts.

152 In den Niederlanden sind Sicherungsübertragungen nach Art. 3:84 Abs. 3 des neuen Nederlands Burgerlijk Wetboek (NBW) unwirksam. Sie wurden durch Verpfändungs-

Durch eine Rechtswahl können die Parteien des Zessionsvertrags die Anwendbarkeit einer Rechtsordnung sicherstellen, die eine ihren Bedürfnissen entsprechende Möglichkeit der Forderungsübertragung zur Verfügung stellt. Die Anwendbarkeit eines von den Parteien gewählten Rechts auf die dinglichen Aspekte einer Forderungsübertragung kommt daher der Sicherheit und Bequemlichkeit des Rechtsverkehrs zugute.[153] Die Umlauffähigkeit von Forderungen wird erhöht, ihre Nutzung als Grundlage für Finanzierungsgeschäfte erleichtert.[154]

(3) Vorhersehbarkeit des anwendbaren Rechts

Die Anknüpfung an das Statut des Verpflichtungsgeschäfts gewährleistet zumindest aus Sicht der Zessionsparteien die sichere Vorhersehbarkeit des anwendbaren Rechts. Die Parteien können „schon im Zeitpunkt des Vertragsschlusses übersehen, nach welchem Recht später, wenn es zum Streit kommen sollte, geurteilt werden wird."[155] Dies ist insbesondere bei der Übertragung zukünftiger Forderungen von Bedeutung: Der Zessionar weiß von Anfang an, welche Anforderungen er erfüllen muß, um die Forderungsübertragung Dritten entgegenhalten zu können.

(4) Globalzessionen

Schließlich vermeidet eine Anknüpfung an das Verpflichtungsstatut die Schwierigkeiten, die eine Anknüpfung an das Forderungsstatut bei der Übertragung einer Vielzahl von Forderungen nach sich zieht. Die Voraussetzungen für die Drittwirksamkeit ihrer Übertragung unterliegen auch dann einem einzigen Recht, wenn auf die Forderungen verschiedene Rechtsordnungen Anwendung finden.[156] Dies ist insbesondere für solche Finanzierungstechniken von Vorteil, die auf der Übertragung und standardisierten Bearbeitung einer Vielzahl von Forderungen beruhen.

bb. Nachteile einer Anknüpfung an das Statut des Verpflichtungsgeschäfts

Die Anknüpfung der Wirksamkeit einer Forderungsübertragung gegenüber Dritten an das Statut des Verpflichtungsgeschäfts mag aus Sicht der Zessi-

---

formen ersetzt, die eine Mitteilung an den Schuldner, eine Registrierung oder einer notarielle Beurkundung erfordern (*Joustra,* IPRax 1999, 280, 281; *Reehuis,* in: Die Forderungsabtretung, insbesondere zu Kreditischerung, in ausländischen Rechtsordnungen, 469, 472 ff.; *Stadler,* IPRax 2000, 104, 107). Finanzierungstechniken, die von Art. 3:83 Abs. 3 NBW betroffen sind, können allerdings weitgehend auch auf der Grundlage eines Pfandrechts durchgeführt werden (*Reehuis,* a. a. O., S. 474). Die Vereinbarung einer Sicherungszession kann in die Bestellung eines Pfandrechts umgedeutet werden.

[153] *Kieninger,* RabelsZ 62 (1998) 678, 693.

[154] *Kieninger,* RabelsZ 62 (1998) 678, 693; *Stadler,* IPRax 2000, 104, 107.

[155] *von Bar,* Internationales Privatrecht, Bd. 2, Rdnr. 413.

[156] *Stadler,* IPRax 2000, 104, 107; *Staudinger/Hausmann,* Art. 33, Rdnr. 28.

onsparteien zahlreiche Vorteile mit sich bringen. Sie ist jedoch mit erheblichen Nachteilen für die von der Forderungsübertragung betroffenen Dritten verbunden.

(1) Vorhersehbarkeit des anwendbaren Rechts

Die Nachteile bestehen insbesondere darin, daß es den Dritten kaum möglich ist, das anwendbare Recht vorherzusehen. Haben Zedent und Zessionar nach Art. 3 Abs. 1 S. 1 EVÜ eine Rechtswahl getroffen, haben die außerhalb stehenden Dritten keinerlei Anhaltspunkte, aus denen sie auf das anwendbare Recht schließen können.[157] Auch wenn das anwendbare Recht im Wege einer objektiven Anknüpfung nach Art. 4 EVÜ zu ermitteln ist, können sie die dabei zu berücksichtigenden Gesichtspunkte nicht immer erkennen. Dies liegt nicht zuletzt daran, daß bei komplexen Finanzierungsverträgen die der Rechtssicherheit dienende Vermutung des Art. 4 Abs. 2 EVÜ häufig hinter die einzelfallbezogene Beurteilung nach Art. 4 Abs. 5 EVÜ zurücktritt. Daher kann bei einer Anknüpfung an das Statut des Verpflichtungsgeschäfts dem Zedenten nach Maßgabe einer Rechtsordnung Vermögen entzogen werden, mit deren Anwendbarkeit Dritte nicht rechnen konnten.[158]

Die Interessen der Dritten sind bei einer Anknüpfung an das Statut des Verpflichtungsgeschäfts sogar weitaus stärker gefährdet als bei einer Anknüpfung an das Forderungsstatut.

Zum einen können die Dritten zwar erkennen, daß der Zedent ausländische Abnehmer beliefert und daß die sich daraus ergebenden Forderungen möglicherweise fremdem Recht unterliegen. Daß sich der Zedent aber an ein ausländisches Finanzierungsinstitut wendet, tritt nach außen kaum in Erscheinung und kann bei einer entsprechenden Interessenlage leicht verborgen werden. Unterliegen die im Rahmen des Finanzierungsgeschäfts übertragenen Forderungen auch noch dem gemeinsamen Heimatrecht von Zedent und Dritten, handelt es sich aus deren Sicht um einen rein nationalen Sachverhalt, der keinerlei Anlaß gibt, die Frage nach dem anwendbaren Recht aufzuwerfen.[159] Die Dritten können daher von der Anwendbarkeit eines fremden Rechts in besonderem Maße überrascht werden.

Zum anderen sind die Auswirkungen einer die Interessen Dritter benachteiligenden Rechtswahl bei einer Anknüpfung an das Statut des Verpflichtungsgeschäfts weitaus größer als bei einer Anknüpfung an das Forderungsstatut. Denn während eine Anknüpfung an das Forderungsstatut lediglich die Übertragung einer einzelnen Forderung betrifft, kann sich die Anknüpfung

---

[157] *Kaiser*, Verlängerter Eigentumsvorbehalt und Globalzession im IPR, S. 186; *Kieninger*, RabelsZ 62 (1998) 678, 694; *Mankowksi*, in: FS Herber, 147, 182.
[158] *Kieninger*, RabelsZ 62 (1998) 678, 693 f.; *Mangold*, Die Abtretung im Europäischen Kollisionsrecht, S. 205; *Stadler*, IPRax 2000, 104, 108; *Walsh*, Dick. L. Rev. 106 (2001) 159, 172.
[159] *Kieninger*, RabelsZ 62 (1998) 678, 694.

an das Verpflichtungsstatut auf eine Vielzahl von Forderungen beziehen, deren Übertragung die Vermögenslage des Zedenten erheblich verschlechtert.

Im Internationalen Sachenrecht wird die Parteiautonomie weithin mit der Begründung abgelehnt, daß das Sachenrecht auch die Beziehungen zu Dritten betreffe. Die Interessen des Rechtsverkehrs ließen für eine Rechtswahl keinen Raum.[160] Selbst diejenigen Autoren, die bei internationalen Verkehrsgeschäften unter bestimmten Voraussetzungen eine Rechtswahl befürworten, betonen, daß die schutzwürdigen Belange Dritter gewahrt bleiben müssen.[161]

(2) Konkurrierende Forderungsübertragungen

Die Anknüpfung der Wirksamkeit einer Forderungsübertragung gegenüber Dritten an das Statut des Verpflichtungsgeschäfts ist des weiteren nicht in der Lage, einen Konflikt zwischen mehreren Zessionaren derselben Forderung sachgerecht zu lösen.[162] Unterliegen die Verpflichtungsgeschäfte unterschiedlichen Rechtsordnungen und sind dementsprechend für die Drittwirksamkeit der einzelnen Forderungsübertragungen verschiedene Rechtsordnungen maßgeblich, besteht die Gefahr, daß jede Rechtsordnung die ihr unterworfene Forderungsübertragung für wirksam erklärt. Die Forderung kann aber nur einem der konkurrierenden Zessionare zugesprochen werden. Die Probleme, die sich aus der gleichzeitigen Anwendbarkeit sich inhaltlich widersprechender Rechtsordnungen auf denselben Sachverhalt ergeben, müssen im Wege der Anpassung gelöst werden.[163] Angesichts der damit stets verbundenen Schwierigkeiten ist eine Anknüpfungsregel vorzuziehen, die Normwidersprüche so weit wie möglich vermeidet.[164] Darüber hinaus hat jeder Zessionar ein berechtigtes Interesse daran, daß der Zedent nicht mit einem späteren Zessionar eine Rechtswahl treffen kann, die seine bereits erworbene Rechtsposition beeinträchtigt.[165]

Das Gewicht dieser Argumente zeigt sich darin, daß *Stadler* und *Hausmann* als Befürworter einer akzessorischen Anknüpfung an das Statut des Verpflichtungsgeschäfts von dieser Anknüpfungsregel abweichen, wenn sie im Fall einer Mehrfachzession zur Anwendbarkeit verschiedener Rechtsord-

---

[160] *von Bar,* Internationales Privatrecht, Bd. 2, Rdnr. 753; *von Hoffmann,* Internationales Privatrecht, § 12, Rdnr. 10; MünchKomm/*Kreuzer,* Nach Art. 38 Anh. I, Rdnr. 67 und 74.

[161] *Kropholler,* Internationales Privatrecht, S. 523; *Staudinger/Stoll,* Int SachenR, Rdnr. 284.

[162] *von Hoffmann/Höpping,* IPRax 1993, 302, 303; *Stadler,* IPRax 2000, 104, 109.

[163] *von Hoffmann,* § 6, Rdnr. 31; *Kegel/Schurig,* Internationales Privatrecht, S. 307 f.; MünchKomm/*Sonnenberger,* Einl. IPR, Rdnr. 537; *Neuhaus,* Grundbegriffe, S. 353–359.

[164] MünchKomm/*Sonnenberger,* Einl. IPR, Rdnr. 532; *Neuhaus,* Grundbegriffe, S. 358 f.

[165] Auf die Gefahr einer die Dritten benachteiligenden Rechtswahl weisen hin: *von Hoffmann/Höpping,* IPRax 1993, 302, 303; *Joustra,* IPRax 1999, 280, 283; *Kaiser,* Verlängerter Eigentumsvorbehalt und Globalzession im IPR, S. 186.

nungen führt. Dann sei hilfsweise an das Forderungsstatut anzuknüpfen.[166] Dies hat jedoch zur Folge, daß sich das für die Drittwirksamkeit maßgebliche Recht ändert, sobald dieselbe Forderung vom Zedenten ein weiteres Mal übertragen wird. Will der erste Zessionar die Forderungsübertragung Dritten umfassend entgegenhalten können, kommt er nicht umhin, stets die Anforderungen zu erfüllen, die das Statut des Verpflichtungsgeschäfts und das Forderungsstatut für die Drittwirksamkeit einer Forderungsübertragung aufstellen. Dadurch werden die Vorteile einer akzessorischen Anknüpfung an das Statut des Verpflichtungsgeschäfts weitgehend wieder aufgehoben.

4. Selbständige Anknüpfung

Eine selbständige Anknüpfung liegt vor, wenn sich das anwendbare Recht aus einer Anknüpfungsregel ergibt, die nicht auf die kollisionsrechtliche Bewertung eines anderen Rechtsverhältnisses zurückgreift, sondern ein eigenständiges Anknüpfungsmoment enthält. In der deutschen, englischen und französischen Rechtsprechung und Literatur werden als Anknüpfungsmomente für die Wirksamkeit einer Forderungsübertragung gegenüber Dritten der Wohnsitz des Schuldners (a.) und der Wohnsitz des Zedenten (b.) befürwortet.

Den sich daraus ergebenden Anknüpfungsregeln ist gemeinsam, daß sie zur Beurteilung der Rechtsfragen, die mit einer Forderungsübertragung verbunden sind, drei verschiedene Rechtsordnungen zur Anwendung berufen. Neben das Statut des Verpflichtungsgeschäfts, das die gegenseitigen Rechte und Pflichten von Zedent und Zessionar beherrscht, und das Forderungsstatut, das die Wirkungen der Forderungsübertragung gegenüber dem Schuldner regelt, tritt eine weitere Rechtsordnung, nach der sich die Wirksamkeit der Forderungsübertragung gegenüber Dritten richtet. Diese Aufspaltung des anwendbaren Rechts spricht jedoch nicht schon an sich gegen eine selbständige Anknüpfung. Es besteht kein grundsätzliches Verbot einer selbständigen Anknüpfung von Teilfragen.[167] Vielmehr kommt es darauf an, ob die mit einer selbständigen Anknüpfung verbundenen Vorteile die Nachteile überwiegen, die sich aus der Spaltung des anwendbaren Rechts ergeben. Eine selbständige Anknüpfung kann zwar auf der einen Seite zu Normwidersprüchen zwischen den anwendbaren Rechtsordnungen führen. Sie kann aber auf der andern Seite durch ihre weitergehende Differenzierung den verschiedenen kollisionsrechtlichen Interessen besser gerecht werden.

Die Befürworter einer selbständigen Anknüpfung gehen davon aus, daß eine Forderungsübertragung derart unterschiedliche Interessen berührt, daß die mit ihr verbundenen Rechtsfragen nur durch drei voneinander unabhängige Anknüpfungsregeln sachgerecht erfaßt werden können. Ob eine solche

---

[166] *Stadler*, IPRax 2000, 104, 109; *Staudinger/Hausmann*, Art. 33, Rdnr. 53.
[167] Dazu *oben*, S. 170.

kollisionsrechtliche Interessenlage tatsächlich besteht, soll im folgenden untersucht werden.

Die Drittwirksamkeit einer Forderungsübertragung kann aber auch derart eng mit den übrigen von einer Forderungsübertragung aufgeworfenen Rechtsfragen verbunden sein, daß eine selbständige Anknüpfung zu nicht hinnehmbaren Normwidersprüchen führen kann. Das Zusammenspiel der verschiedenen Anknüpfungsregeln ist jedoch vor allem für die Auslegung des Art. 12 EVÜ von Bedeutung. Denn Art. 12 EVÜ regelt nach einhelliger Ansicht in Abs. 1 die Anknüpfung der vertraglichen Verpflichtungen von Zedent und Zessionar[168] und in Abs. 2 die Anknüpfung der Wirkungen der Forderungsübertragung gegenüber dem Schuldner.[169] Die Frage, welche Anknüpfungsregel für die Wirksamkeit gegenüber Dritten sich am besten mit diesen Anknüpfungsregeln koordinieren läßt, stellt sich vor allem bei der Auslegung des Art. 12 EVÜ.[170] Die folgende Darstellung beschränkt sich daher auf eine isolierte Betrachtung der selbständigen Anknüpfung der Wirksamkeit einer Forderungsübertragung gegenüber Dritten.

Neben den bereits genannten selbständigen Anknüpfungen an das am Wohnsitz des Schuldners oder des Zedenten geltende Recht kommt eine weitere selbständige Anknüpfung an das von Zedent und Zessionar gewählte Recht in Betracht. Es handelt sich um eine selbständige Anknüpfung, wenn Zedent und Zessionar das auf die Drittwirksamkeit anwendbare Recht unmittelbar wählen können, ohne daß es darauf ankommt, welches Recht für das der Forderungsübertragung zugrunde liegende Verpflichtungsgeschäft maßgebend ist. Eine solche isolierte Rechtswahl wird jedoch selbst von jenen Autoren abgelehnt, die der Parteiautonomie einen möglichst wieten Anwendungsbereich eröffnen wollen und deshalb eine akzessorische Anknüpfung an das Statut des Verpflichtungsgeschäfts befürworten.[171] Die isolierte Rechtswahl könne in vielen Fällen zu einer Aufspaltung des anwendbaren Rechts führen. Die Parteiautonomie stehe Zedent und Zessionar daher lediglich mittelbar zu. Sie werde über die akzessorische Anknüpfung an das Statut des Verpflichtungsgeschäfts vermittelt.[172]

Die selbständige Anknüpfung an das von den Parteien unmittelbar gewählte Recht soll im folgenden aber nicht allein deshalb unberücksichtigt bleiben, weil sie in Rechtsprechung und Literatur keine Unterstützung gefunden hat. Ausschlaggebend ist, daß die Vor- und Nachteile einer solchen Anknüpfung zumindest bei einer isolierten Betrachtung denen einer akzessorischen Anknüpfung an das Statut des Verpflichtungsgeschäfts entsprechen. Hinzu kommt, daß die Zessionsparteien einerseits in der Wahl des anwendbaren Rechts nicht durch Erwägungen eingeschränkt werden, die sich eigentlich

---

168 Art. 12 Abs. 1 EVÜ. Nachweise *oben*, Fn. 17.

169 Art. 12 Abs. 2 EVÜ. Nachweise *oben*, Fn. 16.

170 Dazu *unten*, S. 211 ff.

171 Nachweise, *oben* Fn. 134.

172 *Stadler*, IPRax 2000, 104, 108; *Staudinger/Hausmann*, Art. 33, Rdnr. 38.

auf den schuldrechtlichen Verpflichtungsvertrag beziehen. Andererseits können durch die isolierte Rechtswahl aber auch die Interessen Dritter stärker beeinträchtigt werden, da diese das allein auf die Drittwirksamkeit der Forderungsübertragung anwendbare Recht noch weniger vorhersehen können als das Statut des ihr zugrunde liegenden Verpflichtungsgeschäfts.

Eine weitere selbständige Anknüpfung kann auf einige ältere englische Entscheidungen gestützt werden. Zumindest in ihrem Ergebnis lassen sie sich im Sinne einer selbständigen Anknüpfung an das am Abschlußort der Übertragungsabrede geltende Recht verstehen.[173] Die Begründungen dieser Entscheidungen gelten jedoch als „confused and undetermined", eine *ratio decidendis* sei „almost, if not quite, impossible to discover."[174] Eine Anknüpfung an das am Abschlußort der Übertragungsabrede geltende Recht wird in der heutigen englischen Rechtsprechung und Literatur nicht mehr vertreten.[175]

Zum einen ist der Abschlußort der Übertragungsabrede häufig zufälliger Natur: „To test an assignment by the place where it was made is to choose the least important of all points of contact, to substitute fortuity for reason."[176] Zum anderen kann der Abschlußort der Übertragungsabrede nicht bestimmt werden, wenn sich Zedent und Zessionar zum Zeitpunkt der Übertragungsabrede in unterschiedlichen Staaten befanden und die Forderungsübertragung telefonisch oder durch andere Kommunikationsmittel vereinbart haben. Schließlich stehen die genannten Entscheidungen vor dem Hintergrund, daß englische Gerichte bis vor einiger Zeit dem Ort, an dem ein Vertrag geschlossen wurde, ein erhebliches Gewicht beigemessen haben, wenn das auf diesen Vertrag anwendbare Recht zu bestimmen war. Es wurde vermutet, daß ein Vertrag durch das an seinem Abschlußort geltende Recht beherrscht werde.[177] Diesen Ansatzpunkt hat die neuere Rechtsprechung jedoch verworfen: Auf einen Vertrag findet nunmehr diejenige Rechtsordnung Anwendung, mit der er die engste Verbindung aufweist.[178] Diese Änderung in der englischen Rechtsprechung läßt die älteren Entscheidungen als überholt erscheinen.

---

[173] *Lee v. Abdy* (1886) 17 Q. B. D. 309; *Republica de Guatemala v. Nuñez* [1927] 1 K. B. 669; *Re Anziani* [1930] 1 Ch. 407.

[174] *Collier,* Conflict of Laws, S. 255.

[175] *Cheshire/North,* Private International Law, S. 956 f.; *Collier,* Conflict of Laws, S. 257.

[176] *Wolff,* Private International Law, S. 542. Vgl.: *Cheshire/North,* Private International Law, S. 957.

[177] „The general rule [...] is that the validity and the incidents of a contract must be determined by the law of the place where it is entered into" (*Lee v. Abdy* (1886) 17 Q. B. D. 309, 312 f.).

[178] *Compagnie Tunisienne de Navigation S. A. v. Compagnie d'Armement Maritime S. A.* [1971] A. C. 572.

a. Anknüpfung an das am Wohnsitz des Schuldners geltende Recht

Die Wirksamkeit einer Forderungsübertragung gegenüber Dritten kann selbständig an das am Wohnsitz des Schuldners geltende Recht angeknüpft werden.

Für die Bewertung dieser Anknüpfungsregel ist nicht entscheidend, ob tatsächlich der Wohnsitz des Schuldners und nicht vielmehr dessen gewöhnlicher Aufenthalt als Anknüpfungsmoment dient, ob im Falle einer juristischen Person der Sitz ihrer Hauptverwaltung oder ihr satzungsgemäßer Sitz ausschlaggebend sein soll. Denn diesen Anknüpfungsmomenten ist gemeinsam,[179] daß sie von der Person des Schuldners als maßgebendem Subjekt ausgehen,[180] durch ein Attribut dieses Subjekts eine Verbindung zu einem bestimmten Ort herstellen und das an diesem Ort geltende Recht für anwendbar erklären. Welches Attribut des Schuldners dabei letztlich am sachgerechtesten ist, spielt angesichts der prinzipiellen Gemeinsamkeiten der genannten Anknüpfungsmomente eine untergeordnete Rolle. Die Beantwortung dieser Frage hängt von anderen Gesichtspunkten ab als die Bestimmung des für die Anknüpfung maßgeblichen Subjekts.[181] Der Begriff Wohnsitz des Schuldners wird daher im folgenden nicht in seinem technischen Sinn gebraucht, sondern schließt die anderen Anknüpfungsmomente mit ein, die ebenfalls von der Person des Schuldners ausgehen und ihr einen bestimmten Ort zuweisen.

Eine Anknüpfung an das am Wohnsitz des Schuldners geltende Recht wird insbesondere in der französischen Rechtsprechung[182] und Literatur[183] befür-

---

[179] Zur Struktur der Anknüpfungsmomente: *Neuhaus,* Grundbegriffe, S. 150 f. Ähnlich *von Bar,* Internationales Privatrecht, Bd. 1, Rdnr. 524.

[180] Sie werden durch *von Bar* (Internationales Privatrecht, Bd. 1, Rdnr. 525) unter der Bezeichnung rechtssubjektsbezogene Anknüpfungsmomente zusammengefaßt.

[181] Zu den Vor- und Nachteilen der verschiedenen sich auf natürliche Personen beziehenden Anknüpfungsmomente *von Hoffmann,* Internationales Privatrecht, § 5, Rdnr. 59 ff.; *Kropholler,* Internationales Privatrecht, S. 272 ff.; MünchKomm/*Sonnenberger,* Einl. IPR, Rdnr. 659 ff. Zu den Vor- und Nachteilen der verschiedenen sich auf juristische Personen beziehenden Anknüpfungsmomente *von Hoffmann,* Internationales Privatrecht, § 7, Rdnr. 22 ff; *Kropholler,* Internationales Privatrecht, S. 533 ff.; MünchKomm/*Kindler,* IntGesR, Rdnr. 258 ff.

[182] Cour d'appel de Paris, 26. 3. 1986, Rev. crit. dr. int. privé 1987, 351. Das Gericht stellt jedoch nicht ausdrücklich fest, daß das am Wohnsitz des Schuldners geltende Recht auf die Frage der Drittwirksamkeit einer Forderungsübertragung Anwendung findet. Die Entscheidung läßt sich lediglich in ihrem Ergebnis mit einer solchen Regel vereinbaren. Sie ist dementsprechend umstritten (*Jobard-Bachellier,* Rev. crit. dr. int. privé 76 (1987) 358, 366 ff.; *Pardoel,* Les conflits de lois en matière de cession de créance, Rdnr. 593). Die Cour de Cassation hat zu der Frage bislang noch nicht Stellung genommen (*Sinay-Cytermann,* J.-Cl. Intern., Fasc. 554, Rdnr. 13).

[183] *Lagarde,* Rev. crit. dr. int. privé 80 (1991) 287, 335 f.; *Loussouarn/Bourel,* Droit international privé, Rdnr. 425; *Mayer/Heuzé,* Droit international privé, Rdnr. 750; *Sinay-Cytermann,* Rev. crit. dr. int. privé 81 (1992) 39, 42; *dies.,* J.-Cl. Intern., Fasc. 554, Rdnr. 10.

wortet. Sie findet aber auch in der deutschen[184] und englischen[185] Literatur Unterstützung.

aa. Vorteile einer Anknüpfung an das am Wohnsitz des Schuldners geltende Recht

(1) Engste Verbindung

Die Anknüpfung der Wirksamkeit einer Forderungsübertragung gegenüber Dritten an das am Wohnsitz des Schuldners geltende Recht begründet *Sinay-Cytermann* mit dem Gesichtspunkt der engsten Verbindung. Diese ergebe sich daraus, daß die nach Art. 1690 Code civil erforderliche Benachrichtigung des Schuldners an dessen Wohnsitz erfolgen müsse. Daher sei das dort geltende Recht am besten geeignet, die Voraussetzungen für die Drittwirksamkeit einer Forderungsübertragung zu regeln.[186] Diese Überlegung mag geeignet sein, eine einseitige[187] und daher ausschließlich die Geltung des Art. 1690 Code civil betreffende Anknüpfungsregel zu begründen. Als Begründung für eine allseitige Kollisionsnorm kann sie nicht überzeugen. Denn die Sachgerechtigkeit einer allseitigen Kollisionsnorm ist ausgehend von der zu beantwortenden Rechtsfrage und den davon berührten internationalprivatrechtlichen Interessen zu beurteilen. Dabei sind zwar die unterschiedlichen Regelungen der einzelnen Rechtsordnungen zu berücksichtigen, das Sachrecht einer einzelnen Rechtsordnung kann aber nicht zum alleinigen Maßstab einer allseitigen Anknüpfungsregel gemacht werden.[188]

(2) Das am Wohnsitz des Schuldners geltende Recht als *lex rei sitae*

Die Anknüpfung der Wirksamkeit einer Forderungsübertragung gegenüber Dritten an das am Wohnsitz des Schuldners geltende Recht wird auch mit dem Grundsatz des Internationalen Sachenrechts begründet, wonach die dinglichen Rechtsverhältnisse einer beweglichen oder unbeweglichen Sache nach dem an ihrem Lageort geltenden Recht (*lex rei sitae*) zu beurteilen

---

[184] *Zweigert*, RabelsZ 23 (1958) 643, 653.

[185] *Collier*, Conflict of Laws, S. 258 f.; *Goode*, Commercial Law, S. 1127 f.; *Moshinsky*, L.Q.R. 108 (1992) 591, 609. Bei einer Übertragung einer Vielzahl von Forderungen soll jedoch nach Ansicht der genannten Autoren das am Wohnsitz des Zedenten geltende Recht Anwendung finden.

[186] *Sinay-Cytermann*, Rev. crit. dr. int. privé 81 (1992) 35, 40. Ablehnend *Kieninger*, RabelsZ 62 (1998) 678, 702; *Pardoel*, Les conflits de lois en matière de cession de créance, Rdnr. 361.

[187] Zur Unterscheidung zwischen einseitigen und allseitigen Anknüpfungsregeln *von Bar*, Internationales Privatrecht, Bd. 1, Rdnr. 17; *Kegel/Schurig*, Internationales Privatrecht, S. 254 f.

[188] Hier kommen die Erwägungen zum Tragen, derentwegen das IPR grundsätzlich vom Sachverhalt ausgeht und nicht vom Gesetz. Dazu *Neuhaus*, Grundbegriffe, S. 29 ff.

sind.[189] Da Forderungen ebenfalls frei verfügbare Gegenstände des Rechtsverkehrs sind, liege es nahe, auch ihre dinglichen Rechtsverhältnisse der *lex rei sitae* zu unterwerfen.[190] Es komme der Einfachheit des Kollisionsrechts zugute, wenn auf die dinglichen Verhältnisse aller Vermögensgegenstände einheitlich die *lex rei sitae* anzuwenden sei.[191]

Diese Argumentation setzt zweierlei voraus: Zum einen muß es möglich sein, Forderungen einen Lageort zuzuweisen. Zum anderen müssen die Gründe, die im Internationalen Sachenrecht für eine Anknüpfung an die *lex rei sitae* sprechen, auch bei der Übertragung von Forderungen gelten.

(a) Belegenheit von Forderungen

Während die Belegenheit beweglicher und unbeweglicher Sachen ohne weiteres festgestellt werden kann, ist die Bestimmung des Lageorts einer Forderung mit Schwierigkeiten verbunden. Denn Forderungen haben keine unmittelbar wahrnehmbare physische Existenz im Raum. Man kann sie weder sehen noch anfassen.[192] Dennoch ist dem Recht der Gedanke nicht fremd, einer Forderung einen Lageort zuzuweisen,[193] beispielsweise für Fragen der internationalen Zuständigkeit,[194] des internationalen Insolvenzrechts[195] und der Besteuerung.[196] Eine Forderung wird dabei grundsätzlich

---

[189] Zur Anknüpfung an die *lex rei sitae*: *Audit,* Droit international privé, Rdnr. 740; *Cheshire/North,* Private International Law, S. 942; *Staudinger/Stoll,* Int SachenR, Rdnr. 122 f.

[190] *Collier,* Private International Law, S. 259; *Goode,* Commercial Law, S. 1128: "If the *lex situs* is the appropriate law to determine the proprietary aspects of a contract of sale of goods, there seems no good reason to adopt a different rule [...] as regards the sale of a debt"; *Moshinsky,* L. Q. R. 108 (1992) 591, 607; *Audit,* Droit international privé, Rdnr. 158; *Loussouarn/Bourel,* Droit international privé, Rdnr. 424. Eine Übertragung der Situs-Regel auf Forderungen im Ergebnis ablehnend *Kieninger,* RabelsZ 62 (1998) 678, 701; *Pardoel,* Les conflits de lois en matière de cession de créance, Rdnr. 321; *Rogerson,* C. L. J. 49 (1990) 441, 454.

[191] *Moshinsky,* L. Q. R. 108 (1992) 591, 607.

[192] *Audit,* Droit international privé, vor Rdnr. 759; *Loussouarn/Bourel,* Droit international privé, Rdnr. 424; *Pardoel,* Les conflits de lois en matière de cession de créance, Rdnr. 325; *Rogerson,* C. L. J. 49 (1990) 441.

[193] *Moshinsky,* L. Q. R. 108 (1992) 591, 605; *Cheshire/North,* Private International Law, S. 955; *Rabel,* Conflict of Laws, Bd. 3, S. 402 f.; *Rogerson,* C. L. J. 48 (1990) 441.

[194] Nach § 23 S. 1 Alt. 1 ZPO kann in Deutschland befindliches Vermögen des Beklagten die Zuständigkeit der deutschen Gerichte begründen. Forderungen befinden sich nach § 23 S. 2 ZPO am Wohnsitz des Schuldners. Allerdings steht der Gerichtsstand des § 23 ZPO gemäß Art. 3 Abs. 2 EuGVO nur gegen Beklagte zur Verfügung, die ihren Wohnsitz außerhalb des Geltungsbereichs der EuGVO haben.

[195] Art. 5 Abs. 1 EuInsVO bestimmt, daß dingliche Rechte Dritter an Vermögensgegenständen des Schuldners, die sich zum Zeitpunkt der Eröffnung des Insolvenzverfahrens in einem anderen Mitgliedsstaat befinden, von der Eröffnung des Insolvenzverfahrens nicht berührt werden. Nach Art. 2 Buchst. g EuInsVO meint „Mitgliedstaat, in dem sich ein Vermögensgegenstand befindet, im Fall von Forderungen den Mitgliedstaat, in dessen Gebiet der zur Leistung verpflichtete Dritte den Mittelpunkt seiner hauptsächlichen Interessen [...] hat".

als am Wohnsitz des Schuldners belegen betrachtet. Dort müsse sie letztlich gerichtlich geltend gemacht und vollstreckt werden.[197] Überträgt man diese Vorstellung auf die Wirksamkeit einer Forderungsübertragung gegenüber Dritten, ist deren Anknüpfung an das am Wohnsitz des Schuldners geltende Recht nichts anderes als die Anwendung der *lex rei sitae*.[198]

(b) Gründe für die Anknüpfung an die *lex rei sitae* im Internationalen Sachenrecht und bei internationalen Forderungsübertragungen

Im Internationalen Sachenrecht sprechen vor allem zwei Gründe für eine Anknüpfung der dinglichen Rechtsverhältnisse einer Sache an die *lex rei sitae*.[199] Sie haben dazu geführt, daß nahezu alle Rechtsordnungen dieser Anknüpfungsregel im Grundsatz folgen.[200]

(aa) Schutz des Rechtsverkehrs

Im Vordergrund steht der Schutz des Rechtsverkehrs.[201] Da dingliche Rechte an einer Sache jedermann entgegengehalten werden können, hat der Rechtsverkehr ein besonderes Interesse daran, daß Verfügungen über eine Sache nach einer Rechtsordnung beurteilt werden, die auch für Außenstehende ohne weiteres erkennbar ist. Ein körperlicher Gegenstand ist nun aber – ohne daß dies einer rechtlichen Bewertung bedarf – allein wegen seiner unmittelbaren Wahrnehmbarkeit und seines körperlichen Vorhandenseins im Raum mit seinem Lageort eng verbunden. Der Rechtsverkehr ordnet daher die dinglichen Rechtsverhältnisse einer Sache dem an ihrem

---

[196] Nach s. 6 (1) des englischen Inheritance Act 1984 unterliegen Vermögenswerte, die sich außerhalb Großbritanniens befinden, nicht der Erbschaftssteuer, wenn der Erblasser sein *domicile* außerhalb des Vereinigten Königreichs hatte. In diesem Zusammenhang werden Forderungen von der englischen Rechtsprechung als am Wohnsitz des Schuldners belegen betrachtet: *English, Scottish and Australian Bank v. I.R.C.* [1932] A. C. 238; *Kwok Chi Leung Karl v. Commissioner of Estate Duty* [1988] 1 W. L. R. 1035; *Rogerson*, C. L. J. 49 (1990) 441, 446 f.

[197] *Commissioner of Stamps v. Hope* [1891] A. C. 476, 481; *New York Life Insurance Co. v. Public Trustee* [1942] 2 Ch. 101, 119; *Kwok Chi Leung Karl v. Commissioner of Estate Duty* [1988] 1 W. L. R. 1035, 1040; *Cheshire/North*, Private International Law, S. 955; *Rogerson*, C. L. J. 49 (1990) 441, 456; *Zweigert*, RabelsZ 23 (1958) 643, 543.

[198] Vgl. *Rogerson*, C. L. J. 49 (1990) 441, 453.

[199] *Lalive*, Transfer of Chattels in the Conflit of Laws, S. 115.

[200] *Kronke*, in: Liber Amicorum Gerhard Kegel, 33, 34: „[eine] der ältesten, gesichertsten und weltweit verbreiteten Kollisionsnorm". Nachweise zum Internationalen Sachenrecht anderer Rechtsordnungen: *Staudinger/Stoll*, Int SachenR, Rdnr. 21–103.

[201] *Re Anziani* [1930] 1 Ch. 407, 409: „Business could not be carried on". *Audit*, Droit international privé, Rdnr. 146 ff.; *Cheshire/North*, Private International Law, S. 942: "practical grounds of business convenience"; *von Hoffmann*, Internationales Privatrecht, § 12, Rdnr. 9; *Kegel/Schurig*, Internationales Privatrecht, S. 661; *Kropholler*, Internationales Privatrecht, S. 520; *Lalive*, Transfer of Chattels in the Conflict of Laws, S. 112 ff.; *Lüderitz*, Internationales Privatrecht, Rdnr. 318; MünchKomm/*Kreuzer*, Nach Art. 38 Anh. I, Rdnr. 31; *Staudinger/Stoll*, Int SachenR, Rdnr. 125 f.

Lageort geltenden Recht zu, die Anwendbarkeit der *lex rei sitae* entspricht seinen Erwartungen.[202]

Uneingeschränkt gilt dies jedoch nur für das Immobiliarsachenrecht.[203] Für bewegliche Sachen wird die Anknüpfung an die *lex rei sitae* bereits in Frage gestellt und in bestimmten Fällen die Anwendung des von den Parteien gewählten Rechts gefordert:[204] Die Gründe für eine Anknüpfung an die *lex rei sitae* seien im Hinblick auf bewegliche Sachen wenig tragfähig, da diese jederzeit in den Geltungsbereich einer anderen Rechtsordnung verbracht werden können. Dies gelte insbesondere im Rahmen internationaler Verkehrsgeschäfte. Zwar könne der jeweilige Lageort einer beweglichen Sache immer noch leicht und zuverlässig festgestellt werden, doch die Bedeutung dieses Anknüpfungsmoments werde durch seine vorübergehende, wenn nicht gar zufällige Natur vermindert. Die Interessen des Rechtsverkehrs treten daher hinter das Interesse der Parteien zurück, über einen körperlichen Gegenstand nach Maßgabe eines ihren Interessen entsprechenden Rechts zu verfügen, um dadurch insbesondere die mit einem Statutenwechsel verbundenen Anpassungsprobleme zu vermeiden.

Wenn aber ein überwiegendes Interesse des Rechtsverkehrs an der Anwendbarkeit der *lex rei sitae* schon im Hinblick auf bewegliche Sachen mit guten Gründen bezweifelt werden kann, dann gilt dies erst recht für die Anwendung des am Wohnsitz des Schuldners geltenden Rechts auf die dinglichen Aspekte einer Forderungsübertragung. Forderungen haben im Unterschied zu körperlichen Gegenständen keine unmittelbar wahrnehmbare physische Existenz, auf die sich ein schützenswertes Interesse des Rechtsverkehrs stützen könnte. Die Belegenheit einer Forderung ergibt sich nicht unmittelbar aus der Forderung selbst, sondern muß im Wege einer rechtlichen Bewertung an sie herangetragen werden: Die Belegenheit einer Forderung ist lediglich fiktiv.[205] Die Übertragung der Situs-Regel des Internationalen Sachenrechts auf internationale Forderungsübertragungen kann daher mit dem Schutz des Rechtsverkehrs nicht begründet werden.

(bb) Effektivität der Rechtsgewährung

Die Anknüpfung an die *lex rei sitae* wird im Internationalen Sachenrecht aber auch auf Effektivitätserwägungen gestützt. Da allein die Rechtspflege-

---

[202] *Lalive*, Transfer of Chattels in the Conflict of Laws, S. 112–114.

[203] *Kropholler*, Internationales Privatrecht, S. 520; *Staudinger/Stoll*, Int SachenR, Rdnr. 126.

[204] *Einsele*, RabelsZ 60 (1996) 417, 435 ff.; *Kropholler*, Internationales Privatrecht, S. 523 f.; *Staudinger/Stoll*, Int SachenR, Rdnr. 262, 282 ff.; *Weber*, RabelsZ 44 (1980) 510, 529.

[205] *Kieninger*, RabelsZ 62 (1998) 678, 701: "hypothetisch"; *Loussouarn/Bourel*, Droit international privé, Rdnr. 424; *Moshinsky*, L. Q. R. 108 (1992) 591, 607; *Pardoel*, Les conflits de lois en matière de cession de créance, Rdnr. 325; *Rabel*, Conflict of Laws, Bd. 3, S. 402 f.

organe des Belegenheitsstaats Rechte an einer Sache mit hoheitlicher Gewalt durchsetzen können, seien gerichtliche Entscheidungen in dieser Hinsicht nur dann sinnvoll, wenn die Aussicht besteht, daß sie durch die Rechtspflegeorgane des Belegenheitsstaats auch anerkannt und vollstreckt werden. Dies sei am ehesten bei Anwendung des im Belegenheitsstaat geltenden Rechts gewährleistet.[206]

(α) Bedeutung der Gerichte des Belegenheitsstaats

Vor allem in der englischen Literatur wird hierin die ausschlaggebende Grundlage für eine Übertragung der im Internationalen Sachenrecht anerkannten Anknüpfung an die *lex rei sitae* auf die dinglichen Aspekte internationaler Forderungsübertragungen gesehen.[207] Auch eine Forderung müsse gegebenenfalls gegenüber dem Schuldner gerichtlich geltend gemacht und vollstreckt werden. Dafür seien aber in aller Regel die Gerichte am Wohnsitz des Schuldners zuständig: „It is the courts of the debtor's residence which ultimately control the obligation of the debtor".[208]

Schon für bewegliche Sachen ist jedoch die Schlüsselstellung der Gerichte des Belegenheitsstaats zweifelhaft. Denn Entscheidungen anderer Gerichte können durchaus sinnvoll sein, wenn beispielsweise die Sache später in den Gerichtsstaat verbracht wird,[209] oder wenn der Besitzer der Sache gerichtlich dazu gezwungen werden soll, mit der Sache in einer bestimmten Weise zu verfahren, sie beispielsweise in den Gerichtsstaat zu verbringen.[210]

Im Hinblick auf Forderungen sprechen weitere Überlegungen gegen eine Schlüsselstellung der Gerichte am Wohnsitz des Schuldners. Zunächst kann der Schuldner nicht nur vor den Gerichten seines Wohnsitzstaats verklagt werden.[211] Auch die Vollstreckung einer gerichtlichen Entscheidung gegen den Schuldner ist nicht auf dessen Heimatstaat beschränkt. Denn der zu vollstreckende Titel bezieht sich anders als im Sachenrecht nicht auf eine konkrete Sache. Der Schuldner haftet für eine Geldforderung vielmehr

---

[206] *Cheshire/North,* Private International Law, S. 940; *von Hoffmann,* Internationales Privatrecht, § 12, Rdnr. 9; *Kropholler,* Internationales Privatrecht, S. 520; *Lalive,* The Transfer of Chattels in the Conflict of Laws, S. 105 f.; *Staudinger/Stoll,* Int SachenR, Rdnr. 124 ff.

[207] *Goode,* Commercial Law, S. 1128; *Moshinsky,* L. Q. R. 108 (1992) 591, 607.

[208] *Goode,* Commercial Law, S. 1128.

[209] *Lalive,* Transfer of Chattels in the Conflict of Laws, S. 105; *Staudinger/Stoll,* Int SachenR, Rdnr. 126.

[210] *Lalive,* Transfer of Chattels in the Conflict of Laws, S. 105 f.; *Staudinger/Stoll,* Int SachenR, Rdnr. 126; *Weber,* RabelsZ 44 (1980) 510, 525.

[211] *Moshinsky,* L. Q. R. 108 (1992) 591, 607; *Rogerson,* C. L. J. 49 (1990) 441, 453 f. Die EuGVO stellt beispielsweise folgende weitere Gerichtsstände zur Verfügung: Gerichtsstand des Erfüllungsortes, Art. 5 Nr. 1 EuGVO; Gerichtsstand der Zweigniederlassung, Art. 5 Nr. 5 EuGVO; Gerichtsstandsvereinbarung, Art. 23 EuGVO; Zuständigkeit kraft rügeloser Einlassung, Art. 24 EuGVO.

mit seinem gesamten Vermögen, unabhängig davon, wo es sich befindet. Die Anerkennung und Vollstreckung ausländischer Entscheidungen wird aber durch internationale Abkommen und insbesondere durch die EuGVO[212] wesentlich vereinfacht.[213] Daß aus Effektivitätsgründen gerade die Gerichte am Wohnsitz des Schuldners ausschlaggebend sein sollen, vermag daher nicht zu überzeugen.

(β) Bedeutung des Sachrechts des Belegenheitsstaats

Doch selbst wenn den Gerichten am Wohnsitz des Schuldners bei der Durchsetzung der gegen ihn gerichteten Forderungen eine Schlüsselstellung zukommen sollte, kann dies nicht begründen, daß bei der Übertragung von Forderungen entsprechend der im Internationalen Sachenrecht anerkannten Anknüpfung an die *lex rei sitae* die *lex domicilii debitoris* Anwendung finden soll. Die Gründe, die im Internationalen Sachenrecht für die Anknüpfung an die *lex rei sitae* sprechen, können nicht übertragen werden. Dies gilt sowohl im Hinblick auf die Bestimmung des anwendbaren Rechts durch die zur Entscheidung berufenen Gerichte am Wohnsitz des Schuldners, als auch im Hinblick auf die Anerkennung und Vollstreckung ausländischer Entscheidungen.

Im Internationalen Sachenrecht führt die Schlüsselstellung der Gerichte des Belegenheitsstaats zur Anwendbarkeit der *lex rei sitae*, weil die nationalen sachenrechtlichen Vorschriften aus Gründen des Verkehrsschutzes weitgehend zwingender Natur sind.[214] Daher liegt es im staatlichen Interesse, daß diese Vorschriften von den eigenen Gerichten immer angewandt werden, wenn sie über dingliche Rechte an einer im Inland befindlichen Sache zu entscheiden haben.[215] Sollen sie Entscheidungen ausländischer Gerichte anerkennen und vollstrecken, kommt es ebenfalls darauf an, ob die zwin-

---

[212] Verordnung (EG) Nr. 44/2001 des Rates über die gerichtliche Zuständigkeit und die Anerkennung und Vollstreckung von Entscheidungen in Zivil- und Handelssachen, ABl. EG 2000 L 12. Die Verordnung ist am 1.3.2002 in Kraft getreten und ersetzt nach Art. 68 EuGVO für die Mitgliedsstaaten der Europäischen Union das Übereinkommen über die gerichtliche Zuständigkeit und die Vollstreckung gerichtlicher Entscheidungen in Zivil- und Handelssachen vom 27.9.1968 in der Fassung des 4. Beitrittsübereinkommens vom 29.11.1996, ABl. EG 1998 L 27. Zur Sonderstellung Dänemarks *Kropholler,* Europäisches Zivilprozeßrecht, Einl, Rdnr. 21.

[213] *von Hoffmann,* Internationales Privatrecht, § 3, Rdnr. 254 und 266.

[214] *Lalive,* The Transfer of Chattels in the Conflict of Laws, S. 114.

[215] Insofern bildet die Anknüpfung an die *lex rei sitae* die sachenrechtliche Parallele zu der Vorschrift des Art. 7 Abs. 2 EVÜ. Obwohl das EVÜ dem Grundsatz der Parteiautonomie folgt, setzen sich im Internationalen Vertragsrecht ausnahmsweise zwingende Vorschriften der *lex fori* auch bei einer entgegenstehenden Rechtswahl durch. Da die sachenrechtlichen Vorschriften der nationalen Rechtsordnungen weitgehend zwingendes Recht sind, wird die Ausnahme des Art. 7 Abs. 2 EVÜ im Internationalen Sachenrecht zur Regelanknüpfung an die *lex rei sitae*.

genden Vorschriften des Belegenheitsstaats beachtet worden sind, da sie anderenfalls durch *forum shopping* unterlaufen werden könnten.[216]

Zusammen mit der Schlüsselstellung der Gerichte des Belegenheitsstaats führt daher die zwingende Natur der nationalen sachenrechtlichen Vorschriften zu dem Ergebnis, daß ein dingliches Recht an einem körperlichen Gegenstand in erster Linie durch das an seinem Lageort geltende Recht geschützt wird. Ein dingliches Recht an einer Sache verdankt daher seine rechtliche Anerkennung und damit auch seine Existenz der *lex rei sitae*.

Dies ist bei Forderungen nicht der Fall. Denn auf dem Gebiet des materiellen Vertragsrechts folgen die meisten nationalen Rechtsordnungen dem Grundsatz der Privatautonomie:[217] Vertragsrecht ist grundsätzlich dispositives Recht. Auf der Ebene des Kollisionsrechts gilt in den meisten Rechtsordnungen der Grundsatz der Parteiautonomie:[218] Das anwendbare Recht kann von den Vertragsparteien frei gewählt werden.

Unterstellt man vor diesem Hintergrund eine Schlüsselstellung der Gerichte am Wohnsitz des Schuldners, so bedeutet dies – anders als im Internationalen Sachenrecht – nicht, daß auf die gegen den Schuldner gerichteten Forderungen auch das an dessen Wohnsitz geltende Recht Anwendung findet. Angesichts der weltweiten Verbreitung des Grundsatzes der Parteiautonomie kann man vielmehr davon ausgehen, daß die Rechtswahl der Parteien anerkannt wird. Fehlt es an einer Rechtswahl, ermitteln die einzelnen Rechtsordnungen das anwendbare Recht zwar auf unterschiedliche Weise,[219] es ist aber unwahrscheinlich, daß das am Wohnsitz des Schuldners geltende Recht als solches zur Anwendung berufen wird. Vielmehr wird diejenige Rechtsordnung für anwendbar erklärt werden, der der Sachverhalt nach Ansicht des entscheidenden Gerichts am sachgerechtesten zugeordnet werden kann. Geht man von der Sachgerechtigkeit des eigenen IPR aus und unterstellt, daß andere Rechtsordnungen zumindest zu vergleichbaren Ergebnissen kommen, kann aus europäischer Sicht vermutet werden, daß auf eine vertragliche Forderung diejenige Rechtsordnung Anwendung findet, die von den Vertragsparteien gewählt worden ist oder die nach Art. 4 Abs. 1 S. 1 EVÜ mit dem Vertrag am engsten verbunden ist.

Ist eine ausländische Entscheidung über eine gegen den Schuldner gerichtete Forderung von den Gerichten am Wohnsitz des Schuldners anzuerkennen und zu vollstrecken, ist angesichts der weltweiten Verbreitung des Grundsatzes der Privatautonomie auch nicht davon auszugehen, daß die Anwendung des am Wohnsitz des Schuldners geltenden Rechts als zwingende Normen für eine Anerkennung und Vollstreckung der ausländischen Entscheidung vorausgesetzt wird.

---

[216] *Staudinger/Stoll*, Int SachenR, Rdnr. 125.
[217] *Zweigert/Kötz*, Einführung in die Rechtsvergleichung, S. 315 ff.
[218] *Rabel*, Conflict of Laws, Bd. 2, S. 370–390.
[219] *Rabel*, Conflict of Laws, Bd. 2, S. 432–486.

Dies bedeutet im Ergebnis aber nichts anderes, als daß die rechtliche Anerkennung und damit auch die Existenz einer Forderung selbst dann, wenn man den Gerichten am Wohnsitz des Schuldners eine Schlüsselstellung zubilligt, nicht von dem am Wohnsitz des Schuldners geltenden Recht, sondern vom Forderungsstatut abhängt.

(c) Zusammenfassung

Damit kann eine einheitliche Anknüpfung der dinglichen Rechtsverhältnisse aller Vermögensgegenstände durch eine Anknüpfung der Wirksamkeit einer Forderungsübertragung gegenüber Dritten an das am Wohnsitz des Schuldners geltende Recht *qua lex rei sitae* nur dem Namen nach erreicht werden. Denn ihrem Grundgedanken nach führt die Anknüpfung an die *lex rei sitae* zur Maßgeblichkeit des Forderungsstatuts.[220] Eine gemeinsame Kollisionsregel für das Internationale Sachenrecht und für die dinglichen Rechtsverhältnisse an Forderungen kann daher nur lauten, daß diejenige Rechtsordnung Anwendung findet, die dem betroffenen Vermögensgegenstand rechtliche Anerkennung und damit letztlich auch seine Existenz verschafft. Das ist im Internationalen Sachenrecht die *lex rei sitae*, bei internationalen Forderungsübertragungen das Forderungsstatut. Eine Anknüpfung an das am Wohnsitz des Schuldners geltende Recht kann mit der Situs-Regel nicht begründet werden.

(3) Vorhersehbarkeit des anwendbaren Rechts

Für eine Anknüpfung der Wirksamkeit einer Forderungsübertragung gegenüber Dritten an das am Wohnsitz des Schuldners geltende Recht spricht jedoch, daß zumindest bei einer Übertragung bestehender Forderungen die Vorhersehbarkeit des anwendbaren Rechts nicht nur aus der Sicht von Zedent und Zessionar, sondern auch aus der Sicht Dritter gewährleistet ist.[221] Denn anders als bei einer Anknüpfung an das Forderungsstatut benötigen diese keinen Einblick in die Vertragsbeziehung zwischen Zedent und Schuldner, um den Inhalt einer Rechtswahlklausel oder die für eine objektive Anknüpfung erforderlichen Einzelheiten der Vertragsgestaltung zu ermitteln. Sie müssen lediglich erkennen, daß der Zedent Geschäftsbeziehungen zu ausländischen Vertragspartnern unterhält und in welchen Staaten diese ansässig sind. Dies ist auch außenstehenden Dritten in aller Regel möglich.

---

[220] Anders *Kieninger,* RabelsZ 62 (1998) 678, 701: „Mit der lex-rei-sitae-Regel läßt sich also alles und daher nichts begründen."

[221] *Loussouarn/Bourel,* Droit international privé, Rdnr. 425; *Moshinsky,* L. Q. R. 108 (1992) 591, 608; *Pardoel,* Les conflits de lois en matière de cession de créance, Rdnr. 361; *Sinay-Cytermann,* Rev. crit. dr. int. privé 81 (1992) 35, 43 und 54 f.

(4) Konkurrierende Forderungsübertragungen

Die Anknüpfung an das am Wohnsitz des Schuldners geltende Recht ist schließlich in der Lage, Konflikte zwischen konkurrierenden Zessionaren derselben Forderung sachgerecht zu lösen, da ein von den einzelnen Übertragungsvorgängen unabhängiges und damit neutrales Recht zur Anwendung berufen wird.[222]

bb. Nachteile einer Anknüpfung an das am Wohnsitz des Schuldners geltende Recht

(1) Engste Verbindung

Gegen eine Anknüpfung der Wirksamkeit einer Forderungsübertragung gegenüber Dritten an das am Wohnsitz des Schuldners geltende Recht wird vorgebracht, daß sie dem Gesichtpunkt der engsten Verbindung nicht gerecht werde, weil dem *connecting factor* zwischen Forderungsübertragung und Wohnsitz des Schuldners nur geringes Gewicht beigemessen werden könne: Der Wohnsitz des Schuldners sei zufälliger und vorübergehender Natur. Es sei „unsatisfactory to subject the transaction to the residential whims of a debtor of wandering disposition."[223]

Ein Schuldner dürfte seinen Wohnsitz jedoch nur in Ausnahmefällen verändern, so daß es sich grundsätzlich um eine verläßliche und als Anknüpfungsmoment geeignete Größe handelt.[224] Nur die wenigsten Anknüpfungsregeln können eine Veränderung der für die Anknüpfung relevanten Tatsachen und damit einen Statutenwechsel völlig ausschließen.[225] Die auftretenden Fragen können nach den allgemeinen Regeln[226] sachgerecht gelöst werden.[227]

---

[222] *Sinay-Cytermann*, Rev. crit. dr. int. privé 81 (1992) 35, 43.

[223] Die Überlegung im Ergebnis verwerfend *Goode*, Commercial Law, S. 1128. Vgl. jedoch *Pardoel*, Les conflits de lois en matière de cession de créance, Rdnr. 362.

[224] *Collier*, Private International Law, S. 259; *Goode*, Commercial Law, S. 1128; *Moshinsky*, L. Q. R. 108 (1992) 591, 608; *Pardoel*, Les conflits de lois en matière de cession de créance, Rdnr. 362.

[225] *Kegel/Schurig*, Internationales Privatrecht, S. 44: „Die Anknüpfungen des IPR sind meist ‚wandelbar'."

[226] *von Bar*, Internationales Privatrecht, Bd. 1, Rdnr. 305 ff.; *von Hoffmann*, Internationales Privatrecht, § 5, Rdnr. 102 ff.; MünchKomm/*Sonnenberger*, Einl. IPR, Rdnr. 613 ff.; *Neuhaus*, Grundbegriffe, S. 295 ff.; *Staudinger/Stoll*, Int SachenR, Rdnr. 352 ff.

[227] Danach wird beispielsweise die Übertragung einer Forderung, die gegen einen in Frankreich ansässigen Schuldner gerichtet ist, mit dessen Übersiedelung nach Deutschland gegenüber Dritten wirksam, auch wenn er zuvor von der Forderungsübertragung nicht durch *signification* benachrichtigt wurde. Hier greifen die Regeln über die Bewertung nicht abgeschlossener Tatbestände (zu der entsprechenden sachenrechtlichen Problematik gestreckter Erwerbstatbestände Art. 43 Abs. 3 EGBGB sowie *von Bar*, Internationales Privatrecht, Bd. 2, Rdnr. 757; *Kropholler*, Internationales Privatrecht, S. 527 ff.). Dagegen wird nach den Regeln über abgeschlossene Tatbestände die Übertragung einer gegen

Selbst im Internationalen Sachenrecht, wo sich der Lageort einer beweglichen Sache weitaus leichter verändern kann als der Wohnsitz des Schuldners, werden die sich aus einem Statutenwechsel ergebenden Schwierigkeiten nur bei internationalen Verkehrsgeschäften als so schwerwiegend angesehen, daß eine Ausnahme von der Anknüpfung an die *lex rei sitae* gefordert wird.[228] Internationale Verkehrsgeschäfte zeichnen sich dadurch aus, daß sie eine bewegliche Sache betreffen, die von Anfang an dazu bestimmt ist, ihren Lageort zu verändern, oder bestimmungsgemäß ohne festen Lageort ist.[229] Der Wohnsitz des Schuldners verändert sich jedoch nur ausnahmsweise.

Ob die Anknüpfung an das am Wohnsitz des Schuldners geltende Recht dem Erfordernis der engsten Verbindung genügt, ist aus anderen Gründen zweifelhaft: Die Verbindung zwischen den von einer Forderungsübertragung betroffenen Dritten und dem Schuldner wird stets durch den Zedenten vermittelt. Sowohl dessen Gläubiger als auch konkurrierende Zessionare stehen allein mit ihm in direkter Beziehung. Erst in einem zweiten Schritt ergibt sich daraus eine Verbindung zum Schuldner. Schon deshalb sind die Dritten enger mit dem Wohnsitz des Zedenten als mit dem des Schuldners verbunden.[230]

Darüber hinaus bestehen die Risiken einer Forderungsübertragung sowohl aus Sicht des Zessionars als auch aus Sicht der betroffenen Dritten weniger in der Leistungswilligkeit und –fähigkeit des Schuldners, sondern in der Frage, ob die Leistung dem Zedenten und dessen Gläubigern oder dem Zessionar zusteht. Entsprechende Streitigkeiten werden dort ausgetragen, wo die konkurrierenden Parteien ansässig sind, nicht jedoch am Wohnsitz des Schuldners.[231] Hinzu kommt, daß der wirtschaftliche Wert einer Forderung zwar in der Leistungspflicht des Schuldners besteht. Aber die Gerichte am Wohnsitz des Schuldners haben weder eine umfassende Schlüsselstellung bei deren Durchsetzung noch würde eine solche Schlüsselstellung zur Anwendbarkeit des am Wohnsitz des Schuldners geltenden Rechts führen.[232]

Die Anknüpfung der Wirksamkeit einer Forderungsübertragung gegenüber Dritten an das am Wohnsitz des Schuldners geltende Recht wird daher dem Gesichtspunkt der engsten Verbindung nicht gerecht.

---

einen in Deutschland ansässigen Schuldner gerichteten Forderung nicht dadurch gegenüber Dritten unwirksam, daß der Schuldner nach Frankreich übersiedelt. Eine Benachrichtigung des Schuldners durch *signification* wird nicht erforderlich (zu der entsprechenden sachenrechtlichen Problematik *Staudinger/Stoll*, Int SachenR, Rdnr. 354).

[228] *Einsele*, RabelsZ 60 (1996) 417, 441 f.; *Kropholler*, Internationales Privatrecht, S. 523 f.; *Staudinger/Stoll*, Int SachenR, Rdnr. 292.

[229] *Staudinger/Stoll*, Int SachenR, Rdnr. 129.

[230] *Kieninger*, RabelsZ 62 (1998) 678, 701 f.; *Einsele*, ZVglRWiss 90 (1991) 1, 7.

[231] Vgl. *Kieninger*, RabelsZ 62 (1998) 678, 701.

[232] Dazu *oben*, S. 199 ff.

(2) Globalzessionen und Übertragung zukünftiger Forderungen

Schließlich erschwert eine Anknüpfung an das am Wohnsitz des Schuldners geltende Recht sowohl die Übertragung einer Vielzahl von Forderungen als auch die Übertragung zukünftiger Forderungen. Insofern treten die gleichen Schwierigkeiten auf wie bei einer Anknüpfung an das Forderungsstatut.[233] Bei einer Globalzession muß der Zessionar unter Umständen den Anforderungen mehrerer Rechtsordnungen gerecht werden, um die Forderungsübertragung Dritten umfassend entgegenhalten zu können.[234] Bei der Übertragung zukünftiger Forderungen kann der Zessionar bis zum Entstehen der Forderungen nicht feststellen, welche Anforderungen er erfüllen muß, um seine sich aus der Forderungsübertragung ergebenden Rechte gegenüber Dritten abzusichern. Diese wiederum können nicht erkennen, ob sie durch Publizitätsanforderungen vor einer Übertragung künftiger Forderungen geschützt werden.[235]

b. Anknüpfung an das am Wohnsitz des Zedenten geltende Recht

Die Wirksamkeit einer Forderungsübertragung gegenüber Dritten kann im Wege einer selbständigen Anknüpfung schließlich an das am Wohnsitz des Zedenten geltende Recht angeknüpft werden. Diese Kollisionsregel findet sowohl in der deutschen als auch in der englischen und französischen Literatur Unterstützung: Sie wird teilweise uneingeschränkt,[236] teilweise aber auch nur für die Übertragung einer Vielzahl gegenwärtiger und zukünftiger Forderungen befürwortet.[237] Sie liegt auch den Kollisionsregeln der Art. 22 und 30 Abs. 1 der UN-Konvention über die Forderungsübertragung im internationalen Handelsverkehr zugrunde.[238]

Die Anknüpfung an das am Wohnsitz des Zedenten geltende Recht führt häufig zu demselben Ergebnis wie die Anknüpfung an das Forderungsstatut.[239] Haben Zedent und Schuldner das anwendbare Recht nicht gewählt, ist es durch eine objektive Anknüpfung zu bestimmen. Nach Art. 4 Abs. 1 S. 1 EVÜ findet das Recht jenes Staates Anwendung, mit dem der Vertrag die engste Verbindung aufweist. Dies ist gemäß der Vermutung des Art. 4 Abs. 2 S. 1 EVÜ jener Staat, in dem die Partei, die die charakteristische

---

[233] *Kieninger,* RabelsZ 62 (1998) 678, 702.
[234] *Pardoel,* Les conflits de lois en matière de cession de créance, Rdnr. 363.
[235] *Deschamps,* Duke J. Comp. Int. L. 12 (2002) 389, 394; *Kieninger,* RabelsZ 62 (1998) 678, 701.
[236] *Holzner,* ZfRV 1994, 134, 137; *Kieninger,* RabelsZ 62 (1998) 678, 710; *Pardoel,* Les conflits de lois en matière de cession de créance, Rdnr. 383; *Struycken,* Lloyd's M. C. L. Q. 24 (1998) 345, 357; *von Wilmowsky,* Europäisches Kreditsicherungsrecht, S. 434.
[237] *Goode,* Commercial Law, S. 1128; *Kaiser,* Eigentumsvorbehalt und Globalzession im IPR, S. 205; *Moshinsky,* L. Q. R. 108 (1992) 591, 611; MünchKomm/*Kreuzer,* Nach Art. 38 Anh. I, Rdnr. 93; *Staudinger/Stoll,* Int. SachenR, Rdnr. 350.
[238] Dazu *unten,* S. 294 ff.
[239] *Kieninger,* RabelsZ 62 (1998) 678, 704.

Leistung erbringt, ihren gewöhnlichen Aufenthalt hat. Da der Zedent als Gläubiger der Geldleistung in aller Regel auch die charakteristische Leistung erbringt,[240] ist das Forderungsstatut das an seinem gewöhnlichen Aufenthaltsort geltende Recht.

aa. Vorteile einer Anknüpfung an das am Wohnsitz des Zedenten geltende Recht

(1) Das am Wohnsitz des Zedenten geltende Recht als *lex rei sitae*

Die Anknüpfung an das am Wohnsitz des Zedenten geltende Recht könnte mit der im Internationalen Sachenrecht anerkannten Situs-Regel begründet werden.[241] Obwohl eine Forderung nach allgemeiner Ansicht am Wohnsitz des Schuldners belegen ist, spricht auch manches dafür, den Wohnsitz des Gläubigers als fiktiven Lageort der Forderung anzusehen.[242] So ist die Forderung nicht nur ein Passivposten im Vermögen des Schuldners sondern auch ein Aktivposten im Vermögen des Zedenten. Sie ist daher am Wohnsitz des Gläubigers von wirtschaftlicher Bedeutung und kann dem dort geltenden Recht zugeordnet werden.[243] Gegen eine Übertragung der Situs-Regel des Internationalen Sachenrechts auf die internationale Übertragung von Forderungen sprechen jedoch die bereits genannten Gründe.[244] Sie gelten unabhängig davon, wie der fiktive Belegenheitsort einer Forderung letztlich zu bestimmen ist.

(2) Engste Verbindung

Für eine Anknüpfung der Wirksamkeit einer Forderungsübertragung gegenüber Dritten an das am Wohnsitz des Zedenten geltende Recht spricht jedoch, daß sie dem kollisionsrechtlichen Erfordernis der engsten Verbindung in besonderem Maße gerecht wird. Denn der Zedent steht mit allen von einer Forderungsübertragung Betroffenen in direkter Verbindung und nimmt daher eine zentrale und für jedermann erkennbare Position ein.[245] Die Gläubiger des Zedenten sind meistens in demselben Staat ansässig wie der Zedent, so daß Streitigkeiten über die Forderung in erster Linie vor den Gerichten am Wohnsitz des Zedenten ausgetragen werden.

---

[240] *Giuliano/Lagarde*, ABl. EG 1980 C 282, S. 20 f.
[241] *Stadler*, IPRax 2000, 104, 108.
[242] *Kieninger*, RabelsZ 62 (1998) 678, 701.
[243] *Loussouarn/Bourel*, Droit international privé, Rdnr. 424; *Pardoel*, Les conflits de lois en matière de cession de créance, Rdnr. 111.
[244] *Oben*, S. 197 ff.
[245] *Holzner*, ZfRV 1994, 134, 137; *Kieninger*, RabelsZ 62 (1998) 678, 702; *Moshinsky*, L. Q. R. 108 (1992) 591, 611: "focal point of the assignment"; *Pardoel*, Les conflits de lois en matière de cession de créance, Rdnr. 380; *Posch*, IPRax 1992, 51, 54.

(3) Vorhersehbarkeit des anwendbaren Rechts

Das anwendbare Recht ist sowohl für die Zessionsparteien als auch für die von der Forderungsübertragung betroffenen Dritten vorhersehbar.[246] Dies gilt unabhängig davon, ob sich die Forderungsübertragung auf bestehende oder auch auf zukünftige Forderungen erstreckt. Das anwendbare Recht steht bereits zum Zeitpunkt der Übertragungsabrede fest. Damit kann der Zessionar rechtzeitig ermitteln, welche Anforderungen er erfüllen muß, um die Forderungsübertragung Dritten entgegenhalten zu können. Ebenso können die Dritten erkennen, durch welche Publizitätsvorschriften sie gegebenenfalls geschützt werden. Da die Anknüpfungsregel einfach zu handhaben ist und in der Regel keine schwierigen rechtlichen Bewertungen erfordert, können die Beteiligten das anwendbare Recht einfach und zuverlässig feststellen.[247] Durch die Anwendung des am Wohnsitz des Zedenten geltenden Rechts wird auch die vom Wohnsitzstaat des Zedenten vorgesehene Gläubigerordnung nicht durch die Maßgeblichkeit eines fremden Rechts in eine Schieflage gebracht.[248] Dem Zedenten kann Vermögen nur so entzogen werden, wie es das Recht des im Falle einer Insolvenz international zuständigen Staates vorsieht.

(4) Globalzessionen

Die Anwendung des am Wohnsitz des Zedenten geltenden Rechts erleichtert die wirtschaftlich wichtige Übertragung einer Vielzahl von Forderungen. Auch wenn die einzelnen Schuldner in verschiedenen Staaten ansässig sind oder die einzelnen Forderungen unterschiedlichen Rechtsordnungen unterliegen, richtet sich die Wirksamkeit der Forderungsübertragung gegenüber Dritten nach einem gemeinsamen Recht. Der Zessionar muß nicht die Anforderungen einer Vielzahl von Rechtsordnungen erfüllen, um die Forderungsübertragung Dritten umfassend entgegenhalten zu können. Er kann sich vielmehr hinsichtlich aller Forderungen auf die Anforderungen einer einzigen Rechtsordnung einstellen.[249]

(5) Konkurrierende Forderungsübertragungen

Schließlich gewährleistet eine Anknüpfung der Wirksamkeit einer Forderungsübertragung gegenüber Dritten an das Wohnsitzrecht des Zedenten bei einer mehrfachen Übertragung derselben Forderung, daß eine einzige

---

[246] *Kieninger*, RabelsZ 62 (1998) 678, 701; *Moshinsky*, L. Q. R. 108 (1992) 591, 611; *Walsh*, Dick. L. Rev. 106 (2001) 159, 174.

[247] *Deschamps*, Duke J. Comp. Int. L. 12 (2002) 389, 391; *Kaiser*, Verlängerter Eigentumsvorbehalt und Globalzession im IPR, S. 203; *Kieninger*, RabelsZ 62 (1998) 678, 702; *Stadler*, IPRax 2000, 104, 108; *von Wilmowsky*, Europäisches Kreditsicherungsrecht, S. 434.

[248] *Holzner*, ZfRV 1994, 134, 137; *Kieninger*, RabelsZ 62 (1998) 678, 702.

[249] *Moshinsky*, L. Q. R. 108 (1992) 591, 611; *Pardoel*, Les conflits de lois en matière de cession de créance, Rdnr. 382 ; *Walsh*, Dick. L. Rev. 106 (2001) 159, 174.

Rechtsordnung darüber entscheidet, welchem Zessionar die Forderung letztlich zusteht. Widersprüchliche Entscheidungen können dadurch vermieden werden.[250]

bb. Nachteile einer Anknüpfung an das am Wohnsitz des Zedenten geltende Recht

Ebenso wie gegen die Anknüpfung an das am Wohnsitz des Schuldners geltende Recht kann auch gegen die Anknüpfung an das am Wohnsitz des Zedenten geltende Recht die vermeintlich zufällige und vorübergehende Natur dieses Anknüpfungsmoments angeführt werden. Aber auch hier gilt, daß der Wohnsitz des Zedenten ein grundsätzlich dauerhaftes Element ist, das sich nur in Ausnahmefällen ändert. Geschieht dies dennoch, können die sich aus dem Statutenwechsel ergebenden Schwierigkeiten nach allgemeinen Regeln sachgerecht gelöst werden. Sie werden dadurch verringert, daß der Statutenwechsel für Dritte ohne weiteres zu erkennen ist, da sie mit dem Zedenten in Geschäftsbeziehungen stehen, so daß ihnen ein Wohnsitzwechsel in der Regel nicht verborgen bleibt.

5. Zusammenfassung

Aufgabe dieses Abschnitts war eine isolierte Bewertung der verschiedenen Anknüpfungsregeln, die in der deutschen, englischen und französischen Rechtsprechung und Literatur für die Wirksamkeit einer Forderungsübertragung gegenüber Dritten vertreten werden. Auf das Zusammenspiel dieser Anknüpfungsregeln mit jenen Anknüpfungsregeln, die sich auf andere Fragestellungen aus dem Bereich der Forderungsübertragung beziehen, kam es nicht an. Die Argumente, die sich im Hinblick auf die einzelnen Anknüpfungsregeln als stichhaltig erwiesen haben, faßt die folgende Tabelle zusammen.

---

[250] *Stadler*, IPRax 2000, 104, 109.

	Vorteile	Nachteile
Forderungsstatut	Entspricht der Anknüpfung des Internationalen Sachenrechts an die *lex rei sitae*. **aus Sicht der Zessionsparteien:** Das anwendbare Recht ist bei einer Übertragung bestehender Forderungen vorhersehbar; ein Konflikt zwischen konkurrierenden Zessionaren kann sachgerecht gelöst werden. **aus Sicht der Dritten:** Keine.	**aus Sicht der Zessionsparteien:** Globalzessionen werden behindert; das anwendbare Recht ist bei der Übertragung zukünftiger Forderungen nicht vorhersehbar; die Zessionsparteien können kein ihren Bedürfnissen entsprechendes Recht wählen. **aus Sicht der Dritten:** Das anwendbare Recht ist selbst bei der Übertragung bestehender Forderungen kaum vorhersehbar.
Statut des Verpflichtungsgeschäfts	**aus Sicht der Zessionsparteien:** Die Zessionsparteien können ein ihren Bedürfnissen entsprechendes Recht wählen; das anwendbare Recht ist auch bei der Übertragung zukünftiger Forderungen vorhersehbar; Globalzessionen werden erleichtert. **aus Sicht der Dritten:** Keine.	**aus Sicht der Zessionsparteien:** Ein Konflikt zwischen konkurrierenden Zessionaren kann nicht gelöst werden. **aus Sicht der Dritten:** Das anwendbare Recht ist nicht vorhersehbar.

Wohnsitz des Schuldners	**aus Sicht der Zessionsparteien:** Das anwendbare Recht ist bei der Übertragung bestehender Forderungen vorhersehbar; ein Konflikt zwischen konkurrierenden Zessionaren kann gelöst werden. **aus Sicht der Dritten:** Das anwendbare Recht ist bei der Übertragung bestehender Forderungen vorhersehbar.	Wird dem Grundsatz der engsten Verbindung nicht gerecht. **aus Sicht der Zessionsparteien:** Globalzessionen werden behindert; das anwendbare Recht ist bei der Übertragung zukünftiger Forderungen nicht vorhersehbar; die Zessionsparteien können kein ihren Bedürfnissen entsprechendes Recht wählen. **aus Sicht der Dritten:** Das anwendbare Recht ist bei der Übertragung zukünftiger Forderungen nicht erkennbar.
Wohnsitz des Zedenten	Entspricht dem Grundsatz der engsten Verbindung in besonderem Maße. **aus Sicht der Zessionsparteien:** Das anwendbare Recht ist auch bei der Übertragung zukünftiger Forderungen vorhersehbar; Globalzessionen werden erleichtert; ein Konflikt zwischen konkurrierenden Zessionaren kann sachgerecht gelöst werden. **aus Sicht der Dritten:** Das anwendbare Recht ist auch bei der Übertragung zukünftiger Forderungen vorhersehbar.	**aus Sicht der Zessionsparteien:** Die Zessionsparteien können kein ihren Bedürfnissen entsprechendes Recht wählen. **aus Sicht der Dritten:** Keine

Abbildung 6

Damit erweist sich bei einer isolierten Betrachtung der verschiedenen Anknüpfungsregeln die Anknüpfung an das am Wohnsitz des Zedenten geltende Recht als vorzugswürdig. Sie kommt den Anforderungen der Praxis entgegen, da sie Globalzessionen und die Übertragung zukünftiger Forderungen erleichtert. Dies geschieht nicht auf Kosten der von einer Forderungsübertragung betroffenen Dritten, da diese das anwendbare Recht ebenso wie Zedent und Zessionar in jeder Hinsicht einfach und zuverlässig vorhersehen können. Dadurch wird der Nachteil aufgewogen, daß die Zessionsparteien keine Möglichkeit haben, ein ihren Bedürfnissen entsprechendes Recht zu wählen. Dies gilt um so mehr, als ein wesentlicher Vorzug der Parteiautonomie gerade darin besteht, daß für die Parteien bei einer Rechtswahl das anwendbare Recht unmittelbar erkennbar ist. Durch eine Anknüpfung an das am Wohnsitz des Zedenten geltende Recht wird ein vergleichbares Maß an Vorhersehbarkeit gewährleistet.

III. Art. 12 des Europäischen Übereinkommens über das auf vertragliche Schuldverhältnisse anwendbare Recht

Welche Anknüpfung der Wirksamkeit einer Forderungsübertragung gegenüber Dritten dem geltenden Recht entspricht, ist sowohl für das deutsche als auch für das englische und französische Recht ausgehend von dem Europäischen Übereinkommen über das auf vertragliche Schuldverhältnisse anwendbare Recht (EVÜ) zu ermitteln.[251]

Das Übereinkommen enthält in Art. 12 Abs. 1 und 2 zwei Vorschriften, die die Übertragung von Forderungen betreffen. Ihre deutsche Fassung lautet:[252]

> **Art. 12. Übertragung der Forderung.** (1) Für die Verpflichtungen zwischen Zedent und Zessionar einer Forderung ist das Recht maßgebend, das nach diesem Übereinkommen auf den Vertrag zwischen ihnen anzuwenden ist.
>
> (2) Das Recht, dem die übertragene Forderung unterliegt, bestimmt ihre Übertragbarkeit, das Verhältnis zwischen Zessionar und Schuldner, die Voraussetzungen, unter denen die Übertragung dem Schuldner entgegengehalten werden kann, und die befreiende Wirkung einer Leistung durch den Schuldner.

Zwei Fragen müssen beantwortet werden: Erstens, ob die Wirksamkeit einer Forderungsübertragung gegenüber Dritten überhaupt in den Anwendungsbereich des EVÜ fällt. Zweitens, welche der beiden in Art. 12 EVÜ enthaltenen Anknüpfungsregeln einschlägig ist: Während Art. 12 Abs. 1 EVÜ einige Aspekte einer Forderungsübertragung an die Rechtsordnung verweist, die nach den Vorschriften des EVÜ auf den Vertrag zwischen Ze-

---

[251] Vgl. dazu *oben*, S. 160.

[252] Sie wurden durch Art. 33 Abs. 1 und 2 EGBGB in das nationale deutsche Recht übernommen. Die redaktionellen Änderungen des Wortlautes ergeben sich daraus, daß der deutsche Gesetzgeber offensichtlich die Worte „Zedent" und „Zessionar" vermeiden wollte und in Anlehnung an die §§ 398 ff. BGB von dem bisherigen Gläubiger und dem neuen Gläubiger spricht.

dent und Zessionar anzuwenden ist, erklärt Art. 12 Abs. 2 EVÜ hinsichtlich anderer Aspekte das Forderungsstatut für maßgeblich.

Bei der Auslegung und Anwendung der Vorschriften des EVÜ ist zunächst zu berücksichtigen, daß das EVÜ kein nationales Gesetz, sondern ein internationales Übereinkommen ist. Daraus können sich besondere methodische Anforderungen ergeben (1.). Erst auf deren Grundlage kann der Anwendungsbereich des Übereinkommens bestimmt werden (2.). Ist er eröffnet, stellt sich die Frage, ob die Drittwirksamkeit einer Forderungsübertragung nach Art. 12 Abs. 1 EVÜ (3.) oder nach Art. 12 Abs. 2 EVÜ (4.) anzuknüpfen ist.

1. Methodische Anforderungen an die Auslegung des EVÜ

Die methodischen Anforderungen an die Auslegung des EVÜ unterscheiden sich zwar nicht grundlegend von Grundsätzen, die bei der Auslegung nationalen Rechts zu beachten sind.[253] Dennoch bestehen einige Unterschiede, die es rechtfertigen, von einer eigenständigen Methodik zu sprechen.[254] Aus den Gründen für diese eigenständige Methodik (a.) ergeben sich die Besonderheiten, die bei den einzelnen Auslegungskriterien zu beachten sind (b.).

a. Gründe für die Eigenständigkeit der Methodik

Bei der Auslegung des EVÜ ist zunächst zu berücksichtigen, daß es sich um ein internationales Übereinkommen handelt, das der Rechtsvereinheitlichung dient.[255] Die Auslegung muß daher besonderes Gewicht auf internationale Einheitlichkeit legen. Dies wird von Art. 18 EVÜ unterstrichen:

> **Art. 18. Einheitliche Auslegung.** Bei der Auslegung und Anwendung der vorstehenden einheitlichen Vorschriften ist ihrem internationalen Charakter und dem Wunsch Rechnung zu tragen, eine einheitliche Auslegung und Anwendung dieser Vorschriften zu erreichen.

Weiterhin ist zu beachten, daß das EVÜ enge Bezüge zum europäischen Gemeinschaftsrecht aufweist.[256] Es ist zwar kein primäres oder sekundäres Gemeinschaftsrecht[257] und seine Ausarbeitung ist im Vertrag zur Gründung der Europäischen Gemeinschaft[258] nicht vorgesehen.[259] Das EVÜ ist aber

---

[253] *Junker,* RabelsZ 55 (1991) 674, 681; MünchKomm/*Martiny,* Art. 36, Rdnr. 15.

[254] Vgl. *Berger,* ZEuP 9 (2001) 4, 6 ff.; *Junker,* RabelsZ 55 (1991) 674, 677; *Kropholler,* Internationales Einheitsrecht, S. 235 ff.

[255] *Giuliano/Lagarde,* ABl. EG 1980 C 292, S. 38; *Soergel/von Hoffmann,* Art. 36, Rdnr. 7.

[256] *Reinhart,* RIW 1994, 445, 446; *Soergel/von Hoffmann,* Art. 36, Rdnr. 5.

[257] MünchKomm/*Martiny,* Art. 36, Rdnr. 14; *Soergel/von Hoffmann,* Art. 36, Rdnr. 5.

[258] BGBl. 1957 II 766, in der Fassung des Vertrags von Amsterdam vom 2. 10. 1997, BGBl. 1998 II 386.

[259] Lediglich das Brüsseler Übereinkommen über die gerichtliche Zuständigkeit und die Vollstreckung gerichtlicher Entscheidungen in Zivil- und Handelssachen vom 27. 9. 1968 (EuGVÜ), BGBl. 1972 II 774, findet in Art. 293 EGV eine Grundlage im primären Gemeinschaftsrecht.

auch kein gewöhnliches völkerrechtliches Übereinkommen, das sich lediglich dadurch auszeichnet, daß alle Vertragsstaaten gleichzeitig Mitgliedsstaaten der Europäischen Gemeinschaften sind.[260]

Dies wird schon in der Präambel deutlich, die das EVÜ als Fortsetzung der durch das EuGVÜ im Rahmen des Art. 293 EGV begonnenen Rechtsvereinheitlichung auf dem Gebiet des Internationalen Privatrechts beschreibt. Das EVÜ ist mit dem EuGVÜ und nunmehr mit der EuGVO inhaltlich eng verbunden, weil die durch das EuGVÜ erreichten Erleichterungen bei der Anerkennung und Vollstreckung ausländischer Entscheidungen letztlich eine Vereinheitlichung des Kollisionsrechts voraussetzen. Ohne diese Vereinheitlichung würde der Verzicht des EuGVÜ auf die Schaffung ausschließlicher internationaler Zuständigkeiten ein dem Leitprinzip des internationalen Entscheidungseinklangs widersprechendes *forum shopping* begünstigen und die sich daraus ergebende Gefahr widersprüchlicher Entscheidungen erhöhen.[261] Die Nähe des EVÜ zum europäischen Gemeinschaftsrecht zeigt sich auch in den beiden Brüsseler Auslegungsprotokollen,[262] die ein Vorabentscheidungsverfahren vor dem EuGH vorsehen.

Obwohl noch keines der beiden Protokolle in Kraft getreten ist, müssen die künftige Auslegungszuständigkeit des EuGH und dessen Grundsätze für die Auslegung des Europäischen Gemeinschaftsrechts bereits jetzt berücksichtigt werden.[263] Ansonsten könnten sich die nationalen Gerichte später zu unter Umständen grundlegenden Änderungen in der Auslegung und Anwendung des EVÜ gezwungen sehen. Angesichts der vergleichbaren Zielsetzung von EVÜ und EuGVÜ liegt es nahe, daß der EuGH nicht nur seine für das Gemeinschaftsrecht im allgemeinen, sondern auch seine für das EuGVÜ im besonderen entwickelten Auslegungskriterien zumindest im Grundsatz auf das EVÜ übertragen wird.[264]

Besondere methodische Anforderungen können sich schließlich aus der Aufgabenstellung des Kollisionsrechts ergeben. Im nationalen Recht ist anerkannt, daß sie eine Ergänzung der allgemeinen Auslegungsgrundsätze

---

260 Anders BTDrucks. 10/503, S. 21.

261 *von Hoffmann*, Internationales Privatrecht, § 1, Rdnr. 48 f.; *Junker*, RabelsZ 55 (1991) 674, 682.

262 Erstes Brüsseler Protokoll betreffend die Auslegung des am 19. Juni 1980 in Rom zur Unterzeichnung aufgelegten Übereinkommens über das auf vertragliche Schuldverhältnisse anzuwendende Recht durch den Gerichtshof der Europäischen Gemeinschaften vom 19. 12. 1988, ABl. EG 1989 C 27, S. 47. Zweites Brüsseler Protokoll zur Übertragung bestimmter Zuständigkeiten für die Auslegung des am 19. Juni 1980 in Rom zur Unterzeichnung aufgelegten Übereinkommens über das auf vertragliche Schuldverhältnisse anzuwendende Recht auf den Gerichtshof der Europäischen Gemeinschaften vom 19. 12. 1988, ABl. EG 1998 C 27, S. 52.

263 *Junker*, RabelsZ 55 (1991) 674, 683; MünchKomm/*Martiny*, Art. 36, Rdnr. 14.

264 *Cheshire/North*, Private International Law, S. 540. Vgl. MünchKomm/*Martiny*, Art. 36, Rdnr. 14a; *Staudinger/Reinhart*, 12. Auflage, Art. 36, Rdnr. 80.

erforderlich macht.[265] Für die vereinheitlichten Kollisionsregeln des EVÜ kann angesichts der entsprechenden Aufgabenstellung nichts anderes gelten. Eine Ergänzung der allgemeinen Auslegungsgrundsätze ist vor allem hinsichtlich des Anknüpfungsgegenstands erforderlich.[266] Da dessen Auslegung einen Teilaspekt des umfassenden Gesamtprozesses der Qualifikation bildet,[267] sind die verschiedenen Ansätze zu berücksichtigen, die in Rechtsprechung und Literatur zur Lösung von Qualifikationsproblemen entwickelt worden sind.

b. Die einzelnen Auslegungskriterien

Aus den genannten Gesichtspunkten ergeben sich die Besonderheiten, die bei der Auslegung des EVÜ im Hinblick auf die einzelnen Auslegungskriterien zu beachten sind.

aa. Wortlaut

Die Auslegung einer Vorschrift beginnt mit ihrem Wortlaut.[268] Ist dieser eindeutig, werden die Gerichte dem natürlichen und üblichen Wortsinn zur Durchsetzung verhelfen (*acte clair* Theorie),[269] denn der Wortlaut einer Vorschrift bildet nicht nur den Ausgangspunkt, sondern gleichzeitig auch die Grenze ihrer Auslegung.[270] Daß dem gewöhnlichen Wortsinn einer Vorschrift gerade bei der Auslegung internationaler Übereinkommen besondere Bedeutung zukommt, wird von Art. 31 Abs. 1 der Wiener Konvention über das Recht der Verträge vom 23. Mai 1969 hervorgehoben.[271] Je enger sich die Auslegung an den Wortlaut des Übereinkommens hält, desto eher kann eine in allen Vertragsstaaten einheitliche Auslegung gewährleistet werden.[272] Je weiter sich die Auslegung vom Wortlaut des Übereinkommens entfernt, desto mehr sind Einheitlichkeit, Klarheit, Vorhersehbarkeit und Rechtssicherheit gefährdet.

---

265 MünchKomm/*Sonnenberger*, Einl. IPR, Rdnr. 458.

266 MünchKomm/*Sonnenberger*, Einl. IPR, Rdnr. 457.

267 MünchKomm/*Sonnenberger*, Einl. IPR, Rdnr. 451; *Neuhaus*, Grundbegriffe, S. 114. Vgl.: *von Hoffmann*, Internationales Privatrecht, § 6, Rdnr. 1; *Kegel/Schurig*, Internationales Privatrecht, S. 286.

268 *Larenz*, Methodenlehre, S. 320.

269 *Grundmann/Riesenhuber*, JuS 2001, 529, 530; *Kropholler*, Internationales Einheitsrecht, S. 264. Vgl. EuGH, 15. 1. 1985 – 241/83, *Rösler/Rottwinkel*, Slg. 1985, 99, Rdnr. 23 (zu Art. 16 Nr. 1 EuGVÜ).

270 *Larenz*, Methodenlehre, S. 322.

271 Das Übereinkommen ist für die Bundesrepublik Deutschland am 20. 8. 1987 in Kraft getreten (Bekanntmachung vom 26. 11. 1987, BGBl. II 757). Art. 31 Abs. 1 lautet in der amtlichen deutschen Übersetzung:

> **Art. 31. Allgemeine Auslegungsregel.** (1) Ein Vertrag ist nach Treu und Glauben in Übereinstimmung mit der gewöhnlichen, seinen Bestimmungen in ihrem Zusammenhang zukommenden Bedeutung und im Lichte seines Zieles und Zweckes auszulegen.

272 *Kropholler*, Internationales Einheitsrecht, S. 264; MünchKomm/*Sonnenberger*, Einl. IPR, Rdnr. 281; *Soergel/von Hoffmann*, Art. 36, Rdnr. 10.

Allerdings kann der natürliche Wortsinn der Vorschriften des EVÜ nicht ohne weiteres ermittelt werden. Denn neben dem deutschen Wortlaut sind gemäß Art. 33 EVÜ die Fassungen des Übereinkommens in den Sprachen der übrigen Vertragsstaaten gleichermaßen verbindlich und daher ebenfalls zu berücksichtigen.[273] Des weiteren geht das EVÜ nicht von dem Begriffsverständnis einzelner Rechtsordnungen aus, sondern folgt grundsätzlich einer eigenständigen Begrifflichkeit,[274] deren Notwendigkeit sich aus dem Ziel des EVÜ ergibt, das Kollisionsrecht unterschiedlicher Rechtsordnungen zu vereinheitlichen.[275] Und schließlich entspricht es der Natur von Kollisionsnormen, daß die ihren Anknüpfungsgegenstand umschreibenden Begriffe wieter gefaßt sind als die Begriffe des Sachrechts, damit auch unbekannte Rechtsinstitute anderer Rechtsordnungen erfaßt werden können.[276] Daher bildet der Wortlaut der Vorschriften des EVÜ lediglich den Ausgangspunkt ihrer Auslegung. Entscheidend sind häufig andere Auslegungskriterien.[277]

bb. Systematik

Doch auch der nach dem Bedeutungszusammenhang einer Vorschrift fragenden systematischen Auslegung[278] kommt bei der Auslegung des EVÜ eine geringere Bedeutung zu als bei der Auslegung nationalen Rechts.[279] Das liegt daran, daß der Bedeutungszusammenhang, der bei einer systematischen Auslegung des EVÜ berücksichtigt werden kann, auf das Übereinkommen selbst beschränkt ist.[280] Denn Ziel der systematischen Auslegung eines internationalen Übereinkommens ist es, Widersprüche innerhalb

---

[273] Zu den sich aus der Mehrsprachigkeit eines Übereinkommens ergebenden Schwierigkeiten *Kropholler,* Internationales Einheitsrecht, S. 266 ff.; *Mayer-Sparenberg,* Staatsvertragliche Kollisionsnormen, S. 108 f. Im Hinblick auf das Europäische Gemeinschaftsrecht im allgemeinen *Grundmann/Riesenhuber,* JuS 2001, 529, 530.
Im Rahmen des Vorabentscheidungsverfahren zum EuGVÜ hat der EuGH in mehreren Fällen die Unterschiede zwischen den einzelnen Fassungen dieses Übereinkommens berücksichtigt und zu den sich daraus ergebenden Konsequenzen für die Auslegung Stellung genommen: 24. 6. 1981 – 150/80, *Elefanten Schuh/Jacqmain*, Slg. 1981, 1671, Rdnr. 14; 4. 3. 1982 – 38/81, *Effer/Kantner*, Slg. 1982, 825, Rdnr. 5; 8. 12. 1987 – 144/86, *Gubisch Maschinenfabrik/Palumbo*, Slg. 1987, 4861, Rdnr. 14.
Ausdrückliche Regelungen über die Auslegung von Verträgen, deren Wortlaut in mehreren Sprachen gleichermaßen verbindlich ist, enthält Art. 33 des Wiener Übereinkommens über das Recht der Verträge.

[274] MünchKomm/*Martiny*, Art. 36, Rdnr. 16.

[275] Vgl. *Kropholler,* Internationales Einheitsrecht, S. 247; *Martiny,* RabelsZ 45 (1981) 427, 436.

[276] *Cheshire/North,* Private International Law, S. 38; *Kegel,* Internationales Privatrecht, S. 294; *Mayer-Sparenberg,* Staatsvertragliche Kollisionsnormen, S. 107; MünchKomm/*Sonnenberger*, Einl. IPR, Rdnr. 460; *Neuhaus,* Grundbegriffe, S. 126.

[277] MünchKomm/*Martiny*, Art. 36, Rdnr. 16.

[278] *Larenz,* Methodenlehre, S. 324 ff.

[279] *Kropholler,* Internationales Einheitsrecht, S. 271.

[280] *Junker,* RabelsZ 55 (1991) 674, 694; MünchKomm/*Martiny*, Art. 36, Rdnr. 17; *Soergel/von Hoffmann,* Art. 36, Rdnr. 10. Für das EuGVÜ *Kropholler,* Europäisches Zivilprozeßrecht, Einl, Rdnr. 44.

des Übereinkommens zu vermeiden.[281] Darauf, daß es sich nahtlos in die nationalen Rechtsordnungen der einzelnen Vertragsstaaten einfügt, kommt es nicht an.[282] Dementsprechend beschränkt Art. 31 Abs. 2 des Wiener Übereinkommens über das Recht der Verträge den Bedeutungszusammenhang, der bei einer systematischen Auslegung nach Art. 31 Abs. 1 zu berücksichtigen ist, auf den Wortlaut des auszulegenden Vertrags.[283] Wegen ihres engen Zusammenhangs mit dem EVÜ können allenfalls die Vorschriften der EuGVO bei einer systematischen Auslegung des EVÜ herangezogen werden.[284]

cc. Entstehungsgeschichte

Der historischen Auslegung, die den tatsächlichen Willen des Normgebers ermittelt und dessen Regelungsabsicht bei der Auslegung heranzieht,[285] gesteht Art. 33 des Wiener Übereinkommens über das Recht der Verträge nur eine eingeschränkte Bedeutung zu. Die Auslegungskriterien entziehen sich jedoch weitgehend einer Einordnung in ein verbindliches Rangverhältnis.[286] Die Berücksichtigung der Vorstellungen der vertragsschließenden Staaten erscheint bei der Auslegung internationaler Verträge schon deshalb geboten, weil eine international einheitliche Auslegung und Anwendung leichter zu erreichen ist, wenn sich die Gerichte in den Vertragsstaaten an diesem gemeinsamen Ausgangspunkt orientieren.[287] Darüber hinaus sind die meisten internationalen Übereinkommen relativ jung, so daß die Entstehungsgeschichte und die Vorstellungen der vertragsschließenden Staaten noch nicht durch den Lauf der Zeit[288] oder durch eine größere Zahl von Gerichtsentscheidungen überlagert worden sind.[289]

Da die Materialien, die über die Entstehung des EVÜ Auskunft geben könnten, weitgehend unveröffentlicht sind,[290] kommt dem Sachverständigenbericht von *Giuliano* und *Lagarde*[291] besondere Bedeutung zu.[292] Die darin

---

281 *Kropholler,* Internationales Einheitsrecht, S. 271.
282 *Kropholler,* Internationales Einheitsrecht, S. 272.
283 Die in Art. 31 Abs. 2 genannten Vereinbarungen und Dokumente sind hinsichtlich des EVÜ nicht vorhanden.
284 MünchKomm/*Martiny*, Art. 36, Rdnr. 17; *Soergel/von Hoffmann,* Art. 36, Rdnr. 10. Für den umgekehrten Fall einer Berücksichtigung des EVÜ bei einer Auslegung des EuGVÜ EuGH, 8. 3. 1988 – 9/87, *Arcado/Haviland*, Slg. 1988, 1539, Rdnr. 15. Die Grenzen einer solchen systematischen Argumentation verdeutlicht *Gebauer,* IPRax 2001, 471, 474.
285 *Larenz,* Methodenlehre, S. 328 ff.
286 *Larenz,* Methodenlehre, S. 345 f. Vgl. *Grundmann/Riesenhuber,* JuS 2001, 529, 534.
287 *Kropholler,* Internationales Einheitsrecht, S. 275.
288 *Larenz,* Methodenlehre, S. 317.
289 *Meyer-Sparenberg,* Staatsvertragliche Kollisionsnormen, S. 169; *Soergel/von Hoffmann,* Art. 36, Rdnr. 11. Vgl. zum EuGVÜ *Martiny,* RabelsZ 45 (1981) 427, 444.
290 MünchKomm/*Martiny*, Art. 36, Rdnr. 18.
291 Bericht über das Übereinkommen über das auf vertragliche Schuldverhältnisse anzuwendende Recht, ABl. EG 1980 C 282, S. 1 ff.

enthaltenen Kommentierungen des Übereinkommens durch die beiden Mitglieder der mit der Ausarbeitung des Übereinkommens betrauten Arbeitsgruppe geben Auskunft über die von den Sachverständigen bei der Formulierung der einzelnen Vorschriften verfolgten Regelungsabsichten. Sie enthalten außerdem verschiedene Hinweise zur Entstehungsgeschichte des Übereinkommens. Das besondere Gewicht des Sachverständigenberichts kommt nicht zuletzt darin zum Ausdruck, daß den englischen Gerichten seine Berücksichtigung durch s. 3 (3) (a) des Contracts (Applicable Law) Act 1990 ausdrücklich vorgeschrieben wird. Gesetzgebungsmaterialien werden von den englischen Gerichten ansonsten nur mit äußerster Zurückhaltung herangezogen.[293]

Neben dem Sachverständigenbericht zum EVÜ können auch der Vorentwurf von 1972[294] sowie der dazu verfaßte Sachverständigenbericht[295] herangezogen werden.[296] Dagegen hat die Denkschrift der Bundesregierung zum EVÜ[297] nur eine begrenzte Aussagekraft, da sie lediglich die Sicht eines einzelnen Vertragsstaats wiedergibt.[298]

dd. Sinn und Zweck

Der teleologischen Auslegung, die sich an Sinn und Zweck des Übereinkommens und der jeweils auszulegenden Vorschrift orientiert,[299] wird für das EVÜ entscheidende Bedeutung beigemessen.[300] Auch Art. 31 Abs. 1 des Wiener Übereinkommens über das Recht der Verträge betont die Notwendigkeit, die Zielsetzung eines Übereinkommens bei seiner Auslegung zu berücksichtigen. Jedoch kann die Zielsetzung rechtsvereinheitlichender Übereinkommen durch deren teleologische Auslegung auch gefährdet werden. Denn die Gerichte der Vertragsstaaten können bei der Bestimmung von Sinn und Zweck einzelner Vorschriften und bei der Beurteilung der sich

---

292 *Cheshire/North,* Private International Law, S. 541; *Junker,* RabelsZ 55 (1991) 674, 680 f.; MünchKomm/*Martiny*, Art. 36, Rdnr. 18; *Soergel/von Hoffmann*, Art. 36, Rdnr. 11.

293 Vgl. aber die Grundsatzentscheidung des House of Lords in *Pepper v. Hart* [1993] A. C. 593. Dazu *Zweigert/Kötz,* Einführung in die Rechtsvergleichung, S. 261.

294 Vorentwurf eines Übereinkommens über das auf vertragliche und außervertragliche Schuldverhältnisse anwendbare Recht, abgedruckt in RabelsZ 38 (1974) 211–219.

295 *Giuliano/Lagarde/van Sasse van Ysselt,* Rapport concernant l'avant-projet de convention sur la loi applicable aux obligations contractuelles et non-contractuelles. Abgedruckt in *Lando/von Hoffmann/Siehr* (Hrsg.), European Private International Law of Obligations, S. 241–314.

296 MünchKomm/*Martiny*, Art. 36, Rdnr. 18; *Staudinger/Magnus,* Art. 36, Rdnr. 19.

297 BT-Drucks. 10/503, S. 22.

298 MünchKomm/*Martiny*, Art. 36, Rdnr. 18; *Staudinger/Magnus,* Art. 36, Rdnr. 19.

299 *Larenz,* Methodenlehre, S. 333 ff.

300 MünchKomm/*Martiny*, Art. 36, Rdnr. 19; *Soergel/von Hoffmann,* Art. 36, Rdnr. 12; *Staudinger/Magnus,* Art. 36, Rdnr. 21. Vgl. *Kropholler,* Internationales Einheitsrecht, S. 276; *Mayer-Sparenberg,* Staatsvertragliche Kollisionsnormen, S. 109 f.

daraus ergebenden Konsequenzen sehr leicht voneinander abweichen und dadurch zu unterschiedlichen Ergebnissen gelangen.[301]

Sinn und Zweck des EVÜ bestehen nach seiner Präambel darin, die durch das EuGVÜ begonnene „Rechtsvereinheitlichung auf dem Gebiet des internationalen Privatrechts“ fortzusetzen. Die Präambel wird durch den Sachverständigenbericht von *Giuliano* und *Lagarde* konkretisiert: Durch die Rechtsvereinheitlichung solle das EVÜ die Rechtssicherheit und die Vorhersehbarkeit des anwendbaren Rechts erhöhen, die Anreize für das unter dem EuGVÜ mögliche *forum shopping* vermindern, das Vertrauen in die Stabilität der Rechtsbeziehungen stärken und dadurch das Funktionieren des Gemeinsamen Marktes erleichtern.[302]

(1) Klarheit

Daraus folgt zunächst, daß die Vorschriften des Übereinkommens so ausgelegt werden müssen, daß sie klar, eindeutig und einfach anzuwenden sind. Denn nur dann kann das EVÜ die Vorhersehbarkeit des anwendbaren Rechts erhöhen und das Vertrauen in die Stabilität der Rechtsbeziehungen stärken.[303]

Eine Auslegung, die das Verständnis und die Anwendung der Vorschriften des EVÜ erschwert, beeinträchtigt die Rechtssicherheit und gefährdet das Ziel der Rechtsvereinheitlichung. Denn ohne den festen Rahmen der Rechtssicherheit ist Einheitlichkeit nicht zu erreichen.[304] Rechtssicherheit ist daher im Bereich des internationalen Einheitsrechts von besonderer Bedeutung.[305] Dies hat Auswirkungen auf die bei jeder Rechtsetzung und Rechtsanwendung zu beantwortende Frage, in welches Verhältnis die das Recht prägenden Maximen der Gerechtigkeit und Zweckmäßigkeit einerseits und der Rechtssicherheit andererseits zu setzen sind.[306] Bei der Auslegung und Anwendung internationalen Einheitsrechts muß die Rechtssicherheit betont, müssen Klarheit, Eindeutigkeit und Vorhersehbarkeit in den Vordergrund gerückt werden.

---

[301] *Kropholler,* Internationales Einheitsrecht, S. 276 f.; *Mayer-Sparenberg,* Staatsvertragliche Kollisionsnormen, S. 110; *Staudinger/Magnus,* Art. 36, Rdnr. 1.

[302] ABl. EG 1980 C 282, S. 4 f.

[303] Vgl. *Jayme,* Identité culturelle et intégration, S. 43 f.

[304] Wegen der Relativität der den einzelnen Rechtsordnungen zugrundeliegenden Wertentscheidungen kann nur durch Rechtssicherheit „*eine* Ordnung über allen“ begründet werden (Vgl., allerdings bezogen auf den Bereich des nationalen Rechts, *Radbruch,* Rechtsphilosophie, S. 168 ff., v. a. S. 170 f.).

[305] *Kropholler,* Internationales Einheitsrecht, S. 241.

[306] Dazu *Radbruch,* Rechtsphilosophie, S. 170 f.

(2) Materielle Gerechtigkeit

Internationales Einheitsrecht kann sein Ziel jedoch nicht allein dadurch erreichen, daß es einheitliche und klare Regelungen zur Verfügung stellt. Obwohl das Ziel der Rechtsvereinheitlichung letztlich formaler Natur ist,[307] würde das internationale Einheitsrecht in einen überwundenen Rechtspositivismus zurückfallen, wenn bei seiner Auslegung und Anwendung die materielle Gerechtigkeit außer acht gelassen würde. Diese muß zwar gegebenenfalls hinter die Anforderungen der Rechtssicherheit zurücktreten, kann von ihr jedoch niemals völlig verdrängt werden.

Welchem Gerechtigkeitsideal internationales Einheitsrecht folgt, läßt sich nicht generell bestimmen, sondern hängt von dem jeweiligen Regelungsgegenstand ab.[308] Gegenstand des EVÜ ist ein Bereich des Internationalen Privatrechts. Es erbringt daher seinen Beitrag zur Verwirklichung der Gerechtigkeit dadurch, daß es in einem konkreten Fall das unter Berücksichtigung der beteiligten internationalprivatrechtlichen Interessen räumlich angemessenste Recht zur Anwendung beruft.[309]

(3) Integrationsfreundliche Auslegung

Aus dem Gemeinschaftsbezug des EVÜ ergibt sich für dessen teleologische Auslegung, daß das Übereinkommen integrationsfreundlich auszulegen ist und daß Lösungen, die nationale Unterschiede aufrecht erhalten, zu vermeiden sind.[310] Daher findet die vielfach genannte Regel, daß völkerrechtliche Verträge im Zweifel restriktiv auszulegen sind, um die Souveränität der Vertragsstaaten so wenig wie möglich zu beeinträchtigen,[311] auf das EVÜ keine Anwendung.[312]

(4) Einheitlichkeit

Das mit dem EVÜ verfolgte Ziel der Rechtsvereinheitlichung ist in Gefahr, wenn dessen Vorschriften in den einzelnen Vertragsstaaten unterschiedlich ausgelegt und angewandt werden. Rechtseinheit bestünde dann nur noch auf dem Papier. Eine an Sinn und Zweck ausgerichtete Auslegung des EVÜ

---

[307] *Kropholler*, Internationales Einheitsrecht, S. 10. Daher sagt das Ziel der Einheitlichkeit rechtlicher Regelungen nichts darüber aus, wie diese inhaltlich ausgestaltet sein müssen: Einheitlichkeit kann auch auf der Grundlage einer ungerechten Regelung erreicht werden. Daher handelt es sich um eine wertneutrale, in gewisser Weise inhaltsleere Zielsetzung.

[308] *Kropholler*, Internationales Einheitsrecht, S. 10.

[309] Zur internationalprivatrechtlichen Gerechtigkeit *oben*, S. 165 f.

[310] *Junker*, RabelsZ, 55 (1991) 674, 683; *Mangold*, Die Abtretung im Europäischen Kollisionsrecht, S. 147; *Martiny*, RabelsZ 45 (1981) 427, 438; MünchKomm/*Martiny*, Art. 36, Rdnr. 19; *Reinhart*, RIW 1994, 445, 450; *Soergel/von Hoffmann*, Art. 36, Rdnr. 12; *Staudinger/Magnus*, Art. 36, Rdnr. 21. Zum EuGVÜ *Kropholler*, Europäisches Zivilprozeßrecht, Einl, Rdnr. 47.

[311] Dazu *Brownlie*, Principles of Public International Law, S. 636.

[312] Vgl. hinsichtlich des EuGVÜ *Martiny*, RabelsZ 45 (1981) 427, 438.

muß daher vor allem eine europaweit einheitliche Auslegung und Anwendung sicherstellen. Dies hebt Art. 18 EVÜ hervor, schweigt jedoch darüber, wie dieses Ziel zu erreichen ist.[313]

Teilweise wird in diesem Zusammenhang die Rechtsvergleichung als eigenständiges Auslegungskriterium genannt.[314] Da eine rechtsvergleichende Auslegung aber in erster Linie dazu dient, das Ziel des EVÜ – die europaweite Vereinheitlichung des Internationalen Schuldvertragsrechts – zu verwirklichen, erweist sie sich als Aspekt der teleologischen Auslegung.[315]

Eine europaweit einheitliche Auslegung der Vorschriften des EVÜ setzt zunächst voraus, daß die einschlägigen Entscheidungen der Gerichte anderer Vertragsstaaten berücksichtigt werden.[316] Obwohl die Entscheidungen ausländischer Gerichte keinerlei Bindungswirkung entfalten, haben insbesondere höchstrichterliche Entscheidungen eine Autorität, die eine abweichende Entscheidung inländischer Gerichte nur dann zuläßt, wenn gewichtige Gründe hierfür geltend gemacht werden können.[317] Es besteht jedoch keine Pflicht, ausländischen Entscheidungen in jedem Fall zu folgen.[318] Denn das EVÜ will keine Einheitlichkeit um jeden Preis. Es dient nicht nur der Rechtsvereinheitlichung, sondern auch der internationalprivatrechtlichen Gerechtigkeit. Deren Anforderungen müssen mit dem Ziel der Rechtsvereinheitlichung in Einklang gebracht werden. Sie dürfen ihm nicht geopfert werden.[319]

(5) Autonome Auslegung

Eine sowohl einheitliche als auch zu gerechten Ergebnissen führende Auslegung des EVÜ verlangt daher mehr als nur die Berücksichtigung ausländischer Rechtsprechung und Literatur. Erforderlich ist eine Auslegung, die

---

313 MünchKomm/*Martiny*, Art. 36, Rdnr. 5.

314 *Jayme*, Identité culturelle et intégration, S. 116; *Kropholler*, Internationales Privatrecht, S. 121 f.; *ders.*, Internationales Einheitsrecht, S. 278; *Lüderitz*, Internationales Privatrecht, Rdnr. 135; *Mansel*, JZ 1991, 529, 531; *Mayer-Sparenberg*, Staatsvertragliche Kollisionsnormen, S. 110; MünchKomm/*Martiny*, Art. 36, Rdnr. 21; *Soergel/von Hoffmann*, Art. 36, Rdnr. 13; *Staudinger/Magnus*, Art. 36, Rdnr. 22 f.

315 *Kropholler*, Internationales Einheitsrecht, S. 278; *Mayer-Sparenberg*, Staatsvertragliche Kollisionsnormen, S. 110.

316 *Giuliano/Lagarde*, ABl. EG 1980 C 282, S. 38; *Kropholler*, Internationales Einheitsrecht, S. 280 ff.; *ders.*, ZVglRWiss 77 (1978) 1, 6; *Mansel*, JZ 1991, 529, 531; *Mayer-Sparenberg*, Staatsvertragliche Kollisionsnormen, S. 111; MünchKomm/*Martiny*, Art. 36, Rdnr. 21; *Cheshire/North*, Private International Law, S. 541; *Staudinger/Magnus*, Art. 36, Rdnr. 22.

317 *Kropholler*, Internationales Einheitsrecht, S. 281 f.; *Mayer-Sparenberg*, Staatsvertragliche Kollisionsnormen, S. 111; MünchKomm/*Martiny*, Art. 36, Rdnr. 21; *Soergel/von Hoffmann*, Art. 36, Rdnr. 13.

318 Vgl. jedoch *Lord Denning* in *Corocraft v. Pan Am* ([1969] All E.R. 88): "The decisions of those courts are entitled to the highest respect. [...] Even if I disagreed, I would follow them in a matter which is of international concern."

319 Vgl. *Kropholler*, Internationales Einheitsrecht, S. 281.

sich einerseits von dem Vorverständnis der einzelnen nationalen Rechtsordnungen löst und den Begriffen des EVÜ einen eigenständigen und damit den Vertragsstaaten gemeinsamen Bedeutungsgehalt zuerkennt und sich andererseits an der materiellen Zielsetzung des Übereinkommens orientiert. Erforderlich ist eine autonome Auslegung des EVÜ.[320]

(a) Autonome Auslegung des EuGVÜ durch den EuGH

In seinen Entscheidungen zum EuGVÜ hat der EUGH der autonomen Auslegung zwar keinen grundsätzlichen Vorrang eingeräumt,[321] ist ihr jedoch in der Mehrzahl der Fälle gefolgt,[322] insbesondere dann, wenn der Anwendungsbereich des Übereinkommens betroffen war.[323] Ein Begriff des EuGVÜ könne nur dann als Verweisung auf das materielle Recht eines Vertragsstaats verstanden werden, wenn sich eine autonome Auslegung „angesichts der Unterschiede, die nach wie vor zwischen den einzelnen nationalen Rechten [...] bestehen", als unmöglich erweist[324] oder das Übereinkommen erkennbar die Lösung einer bestimmten Rechtsordnung übernehmen und auf die anderen Vertragsstaaten übertragen will.[325] In allen anderen Fällen legt der EuGH die Vorschriften des EuGVÜ vertragsautonom aus. Dabei berücksichtigt er neben dem Wortlaut und der Systematik des Übereinkommens, Zielsetzung der auszulegenden Vorschrift[326] auch im Wege der Rechtsvergleichung den Inhalt der nationalen Rechtsordnungen.

Im Rahmen dieser rechtsvergleichenden Auslegung[327] ermittelt der EuGH zunächst, ob zwischen den einzelnen Rechtsordnungen Übereinstimmung über den Inhalt des auszulegenden Begriffs besteht. Ist das der Fall, spricht vieles dafür, dem Begriff des Übereinkommens die gleiche Bedeutung beizulegen. Wird ein Begriff in den Vertragsstaaten dagegen unterschiedlich verstanden, greift der EuGH zurück auf „die allgemeinen Rechtsgrundsätze,

---

320 *Kropholler,* Internationales Einheitsrecht, S. 265; *Martiny,* RabelsZ 45 (1981) 427, 436.

321 EuGH, 14. 1. 1976 – 12/76, *Tessili/Dunlop*, Slg. 1976, 1473, Rdnr. 11.

322 EuGH, 21. 6. 1978 – 150/77, *Bertrand/Ott*, Slg. 1978, 1431, Rdnr. 12 ff.; 22. 11. 1977 – 43/77, *Industrial Diamond Supplies/Riva*, Slg. 1977, 2175, Rdnr. 27 f.; 8. 3. 1988 – 9/87, *Arcado/Haviland*, Slg. 1988, 1539, Rdnr. 10. Vgl. *Kohler,* E. L. R. 7 (1982) 3, 11; *Martiny,* RabelsZ 45 (1981) 427, 432 f.

323 EuGH, 14. 10. 1976 – 29/76, *LTU/Eurocontrol*, Slg. 1976, 1541, Rdnr. 3; 22. 2. 1979 – 133/78, *Gourdain/Nadler*, Slg. 1979, 733, Rdnr. 3. Vgl.: *Kohler,* E.L.R. 7 (1982) 3, 11; *Martiny,* RabelsZ 45 (1981) 427, 433 f.

324 EuGH, 14. 1. 1976 – 12/76, *Tessili/Dunlop*, Slg. 1976, 1473, Rdnr. 11. Vgl.: EuGH, 7. 6. 1984 – 129/83, *Zelger/Salinitri*, Slg. 1984, 2397, Rdnr. 13.

325 *Kropholler,* Internationales Einheitsrecht, S. 278 ff.; *Mayer-Sparenberg,* Staatsvertragliche Kollisionsnormen, S. 111 f.

326 EuGH, 14. 10. 1976 – 29/76, *LTU/Eurocontrol*, Slg. 1976, 1541, Rdnr. 3.

327 Zur rechtsvergleichenden Auslegung des EuGVÜ durch den EuGH *Martiny,* RabelsZ 45 (1981) 427, 441 ff.

die sich aus der Gesamtheit der innerstaatlichen Rechtsordnungen ergeben".[328]

Die Auslegung des EuGVÜ ist jedoch durch die rechtsvergleichend ermittelten allgemeinen Rechtsgrundsätze nicht vorbestimmt. Das EuGVÜ ist in erster Linie aus sich selbst heraus auszulegen. Die Berücksichtigung allgemeiner Rechtsgrundsätze erfüllt vor allem eine Legitimationsfunktion.[329] Daher kommt es bei der Auslegung des EuGVÜ auch nicht darauf an, daß das Übereinkommen möglichst weitgehend mit möglichst vielen nationalen Rechtsordnungen übereinstimmt.[330] Dementsprechend stützt der EuGH seine Auslegung ausschließlich auf Wortlaut, Systematik, Entstehungsgeschichte sowie Sinn und Zweck des EuGVÜ, wenn sich die Ermittlung allgemeiner Rechtsgrundsätze wegen der zwischen den einzelnen Rechtsordnungen bestehenden Unterschiede als unmöglich erweist.[331]

Daraus zieht *Martiny* folgende Schlußfolgerung: „Es scheint daher wichtiger zu sein, daß die gefundene Definition mit den Rechtsordnungen, deren Bestehen das GVÜ voraussetzt, verträglich ist. Dies setzt zwar eine rechtsvergleichende Analyse voraus; die Lösung selbst aber braucht keiner der Rechtsordnungen entnommen zu werden und kann trotzdem den Intentionen des Übereinkommens entsprechen."[332] Es ist mit anderen Worten derjenigen Auslegung zu folgen, durch die das Übereinkommen vor dem Hintergrund der unterschiedlichen nationalen Rechtsordnungen seine Ziele am besten erreichen kann.

Die nationalen Rechtsordnungen spielen demnach bei der Auslegung des EuGVÜ in zweierlei Hinsicht eine Rolle. Auf der einen Seite bilden sie den Ausgangspunkt für die rechtsvergleichende Bestimmung der allgemeinen Rechtsgrundsätze, auf die eine Auslegung des Übereinkommens gestützt werden kann. Auf der anderen Seite werden sie herangezogen, um die verschiedenen Auslegungsmöglichkeiten auf ihre Praktikabilität und ihre Ver-

---

[328] EuGH, 14. 10. 1976 – 29/76, *LTU/Eurocontrol*, Slg. 1976, 1541, Rdnr. 3.

[329] *Martiny*, RabelsZ 45 (1981) 427, 443.

[330] *Kropholler*, Europäisches Zivilprozeßrecht, 4. Auflage, Einl, Rdnr. 40: „nicht als gemeinsamer Minimumstandard zu verstehen"; *Martiny*, RabelsZ 45 (1981) 427, 443.

[331] EuGH, 22. 11. 1977 – 43/77, *Industrial Diamond Supplies/Riva*, Slg. 1977, 2175, Rdnr. 29 ff. *Kohler*, E. L. R. 7 (1982) 3, 13. Zu den Schwierigkeiten bei der Ermittlung allgemeiner Rechtsgrundsätze *Kropholler*, Internationales Einheitsrecht, S. 159 ff. Wenn sich die Ermittlung allgemeiner Rechtsgrundsätze wegen der zwischen den einzelnen Rechtsordnungen bestehenden Unterschiede als unmöglich erweist, will *Kropholler* auf die jeweils beste Lösung zurückgreifen (a. a. O., S. 160). Maßstab sei die Zielsetzung des jeweiligen Übereinkommens (a. a. O., S. 161). Allerdings ist dann die Auslegung auf der Grundlage allgemeiner Rechtsgrundsätze von einer teleologischen Auslegung nicht mehr zu unterscheiden, so daß nach *Kropholler* den allgemeinen Rechtsgrundsätzen als eigenständigem Auslegungskriterium nur dann Bedeutung zukommt, wenn zwischen den einzelnen Rechtsordnungen Gemeinsamkeiten bestehen. Vgl. *Kropholler*, a. a. O, S. 159, Fn. 26.

[332] RabelsZ 45 (1981) 427, 444. Vgl. *Kropholler*, Europäisches Zivilprozeßrecht, 4. Auflage, Einl, Rdnr. 41.

träglichkeit mit den nationalen Rechtsordnungen hin zu überprüfen, um festzustellen, in welcher Auslegung das Übereinkommen vor dem Hintergrund der zwischen den nationalen Rechtsordnungen bestehenden Unterschiede seine materiellen Ziele am besten zu erreichen vermag. Der Gesichtspunkt der Praktikabilität ist der letztlich entscheidende.

(b) Autonome Auslegung des EVÜ und funktionelle Qualifikation

Bei der Auslegung des EVÜ ist der Gesichtspunkt der Praktikabilität und der Verträglichkeit mit den nationalen Rechtsordnungen von noch größerer Bedeutung als bei der Auslegung des EuGVÜ, denn zwischen den nationalen Privatrechtsordnungen und dem EVÜ besteht ein engerer Zusammenhang als zwischen dem nationalen Zivilverfahrensrecht und dem EuGVÜ. Dies ergibt sich daraus, daß die nationalen Sachrechtsordnungen nicht nur das Vorverständnis der in den Kollisionsregeln des EVÜ verwendeten Begriffe prägen, sondern auch den Regelungsgegenstand dieser Vorschriften bilden: Um zu bestimmen, welche Rechtssätze auf einen Lebenssachverhalt und die sich daraus ergebenden Rechtsfragen Anwendung finden, müssen nicht nur die Rechtsfragen einer Kollisionsregel zugeordnet werden. Es muß auch ermittelt werden, welche der Sachnormen des zur Anwendung berufenen Rechts für die Beantwortung der Rechtsfragen maßgeblich sind.[333]

Vor diesem Hintergrund stellt sich die Frage, ob im Hinblick auf den letztlich entscheidenden Gesichtspunkt der Praktikabilität und der Verträglichkeit mit den nationalen Rechtsordnungen eine rechtsvergleichende Auslegung des EVÜ überhaupt denkbar ist. Denn eine rechtsvergleichende Auslegung kann nur darin bestehen, daß in einem ersten Schritt verschiedene rechtliche Regelungen, die in den berücksichtigten Rechtsordnungen dieselbe Funktion erfüllen,[334] einander gegenübergestellt werden und in einem zweiten Schritt die sich aus dieser Gegenüberstellung ergebenden Erkenntnisse in die Auslegung eingebracht werden. Dies ist auch das Vorgehen des EuGH, wenn er bei der Auslegung des EuGVÜ auf die allgemeinen Rechts-

---

[333] Die herrschende Lehre betont zwar, daß – abgesehen vom Sonderfall der Eingriffsnorm – nicht ein nationaler Rechtssatz, sondern die sich aus einem Lebenssachverhalt ergebende Rechtsfrage Gegenstand einer Kollisionsnorm ist (*Jayme*, Identité culturelle et intégration, S. 108 f.; *Neuhaus*, Grundbegriffe, S. 118 ff.). Sie erkennt jedoch an, daß die nationalen Rechtssätze zumindest insofern den Regelungsgegenstand der Kollisionsnormen bilden, als auf der Rechtsfolgenseite zu ermitteln ist, welche Vorschriften des für anwendbar erklärten Recht tatsächlich maßgeblich sein sollen (MünchKomm/*Sonnenberger*, Einl. IPR, Rdnr. 447; *Neuhaus*, Grundbegriffe, S. 335 f.). Aus diesem Grund werden die nationalen Rechtssätze teilweise auch als der eigentliche Gegenstand von Kollisionsnormen angesehen: *Raape/Sturm*, Internationales Privatrecht, Bd. 1, S. 279 f.

[334] Zu dem der Rechtsvergleichung zugrunde liegenden Prinzip der Funktionalität *Zweigert/Kötz*, Einführung in die Rechtsvergleichung, S. 33 ff. Die Funktion des Rechts als Ausgangspunkt der Rechtsvergleichung verwirft *Großfeld*, FS Henrich, 211, 212, ohne jedoch zu sagen, was an ihre Stelle als *tertium comparationis* treten soll. Insofern zutreffend: „Die Lehre dümpelt nur so vor sich hin." (*ders.*, a. a. O., 211).

grundsätze zurückgreift, die sich aus der Gesamtheit der innerstaatlichen Rechtsordnungen der Mitgliedsstaaten ergeben.

Das Vorgehen ist jedoch ein anderes, wenn die Auslegung des EVÜ von dem Gesichtspunkt der Praktikabilität geleitet werden soll. Dann kommt es darauf an, in welcher Auslegung die Kollisionsregeln des EVÜ die unterschiedlichen Vorschriften der einzelnen nationalen Sachrechtsordnungen am besten erfassen können. Dazu müssen die Kollisionsregeln des EVÜ unter Berücksichtigung der verschiedenen Möglichkeiten ihrer Auslegung auf das Sachrecht der einzelnen nationalen Rechtsordnungen angewandt und daraufhin überprüft werden, ob sie dessen Vorschriften sachgerecht erfassen können. Bei diesem Vorgehen handelt es sich jedoch nicht um Rechtsvergleichung im eigentlichen Sinn. Denn es werden nicht Rechtssätze, die die gleiche Funktion erfüllen, einander gegenübergestellt, sondern es werden die Vorschriften des Kollisionsrechts auf die andere Funktionen erfüllenden Vorschriften des nationalen Sachrechts angewandt. Von einer rechtsvergleichenden Auslegung im eigentlichen Sinn kann daher bei einer Auslegung des EVÜ, die vom Gesichtspunkt der Praktikabilität und Verträglichkeit mit den nationalen Rechtsordnungen geleitet ist, nicht gesprochen werden.

Damit wird die entscheidende Bedeutung der Rechtsvergleichung im Rahmen der heute herrschenden funktionellen Qualifikation[335] nicht in Abrede gestellt. Die funktionelle Qualifikation ermöglicht die kollisionsrechtliche Einordnung auch solcher Rechtserscheinungen, die der *lex fori* unbekannt sind. Eine vom deutschen Kollisionsrecht ausgehende funktionelle Qualifikation beschreibt der Bundesgerichtshof wie folgt:

> „Die dem deutschen Richter dabei obliegende Aufgabe ist es, die Vorschriften des ausländischen Rechts, insbesondere wenn es eine dem deutschen Recht unbekannte Rechtsfigur enthält, nach ihrem Sinn und Zweck zu erfassen, ihre Bedeutung vom Standpunkt des ausländischen Rechts zu würdigen und sie mit Einrichtungen der deutschen Rechtsordnung zu vergleichen. Auf der so gewonnenen Grundlage ist sie den aus den Begriffen und Abgrenzungen der deutschen Rechtsordnung aufgebauten Merkmalen der deutschen Kollisionsnormen [...] zuzuordnen."[336]

Danach werden ausländische Rechtserscheinungen dem Anknüpfungsgegenstand zugeordnet, dem sie ihrer Funktion nach entsprechen. Hier liegt die entscheidende Bedeutung der Rechtsvergleichung im Rahmen der funktionellen Qualifikation. Wie jedoch der Anknüpfungsgegenstand zu verstehen ist, der als Ausgangspunkt dieser rechtsvergleichenden Beurteilung dient, ergibt sich aus der Rechtsordnung, der die jeweilige Kollisionsnorm

---

[335] *von Hoffmann*, Internationales Privatrecht, § 6, Rdnr. 27 ff.; *Jayme*, Identité culturelle et intégration, S. 107 f.; *Kropholler*, Internationales Privatrecht, S. 122 ff.; *Lüderitz*, Internationales Privatrecht, Rdnr. 129; MünchKomm/*Sonnenberger*, Einl., Rdnr. 465 ff.; *Neuhaus*, Grundbegriffe, S. 129 ff.; *Raape/Sturm*, Internationales Privatrecht, Bd. 1, S. 279.
[336] BGH, 19. 12. 1958, BGHZ 29, 137, 139.

angehört. Denn jede Rechtsordnung hat in erster Linie selbst über die Auslegung der ihr zugehörigen Vorschriften zu befinden.[337]

Dieser Rückgriff auf die *lex fori* ist bei einer von den Kollisionsnormen des EVÜ ausgehenden funktionellen Qualifikation nicht zulässig.[338] Denn was unter den Anknüpfungsgegenständen des EVÜ zu verstehen ist, kann wegen der rechtsvereinheitlichenden Zielsetzung des Übereinkommens nicht durch Rückgriff auf eine einzelne nationale Rechtsordnung ermittelt werden. Die Anknüpfungsgegenstände des EVÜ können nur dann als Ausgangspunkt der Rechtsvergleichung im Rahmen der funktionellen Qualifikation herangezogen werden, wenn sie in einer Weise ausgelegt werden, die der besonderen Zielsetzung des EVÜ Rechnung trägt. Es stellt sich daher die Frage, wodurch der im nationalen Kollisionsrecht zulässige Rückgriff auf die *lex fori* bei der Auslegung der im EVÜ enthaltenen Anknüpfungsgegenstände ersetzt werden kann.

(c) Autonome Auslegung des EVÜ und rechtsvergleichende Qualifikation

Wenn in der Literatur zur Beantwortung dieser Frage eine rechtsvergleichende Auslegung des EVÜ gefordert wird,[339] kann diese nur darin bestehen, daß die Auslegung des EVÜ auf die allgemeinen Rechtsgrundsätze gestützt wird, die sich aus der Gesamtheit der innerstaatlichen Rechtsordnungen der Vertragsstaaten ergeben.

Daraus ist der Schluß gezogen worden, daß die in Art. 18 EVÜ vorgeschriebene einheitliche Auslegung und Anwendung der Vorschriften des EVÜ nur durch eine rechtsvergleichende Qualifikation im Sinne *Ernst Rabels*[340] erreicht werden könne. Die Anwendung dieser Qualifikationsmethode werde von Art. 18 EVÜ zwingend vorgeschrieben.[341] Gegen diese Schlußfolgerung sprechen jedoch dieselben Einwände, die auch auf der Ebene des nationalen Kollisionsrechts gegen die rechtsvergleichende Qualifikation erhoben werden. Dies sind vorwiegend Praktikabilitätserwägungen,[342] die bei einer

---

[337] *Neuhaus*, Grundbegriffe, S. 123.
[338] *Lüderitz*, Internationales Privatrecht, Rdnr. 135.
[339] Nachweise *oben*, Fn. 314.
[340] RabelsZ 5 (1931) 241 ff. Nach *Rabel* sind die Anknüpfungsgegenstände der Kollisionsregeln auf der Grundlage einer umfassenden Rechtsvergleichung auszulegen: „Der Tatbestand der Kollisionsnorm bezieht sich nicht auf eine Erscheinung der lex fori, der dann Erscheinungen fremder Rechte gleichzustellen sind, sondern von vornherein auf das Gemeinsame dieser Rechtserscheinungen" (a. a. O., S. 257). Nur wenn die Anknüpfungsgegenstände erfassen, was rechtsvergleichend zusammengehöre, könne man zu Kollisionsregeln gelangen, „deren Wirkungen nach Möglichkeit das Feld der gesamten Rechtserscheinungen der Welt erschöpfen, so daß auch die der lex fori fremdartigen Gebilde im Kollisionssystem untergebracht werden" können (a. a. O, S. 263).
[341] *Staudinger/Reinhart*, 12. Auflage, Art. 36, Rdnr. 58.
[342] Sie ergeben sich aus dem Anspruch der rechtsvergleichenden Qualifikation, im Rahmen des Qualifikationsvorgangs sämtliche Rechtsordnungen zu berücksichtigen: „Ein

Übertragung der rechtsvergleichenden Qualifikation auf das EVÜ bestehen bleiben.[343]

Ausschlaggebend sind jedoch die Bedenken grundsätzlicher Art.[344] *Rabel* geht davon aus, daß es möglich sei, im Wege der Rechtsvergleichung international einheitliche und allen Rechtsordnungen gemeinsame Systembegriffe zu ermitteln.[345] Angesichts der Unterschiede, die zwischen den einzelnen Rechtsordnungen bestehen, ist dieser Ausgangspunkt jedoch anfechtbar.[346] Selbst eine scheinbar nebensächliche nationale Detailregelung kann auf grundsätzlichen Wertentscheidungen einer Rechtsordnung beruhen, die ihrer Einordnung in einen als international einheitlich gedachten Systembegriff entgegenstehen. Gewährt die rechtsvergleichende Qualifikation aber den Besonderheiten der einzelnen Rechtsordnungen das ihnen zukommende Gewicht, kann sie letztlich nur zu einer für die Zwecke des Internationalen Privatrechts unbrauchbaren Vielzahl von Begriffen mit enger Bedeutung führen.[347]

Rechtskomplex, der es mit allen Rechten der Erde zu tun hat, muß sie alle in den Kreis seiner Vorsorge einbeziehen" (*Rabel*, RabelsZ 5 (1931) 241, 282). Dazu *von Hoffmann*, Internationales Privatrecht, § 6, Rdnr. 26; MünchKomm/*Sonnenberger*, Einl. IPR, Rdnr. 461; *Raape/Sturm*, Internationales Privatrecht, Bd. 1, S. 277.

343 *Reinhart* geht davon aus, daß dieser Einwand bei einer Anwendung der rechtsvergleichenden Qualifikation auf das EVÜ nicht durchgreife, weil sich die Rechtsvergleichung auf die Rechtsordnungen der Vertragsstaaten beschränken könne (*Staudinger/Reinhart*, 12. Auflage, Art. 36, Rdnr. 59). Nach Art. 2 EVÜ können die Kollisionsregeln des EVÜ jedoch auch das Recht von Nichtvertragsstaaten zur Anwendung berufen. Das Übereinkommen hat es daher – wie jedes nationale Kollisionsrecht – „mit allen Rechten der Erde zu tun". Diese Rechte kann es nur dadurch „in den Kreis seiner Vorsorge einbeziehen", daß es sie im Rahmen der rechtsvergleichenden Qualifikation berücksichtigt. Eine rechtsvergleichende Qualifikation im Sinne *Rabels* verlangt daher auch im Rahmen des EVÜ eine umfassende, weltweite Rechtsvergleichung. Eine Beschränkung der zu berücksichtigenden Rechtsordnungen ist mit ihren Grundgedanken nicht zu vereinbaren.

344 Dazu *von Bar*, Internationales Privatrecht, Bd. 1, Rdnr. 592 ff.; *Kegel/Schurig*, S. 295 f.

345 *Rabel*, RabelsZ 5 (1931) 241, 257. Die rechtsvergleichende Qualifikation führt demnach zu einer Begriffsbildung, die sich von den einzelnen Rechtsordnungen lösen und daher in Widerspruch zu kodifizierten Kollisionsregeln geraten kann. Zwar ist die rechtsvergleichende Qualifikation deshalb nicht mit kodifizierten Kollisionsregeln unvereinbar (a.A. *von Bar*, Internationales Privatrecht, Bd. 1, Rdnr. 594). Ihre Bedeutung ist jedoch eingeschränkt: Ein im Wege der Rechtsvergleichung gewonnenes, international einheitliches Begriffsverständnis kann in die Auslegung einer vorgegebenen Kollisionsnorm nur unter dem Aspekt der allgemeinen Rechtsgrundsätze einfließen.

346 *von Bar*, Internationales Privatrecht, Bd. 1, Rdnr. 594.

347 *von Bar*, Internationales Privatrecht, Bd. 1, Rdnr. 594, Fn. 369. Den Unterschieden zwischen den nationalen Sachrechtsordnungen will *Rabel* dann Rechnung tragen, wenn diese „so bedeutend [sind], daß eine sinnvolle Norm nicht mehr von ihnen abstrahieren darf" und eine Kollisionsregel daher nicht weiter „verdünnt und gedehnt" werden kann (RabelsZ 5 (1931) 241, 267). Wann dies jedoch der Fall ist, ist eine außerhalb der Rechtsvergleichung liegende, rechtspolitische Fragestellung, die von jeder Rechtsordnung jeweils für sich beantwortet werden muß (*Kegel/Schurig*, Internationales Privatrecht, S. 295 f.).

Da diese Bedenken aber nicht nur der rechtsvergleichenden Qualifikation im Sinne *Rabels* entgegenstehen, sondern auch gegen eine rechtsvergleichende Auslegung des EVÜ sprechen, die sich auf den Vertragsstaaten gemeinsame, durch Rechtsvergleichung zu ermittelnde allgemeine Rechtsgrundsätze stützen will, stellt sich die Frage, ob bei der Auslegung des EVÜ Rechtsvergleichung überhaupt erforderlich ist. Das ist nicht der Fall, wenn die von Art. 18 EVÜ geforderte einheitliche Auslegung und Anwendung der Vorschriften des Übereinkommens auch auf andere Weise erreicht werden kann.

(d) Autonome Auslegung des EVÜ, funktionelle Qualifikation und „hermeneutische Kugel"

Eine alternative Auslegungsmethode muß der Kritik an der rechtsvergleichenden Auslegung des EVÜ Rechnung tragen. Diese Kritik besteht im Kern darin, daß es nicht möglich sei, durch Rechtsvergleichung allgemeine Rechtsgrundsätze zu ermitteln, die den Unterschieden zwischen den Rechtsordnungen gerecht werden. Die nationalen Rechtsordnungen müssen daher bei einer alternativen Auslegungsmethode als einzelne und in ihrer Verschiedenheit berücksichtigt werden.[348] Das kann nur dadurch geschehen, daß die Rechtsordnungen nicht wie im Rahmen einer rechtsvergleichenden Auslegung in einem ersten Schritt *zueinander* in Beziehung gesetzt werden und die sich daraus ergebenden Erkenntnisse in einem zweiten Schritt als allgemeine Rechtsgrundsätze in die Auslegung des Übereinkommens eingebracht werden. Die verschiedenen Rechtsordnungen müssen vielmehr nacheinander als jeweils einzelne *unmittelbar mit dem Übereinkommen* in Beziehung gesetzt und die Besonderheiten der jeweiligen Rechtsordnung in die Auslegung des Übereinkommens eingebracht werden. Dadurch wird aus der zweistufigen rechtsvergleichenden Auslegung ein fortlaufender Prozeß der Berücksichtigung einzelner Rechtsordnungen.

---

[348] Dadurch wird der Tatsache Rechnung getragen, daß die Aufgabe des Kollisionsrechts und insbesondere die des international vereinheitlichten Kollisionsrechts vor allem darin besteht, die verschiedenen Rechtsordnungen in ihrer Anwendbarkeit zu koordinieren. Diese Aufgabe kann das Kollisionsrecht nur erfüllen, wenn es den Unterschieden zwischen den Rechtsordnungen Rechnung trägt und dadurch die Eigenständigkeit der einzelnen Rechtsordnungen anerkennt. Im Hinblick auf die kollisionsrechtliche Behandlung von Rechtsfragen, die – wie z.B. Ehe oder Adoption – die Menschen persönlich nahe angehen, betont *Jayme* (Identité culturelle et intégration, S. 167 ff.), daß das Kollisionsrecht deren besonderen Lebensumständen, ihrer *identité culturelle* Rechnung tragen müsse: „Ce qui caractérise la culture postmoderne est que l'idée de la différence entraîne surtout le droit au respect de l'identité culturelle" (a.a.O., S. 251). Das kann auf die Auslegung international vereinheitlichten Kollisionsrechts übertragen werden. Denn das Kollisionsrecht muß auch den Besonderheiten der einzelnen Rechtsordnungen, deren Anwendbarkeit es zu koordinieren hat, Rechnung tragen, es muß die *identité culturelle* der Rechtsordnungen berücksichtigen.

Ausgangspunkt dieses Auslegungsprozesses kann nur die eigene Rechtsordnung sein.[349] Aus ihr ergibt sich das für jede Auslegung erforderliche Vorverständnis, das sich als eine vorläufige Erwartung hinsichtlich des Aussagegehalts der auszulegenden Vorschrift schon bei einem ersten, noch flüchtigen Hinsehen einzustellen pflegt und den Anfang des als hermeneutischer Zirkel[350] bekannten Verstehensprozesses bildet.[351] Das in einem langwierigen Lernprozeß erworbene Vorverständnis umfaßt beispielsweise das Wissen des Interpreten um rechtliche Probleme und die zwischen ihnen bestehenden Zusammenhänge, seine Kenntnis der Art und Weise, in der die eigene Rechtsordnung diese Probleme löst, sein Wissen um die hinter den rechtlichen Problemen stehenden sozialen Zusammenhänge und die sich daraus ergebenden Interessenlagen, seine Kenntnis der Sprache, in der die auszulegende Regelung formuliert ist.[352] Die sich aufgrund dieser Kenntnisse einstellende vorläufige Sinnerwartung hinsichtlich des Aussagegehalts des auszulegenden Texts ist anhand aller hermeneutisch bedeutsamen Umstände[353] solange zu überprüfen und zu berichtigen, bis die Berücksichtigung weiterer Umstände keine weiteren Veränderungen des eigenen Verständnisses erwarten läßt.[354] Das Ergebnis dieses Verstehensprozesses ist von einer europaweit einheitlichen Auslegung jedoch noch weit entfernt.

Demnach soll die europaweite Einheitlichkeit der Auslegung des EVÜ dadurch erreicht werden, daß die nationalen Rechtsordnungen in ihrer Verschiedenheit in die Auslegung einfließen und in einem fortlaufenden Prozeß mit dem Übereinkommen in Beziehung gesetzt werden, um dessen Auslegung an die Besonderheiten der einzelnen Rechtsordnungen anzupassen. Dies kann nur dadurch geschehen, daß der Interpret, der ausgehend von seiner eigenen Rechtsordnung bereits zu einem vorläufigen Auslegungsergebnis gelangt ist, sich nunmehr in die Rechtsordnung eines weiteren Vertragsstaats hineinversetzt und das sich daraus ergebende Vorverständnis als Ausgangspunkt für ein erneutes Durchlaufen des hermeneutischen Zirkels nimmt.

Angesichts der vielfältigen Kenntnisse und Erfahrungen, die das Vorverständnis und damit auch den Auslegungsprozeß prägen, verlangt das Sich-

---

349 Auch eine rechtsvergleichende Auslegung geht stets von der eigenen Rechtsordnung des Interpreten aus und ist von dessen kulturellem Hintergrund geprägt. Selbst wenn es möglich sein sollte, sich von diesem Ausgangspunkt im Laufe der Rechtsvergleichung völlig zu lösen, steht er dennoch an ihrem Anfang. Vgl. *von Bar*, Internationales Privatrecht, Bd. 1, Rdnr. 123.

350 Dazu *Gadamer*, Wahrheit und Methode, S. 270 ff.; *Larenz*, Methodenlehre, S. 206 ff.

351 *Larenz*, Methodenlehre, S. 207.

352 *Larenz*, Methodenlehre, S. 208 f.

353 Bei der Auslegung juristischer Texte sind dies die anerkannten Auslegungskriterien Wortlaut, Systematik, Entstehungsgeschichte, Sinn und Zweck (*Larenz*, Methodenlehre, S. 206 und 320 ff.).

354 Vgl. *Larenz*, Methodenlehre, S. 206: „bis sich eine durchgehende Übereinstimmung ergeben hat."

Hineinversetzen[355] in eine andere Rechtsordnung mehr als nur die Kenntnis der einschlägigen Vorschriften und der dazu ergangenen Gerichtsentscheidungen.[356] Ebenso berücksichtigt werden müssen die jeder Rechtsordnung eigene Art, rechtliche Probleme wahrzunehmen und zu lösen,[357] die sozialen Zusammenhänge und Interessenlagen, in die eine rechtliche Regelung eingebettet ist,[358] das Verfahrens- und Vollstreckungsrecht, von dem die Wahrnehmung der Wirklichkeit durch das Recht und die Wirkungen des Rechts in der Wirklichkeit abhängen,[359] die Besonderheiten der Sprache und die Grenzen ihrer Übersetzbarkeit.[360] Die Aufzählung ließe sich fortsetzen.[361] Der Interpret muß sich, so weit ihm dies möglich ist, in das rechtliche, politische, wirtschaftliche, kulturelle und soziale Umfeld der bei der Auslegung des EVÜ zu berücksichtigenden Rechtsordnungen hineinversetzen. Er muß sich eine fremde Rechtsordnung zu eigen machen.

Ausgehend von diesem gleichsam fiktiven Vorverständnis ist der hermeneutische Zirkel erneut zu durchlaufen. Die sich dabei ergebende Auslegung kann die ursprüngliche, vom eigenen Vorverständnis ausgehende Auslegung bestätigen, kann ihr aber auch widersprechen. Zeigt sich ein solcher Widerspruch, so muß er angesichts des Gebots der einheitlichen Auslegung aufgelöst werden.

Wenn die Auslegung des EVÜ die Rechtsordnungen der Vertragsstaaten in ihrer Eigenständigkeit und Verschiedenheit berücksichtigen will, kann ein Widerspruch nicht durch einen Rückgriff auf rechtsvergleichend ermittelte allgemeine Rechtsgrundsätze aufgelöst werden. Die Besonderheiten der einzelnen Rechtsordnungen würden eingeebnet und verdeckt. Die Entscheidung muß vielmehr aus dem auszulegenden Übereinkommen heraus getroffen werden. Es kommt daher darauf an, in welcher Auslegung das Übereinkommen seine Zielsetzung vor dem Hintergrund der Unterschiede zwischen den Rechtsordnungen am besten erfüllen kann.[362] Dies führt zu einem Abwägungsprozeß zwischen verschiedenen Auslegungsmöglichkeiten, die zwar der einen Rechtsordnung gerecht werden, vor dem Hinter-

---

[355] *Curran* (A. J. C. L. 46 (1998) 43, 51) spricht von einem *cultural immersion approach*. Dabei sei *cultural immersion* nichts anderes als eine besondere Erscheinungsform des Vorverständnisses im Sinne *Gadamers*.

[356] *Curran*, A.J.C.L. 46 (1998) 43, 60 f.; *Großfeld*, FS Henrich, 211, 216 f.

[357] Hier kann sich beispielsweise der Unterschied zwischen dem systematischen Vorgehen des deutschen Rechts und dem tastenden Vorgehen des englischen Rechts auswirken (*Großfeld*, FS Henrich, 211, 213).

[358] *Curran*, A. J. C. L. 46 (1998) 43, 51.

[359] *Großfeld*, FS Henrich, 211, 214.

[360] *Curran*, A. J. C. L. 46 (1998) 43, 54 ff; *Flessner*, JZ 2002, 14, 22 f.; *Großfeld*, FS Henrich, 211, 215 f.

[361] *Curran*, A. J. C. L. 46 (1998) 43, 51 f. *Großfeld* (FS Henrich, 211, 217) nennt beispielhaft Kinderverse, Rechtsrituale, Gerichtsarchitektur, geographische Lage.

[362] Damit erweist sich das geschilderte Vorgehen als Erweiterung des Praktikabilitätsgesichtspunkts bei der rechtsvergleichenden Auslegung des EuGVÜ durch den EuGH. Vgl. dazu *oben*, S. 222.

grund der anderen Rechtsordnung aber zu Schwierigkeiten führen. Es ist jener Auslegung zu folgen, bei der die Nachteile, die vor dem Hintergrund der einen Rechtsordnung für die Zielsetzung des Übereinkommens bestehen, weniger schwer wiegen als die Vorteile vor dem Hintergrund der anderen Rechtsordnung.

Das bedeutet beispielsweise, daß eine Auslegung des EVÜ, die Abgrenzungsprobleme aufwirft, die vor dem Hintergrund einer Rechtsordnung nicht gelöst werden können, weil ihr eine derartige Unterscheidung völlig fremd ist, zugunsten einer anderen Auslegung verworfen werden muß, deren Unterscheidungen in beiden Rechtsordnungen zumindest nachvollzogen werden können.

Am Ende dieses Abwägungsprozesses steht eine den beiden Rechtsordnungen gemeinsame und damit einheitliche Auslegung, in die beide Rechtsordnungen in ihrer Eigenständigkeit und Verschiedenheit eingeflossen sind. Die Besonderheiten jeder Rechtsordnung konnten berücksichtigt werden, soweit es die Zielsetzung des Übereinkommens und die Besonderheiten der jeweils anderen Rechtsordnung zugelassen haben.

Damit ist der Weg zu der von Art. 18 EVÜ geforderten, europaweit einheitlichen Auslegung und Anwendung des EVÜ vorgezeichnet: Je öfter das oben geschilderte Vorgehen mit einer weiteren Rechtsordnung wiederholt wird, je öfter sich der Interpret in eine weitere Rechtsordnung hineinversetzt, um ausgehend von dem sich dabei einstellenden Vorverständnis den hermeneutischen Zirkel erneut zu durchlaufen, desto näher rückt das Ziel einer europaweit einheitlichen Auslegung.

Zu dem hermeneutischen Zirkel, an dessen Anfang das von der eigenen Rechtsordnung geprägte Vorverständnis steht, kommen auf diese Weise weitere hermeneutische Zirkel hinzu. An deren Anfang steht ein gleichsam fiktives, von der Rechtsordnung eines jeweils anderen Vertragsstaats geprägtes Vorverständnis, das es erlaubt, diese Rechtsordnung in ihrer Eigenständigkeit und Verschiedenheit bei der Auslegung des EVÜ zu berücksichtigen. Da sich die hermeneutischen Zirkel notwendigerweise in zwei Punkten schneiden – in dem einheitlichen Auslegungsgegenstand[363] und in der Person des Interpreten – erweitert das geschilderte Vorgehen den hermeneutischen Zirkel zu einer hermeneutischen Kugel.

Die mit diesem Begriff bezeichnete schrittweise Berücksichtigung der Rechtsordnungen der Vertragsstaaten des EVÜ führt zu der von Art. 18 EVÜ geforderten einheitlichen Auslegung, ohne daß dazu eine auf die Ermittlung allgemeiner Rechtsgrundsätze abzielende rechtsvergleichende Gegenüberstellung dieser Rechtsordnungen erforderlich wäre. Für die Kollisionsregeln des EVÜ kann auf diese Weise ein allen Vertragsstaaten

[363] Mit Art. 31 Abs. 3 des Wiener Übereinkommens über das Recht der Verträge wird vermutet, daß sich die verschiedenen Fassungen des EVÜ inhaltlich entsprechen.

gemeinsamer Ausgangspunkt für die funktionelle Qualifikation bestimmt und der bei nationalen Kollisionsnormen mögliche Rückgriff auf die Begriffe und Abgrenzungen der *lex fori* ersetzt werden.

Die Anforderungen an die Kenntnisse des Interpreten über die Rechtsordnungen der anderen Vertragsstaaten sind bei der hier dargestellten Auslegungsmethode keine geringeren als bei einer rechtsvergleichenden Auslegung. Im Gegenteil. Dies rechtfertigt es jedoch nicht, sie als praktisch undurchführbar zu verwerfen. Denn in der gerichtlichen Praxis stößt jede vertragsautonome Auslegung, die die Rechtsordnungen anderer Vertragsstaaten berücksichtigt, an ihre Grenzen: Die nationalen Gerichte haben in aller Regel weder die personellen noch die sachlichen Ressourcen, um die erforderlichen Kenntnisse über die Rechtsordnungen anderer Vertragsstaaten zu erwerben und in die Entscheidungsfindung einzubringen.[364] Das Ziel einer autonomen Auslegung des EVÜ verliert aber seine Berechtigung nicht dadurch, daß es nur schwer zu erreichen ist. Außerdem werden die Schwierigkeiten einer autonomen Auslegung dadurch relativiert, daß die Berücksichtigung verschiedener Rechtsordnungen für die Auslegung nur dann ausschlaggebend sein kann, wenn Wortlaut, Systematik, Entstehungsgeschichte und die über die Einheitlichkeit hinausgehende Zielsetzung des Übereinkommens nicht zu klaren Ergebnissen führen.[365] Sie weisen schließlich auf die Bedeutung einer Auslegungskompetenz des EuGH hin, der aufgrund seiner internationalen Zusammensetzung und der ihm zur Verfügung stehenden Infrastruktur besser in der Lage ist, die erforderlichen Arbeiten zu leisten.[366]

Das hier beschriebene Vorgehen bei der autonomen Auslegung des EVÜ gewährleistet, daß der Interpret den Gegenstand seiner Auslegung nicht nur aus dem Blickwinkel seiner eigenen Rechtsordnung betrachtet sondern ihn gleichsam umschreitet und ihn dadurch auch aus dem Blickwinkel anderer Rechtsordnungen sieht. Je länger der Interpret den Auslegungsgegenstand umkreist, je weiter er auf den Bahnen der hermeneutischen Kugel fortschreitet, desto mehr vertieft sich sein Verständnis, desto näher kommt er dem Ziel einer europaweit einheitlichen Auslegung. Eine Auslegung, die dagegen von rechtsvergleichend ermittelten allgemeinen Rechtsgrundsätzen ausgeht, berücksichtigt die einzelnen Rechtsordnungen lediglich mittelbar. Sie betrachtet ihren Gegenstand aus einem einzigen Blickwinkel, aus dem der allgemeinen Rechtsgrundsätze.

Die hier dargestellte Methode zur Auslegung international vereinheitlichten Kollisionsrechts führt auch in einem anderen Zusammenhang zu einer Verschiebung des Blickwinkels. Eine Auslegung, die sich in erster Linie auf all-

---

[364] *Kohler,* I. C. L. Q. 34 (1985) 563, 568; *Kropholler,* Internationales Einheitsrecht, S. 283 f.; *Mayer-Sparenberg,* Staatsvertragliche Kollisionsnormen, S. 113.
[365] *Kohler,* E. L. R. 7 (1982) 3, 13; *Martiny,* RabelsZ 45 (1981) 427, 438; *Mayer-Sparenberg,* Staatsvertragliche Kollisionsnormen, S. 168.
[366] *Kohler/Knapp,* ZEuP 2002, 701, 723 ff.

gemeine Rechtsgrundsätze stützt, die sich rechtsvergleichend aus den Rechtsordnungen der Vertragsstaaten ergeben, nimmt von Anfang an das Ergebnis einer allen Vertragsstaaten gemeinsamen Auslegung in den Blick. Die hier geschilderte Auslegung durch schrittweise Berücksichtigung weiterer Rechtsordnungen rückt dagegen den Weg in den Vordergrund, auf dem dieses Ziel zu erreichen ist.

(e) Der *commercial approach* bei der internationalen Harmonisierung des Privatrechts

Diese Verschiebung des Blickwinkels kennzeichnet auch den gegenwärtigen Stand der internationalen Rechtsvereinheitlichung: „Einheitsrecht ist [...] nur noch Kürzel im wissenschaftlichen und Praktikerdiskurs für die zahlreichen Mittel, Wege und Instrumente, die dazu einen Beitrag leisten, nicht mehr streng wörtlich zu nehmender, anvisierter Endzustand."[367] Vor diesem Hintergrund wird bei Vorhaben der internationalen Rechtsangleichung eine neue Vorgehensweise erprobt, die mit der Auslegung des EVÜ durch schrittweise Berücksichtigung einzelner Rechtsordnungen einige Ähnlichkeiten aufweist.

Während bislang am Anfang jeder Rechtsvereinheitlichung eine rechtsvergleichende Bestandsaufnahme stand, aus der sich die im Wege des Kompromisses zu überwindenden Unterschiede zwischen den einzelnen Rechtsordnungen ergaben,[368] nimmt der sich in einer frühen Experimentierphase befindliche *commercial approach*[369] die wirtschaftliche Zielsetzung des geplanten Vorhabens als Ausgangspunkt. Die zu deren Verwirklichung erforderlichen Regelungen werden ausgearbeitet, ohne daß darauf Rücksicht genommen würde, wie weit sie sich vom geltenden Recht einzelner Staaten entfernen. Es ist vielmehr Sache jedes einzelnen Staats, das Vorhaben vor dem Hintergrund seiner eigenen Rechtsordnung zu beurteilen und zu entscheiden, ob und inwieweit eine Beteiligung in Betracht kommt. Erforderlich ist dazu eine Abwägung zwischen den durch das Vorhaben erreichbaren wirtschaftlichen Zielen und der Bewahrung der eigenen Rechtsordnung.

Weder der *commercial approach* noch die Auslegung des EVÜ durch die schrittweise Berücksichtigung einzelner Rechtsordnungen stellen die Rechtsvergleichung und die mit ihr verbundene Bestimmung von Unterschieden und Gemeinsamkeiten an den Anfang ihrer Überlegungen. Bei beiden steht statt dessen die über den formellen Gesichtspunkt der Einheitlichkeit hinausgehende Zielsetzung der einzelnen Regelungen im Vorder-

---

[367] *Kronke*, FS Henrich, 385, 386.
[368] Dementsprechend kann beispielsweise das UNIDROIT Übereinkommen über das internationale Factoring vom 28. 5. 1988 als *œuvre de synthèse des droits des États contractants* bezeichnet werden (*Bonneau*, Droit bancaire, Rdnr. 635).
[369] Dazu *Kronke*, FS Henrich, 385, 386 ff.

grund. Beide berücksichtigen die einzelnen Rechtsordnungen unmittelbar, nicht nur die zwischen ihnen bestehenden Unterschiede und Gemeinsamkeiten. Sie unterscheiden sich jedoch dadurch, daß der *commercial approach* die Rechtsvereinheitlichung letztlich dadurch erreicht, daß jene Staaten dem Vorhaben fernbleiben, nach deren Einschätzung die an der wirtschaftlichen Zielsetzung des Vorhabens ausgerichteten Regelungen unannehmbar sind, weil sie sich von der eigenen Rechtsordnung zu sehr unterscheiden. Eine einheitliche Auslegung und Anwendung bereits geltenden Einheitsrechts ist auf diese Weise nicht zu erreichen. Hier ist ein Ausgleich zwischen den Standpunkten der einzelnen Rechtsordnungen erforderlich.

2. Anwendungsbereich des EVÜ

Mit den dargestellten Auslegungsgrundsätzen kann die Frage beantwortet werden, ob die Wirksamkeit einer Forderungsübertragung gegenüber Dritten in den Anwendungsbereich des EVÜ fällt. Aus Sicht des deutschen Rechts ist die Bedeutung dieser Fragestellung nicht ohne weiteres ersichtlich, da das EVÜ in Deutschland nicht unmittelbar anwendbar ist. Diejenigen Vorschriften des EGBGB, durch die das EVÜ in deutsches Recht überführt worden ist, können als nationale Regelungen unabhängig vom Anwendungsbereich des EVÜ auf alle Sachverhalte angewandt werden, die von ihrem Tatbestand erfaßt werden. Es stellt sich daher die Frage, welche Bedeutung dem Anwendungsbereich des EVÜ überhaupt zukommt (a.). Ob er eröffnet ist, ist ausgehend von Art. 1 Abs. 1 EVÜ zu ermitteln (b.).

a. Bedeutung der Fragestellung

Wird die Wirksamkeit einer Forderungsübertragung gegenüber Dritten nicht vom Anwendungsbereich des EVÜ erfaßt, gilt statt der einheitlichen Anknüpfungsregeln des EVÜ das unvereinheitlichte, nationale Kollisionsrecht: Außerhalb seines Anwendungsbereichs hat das EVÜ die bestehende Rechtslage nicht verändert.[370] Wie sich die Nichtanwendbarkeit des EVÜ auswirkt, hängt demnach von der Rechtslage ab, die vor dem Inkrafttreten des Übereinkommens in den einzelnen Vertragsstaaten bestand.

In *Frankreich* folgt das nationale Kollisionsrecht in erster Linie den von der Rechtsprechung entwickelten Regeln, da es an einer Kodifikation des Internationalen Privatrechts fehlt und die bestehenden Gesetze nur sehr lückenhafte Regelungen enthalten.[371] Daher kommt auch der Literatur zum Internationalen Privatrecht eine für die französische Rechtskultur ungewöhnliche Bedeutung zu.[372] Fällt die Wirksamkeit einer Forderungsübertragung gegen-

---

[370] *Audit,* Droit international privé, Rdnr. 792; *Cheshire/North,* Private International Law, S. 538; *Lagarde,* Rev. crit. dr. int. privé 80 (1991) 287, 335.

[371] *Audit,* Droit international privé, Rdnr. 28 f.; *Loussouarn/Bourel,* Droit international privé, Rdnr. 28 f.

[372] *Audit,* Droit international privé, Rdnr. 32.

über Dritten nicht in den Anwendungsbereich des EVÜ, wäre aus französischer Sicht entsprechend der bereits vor dem Inkrafttreten des EVÜ in Rechtsprechung[373] und herrschender Lehre[374] vertretenen Auffassung das am Wohnsitz des Schuldners geltende Recht anzuwenden.

Auch in *England* ergibt sich das nationale Kollisionsrecht weitgehend aus den von der Rechtsprechung entwickelten Regeln, die jedoch stärker als in Frankreich durch gesetzliche Regelungen ergänzt werden.[375] Da keine andere gesetzliche Regelung des Internationalen Privatrechts der Forderungsübertragung besteht, muß deren Drittwirksamkeit, wenn sie nicht in den Anwendungsbereich des EVÜ fällt, nach englischem *case law* angeknüpft werden. Die einschlägigen Entscheidungen sind jedoch *„old, confused and inconclusive"*.[376] Daher kann die vor dem Inkrafttreten des EVÜ in England bestehende Rechtslage nicht mit Sicherheit festgestellt werden. In der englischen Literatur befürworten einige Autoren eine Anknüpfung an das am Wohnsitz des Schuldners geltende Recht.[377] Lediglich bei der Übertragung einer Vielzahl von Forderungen sei ausnahmsweise das am Sitz des Zedenten geltende Recht anzuwenden.[378] Andere halten das Forderungsstatut für anwendbar.[379]

Anders als in England und Frankreich ist das nationale Kollisionsrecht in *Deutschland* weitgehend kodifiziert. Gewohnheits- oder Richterrecht haben nur in jenen Bereichen Bedeutung, in denen es an einer ausdrücklichen gesetzlichen Regelung fehlt.[380] Ein Rückgriff auf eine außergesetzliche Kollisionsregel ist nur dann zulässig, wenn das anwendbare Recht den gesetzlichen Regelungen auch nicht im Wege der Gesetzesauslegung oder der gesetzesimmanenten Rechtsfortbildung entnommen werden kann.[381] Da aber die Forderungsübertragung in Art. 33 EGBGB ausdrücklich geregelt ist, ist diese Vorschrift gerade dann Ausgangspunkt für die kollisionsrechtliche Behandlung der mit einer Forderungsübertragung verbundenen

---

[373] Cour d'appel de Paris, 26. 3. 1986, Rev. crit. dr. int. privé 76 (1987) 351. Zu dieser Entscheidung *oben*, Dritter Teil, Fn. 182.

[374] *Lagarde*, Rev. crit. dr. int. privé 80 (1991) 287, 335 f.; *Loussouarn/Bourel*, Droit international privé, Rdnr. 425; *Sinay-Cytermann*, Rev. crit. dr. int. privé 81 (1992) 39, 42; *dies.*, J.-Cl. Intern., Fasc. 554, Rdnr. 10.

[375] *Collier*, Conflict of Laws, S. 9 f.; *Dicey/Morris*, Conflict of Laws, Rdnr. 1–014 f.; *Staudinger/Firsching*, 12. Auflage, Vorbem. zu Art. 27–37, Rdnr. 75a.

[376] *Moshinsky*, L. Q. R. 109 (1992) 591.

[377] *Collier*, Conflict of Laws, S. 258 f.; *Goode*, Commercial Law, S. 1126 f.; *Moshinsky*, L. Q. R. 109 (1992) 591, 609.

[378] *Goode*, Commercial Law, S. 1127; *Moshinsky*, L. Q. R. 109 (1992) 591, 611.

[379] *Cheshire/North*, Private International Law, S. 957; *Clarkson/Hill*, Conflict of Laws, S. 455; *Dicey/Morris*, Conflict of Laws, Rdnr. 24–057; *Wolff*, Private International Law, S. 538 f.

[380] *von Hoffmann*, Internationales Privatrecht, § 1, Rdnr. 45; MünchKomm/*Sonnenberger*, Einl. IPR, Rdnr. 256.

[381] Vgl. *Larenz*, Methodenlehre, S. 426.

Fragen, wenn der Anwendungsbereich des EVÜ nicht eröffnet ist.[382] Dasselbe gilt aber auch innerhalb des Anwendungsbereichs des EVÜ. Denn in Deutschland gelten auch in diesem Fall ausschließlich die auf den Vorschriften des EVÜ beruhenden nationalen Kollisionsregeln des EGBGB.[383] Es scheint, als sei der Anwendungsbereich des EVÜ aus Sicht des deutschen Rechts ohne Belang.

Wird die Wirksamkeit einer Forderungsübertragung gegenüber Dritten von Art. 33 EGBGB erfaßt, ohne dabei in den Anwendungsbereich des EVÜ zu fallen, ist Art. 33 EGBGB insofern eine originär nationale Norm. Im Hinblick auf die übrigen mit einer Forderungsübertragung verbundenen Fragestellungen würde Art. 33 EGBGB dagegen auf international vereinheitlichtem Recht beruhen.[384] Vorschriften, die sich auf diese Weise aus einem originär nationalen und einem international vereinheitlichten Teil zusammensetzen, können als „gespaltene Normen" bezeichnet werden.[385]

Aus dieser Spaltung ergeben sich Konsequenzen für die Auslegung des Art. 33 EGBGB. Denn das in Art. 36 EGBGB niedergelegte Gebot der einheitlichen Auslegung kann nur insoweit Geltung beanspruchen, wie die Vorschriften des EGBGB auch tatsächlich auf den international vereinheitlichten Kollisionsregeln des EVÜ beruhen. Enthalten die Vorschriften des EGBGB einen über das EVÜ hinausgehenden und daher originär nationalen Regelungsgehalt, so sind sie insofern nach den herkömmlichen nationalen Grundsätzen auszulegen. Bei der Auslegung ein und derselben Vorschrift können daher unterschiedliche Auslegungskriterien zum Tragen kommen.[386] Insbesondere die systematische und die teleologische Auslegung des Art. 33 EGBGB hängen davon ab, ob die Vorschrift als originär nationale Norm oder vor dem Hintergrund eines rechtsvereinheitlichenden internatio-

---

382 Anders *Kieninger* (RabelsZ 62 (1998) 678 ff.), die das EVÜ im Hinblick auf die Wirksamkeit einer Forderungsübertragung gegenüber Dritten für unanwendbar hält (S. 689 f.). Sie schließt daraus auf die Unanwendbarkeit des Art. 33 EGBGB (S. 700) und sucht auf der Grundlage der beteiligten internationalprivatrechtlichen Interessen nach einer außergesetzlichen Kollisionsregel (S. 691–704). Dieses Vorgehen ist methodisch anfechtbar. Ein Rückgriff auf eine außergesetzliche Kollisionsregel ist nur dann zulässig, wenn zuvor gezeigt werden konnte, daß eine Lösung im Wege der Gesetzesauslegung oder gesetzesimmanenten Rechtsfortbildung nicht möglich ist. Vgl. *Larenz,* Methodenlehre, S. 426.

383 Dazu *oben*, S. 160.

384 Entsprechendes gilt im Hinblick auf die Legalzession von Forderungen aus gesetzlichen Schuldverhältnissen. Sie wird von Art. 33 Abs. 3 EGBGB erfaßt, fällt aber unstreitig nicht in den Anwendungsbereich des EVÜ (*Staudinger/Hausmann,* Art. 33, Rdnr. 77).

385 *Sandrock,* RIW 1986, 841, 844.

386 *Jayme,* IPRax 1986, 265, 266; *Meyer-Sparenberg,* Staatsvertragliche Kollisionsnormen, S. 189 f.; MünchKomm/*Martiny*, Art. 36, Rdnr. 10; MünchKomm/*Sonnenberger*, Einl. IPR, Rdnr. 254; *Sandrock,* RIW 1986, 841, 844; *Staudinger/Hausmann,* Art. 33, Rdnr. 77. Ablehnend: *Staudinger/Reinhart*, 12. Auflage, Art. 36, Rdnr. 53; *Walch,* Gespaltene Normen und Parallelnormen im deutschen Internationalen Privatrecht, S. 163–176.

nalen Übereinkommens auszulegen ist.[387] Daher muß auch aus Sicht des deutschen Rechts die Frage nach dem Anwendungsbereich des EVÜ beantwortet werden.

Sie ist in der deutschen, englischen und französischen Rechtsprechung und Literatur umstritten. Während die Ansicht, daß die Wirksamkeit einer Forderungsübertragung gegenüber Dritten nicht in den Anwendungsbereich des EVÜ fällt, in Frankreich der herrschenden Meinung entspricht[388] und auch in der englischen Literatur verbreitet ist,[389] wird die Frage nach dem Anwendungsbereich des EVÜ in Deutschland nicht aufgeworfen. Lediglich vereinzelt wird die Anwendbarkeit des EVÜ auf die Wirksamkeit einer Forderungsübertragung gegenüber Dritten abgelehnt.[390]

Daran zeigt sich, wie sehr die Auslegung internationaler Übereinkommen durch das nationale Recht geprägt ist: In Deutschland, wo die Anknüpfungsregel des EVÜ nach herrschender Auffassung der zuvor bestehenden Rechtslage entspricht, wird dessen Anwendbarkeit nicht problematisiert und ohne nähere Begründung stillschweigend angenommen. In Frankreich, wo das EVÜ die bestehende Rechtslage verändern würde, wird dessen Anwendbarkeit ohne weiteren Begründungsaufwand verneint. Lediglich in England, wo die Rechtslage schon vor dem Inkrafttreten des EVÜ zweifelhaft war, ist auch die Anwendbarkeit des EVÜ umstritten.

b. Art. 1 Abs. 1 EVÜ

Der Anwendungsbereich des EVÜ wird in Art. 1 Abs. 1 umschrieben. Die Vorschrift lautet in ihrer deutschen Fassung:

> **Art. 1. Anwendungsbereich.** (1) Die Vorschriften dieses Übereinkommens sind auf vertragliche Schuldverhältnisse bei Sachverhalten, die eine Verbindung zum Recht verschiedener Staaten aufweisen, anzuwenden.

Die Beschränkung des Anwendungsbereichs auf vertragliche Schuldverhältnisse kommt auch im Titel des Übereinkommens zum Ausdruck: „Überein-

---

[387] Einen Unterschied zwischen der einheitlichen Auslegung nach Art. 36 EGBGB und der nationalen Auslegung verneint *Walch,* Gespaltene Normen und Parallelnormen im deutschen Internationalen Privatrecht, S. 156. Allerdings bezieht sich seine Aussage lediglich auf die Bedeutung der Rechtsvergleichung.

[388] *Blaise/Desgorces,* in: Die Forderungsabtretung, insbesondere zur Kreditsicherung, in ausländischen Rechtsordnungen, 245, Rdnr. 33; *Jobard-Bachellier,* Rép. int., Créances (Opérations sur), Rdnr. 36; *Lagarde,* Rev. crit. dr. int. privé 80 (1991) 287, 335; *Loussouarn/Bourel,* Droit international privé, Rdnr. 425; *Mayer/Heuzé,* Droit international privé, Rdnr. 750; *Sinay-Cytermann,* Rev. crit. dr. int. privé, 81 (1992) 35, 42; *dies.,* J.-Cl. int., Fasc. 554, Rdnr. 11.

[389] *Macmillan Inc. v. Bishopsgate Investment Trust PLC. (No. 3),* [1995] 1 W. L. R. 978, 992 (Millet J.), [1996] 1 W. L. R. 387, 419 (Aldous L.J.), beide Stellungnahmen sind jedoch *obiter dicta. Collier,* Conflict of Laws, S. 256; *Goode,* Commercial Law, S. 1126 f.; *Moshinsky,* L. Q. R. 108 (1992) 591, 615.

[390] *Kieninger,* RabelsZ 62 (1998) 678, 689 f.

kommen über das auf vertragliche Schuldverhältnisse anzuwendende Recht". Der englische Wortlaut spricht von *contractual obligations*, der französische von *obligations contractuelles*.

Aus dieser Beschränkung sind unterschiedliche Schlußfolgerungen gezogen worden. Nach einer Ansicht kann das Übereinkommen allein auf die schuldrechtliche Seite einer Forderungsübertragung angewandt werden, während die dingliche Seite in jeder Hinsicht außerhalb des Anwendungsbereichs des EVÜ liege. Daher sei das EVÜ zwar für die Verpflichtungen von Schuldner, Zedent und Zessionar von Bedeutung, nicht jedoch für den Übergang der Forderung aus dem Vermögen des Zedenten in das Vermögen des Zessionars.[391] Nach einer anderen Ansicht fallen auch die dinglichen Aspekte einer Forderungsübertragung insoweit in den Anwendungsbereich des EVÜ, als sie das Verhältnis zwischen Zedent und Zessionar betreffen. Dagegen sei die Wirksamkeit der Forderungsübertragung gegenüber Dritten nicht Gegenstand des Übereinkommens.[392] Nach einer dritten Auffassung werden die mit einer Forderungsübertragung verbundenen Fragestellungen in jeder Hinsicht vom Anwendungsbereich des EVÜ erfaßt.[393]

Diese unterschiedlichen Auffassungen bilden den Hintergrund für eine Entscheidung des Obersten Gerichtshofs der Niederlande vom 16. Mai 1997,[394] in der sich der Hoge Raad ausführlich mit den jeweiligen Argumenten auseinandersetzt. Der Entscheidung liegt folgender Sachverhalt zugrunde:

> Ein Unternehmen (H) mit Sitz in Deutschland verkauft unter verlängertem Eigentumsvorbehalt Chemikalien an ein in den Niederlanden ansässiges Unternehmen (B). Dieses veräußert die Chemikalien weiter an das Unternehmen S, das seinen

---

[391] *Goode*, Commercial Law, S. 1126 f.; *Kieninger*, RabelsZ 62 (1998) 678, 709 f.; *Moshinsky*, L. Q. R. 108 (1992) 591, 615; *Staudinger/Stoll*, Int SachenR, Rdnr. 350. Wohl auch: *Diehl-Leistner*, Internationales Factoring, S. 119 f., 122 f.

[392] Diese Ansicht wird nicht ausdrücklich formuliert. Eine ihr entsprechende Bestimmung des Anwendungsbereichs des EVÜ wird aber von jenen Autoren vorausgesetzt, die die dinglichen Wirkungen einer Forderungsübertragung zwischen Zedent und Zessionar nach Art. 12 Abs. 1 EVÜ anknüpfen, die Wirkungen gegenüber Dritten jedoch einer von Art. 12 EVÜ nicht vorgesehenen, dritten Rechtsordnung unterwerfen: *Loussouarn/Bourel*, Droit international privé, Rdnr. 425; *Mayer/Heuzé*, Droit international privé, Rdnr. 750; *Sinay-Cytermann*, Rev. crit. dr. int. privé 81 (1992) 35, 42. Vgl. *Kropholler*, Internationales Privatrecht, S. 472; *Staudinger/Hausmann*, Art. 33, Rdnr. 27.

[393] In der deutschen Rechtsprechung und Literatur finden sich kaum Stellungnahmen zum Anwendungsbereich des EVÜ. Die genannte Auffassung kann der in Deutschland herrschenden Auffassung, nach der die dingliche Seite einer Forderungsübertragung umfassend nach Art. 33 Abs. 2 EGBGB zu beurteilen ist, zumindest unterstellt werden. Gleiches gilt für jene Autoren, die auf andere Weise sämtliche mit einer Forderungsübertragung verbundenen Fragen den in Art. 12 EVÜ enthaltenen Kollisionsregeln zuordnen: *Keller*, Zessionsstatut, S. 161 f.; *Mankowski*, in: FS Herber, 147, 178; *Pardoel*, Les conflits de lois en matière de cession de créance, Rdnr. 384 und 476; *von der Seipen*, Akzessorische Anknüpfung, S. 236 f.; *Stadler*, Gestaltungsfreiheit und Vekehrsschutz durch Abstraktion, S. 714.

[394] N. J. 1998, Nr. 585.

Sitz ebenfalls in den Niederlanden hat. Noch bevor B oder S den jeweils geschuldeten Kaufpreis gezahlt haben, wird B insolvent. S hinterlegt den geschuldeten Betrag, auf den H und der Insolvenzverwalter der B nunmehr Anspruch erheben. Das Gericht muß die Frage beantworten, ob die im Rahmen des verlängerten Eigentumsvorbehalts zwischen H und B vereinbarte Vorausabtretung gegenüber dem Insolvenzverwalter der B wirksam ist.

Das Gericht kommt in einem ersten Schritt zu dem Ergebnis, das auf die Wirksamkeit einer Forderungsübertragung gegenüber Dritten anwendbare Recht sei nach den Kollisionsregeln des EVÜ zu bestimmen.[395] Die den Anwendungsbereich des EVÜ einschränkenden Auffassungen lehnt der Hoge Raad ab.

Diese Auffassungen stützen sich nicht nur auf den Titel des Übereinkommens und den Wortlaut des Art. 1 Abs. 1 EVÜ, sondern auch auf den Sachverständigenbericht von *Giuliano* und *Lagarde*, der Art. 1 Abs. 1 EVÜ dahingehend kommentiert, daß „das Gebiet der dinglichen Rechte [...] natürlich nicht unter [die vereinheitlichten Vorschriften des EVÜ fällt], da sich das Übereinkommen nur auf das auf vertragliche Schuldverhältnisse anzuwendende Recht bezieht."[396] Diese Einschränkung des Anwendungsbereichs habe Art. 9 des Vorentwurfs zum EVÜ[397] noch ausdrücklich klargestellt:[398] Die Kollisionsregeln des Übereinkommens „sind nicht anzuwenden auf den Eigentumsübergang und die dinglichen Wirkungen des Vertrages." Eine solche Regelung sei jedoch als überflüssig verworfen und nicht in die endgültige Fassung des Übereinkommens übernommen worden.[399] Der Sachverständigenbericht macht deutlich, daß eine sachliche Änderung mit dem Verzicht auf Art. 9 des Vorentwurfs nicht beabsichtigt war.

Darüber hinaus wird vorgetragen, daß man angesichts des grundsätzlichen Ausschlusses des Gebiets der dinglichen Rechte aus dem Anwendungsbereich des EVÜ davon ausgehen könne, daß der Sachverständigenbericht ausdrücklich darauf hingewiesen hätte, wenn im Hinblick auf die Forderungsübertragung etwas anderes hätte gelten und deren dingliche Seite vom Übereinkommen hätte erfaßt werden sollen. Da ein derartiger Hinweis aber fehlt, fielen auch bei einem Vertrag, der die Übertragung von Forderungen zum Gegenstand hat, die dinglichen Aspekte nicht in den Anwendungsbereich des EVÜ. Der Übergang der Forderung aus dem Vermögen des Zedenten in das Vermögen des Zessionars werde daher durch das EVÜ nicht erfaßt.[400]

---

[395] Hoge Raad, 16. 5. 1997, N. J. 1998, Nr. 585, Ziffer 3.4.6. der Urteilsgründe.

[396] ABl. EG 1980, C 282, S. 10.

[397] Vorentwurf eines Übereinkommens über das auf vertragliche und außervertragliche Schuldverhältnisse anwendbare Recht, abgedruckt in RabelsZ 38 (1974) 211–219.

[398] *Giuliano/Lagarde*, ABl. EG 1980, C 282, S. 10. Vgl. *von Hoffmann*, in: European Private International Law of Obligations, 1, 28: Die Regelung habe ihren systematisch richtigen Platz in Art. 1 des Vorentwurfs.

[399] *Giuliano/Lagarde*, ABl. EG 1980, C 282, S. 10.

[400] *Joustra*, IPRax 1999, 280, 283.

Weiterhin wird gegen eine Erstreckung des Anwendungsbereichs des EVÜ auf die dinglichen Aspekte einer Forderungsübertragung eingewandt, daß dem EVÜ nach den ursprünglichen Plänen ein Übereinkommen über das auf körperliche und unkörperliche Gegenstände anwendbare Recht zur Seite gestellt werden sollte.[401] Der Bereich der dinglichen Rechte somit auch die dinglichen Aspekte einer Forderungsübertragung seien diesem Übereinkommen vorbehalten gewesen.[402]

Grundlage der genannten Argumente ist die Unterscheidung zwischen vertraglichen Schuldverhältnissen auf der einen und dem Gebiet der dinglichen Rechte auf der anderen Seite.

Aus Sicht des deutschen Rechts ist die Zuordnung der Forderungsübertragung zum Bereich der dinglichen Rechte angesichts der systematischen Stellung der §§ 398 ff. BGB im Recht der Schuldverhältnisse auf den ersten Blick überraschend. Dennoch spricht die Systematik des BGB selbst bei einer vom deutschen Vorverständnis ausgehenden Auslegung des Art. 1 Abs. 1 EVÜ nicht gegen eine Einschränkung des Anwendungsbereichs des EVÜ. Denn der Aufbau des BGB wird hinsichtlich der §§ 398 ff. als nicht vollauf überzeugend angesehen.[403] Die Forderungsabtretung sei ein Verfügungsgeschäft[404] bzw. ein dingliches Rechtsgeschäft,[405] das letztlich „in dem zu einem Recht der dinglichen Vermögenszuordnung erweiterten Sachenrecht" hätte geregelt werden müssen.[406] In diesem Zusammenhang wird darauf hingewiesen, daß der Gesetzgeber nicht erkannt habe, daß eine Forderung nicht nur Leistungsbeziehung zwischen Schuldner und Gläubiger, sondern als Teil des Vermögens des Gläubigers auch frei verfügbarer Gegenstand des Rechtsverkehrs sei.[407]

Überträgt man die Unterscheidung zwischen der Forderung als Leistungsbeziehung auf der einen und als Vermögensgegenstand auf der anderen Seite auf den Anwendungsbereich des EVÜ, kann dessen Beschränkung

---

[401] *Giuliano/Lagarde*, ABl. EG 1980, C 282, S. 5 f.

[402] *Moshinsky*, L. Q. R. 108 (1992) 591, 615. Eine entsprechende Argumentation findet sich im Hinblick auf das EuGVÜ im Schlußantrag des Generalanwalts *Reischl* in EuGH, 22. 2. 1979 – 133/78, *Gourdain/Nadler*, Slg. 1979, 733. Er befürwortet einen Ausschluß eines Konkursdurchgriffs nach französischem Recht gegen den Geschäftsführer einer juristischen Person aus dem Anwendungsbereich des EuGVÜ, weil derartige Fragen durch ein in Vorbereitung befindliches Übereinkommen über Insolvenzverfahren erfaßt werden sollten. Dieses geplante Übereinkommen ist nunmehr in Form einer Verordnung am 29. 5. 2000 erlassen worden (Verordnung (EG) Nr. 1346/2000 des Rates über Insolvenzverfahren, ABl. EG 2000 L 160).

[403] *Staudinger/Busche*, Einl zu §§ 398 ff., Rdnr. 14; *Larenz*, Allgemeines Schuldrecht, S. 571: „Aufbaufehler".

[404] *Staudinger/Busche*, Einl zu §§ 398 ff., Rdnr. 14.

[405] *Soergel/Zeiss*, § 398, Rdnr. 12;*Scheyhing/Nörr*, Handbuch des Schuldrechts, S. 9 f.

[406] *Larenz*, Allgemeines Schuldrecht, S. 571.

[407] *Larenz*, Allgemeines Schuldrecht, S. 571; *Soergel/Zeiss*, vor § 398, Rdnr. 1; *Staudinger/Busche*, Einl zu §§ 398 ff., Rdnr. 14.

auf vertragliche Schuldverhältnisse dahin verstanden werden, daß das Übereinkommen eine Forderung nur als Leistungsbeziehung, nicht jedoch als Vermögensgegenstand erfaßt. Der Übergang der Forderung aus dem Vermögen des Zedenten in das Vermögen des Zessionars fiele im Gegensatz zu den Verpflichtungen zwischen Zedent und Zessionar und den Auswirkungen der Forderungsübertragung auf die Verpflichtungen des Schuldners nicht in den Anwendungsbereich des EVÜ.

Aus der Sicht des englischen und französischen Rechts erweist sich die Trennung zwischen den vertraglichen Schuldverhältnissen und dem Gebiet der dinglichen Rechte jedoch als problematisch. Nach englischem Recht bewirkt der Grundsatz „equity looks on that as done which ought to be done",[408] daß bereits die Verpflichtung, eine Forderung zu übertragen, diese Forderung durch *equitable assignment* auf den Zessionar übergehen läßt.[409] Im französischen Recht treten wegen des in Art. 711 Code civil zum Ausdruck kommenden Einheits- und Konsensprinzips die dinglichen Wirkungen einer *cession de créance* bereits mit der darauf gerichteten Verpflichtung ein, wenn auch nur im Verhältnis zwischen den Parteien des schuldrechtlichen Vertrags.[410] Beiden Rechtsordnungen ist die Unterscheidung zwischen Verpflichtungs- und Verfügungsgeschäft weniger vertraut als dem deutschen Recht.

Der Sachverständigenbericht macht auf die sich daraus ergebenden Schwierigkeiten aufmerksam: Art. 9 des Vorentwurfs sei auch deshalb nicht in die endgültige Fassung des EVÜ übernommen worden, weil es dann „notwendig gewesen wäre, auf die zwischen den verschiedenen Rechtsordnungen der Mitgliedsstaaten bestehenden Unterschiede hinzuweisen."[411] Damit bezieht sich der Sachverständigenbericht auf die von *Lando* im Hinblick auf Art. 9 des Vorentwurfs aufgeworfene Frage, ob diese Vorschrift denn auch jene dinglichen Wirkungen aus dem Anwendungsbereich des Übereinkommens ausschließe, die ein vertragliches Schuldverhältnis *zwischen den Parteien* entfalte.[412] Diese Frage läßt der Sachverständigenbericht ausdrücklich offen. Der sich daraus ergebende Auslegungsspielraum erstreckt sich jedoch nicht auf die dinglichen Wirkungen, die ein vertragliches Schuldverhältnis *gegenüber Dritten* entfaltet. Daß das EVÜ auf

---

[408] *Snell*, Principles of Equity, S. 40.
[409] Dazu *oben*, S. 77 und 120.
[410] Dazu *oben*, S. 60 ff.
[411] *Giuliano/Lagarde*, ABl. EG 1980, C 282, S. 10.
[412] *Lando*, RabelsZ 38 (1974) 6, 43 f. Er hält den Vorentwurf auf die dinglichen Wirkungen zwischen den Parteien für anwendbar. Anders *Lipstein* (in: European Private International Law of Obligations, 155, 160), der die Anwendbarkeit des Vorentwurfs verneint.

diese Frage nicht anwendbar sein würde, war vor dem Hintergrund von Art. 9 des Vorentwurfs unbestritten.[413]

Aus dem Sachverständigenbericht geht deutlich hervor, daß die Arbeitsgruppe eine präzise und für alle Vertragsstaaten annehmbare Abgrenzung zwischen den vertraglichen Schuldverhältnissen und dem Gebiet der dinglichen Rechte nicht für möglich gehalten hat. Daraus ergibt sich aber für die Auslegung des Art. 1 Abs. 1 EVÜ, daß dem Begriff der vertraglichen Schuldverhältnisse keine technische und an den Besonderheiten einzelner Rechtsordnungen ausgerichtete Bedeutung gegeben werden darf.

Vor diesem Hintergrund erscheint es mit dem Wortlaut des Art. 1 Abs. 1 EVÜ durchaus vereinbar, die dinglichen Aspekte einer Forderungsübertragung in den Anwendungsbereich des EVÜ einzubeziehen. Er wird mit dem weiten Begriff „vertragliche Schuldverhältnisse" umschrieben. Die Grenzen dieses Wortlauts werden nicht überschritten, wenn das auf vertragliche Schuldverhältnisse anwendbare Recht auch jene Regeln erfassen soll, nach denen die Rechte, die sich aus den vertraglichen Schuldverhältnissen ergeben, übertragen werden können.[414] Immerhin wäre es eher ungewöhnlich, wenn ein Übereinkommen über das auf dingliche Rechte anwendbare Recht die Übertragung dieser Rechte aus seinem Anwendungsbereich ausschließen würde.

Eine weite Auslegung des Art. 1 Abs. 1 EVÜ wird auch mit der Zielsetzung des Übereinkommens begründet. Aus dessen Präambel ergibt sich, daß das Übereinkommen geschlossen wurde, um „die innerhalb der Gemeinschaft [...] bereits begonnene Rechtsvereinheitlichung auf dem Gebiet des internationalen Privatrechts fortzusetzen". Dieser Zielsetzung werden ein möglichst weiter Anwendungsbereich des EVÜ und damit eine möglichst weitreichende Vereinheitlichung des Kollisionsrechts am besten gerecht.[415] Auch der Bezug des EVÜ zum Europäischen Gemeinschaftsrecht spricht für eine weite Auslegung des Art. 1 Abs. 1 EVÜ. Denn im Zweifel ist eine die europäische Integration begünstigende und nicht eine die nationalen Unterschiede aufrechterhaltende Lösung zu wählen.[416]

Daß dem EVÜ ursprünglich ein Übereinkommen über das auf körperliche und unkörperliche Gegenstände anwendbare Recht zur Seite gestellt wer-

---

[413] *Lando,* RabelsZ 38 (1974) 6, 43 f. Daher stellte Art. 16 Abs. 2 des Vorentwurfes als Vorläufer des Art. 12 Abs. 2 EVÜ eine Ausnahme zu Art. 9 des Vorentwurfes dar (*ders.,* a. a. O., S. 47).

[414] Hoge Raad, 16. 5. 1997, N. J. 1998, Nr. 585, Ziffer 3. 4. 5. der Urteilsgründe; *Joustra,* IPRax 1999, 280, 282.

[415] Hoge Raad, 16. 5. 1997, N. J. 1998, Nr. 585, Ziffer 3. 4. 3. der Urteilsgründe. *Basedow,* ZEuP 5 (1997) 615, 623: Es sei „methodisch bedenklich, [...] innerhalb eines im übrigen vereinheitlichten Kollisionsrechts einzelne Inseln autonomer Regelbildung aufrecht zu erhalten."

[416] Dazu *oben,* S. 219.

den sollte,[417] kann nicht nur als Argument gegen eine weite Auslegung des Art. 1 Abs. 1 EVÜ herangezogen werden.[418] Denn die Schlußfolgerung, daß die dingliche Seite vertraglicher Schuldverhältnisse diesem Übereinkommen vorbehalten bleiben sollte, ist keineswegs zwingend, da sich das Vorhaben schon sehr bald als unter den gegebenen Bedingungen undurchführbar erwies.[419] Vielmehr kommt in den ursprünglichen Planungen der Wille zum Ausdruck, die Vorschriften des Internationalen Privatrechts auf wirtschaftlichem Gebiet möglichst umfassend zu vereinheitlichen. Dies spricht gegen eine restriktive Auslegung des Anwendungsbereichs des schließlich zustande gekommenen Übereinkommens.

Eine weite Auslegung des Anwendungsbereichs des EVÜ läßt sich schließlich auch mit dem Sachverständigenbericht von *Giuliano* und *Lagarde* in Einklang bringen.[420] Dessen Aussage, das Gebiet der dinglichen Rechte falle nicht in den Anwendungsbereich des EVÜ, ist wegen ihres allgemeinen Charakters einer einschränkenden Auslegung durchaus zugänglich. Der Sachverständigenbericht kennzeichnet darüber hinaus seine Aussage deutlich als Ausnahme von dem Grundsatz, daß das auf vertragliche Schuldverhältnisse anwendbare Recht nach den Vorschriften des EVÜ zu ermitteln sei. Ausnahmen sind jedoch im Zweifel einschränkend auszulegen.[421] Der Sachverständigenbericht steht daher einer Auslegung des Art. 1 Abs. 1 EVÜ nicht entgegen, die von dem Ausschluß des Gebiets der dinglichen Rechte jene dinglichen Fragestellungen ausnimmt und damit wieder in den Anwendungsbereich des EVÜ einbezieht, die in einem engen Zusammenhang mit einem vom EVÜ erfaßten vertraglichen Schuldverhältnis stehen. Bei der Übertragung vertraglicher Forderungen besteht ein solcher Zusammenhang, da sie zu einem Wechsel der an einem vertraglichen Schuldverhältnis Beteiligten führt.

c. Zwischenergebnis und Arbeitshypothese

Eine zusammenfassende Bewertung dieser Argumente macht deutlich, daß keine der Auffassungen über den Anwendungsbereich des EVÜ überzeugend begründet werden kann. Es hat sich einerseits gezeigt, daß die dinglichen Aspekte einer Forderungsübertragung nicht ganz so selbstverständlich außerhalb des Anwendungsbereichs des EVÜ liegen, wie dies von der in Frankreich herrschenden Auffassung angenommen wird. Die rechtsvereinheitlichende Zielsetzung des Übereinkommens und dessen Bezüge zum Europäischen Gemeinschaftsrecht stehen einer Einschränkung des Anwendungsbereichs entgegen. Es hat sich andererseits aber auch gezeigt, daß eine Einbeziehung der dinglichen Aspekte in den Anwendungsbereich des

[417] *Giuliano/Lagarde*, ABl. EG 1980, C 282, S. 5 f.
[418] Vgl. *oben*, S. 239.
[419] *Giuliano/Lagarde*, ABl. EG 1980 C 282, S. 6.
[420] Vgl. Hoge Raad, 16. 5. 1997, N. J. 1998, Nr. 585, Ziffer 3. 4. 5. der Urteilsgründe.
[421] *Larenz*, Methodenlehre, S. 355 f.

EVÜ, von der die in Deutschland herrschende Auffassung stillschweigend ausgeht, mit guten Gründen angezweifelt werden kann. Insbesondere der Wortlaut und die Entstehungsgeschichte des Art. 1 Abs. 1 EVÜ aber auch der Sachverständigenbericht von *Giuliano* und *Lagarde* sprechen gegen eine weite Auslegung der Vorschrift.

Festgehalten werden kann allein, daß sich Art. 1 Abs. 1 EVÜ nicht entnehmen läßt, ob das auf die Wirksamkeit einer Forderungsübertragung gegenüber Dritten anwendbare Recht nach den Vorschriften des EVÜ zu bestimmen ist.

Der Anwendungsbereich eines internationalen Übereinkommens richtet sich jedoch nicht nur nach den Vorschriften, die diese Frage wie Art. 1 Abs. 1 EVÜ unmittelbar regeln. Auch die Sachvorschriften eines Übereinkommens können zur Bestimmung seines Anwendungsbereichs herangezogen werden: Enthält das Übereinkommen Vorschriften, die eine bestimmte Fragestellung regeln wollen und sachgerecht regeln können, legt es die Systematik des Übereinkommens nahe, seinen Anwendungsbereich als eröffnet anzusehen.[422] Fällt demnach die Wirksamkeit einer Forderungsübertragung gegenüber Dritten in den Regelungsbereich eines der beiden Absätze des Art. 12 EVÜ, kann die Anwendbarkeit des Übereinkommens ungeachtet der Unbestimmtheit des Art. 1 Abs. 1 EVÜ aus systematischen Gründen bejaht werden.[423]

Für die folgende Auslegung des Art. 12 EVÜ muß die Anwendbarkeit des EVÜ daher zunächst unterstellt werden. Das bedeutet, daß die bisher genannten, sich auf Art. 1 Abs. 1 EVÜ beziehenden Argumente bei der Auslegung des Art. 12 EVÜ nicht berücksichtigt werden können. Da nach wie vor die Frage nach dem Anwendungsbereich des EVÜ im Vordergrund steht, würde ihnen ansonsten ein doppeltes Gewicht beigemessen.

3. Art. 12 Abs. 1 EVÜ

Die Wirksamkeit einer Forderungsübertragung gegenüber Dritten wird weder in Art. 12 Abs. 1 noch in Art. 12 Abs. 2 EVÜ ausdrücklich erwähnt.[424] Daher kann das anwendbare Recht nur dann nach Art. 12 Abs. 1 bestimmt werden, wenn diese Vorschrift im Verhältnis zu Art. 12 Abs. 2 EVÜ als Regel zu verstehen und so auszulegen ist, daß sie alle Aspekte einer Forderungsübertragung erfaßt, die nicht aus Gründen des Schuldnerschutzes ausdrücklich durch Art. 12 Abs. 2 EVÜ an das Forderungsstatut verwiesen werden. Diese Auslegung des Art. 12 Abs. 1 erweist sich jedoch insbesondere dann als nicht haltbar, wenn die Vorschrift entsprechend der in

---

[422] Eine entsprechende Argumentation findet sich hinsichtlich des EuGVÜ bei *Martiny*, RabelsZ 45 (1981) 427, 439.
[423] Vgl. Hoge Raad, 16. 5. 1997, N. J. 1998, Nr. 585, Ziffer 3. 4. 3. der Urteilsgründe.
[424] Art. 12 EVÜ ist auf S. 211 abgedruckt.

Deutschland herrschenden Auffassung[425] auf das der Forderungsübertragung zugrundeliegende Verpflichtungsgeschäft beschränkt werden muß.

a. Wortlaut

Für eine solche Beschränkung des Art. 12 Abs. 1 EVÜ spricht dessen Wortlaut. Art. 12 Abs. 1 EVÜ nennt als Anknüpfungsgegenstand „die Verpflichtungen zwischen Zedent und Zessionar einer Forderung“. Die englische Fassung spricht von den „mutual obligations of assignor and assignee under a voluntary assignment of a right against another person“, die französische von den „obligations entre le cédant et le cessionnaire d'une créance“. Die Bedeutung dieses Wortlauts wird deutlich, wenn man sich vor Augen führt, wie der Anknüpfungsgegenstand des Art. 12 Abs. 1 EVÜ ebenfalls hätte umschrieben werden können, aber nicht umschrieben worden ist: Das Übereinkommen spricht gerade nicht von den „Beziehungen zwischen Zedent und Zessionar bei der Übertragung einer Forderung durch Vereinbarung“, den „relations between assignor and assignee in the case of the assignment of a right by agreement“ oder den „rapports entre cédant et cessionnaire dans le cas d'un transfert d'une créance par convention“. Da ausweislich des Sachverständigenberichts von *Giuliano* und *Lagarde* beide Formulierungen bei der Ausarbeitung des Übereinkommens in Erwägung gezogen worden sind,[426] müssen die zwischen ihnen bestehenden Unterschiede in der Auslegung des Art. 12 Abs. 1 EVÜ ihren Niederschlag finden.

Der Wortlaut des Art. 12 Abs. 1 EVÜ „Verpflichtungen zwischen Zedent und Zessionar“ zeichnet sich gegenüber der schließlich verworfenen Formulierung „Beziehungen zwischen Zedent und Zessionar“ dadurch aus, daß er den Anknüpfungsgegenstand präziser bezeichnet und damit notwendigerweise beschränkt:[427] Art. 12 Abs. 1 EVÜ erfaßt das Verhältnis zwischen Zedent und Zessionar nur unter einem bestimmten Gesichtspunkt.

Dies kann so verstanden werden, daß Art. 12 Abs. 1 nur jene Fragestellungen erfaßt, die unmittelbar mit den Verpflichtungen von Zedent und Zessionar zusammenhängen, beispielsweise die Haftung des Zedenten für Verität und Bonität der übertragenen Forderung,[428] die Folgen einer Nichterfüllung und das Erlöschen der Verpflichtungen.[429] Davon sind jene Fragen zu unterscheiden, die mit den Verpflichtungen der Zessionsparteien lediglich mittel-

---

[425] *von Bar,* Internationales Privatrecht, Bd. 2, Rdnr. 567 f.; *Erman/Hohloch,* Art. 33, Rdnr. 3; *Kieninger,* RabelsZ (62) 1998 678, 689; *Kropholler,* Internationales Privatrecht, S. 471 f.; MünchKomm/*Martiny,* Art. 33, Rdnr. 4a; *Soergel/von Hoffmann,* Art 33, Rdnr. 6 f.

[426] Abl. EG, 1980 C 282, S. 34.

[427] MünchKomm/*Martiny*, Art. 33, Rdnr. 1; *Soergel/von Hoffmann,* Art. 33, Rdnr. 7.

[428] *von Bar,* Internationales Privatrecht, Bd. 2, Rdnr. 564; MünchKomm/*Martiny*, Art. 33, Rdnr. 4; *Soergel/von Hoffmann,* Art. 33, Rdnr. 6.

[429] Daß diese Fragen aus Sicht des EVÜ mit einer vertraglichen Verpflichtung unmittelbar zusammenhängen, ergibt sich aus Art. 10 Abs. 1 EVÜ.

bar verbunden sind, beispielsweise die Wirkungen dieser Verpflichtungen auf die zu übertragende Forderung. Die einschränkende Formulierung „Verpflichtungen zwischen Zedent und Zessionar" in Art. 12 Abs. 1 EVÜ legt es nahe, diese Fragestellungen nicht in den Regelungsbereich der Vorschrift einzubeziehen.

Aus der Sicht des deutschen Rechts und des ihm zugrunde liegenden Trennungs- und Abstraktionsprinzips bedeutet dies, daß der Regelungsbereich des Art. 12 Abs. 1 EVÜ auf das der Forderungsübertragung zugrunde liegende Verpflichtungsgeschäft zu beschränken ist.[430]

b. Systematik

Gegen eine solche Auslegung spricht jedoch die Systematik des Übereinkommens. Wenn Art. 12 Abs. 1 EVÜ lediglich das der Forderungsübertragung zugrunde liegende Verpflichtungsgeschäft zwischen Zedent und Zessionar erfaßt, hat er gegenüber Art. 3 und 4 EVÜ keine eigenständige Bedeutung.[431] Er würde lediglich deren Anwendbarkeit hinsichtlich solcher Verträge bekräftigen, durch die sich eine Partei zur Übertragung einer Forderung verpflichtet. Da aber kein Grund erkennbar ist, warum solche Verträge nicht von Art. 3 und 4 EVÜ erfaßt sein sollen, ist eine ausdrückliche Bestätigung überflüssig. Art. 12 Abs. 1 EVÜ wäre entbehrlich. Eine Auslegung, die Art. 12 Abs. 1 EVÜ auf das Verpflichtungsgeschäft beschränkt, würde damit zwar den Besonderheiten des Wortlauts gerecht, würde aber gleichzeitig den Gegenstand der Auslegung seines eigenständigen Aussagegehalts berauben.

Zu berücksichtigen ist jedoch, daß sich in internationalen Übereinkommen häufig Vorschriften finden, die in erster Linie der Klarstellung dienen.[432] Daß Art. 12 Abs. 1 EVÜ eine Regelung enthält, die im Gesamtzusammenhang des Übereinkommens als Selbstverständlichkeit erscheint, legt der Sachverständigenbericht von *Giuliano* und *Lagarde* nahe:[433] „Die Auslegung dieser Vorschrift bereitet keinerlei Schwierigkeiten."[434]

c. Entstehungsgeschichte

Welche Erwägungen bei der Formulierung des Art. 12 Abs. 1 EVÜ tatsächlich eine Rolle gespielt haben, geht aus der im Sachverständigenbericht von

---

[430] *Kieninger,* RabelsZ 62 (1998) 678, 689; *Stadler,* IPRax 2000, 104, 105.
[431] Hoge Raad, 16. 5. 1997, N. J. 1998, Nr. 585, Ziffer 3. 5. der Urteilsgründe; *Kieninger,* RabelsZ 62 (1998) 678, 689; *Mankowski,* in: FS Herber, 147, 183; *Plender,* European Contract Convention, Rdnr. 11.18; *Stadler,* IPRax 2000, 104, 106; *Staudinger/Hausmann,* Art. 33, Rdnr. 27;. Vgl. *Lorenz,* IPRax 1987, 269, 276.
[432] *Kieninger,* RabelsZ 62 (1998) 678, 689.
[433] *Kieninger,* RabelsZ 62 (1998) 678, 689.
[434] ABl. EG 1980 C 282, S. 34.

Giuliano und *Lagarde* dargestellten Entstehungsgeschichte der Vorschrift hervor:

> Wenn auch Sinn und Zweck der Vorschrift kaum einen Zweifel aufkommen lassen, könnte man doch die Frage aufwerfen, warum die Gruppe dieser Vorschrift nicht eine einfachere und elegantere Form gegeben hat. Warum sagt man zum Beispiel nicht, daß bei Übertragung einer Forderung durch Vereinbarung die Beziehungen zwischen Zedent und Zessionar durch das auf diese Vereinbarung anwendbare Recht geregelt werden?
>
> Auf eine solche Formulierung hatte sich in der Tat zunächst die Mehrheit der Delegationen geeinigt. Diese Formulierung wurde aber später wegen der Auslegungsschwierigkeiten wieder aufgegeben, die sie im deutschen Recht hätte hervorrufen können, wo der Ausdruck ‚Übertragung' einer Forderung durch Vereinbarung die Wirkungen der Forderungsabtretung gegenüber dem Schuldner mitumfaßt: durch Artikel 12 Absatz 2 wird dies dagegen ausdrücklich ausgeschlossen.
>
> Die jetzige Fassung wurde schließlich deshalb gewählt, um in den Rechtssystemen, welche die Abtretung als Kausalgeschäft verstehen, die Annahme zu vermeiden, daß das auf die Abtretungsvereinbarung anzuwendende Recht auch die Voraussetzungen für die Wirksamkeit der Abtretung gegenüber dem Schuldner bestimmt.[435]

Die Entstehungsgeschichte des Art. 12 Abs. 1 EVÜ wird demnach dadurch geprägt, daß dessen ursprünglich vorgesehene Formulierung „wegen der Auslegungsschwierigkeiten wieder aufgegeben [worden ist], die sie im deutschen Recht hätte hervorrufen können". Worin diese Auslegungsschwierigkeiten hätten bestehen können, ergibt sich aus den Besonderheiten des deutschen Sachrechts. Dieses folgt auch im Bereich der Forderungsübertragung dem Trennungs- und Abstraktionsprinzip. Der in Art. 12 Abs. 1 EVÜ ursprünglich vorgesehene Ausdruck „Übertragung einer Forderung durch Vereinbarung" wäre daher nicht als das die gegenseitigen Rechte und Pflichten von Zedent und Zessionar begründende Verpflichtungsgeschäft, sondern als das davon unabhängige Verfügungsgeschäft verstanden worden. Da aber nach deutschem Recht die Forderungsübertragung als Verfügungsgeschäft nicht nur zwischen Zedent und Zessionar, sondern auch gegenüber dem Schuldner und sonstigen Dritten unmittelbare Wirkungen entfaltet, hätte Art. 12 Abs. 1 EVÜ auch die Wirkungen der Forderungsübertragung gegenüber dem Schuldner erfaßt. Das darauf anwendbare Recht ergibt sich jedoch aus Art. 12 Abs. 2 EVÜ. Aus deutscher Sicht wäre Art. 12 EVÜ in sich widersprüchlich gewesen.

Daraus, daß die Besonderheiten des deutschen Sachrechts bei der Ausarbeitung des Art. 12 Abs. 1 EVÜ eine wichtige Rolle gespielt haben, ist die Schlußfolgerung gezogen worden, daß auch die Auslegung dieser Vorschrift von der Sichtweise des deutschen Sachrechts auszugehen habe: Art. 12 Abs. 1 EVÜ sei ausgehend von dem Trennungs- und Abstraktionsprinzip des deutschen Rechts auszulegen und der Anwendungsbereich der Vorschrift auf jene Fragestellungen zu beschränken, die unmittelbar mit den

---

[435] ABl. EG 1980 C 282, S. 34 f.

Verpflichtungen zusammenhängen, die sich für Zedent und Zessionar aus dem der Forderungsübertragung zugrunde liegenden Vertrag ergeben.[436]

Der Rückgriff auf eine einzelne nationale Rechtsordnung bei der Auslegung internationaler Übereinkommen bedarf jedoch einer besonderen Rechtfertigung.[437] Wird die Auslegung des Art. 12 Abs. 1 EVÜ auf das deutsche Sachrecht und damit auf eine einzelne nationale Rechtsordnung gestützt, wird das Ziel einer europaweit einheitlichen Auslegung und Anwendung des EVÜ zumindest gefährdet.

Aus der im Sachverständigenbericht von *Giuliano* und *Lagarde* dargestellten Entstehungsgeschichte des Art. 12 Abs. 1 EVÜ kann eine solche Rechtfertigung nicht abgeleitet werden. Denn aus ihr geht deutlich hervor, daß die Besonderheiten des deutschen Rechts nur insofern eine Rolle gespielt haben, als auch vor diesem Hintergrund der durch Art. 12 Abs. 2 EVÜ bezweckte Schuldnerschutz umfassend sichergestellt sein sollte: Der veränderte Wortlaut des Art. 12 Abs. 1 EVÜ sollte verhindern, daß die Vorschrift „die Wirkungen der Forderungsabtretung gegenüber dem Schuldner mitumfaßt".[438] Eine über diese Zielsetzung hinausgehende Bedeutung kann dem deutschen Sachrecht nicht beigemessen werden. Solange der von Art. 12 Abs. 2 EVÜ vorgesehene Schuldnerschutz auch vor dem Hintergrund des Trennungs- und Abstraktionsprinzips gewährleistet ist, kann eine vom deutschen Sachrecht ausgehende Auslegung des Art. 12 EVÜ mit der Entstehungsgeschichte der Vorschrift nicht begründet werden.[439]

---

[436] *Soergel/von Hoffmann*, Art. 33, Rdnr. 7; *ders.*, in: Die Forderungsabtretung, insbesondere zur Kreditsicherung, in ausländischen Rechtsordnungen, 3, 9; *ders./Höpping*, IPRax 1993, 302, 303.

[437] Der EuGH versteht beispielsweise in einigen seiner Entscheidungen zum EuGVÜ Begriffe dieses Übereinkommens als Verweis auf die Rechtsordnungen einzelner Vertragsstaaten. Er rechtfertigt dies damit, daß sich ein einheitliches Begriffsverständnis „angesichts der Unterschiede, die nach wie vor zwischen den einzelnen nationalen Rechten [...] bestehen" als unmöglich erweist (EuGH, 14. 1.1976 – 12/76, *Tessili/Dunlop*, Slg. 1976, 1473, Rdnr. 11).
Allerdings geht es in diesen Entscheidungen um die Frage, ob die Auslegung von der jeweiligen *lex causae* (EuGH, 14. 1. 1976 – 12/76, *Tessili/Dunlop*, Slg. 1976, 1473, Rdnr. 11) oder *lex fori* (EuGH, 7. 6. 1984 – 129/83, *Zelger/Salinitri*, Slg. 1984, 2397, Rdnr. 13) abhängig gemacht werden kann. Das Ziel eines europaweit einheitlichen Begriffsverständnisses wird damit von vornherein aufgegeben. Bei der Auslegung des Art. 12 Abs. 1 EVÜ geht es jedoch nicht um die Maßgeblichkeit der *lex causae* oder der *lex fori*, sondern darum, ob die Auslegung des EVÜ mit Wirkung für alle Vertragsstaaten auf das Sachrecht eines einzelnen Vertragsstaats gestützt werden kann. Das Ziel eines europaweit einheitlichen Begriffsverständnisses wird dabei nicht aufgegeben. Daher sind an einen europaweit einheitlichen Rückgriff auf eine einzelne Rechtsordnung geringere Anforderungen an seine Rechtfertigungzu stellen als an den einzelfallabhängigen Rückgriff auf die *lex causae* oder die *lex fori*.

[438] *Giuliano/Lagarde*, ABl. EG 1980 C 282, S. 34 f.

[439] *Mankowksi*, in: FS Herber, 147, 182.

Etwas anderes ergibt sich auch nicht aus der späteren Passage des Sachverständigenberichts, in der auf die Rechtssysteme verwiesen wird, „welche die Abtretung als Kausalgeschäft verstehen".[440] Teilweise wird hierin ein die Bedeutung des Trennungs- und Abstraktionsprinzips für die Auslegung des Art. 12 EVÜ zusätzlich bekräftigender Hinweis auf das deutsche Sachrecht gesehen.[441] Dies läßt sich zwar darauf stützen, daß auch die englische und die französische Fassung des Sachverständigenberichts den deutschen Begriff „Kausalgeschäft" verwenden, so daß die Annahme naheliegt, es solle damit eine Besonderheit des deutschen Sachrechts angesprochen werden. Doch wird die Abtretung im deutschen Recht gerade nicht als kausales, von der Wirksamkeit des Grundgeschäfts abhängiges, sondern als abstraktes Rechtsgeschäft angesehen. Daher bezieht sich der Sachverständigenbericht in diesem Abschnitt auf jene Rechtsordnungen, die auf der Grundlage des Konsensprinzips die Verpflichtung zu einer Forderungsübertragung und deren Wirkungen als Einheit ansehen.[442]

Daraus folgt jedoch keineswegs, daß nunmehr das Konsensprinzip der Auslegung des Art. 12 EVÜ zugrunde zu legen ist.[443] Dem Sachverständigenbericht kann vielmehr nur entnommen werden, daß es der Arbeitsgruppe darauf ankam, den in Art. 12 Abs. 2 EVÜ vorgesehenen Schutz des Schuldners auch vor dem Hintergrund der dem Konsensprinzip folgenden Rechtsordnungen sicherzustellen. Sobald aber dieser Schutz sichergestellt ist, kann eine darüber hinausgehende Berücksichtigung des englischen oder französischen Rechts ebensowenig begründet werden wie eine entsprechende Berücksichtigung des deutschen Sachrechts.

Die Entstehungsgeschichte des Art. 12 Abs. 1 EVÜ bietet daher keine Anhaltspunkte für oder gegen eine Einbeziehung der dinglichen Aspekte einer Forderungsübertragung in den Anwendungsbereich des Art. 12 Abs. 1 EVÜ. Sie vermag nicht zu begründen, daß der Auslegung des Art. 12 Abs. 1 EVÜ das Trennungs- und Abstraktionsprinzip des deutschen oder das Konsensprinzip des englischen und französischen Rechts zugrunde zu legen ist. Es zeigt sich vielmehr, daß bei der Erarbeitung des Art. 12 EVÜ die Unterscheidung zwischen den gegenseitigen Verpflichtungen von Zedent und Zessionar einerseits und den Verpflichtungen des Schuldners andererseits im Vordergrund stand. Es kam entscheidend darauf an, den Anwendungsbereich des Art. 12 Abs. 2 EVÜ und den Schutz des Schuldners unabhängig von den Besonderheiten des nationalen Sachrechts zu gewährleisten.

---

440 *Giuliano/Lagarde*, ABl. EG 1980 C 282, S. 35.

441 *Mangold*, in: Europäischer Binnenmarkt, Internationales Privatrecht und Rechtsangleichung, 81, 86.

442 *Kieninger*, RabelsZ 62 (1998) 678, 689. Ebenso Generalanwalt *Strikwerda* unter Ziffer 11 seines der Entscheidung des Hoge Raad, 16. 5. 1997, N. J. 1998, Nr. 585, vorausgehenden Schlußantrags: „Dat begrip kann slechts betrekking hebben op de goederenrechtelijke handeling."

443 Anders Generalanwalt *Strikwerda*, Hoge Raad, 16. 5. 1997, N. J. 1998, Nr. 585, Ziffer 11 des Schlußantrags. Wie hier *Kieninger*, RabelsZ 62 (1998) 678, 689.

Der Sachverständigenbericht spricht weder die Wirkungen einer Forderungsübertragung zwischen Zedent und Zessionar noch die gegenüber Dritten ausdrücklich an. Dies kann bedeuten, daß die dinglichen Aspekte einer Forderungsübertragung –zu Unrecht – als unproblematisch angesehen wurden und daher bei der Ausarbeitung des Art. 12 EVÜ lediglich etwas „zu kurz gekommen" sind.[444] Die Entstehungsgeschichte des Art. 12 Abs. 1 EVÜ verstärkt aber eher die Zweifel, ob die dinglichen Wirkungen einer Forderungsübertragung vom Anwendungsbereich des EVÜ überhaupt erfaßt werden.

d. Sinn und Zweck

Eine Beschränkung des Art. 12 Abs. 1 EVÜ auf das der Forderungsübertragung zugrunde liegende Verpflichtungsgeschäft wird schließlich mit der Zielsetzung des Übereinkommens begründet.

Sinn und Zweck des EVÜ bestehen unter anderem darin, die Vorhersehbarkeit des anwendbaren Rechts und damit die Rechtssicherheit zu erhöhen und so das Funktionieren des Gemeinsamen Marktes zu erleichtern. Dies kann nur dann gelingen, wenn die Vorschriften des EVÜ so ausgelegt werden, daß sie klar, eindeutig und einfach anzuwenden sind. Eine Auslegung, die schwierige Abgrenzungsfragen aufwirft und dadurch die Anwendung des Übereinkommens erschwert, wird dieser Zielsetzung nicht gerecht (aa.). Entsprechendes gilt für eine Auslegung, die die Schwierigkeiten außer acht läßt, die sich ergeben können, wenn die mit einer Forderungsübertragung verbundenen Teilfragen unterschiedlich angeknüpft und dadurch gegebenenfalls unterschiedlichen Rechtsordnungen unterworfen werden. Zu den Abgrenzungsfragen treten davon unabhängige Koordinierungsfragen (bb.).

aa. Abgrenzungsfragen

Bei der Auslegung des Art. 12 Abs. 1 EVÜ ist daher zu berücksichtigen, welche Abgrenzungsfragen die verschiedenen Möglichkeiten, den Regelungsbereich der Vorschrift zu bestimmen, aufwerfen. Je weniger Abgrenzungsschwierigkeiten eine Auslegung nach sich zieht, desto besser wird sie der Zielsetzung des Übereinkommens gerecht, klare, eindeutige und einfach anzuwendende Anknüpfungsregeln zur Verfügung zu stellen.

Dem ausländischen Sachrecht kommt in diesem Zusammenhang aus zwei Gründen besondere Bedeutung zu. Zum einen erfordert eine autonome Auslegung nach Art. 18 EVÜ die Berücksichtigung der Rechtsordnungen der anderen Vertragsstaaten.[445] Zum anderen müssen zur Lösung von Fällen mit Auslandsberührung stets auch jene Sachnormen der maßgeblichen Rechtsordnung bestimmt werden, die durch den Anknüpfungsgegenstand

---

[444] *von Bar*, IPRax 1992, 20, 22; *Stadler*, IPRax 2000, 104, 105.
[445] Dazu *oben*, S. 220 ff.

der Kollisionsnorm erfaßt und damit zur Beantwortung der jeweiligen Rechtsfrage berufen werden.[446] Dieser Teil des Qualifikationsprozesses wird erschwert, wenn sich die Auslegung des Anknüpfungsgegenstands auf Unterscheidungen stützt, die vielen Rechtsordnungen fremd sind.

Die verschiedenen Auslegungsmöglichkeiten des Art. 12 Abs. 1 EVÜ ergeben sich daraus, wie die mit einer Forderungsübertragung verbundenen Teilfragen auf die beiden in Art. 12 EVÜ enthaltenen Anknüpfungsregeln aufgeteilt werden können. Als einer eigenständigen kollisionsrechtlichen Behandlung zugängliche Teilfragen haben sich die schuldrechtlichen Verpflichtungen zwischen Zedent und Zessionar, die Wirkungen der Forderungsübertragung zwischen Zedent und Zessionar, die Wirkungen gegenüber Dritten und schließlich die Wirkungen gegenüber dem Schuldner erwiesen.[447] Wie diese Teilfragen auf die beiden Anknüpfungsregeln des Art. 12 EVÜ aufgeteilt werden können, läßt sich unter Berücksichtigung ihres jeweils unstrittigen Anwendungsbereichs wie folgt darstellen:

Auslegungsmöglichkeit	1	2	3
schuldrechtliche Verpflichtungen zwischen Zedent und Zessionar	Art. 12 Abs.1 EVÜ		
Wirkungen der Forderungsübertragung zwischen Zedent und Zessionar	↓	↑	↑
Wirkungen der Forderungsübertragung gegenüber Dritten	↓	↓	↑
Wirkungen der Forderungsübertragung gegenüber dem Schuldner	Art. 12 Abs. 2 EVÜ		

Abbildung 7

(1) Erste Auslegungsmöglichkeit

Folgt man der in Deutschland herrschenden Auffassung, daß Art. 12 Abs. 1 EVÜ auf die schuldrechtlichen Verpflichtungen zwischen Zedent und Zessionar zu beschränken ist,[448] müssen diese von den anderen, nach Art. 12

[446] *Cheshire/North,* Private International Law, S. 39 f.; *Kropholler,* Internationales Privatrecht, S. 125; MünchKomm/*Sonnenberger,* Einl. IPR, Rdnr. 447; *Neuhaus,* Grundbegriffe, S. 335 f.

[447] Dazu *oben*, S. 164.

[448] *von Bar,* Internationales Privatrecht, Bd. 2, Rdnr. 564; *Bette,* WM 1997, 797, 798; *Ferid,* Internationales Privatrecht, Rdnr. 6-120 ff.; *von Hoffmann,* Internationales Privatrecht, § 10, Rdnr. 90; *Kropholler,* Internationales Privatrecht, S. 471 f.; *Martiny,* ZEuP 1999, 246, 265 ff.; MünchKomm/*Martiny,* Art. 33, Rdnr. 4 f.; *Peltzer,* RIW 1997, 893,

Abs. 2 EVÜ anzuknüpfenden Teilfragen einer Forderungsübertragung abgegrenzt werden.

Aus der Sicht des deutschen Rechts handelt es sich dabei um die „klare und einfach zu handhabende“[449] Unterscheidung zwischen Verpflichtungs- und Verfügungsgeschäft. Die in Deutschland herrschende Auffassung wird dementsprechend auch damit begründet, daß sie dem Trennungs- und Abstraktionsprinzip am ehesten gerecht werde.[450] Doch auch wenn die Unterscheidung zwischen Verpflichtungs- und Verfügungsgeschäft aus Sicht des deutschen Rechts klar und eindeutig ist, kann sie der Auslegung des Art. 12 EVÜ nur dann zugrunde gelegt werden, wenn sie von den anderen Rechtsordnungen zumindest nachvollzogen werden kann.

Dabei kommt es nicht darauf an, ob die ausländischen Rechtsordnungen dem Abstraktionsprinzip tatsächlich folgen.[451] Entscheidend ist vielmehr, ob aus ihrer Sicht die mit einer Forderungsübertragung verbundenen Rechtsfragen der verpflichtenden oder der verfügenden Seite einer Forderungsübertragung zugeordnet werden können. Erweist sich die Unterscheidung in einer Vielzahl von Rechtsordnungen als praktisch nicht oder nur schwer durchführbar, spricht dies gegen eine sich darauf stützende Auslegung des Art. 12 EVÜ.

Die Darstellung der verschiedenen Formen der Forderungsübertragung des englischen Rechts hat jedoch gezeigt, daß es ungeachtet des Grundsatzes *that equity considers as done which ought to be done* zwischen den verpflichtenden und verfügenden Aspekten einer Forderungsübertragung unterscheidet.[452] Das französische Recht sieht zwar nach dem in Art. 711 Code civil zum Ausdruck kommenden Einheits- und Konsensprinzip die Verpflichtung zu einer Forderungsübertragung und den Forderungsübergang als Einheit an. Dennoch tritt vor allem bei der *subrogation conventionnelle* die Unterscheidung zwischen ihrer verpflichtenden und verfügenden Seite deutlich in Erscheinung.[453] Sie ist bei der Forderungsübertragung durch Übergabe eines Forderungsverzeichnisses nach Art. L. 313-23 ff. Code monétaire et financier sogar gesetzlich verankert.[454]

Die Gesichtspunkte, die sowohl im englischen als auch im französischen Recht eine Unterscheidung zwischen den schuldrechtlichen Verpflichtungen von Zedent und Zessionar einerseits und den dinglichen Aspekten einer Forderungsübertragung andererseits ermöglichen, lassen sich weitgehend

896 ff.; *Soergel/von Hoffmann*, Art. 33, Rdnr. 6; *Staudinger/Stoll*, Int SachenR, Rdnr. 347. Vgl. *Audit*, Droit international privé, Rdnr. 762.

449 *von Bar*, Internationales Privatrecht, Bd. 2, Rdnr. 564.

450 *Reithmann/Martiny*, Internationales Vertragsrecht, Rdnr. 307; *Bette*, WM 1997, 797, 798.

451 Anders *Einsele*, RabelsZ 60 (1996) 417, 433; *dies.*, ZVglRWiss 90 (1991) 1, 16.

452 Dazu *oben*, S. 77 f. und 121.

453 Dazu *oben*, S. 99.

454 Dazu *oben*, S. 110.

verallgemeinern. *Kötz* hat die Unterscheidung dementsprechend als *„perhaps inevitabel*“[455] bezeichnet.

Sie tritt besonders deutlich zutage, wenn sich der Zedent – beispielsweise im Rahmen eines Factoringvertrags – verpflichtet, eine zukünftige Forderung an den Zessionar zu übertragen. Eine solche Verpflichtung kann der Zedent wegen des Grundsatzes der Privatautonomie unabhängig davon eingehen, ob das anwendbare Recht dem Konsensprinzip oder dem Trennungs- und Abstraktionsprinzip folgt. Während die Verpflichtung des Zedenten, die Forderung an den Zessionar zu übertragen, von Anfang an besteht, kann der Forderungsübergang selbst erst zu einem späteren Zeitpunkt erfolgen. Diese Zeitspanne läßt die Unterscheidung zwischen Verpflichtungsgeschäft und Verfügungsgeschäft in allen Rechtsordnungen deutlich werden.[456]

Die Unterscheidung zeigt sich aber auch darin, daß mit einer Forderungsübertragung unterschiedliche wirtschaftliche Ziele verfolgt werden können. Eine Forderung kann verkauft, verschenkt, oder als Sicherheit übertragen werden. Die wirtschaftliche Zielsetzung bestimmen die Parteien durch die entsprechende Ausgestaltung ihrer gegenseitigen Verpflichtungen. Diesen Verpflichtungen, die von der wirtschaftlichen Zielsetzung der jeweiligen Forderungsübertragung abhängen und sich daher von Fall zu Fall unterscheiden, steht ein gemeinsames Element gegenüber: die eigentliche Forderungsübertragung. Auch insofern kann in allen Rechtsordnungen die Unterscheidung zwischen Verpflichtung und Verfügung im Hinblick auf eine Forderungsübertragung nachvollzogen werden.[457]

Die Unterscheidung zwischen den schuldrechtlichen Verpflichtungen von Zedent und Zessionar einerseits und den dinglichen Aspekten der Forderungsübertragung andererseits kann daher nicht nur im deutschen Recht, sondern auch in Rechtsordnungen, die dem Konsensprinzip folgen, mit der von Sinn und Zweck des EVÜ geforderten Klarheit und Eindeutigkeit durchgeführt werden.

(2) Zweite Auslegungsmöglichkeit

Art. 12 EVÜ wird aber auch so verstanden, daß Art. 12 Abs. 1 EVÜ nicht nur die gegenseitigen Verpflichtungen von Zedent und Zessionar erfaßt, son-

---

[455] *Kötz*, Int. Enc. Comp. L., Bd. 7, Kap. 13, Rdnr. 67. Vgl.: *Habermeier*, AcP 195 (1995) 283: „universal [geltende], namentlich die europäischen Privatrechtsordnungen prägende Notwendigkeit“; A/CN.9/489 (Kommentierung des Sekretariats), Rdnr. 25: „Like most legal systems, the draft Convention recognizes the distinction between the assignment itself as a transfer of property and the contract of assignment as a transaction creating personal obligations (in other words, between the assignment and its *causa*, that is, a sale, security agreement, gift or payment).“

[456] *Kötz*, Int. Enc. Comp. L., Bd. 7, Kap. 13, Rndr. 66.

[457] *Kötz*, Int. Enc. Comp. L., Bd. 7, Kap. 13, Rdnr. 66.

dern auch die dinglichen Aspekte der Forderungsübertragung, soweit sie das Verhältnis der Zessionsparteien zueinander betreffen. Die Wirksamkeit der Forderungsübertragung gegenüber dem Schuldner und Dritten sei dagegen nach Art. 12 Abs. 2 EVÜ zu beurteilen.[458] Diese Auslegung erfordert eine Unterscheidung zwischen dem Innenverhältnis zwischen Zedent und Zessionar auf der einen und dem Außenverhältnis zum Schuldner und Dritten auf der anderen Seite.

Diese Unterscheidung zwischen den *effets entre les parties* und den *effets à l'égard des tiers* prägt die Forderungsabtretung nach Art. 1689 ff. Code civil: Die Verpflichtung zur Forderungsabtretung hat im Innenverhältnis zwischen Zedent und Zessionar dingliche Wirkungen, die Dritten jedoch nur unter den Voraussetzungen des Art. 1690 Code civil entgegengehalten werden können.[459] Die Unterscheidung durchzieht jedoch nicht das gesamte französische Recht: Bei bei der *subrogation conventionnelle* tritt sie nicht in Erscheinung[460] und in Art. 313-27 Code monétaire et financier wird sie für die Forderungsübertragung durch Übergabe eines Forderungsverzeichnisses ausdrücklich aufgegeben.[461] Das englische Recht unterscheidet im Anwendungsbereich der Regel aus *Dearle v. Hall* zwischen der Wirksamkeit gegenüber anderen Zessionaren auf der einen Seite und der Wirksamkeit zwischen den Zessionsparteien, gegenüber den Gläubigern des Zedenten sowie gegenüber dessen Insolvenzverwalter auf der anderen Seite.[462] Das deutsche Recht behandelt die dinglichen Wirkungen einer Forderungsabtretung grundsätzlich einheitlich.[463] Die Rechtsordnungen treffen somit keine einheitliche Unterscheidung zwischen den verschiedenen dinglichen Wirkungen einer Forderungsübertragung.

Dennoch kann die Unterscheidung zwischen dem Innenverhältnis *inter partes* und dem Außenverhältnis gegenüber Dritten auch im deutschen und englischen Recht nachvollzogen werden. Es ist möglich, die rechtlichen Fragestellungen den verschiedenen Zwei-Personen-Verhältnissen zuzuordnen, die bei einer Forderungsübertragung bestehen. Entscheidend ist, ob eine Fragestellung für das Innenverhältnis zwischen Zedent und Zessionar oder für das Außenverhältnis gegenüber den Dritten von Bedeutung ist. Anders als bei der Unterscheidung zwischen Verpflichtungs- und Verfügungsgeschäft müssen nicht verschiedene Fragestellungen innerhalb ein und desselben Zwei-Personen-Verhältnisses unterschieden werden.

---

[458] *Einsele*, ZVglRWiss 90 (1991) 1, 22 f.; *dies.*, RabelsZ 60 (1996) 417, 430 ff.; *Mangold*, Die Abtretung im Europäischen Kollisionsrecht, S. 213 ff. Für die Einzelzession auch *Kaiser*, Verlängerter Eigentumsvorbehalt und Globalzession, S. 219 f., 223. Für Art. 16 Abs. 1 des Vorentwurfs: *Lando*, RabelsZ 38 (1974) 6, 47; *Siehr*, RIW 1973, 569, 582.
[459] Dazu *oben*, S. 69 f.
[460] Dazu *oben*, S. 105.
[461] Dazu *oben*, S. 111 f.
[462] Dazu *oben*, S. 86.
[463] Dazu *oben*, S. 95.

Die von der zweiten Auslegungsmöglichkeit des Art. 12 Abs. 1 EVÜ aufgeworfenen Abgrenzungsfragen können daher mit einer Sinn und Zweck des EVÜ entsprechenden Klarheit beantwortet werden.

(3) Dritte Auslegungsmöglichkeit

Art. 12 EVÜ wird schließlich so ausgelegt, daß Abs. 1 grundsätzlich alle Aspekte einer Forderungsübertragung erfaßt, die nicht aus Gründen des Schuldnerschutzes nach Abs. 2 EVÜ anzuknüpfen sind. Abs. 2 EVÜ ist danach eine Ausnahme zur Regel des Abs. 1 EVÜ. Die Wirksamkeit einer Forderungsübertragung gegenüber Dritten ist nach dieser Ansicht gemäß Art. 12 Abs. 1 EVÜ an das Statut des der Forderungsübertragung zugrunde liegenden Verpflichtungsgeschäfts anzuknüpfen.[464]

Erforderlich ist eine Abgrenzung zwischen den in Abs. 2 EVÜ ausdrücklich genannten Fragen des Schuldnerschutzes und den übrigen Aspekten einer Forderungsübertragung, die im Anwendungsbereich der Regelanknüpfung des Abs. 1 EVÜ verbleiben. Ausgangspunkt dieser Abgrenzung ist Art. 12 Abs. 2 EVÜ. Ob die erforderlichen Unterscheidungen in einer der Zielsetzung des Übereinkommens gerecht werdenden Art und Weise getroffen werden können, ist daher bei der Auslegung dieser Vorschrift zu untersuchen.[465]

(4) Zusammenfassung

Die Einbeziehung der Wirksamkeit einer Forderungsübertragung gegenüber Dritten in den Anwendungsbereich des Art. 12 Abs. 1 EVÜ kann daher nicht mit Abgrenzungsschwierigkeiten begründet werden, die sich anderenfalls zu den von Art. 12 Abs. 1 EVÜ erfaßten Fragen ergeben könnten. Zwischen den von der Vorschrift unstreitig erfaßten schuldrechtlichen Verpflichtungen von Zedent und Zessionar und den dinglichen Aspekten der Forderungsübertragung (erste Auslegungsmöglichkeit) ist eine einfache, klare und der Zielsetzung des Übereinkommens entsprechende Unterscheidung ebenso möglich wie zwischen dem Innenverhältnis von Zedent und Zessionar einerseits und dem Außenverhältnis der Zessionsparteien zum Schuldner und sonstigen Dritten andererseits (zweite Auslegungsmöglichkeit).

---

[464] Hoge Raad, 16. 5. 1997, N. J. 1998, Nr. 585, Ziffer 3.5. der Urteilsgründe; *Ebenroth*, EWiR 1991, 160, 161; *Keller*, Zessionsstatut im Lichte des Übereinkommens über das auf vertragliche Schuldverhältnisse anzuwendende Recht, S. 161 f.; *Mankowski*, in: FS Herber, 147, 178; *Stadler*, IPRax 2000, 104 ff.; *dies.*, Gestaltungsfreiheit und Verkehrsschutz durch Abstraktion, S. 707 ff; *Staudinger/Hausmann*, Art. 33, Rdnr. 50.

[465] Dazu *unten*, S. 270 ff.

bb. Koordinierungsfragen

(1) Erste Auslegungsmöglichkeit

Die erste Auslegungsmöglichkeit kann zwar darauf gestützt werden, daß zwischen dem Verpflichtungsgeschäft, das der Forderungsübertragung zugrunde liegt, und deren dinglichen Aspekten eine der Zielsetzung des EVÜ entsprechende Abgrenzung möglich ist. Sie hat allerdings zur Folge, daß auf die Verpflichtungen von Zedent und Zessionar ein anderes Recht Anwendung finden kann als auf die dinglichen Aspekte der Forderungsübertragung. Die Anwendbarkeit unterschiedlicher Rechtsordnungen auf einen einheitlichen Lebenssachverhalt kann nun aber Schwierigkeiten aufwerfen, die die Rechtssicherheit bei der Anwendung des EVÜ beeinträchtigen und somit im Widerspruch zur Zielsetzung des Übereinkommens stehen. Solche Koordinierungsfragen stellen sich insbesondere dann, wenn eine Rechtsordnung dem Trennungs- und Abstraktionsprinzip folgt, während in der anderen das Konsensprinzip gilt. Dies verdeutlicht folgender Sachverhalt:

> Der in Frankreich ansässige Zedent ist Inhaber einer deutschem Recht unterliegenden Forderung. Diese verkauft und überträgt er an eine französische Bank. Der Kaufvertrag unterliegt französischem Recht. Später stellt sich heraus, daß der Kaufvertrag nicht wirksam zustande gekommen ist.

Im Hinblick auf solche Fallgestaltungen wird gegen eine gesonderte Anknüpfung von Verpflichtungs- und Verfügungsgeschäft zunächst eingewandt, daß selbst bei einem wirksamen Kaufvertrag ein Forderungsübergang nicht begründet werden könne. Denn Zedent und Zessionar hätten regelmäßig keinen auf den Abschluß eines gesonderten Verfügungsgeschäfts gerichteten Willen, da das für das Verpflichtungsgeschäft maßgebliche französische Recht ein solches Verfügungsgeschäft nicht kennt. Der Zedent sei daher zum Abschluß eines gesonderten Verfügungsgeschäfts auch nicht verpflichtet.[466] Diese Schwierigkeiten sind jedoch lösbar. Da nach französischem Recht schon der Kaufvertrag zumindest zwischen Zedent und Zessionar einen Forderungsübergang herbeiführt, wird man dem Willen der Vertragsparteien kaum Gewalt antun, wenn man in den Kaufvertrag die konkludente Einigung über ein Verfügungsgeschäft hineinliest, das den Anforderungen des deutschen Rechts genügt.[467] Und auch ein französischem

---

[466] *Einsele,* ZVglRWiss 90 (1991) 1, 15; *Stadler,* Gestaltungsfreiheit und Verkehrsschutz durch Abstraktion, S. 709; *Staudinger/Hausmann,* Art. 33, Rdnr. 36.

[467] *Mangold,* Die Abtretung im Europäischen Kollisionsrecht, S. 181; *Kieninger,* RabelsZ 62 (1998) 678, 708; *Stadler,* Gestaltungsfreiheit und Verkehrsschutz durch Abstraktion, S. 709. Etwas anderes kann jedoch dann gelten, wenn sich die Voraussetzungen für das Zustandekommen eines Rechtsgeschäfts in den beteiligten Rechtsordnungen grundsätzlich unterscheiden: Für eine Forderungsübertragung durch *equitable assignment* genügt es nach englischem Recht, daß der Zessionar der Abtretungserklärung des Zedenten nicht widerspricht. Insofern ist der Fall denkbar, daß das Verhalten der Zessionsparteien zwar den Anforderungen des englischen Rechts genügt, darin aber keine den

Recht unterliegendes Verpflichtungsgeschäft kann dahin ausgelegt werden, daß sich der Zedent verpflichtet, alles Erforderliche zu tun, um dem Zessionar die Forderung zu verschaffen. Dies umfaßt, falls erforderlich, auch den Abschluß eines Verfügungsvertrags.

Schwieriger gestaltet sich das Zusammenspiel unterschiedlicher Rechtsordnungen bei der Rückabwicklung einer Forderungsübertragung, die sich auf ein unwirksames Verpflichtungsgeschäft bezieht.[468] Denn die Ausgestaltung der Rückabwicklungsmechanismen einer Rechtsordnung hängt wesentlich davon ab, ob sie dem Trennungs- und Abstraktionsprinzip oder dem Konsensprinzip folgt.[469] Daher kann die Maßgeblichkeit unterschiedlicher Rechtsordnungen für die dinglichen Aspekte der rückabzuwickelnden Forderungsübertragung einerseits und die Rückabwicklung andererseits zu Störungen führen. Da nach Art. 10 Abs. 1 Buchst. e EVÜ[470] die Rückabwicklung einer Leistung, die sich auf ein unwirksames vertragliches Schuldverhältnis bezieht, akzessorisch an das Statut dieses Schuldverhältnisses anzuknüpfen ist,[471] sind diese Störungen letztlich eine Folge der unterschiedlichen Anknüpfung von Verpflichtungs- und Verfügungsgeschäft.

Anforderungen des deutschen Rechts genügende dingliche Einigung gesehen werden kann (*Einsele*, ZVglRWiss 90 (1991) 1, 16).

[468] Dazu *Kieninger*, RabelsZ 62 (1998) 678, 708 f.; *Stadler*, Gestaltungsfreiheit und Verkehrsschutz durch Abstraktion, S. 713; *dies.*, IPRax 2000, 104, 107; *Staudinger/Hausmann*, Art. 33, Rdnr. 36.

[469] *Stadler*, Gestaltungsfreiheit und Verkehrsschutz durch Abstraktion, S. 213; *dies.*, IPRax 2000, 104, 107.

[470] Im deutschen Kollisionsrecht findet statt des Art. 10 Abs. 1 Buchst. e EVÜ die inhaltlich entsprechende Regelung des Art. 32 Abs. 1 Nr. 5 EGBGB Anwendung. Die Vorschrift ist gegenüber Art. 38 Abs. 1 EGBGB *lex specialis*, da sie die Leistungskondiktion nicht umfassend regelt, sondern sich auf die Nichtigkeitsfolgen eines vertraglichen Schuldverhältnisses beschränkt. Vgl. *Busse*, Internationales Bereicherungsrecht, S. 87 ff.

[471] Die akzessorische Anknüpfung der Leistungskondiktion an das Recht des der Leistung zugrundliegenden Rechtsverhältnisses war in Deutschland schon vor dem Inkrafttreten des Art. 38 Abs. 1 EGBGB unbestritten (*Busse*, Internationales Bereicherungsrecht, S. 90 f., m.w.N.). Sie wird auch im Ausland weitgehend befürwortet. In Frankreich ergibt sie sich aus Art. 10 Abs. 1 Buchtst. e EVÜ, der aus Gründen der Einheitlichkeit auch außerhalb seines unmittelbaren Regelungsbereichs für maßgeblich gehalten wird (*Audit*, Droit international privé, Rdnr. 790; *Batiffol/Lagarde*, Droit international privé, Rdnr. 564; *Mayer/ Heuzé*, Droit international privé, Rdnr. 689). Für das englische Recht ist der vom Vereinigten Königreich gemäß Art. 22 Abs. 1 Buchst. a EVÜ zulässige Vorbehalt der s. 2 (2) Contracts (Applicable Law) Act 1990 zu beachten. Rechtsprechung und Literatur folgen einem *flexible approach*, bei dem das Statut des der Leistung zugrunde liegenden Rechtsverhältnisses jedoch von erheblicher Bedeutung ist: Es ist diejenige Rechtsordnung zu ermitteln, zu der die bereicherungsrechtlichen Ansprüche bei einer umfassenden Würdigung sämtlicher Umstände des Einzelfalls *the closest and most real connections* aufweisen (*Arab Monetary Fund v. Hashim* [1996] 1 Lloyd's Rep. 589; *Baring Bros & Co. Ltd. v. Cunninghame District Council* [1997] C. L. C. 108; *Cheshire/North*, Private International Law, S. 685 ff. Anders *Dicey/Morris*, Conflict of Laws, Regel 201 (2)).
Eine weitergehende Kollisionsrechtsvergleichung findet sich bei *Busse*, Internationales Bereicherungsrecht, S. 92 ff.; *Rabel*, Conflict of Laws, Bd. 3, S. 378 ff.

Dies zeigt der obige Beispielsfall. Da für das der Forderungsübertragung zugrunde liegende Verpflichtungsgeschäft französisches Recht maßgebend ist, richtet sich auch die Rückabwicklung der darauf bezogenen Leistungen gemäß Art. 10 Abs. 1 Buchst. e EVÜ nach französischem Recht. Aus dessen Sicht ist aber ein Forderungsübergang auf der Grundlage eines unwirksamen Verpflichtungsgeschäfts ausgeschlossen. Es muß daher auch keinen bereicherungsrechtlichen Rückabwicklungsanspruch zur Verfügung stellen.[472] Ein solcher ist jedoch erforderlich, wenn das Verfügungsgeschäft deutschem Recht untersteht und die Forderung ungeachtet der Unwirksamkeit des Verpflichtungsgeschäfts auf den Zessionar übergegangen ist.[473]

Die akzessorische Anknüpfung der Leistungskondiktion an das Statut des Rechtsverhältnisses, auf das sich die Leistung bezieht, ist jedoch nicht nur international weitgehend anerkannt, sondern kann sich auch auf überzeugende Gründe stützen.[474] Daher können die Schwierigkeiten, die sich aus dem Zusammentreffen von Abstraktions- und Konsensprinzip ergeben, nur dadurch ausgeräumt werden, daß nicht nur die Leistungskondiktion, sondern auch die dinglichen Aspekte der Forderungsübertragung akzessorisch an das Statut des Verpflichtungsgeschäfts angeknüpft werden. Das entscheidende Element dieser Lösung liegt darin, daß diejenige Rechtsordnung für die Rückabwicklung einer rechtsgrundlosen Forderungsübertragung maßgeblich ist, aus der sich auch ergibt, ob die Übertragung abstrakt oder kausal erfolgt ist.

Dieses Ergebnis kann auf der Grundlage der dritten Auslegungsmöglichkeit des Art. 12 EVÜ ohne weiteres erreicht werden. Nach dieser Ansicht erfaßt Abs. 1 EVÜ sämtliche Aspekte einer Forderungsübertragung, die nicht ausdrücklich aus Gründen des Schuldnerschutzes durch Abs. 2 EVÜ dem Forderungsstatut zugewiesen werden. Die einheitliche Anknüpfung der dinglichen Aspekte einer Forderungsübertragung und ihrer bereicherungsrechtlichen Rückabwicklung ist notwendige Folge dieses Ausgangspunkts.[475] Ein vergleichbares Ergebnis kann auch mit der zweiten Auslegungsmöglichkeit

---

[472] Es besteht lediglich ein Vindikationsanspruch auf Rückgabe eventuell übergebener Unterlagen (*Stadler,* Gestaltungsfreiheit und Verkehrsschutz durch Abstraktion, S. 630).

[473] Der umgekehrte Fall, daß der Kaufvertrag deutschem Recht und die übertragene Forderung französischem Recht unterliegt, bereitet dagegen auch dann keine Schwierigkeiten, wenn Verpflichtungs- und Verfügungsgeschäft unterschiedlich angeknüpft werden: Das deutsche Recht stellt einen Kondiktionsanspruch zur Verfügung, der aber nicht greift, weil der Zessionar nichts erlangt hat. Die Frage, ob der Zessionar etwas im Sinne des § 812 Abs. 1 S. 1 Fall 1 BGB erlangt hat, ist als Vorfrage (zum Begriff: *Neuhaus,* Grundbegriffe, S. 344 f.) gesondert an das Forderungsstatut anzuknüpfen (*von Bar,* Internationales Privatrecht, Bd. 2, Rdnr. 564, Fn. 737; *Busse,* Internationales Bereicherungsrecht, S. 100 f.). Vgl. *Cheshire/North,* Private International Law, S. 690.

[474] Zu diesen *Busse,* Internationales Bereicherungsrecht, S. 95 ff.; *von Hoffmann,* Internationales Privatrecht, § 11, Rdnr. 4; *Kropholler,* Internationales Privatrecht, S. 489 f.; *Rabel,* Conflict of Laws, Bd. 3, S. 382 ff.

[475] *Stadler,* Gestaltungsfreiheit und Verkehrsschutz durch Abstraktion, S. 713; *dies.,* IPRax 2000, 104, 107; *Staudinger/Hausmann,* Art. 33, Rdnr. 13.

erreicht werden. Die Frage, ob die Forderungsübertragung abstrakt oder kausal ausgestaltet ist, muß nur dem nach Art. 12 Abs. 1 EVÜ zu beurteilenden Innenverhältnis zwischen Zedent und Zessionar zugeordnet werden.[476]

Die sich aus der unterschiedlichen Anknüpfung der dinglichen Aspekte einer Forderungsübertragung einerseits und ihrer bereicherungsrechtlichen Rückabwicklung andererseits ergebenden Schwierigkeiten sprechen daher allein gegen die erste Auslegungsmöglichkeit. Denn danach ist der Regelungsbereich des Abs. 1 auf das der Forderungsübertragung zugrunde liegende Verpflichtungsgeschäft beschränkt, während im übrigen nach Abs. 2 das Forderungsstatut maßgeblich ist. Die unterschiedliche Anknüpfung der dinglichen Aspekte einer Forderungsübertragung und ihrer bereicherungsrechtlichen Rückabwicklung ist notwendige Folge dieser Auffassung.

Die sich daraus ergebenden Schwierigkeiten wiegen jedoch nicht so schwer, daß sie die Notwendigkeit einer Einbeziehung der dinglichen Aspekte einer Forderungsübertragung in den Regelungsbereich des Art. 12 Abs. 1 EVÜ überzeugend begründen können.

Zunächst kann das Zusammentreffen von Konsens- und Abstraktionsprinzip nur dann zu Schwierigkeiten führen, wenn der Forderungsübergang von der Unwirksamkeit des Verpflichtungsgeschäfts tatsächlich unberührt bleibt. Nach deutschem Recht schlägt jedoch die Unwirksamkeit des Verpflichtungsgeschäfts trotz des Abstraktionsprinzips in vielen Fällen auf das Verfügungsgeschäft durch,[477] so daß eine bereicherungsrechtliche Rückabwicklung nicht erforderlich ist und das Zusammentreffen von Konsens- und Abstraktionsprinzip insofern auch keine Koordinierungsfragen aufwerfen kann.

Trifft die Unwirksamkeit dennoch lediglich das Verpflichtungsgeschäft und läßt den Forderungsübergang unberührt, etwa weil die Unwirksamkeitsgründe in den jeweils maßgeblichen Rechtsordnungen unterschiedlich geregelt sind,[478] ist eine Lösung nur im Wege der Anpassung möglich:[479] In dem obigen Beispielsfall muß das nach Art. 10 Abs. 1 Buchst. e EVÜ für die Folgen der Nichtigkeit des Vertrags maßgebliche französische Recht den rechts-

---

476 *Einsele*, ZVglRWiss 90 (1991) 1, 15. Soweit sich *Einsele* für ihre Auffassung darauf beruft, „daß außerhalb des Rechts der Forderungsabtretung anerkannt [sei], daß das Schuldstatut darüber entscheidet, ob ein Rechtsgeschäft kausal oder abstrakt ist", ist zu bedenken, daß nicht nur das Verfügungsgeschäft gegenüber dem zugrunde liegenden Verpflichtungsgeschäft, sondern auch die Verpflichtung der einen Vertragspartei gegenüber der Verpflichtung der anderen Vertragspartei abstrakt sein kann. Auf diese Unabhängigkeit der einzelnen Verpflichtungen beziehen sich die von *Einsele* angeführten Autoren. Ob der von ihr benannte Grundsatz tatsächlich besteht, muß daher bezweifelt werden. Vgl. *Staudinger/Hausmann*, Art. 33, Rdnr. 36.

477 *Kötz*, Europäisches Vertragsrecht, S. 407; *Kieninger*, RabelsZ 62 (1998) 678, 709.

478 *Einsele*, ZVglRWiss 90 (1991) 1, 16.

479 Allgemein zur Anpassung MünchKomm/*Sonnenberger*, Einl. IPR, Rdnr. 532 ff.; *Neuhaus*, Grundbegriffe, S. 353 ff.

grundlosen, aber nach deutschem Recht wirksamen Forderungsübergang anerkennen und einen bereicherungsrechtlichen Anspruch auf Rückabwicklung gewähren.[480] Das erscheint auch möglich, denn dem französischen Recht[481] sind, ebenso wie den meisten anderen Rechtsordnungen,[482] bereicherungsrechtliche Ansprüche auf Rückgewähr nicht geschuldeter Leistungen durchaus bekannt.

Daß die Anpassungsprobleme bewältigt werden können, zeigt ein Blick auf das Internationale Sachenrecht. Obwohl dort dieselben Fragestellungen auftreten, ist die kollisionsrechtliche Unterscheidung zwischen Verpflichtungs- und Verfügungsgeschäft und die gesonderte Anknüpfung der dinglichen Aspekte einer Eigentumsübertragung einerseits und ihrer bereicherungsrechtlichen Rückabwicklung andererseits ein Ansatz, der auch von Rechtsordnungen akzeptiert wird, die dem Konsensprinzip folgen.[483]

Daher lassen sich die Koordinierungsfragen, die von der ersten Auslegungsmöglichkeit des Art. 12 EVÜ aufgeworfen werden, in einer Sinn und Zweck des Übereinkommens entsprechenden Weise beantworten. Die Notwendigkeit einer Einbeziehung der Wirksamkeit einer Forderungsübertragung gegenüber Dritten in den Regelungsbereich des Art. 12 Abs. 1 EVÜ kann nicht mit Koordinierungsschwierigkeiten begründet werden, die sich bei einer anderen Anknüpfung ergeben würden.

(2) Zweite Auslegungsmöglichkeit

Die zweite Auslegungsmöglichkeit kann zwar die Koordinierungsfragen, die sich im Hinblick auf die bereicherungsrechtliche Rückabwicklung rechtsgrundloser Forderungsübertragungen ergeben können, von vornherein vermeiden.[484] Sie wirft jedoch andere Koordinierungsfragen auf. Denn nach dieser Auffassung regelt Art. 12 Abs. 1 EVÜ das Innenverhältnis zwischen Zedent und Zessionar einschließlich seiner dinglichen Aspekte, während

---

[480] *Kieninger,* RabelsZ 62 (1998) 678, 708.

[481] Art. 1376 ff. Code civil (*répétition de l'indu*). Mit diesen Vorschriften löst das französische Recht einen großen Teil der Fälle, in denen das deutsche Recht eine Leistungskondiktion gewährt (*Zweigert/Kötz,* Einführung in die Rechtsvergleichung, S. 546 ff.).

[482] *Englard,* Int. Enc. Comp. L., Bd. 10, Kap. 5, Rdnr. 1: Die Rückabwicklung von Zuwendungen, die sich auf unwirksame Rechtsgeschäfte beziehen, „appears to be the basic solution in all systems of law, past and present. Systems may differ in their definition of causes and circumstances constituting failure of a transaction; they may equally differ in the details of restitution. But the basic principle of restitution remains common to all of them." Insbesondere ist das Bestehen bereicherungsrechtlicher Ansprüche unabhängig von der Geltung des Abstraktionsprinzips (*Zweigert/Kötz,* Einführung in die Rechtsvergleichung, S. 564; *Stadler,* Gestaltungsfreiheit und Verkehrsschutz durch Abstraktion, S. 248).

[483] *Einsele,* ZVglRWiss 90 (1991) 1, 16; *Stadler,* IPRax 2000, 104, 106. Vgl.: *Reithmann/Martiny,* Internationales Vertragsrecht, Rndr. 307.

[484] Dazu *oben,* S. 257.

sich die Wirksamkeit der Forderungsübertragung gegenüber dem Schuldner und Dritten nach Art. 12 Abs. 2 EVÜ richtet.

Diese unterschiedliche Anknüpfung der dinglichen Wirkungen einer Forderungsübertragung zwischen Zedent und Zessionar einerseits und gegenüber Dritten und dem Schuldner andererseits kann zu relativen Forderungszuständigkeiten führen.[485] Wenn die Forderungsübertragung beispielsweise im Verhältnis zwischen Zedent und Zessionar dem deutschen Recht und im Verhältnis zu Dritten dem französischen Recht unterliegt, dem Schuldner aber nicht durch *signification* angezeigt worden ist, tritt der Forderungsübergang zwar gegenüber dem Zedenten ein, kann aber weder dem Schuldner noch Dritten entgegengehalten werden. Die sich daraus ergebende hinkende Forderungsinhaberschaft ist für den Zessionar jedoch praktisch wertlos.[486] Daher muß der Zessionar stets die Anforderungen zweier Rechtsordnungen berücksichtigen, wenn er sicherstellen will, daß die Forderungsübertragung ihren wirtschaftlichen Zweck zuverlässig erfüllt. Das widerspricht jedoch der Zielsetzung des EVÜ, das den Rechtsverkehr und damit das Funktionieren des Gemeinsamen Marktes erleichtern will.

Wird eine Forderung durch den Zedenten mehrfach übertragen, kann die unterschiedliche Anknüpfung der dinglichen Aspekte im Innen- und Außenverhältnis zu erheblichen Wertungsdiskrepanzen führen. Dies zeigt sich insbesondere dann, wenn die erste Forderungsübertragung nach dem für das Innenverhältnis maßgeblichen Recht gegenüber dem Zedenten unwirksam ist, obwohl sie nach dem für das Außenverhältnis maßgeblichen Recht Dritten und dem Schuldner entgegengehalten werden kann.[487] In dieser Situation kann der zweite Zessionar die Forderung nicht geltend machen, weil ihm gegenüber der erste Zessionar Inhaber der Forderung geworden ist und der Zedent bei der zweiten Übertragung daher nicht verfügungsbefugt war. Der Zedent kann die Forderung nicht geltend machen, da der Schuldner ihm gegenüber wegen der im Außenverhältnis wirksamen Forderungsübertragung an den ersten Zessionar nicht mehr zur Leistung verpflichtet ist. Der erste Zessionar kann zwar vom Schuldner Zahlung verlangen, sieht sich jedoch dem Einwand des Zedenten ausgesetzt, daß ihm die Forderung im In-

---

[485] *Kaiser,* Verlängerter Eigentumsvorbehalt und Globalzession im IPR, S. 186; *Soergel/ von Hoffmann*, Art. 33, Rdnr. 7.

[486] Lediglich der Zedent ist berechtigt, vom Schuldner Zahlung zu verlangen. Der Zessionar hat zwar gegen den Zedenten einen Anspruch auf Herausgabe des Erlangten. In der Insolvenz des Zedenten ist dieser Anspruch jedoch wirtschaftlich wertlos.

[487] *Basedow,* ZEuP 1997, 615, 623; *Kieninger,* RabelsZ 62 (1998) 678, 709 f. Allerdings wird diese Fallkonstellation nur ausnahmsweise vorliegen, da die Voraussetzungen für die Wirksamkeit einer Forderungsübertragung gegenüber Dritten und dem Schuldner in aller Regel strenger sind als für die Wirksamkeit zwischen Zedent und Zessionar. Das muß jedoch nicht so sein. Beispielsweise setzt das niederländische Recht gemäß Art. 93:4 Abs. 1 NBW auch für den Forderungsübergang im Verhältnis zwischen Zedent und Zessionar eine Benachrichtigung des Schuldners voraus (vgl. *Reehuis,* in: Die Forderungsabtretung, insbesondere zur Kreditsicherung, in ausländischen Rechtsordnungen, 469, 472).

nenverhältnis wegen der relativen Unwirksamkeit der ersten Übertragung nicht zustehe und er daher zur Herausgabe des Erlöses verpflichtet sei. Es scheint daher, als stehe der wirtschaftliche Wert der Forderung dem Zedenten zu, obwohl er die Forderung zweimal übertragen hat.

Die zweite Auslegungsmöglichkeit führt damit zu erheblichen Koordinierungsschwierigkeiten, die gegen eine unterschiedliche Anknüpfung der dinglichen Aspekte einer Forderungsübertragung im Innenverhältnis einerseits und im Außenverhältnis andererseits sprechen.

e. Zwischenergebnis

Die Auslegung des Art. 12 Abs. 1 EVÜ hat nicht gezeigt, daß die Wirksamkeit einer Forderungsübertragung gegenüber Dritten in den Regelungsbereich der Vorschrift einzubeziehen und akzessorisch an das Statut des Verpflichtungsgeschäfts anzuknüpfen ist.

Der Wortlaut spricht gegen eine Einbeziehung in den Regelungsbereich des Art. 12 Abs. 1. Die einschränkende Formulierung „Verpflichtungen zwischen Zedent und Zessionar" steht insbesondere der dritten Auslegung entgegen, nach der Art. 12 Abs. 1 EVÜ alle Aspekte einer Forderungsübertragung erfaßt, die nicht aus Gründen des Schuldnerschutzes ausdrücklich durch Art. 12 Abs. 2 EVÜ dem Forderungsstatut zugewiesen werden.

Die Systematik des Übereinkommens legt dagegen eine Einbeziehung nahe, da Art. 12 Abs. 1 EVÜ anderenfalls gegenüber Art. 3 und 4 EVÜ keine eigenständige Bedeutung hätte. Allerdings finden sich in internationalen Übereinkommen häufig Vorschriften, die in erster Linie der Klarstellung dienen.

Aus der Entstehungsgeschichte des Übereinkommens geht nicht hervor, daß die Drittwirksamkeit einer Forderungsübertragung von Art. 12 Abs. 1 EVÜ erfaßt werden sollte. Bei der Erarbeitung des Art. 12 EVÜ standen der Schutz des Schuldners und die Unterscheidung zwischen den gegenseitigen Verpflichtungen von Zedent und Zessionar einerseits und den Verpflichtungen des Schuldners andererseits im Vordergrund. Art. 12 Abs. 1 EVÜ sollte gewährleisten, daß das Statut des Verpflichtungsgeschäfts die Position des Schuldners nicht berührt. Die Entstehungsgeschichte legt daher die Annahme nahe, daß die Forderung als Vermögensgegenstand nicht in den Anwendungsbereich des EVÜ fällt.

Die Drittwirksamkeit einer Forderungsübertragung muß auch nicht in den Regelungsbereich des Art. 12 Abs. 1 EVÜ einbezogen werden, um die Vorschrift in einer Sinn und Zweck des Übereinkommens entsprechenden Weise von Art. 12 Abs. 2 EVÜ abgrenzen zu können. Sowohl die erste Auslegungsmöglichkeit, die Abs. 1 EVÜ auf die schuldrechtlichen Verpflichtungen zwischen Zedent und Zessionar beschränkt, als auch die zweite Auslegungsmöglichkeit, die auch die dinglichen Aspekte des Innenverhältnisses zwischen Zedent und Zessionar einbezieht, ermöglichen eine sachgerechte Beantwortung der auftretenden Abgrenzungsfragen. Nach beiden Auffassungen wird die Drittwirksamkeit einer Forderungsübertragung von Art. 12 Abs. 1 EVÜ nicht erfaßt.

Wird jedoch entsprechend der zweiten Auslegungsmöglichkeit das Innenverhältnis zwischen Zedent und Zessionar anders angeknüpft als das Außenverhältnis gegenüber dem Schuldner und Dritten, können sich erhebliche Koordinierungsschwierigkeiten ergeben. Diese in Kauf zu nehmen, ist angesichts des geringen wirtschaftlichen Werts einer ausschließlich gegenüber dem Zedenten wirksamen Forderungsinhaberschaft nicht gerechtfertigt. Die zweite Auslegungsmöglichkeit scheidet daher als Grundlage für die Auslegung des Art. 12 EVÜ aus. Sie wird im folgenden nicht weiter berücksichtigt.

Dagegen erweisen sich die Koordinierungsfragen als lösbar, die sich aus einer der ersten Auslegungsmöglichkeit entsprechenden Beschränkung des Abs. 1 auf die schuldrechtlichen Verpflichtungen zwischen Zedent und Zessionar ergeben.

Damit konnten keine tragfähigen Anhaltspunkte dafür gefunden werden, daß die Wirksamkeit einer Forderungsübertragung gegenüber Dritten in den Regelungsbereich des Art. 12 Abs. 1 EVÜ einzubeziehen ist. Deshalb kann mit dieser Vorschrift nicht begründet werden, daß die Drittwirksamkeit aus systematischen Gründen in den Anwendungsbereich des EVÜ fällt.

4. Art. 12 Abs. 2 EVÜ

Die Wirksamkeit einer Forderungsübertragung gegenüber Dritten kann auch dem Regelungsbereich des Art. 12 Abs. 2 EVÜ zuzuordnen sein.

a. Wortlaut

Art. 12 Abs. 2 EVÜ spricht die Wirksamkeit einer Forderungsübertragung gegenüber Dritten nicht ausdrücklich an. Ebensowenig finden sich weite Formulierungen wie „Forderungsinhaberschaft“ oder „dingliche Aspekte einer Forderungsübertragung“, denen sie ohne weiteres zugeordnet werden könnte. Die Fragen, die das EVÜ an das Statut der zu übertragenden Forderung angeknüpft wissen will, umschreibt es vielmehr als „ihre Übertragbarkeit, das Verhältnis zwischen Zessionar und Schuldner, die Voraussetzungen, unter denen die Übertragung dem Schuldner entgegengehalten werden kann, und die befreiende Wirkung einer Leistung durch den Schuldner.“

Die Wirksamkeit einer Forderungsübertragung gegenüber Dritten kann daher nur dann nach Art. 12 Abs. 2 EVÜ angeknüpft werden, wenn diese Teilfrage entweder unter einen der ausdrücklich genannten Anknüpfungsgegenstände subsumiert werden kann[488] oder Art. 12 Abs. 2 EVÜ als weit auszulegende Grundregel für die Anknüpfung von Forderungsübertragungen anzusehen ist, die lediglich beispielhaft und nicht abschließend einige Teilaspekte ausdrücklich erwähnt.[489]

Dem zweiten Begründungsansatz steht jedoch bereits der Wortlaut entgegen.[490] Er nennt ausdrücklich vier mit einer Forderungsübertragung verbundene Einzelfragen. Sie werden genau umschrieben, ohne daß sich den Formulierungen irgendein Anhaltspunkt dafür entnehmen ließe, daß die Aufzählung lediglich beispielhaften Charakter haben und nicht als abschließende verstanden werden soll. Durch eine entsprechende Fassung des Art. 12 Abs. 2 EVÜ hätte dies jedoch ohne weiteres zum Ausdruck gebracht werden können. Daher legt der Wortlaut die Schlußfolgerung nahe, daß die Kollisionsregel lediglich einige ausdrücklich erwähnte und genau umrissene Teilaspekte einer Forderungsübertragung erfaßt,[491] nicht jedoch die Grundregel bildet für die Anknüpfung der mit einer Forderungsübertragung verbundenen Rechtsfragen.

Im Rahmen des ersten Begründungsansatzes kommen von den in Art. 12 Abs. 2 EVÜ ausdrücklich genannten Teilaspekten für eine Subsumtion der Drittwirksamkeit lediglich „die Voraussetzungen, unter denen die Übertragung dem Schuldner entgegengehalten werden kann," in Betracht.[492] Dabei ist zu berücksichtigen, daß Art. 12 Abs. 2 EVÜ gerade nicht von den Voraussetzungen spricht, unter denen eine Forderungsübertragung dem Schuldner *und Dritten* entgegengehalten werden kann. Eine solche Formulierung war in Art. 16 Abs. 2 des Vorentwurfs[493] vorgesehen, wurde jedoch nicht in das EVÜ übernommen.

Daraus ist die Schlußfolgerung gezogen worden, das EVÜ unterscheide zwischen der Wirksamkeit einer Forderungsübertragung gegenüber dem Schuldner einerseits und gegenüber Dritten andererseits. Eine einheitliche Anknüpfung beider Teilfragen sei daher mit dem Wortlaut des Art. 12 Abs. 2 EVÜ nicht zu vereinbaren. Sonst werde die bewußte Beschränkung des Anknüpfungsgegenstands auf die Wirksamkeit gegenüber dem Schuldner unterlaufen. Da Art. 12 Abs. 2 EVÜ nur die Wirkungen gegenüber dem Schuld-

---

488 *von Hoffmann/Höpping,* IPRax 1993, 302, 303.

489 MünchKomm/*Martiny,* Art. 33, Rdnr. 1: „Dies wird für eine Reihe von Einzelheiten klargestellt (Abs. 2)." Vgl. *Soergel/von Hoffmann,* Art. 33, Rdnr. 7.

490 Daher folgt *von Hoffmann* dem zweiten Begründungsansatz „trotz des unklaren Wortlautes" (*Soergel/von Hofffmann,* Art. 33, Rdnr. 7).

491 *Mankowksi,* in: FS Herber, 147, 181 f.; *Stadler,* Gestaltungsfreiheit und Verkehrsschutz durch Abstraktion, S. 707; *Staudinger/Hausmann,* Art. 33, Rdnr. 27; *Staudinger/Stoll,* Int SachenR, Rdnr. 350.

492 *von Hoffmann/Höpping,* IPRax 1993, 302, 303.

493 Art. 16 Abs. 2 des Vorentwurfs lautet: „Das Recht, dem die ursprüngliche Forderung untersteht, bestimmt deren Übertragbarkeit, das Verhältnis zwischen Zedent und Schuldner sowie die Voraussetzungen, unter denen die Abtretung dem Schuldner und Dritten entgegengehalten werden kann."

ner erwähnt, ergebe sich im Umkehrschluß, daß die Wirkungen gegenüber Dritten gerade nicht nach dieser Vorschrift zu beurteilen sind. Auf diese Argumentation stützt sich die in Frankreich vertretene *thèse dualiste*, die im Gegensatz zur *thèse de l'unité* eine unterschiedliche Anknüpfung der Wirksamkeit einer Forderungsübertragung gegenüber dem Schuldner einerseits und gegenüber Dritten andererseits befürwortet.[494]

Die Wirksamkeit einer Forderungsübertragung gegenüber Dritten wird aus dem Regelungsbereich des Art. 12 Abs. 2 EVÜ aber auch nicht ausdrücklich ausgenommen.[495] Daher kann die Argumentation der *thèse dualiste* nicht überzeugen, wenn die Wirksamkeit einer Forderungsübertragung gegenüber dem Schuldner und ihre Wirksamkeit gegenüber Dritten unter den kollisionsrechtlich maßgebenden Gesichtspunkten vergleichbar sind und sich eine unterschiedliche Anknüpfung weder mit der Regelungsabsicht der vertragsschließenden Staaten noch mit Sinn und Zweck des Übereinkommens begründen läßt. Unter diesen Voraussetzungen kann das auf die Drittwirksamkeit anwendbare Recht Art. 12 Abs. 2 EVÜ im Wege der Analogie[496] entnommen werden. Ob der Regelungsbereich des Art. 12 Abs. 2 EVÜ im Sinne der *thèse dualiste* durch einen Umkehrschluß[497] begrenzt werden muß oder durch eine Analogie erweitert werden kann, richtet sich damit nach dem Willen der Vertragsstaaten und nach Sinn und Zweck des Übereinkommens.[498] Diese Gesichtspunkte sind Gegenstand der folgenden Abschnitte (b. und c.).

Festgehalten werden kann jedoch, daß der Wortlaut des Art. 12 Abs. 2 EVÜ die Rechtsstellung des Schuldners im Verhältnis zu Zedent und Zessionar deutlich in den Vordergrund stellt.[499] Die Forderung wird in erster Linie als Verpflichtungsverhältnis zwischen dem Schuldner und seinem jeweiligen Gläubiger angesehen. Die Rechtsstellung des Zessionars gegenüber Dritten und die Forderung in ihrer Eigenschaft als Vermögensgegenstand haben in der Formulierung des Art. 12 Abs. 2 EVÜ keinen Niederschlag gefunden.[500]

---

[494] *Lagarde,* Rev. crit. dr. int. privé 80 (1991) 287, 335; *Sinay-Cytermann,* Rev. crit. dr. int. privé 81 (1992) 35, 42 ff.

[495] *Sinay-Cytermann,* Rev. crit. dr. int. privé 81 (1992) 35, 40: „En ne réglant pas expressément la question de l'opposabilité de la cession aux tiers, la Convention de Rome laisse ouvert le débat."

[496] Zu deren Voraussetzungen *Larenz,* Methodenlehre, S. 370 ff., insbesondere S. 373 f. (planwidrige Unvollständigkeit) und S. 381 (Ähnlichkeit der Sachverhalte).

[497] Dazu *Larenz,* Methodenlehre, S. 390.

[498] Vgl. *Larenz,* Methodenlehre, S. 391.

[499] *Peltzer,* RIW 1997, 893, 897; *Stadler,* Gestaltungsfreiheit und Verkehrsschutz durch Abstraktion, S. 708.

[500] *von Bar,* IPRax 1992, 20, 22; *Stadler,* IPRax 2000, 104, 105.

b. Entstehungsgeschichte

Der Sachverständigenbericht von *Giuliano* und *Lagarde* enthält in seiner knappen Kommentierung des Art. 12 Abs. 2 EVÜ keinerlei Hinweise, die zur Beantwortung der aufgeworfenen Auslegungsfrage beitragen könnten. Er schweigt insbesondere über die Gründe, die dazu geführt haben, daß die Wirksamkeit einer Forderungsübertragung gegenüber Dritten in Art. 12 Abs. 2 EVÜ im Gegensatz zu Art. 16 Abs. 2 des Vorentwurfs nicht mehr genannt wird. Dieser hat „die Voraussetzungen, unter denen die Abtretung [...] Dritten entgegengehalten werden kann", noch ausdrücklich erwähnt.

Aufschlußreicher als der Sachverständigenbericht ist das unveröffentlichte Protokoll der Arbeitsgruppensitzung vom 19. bis 23. September 1977 in Dublin. *Kieninger* berichtet,[501] aus dem Protokoll gehe hervor, daß die oben wiedergegebene Formulierung des Vorentwurfs auf Betreiben der dänischen und der irischen Delegation fallengelassen worden sei. Diese hätten argumentiert, die Wirksamkeit einer Forderungsübertragung gegenüber Dritten passe nicht zum Gegenstand des auf vertragliche Schuldverhältnisse beschränkten EVÜ. Außerdem sei die Anknüpfung an das Forderungsstatut nicht sachgerecht und widerspreche dem nationalen irischen Kollisionsrecht, das an das Wohnsitzrecht des Schuldners anknüpfe. Damit zeigt das Protokoll zwar in der Tat, daß die Wirksamkeit einer Forderungsübertragung gegenüber Dritten nach dem Willen der Arbeitsgruppe nicht durch das EVÜ erfaßt werden sollte.[502] Es ist allerdings zweifelhaft, ob das Protokoll zur Auslegung des Art. 12 Abs. 2 EVÜ herangezogen werden kann.

Eine den Zielen des Art. 18 EVÜ verpflichtete Auslegung muß berücksichtigen, daß den Gesetzgebungsmaterialien in den einzelnen Rechtsordnungen unterschiedliches Gewicht zukommt. Eine europaweit einheitliche Auslegung und Anwendung des EVÜ verlangt zwar nicht, daß Gesetzgebungsmaterialien, die in einem Vertragsstaat nicht berücksichtigt werden können, auch in den anderen Vertragsstaaten unberücksichtigt bleiben müssen. Wenn aber den Gesetzgebungsmaterialien ein besonderes Gewicht beigemessen werden soll, ist zumindest das Bewußtsein erforderlich, daß man damit von den anderen Vertragsstaaten implizit verlangt, daß sie diese um der einheitlichen Auslegung willen ebenfalls berücksichtigen.

In England war es den Richtern noch vor zehn Jahren verboten, sich bei der Auslegung eines Gesetzes auf Erklärungen zu stützen, die im Parlament bei der Beratung des Gesetzes abgegeben worden sind.[503] Zwar hat das House of Lords in seiner Entscheidung *Pepper v. Hart*[504] dieses Verbot aufgehoben, doch sind die englischen Gerichte nach wie vor äußerst zurückhaltend, wenn es darum geht, Materialien zur Entstehungsgeschichte gesetzlicher

---

[501] *Kieninger,* RabelsZ 62 (1998) 678, 690.
[502] *Kieninger,* RabelsZ 62 (1998) 678, 690.
[503] *Zweigert/Kötz,* Einführung in die Rechtsvergleichung, S. 261.
[504] [1993] A. C. 593.

Regelungen für deren Auslegung nutzbar zu machen. Daher mußte den englischen Gerichten durch s. 3 (3) (a) des Contracts (Applicable Law) Act 1990 auch ausdrücklich vorgeschrieben werden, daß bei der Auslegung des EVÜ der Sachverständigenbericht von *Giuliano* und *Lagarde* zu berücksichtigen ist. Andere Materialien werden von englischen Gerichten im Zweifel nicht herangezogen. Sie sollten daher auch in den anderen Vertragsstaaten nur mit einer gewissen Zurückhaltung Berücksichtigung finden.

Das von *Kieninger* erwähnte Protokoll sollte der Auslegung des Art. 12 Abs. 2 EVÜ aber vor allem deswegen nicht zugrunde gelegt werden, weil es sich um ein unveröffentlichtes Dokument handelt. Eine europaweit einheitliche Auslegung des EVÜ kann nur erreicht werden, wenn auch das Ausgangsmaterial der Auslegung europaweit einheitlich ist. Das ist nicht gewährleistet, wenn Dokumente in einigen oder gar in allen Vertragsstaaten nicht oder nur unter erheblichem Aufwand zu beschaffen sind. Die historische Auslegung internationaler Übereinkommen steht daher gewissermaßen unter dem Vorbehalt der allgemeinen Zugänglichkeit der Materialien. Selbst wenn sich eine bestimmte Regelungsabsicht der Vertragsstaaten nachweisen ließe, sollte dies für die Auslegung des Übereinkommens nur dann von Bedeutung sein, wenn der entsprechende Nachweis auch in allen Vertragsstaaten geführt und nachvollzogen werden kann. Eine Auslegung, die sich auf Quellen beruft, die weder dem Rechtsverkehr noch den Gerichten zugänglich sind, gerät in die Nähe einer mit Sinn und Zweck des Übereinkommens nicht zu vereinbarenden Geheimwissenschaft. Die Auslegung des EVÜ sollte daher nicht auf die unveröffentlichten Protokolle der Arbeitsgruppe gestützt werden.

Dieser Vorbehalt gilt in abgeschwächter Form auch für den Sachverständigenbericht zum Vorentwurf des Übereinkommens von *Giuliano*, *Lagarde* und *van Sasse van Ysselt*.[505] Mit der gebotenen Zurückhaltung kann er jedoch zur Auslegung des EVÜ herangezogen werden, da sich Art. 16 Abs. 2 des Vorentwurfs und Art. 12 Abs. 2 EVÜ – abgesehen von der Wirksamkeit der Forderungsübertragung gegenüber Dritten – weitgehend entsprechen.[506] Er macht deutlich, daß Art. 16 Abs. 2 des Vorentwurfs als weite Regelung verstanden worden ist. Die Vorschrift betreffe *tous les autres problèmes ici soulevés par la cession de créances.* Soweit Art. 16 Abs. 2 des Vorentwurfs Teilfragen ausdrücklich anspreche, handele es sich um Präzisierungen, die *dans un souci de clarté* von der Arbeitsgruppe für erforderlich gehalten wurden.[507]

---

[505] Der französische Text des Sachverständigenberichts zum Vorentwurf eines Übereinkommens über das auf vertragliche und außervertragliche Schuldverhältnisse anwendbare Recht ist abgedruckt in: *Lando/von Hoffmann/Siehr* (Hrsg.): European Private International Law of Obligations, S. 241–314.

[506] MünchKomm/*Martiny*, Art. 36, Rdnr. 18.

[507] *Giuliano/Lagarde/van Sasse van Ysselt,* in: European Private International Law of Obligations, 241, 298.

Diese Aussagen können jedoch nicht dahingehend verstanden werden, daß Art. 16 Abs. 2 des Vorentwurfs als eine Grundregel für die Anknüpfung der Forderungsübertragung gedacht war, die lediglich beispielhaft und nicht abschließend einige Teilaspekte erwähnt. Denn der Sachverständigenbericht spricht nicht von *tous les autres problèmes soulevés par la cession de créances*, sondern ergänzt diese Formulierung durch das Wort *ici*. Diese kann daher lediglich auf die in Art. 16 Abs. 2 des Vorentwurfs ausdrücklich angesprochenen Teilfragen, nicht aber auf die Forderungsübertragung insgesamt bezogen werden. Des weiteren wurde mit den Voraussetzungen, unter denen die Forderungsübertragung Dritten entgegengehalten werden kann, ein wesentlicher Aspekt aus dem Regelungsbereich des Art. 16 Abs. 2 gestrichen, so daß nur begrenzt Schlußfolgerungen für Art. 12 Abs. 2 EVÜ gezogen werden können. Die oben zitierte Formulierung wurde daher auch nicht in den Sachverständigenbericht zum EVÜ übernommen, obwohl sich beide Berichte ansonsten in weiten Teilen entsprechen.

Für die historische Auslegung des Art. 12 Abs. 2 EVÜ ist schließlich die Rechtslage, die vor dem Inkrafttreten des EVÜ in den einzelnen Vertragsstaaten bestanden hat, ohne Bedeutung. Zwar gehen Rechtsprechung und Literatur häufig davon aus, daß das EVÜ lediglich den bisherigen Rechtszustand festschreibe. In Deutschland entsprach etwa die Anknüpfung der Forderungsübertragung an das Forderungsstatut vor dem Inkrafttreten des EVÜ der herrschenden Meinung. Daraus wurde geschlossen, daß dies auch nach dem Inkrafttreten des EVÜ so sein müsse.[508] Die Annahme, daß das EVÜ im Zweifel die zuvor bestehende nationale Rechtslage festschreibe, wird jedoch dem internationalen Charakter des Übereinkommens nicht gerecht und gefährdet dessen einheitliche Auslegung.[509] Auf die vor dem Inkrafttreten des EVÜ in einem Vertragsstaat bestehende Rechtslage kann es nur dann ankommen, wenn sie durch das EVÜ auf die anderen Vertragsstaaten übertragen werden soll. Dahingehende Anhaltspunkte können den Materialien zur Entstehungsgeschichte des EVÜ jedoch nicht entnommen werden.[510]

c. Sinn und Zweck

Bei der Auslegung des Art. 12 Abs. 2 EVÜ ist – wie bei Art. 12 Abs. 1 EVÜ – zu berücksichtigen, daß die Zielsetzung des Übereinkommens nur erreicht werden kann, wenn dessen Vorschriften so ausgelegt werden, daß sie klar,

---

[508] BGH, 20. 6. 1990, BGHZ 111, 376, 379 f.; *von Bar*, Internationales Privatrecht, Bd. 2, Rdnr. 565.

[509] *Stadler*, Gestaltungsfreiheit und Verkehrsschutz durch Abstraktion, S. 710.

[510] Entsprechende Belege werden auch nicht von jenen Autoren geliefert, die davon ausgehen, daß der Regelung des Art 12 EVÜ die kollisionsrechtliche Sichtweise des französischen Rechts (*Staudinger/Hausmann*, Art. 33, Rdnr. 26; *Martiny*, ZEuP 7 (1999) 246, 270) bzw. die Sichtweise des deutschen Rechts (*von Hoffmann*, in: Die Forderungsabtretung, insbesondere zur Kreditsicherung, in ausländischen Rechtsordnungen, 3, 9 f.) zugrunde liege.

eindeutig und einfach anzuwenden sind. Eine Auslegung, die schwierige Abgrenzungs- und Koordinierungsfragen aufwirft und dadurch das Erfassen des Regelungsgehalts und die Anwendung des Übereinkommens erschwert, wird dessen Zielsetzung nicht gerecht.

Art. 12 Abs. 2 EVÜ unterscheidet sich jedoch insofern von Art. 12 Abs. 1 EVÜ und anderen Vorschriften des Übereinkommens, daß er nicht nur das Ziel verfolgt, ein dem Anknüpfungsgegenstand räumlich angemessenes Recht durch eine einfache und klare Anknüpfungsregel zur Anwendung zu berufen, sondern eine darüber hinausgehende, materiellrechtliche Zielsetzung aufweist: Er soll dem international anerkannten Grundsatz, daß eine Forderungsübertragung die Rechtsstellung des Schuldners nicht beeinträchtigen darf, auf der Ebene des Internationalen Privatrechts Geltung verschaffen.[511] Der Schuldner soll sich ungeachtet der Übertragung der gegen ihn gerichteten Forderung nur auf die für seine ursprüngliche Leistungspflicht maßgebliche Rechtsordnung einstellen müssen und vor den Unsicherheiten bewahrt werden, die sich aus der Anwendung oder Mitberücksichtigung anderer Rechtsordnungen ergeben können. Insofern ist Art. 12 Abs. 2 EVÜ ein Beispiel dafür, daß materiellrechtliche Erwägungen auf das Internationale Privatrecht ausstrahlen können.[512] Dies ist bei der Auslegung des Art. 12 Abs. 2 EVÜ zu berücksichtigen.

Daher ist unbestritten, daß die Forderungsübertragung gemäß Art. 12 Abs. 2 EVÜ an das Forderungsstatut anzuknüpfen ist, soweit sie die Rechtsstellung des Schuldners tatsächlich berührt.[513] Wenn daher die in Deutschland herrschende Auffassung die Anknüpfung der Forderungsübertragung als Verfügungsgeschäft an das Forderungsstatut mit den Erfordernissen des Schuldnerschutzes begründet,[514] so unterstellt sie, daß sämt-

---

[511] BGH, 8. 12. 1998, IPRax 2000, 128, 129; 26. 11. 1990, IPRax 1992, 43, 44; *von Bar*, Internationales Privatrecht, Bd. 2, Rdnr. 565; *Einsele*, ZVglRWiss 90 (1991) 1, 17; *Ferid*, Internationales Privatrecht, Rdnr. 6-120; *Kronke/Berger*, IPRax 1992, 316, 320; *Kropholler*, Internationales Privatrecht, S. 471; *Pardoel*, Les conflits de lois en matière de cession de créance, Rdnr. 477; *Sinay-Cytermann*, Rev. crit. dr. int. privé 81 (1992) 35, 36; *Staudinger/Hausmann*, Art. 33, Rdnr. 40.

[512] *Ferid*, Internationales Privatrecht, Rdnr. 6-120: Die Forderungsübertragung stehe sowohl im Sachrecht als auch im Kollisionsrecht „unter der Leitidee des Schutzes des Schuldners gegen Verschlechterung seiner Position durch Veränderungen zu seinem Nachteil". Nach *Kegel* (Internationales Privatrecht, S. 127) kann das Kollisionsrecht materiellrechtliche Interessen in erster Linie dadurch berücksichtigen, indem es auf zwei oder mehr Rechtsordnungen verweist mit der Maßgabe, daß in einer bestimmten Beziehung das schwächere (kumulative Anknüpfung) oder das stärkere (alternative Anknüpfung) Recht sich durchsetzt. Art. 12 Abs. 2 zeigt jedoch, daß auch eine Verweisung auf eine einzelne Rechtsordnung eine materiellrechtliche Wertung zum Ausdruck bringen kann.

[513] *Einsele*, ZVglRWiss 90 (1991) 1, 17; *Stadler*, IPRax 2000, 104, 106; *Staudinger/Stoll*, Int SachenR, Rdnr. 350; *von Wilmowsky*, Europäisches Kreditsicherungsrecht, S. 411.

[514] OLG Köln, 26. 6. 1986, IPRax 1987, 239, 240; *Reithmann/Martiny*, Internationales Vertragsrecht, S. 299.

liche Aspekte einer Forderungsübertragung die Rechtsstellung des Schuldners tatsächlich berühren.

Dieser Ausgangspunkt kann angezweifelt werden. Denn es gibt Aspekte einer Forderungsübertragung, die für die Rechtsstellung des Schuldners ohne Belang sind.[515] Dies gilt insbesondere für solche Fragen, die ausschließlich die Gläubigerstellung an der Forderung betreffen, denn Art. 12 EVÜ schützt den Schuldner – die Übertragbarkeit der Forderung vorausgesetzt – nicht vor dem Gläubigerwechsel als solchem.[516] Daher wird die Rechtsstellung des Schuldners nicht berührt, soweit es – wie bei der Wirksamkeit einer Forderungsübertragung gegenüber Dritten – ausschließlich um die Frage der Gläubigerstellung und damit um die Forderung als Vermögensgegenstand geht.[517] Der Schutz des Schuldners spielt für die Auslegung des Art. 12 EVÜ erst dann eine Rolle, wenn die Forderung in ihrer Eigenschaft als Verpflichtungsverhältnis zwischen dem Schuldner und seinem jeweiligen Gläubiger betroffen ist.

Dagegen sieht *von Hoffmann* die Zielsetzung des Art. 12 Abs. 2 EVÜ darin, das für „die Frage, wer Gläubiger der Forderung ist," maßgebliche Recht zu bestimmen.[518] Diese Zweckbestimmung kann sich jedoch weder auf den Wortlaut[519] noch auf die Entstehungsgeschichte des Übereinkommens stützen. Sie kann daher allein als Ergebnis der Auslegung verstanden werden. Würde sie als Argument im Rahmen der teleologischen Auslegung gebraucht,[520] stellte man damit das Ergebnis der Auslegung an ihren Anfang.[521]

Entscheidend ist daher, ob diejenigen Aspekte einer Forderungsübertragung, die – wie die Wirksamkeit der Forderungsübertragung gegenüber Dritten – ausschließlich den Gläubigerwechsel als solchen betreffen, von denjenigen Aspekten, die zumindest auch die Rechtsstellung des Schuldners berühren und somit von Art. 12 Abs. 2 EVÜ unbestreitbar erfaßt wer-

---

[515] *Staudinger/Stoll*, Int SachenR, Rdnr. 350.

[516] *Einsele*, ZvglRWiss 90 (1991) 1, 17; *Stadler*, IPRax 2000, 104, 106.

[517] *Rabel*, Conflict of Laws, Bd. 3, S. 410: "Yet, where the debt is assignable, since modern law has adopted the institution of full transfer of debts either without knowledge of the debtor, or at least without his consent, the debtor has no legitimate interest whatever in the motive, form, and effects of an assignment."

[518] *Soergel/von Hoffmann*, Art. 33, Rdnr. 7. Vgl. *Martiny*, ZEuP 7 (1999) 246, 265. Skeptisch noch MünchKomm/*Martiny*, Art. 33, Rdnr. 4a.

[519] Dies gesteht *von Hoffmann* mit der Formulierung „trotz des unklaren Wortlauts" (*Soergel/von Hoffmann*, Art. 33, Rdnr. 7) ein.

[520] *Soergel/von Hoffmann*, Art. 33, Rdnr. 12: „Da die Frage, wer Gläubiger der Forderung ist, dem Recht der übertragenen Forderung unterliegt, muß sich auch die Wirkung der Zession gegenüber Dritten nach dem Forderungsstatut richten." Ähnlich MünchKomm/*Martiny*, Art. 33, Rdnr. 12a.

[521] Zulässig wäre dagegen die umgekehrte Argumentation: Ergibt sich auch das auf die Wirksamkeit der Forderungsübertragung gegenüber Dritten anwendbare Recht aus Art. 12 Abs. 2 EVÜ, ist es Sinn und Zweck der Vorschrift, die Frage, wer Gläubiger der Forderung ist, umfassend zu regeln.

den, in einer Sinn und Zweck des Übereinkommens entsprechenden Weise unterschieden werden können (aa.). Nicht weniger wichtig ist die Frage, ob diese beiden Bereiche einer Forderungsübertragung gesondert angeknüpft werden können, ohne daß die Anwendbarkeit verschiedener Rechtsordnungen die Rechtsstellung des Schuldners beeinträchtigt (bb.). Nur wenn zumindest eine dieser Fragen verneint werden muß, ist *von Hoffmann* darin zuzustimmen, daß der Schutz des Schuldners und damit Sinn und Zweck des Art. 12 Abs. 2 EVÜ verlangen, daß die Frage, wer Gläubiger der Forderung ist, an das Forderungsstatut anzuknüpfen ist.

aa. Abgrenzungsfragen

Die Wirksamkeit einer Forderungsübertragung gegenüber Dritten einerseits und gegenüber dem Schuldner andererseits kann nur dann unterschiedlich angeknüpft werden, wenn beide Teilfragen klar unterschieden werden können.[522] Ist die Wirksamkeit gegenüber Dritten untrennbar mit den die Rechtsstellung des Schuldners berührenden Aspekten einer Forderungsübertragung verbunden, verlangt der von Art. 12 Abs. 2 EVÜ beabsichtigte umfassende Schutz des Schuldners eine einheitliche Anknüpfung beider Teilfragen an das Forderungsstatut.

In der deutschen Rechtsprechung und Literatur wird nur selten ausdrücklich zwischen der Wirksamkeit einer Forderungsübertragung gegenüber dem Schuldner und gegenüber Dritten unterschieden.[523] Dem deutschen Sachrecht ist eine solche Unterscheidung jedoch nicht fremd.[524] Dies wird an den unterschiedlichen Voraussetzungen deutlich, die für die Wirksamkeit einer Forderungsabtretung gegenüber dem Schuldner einerseits und gegenüber Dritten andererseits bestehen. Für die Rechte des Schuldners kommt es nach den §§ 406–409 BGB allein auf dessen Kenntnis von der Forderungsabtretung an. Wem die Forderung tatsächlich zusteht, ist für den Schuldner ohne Bedeutung. Eine dem Schuldner unbekannt gebliebene Forderungsabtretung verändert dessen Rechtsstellung nicht[525] und eine Abtretung, die dem Schuldner durch den Zedenten angezeigt worden ist, gilt nach § 409 Abs. 1 S. 1 BGB dem Schuldner gegenüber als wirksam, obwohl die Forderung nicht auf den Zessionar übergangen ist.[526] Für die Rechte Dritter ist dagegen allein entscheidend, ob der bisherige Gläubiger verfügungsbefugt

---

[522] *Pardoel*, Les conflits de lois en matière de cession de créance, Rdnr. 373: "En effet, seule une différence de nature entre l'effet de la cession à l'égard du débiteur cédé et l'opposabilité aux autres tiers peut jusitifer l'exclusion des tiers du domaine d'application de l'article 12 al. 2."

[523] Die Unterscheidung wird letztlich allein auf der Ebene des Internationalen Privatrechts von jenen Autoren getroffen, die eine gesonderte Anknüpfung der beiden Teilfragen befürworten: *Kieninger*, RabelsZ 62 (1998) 678, 704 f.; *Staudinger/Stoll*, Int SachenR, Rdnr. 350.

[524] *Kieninger*, RabelsZ 62 (1998) 678, 704 f.

[525] *Scheyhing/Nörr*, Handbuch des Schuldrechts, S. 75.

[526] *Scheyhing/Nörr*, Handbuch des Schuldrechts, S. 93.

war und sich mit dem Zessionar gemäß § 398 BGB wirksam auf den Forderungsübergang geeinigt hat. Ob der Schuldner benachrichtigt wurde oder nicht, ist für die Rechtsstellung der Dritten ohne Belang. Der Forderungsübergang ist von einer Beteiligung des Schuldners völlig unabhängig.[527]

Die Unterscheidung zwischen der Wirksamkeit einer Forderungsübertragung gegenüber dem Schuldner einerseits und gegenüber Dritten andererseits zeigt auch der Aufbau deutscher Lehrbücher. Die Wirkungen der Forderungsübertragung gegenüber dem Schuldner werden stets unter dem Aspekt des Schuldnerschutzes unabhängig von den sonstigen Wirkungen der Forderungsübertragung dargestellt.[528]

In ähnlicher Weise unterscheidet das französische Sachrecht zwischen der *opposabilité au débiteur cédé* und der *opposabilité aux tiers.*[529] Dritten kann eine Forderungsübertragung nach Art. 1689 ff. Code civil nur dann entgegengehalten werden, wenn die Förmlichkeiten des Art. 1690 Code civil eingehalten worden sind. Für die Wirksamkeit gegenüber dem Schuldner läßt die Rechtsprechung dagegen zumindest von dem Erfordernis der *acceptation dans un acte authentique* Ausnahmen zu:[530] Eine *acceptation* könne insofern auch in einer privatschriftlichen Urkunde oder stillschweigend erklärt werden, solange das Verhalten eindeutig eine Annahme der Forderungsübertragung zum Ausdruck bringt. Die Kenntnis des Schuldners allein reiche jedoch nicht aus. Der Schuldner könne daher, ohne daß die Förmlichkeiten des Art. 1690 Code civil vollständig eingehalten worden sind, mit befreiender Wirkung an den Zessionar leisten, da er mit der Leistung an den Zessionar die Forderungsübetragung stillschweigend annimmt. Der Schuldner kann gegenüber dem Zessionar zur Leistung sogar verpflichtet sein, wenn dieser von ihm die Leistung verlangt und weder dem Schuldner noch sonstigen Dritten durch deren Erbringung ein Schaden entstehen kann. In beiden Fällen ist daher die Forderungsübertragung gegenüber dem Schuldner auch ohne Einhaltung der Förmlichkeiten des Art. 1690 Code civil wirksam. Gleichwohl kann die Übertragung Dritten nicht entgegengehalten werden.[531]

---

[527] *Scheyhing/Nörr,* Handbuch des Schuldrechts, S. 8.

[528] *Larenz,* Allgemeines Schuldrecht, S. 586 ff.; *Scheyhing/Nörr,* Handbuch des Schuldrechts, S 74 ff.

[529] *Kieninger,* RabelsZ 62 (1998) 678, 699; *Sinay-Cytermann,* Rev. crit. dr. int. privé 81 (1992) 35, 40 f.

[530] Zum folgenden *oben,* S. 65 f.

[531] Dies bedeutet jedoch nicht, daß im französischen Recht „die *signification* nur für die Wirksamkeit der Abtretung gegenüber Dritten verlangt wird nicht aber für die Wirksamkeit gegenüber dem Schuldner" (so jedoch *Kieninger,* RabelsZ 62 (1998) 678, 699). Denn bei der *signification* gestattet die Rechtsprechung auch im Hinblick auf den Schuldner keine Abweichungen von den Anforderungen des Art. 1690 Code civil (*Blaise/Desgorces,* in: Die Forderungsabtretung, insbesondere zur Kreditsicherung, in ausländischen Rechtsordnungen, 245, Rdnr. 22 ff.). Lediglich bei der *acceptation* werden die Formerfordernisse im

Daher kann sich das Argument, der in Art. 12 Abs. 2 EVÜ vorgesehene Schuldnerschutz könne nur gewährleistet werden, wenn die Wirksamkeit der Forderungsübertragung gegenüber dem Schuldner und gegenüber Dritten einheitlich an das Forderungsstatut angeknüpft wird, nicht darauf stützen, daß die beiden Teilfragen nicht in einer Sinn und Zweck des Übereinkommens entsprechenden Art und Weise unterschieden werden können. Sowohl das deutsche als auch das französische Sachrecht zeigen, daß die Fragen, die die Rechtsstellung des Schuldners betreffen, von jenen Fragen, die die Forderung als Vermögenswert betreffen, getrennt werden können, ohne daß dabei schwierige Abgrenzungsfragen aufgeworfen werden, die die Anwendung des Art. 12 EVÜ unangemessen erschweren und damit Sinn und Zweck des Übereinkommens widersprechen würden.[532]

bb. Koordinierungsfragen

Sinn und Zweck des Übereinkommens können der gesonderten Anknüpfung der Wirksamkeit einer Forderungsübertragung gegenüber Dritten einerseits und gegenüber dem Schuldner andererseits aber auch insofern entgegenstehen, als die Anwendbarkeit unterschiedlicher Rechtsordnungen Koordinierungsfragen aufwerfen kann, die entweder die Rechtsstellung des Schuldners beeinträchtigen oder eine einfache Handhabung der Vorschrift erschweren und dadurch den Rechtsverkehr behindern.

(1) Schuldnerschutz

Wird die Wirksamkeit einer Forderungsübertragung gegenüber dem Schuldner anders angeknüpft als die Wirksamkeit gegenüber Dritten, kann dies insbesondere eine Aufspaltung der Forderungsinhaberschaft nach sich ziehen:[533] Die Forderungsübertragung kann gegenüber dem Schuldner wirksam sein, ohne daß sie Dritten entgegengehalten werden kann. Sie kann aber auch Dritten gegenüber wirksam sein, ohne dem Schuldner entgegengehalten werden zu können. Die möglichen Folgen einer solchen Aufspaltung der Forderungsinhaberschaft zeigt folgender Fall:[534]

> Der in Frankreich ansässige Zedent tritt eine deutschem Recht unterliegende Forderung an eine französische Bank ab, ohne daß der in Deutschland lebende

---

Hinblick auf den Schuldner erleichtert, ohne daß dadurch die Erforderlichkeit einer *acceptation* für die Wirksamkeit gegenüber dem Schuldner aufgehoben würde.

[532] So auch *Staudinger/Stoll,* Int SachenR, Rdnr. 350: „Meistens aber ist die richtige Zuordnung problemlos“; *Staudinger/Stoll,* Art. 33, Rdnr. 29; *von Wilmowsky,* Europäisches Kreditsicherungsrecht, S. 410 f. Anders jedoch *Reithmann/Martiny,* Internationales Vertragsrecht, S. 302: Es sei nicht recht ersichtlich, was im einzelnen abgespalten werden solle.

[533] *Kieninger,* RabelsZ 62 (1998) 678, 704; *Reithmann/Martiny,* Internationales Vertragsrecht, S. 299.

[534] Diesen Sachverhalt diskutieren *Kieninger* (RabelsZ 62 (1998) 678, 705) und *Pardoel* (Les conflits de lois en matière de cession de créance, Rdnr. 375).

Schuldner benachrichtigt worden wäre. Die Gläubiger des Zedenten wollen im Wege der Zwangsvollstreckung auf die Forderung zugreifen.

Gegenüber dem Schuldner ist die Forderungsübertragung wirksam, da nach dem gemäß Art. 12 Abs. 2 EVÜ maßgeblichen Forderungsstatut eine förmliche Benachrichtigung des Schuldners nicht erforderlich ist. Der Zessionar kann daher vom Schuldner Zahlung verlangen, der Schuldner mit befreiender Wirkung an den Zessionar leisten. Wendet man aber auf die Wirksamkeit der Forderungsübertragung gegenüber Dritten französisches Recht als Statut des Verpflichtungsgeschäfts oder als das am Wohnsitz des Zedenten geltende Recht an, ist die Forderungsübertragung wegen der fehlenden *signification* oder *acceptation* gegenüber den Gläubigern des Zedenten unwirksam. Diese können daher auf die Forderung zugreifen und vom Schuldner ebenfalls Zahlung verlangen.

Da sich der Schuldner zwei Gläubigern gegenüber sieht, besteht nach Ansicht von *Pardoel* die Gefahr, daß er zweimal leisten müsse. Ein solches Ergebnis sei mit dem Art. 12 Abs. 2 EVÜ zugrunde liegenden Gedanken des Schuldnerschutzes nicht zu vereinbaren. Daher lehnt *Pardoel* die *thèse dualiste* von der gesonderten Anknüpfung der Wirksamkeit der Forderungsübertragung gegenüber Dritten einerseits und ihrer Wirksamkeit gegenüber dem Schuldner andererseits als *tout à fait inacceptable* ab. Der Schutz des Schuldners könne nur durch eine einheitliche Anknüpfung der Wirksamkeit gegenüber dem Schuldner und Dritten erreicht werden.[535]

Bei einer genaueren Prüfung des Sachverhalts zeigt sich jedoch, daß die Gefahr einer doppelten Inanspruchnahme des Schuldners nicht besteht. Für das deutsche Recht hat *Kieninger* nachgewiesen, daß der vom Forderungsstatut vorgesehene Schutz des Schuldners nicht beeinträchtigt wird, wenn die Wirksamkeit der Forderungsabtretung gegenüber Dritten einer anderen Rechtsordnung unterliegt.[536] Leistet der Schuldner an den Zessionar, tut er dies nach dem gemäß Art. 12 Abs. 2 EVÜ maßgeblichen deutschen Recht mit befreiender Wirkung.[537] Er hat aus seiner Sicht an den Richtigen gelei-

---

[535] *Pardoel,* Les conflits de lois en matière de cession de créance, Rdnr. 375. Vgl. *Audit,* Droit international privé, Rdnr. 761 am Ende.

[536] *Kieninger,* RabelsZ 62 (1998) 678, 705 f.

[537] Die befreiende Wirkung der Leistung des Schuldners ergibt sich aus § 362 Abs. 1 BGB. Wer Gläubiger im Sinne dieser Vorschrift ist, ist als Vorfrage selbständig, d.h. nach dem Kollisionsrecht der *lex fori*, anzuknüpfen (trotz unterschiedlicher Ausgangspunkte im Ergebnis übereinstimmend: *von Bar,* Internationales Privatrecht, Bd. 1, Rdnr. 618; *von Hoffmann,* Internationales Privatrecht, § 6, Rdnr. 72; *Kegel/Schurig,* Internationales Privatrecht, S. 329; *Kropholler,* Internationales Privatrecht, S. 221; *Lüderitz,* Internationales Privatrecht, Rdnr. 140; MünchKomm/ *Sonnenberger*, Einl. IPR, Rdnr. 513).
Führt das danach maßgebliche deutsche Kollisionsrecht zu dem Ergebnis, daß die Forderungsübertragung zwar gegenüber dem Schuldner, nicht jedoch gegenüber Dritten wirksam ist, steht dies der befreienden Wirkung einer Leistung des Schuldners nach § 362 Abs. 1 BGB nicht entgegen. Denn die Situation einer nur gegenüber dem Schuldner bestehenden Gläubigerstellung wird von § 362 BGB erfaßt. Ist der Gläubiger beispielsweise nach § 829 ZPO wegen einer Forderungspfändung nicht zur Annahme der Leistung be-

stet. Das gleiche gilt, wenn der Schuldner in Unkenntnis der Forderungsabtretung an die Gläubiger des Zedenten leistet. Nach § 408 Abs. 2 Alt. 1, § 407 Abs. 1 BGB wird er durch diese Leistung auch gegenüber dem Zessionar befreit.[538] Die Gefahr einer doppelten Inanspruchnahme besteht lediglich dann, wenn er an die Gläubiger des Zedenten leistet, obwohl ihm die Abtretung bekannt war. Darin liegt jedoch keine der Zielsetzung des Art. 12 Abs. 2 EVÜ widersprechende Einschränkung des Schuldnerschutzes durch die gesonderte Anknüpfung der Wirksamkeit der Forderungsübertragung gegenüber dem Schuldner einerseits und gegenüber Dritten andererseits. Vielmehr treten hier die Grenzen in Erscheinung, die das nach Art. 12 Abs. 2 EVÜ maßgebliche Recht selbst dem Schutz des Schuldners setzt. Diese Beschränkungen ergeben sich aus dem anwendbaren Recht. Sie werden ihm nicht durch das Kollisionsrecht aufgezwungen.

Dieses auf der Grundlage des deutschen Rechts gewonnene Ergebnis kann verallgemeinert werden. Den Schuldnerschutzvorschriften der verschiedenen Rechtsordnungen ist gemeinsam, daß sie dem Schutz des Schuldners dienen, der nicht an den tatsächlichen Gläubiger leistet, sondern an einen Dritten, der aus seiner Sicht Gläubiger zu sein scheint.[539] Diese Scheingläubigerschaft kann sich in nationalen Sachverhalten daraus ergeben, daß entweder der Gläubiger die Forderung überträgt, ohne daß der Schuldner davon Kenntnis erlangt, oder daß der Gläubiger dem Schuldner eine Forderungsübertragung anzeigt, die sich als unwirksam erweist. Die Scheingläubigerschaft kann sich aber auch aus der Anwendbarkeit unterschiedlicher Rechtsordnungen ergeben. Die Forderungsübertragung kann einerseits zwar gegenüber Dritten, nicht jedoch gegenüber dem Schuldner, oder andererseits zwar gegenüber dem Schuldner, nicht jedoch gegenüber Dritten wirksam sein. Da sich die Fallkonstellationen in ihrer Grundstruktur entsprechen, können Schuldnerschutzvorschriften, die in erster Linie auf die Lösung nationaler Sachverhalte ausgerichtet sind, notwendigerweise auch solche Fälle sachgerecht lösen, in denen sich die Scheingläubigerschaft aus der Anwendbarkeit unterschiedlicher Rechtsordnungen ergibt. Eine Aushöhlung des nationalen Schuldnerschutzes durch das Kollisionsrecht ist daher nicht zu befürchten.

Damit wirft die Anwendbarkeit unterschiedlicher Rechtsordnungen auf die Wirksamkeit einer Forderungsübertragung gegenüber dem Schuldner einer-

---

fugt, tritt die Erfüllungswirkung des § 362 Abs. 1 BGB durch eine Leistung des Schuldners an einen Dritten ein, der zwar nicht Inhaber der Forderung ist (der Vollstreckungsschuldner bleibt Inhaber der Forderung: BGH, 5. 4. 2001, JZ 2002, 44, 45; MünchKommZPO/*Smid*, § 829, Rdnr. 40), aber dem Schuldner gegenüber an die Stelle des Gläubigers tritt. Denn er kann nach § 836 Abs. 1 ZPO die Forderung einziehen und die Leistung des Schuldners mit befreiender Wirkung entgegennehmen (*Berger*, JZ 2002, 46, 47; *Larenz*, Allgemeines Schuldrecht, S. 240).

[538] *Kieninger*, RabelsZ 62 (1998) 678, 705. Sie scheint allerdings von einer direkten Anwendbarkeit des § 407 Abs. 1 BGB auszugehen.

[539] *Kötz*, Int. Enc. Comp. L., Bd. 7, Kap. 13, Rdnr. 94.

seits und gegenüber Dritten andererseits aus Sicht des Schuldnerschutzes keine Koordinierungsfragen auf, die einer gesonderte Anknüpfung der beiden Teilfragen entgegenstehen.

(2) Interessen des Rechtsverkehrs

Einer gesonderten Anknüpfung können jedoch die Interessen des Rechtsverkehrs entgegenstehen. Findet auf die Wirksamkeit der Forderungsübertragung gegenüber Dritten ein anderes Recht Anwendung als auf die Wirksamkeit gegenüber dem Schuldner, muß der Zessionar, um die Forderungsübertragung sowohl dem Schuldner als auch Dritten entgegenhalten zu können, den Anforderungen zweier Rechtsordnungen gerecht werden. Will ein englisches Unternehmen eine französischem Recht unterliegende Forderung sicherungshalber an seine Hausbank übertragen, müßte diese Forderungsübertragung sowohl als *charge on book debts* nach s. 395 des Companies Act in das Gesellschaftsregister eingetragen, als auch der Schuldner nach Maßgabe des Art. 1690 Code civil von der Forderungsübertragung in Kenntnis gesetzt werden. Nur dadurch kann der Zessionar beispielsweise sicherstellen, daß der Schuldner nicht mit befreiender Wirkung an den Zedenten leisten kann.

Daher wird die gesonderte Anknüpfung der Wirksamkeit einer Forderungsübertragung gegenüber dem Schuldner einerseits und gegenüber Dritten andererseits dem Interesse des Rechtsverkehrs an einer leichten Übertragbarkeit von Forderungen nicht gerecht.[540] Wenn die wirtschaftlich entscheidenden Wirkungen einer Forderungsübertragung verschiedenen Rechtsordnungen unterworfen werden, muß der Zessionar auch die rechtlichen Vorgaben mehrerer Rechtsordnungen beachten. Die Kosten internationaler Forderungsübertragungen werden dadurch in die Höhe getrieben.

Auf der anderen Seite ist es aber nur durch eine gesonderte Anknüpfung möglich, die Wirksamkeit einer Forderungsübertragung gegenüber Dritten einer anderen Rechtsordnung als dem Forderungsstatut zu unterstellen. Die genannten Nachteile könnten daher durch die Vorteile aufgewogen werden, die sich daraus ergeben, daß die Wirksamkeit gegenüber Dritten an eine als sachgerechter empfundene Rechtsordnung angeknüpft werden kann. Die gesonderte Anknüpfung wird dementsprechend vor allem mit den Vorteilen begründet, die sich bei der isolierten Betrachtung der verschiedenen Anknüpfungsmöglichkeiten gezeigt haben. Befürwortet werden das Statut des Verpflichtungsgeschäfts,[541] das am Wohnsitz des Schuldners geltende Recht[542] und das am Wohnsitz des Zedenten geltende Recht.[543]

---

[540] MünchKomm/*Martiny*, Art. 33, Rdnr. 12a.
[541] Nachweise *oben*, Dritter Teil, Fn. 134.
[542] Nachweise *oben*, Dritter Teil, Fn. 182—185.
[543] Nachweise *oben*, Dritter Teil, Fn. 236 und 237.

Bei einer isolierten Betrachtung der verschiedenen Anknüpfungsmöglichkeiten für die Wirksamkeit einer Forderungsübertragung gegenüber Dritten hat sich die Anknüpfung an das am Wohnsitz des Zedenten geltende Recht als am sachgerechtesten erwiesen.[544] Daher stellt sich die Frage, ob die Vorteile dieser Anknüpfungsregel die mit einer gesonderten Anknüpfung verbundenen Nachteile aufwiegen können.

Die Vorteile haben sich vor allem bei der Übertragung einer Vielzahl bestehender und zukünftiger Forderungen gezeigt: Auf alle Übertragungsvorgänge findet ein einheitliches, von Anfang an feststehendes und für alle Beteiligten leicht erkennbares Recht Anwendung. Darüber hinaus entspricht die Anknüpfung in besonderem Maße dem Gesichtspunkt der engsten Verbindung.[545] Diese Vorteile wiegen jedoch nicht so schwer, wie es auf den ersten Blick erscheint. Denn ein Zessionar, der seine Rechtsstellung umfassend sowohl gegenüber Dritten als auch gegenüber dem Schuldner absichern will, muß stets auch das auf die einzelnen Forderungen anwendbare Recht berücksichtigen. Wegen der von Art. 12 Abs. 2 EVÜ vorgeschriebenen Anknüpfung der Wirksamkeit der Forderungsübertragung gegenüber dem Schuldner an das Forderungsstatut kann der Zessionar die Forderungsübertragung dem Schuldner nur dann entgegenhalten, wenn sie den Anforderungen des jeweiligen Forderungsstatuts genügt.

Allerdings spielt die Wirksamkeit der Forderungsübertragung gegenüber dem Schuldner gerade bei Finanzierungstechniken, die auf der Übertragung einer Vielzahl bestehender und zukünftiger Forderungen beruhen, eine untergeordnete Rolle. Wirtschaftlich ist entscheidend, daß der Zessionar die Forderungsübertragung Dritten entgegenhalten kann.[546] Dies bedeutet jedoch nicht, daß die Wirksamkeit gegenüber dem Schuldner und die Koordinierungsfragen, die sich aus deren Anknüpfung an das Forderungsstatut ergeben, bei der kollisionsrechtlichen Beurteilung außer acht gelassen werden können. Richtet sich das Kollisionsrecht wegen ihrer wirtschaftlichen Bedeutung einseitig an der Wirksamkeit der Forderungsübertragung gegenüber Dritten aus, geschieht dies auf Kosten der Rechtssicherheit: Die gesonderte Anknüpfung begünstigt eine die Sicherheit des Rechtsverkehrs gefährdende Spaltung der Forderungsinhaberschaft. Finanzierungsinstitute mögen aufgrund einer Kosten-Nutzen-Analyse bereit sein, die sich aus einer gespaltenen Forderungsinhaberschaft ergebenden Risiken zu tragen. Etwas anderes ist es, wenn diese Risiken für den Rechtsverkehr durch das Kollisionsrecht erst geschaffen werden, indem es die Spaltung der Forderungsinhaberschaft begünstigt. Gerade in der Frage der Zuordnung von Vermögenswerten ist die Rechtsordnung in besonderem Maße der Rechtssicherheit verpflichtet.

---

[544] Dazu *oben*, S. 211.
[545] Dazu *oben*, S. 206.
[546] Dazu *oben*, S. 181.

Daher können die Vorteile, die mit einer gesonderten Anknüpfung der Wirksamkeit gegenüber Dritten an das am Wohnsitz des Zedenten geltende Recht verbunden sind, die damit einhergehenden Nachteile nicht aufwiegen. Stünde die Anwendbarkeit des EVÜ außer Frage, würde es die Auslegung des Art. 12 Abs. 2 EVÜ nahelegen, die Wirksamkeit einer Forderungsübertragung gegenüber Dritten in den Regelungsbereich des Art. 12 Abs. 2 EVÜ einzubeziehen und an das Forderungsstatut anzuknüpfen.

d. Art. 12 Abs. 2 und der Anwendungsbereich des EVÜ

Die Anwendbarkeit des EVÜ auf die Drittwirksamkeit einer Forderungsübertragung wurde der Auslegung des Art. 12 EVÜ jedoch lediglich als Arbeitshypothese zugrunde gelegt.[547] Ob der Anwendungsbereich des EVÜ tatsächlich eröffnet ist, sollte sich durch eine systematische Argumentation aus Art. 12 EVÜ ergeben, da Art. 1 Abs. 1 EVÜ auf die Frage keine klare Antwort gibt und nicht wenige Argumente gegen eine Einbeziehung der dinglichen Aspekte einer Forderungsübertragung in den Anwendungsbereich des EVÜ sprechen. Die Auslegung des Art. 12 EVÜ muß demnach nicht nur die Frage beantworten, ob die Wirksamkeit gegenüber Dritten in den Regelungsbereich des Art. 12 Abs. 1 EVÜ oder in den des Art. 12 Abs. 2 EVÜ fällt. Sie muß auch zeigen, daß die dinglichen Aspekte einer Forderungsübertragung vom EVÜ erfaßt werden. Der Anwendungsbereich des EVÜ ist eröffnet, wenn Art. 12 EVÜ die Wirksamkeit einer Forderungsübertragung gegenüber Dritten sachgerecht regeln kann und nach dem Willen der Vertragsstaaten sowie nach Sinn und Zweck des Übereinkommens auch regeln soll. Eine solche Begründung des Anwendungsbereichs des EVÜ muß jedoch besonderen Anforderungen genügen.

Diese ergeben sich aus der Bedeutung der Rechtssicherheit bei Auslegung und Anwendung internationaler Übereinkommen.[548] Sie verlangt, daß die Grenzen zwischen vereinheitlichtem und unvereinheitlichtem Recht deutlich gezogen werden.[549] Die Anwendbarkeit eines Übereinkommens muß sich klar und eindeutig aus seinen Vorschriften ergeben. Anderenfalls wird das berechtigte Interesse des Rechtsverkehrs verletzt, die maßgeblichen rechtlichen Rahmenbedingungen leicht und zuverlässig erkennen zu können. Auch eine integrationsfreundliche Auslegung, die wegen des Bezugs des EVÜ zum Europäischen Gemeinschaftsrecht geboten ist, findet in diesen Anforderungen der Rechtssicherheit ihre Grenze.

Daher kann die Anwendbarkeit des EVÜ auf die dinglichen Aspekte einer Forderungsübertragung nur dann mit der Systematik des Übereinkommens

---

[547] Dazu *oben*, S. 243.
[548] Dazu *oben*, S. 218.
[549] *Kropholler*, Internationales Einheitsrecht, S. 176. Die von *Kropholler* im Hinblick auf die Erarbeitung internationalen Einheitsrechts erhobene Forderung gilt auch für dessen Auslegung.

begründet werden, wenn die Auslegung des Art. 12 Abs. 2 EVÜ zweifelsfrei ergibt, daß die Wirksamkeit einer Forderungsübertragung gegenüber Dritten nach dem Willen der Vertragsstaaten sowie nach Sinn und Zweck des Übereinkommens in den Regelungsbereich dieser Vorschrift fällt.

Dies hat die Auslegung des Art. 12 Art. 2 EVÜ jedoch nicht zu zeigen vermocht. Für eine Einbeziehung in Art. 12 Abs. 2 EVÜ sprechen zwar die Koordinierungsfragen, die sich bei einer gesonderten Anknüpfung ergeben können. Der Gemeinschaftsrechtsbezug des EVÜ legt ein integrationsfreundliches Verständnis des Anwendungsbereichs nahe. Jedoch sind die Koordinierungsfragen nicht derart schwerwiegend, daß jede andere Anknüpfung kollisionsrechtlich nicht sachgerecht wäre. Die Einbeziehung in Art. 12 Abs. 2 EVÜ erweist sich als eine, nicht jedoch als einzige kollisionsrechtlich sachgerechte Anknüpfung. Wortlaut und Entstehungsgeschichte der Vorschrift sprechen sogar gegen eine entsprechende Auslegung.

Die Anwendbarkeit des EVÜ auf die dinglichen Aspekte einer Forderungsübertragung kann daher mit der Systematik des Übereinkommens nicht begründet werden.

e. Analoge Anwendung des Art. 12 Abs. 2 EVÜ

Vor diesem Hintergrund kommt auch eine analoge Anwendung des Art. 12 Abs. 2 EVÜ nicht in Betracht. Sie setzt eine planwidrige Unvollständigkeit des Übereinkommens voraus.[550] Eine solche liegt nur dann vor, wenn die Wirksamkeit einer Forderungsübertragung gegenüber Dritten nach dem Gesamtzusammenhang des Übereinkommens und nach dem Willen der Vertragsstaaten durch das EVÜ hätte geregelt werden sollen, das Übereinkommen aber keine entsprechende Regelung enthält. Ob das EVÜ auch die dinglichen Aspekte einer Forderungsübertragung regeln will, ist durch Auslegung zu ermitteln.[551] Da die Auslegung einen solchen Regelungswillen jedoch gerade nicht gezeigt hat, stellt das Fehlen einer Regelung keine planwidrige Unvollständigkeit des EVÜ dar. Die Voraussetzungen für eine analoge Anwendung des Art. 12 Abs. 2 EVÜ liegen nicht vor.

Eine planwidrige Unvollständigkeit des EVÜ kann auch nicht mit den Regelungsabsichten eines nationalen Gesetzgebers bei der Inkorporierung des Übereinkommens begründet werden.[552] Insbesondere bilden gesetzliche Anordnungen, die Vorschriften des EVÜ auch außerhalb des Anwendungsbereichs des Übereinkommens anzuwenden, keine Grundlage für eine Analogie. Beispiele hierfür sind die Anwendbarkeit des EVÜ *in ogni caso* nach

[550] Zu den Voraussetzungen einer Analogie *Larenz,* Methodenlehre, S. 370 ff. Im Hinblick auf das internationale Einheitsrecht *Kropholler,* Internationales Einheitsrecht, S. 292 ff.
[551] *Larenz,* Methodenlehre, S. 373.
[552] So aber *Mankowski,* IPRax 1991, 305, 309.

Art. 57 des italienischen IPR-Gesetzes von 1995[553] und die Einbeziehung der Legalzession von Forderungen aus gesetzlichen Schuldverhältnissen in die Kollisionsnorm des Art. 13 EVÜ durch Art. 33 Abs. 3 EGBGB. Aus diesen Regelungen ergibt sich lediglich auf nationaler Ebene, daß bestimmte Kollisionsregeln des EVÜ außerhalb dessen Anwendungsbereichs gelten sollen. Davon zu unterscheiden ist eine analoge Anwendung auf der Ebene des internationalen Einheitsrechts, die den Anforderungen einer einheitlichen Auslegung und Anwendung genügt.

Eine planwidrige Regelungslücke des EVÜ kann erst recht nicht mit der Erwägung begründet werden, die Anknüpfung der Wirksamkeit einer Forderungsübertragung gegenüber Dritten an das Forderungsstatut sei sachgerecht, Art. 12 Abs. 2 EVÜ müsse daher Anwendung finden. Da die Vorschrift diese Frage aber nicht ausdrücklich erfaßt, liege eine planwidrige Regelungslücke vor, so daß sie analog angewandt werden könne. Eine solche Argumentation wäre zirkulär. Eine analoge Anwendung kommt nur dann in Betracht, wenn bereits die Auslegung[554] des EVÜ ergibt, daß dessen Anwendungsbereich eröffnet ist. Eine Erweiterung des Anwendungsbereichs durch analoge Anwendung einzelner Kollisionsnormen des Übereinkommens ist unzulässig.[555]

Diese Aussage steht nicht in Widerspruch zu der Ansicht, daß für den Bereich des vereinheitlichten Kollisionsrechts kein grundsätzliches Analogieverbot besteht.[556] Die grundsätzliche Zulässigkeit einer Analogie hebt jedoch deren Voraussetzungen nicht auf. Die Anwendbarkeit des Übereinkommens steht in allen Fällen, in denen eine analoge Anwendung von Vorschriften des EVÜ diskutiert wird, außer Frage.[557]

---

[553] Legge 31. 5. 1995, N. 218 – Riforma del sistema Italiano di diritto internazionale privato. Das Gesetz ist samt einer deutschen Übersetzung von Jayme, Siehr und Kronke abgedruckt in: IPRax 1996, 356–369. Zu Art. 57 des italienischen IPR-Gesetzes *Kindler*, RabelsZ 61 (1997) 227, 235 ff.

[554] Zur Unterscheidung zwischen einfacher Auslegung und Rechtsfortbildung *Larenz*, Methodenlehre, S. 366 f. Im Hinblick auf das internationale Einheitsrecht *Kropholler*, Internationales Einheitsrecht, S. 292.

[555] *Meyer-Sparenberg*, Staatsvertragliche Kollisionsnormen, S. 121. Dagegen hält *Mankowski* (IPRax 1991, 305, 309) eine über den Anwendungsbereich des EVÜ hinausgehende Analogie für zulässig, wenn diese dem Gebot der einheitlichen Auslegung genüge. Woraus sich jedoch in einem solchen Fall die planwidrige Unvollständigkeit des EVÜ ergeben soll, läßt *Mankowski* offen.

[556] *Erman/Hohloch*, Art. 29, Rdnr. 10; *Mankowski*, IPRax 1991, 305, 309 f.; *Meyer-Sparenberg*, Staatsvertragliche Kollisionsnormen, S. 120 f.; *Martiny*, ZEuP 7 (1999) 246, 270; MünchKomm/*Martiny*, Art. 36, Rdnr. 23 f.; *Reinhart*, RIW 1994, 445, 450; *Staudinger/ Magnus*, Art. 36, Rdnr. 24 f.

[557] Dies gilt insbesondere für die Gran Canaria-Fälle, in denen deutsche Urlauber in Spanien Haustürgeschäfte abgeschlossen haben und sich gemäß Art. 5 Abs. 2 EVÜ trotz einer auf spanisches Recht verweisenden Rechtswahlklausel auf das deutsche Haustürwiderrufsgesetz berufen wollen. Für das Widerrufsrecht der deutschen Urlauber kommt es u.a. darauf an, ob durch eine analoge Anwendung des Art. 5 Abs. 2 EVÜ die Geltung des

f. Zwischenergebnis

Weder der Wortlaut des Art. 12 Abs. 2 EVÜ noch dessen Entstehungsgeschichte haben Anhaltspunkte dafür ergeben, daß die Wirksamkeit einer Forderungsübertragung gegenüber Dritten an das Forderungsstatut anzuknüpfen ist. Beide Auslegungskriterien sprechen gegen eine Einbeziehung dinglicher Aspekte in den Regelungsbereich der Vorschrift und legen die Annahme nahe, daß sie die Forderung lediglich als Leistungspflicht des Schuldners, nicht jedoch als Vermögensgegenstand betrifft.

Art. 12 Abs. 2 EVÜ nennt einzelne, genau umschriebene Teilaspekte einer Forderungsübertragung und bietet daher keine Grundlage für die Annahme, es handele sich um eine lediglich beispielhafte Aufzählung. Einer Qualifikation der Voraussetzungen der Wirksamkeit einer Forderungsübertragung gegenüber Dritten als „Voraussetzungen, unter denen die Übertragung dem Schuldner entgegengehalten werden kann", steht der Wortlaut entgegen. Art. 12 Abs. 2 EVÜ spricht gerade nicht von den Voraussetzungen, unter denen die Übertragung dem Schuldner *und Dritten* entgegengehalten werden kann.

Warum die Arbeitsgruppe die in Art. 16 Abs. 2 des Vorentwurfs noch vorgesehenen Worte *und Dritten* nicht in Art. 12 Abs. 2 EVÜ übernommen hat, läßt sich dem Sachverständigenbericht von *Giuliano* und *Lagarde* nicht entnehmen. Angesichts ihrer offensichtlichen Tragweite kann ausgeschlossen werden, daß es sich lediglich um eine redaktionelle Änderung handelt, die den Inhalt der Vorschrift unberührt lassen sollte. Dies wird durch ein unveröffentlichtes Protokoll einer Arbeitsgruppensitzung bestätigt, das bei der Auslegung des EVÜ jedoch nur mit äußerster Zurückhaltung berücksichtigt werden sollte.

Weder der Sachverständigenbericht zum EVÜ von *Giuliano* und *Lagarde* noch der Sachverständigenbericht zu dessen Vorentwurf von *Giuliano*, *Lagarde* und *van Sasse van Ysselt* legen darüber hinaus die Annahme nahe, die Arbeitsgruppe habe Art. 12 Abs. 2 EVÜ als nicht abschließende und weit auszulegende Grundregel für die Anknüpfung der mit einer Forderungsübertragung verbundenen Fragestellungen verstanden. Die Entstehungsgeschichte bietet daher keine Grundlage, um die Anknüpfung der Wirksamkeit einer Forderungsübertragung gegenüber Dritten an das Forderungsstatut zu begründen.

Nach Sinn und Zweck des Art. 12 Abs. 2 EVÜ darf die Rechtsstellung des Schuldners durch die Forderungsübertragung nicht beeinträchtigt werden.

---

in Art. 3 Abs. 1 EVÜ verankerten Grundsatzes der freien Rechtswahl eingeschränkt werden kann. Eine analoge Anwendung des Art. 5 Abs. 2 EVÜ befürwortend OLG Stuttgart, 18. 5. 1990, IPRax 1991, 332, 333 f.; *Erman/ Hohloch,* Art. 29, Rdnr. 10; MünchKomm/ *Martiny*, Art. 29, Rdnr. 32 f. Ablehnend OLG Hamm, 1. 12. 1988, IPRax 1990, 242, 244; OLG Celle, 28. 8. 1990, IPRax 1991, 334, 335; *Junker,* RabelsZ 55 (1991) 674, 685 ff.; *Kronke,* RIW 1996, 985, 989; *Mankowski,* IPRax 1991, 305, 311.

Eine Anknüpfung der Wirksamkeit einer Forderungsübertragung gegenüber Dritten an das Forderungsstatut kann jedoch auch mit den Erfordernissen des Schuldnerschutzes nicht begründet werden. Denn die Rechtsstellung des Schuldners wird von einer Forderungsübertragung nur insoweit berührt, als die Forderung als Leistungspflicht des Schuldners gegenüber seinem (alten bzw. neuen) Gläubiger betroffen ist. Das ist jedoch gerade nicht der Fall, wenn es ausschließlich um die Forderung als Vermögensgegenstand und um die Frage ihrer Zuordnung geht. Vor einem Gläubigerwechsel als solchem will Art. 12 Abs. 2 EVÜ den Schuldner nicht schützen. Zwischen den Fragen, die die Rechtsstellung des Schuldners berühren und jenen, die ausschließlich die Zuordnung der Forderung als Vermögensgegenstand betreffen, kann eine Sinn und Zweck des Übereinkommens gerecht werdende Unterscheidung getroffen werden.

Daher legen allein die Koordinierungsschwierigkeiten, die eine unterschiedliche Anknüpfung der Wirksamkeit einer Forderungsübertragung gegenüber dem Schuldner einerseits und gegenüber Dritten andererseits nach sich zieht, eine Einbeziehung der Drittwirksamkeit in den Regelungsbereich des Art. 12 Abs. 2 EVÜ nahe. Sie tun dies jedoch nicht mit der aus Gründen der Rechtssicherheit gebotenen Deutlichkeit, um aus der Anwendbarkeit des Art. 12 Abs. 2 EVÜ auf die Anwendbarkeit des EVÜ schließen zu können. Die Einbeziehung der Wirksamkeit einer Forderungsübertragung gegenüber Dritten in den Anwendungsbereich des EVÜ kann daher mit Art. 12 Abs. 2 EVÜ nicht begründet werden.

5. Ergebnis

Obwohl Art. 1 Abs. 1 EVÜ den sachlichen Anwendungsbereich des Übereinkommens regelt, konnte die Auslegung der Vorschrift nicht zeigen, daß es auch die Wirksamkeit einer Forderungsübertragung gegenüber Dritten erfaßt. Die Anwendbarkeit des Übereinkommens kann jedoch aus systematischen Gründen bejaht werden, wenn aus den Kollisionsregeln des EVÜ deutlich hervorgeht, daß es eine bestimmte Fragestellung regeln will und sachgerecht regeln kann.

Die Auslegung des Art. 12 EVÜ hat allerdings gezeigt, daß sich eine solche Argumentation weder auf Abs. 1 noch auf Abs. 2 stützen läßt. Die Einbeziehung der Drittwirksamkeit einer Forderungsübertragung in den Regelungsbereich des Art. 12 Abs. 1 EVÜ kann weder mit der Systematik noch mit der Entstehungsgeschichte oder mit Sinn und Zweck der Vorschrift begründet werden. Der Wortlaut spricht gegen eine weite Auslegung.

Auch die Auslegung des Art. 12 Abs. 2 EVÜ hat keine Anhaltspunkte ergeben, daß die Drittwirksamkeit in dessen Regelungsbereich einzubeziehen ist. Wortlaut und Entstehungsgeschichte legen eine Beschränkung auf die Wirkungen gegenüber dem Schuldner nahe. Art. 12 Abs. 2 EVÜ erfaßt danach eine Forderungsübertragung nur insoweit, als sie sich auf die Leistungspflicht des Schuldners auswirkt.

Für eine Einbeziehung sprechen lediglich die Koordinierungsschwierigkeiten, die sich bei einer gesonderten Anknüpfung ergeben können. Sie könnten durch eine einheitliche Anknüpfung aller dinglichen Aspekte an das Forderungsstatut nach Art. 12 Abs. 2 vermieden werden. Die Koordinierungsschwierigkeiten sind jedoch nicht so erheblich, daß sie eine Einbeziehung der Drittwirksamkeit in den Regelungsbereich des Art. 12 Abs. 2 und damit in den Anwendungsbereich des EVÜ begründen könnten. Eine solche Auslegung würde den Anforderungen der Rechtssicherheit nicht gerecht.

Damit hat die Auslegung von Art. 1 Abs. 1 und Art. 12 EVÜ gezeigt, daß die Wirksamkeit einer Forderungsübertragung gegenüber Dritten nicht in den Anwendungsbereich des Übereinkommens fällt. Das anwendbare Recht ist nach nationalem Kollisionsrecht zu bestimmen.

An diesem Ergebnis ist bemerkenswert, daß die Wirksamkeit gegenüber Dritten zwar nicht in den Anwendungsbereich des EVÜ fällt, dieses aber mit Art. 12 Abs. 2 EVÜ eine Anknüpfungsregel zur Verfügung stellt, der sie kollisionsrechtlich sachgerecht zugeordnet werden könnte. Die Entstehungsgeschichte des Art. 12 EVÜ läßt die Deutung zu, daß die Vorschrift im Hinblick auf die dinglichen Aspekte einer Forderungsübertragung bewußt unbestimmt gehalten worden ist. Da sich die Arbeitsgruppe auf eine verbindliche Regelung der Drittwirksamkeit nicht einigen konnte, wurde die Frage nicht ausdrücklich in den Regelungsbereich des Art. 12 Abs. 2 EVÜ und damit in den Anwendungsbereich des Übereinkommens einbezogen. Sie wurde aber auch nicht ausdrücklich ausgeschlossen. Dadurch bietet das EVÜ den Vertragsstaaten die Möglichkeit, das anwendbare Recht ausgehend von den einheitlichen Anknüpfungsregeln des EVÜ zu ermitteln, ohne sie jedoch dazu zu verpflichten. Die folgende Auslegung des Art. 33 EGBGB zeigt, daß das deutsche Kollisionsrecht diese Möglichkeit nutzt.

Art. 12 Abs. 2 EVÜ enthält damit eine Art verstecktes *model law* für die Anknüpfung der Wirksamkeit einer Forderungsübertragung gegenüber Dritten. Ein *model law* mag der Rechtsvereinheitlichung dienen, wenn das Übereinkommen deutlich zum Ausdruck bringt, worin die mögliche, wenn auch nicht verbindliche Regelung bestehen soll. Daß dies bei Art. 12 EVÜ nicht der Fall ist, zeigen die entgegengesetzten, sich aber auf gleichlautende Vorschriften berufenden Entscheidungen des Hoge Raad einerseits[558] und des Bundesgerichtshofs[559] andererseits. Ein verstecktes *model law* wird dem Interesse des Rechtsverkehrs an Rechtssicherheit nicht gerecht.

---

[558] 16. 5. 1997, N.J. 1998, Nr. 585.

[559] 8. 12. 1998, IPRax 2000, 128; 20. 6. 1990, BGHZ 111, 376.

IV. Art. 33 Abs. 1 und 2 EGBGB

Ist das auf die Wirksamkeit einer Forderungsübertragung gegenüber Dritten anwendbare Recht nach nationalen Kollisionsregeln zu bestimmen, sind im deutschen Recht Art. 33 Abs. 1 und 2 EGBGB[560] Ausgangspunkt der Prüfung:

> **Art. 33. Übertragung der Forderung; gesetzlicher Forderungsübergang.** (1) Bei Abtretung einer Forderung ist für die Verpflichtungen zwischen dem bisherigen und dem neuen Gläubiger das Recht maßgebend, dem der Vertrag zwischen ihnen unterliegt.
>
> (2) Das Recht, dem die übertragene Forderung unterliegt, bestimmt ihre Übertragbarkeit, das Verhältnis zwischen neuem Gläubiger und Schuldner, die Voraussetzungen, unter denen die Übertragung dem Schuldner entgegengehalten werden kann, und die befreiende Wirkung einer Leistung durch den Schuldner.
>
> (3) [...]

Der Anwendung von Art. 33 EGBGB steht nicht entgegen, daß er auf Art. 12 EVÜ zurückgeht, diesen nahezu wortgleich in das deutsche Recht überführt, Art. 12 EVÜ aber auf die Wirksamkeit einer Forderungsübertragung gegenüber Dritten nicht anwendbar ist. Denn Art. 33 EGBGB ist trotz seines engen Zusammenhangs mit dem EVÜ in erster Linie eine Vorschrift des nationalen Rechts. Durch sie ist der deutsche Gesetzgeber seiner völkerrechtlichen Verpflichtung zur Umsetzung des EVÜ nachgekommen. Bei der Umsetzung rechtsvereinheitlichender Übereinkommen sind die nationalen Gesetzgeber aber an deren Beschränkungen des Anwendungsbereichs nicht gebunden. Sie können über den Anwendungsbereich der Übereinkommen hinausgehen und auf diese Weise das nationale Recht an den international vereinheitlichten Regelungen ausrichten.[561] Daß der deutsche Gesetzgeber bei der Umsetzung des EVÜ entsprechende Regelungsabsichten verfolgt hat, zeigt sich deutlich an Art. 33 Abs. 3 EGBGB, durch den das EGBGB den Regelungsbereich des Art. 13 EVÜ auf die Legalzession von Forderungen aus gesetzlichen Schuldverhältnissen ausdehnt.[562] Daß Art. 12 EVÜ auf die Drittwirksamkeit einer Forderungsübertragung nicht anwendbar ist, bedeutet daher nicht, daß diese Frage auch von Art. 33 EGBGB nicht erfaßt wird.

Ob der Regelungsbereich des Art. 33 EGBGB allerdings tatsächlich über den des Art. 12 EVÜ hinausgeht und auch die Wirksamkeit einer Forderungsübertragung gegenüber Dritten erfaßt, kann sich angesichts des weitgehend übereinstimmenden Wortlauts der beiden Vorschriften nur daraus

---

[560] Wenn im folgenden von Art. 33 EGBGB die Rede ist, sind damit lediglich Art. 33 Abs. 1 und 2 EGBGB gemeint, nicht jedoch Art. 33 Abs. 3 EGBGB. Die darin enthaltene Anknüpfungsregel geht auf Art. 13 EVÜ zurück und betrifft ausschließlich den gesetzlichen Forderungsübergang.

[561] *von Hoffmann,* Internationales Privatrecht, § 10, Rdnr. 89, Fn. 221.

[562] *von Hoffmann,* Internationales Privatrecht, § 10, Rdnr. 89; *Kropholler,* Internationales Privatrecht, S. 472 f.

ergeben, daß hinsichtlich der weiteren Gesichtspunkte, die bei einer Auslegung zu berücksichtigen sind, Unterschiede bestehen (1). Sodann stellt sich die Frage, wie sich diese Unterschiede auf die Auslegung des Art. 33 EGBGB auswirken (2.).

Diese kann zu zwei Ergebnissen führen (3.). Fällt die Wirksamkeit einer Forderungsübertragung gegenüber Dritten in den Regelungsbereich des Art. 33 EGBGB, obwohl sie von Art. 12 EVÜ nicht erfaßt wird, erweist sich Art. 33 EGBGB als gespaltene Norm, die sich aus einem international vereinheitlichten und einem originär nationalen Teil zusammensetzt. Fällt die Drittwirksamkeit dagegen nicht unter Art. 33 EGBGB und kann das anwendbare Recht auch nicht durch eine analoge Anwendung dieser Vorschrift ermittelt werden, muß ausgehend von den beteiligten internationalprivatrechtlichen Interessen eine außergesetzliche Kollisionsnorm gebildet werden. Erst an diesem Punkt kommt nach deutschem Recht eine Anknüpfung an das am Wohnsitz des Zedenten oder an das am Wohnsitz des Schuldners geltende Recht in Betracht.

1. Unterschiede in den Auslegungskriterien

Bei der Auslegung des Art. 33 EGBGB können nur dann andere Gesichtspunkte berücksichtigt werden als bei der Auslegung des Art. 12 EVÜ, wenn dies mit dem in Art. 36 EGBGB verankerten Gebot der europaweit einheitlichen Auslegung und Anwendung der Vorschriften des EVÜ vereinbar ist. Art. 36 EGBGB bezieht sich jedoch nur auf jene Vorschriften des EGBGB, die tatsächlich auf das EVÜ zurückgehen.[563] Dies bedeutet umgekehrt, daß die sich aus Art. 36 EGBGB ergebenden Anforderungen nicht beachtet werden müssen, sobald der Anwendungsbereich des EVÜ verlassen wird. Die Auslegung des Art. 33 EGBGB unterscheidet sich daher im Hinblick auf die Wirksamkeit einer Forderungsübertragung gegenüber Dritten dadurch von der Auslegung des Art. 12 EVÜ, daß die sich aus Art. 36 EGBGB ergebenden Anforderungen in den Hintergrund treten.

Diese Differenzierung bei der Auslegung einer auf das EVÜ zurückgehenden Vorschrift von *Reinhart* abgelehnt: „die Rechtsvergleichung [hat] ihren festen Platz auch bei der Auslegung des originär nationalen Teils der Norm".[564]

Daß die Rechtsvergleichung bei der Auslegung einer auf das EVÜ zurückgehenden Kollisionsregel des EGBGB auch dann ihren festen Platz hat, wenn die anzuknüpfende Rechtsfrage außerhalb des Anwendungsbereichs des EVÜ liegt, kann nicht in Abrede gestellt werden. Ihre Bedeutung ergibt sich in diesen Fällen in erster Linie aus den besonderen Anforderungen, die bei der Auslegung und Anwendung von Kollisionsnormen ohnehin zu be-

---

[563] MünchKomm/*Martiny*, Art. 36, Rdnr. 10; *Soergel/von Hoffmann*, Art. 36, Rdnr. 3; *Staudinger/Reinhart*, 12. Auflage, Art. 36, Rdnr. 50.
[564] *Staudinger/Reinhart*, 12. Auflage, Art. 36, Rdnr. 53.

achten sind. Die verschiedenen Schritte bei der Anwendung einer Kollisionsnorm faßt der Begriff der Qualifikation zusammen.[565] Die in Deutschland herrschende Meinung folgt dabei den Grundsätzen der funktionellen Qualifikation.[566] Diese ist ohne Rechtsvergleichung nicht denkbar. Insofern ist *Reinhart* zuzustimmen.

Bei der Auslegung und Anwendung des EVÜ kommt der Rechtsvergleichung jedoch eine weitergehende Bedeutung zu. Denn hier kann die funktionelle Qualifikation nicht eine nationale *lex fori* als Ausgangspunkt des Qualifikationsprozesses nehmen, ohne gegen das Erfordernis einer europaweit einheitlichen Auslegung und Anwendung des EVÜ zu verstoßen. Der Ausgangspunkt der funktionellen Qualifikation muß vielmehr erst im Sinne einer europäischen *lex fori* durch die schrittweise Berücksichtigung der verschiedenen Rechtsordnungen der Vertragsstaaten ermittelt werden.[567] Insofern hat die Rechtsvergleichung zwar bei der Auslegung und Anwendung nationaler und international vereinheitlichter Kollisionsnormen ihren festen Platz. Der Platz selbst ist jedoch ein jeweils anderer.

Die besonderen Anforderungen, die sich aus Art. 36 EGBGB für die Auslegung der auf das EVÜ zurückgehenden Vorschriften des EGBGB ergeben, beschränken sich nicht auf den Gesichtspunkt der Rechtsvergleichung. Art. 36 EGBGB wirkt sich vielmehr – wie auch Art. 18 EVÜ[568] – auf sämtliche Auslegungskriterien aus. Daraus folgt, daß es für die Auslegung einer auf das EVÜ zurückgehenden Vorschrift des EGBGB im Hinblick auf sämtliche Auslegungskriterien darauf ankommt, ob die zu beantwortende Rechtsfrage innerhalb oder außerhalb des Anwendungsbereichs des EVÜ liegt.

Im Rahmen der systematischen Auslegung muß außerhalb des Anwendungsbereichs des EVÜ der berücksichtigungsfähige Bedeutungszusammenhang nicht mehr auf dessen Vorschriften beschränkt werden. In die systematische Auslegung des Art. 33 EGBGB können das gesamte deutsche Kollisionsrecht, das deutsche materielle Recht, letztlich die gesamte deutsche Rechtsordnung einfließen.

Bei der historischen Auslegung des Art. 33 EGBGB kommt es außerhalb des Anwendungsbereichs des EVÜ in erster Linie auf den Willen des deutschen Gesetzgebers an. Ob dieser mit Art. 33 EGBGB weitergehende Regelungsabsichten verfolgt hat als die europäischen Vertragsstaaten mit Art. 12 EVÜ, ist unter Auswertung der nationalen Gesetzgebungsmaterialien zu ermitteln. Insbesondere die Denkschrift der Bundesregierung zum EVÜ[569] kann hierbei herangezogen werden. Bei der Auslegung dieser

---

565 Dazu MünchKomm/*Sonnenberger*, Einl. IPR, Rdnr. 444 ff.: Qualifikation als Gesamtprozeß.
566 Dazu *oben*, S. 224 f.
567 Dazu *oben*, S. 227 ff.
568 Dazu *oben*, S. 214 ff.
569 BT Drucks. 10/503, S. 21 ff.

Gesetzgebungsmaterialien müssen die vor der Umsetzung des EVÜ in Deutschland bestehende Rechtslage und die damalige Rechtsprechung und Lehre als Hintergrund für die Entscheidung des Gesetzgebers berücksichtigt werden.

Im Rahmen der teleologischen Auslegung treten schließlich die Anforderungen in den Hintergrund, die sich aus der rechtsvereinheitlichenden Zielsetzung des EVÜ ergeben. Die Auslegung des Art. 33 EGBGB muß sich außerhalb des Anwendungsbereichs des EVÜ nicht von dem Verständnis des deutschen Rechts lösen, um den auszulegenden Begriffen eine eigenständige und mehreren Staaten gemeinsame Bedeutung geben zu können. Eine autonome Auslegung des EGBGB ist nicht erforderlich.

Wegen der rechtsvereinheitlichenden Zielsetzung des EVÜ kommt bei seiner Anwendung eine nationale *lex fori* als Ausgangspunkt der funktionellen Qualifikation nicht in Betracht. Die Anknüpfungsgegenstände des EVÜ sind vielmehr so auszulegen, als läge ihnen eine gleichsam europäische *lex fori* zugrunde.[570] Außerhalb des Anwendungsbereichs des EVÜ kann die funktionelle Qualifikation dagegen von den Begriffen und Abgrenzungen der nationalen *lex fori* ausgehen. Bei der Anwendung des EGBGB steht daher außerhalb des Anwendungsbereichs des EVÜ stets das deutsche Sachrecht am Beginn des Qualifikationsprozesses. Die Voraussetzungen, unter denen Erscheinungen ausländischer Rechtsordnungen dem Anknüpfungsgegenstand einer Kollisionsnorm zugeordnet werden können, sind jedoch innerhalb und außerhalb des Anwendungsbereichs des EVÜ dieselben: Die Erscheinungen ausländischer Rechtsordnungen müssen im Hinblick auf ihre Funktion denjenigen Regelungen entsprechen, die der nationale Gesetzgeber bzw. die europäischen Vertragsstaaten bei Schaffung der Kollisionsnorm im Auge hatten. Damit bleiben die Kriterien der funktionellen Qualifikation unberührt. Es verändert sich lediglich ihr Bezugspunkt.

2. Auswirkungen auf die Auslegung des Art. 33 EGBGB

Die Unterschiede zwischen Gesichtspunkten, die bei der Auslegung des Art. 12 EVÜ einerseits und bei der Auslegung des Art. 33 EGBGB andererseits zu berücksichtigen sind, können dazu führen, daß sich die beiden Vorschriften in ihrem Regelungsgehalt unterscheiden, obwohl sie in ihrem Wortlaut nahezu übereinstimmen.

a. Systematik

Für die kollisionsrechtliche Beurteilung der Wirksamkeit einer Forderungsübertragung gegenüber Dritten ist von Bedeutung, daß bei einer Auslegung des Art. 33 EGBGB außerhalb des Anwendungsbereichs des EVÜ nicht die Systematik des EVÜ, sondern diejenige des EGBGB zu berücksichtigen ist.

---

[570] Dazu *oben*, S. 225.

Anders als dem EVÜ kann dem EGBGB zumindest seit dem Inkrafttreten des Gesetzes zum Internationalen Privatrecht für außervertragliche Schuldverhältnisse und Sachen am 1. Juni 1999[571] ein kodifikatorischer Charakter nicht abgesprochen werden. Das EGBGB ist, abgesehen von dem nach wie vor ungeregelten Bereich des Internationalen Gesellschaftsrechts, als abschließende und erschöpfende Regelung des Internationalen Privatrechts angelegt.[572]

Daher spricht die Systematik des EGBGB gegen die Annahme planmäßiger Lücken innerhalb der vom EGBGB geregelten Bereiche und damit gegen einen Rückgriff auf außergesetzliche Anknüpfungsregeln. Eine Anknüpfung an das am Wohnsitz des Zedenten geltende Recht ist daher mit der Systematik des EGBGB nicht ohne weiteres in Einklang zu bringen. Der kodifikatorische Charakter des EGBGB legt vielmehr eine von den Kollisionsregeln des EGBGB ausgehende Anknüpfung im Wege der Gesetzesauslegung oder der gesetzesimmanenten Rechtsfortbildung nahe.[573] Da die Wirksamkeit einer Forderungsübertragung gegenüber Dritten sowohl Bezüge zum Internationalen Schuldvertragsrecht als auch zum Internationalen Sachenrecht aufweist, kommen die Vorschriften des 5. Abschnitts über das Schuldvertragsrecht und die des 6. Abschnitt über das Sachenrecht als Ausgangspunkt in Betracht.

Für eine sachenrechtliche Qualifikation bietet die Systematik des EGBGB allerdings keine Anhaltspunkte. Welche Fragestellungen als sachenrechtlich zu qualifizieren sind, richtet sich – folgt man den Grundsätzen der funktionellen Qualifikation – nach den materiellen Vorschriften der nationalen Rechtsordnung, um deren Kollisionsrecht es geht.[574] Das deutsche Internationale Sachenrecht kann damit als kollisionsrechtliche Ergänzung des 3. Buchs des BGB angesehen werden.[575] Ob es sich bei der Wirksamkeit einer Forderungsübertragung gegenüber Dritten um eine sachenrechtliche Fragestellung handelt, ist ausgehend von den Begriffen und Abgrenzungen des deutschen materiellen Sachenrechts zu ermitteln.

Dieses ist dadurch gekennzeichnet, daß es Rechtswirkungen gegenüber jedermann vorsieht. Dementsprechend beziehen sich auch die sachenrechtlichen Kollisionsregeln nur auf solche Tatbestände, die mit solchen Rechtswirkungen verbunden sind.[576] Dies ist jedoch bei der Wirksamkeit einer For-

---

[571] BGBl. 1999 I 1026.

[572] MünchKomm/*Kreuzer*, Vor Art. 38, Rdnr. 4: Die IPR-Reform von 1999 wollte die vom Gesetz zur Neuregelung des Internationalen Privatrechts von 1986 „im EGBGB noch gelassenen Lücken füllen und damit die Gesamtregelung des IPR im wesentlichen abschließen."

[573] *von Hoffmann*, Internationales Privatrecht, § 1, Rdnr. 45.

[574] MünchKomm/*Kreuzer*, Nach Art. 38 Anh. I, Rdnr. 16; *Staudinger/Stoll*, Int SachenR, Rdnr. 1.

[575] MünchKomm/*Kreuzer*, Nach Art. 38 Anh. I, Rdnr. 1.

[576] *Staudinger/Stoll*, Int SachenR, Rdnr. 140.

derungsübertragung gegenüber Dritten gerade der Fall. Hier zeigt sich ihre Nähe zum Internationalen Sachenrecht.

Allerdings behandelt das deutsche materielle Sachenrecht in erster Linie die rechtlichen Beziehungen zu Sachen. Sachen sind nach § 90 BGB körperliche Gegenstände. Forderungen sind jedoch unkörperliche Gegenstände und als solche keine Sachen i. S. d. § 90 BGB. Jedoch enthält das 3. Buch des BGB mit den §§ 1068 ff. und §§ 1273 ff. BGB auch Vorschriften, die Forderungen zum Gegenstand dinglicher Rechte machen. Die mit Nießbrauch und Pfandrecht an Forderungen verbundenen Fragestellungen könnten daher sachenrechtlich zu qualifizieren sein.[577] Es ist jedoch unbestritten, daß eine – die besonderen Anforderungen der §§ 1068 ff. und §§ 1273 ff. BGB vermeidende – Sicherungsübertragung einer Forderung keine sachenrechtliche Fragestellung ist und nicht nach sachenrechtlichen Grundsätzen angeknüpft werden kann. Auch Nießbrauch und Pfandrecht an Forderungen sind daher nach herrschender Ansicht nicht an die *lex rei sitae*, sondern akzessorisch an das Statut des belasteten Rechts anzuknüpfen.[578] Demnach unterliegen auch Nießbrauch und Pfandrecht an Forderungen dem Forderungsstatut. Dies bedeutet aber, daß sich das deutsche Internationale Sachenrecht ausschließlich auf Rechtsverhältnisse an körperlichen Gegenständen bezieht.[579] Die Systematik des EGBGB steht damit einer sachenrechtlichen Qualifikation der Wirksamkeit einer Forderungsübertragung gegenüber Dritten entgegen.

Eine von den Regelungen des EGBGB ausgehende Anknüpfung muß daher nach den Vorschriften des Internationalen Schuldvertragsrechts erfolgen. Dieses stellt – wie die Auslegung des Art. 12 EVÜ gezeigt hat – mit Art. 33 Abs. 2 EGBGB eine kollisionsrechtlich sinnvolle Anknüpfungsregel zur Verfügung. Der kodifikatorische Charakter des EGBGB spricht somit für eine Anknüpfung an das Forderungsstatut nach Art. 33 Abs. 2 EGBGB.

b. Entstehungsgeschichte

Der Entstehungsgeschichte des EGBGB läßt sich eine entsprechende Regelungsabsicht des Gesetzgebers jedoch nicht entnehmen. Zwar geht aus den Gesetzgebungsmaterialien deutlich hervor, daß Art. 33 Abs. 3 EGBGB über den Anwendungsbereich des EVÜ hinausgehen und auch die Legalzession von Forderungen aus gesetzlichen Schuldverhältnissen erfassen soll.[580] Dagegen enthalten die Materialien keine Anhaltspunkte, daß der

---

[577] MünchKomm/*Kreuzer*, Nach Art. 38 Anh. I, Rdnr. 2; *Staudinger/Stoll*, Int SachenR, Rdnr. 2.

[578] *von Bar*, Internationales Privatrecht, Bd. 1, Rdnr. 599; MünchKomm/*Kreuzer*, Nach Art. 38 Anh. I, Rdnr. 210. Ähnlich *Staudinger/Stoll*, Int SachenR, Rdnr. 317: Anknüpfung entsprechend der Übertragung des Vollrechts.

[579] MünchKomm/*Kreuzer*, Nach Art. 38 Anh. I, Rdnr. 210; *Staudinger/Stoll*, Int SachenR, Rdnr. 143.

[580] BT Drucks. 10/504, S. 83.

Gesetzgeber auch im Hinblick auf die Wirksamkeit einer Forderungsübertragung gegenüber Dritten über den Anwendungsbereich des EVÜ hinausgehen und diese Frage dem Regelungsbereich des Art. 33 EGBGB zuweisen wollte. Weder die Forderungsübertragung als Verfügungsgeschäft noch deren Wirksamkeit gegenüber Dritten werden in den Gesetzgebungsmaterialien genannt.

Das kann bedeuten, daß der Gesetzgeber über den Anwendungsbereich des EVÜ nicht hinausgehen wollte. Das EGBGB enthielte dann eine planmäßige Regelungslücke, die durch Rückgriff auf eine außergesetzliche Anknüpfungsregel geschlossen werden müßte. Dagegen spricht jedoch, daß sich der eingeschränkte Regelungsbereich des Art. 12 EVÜ insbesondere aus Sicht des deutschen Rechts nicht ohne weiteres erschließt. Es liegt näher, das Schweigen der Gesetzgebungsmaterialien damit zu erklären, daß dem deutschen Gesetzgeber nicht bewußt gewesen ist, daß die Wirksamkeit einer Forderungsübertragung gegenüber Dritten nicht in den Anwendungsbereich des EVÜ fällt und daher nur von einer über Art. 12 EVÜ hinausgehenden Regelung erfaßt werden kann.

Der Gesetzgeber hat die Vorschriften des EGBGB als unproblematisch und nicht erklärungsbedürftig angesehen. Dies legt die Annahme nahe, daß Art. 33 EGBGB die zuvor bestehende Rechtslage nicht verändern sollte.[581] Vor dem Inkrafttreten des Gesetzes zur Neuregelung des Internationalen Privatrechts im Jahre 1986[582] war die Forderungsübertragung als Verfügungsgeschäft nach Rechtsprechung und herrschender Lehre an das Statut der von der Übertragung betroffenen Forderung anzuknüpfen.[583] Die Entstehungsgeschichte des Art. 33 EGBGB spricht dafür, die Wirksamkeit einer Forderungsübertragung gegenüber Dritten entsprechend dieser Rechtslage in den Regelungsbereich des Art. 33 Abs. 2 EGBGB einzubeziehen.

c. Sinn und Zweck

Die Auslegung des Art. 33 EGBGB muß schließlich der kollisionsrechtlichen Aufgabenstellung der Vorschrift gerecht werden. Daher sind die Anforderungen der funktionellen Qualifikation ebenso zu beachten wie bei der Auslegung des Art. 12 EVÜ. Während jedoch Art. 12 EVÜ als Vorschrift eines internationalen Übereinkommens vertragsautonom ausgelegt werden muß, kann die funktionelle Qualifikation bei Art. 33 EGBGB zumindest außerhalb

---

581 BGH, 20. 6. 1990, BGHZ 111, 376, 379 f.; OLG Hamburg, 28. 4. 1992, NJW-RR 1993, 40; *von Bar,* Internationales Privatrecht, Bd. 2, Rdnr. 564; *Ferid,* Internationales Privatrecht, Rdnr. 6-120; *Lorenz,* IPRax 1987, 269, 276; *Mangold,* Die Abtretung im Europäischen Kollisionsrecht, S. 143.

582 BGBl. 1986 I 1142.

583 BGH, 23. 2. 1983, BGHZ 87, 19, 21; 7. 12. 1961, WM 1962, 263, 265; 28. 10. 1957, WM 1957, 1574, 1575; RG, 19. 3. 1907, RGZ 65, 357, 358; *Graf von Bernstorff,* RIW 1984, 508; *Kegel,* Internationales Privatrecht, 5. Auflage, 428; *Klein,* WM 1978, 390; MünchKomm/*Martiny*, 1. Auflage, Vor Art. 12, Rdnr. 132.

des Anwendungsbereichs des EVÜ von den Begriffen und Abgrenzungen des deutschen Rechts ausgehen.

Insofern muß bei der Auslegung des Art. 33 EGBGB die das deutsche Recht prägende Unterscheidung zwischen Verpflichtungs- und Verfügungsgeschäft berücksichtigt werden.[584] Die Anforderungen des Kollisionsrechts[585] stehen einer vom Trennungs- und Abstraktionsprinzip ausgehenden Auslegung des Art. 33 EGBGB nicht entgegen. Denn wie sich bereits bei der Auslegung von Art. 12 EVÜ gezeigt hat,[586] kann die Unterscheidung zwischen Verpflichtungs- und Verfügungsgeschäft bei der Übertragung von Forderungen in anderen Rechtsordnungen zumindest nachvollzogen werden.

Vor dem Hintergrund des Trennungs- und Abstraktionsprinzips des deutschen Rechts gewinnt auch der Wortlaut des Art. 33 Abs. 1 EGBGB besonderes Gewicht. Schon bei der Auslegung des Art. 12 Abs. 1 EVÜ sprach dessen Beschränkung auf die „Verpflichtungen zwischen Zedent und Zessionar" gegen eine Einbeziehung der Drittwirksamkeit einer Forderungsübertragung in den Regelungsbereich dieser Vorschrift.[587] Dies gilt erst recht, wenn die Auslegung von der klaren Unterscheidung des deutschen Rechts zwischen Verpflichtungs- und Verfügungsgeschäft auszugehen hat.

Darüber hinaus ist bei der Auslegung des Art. 33 EGBGB zu berücksichtigen, daß eine Forderungsübertragung nach deutschem Sachrecht ihre Wirkungen unmittelbar *erga omnes* entfaltet. Besondere Voraussetzungen für die Wirksamkeit gegenüber Dritten bestehen nicht. Daher unterscheidet das deutsche Recht auch nicht zwischen der Wirksamkeit der Forderungsübertragung zwischen Zedent und Zessionar einerseits sowie gegenüber Dritten andererseits. Bei der Auslegung des Art. 12 Abs. 1 EVÜ hat sich bereits gezeigt, daß eine gesonderte Anknüpfung dieser beiden Teilfragen zu erheblichen Koordinierungsschwierigkeiten führt.[588] Außerhalb des Anwendungsbereichs des EVÜ kommt für die Auslegung des Art. 33 EVÜ nun hinzu, daß die fehlende Unterscheidung im deutschen Sachrecht gegen eine unterschiedliche Anknüpfung der Wirksamkeit einer Forderungsübertragung zwischen Zedent und Zessionar einerseits sowie gegenüber Dritten andererseits spricht

Dagegen ist dem deutschen Recht die Unterscheidung zwischen der Wirksamkeit einer Forderungsübertragung gegenüber dem Schuldner einerseits und gegenüber Dritten andererseits durchaus bekannt: Eine Forderungsübertragung, die aufgrund einer wirksamen Einigung zwischen dem ver-

---

[584] Für das deutsche Internationale Sachenrecht ist die Maßgeblichkeit des Trennungs- und Abstraktionsprinzips anerkannt (*Staudinger/Stoll,* Int SachenR, Rdnr. 160).

[585] Vgl. *oben*, S. 249.

[586] *Oben*, S. 250 ff.

[587] Dazu *oben*, S. 244 f.

[588] *Oben*, S. 259 f.

fügungsbefugten Zedenten und dem Zessionar Dritten gegenüber wirksam ist, kann gegenüber dem Schuldner keine nachteiligen Wirkungen entfalten, wenn dieser die Forderungsübertragung nicht kennt (§ 407 BGB).[589] Umgekehrt kann sich der Schuldner nach § 409 BGB auf eine Dritten gegenüber unwirksame Forderungsübertragung berufen, wenn sie ihm vom Zedenten angezeigt worden ist. Daraus hat sich bei der Auslegung des Art. 12 Abs. 2 EVÜ ergeben, daß das deutsche Recht einer gesonderten Anknüpfung der Wirksamkeit einer Forderungsübertragung gegenüber dem Schuldner einerseits und gegenüber Dritten andererseits nicht entgegensteht.[590]

Das bedeutet jedoch nicht, daß das deutsche Sachrecht eine von dieser Unterscheidung ausgehende Auslegung des Art. 33 EGBGB erfordert. Art. 33 Abs. 2 EGBGB nennt als Anknüpfungsgegenstand nicht nur die befreiende Wirkung einer Leistung durch den Schuldner, sondern auch die Voraussetzungen, unter denen die Forderungsübertragung dem Schuldner entgegengehalten werden kann. Der Schuldner kann zwar bei einer Forderungsübertragung, die zwischen den Zessionsparteien und gegenüber Dritten unwirksam ist, unter den Voraussetzungen des § 409 BGB mit befreiender Wirkung an den vermeintlichen Zessionar leisten. Eine Forderungsübertragung kann ihm jedoch nach deutschem Recht nur dann entgegengehalten werden, insbesondere kann der Zessionar von ihm nur dann Zahlung verlangen, wenn die Forderungsübertragung auch zwischen den Zessionsparteien und gegenüber Dritten wirksam ist. Die Wirksamkeit gegenüber dem Schuldner setzt insofern die Wirksamkeit zwischen den Zessionsparteien und gegenüber Dritten voraus. Die Berücksichtigung des deutschen Sachrechts bei der Auslegung des Art. 33 EGBGB spricht daher für eine Einbeziehung der Wirksamkeit einer Forderungsübertragung gegenüber Dritten in den Regelungsbereich des Art. 33 Abs. 2 EGBGB.

Damit erweist sich auch der Wortlaut des Art. 33 Abs. 2 EGBGB, der von den Voraussetzungen spricht, unter denen die Forderungsübertragung dem Schuldner entgegengehalten werden kann, als weit genug, um die Wirksamkeit einer Forderungsübertragung gegenüber Dritten zu erfassen. Auf eine analoge Anwendung der Vorschrift muß daher nicht zurückgegriffen werden.

3. Ergebnis

Da die Wirksamkeit einer Forderungsübertragung gegenüber Dritten nicht in den Anwendungsbereich des EVÜ fällt, ergibt sich das anwendbare Recht aus dem nationalen Kollisionsrecht.

Im deutschen Recht bildet Art. 33 EGBGB den Ausgangspunkt. Bei dessen Auslegung können und müssen außerhalb des Anwendungsbereichs des

---

[589] *Scheyhing/Nörr*, Handbuch des Schuldrechts, S. 76.
[590] *Oben*, S. 270 ff.

EVÜ andere Gesichtspunkte berücksichtigt werden als bei der Auslegung des Art. 12 EVÜ. Im Rahmen der systematischen Auslegung muß der berücksichtigungsfähige Bedeutungszusammenhang auf das gesamte deutsche Kollisions- und Sachrecht erweitert werden. Für die historische Auslegung gewinnen die Regelungsabsichten des deutschen Gesetzgebers entscheidende Bedeutung. Und während bei einer funktionellen Qualifikation innerhalb des Anwendungsbereichs des EVÜ die Anknüpfungsgegenstände durch schrittweise Berücksichtigung der Rechtsordnungen der Vertragsstaaten im Sinne einer europäischen *lex fori* ausgelegt werden müssen, kann die funktionelle Qualifikation außerhalb des Anwendungsbereichs des EVÜ das deutsche Sachrecht als *lex fori* zum Ausgangspunkt des Qualifikationsprozesses machen. Die Auslegung des Art. 33 EGBGB kann daher trotz des nahezu gleichen Wortlauts zu anderen Ergebnissen führen als die Auslegung des Art 12 EVÜ.

Der kodifikatorische Charakter des EGBGB legt es nahe, die Wirksamkeit einer Forderungsübertragung gegenüber Dritten in den Regelungsbereich des Art. 33 EGBGB einzubeziehen. Der Rückgriff auf eine außergesetzliche Kollisionsregel, beispielsweise eine Anknüpfung an das am Wohnsitz des Zedenten geltende Recht, ist mit dem abschließenden Charakter des EGBGB nicht vereinbar.

Die Materialien zur Entstehungsgeschichte des Art. 33 EGBGB lassen den Schluß zu, daß der deutsche Gesetzgeber im Hinblick auf die Forderungsübertragung als Verfügungsgeschäft die bis dahin bestehende Rechtslage nicht verändern wollte. Die historische Auslegung spricht daher für eine der zuvor bestehenden Rechtslage entsprechende Anknüpfung an das Forderungsstatut.

Da die funktionelle Qualifikation außerhalb des Anwendungsbereichs des EVÜ von den Begriffen und Unterscheidungen des deutschen Sachrechts auszugehen hat, gewinnt vor dem Hintergrund des Trennungs- und Abstraktionsprinzips der auf die Verpflichtungen zwischen Zedent und Zessionar beschränkte Wortlaut des Art. 33 Abs. 1 EGBGB zusätzliches Gewicht. Er spricht außerhalb des Anwendungsbereichs des EVÜ weitaus deutlicher gegen eine Anknüpfung der Drittwirksamkeit an das Statut des Verpflichtungsgeschäfts, als dies bei der Auslegung des Art. 12 Abs. 1 EVÜ der Fall war.

Das deutsche Recht kennt allerdings auch die Unterscheidung zwischen der Wirksamkeit einer Forderungsübertragung gegenüber Dritten und deren Wirkungen gegenüber dem Schuldner. Dies spricht jedoch nicht dagegen, die Drittwirksamkeit den in Art. 33 Abs. 2 EGBGB genannten „Voraussetzungen, unter denen die Forderungsübertragung dem Schuldner entgegengehalten werden kann", zuzuordnen. Denn nach deutschem Recht kann eine Forderungsübertragung nur dann dem Schuldner entgegengehalten werden, wenn sie sowohl zwischen Zedent und Zessionar als auch gegenüber Dritten wirksam ist. Der Wortlaut des Art. 33 Abs. 2 EGBGB erweist sich daher als weit genug, um die Wirksamkeit gegenüber Dritten einzubeziehen. Eine analoge Anwendung des Art. 33 Abs. 2 EGBGB ist nicht erforderlich.

Darüber hinaus ist zu berücksichtigen, daß die Koordinierungsschwierigkeiten, die sich bei einer gesonderten Anknüpfung ergeben, es bereits bei der Auslegung des Art. 12 EVÜ nahegelegt haben, die Wirksamkeit gegenüber Dritten nach Art. 12 Abs. 2 EVÜ an das Forderungsstatut anzuknüpfen.

Die zusammenfassende Bewertung dieser Argumente führt zu dem Ergebnis, daß nach deutschem Recht die Wirksamkeit einer Forderungsübertragung gegenüber Dritten nach Art. 33 Abs. 2 EGBGB an das Forderungsstatut anzuknüpfen ist. Ausschlaggebend sind die Begriffe und Unterscheidungen des deutschen Sachrechts, der kodifikatorische Charakter des EGBGB, die Entstehungsgeschichte des Art. 33 EGBGB und die bei einer gesonderten Anknüpfung entstehenden Koordinierungsschwierigkeiten.

Damit ist Art. 33 Abs. 2 EGBGB eine gespaltene Norm, die sich aus einem international vereinheitlichten und einem originär nationalen Teil zusammensetzt. Auf der einen Seite stehen jene Rechtsfragen, die Rechtsstellung des Schuldners betreffen und von Art. 33 Abs. 2 EGBGB in Übereinstimmung mit Art. 12 Abs. 2 EVÜ an das Forderungsstatut verwiesen werden. Auf der anderen Seite stehen die Voraussetzungen der Wirksamkeit einer Forderungsübertragung gegenüber Dritten. Sie werden von Art. 12 Abs. 2 EVÜ nicht erfaßt, jedoch von Art. 33 Abs. 2 EGBGB an das Forderungsstatut verwiesen.

Daß die Wirksamkeit einer Forderungsübertragung gegenüber Dritten nicht in den Regelungsbereich des Art. 12 EVÜ, wohl aber in den des Art. 33 Abs. 2 EGBGB fällt, mag aus Sicht des deutschen Rechts keine sonderlich spektakuläre Erkenntnis sein, da die Vorschriften des EVÜ innerstaatlich ohnehin keine Anwendung finden. Das Ergebnis macht jedoch deutlich, daß der Prozeß der Vereinheitlichung des Internationalen Schuldvertragsrechts nicht abgeschlossen ist.

Das EVÜ gewährleistet im Hinblick auf die Wirksamkeit einer Forderungsübertragung gegenüber Dritten keinen internationalen Entscheidungseinklang. Die überwiegende Ansicht in der französischen Literatur hält das am Wohnsitz des Schuldners geltende Recht für anwendbar, in der englischen Literatur wird vielfach an das am Wohnsitz des Zedenten geltende Recht angeknüpft, und in den Niederlanden wendet die Rechtsprechung das Statut des Verpflichtungsgeschäfts an. Diese Unterschiede können durch eine Auslegungszuständigkeit des EuGH für das EVÜ nicht überwunden werden, da sich das Vorabentscheidungsverfahren auf den Anwendungsbereich des EVÜ beschränkt ist und sich nicht auf die hier untersuchte Frage erstreckt.

Es stellt sich daher die Frage, welchen Beitrag die UN-Konvention über die Forderungsübertragung im internationalen Handelsverkehr für die Vereinheitlichung des Internationalen Privatrechts im Hinblick auf die Wirksamkeit einer Forderungsübertragung gegenüber Dritten leisten kann (V.).

V. Die Kollisionsregeln der UN-Konvention über die Forderungsübertragung im internationalen Handelsverkehr

Die UN-Konvention über die Forderungsübertragung im internationalen Handelsverkehr[591] enthält zwei selbständige Anknüpfungsregeln für die Wirksamkeit einer Forderungsübertragung gegenüber Dritten.

Die erste Anknüpfungsregel findet sich in Art. 22. Systematischer Standort der Vorschrift ist der dritte Abschnitt „Third parties" des vierten Kapitels „Rights, obligations, defences". Die Vorschrift lautet:

> **Art. 22. Law applicable to competing rights.** With the exception of matters that are settled elsewhere in this Convention and subject to articles 23 and 24, the law of the State in which the assignor is located governs the priority of the right of an assignee in the assigned receivable over the right of a competing claimant.

Die zweite Anknüpfungsregel ist Art. 30 Abs. 1. Sie ist Bestandteil des fünften Kapitels „Autonomous conflict-of-laws rules" und lautet:

> **Art. 30. Law applicable to priority.** (1) The law of the State in which the assignor is located governs the priority of the right of an assignee in the assigned receivable over the right of a competing claimant.

Die beiden Anknüpfungsregeln unterscheiden sich nicht nur durch ihre systematische Stellung, sondern auch in ihrer Zielsetzung (1.). Dies schlägt sich im unterschiedlichen Anwendungsbereich der beiden Vorschriften nieder (2.). In ihrem Regelungsgehalt stimmen Art. 22 und 30 Abs. 1 jedoch weitgehend überein (3.). Dies bedeutet allerdings nicht, daß sie auch gleich zu bewerten sind (4.).

1. Zielsetzung

a. Art. 22 UN-Konvention

Die UN-Konvention enthält keine sachrechtliche Regelung der Wirksamkeit einer Forderungsübertragung gegenüber Dritten, da sich die Arbeitsgruppe nicht auf einen Lösungsansatz einigen konnte. Sie ergänzte statt dessen die sachrechtlichen Vorschriften der Konvention durch eine Kollisionsregel:[592] Art. 22 setzt an die Stelle einheitlichen Sachrechts die Verweisung an unvereinheitlichtes nationales Recht.

---

[591] Die Konvention ist in Anhang 1 abgedruckt.

[592] Dazu *oben*, S. 139 f.

Aus dieser Zielsetzung ergeben sich besondere Anforderungen. Art. 22 muß nicht nur das anwendbare Recht sachgerecht bestimmen und daher den allgemeinen Anforderungen an eine sachgerechte Anknüpfungsregel genügen.[593] Die Vorschrift muß auch gewährleisten, daß sich das zur Anwendung berufene nationale Sachrecht in das vereinheitlichte Sachrecht der Konvention einpassen läßt, ohne schwierige Abgrenzungs- und Koordinierungsfragen aufzuwerfen. Anders als bei Art. 12 EVÜ geht es hier nicht um das Zusammenspiel mehrerer Kollisionsregeln, sondern um das einer Kollisionsregel mit international vereinheitlichtem Sachrecht.

b. Art. 30 Abs. 1 UN-Konvention

Die UN-Konvention beschränkt sich jedoch nicht auf die Vereinheitlichung des Sachrechts. Sie enthält in ihrem fünften Kapitel einheitliche Kollisionsregeln nicht nur für die Drittwirksamkeit, sondern für den gesamten Bereich der Forderungsübertragung. Das fünfte Kapitel ist auf eine umfassende Vereinheitlichung des Kollisionsrechts internationaler Forderungsübertragungen gerichtet und bildet gleichsam eine zweite Ebene der Rechtsvereinheitlichung.[594] Die Konvention besteht daher letztlich aus zwei voneinander weitgehend unabhängigen (Teil-) Konventionen:[595] Die in sich geschlossenen Kapitel III und IV dienen der Vereinheitlichung des Sachrechts, das sich anschließende Kapitel V der des Kollisionsrechts.

Das fünfte Kapitel hat zwei Ziele:[596] Es soll einerseits jene Fragen erfassen, die zwar in den Anwendungsbereich der Kapitel III und IV fallen, dort aber nicht geregelt sind. Daher finden die Kollisionsregeln des fünften Kapitels nach Art. 26 Buchst. a auf alle Fragen Anwendung, „that are [...] within the scope of this Convention but not settled elsewhere in it." Es handelt sich um Auffangregeln für mögliche Lücken in den Kapiteln III und IV. Das Kapitel V soll andererseits über den Anwendungsbereich der sachrechtlichen Regelungen der Konvention hinausgehendes, einheitliches Kollisionsrecht schaffen.[597] Es richtet sich insofern an jene Staaten, „that [are] not parties to well established international texts dealing with private international law issues".[598]

Auch für das einheitliche Kollisionsrecht des fünften Kapitels der UN-Konvention gelten die grundsätzlichen Anforderungen an sachgerechte

---

[593] Dazu *oben*, S. 165 ff.

[594] A/CN.9/489/Add. 1 (Kommentierung des Sekretariats), Rdnr. 44: „second layer of unification".

[595] A/CN.9/489 (Kommentierung des Sekretariats), Rdnr. 23; *Walsh*, Dick. L. Rev. 106 (2001) 159, 164.

[596] A/CN.9/489 (Kommentierung des Sekretariats), Rdnr. 23: "Chapter V may perform a double function. It may supplement the other provisions of the draft Convention or provide a second layer of harmonization, a so called mini-convention".

[597] A/CN.9/489/Add. 1 (Kommentierung des Sekretariats), Rdnr. 44.

[598] A/CN.9/455 (Bericht der Arbeitsgruppe), Rdnr. 70.

Anknüpfungsregeln:[599] Sie müssen das Recht für anwendbar erklären, das mit dem Sachverhalt am engsten verbunden ist. Sie müssen dieses Recht im Interesse der Rechtssicherheit eindeutig und vorhersehbar bestimmen. Die Kollisionsregeln müssen schließlich reibungslos ineinandergreifen.

2. Anwendungsbereich

Die unterschiedliche Zielsetzung von Art. 22 und Art. 30 Abs. 1 führt zu Unterschieden in ihrem Anwendungsbereich.

a. Art. 22 UN-Konvention

Art. 22 ergänzt die sachrechtlichen Regelungen der Kapitel III und IV und hat daher auch denselben Anwendungsbereich. Dieser ergibt sich aus Art. 1 Abs. 1 Buchst. a und umfaßt grenzüberschreitende Forderungsübertragungen und Übertragungen grenzüberschreitender Forderungen.[600] Der räumliche Anwendungsbereich ist eröffnet, wenn der Zedent zum Zeitpunkt der Übertragungsvereinbarung in einem Vertragsstaat ansässig ist. Art. 22 ist grundsätzlich nicht anwendbar, wenn eine nationale Forderung auf nationaler Ebene übertragen wird. Dies gilt nicht, sobald innerhalb einer Übertragungskette eine Übertragung den Voraussetzungen des Art. 1 Abs. 1 Buchst. a genügt. Nach Art. 1 Abs. 1 Buchst. b und Abs. 2 fallen alle weiteren Übertragungen innerhalb der Übertragungskette ebenfalls in den Anwendungsbereich der Konvention, auch wenn es sich dabei um nationale Übertragungen nationaler Forderungen handelt.[601] Eine weitere Ausnahme findet sich in Art. 5 Buchst. m.[602]

b. Art. 30 Abs. 1 UN-Konvention

Der Anwendungsbereich des Kapitels V und damit auch der des Art. 30 Abs. 1 richtet sich gemäß Art. 26 Buchst. a nicht nach den allgemeinen Vorschriften in Art. 1 Abs. 1 und 2, sondern nach der Sonderregelung des Art. 1 Abs. 4. Danach findet das Kapitel V ebenso wie die Kapitel III und IV Anwendung auf grenzüberschreitende Forderungsübertragungen und auf Übertragungen grenzüberschreitender Forderungen. Der sachliche Anwendungsbereich wird jedoch insoweit eingeschränkt, als nationale Übertragungen nationaler Forderungen auch im Fall von Übertragungsketten nicht erfaßt werden, da Art. 1 Abs. 1 Buchst. b und Abs. 2 für das fünfte Kapitel nicht gelten: „independently of paragraph 1 to 3 of this article". Dagegen wird der räumliche Anwendungsbereich deutlich erweitert: Es ist nicht erforderlich, daß der Zedent in einem Vertragsstaat ansässig ist. Das fünfte

---

[599] Dazu *oben*, S. 165 ff.
[600] Dazu *oben*, S. 9.
[601] Dazu *oben*, S. 10 ff.
[602] Dazu *unten*, S. 299 f.

Kapitel bestimmt als *loi uniforme* das anwendbare Recht auch im Verhältnis zu Staaten, die die UN-Konvention nicht ratifiziert haben.[603]

Zu berücksichtigen ist schließlich, daß das Kapitel V von den Vertragsstaaten durch einen Vorbehalt nach Art. 39 für unanwendbar erklärt werden kann. Damit will die Konvention mögliche Konflikte mit anderen Konventionen zur Vereinheitlichung des Internationalen Privatrechts vermeiden.[604] Ausdrücklich genannt wird in diesem Zusammenhang das Europäische Übereinkommen über das auf vertragliche Schuldverhältnisse anwendbare Recht.[605]

3. Regelungsgehalt

Der Regelungsgehalt von Art. 22 und 30 Abs. 1 stimmt im wesentlichen überein. Unterschiede gibt es lediglich in Randbereichen.

a. Anknüpfungsgegenstand

Übereinstimmend umschreiben Art. 22 und 30 Abs. 1 ihren Anknüpfungsgegenstand als „priority of the right of an assignee in the assigned receivable over the right of a competing claimant".

Was unter *priority* zu verstehen ist, geht aus Art. 5 Buchst. g hervor.[606] Dessen erster Halbsatz umschreibt den Begriff als den Vorrang des Rechts einer Person vor dem Recht einer anderen Person. Aus dieser Definition ergibt sich nicht, welche Rechte in ein Rangverhältnis gesetzt werden sollen. Liest man jedoch Art. 5 Buchst. g in die Art. 22 und 30 Abs. 1 hinein, wird deutlich, daß es um das Vorrangverhältnis zwischen verschiedenen Rechten an Forderungen geht.

Art. 5 Buchst. g läßt auch offen, zwischen den Rechten welcher Personen dieses Vorrangverhältnis bestehen soll. Die systematische Auslegung der Konvention hat aber bereits gezeigt, daß mit dem Begriff *priority* weder die Wirkungen einer Forderungsübertragung gegenüber dem Schuldner noch die Wirkungen zwischen Zedent und Zessionar gemeint sein können, auch wenn letztere unter den Wortlaut des Art. 5 Buchst. g gefaßt werden können.[607] Diese Auslegung wird durch Art. 22 und 30 Abs. 1 bestätigt. Beide Kollisionsregeln beschränken ihren Anknüpfungsgegenstand ausdrücklich auf das Vorrangverhältnis zwischen dem Zessionar einer Forderung auf der

---

[603] *Kuhn,* in: Liber amicorum et discipulorum Kurt Siehr, 93, 99.
[604] A/CN.9/455 (Bericht der Arbeitsgruppe), Rdnr. 72; A/CN.9/489 (Kommentierung des Sekretariats), Rdnr. 23: „In order to reduce any conflicts with other conventions, dealing with private international law issues of assignment, article 1, paragraph 4 allows States to opt out of chapter V." Vgl. *Janzen,* RabelsZ 63 (1999) 368, 375.
[605] A/CN.9/489 (Kommentierung des Sekretariats), Rdnr. 23, Fn. 12.
[606] Die Vorschrift ist *oben,* S. 143 abgedruckt.
[607] Dazu *oben,* S. 144 ff.

einen Seite und den *competing claimants* auf der anderen Seite. Was unter den *competing claimants* zu verstehen ist, ergibt sich aus Art. 5 Buchst. m:

> **Art. 5. Definitions and rules of interpretation.** For the purpose of this Convention: [...]
>
> (m) „Competing claimant" means:
>
> (i) Another assignee of the same receivable from the same assignor, including a person who, by operation of law, claims a right in the assigned receivable as a result of its right in other property of the assignor, even if that receivable is not an international receivable and the assignment to that assignee is not an international assignment;
>
> (ii) A creditor of the assignor; or
>
> (iii) The insolvency administrator.

Anknüpfungsgegenstand der Art. 22 und 30 Abs. 1 ist demnach das Vorrangverhältnis zwischen dem Zessionar einer Forderung auf der einen Seite und anderen Zessionaren, denen der Zedent die Forderung ebenfalls übertragen hat, den Gläubigern des Zedenten sowie dessen Insolvenzverwalter auf der anderen Seite. Anknüpfungsgegenstand beider Vorschriften ist die Wirksamkeit einer Forderungsübertragung gegenüber Dritten.[608]

Die Definition der *competing claimants* in Art. 5 Buchst. m ergänzt jedoch nicht nur die Definition der *priority* in Art. 5 Buchst. g. Sie zieht auch zwei Erweiterungen des Anwendungsbereichs der Konvention nach sich.

Die erste Erweiterung ergibt sich aus dem Einschub „including a person who, by operation of law, claims a right in the assigned receivable as a result of its right in other property of the assignor". Danach ist ein *competing claimant* auch derjenige, der ein gesetzliches Recht an der Forderung geltend macht, das sich aus einem Recht an einem anderen Vermögensgegenstand des Zedenten ergibt. Ein Beispiel hierfür ist der Eigentumsvorbehalt des französischen Rechts.[609] Art. 122 des französischen Insolvenzgesetzes[610] gibt dem Vorbehaltsverkäufer für den Fall, daß die Sache an einen Dritten weiterverkauft und über das Vermögen des Vorbehaltskäufers ein Insolvenzverfahren eröffnet wurde, das Recht, von dem Dritten Zahlung zu verlangen.[611] Art. 122 hat damit die Wirkungen eines gesetzlichen Übergangs der sich aus dem Weiterverkauf des Vorbehaltsguts ergebenden Forderung.[612] Obwohl dem Vorbehaltsverkäufer die Forderung entgegen Art. 2

---

[608] Vgl. die Definition der Wirksamkeit einer Forderungsübertragung gegenüber Dritten *oben*, S. 50 ff.

[609] Vgl. *Bazinas*, ZEuP 2002, 782, 798.

[610] Loi n° 85-98 du 25. 1. 1985 relative au redressement et à la liquidation judiciaires des entreprises, J. O. 1985, 1097, in der Fassung des Art. 61 der loi n° 94-475 du 10. 6. 1994 relative à la prévention et au traitement des difficultés des entreprises, J. O. 1994, 8440.

[611] Zum Zeitpunkt, in dem das Recht des Vorbehaltsverkäufers entsteht, vgl. die Grundsatzentscheidung Cass. com., 20. 6. 1989, Bull. civ. IV 197.

[612] *Spellenberg*, ZfRV 1994, 105, 114; *Staudinger/Stoll*, Int SachenR, Rdnr. 328.

Buchst. a der UN-Konvention nicht durch Vereinbarung übertragen worden ist, wird die Frage der Vorrangstellung seines Rechts gegenüber anderen Zessionaren derselben Forderung von der Konvention erfaßt. Der Vorbehaltsverkäufer ist ein *competing claimant* im Sinne des Art. 5 Buchst. m. Die UN-Konvention kann daher auch einen gesetzlichen Forderungsübergang berühren.

Die zweite Erweiterung des Anwendungsbereichs der Konvention ergibt sich aus der Formulierung „even if that receivable is not an international receivable and the assignment to that assignee is not an international assignment". Dieser Halbsatz bezieht sich trotz des mißverständlichen Satzbaus nicht auf den unmittelbar vorangehenden Einschub, der gesetzliche Rechte an Forderungen betrifft, sondern auf den Beginn des Satzes, wonach ein *competing claimant* ein Zessionar ist, dem der Zedent dieselbe Forderung ebenfalls übertragen hat. Art. 5 Buchst. g stellt klar, daß das Vorrangverhältnis zwischen konkurrierenden Zessionaren auch dann von der Konvention erfaßt wird, wenn lediglich eine der Forderungsübertragungen die Voraussetzungen des Art. 1 Abs. 1 und 2 erfüllt. Die Bedeutung des Art. 5 Buchst. g zeigt sich in dem Fall, daß eine nationale Forderung an den einen Zessionar national übertragen wird, an den anderen aber grenzüberschreitend. Die erste Forderungsübertragung fällt nach Art. 1 Abs. 1 an sich nicht in den Anwendungsbereich der Konvention. Trotzdem findet die Konvention auf die Frage Anwendung, ob diese rein nationale Forderungsübertragung gegenüber einer von der Konvention erfaßten internationalen Forderungsübertragung zurücktreten muß.[613] Art. 5 Buchst. g enthält somit eine weitere Durchbrechung des Grundsatzes, daß die Konvention auf rein nationale Sachverhalte keine Anwendung findet.[614] Der systematisch richtige Standort dieser Regelung wäre allerdings der „Scope of application" überschriebene Art. 1 der Konvention.

In den Anknüpfungsgegenstand der Art. 22 und 30 Abs. 1 werden schließlich zumindest auf den ersten Blick durch den zweiten Halbsatz des Art. 5 Buchst. g weitere Fragestellungen einbezogen, die sich auf das Vorrangverhältnis zwischen sich entgegenstehenden Rechten an einer Forderung auswirken können. Folgende Fragestellungen werden genannt: Ist das Recht an der Forderung ein persönliches oder ein dingliches Recht? Wurde das Recht an der Forderung zur Sicherheit bestellt? Sind die Voraussetzungen erfüllt, die der Forderungsübertragung gegenüber Dritten Wirksamkeit verleihen?

Obwohl der zweite Halbsatz mit der Formulierung „and [...] includes" eingeleitet wird, bedeutet die Nennung der sich anschließenden Fragestellungen

---

613 A/CN.9/489 (Kommentierung des Sekretariats), Rdnr. 77: „The definition is intended to ensure that all potential priority conflicts are covered, including conflicts between a domestic and a foreign assignee of domestic receivables." Vgl. *Deschamps*, Duke J. Comp. Int. L. 12 (2002) 389, 398; *Walsh*, Dick. L. Rev. 106 (2001) 159, 165 f.
614 Zu den anderen Durchbrechungen des Grundsatzes *oben*, S. 10 ff.

nicht, daß dadurch der Anknüpfungsgegenstand der Art. 22 und 30 Abs. 1 erweitert wird. Dies ergibt sich bereits aus dem einschränkenden Einschub „to the extent relevant for such purpose". Die im zweiten Halbsatz genannten Fragestellungen sollen nur insoweit erfaßt werden, als sie für die Beurteilung der Drittwirksamkeit durch das zur Anwendung berufenen Sachrecht von Bedeutung sind.[615] Dies bedeutet jedoch nichts anderes, als daß die Fragestellungen nur als Vorfragen im engeren Sinne[616] unter Art. 5 Buchst. g fallen. Sinn und Zweck dieses Teils der Vorschrift ist es somit, eine selbständige Anknüpfung der genannten Vorfragen zu verhindern und zu gewährleisten, daß sie einheitlich an die nach Art. 22 und 30 Abs. 1 bestimmte Rechtsordnung verwiesen werden.[617]

Diese Auslegung des Art. 5 Buchst. g wird von der Entstehungsgeschichte der Vorschrift bestätigt. Die im zweiten Halbsatz genannten Fragestellungen wurden ursprünglich als *characteristics of the right of an assignee in the assigned receivable* bezeichnet und als eigenständiger, von der *priority* zu unterscheidender Anknüpfungsgegenstand angesehen.[618] Dies hatte jedoch zur Folge, daß sie von den Art. 20 und 30 Abs. 1 auch dann erfaßt wurden, wenn sie für die *priority* bedeutungslos waren.[619] Den Einwänden gegen diese unbeabsichtigte Erweiterung des Regelungsbereichs der Art. 22 und 30 Abs. 1[620] hat die Kommission Rechnung getragen, indem sie die *characteristics* in die Definition der *priority* eingegliedert und durch einen Einschub deutlich gemacht hat, daß die genannten Fragestellungen nur insoweit erfaßt werden, als ihre Beantwortung erforderlich ist, um die Vorrangstellung

---

[615] A/56/17 (Bericht der Kommission), Rdnr. 37; A/CN.9/486 (Bericht der Arbeitsgruppe), Rdnr. 42. Nach englischem Recht ist es beispielsweise von Bedeutung, ob eine Forderung endgültig übertragen wurde und somit der Regel in *Dearle v. Hall* unterfällt, oder ob sie zur Sicherheit übertragen wurde, so daß das Registrierungserfordernis nach s. 395 (1) Companies Act 1985 zu beachten ist.

[616] Zur Bedeutung dieses Begriffs: *von Hoffmann*, Internationales Privatrecht, § 6, Rdnr. 57 f.; *Kropholler*, Internationales Privatrecht, S. 216.

[617] Dazu bereits *oben*, S. 143 f.

[618] Die nunmehr in Art. 22 enthaltene Kollisionsregel war bis zur letzten Sitzung der Kommission wie folgt gefaßt (A/57/17, Rdnr. 34):

> **Art. 24. Law applicable to competing rights.** (1) With the exception of matters that are settled elsewhere in this Convention [...]:
>
> (a) With respect to the right of a competing claimant, the law of the State in which the assignor is located governs:
>
> (i) the characteristics and priority of the right of an assignee in the assigned receivable.
>
> [...]
>
> (2) For the purpose of this article [...], the characteristics of a right are:
>
> (a) Whether it is a personal or property right; and
>
> (b) Whether or not it is a security for indebtedness or other obligation.

Vgl. die Stellungnahme des Sekretariats (A/CN.9/491, Rdnr. 18): "The characteristics of a right are treated in article 24, paragraph 2 as issues distinct from priority."

[619] A/57/17, Rdnr. 37 (Bericht der Kommission).

[620] A/57/17, Rdnr. 37 (Bericht der Kommission): "might inappropriately refer matters unrelated to priority to the law of the assignor's location."

konkurrierender Rechte an einer Forderung bestimmen zu können. Damit enthält der zweite Halbsatz des Art. 5 Buchst. g keine Erweiterung des Anknüpfungsgegenstands der Art. 22 und 30 Abs. 1, sondern eine ergänzende Regelung für die Vorfragen der *priority*.

Anknüpfungsgegenstand der Art. 22 und 30 Abs. 1 ist damit ungeachtet des zweiten Halbsatzes des Art. 5 Buchst. g die Wirksamkeit einer Forderungsübertragung gegenüber Dritten.

b. Anknüpfungsmoment

Art. 22 und 30 Abs. 1 erklären auf die Wirksamkeit einer Forderungsübertragung gegenüber Dritten das Recht des Staates für anwendbar, „in which the assignor is located". Der Begriff *location* wird in Art. 5 Buchst. h definiert. Die Vorschrift lautet, soweit sie den Zedenten und damit die Drittwirksamkeit einer Forderungsübertragung betrifft:

> **Art. 5. Definitions and rules of interpretation.** For the purpose of this Convention: [...]
>
> (h) A person is located in the State in which it has its place of business. If the assignor [...] has a place of business in more than one State, the place of business is that place where the central administration of the assignor [...] is exercised. [...] If a person does not have a place of business, reference is to be made to the habitual residence of that person.

Art. 5 Buchst. h unterscheidet zwischen juristischen und natürlichen Personen. Während die ersten drei Sätze der Vorschrift juristische Personen zum Gegenstand haben, betrifft Satz 4 ausschließlich natürliche Personen.

In beiden Fällen greift Art. 5 Buchst. h auf Begriffe zurück, die auch in anderen Konventionen Verwendung finden und angesichts der insofern vorhandenen Rechtsprechung und Literatur bereits Konturen gewonnen haben. Die Begriffe *place of business* (Niederlassung), *central administration* (Hauptverwaltung) und *habitual residence* (gewöhnlicher Aufenthalt) finden sich beispielsweise in Art. 4 Abs. 2 EVÜ und in Art. 5 Nr. 5 EuGVO. Da die Materialien zur Entstehungsgeschichte der UN-Konvention ausdrücklich auf andere Konventionen und die hierzu vorhandene Rechtsprechung und Literatur Bezug nehmen,[621] kann hierauf zurückgegriffen werden.

Ist der Zedent eine natürliche Person, kommt die Konvention mit der Verweisung der Drittwirksamkeit an das Recht des Staates, in dem der Zedent ansässig ist, zu klaren Ergebnissen. Eine natürliche Person hat ihren gewöhnlichen Aufenthalt dort, wo sie ihren auf gewisse Dauer angelegten tatsächlichen Lebensmittelpunkt hat.[622]

---

[621] A/CN.9/489 (Kommentierung des Sekretariats), Rdnr. 67.

[622] BGH, 5. 2. 1975, NJW 1975, 1068; *Audit*, Droit internationale privé, Rdnr. 145 bis; *Cheshire/North*, Private International Law, S. 164 ff.; *Kegel/Schurig*, Internationales Privatrecht, S. 412 f.; *Kropholler*, Internationales Privatrecht, S. 274 ff.; MünchKomm/*Martiny*,

Im Rahmen internationaler Forderungsfinanzierungen werden Forderungen jedoch in erster Linie von juristischen Personen übertragen. In der Praxis ist daher die Anknüpfung an das Recht des Staates ausschlaggebend, in dem der Zedent seinen *place of business* hat. Eine Niederlassung besteht dort, wo eine sachliche Ausstattung vorhanden ist, die eine nach außen gerichtete geschäftliche Tätigkeit ermöglicht. Sie muß in der Niederlassung durch eine eigene Geschäftsführung wahrgenommen werden, so daß sich die Vertragspartner darauf beschränken können, mit der Niederlassung in Verbindung zu treten, und sich nicht an das Stammhaus wenden müssen. Eine Niederlassung muß auf gewisse Dauer angelegt sein.[623]

Die Anknüpfung an das Recht des Niederlassungsstaates ist unproblematisch, solange der Zedent ausschließlich in einem Staat tätig ist. Schwierigkeiten entstehen, sobald der Zedent mehrere Niederlassungen in unterschiedlichen Staaten hat. In diesem Fall erklärt Art. 5 Buchst. h Satz 2 die Niederlassung für ausschlaggebend, an der sich die Hauptverwaltung des Zedenten befindet. Dies ist dort, wo die Aufsicht über das Unternehmen ausgeübt und die zentralen Leitungsentscheidungen getroffen werden.[624]

Das kann jedoch zur Folge haben, daß ein Recht Anwendung findet, das mit der Forderungsübertragung keinerlei Verbindungen aufweist.[625] Das ist beispielsweise der Fall, wenn durch die Niederlassung einer internationalen Großbank Leasingforderungen an eine Zweckgesellschaft übertragen werden, ohne daß die Hauptverwaltung in irgendeiner Weise in Erscheinung tritt. Nach Art. 5 Buchst. h findet auf die Wirksamkeit gegenüber Dritten dennoch das Recht des Staates der Hauptverwaltung Anwendung.

In Arbeitsgruppe und Kommission wurde ausführlich diskutiert, wie in solchen Fällen eine Rechtsordnung bezeichnet werden könnte, die dem Gesichtspunkt der engsten Verbindung besser Rechnung trägt.[626] So wurde vorgeschlagen, daß diejenige Niederlassung ausschlaggebend sein solle, in deren Büchern die Forderung unmittelbar vor ihrer Übertragung geführt wurde.[627] Ein weiterer Vorschlag ging dahin, Niederlassungen von Banken und Versicherungen als rechtlich eigenständige Banken und Versicherungen zu

---

Art. 28, Rdnr. 40; MünchKomm/*Sonnenberger,* Einl. IPR, Rdnr. 665 ff.; *Staudinger/Magnus,* Art. 28, Rdnr. 84.

[623] EuGH, 22. 11. 1978 – 33/78, *Somafer SA/Saar-Ferngas AG,* Slg. 1978, 2183, Rdnr. 12; BGH, 13. 7. 1987, NJW 1987, 3081; *Audit,* Droit international privé, Rdnr. 530; *Cheshire/North,* Private International Law, S. 220 f.; MünchKomm/*Martiny,* Art. 28, Rdnr. 46; *Staudinger/Magnus,* Art. 28, Rdnr. 46.

[624] A/CN.9/489 (Kommentierung des Sekretariats), Rdnr. 68; MünchKomm/*Martiny,* Art. 28, Rdnr. 46; *Staudinger/Magnus,* Art. 28, Rdnr. 86.

[625] A/55/17 (Bericht der Kommission), Rdnr. 113; A/CN.9/466 (Bericht der Arbeitsgruppe), Rdnr. 27. Ausführlich *Deschamps,* Duke J. Comp. Int. L. 12 (2002) 389, 394 ff.

[626] A/CN.9/466 (Bericht der Arbeitsgruppe), Rdnr. 25–30, 96–100; A/55/17 (Bericht der Kommission), Rdnr. 112–117.

[627] A/CN.9/466 (Bericht der Arbeitsgruppe), Rdnr. 98 f.; A/55/17 (Bericht der Kommission), Rdnr. 113.

behandeln, und dadurch den Rückgriff auf den Ort der Hauptverwaltung zu vermeiden.[628] Ebenso wurde diskutiert, ob nicht die Niederlassung ausschlaggebend sein könne, mit der die Übertragungsvereinbarung[629] oder die zu übertragende Forderung[630] am engsten verbunden ist. Schließlich wurde eine Ausweichklausel in Erwägung gezogen, die den Parteien den Nachweis erlaubt, daß eine andere Niederlassung mit der Forderungsübertragung enger verbunden ist.[631]

Die Vorschläge wurden jedoch verworfen, weil sie die Rechtssicherheit beeinträchtigen würden.[632] So sei für Außenstehende nicht erkennbar, in wessen Büchern die übertragenen Forderungen geführt werden,[633] mit welcher Niederlassung des Zedenten die Übertragungsvereinbarung oder die zu übertragende Forderung am engsten verbunden sei.[634]

Indem die UN-Konvention in Art. 5 Buchst. h diejenige Niederlassung für ausschlaggebend erklärt, an der sich die Hauptverwaltung des Zedenten befindet, stellt sie die Rechtssicherheit in den Vordergrund. Daß die Regelung dem Gesichtspunkt der engsten Verbindung in einigen Fällen kaum gerecht wird, wurde als weniger schwerwiegend angesehen.

Daß die UN-Konvention der Rechtssicherheit in Art. 5 Buchst. h ein außerordentlich hohes Gewicht beimißt, wird bei einem Vergleich mit Art. 4 Abs. 2 Satz 2 EVÜ deutlich. Art. 4 EVÜ bestimmt das auf einen Vertrag anwendbare Recht, wenn die Parteien keine Rechtswahl getroffen haben. Ausschlaggebend ist nach Art. 4 Abs. 2 das Recht des Staates, dem diejenige Partei räumlich zuzuordnen ist, die die für den Vertrag charakteristische Leistung zu erbringen hat. Vor diesem Hintergrund regelt Art. 4 Abs. 2 Satz 2 EVÜ dieselben Fallgestaltungen wie Art. 5 Buchst. h Satz 2 der UN-Konvention: Hat die Partei, die die charakteristische Leistung zu erbringen hat, den Vertrag in Ausübung ihrer beruflichen oder gewerblichen Tätigkeit geschlossen und hat sie Niederlassungen in mehreren Staaten, dann ist nach Art. 4 Abs. 2 Satz 2 EVÜ allerdings nicht das Recht der Hauptverwaltung maßgebend, sondern das Recht derjenigen Niederlassung, die nach dem Vertrag die charakteristische Leistung zu erbringen hat.

---

628 A/55/17 (Bericht der Kommission), Rdnr. 113. Noch weiter gehend wurde vorgeschlagen, Zweigstellen generell als rechtlich selbständige Einheiten anzusehen (A/CN.9/466 (Bericht der Arbeitsgruppe), Rdnr. 28).
629 A/CN.9/466 (Bericht der Arbeitsgruppe), Rdnr. 25 und 96.
630 A/CN.9/466 (Bericht der Arbeitsgruppe), Rdnr. 98; A/55/17 (Bericht der Kommission), Rdnr. 114.
631 A/CN.9/466 (Bericht der Arbeitsgruppe), Rdnr. 27.
632 A/CN.9/466 (Bericht der Arbeitsgruppe), Rdnr. 27 f. und 97; A/55/17 (Bericht der Kommission), Rdnr. 113 und 115.
633 A/55/17 (Bericht der Kommission), Rdnr. 113.
634 A/CN.9/466 (Bericht der Arbeitsgruppe), Rdnr. 28 und 97; A/55/17 (Bericht der Kommission), Rdnr. 115.

Ziel dieser Regelung ist es, die Rechtsordnung zu ermitteln, zu der die charakteristische Leistung und damit der Vertrag insgesamt die engste Verbindung aufweist.[635] Art. 4 Abs. 2 EVÜ stellt den Gesichtspunkt der engsten Verbindung in den Vordergrund. Das ist sachlich gerechtfertigt, weil die Vorschrift lediglich die Rechte und Pflichten betrifft, die sich aus einem schuldrechtlichen Vertrag für die beiden Vertragsparteien ergeben. Art. 5 Buchst. h der UN-Konvention berührt dagegen in erster Linie die Rechte Dritter. Diese haben keinen Einblick in die zwischen Zedent und Zessionar getroffenen Vereinbarungen. Ihre berechtigten Interessen gebieten es jedoch, die Wirksamkeit der Forderungsübertragung an eine Rechtsordnung anzuknüpfen, die sie vorhersehen und mit deren Anwendbarkeit sie rechnen können. Die UN-Konvention stellt daher in Art. 5 Buchst. h die Rechtssicherheit in den Vordergrund.[636] Für den Rechtsverkehr ist dadurch erkennbar, aufgrund welcher Rechtsordnung dem Vermögen eines Unternehmens Forderungen entzogen werden können. Daß das anwendbare Recht mit der Forderungsübertragung unter Umständen keine enge Verbindung aufweist, ist aus der Sicht des Rechtsverkehrs von nachrangiger Bedeutung.

c. Einschränkungen

Die Anwendbarkeit des nach Art. 22 und 30 Abs. 1 maßgeblichen Rechts wird durch verschiedene Vorschriften eingeschränkt. Art. 22 weist durch die Worte „subject to articles 23 and 24" ausdrücklich darauf hin. Art. 24 regelt die Herausgabe von Leistungen, die der Schuldner in Ansehung einer gegen ihn gerichteten Forderung bereits erbracht hat. Es handelt sich um eine Regelung, die der Drittwirksamkeit der Forderungsübertragung logisch nachgeordnet ist. Entscheidend ist im vorliegenden Zusammenhang Art. 23. Er lautet:

> **Art. 23. Public policy and mandatory rules.** (1) The application of a provision of the law of the State in which the assignor is located may be refused only if the application of that provision is manifestly contrary to the public policy of the forum State.
>
> (2) The rules of the law of either the forum State or any other State that are mandatory irrespective of the law otherwise applicable may not prevent the application of a provision of the law of the State in which the assignor is located.
>
> (3) Notwithstanding paragraph 2 of this article, in an insolvency proceeding commenced in a State other than the State in which the assignor is located, any preferential right that arises, by operation of law, under the law of the forum State and is given priority over the rights of an assignee in insolvency proceedings under the law of that State may be given priority notwithstanding article 22. A State may deposit at any time a declaration identifying any such preferential right.

---

[635] MünchKomm/*Martiny*, Art. 28, Rdnr. 45.

[636] A/CN.9/466 (Bericht der Arbeitsgruppe), Rdnr. 26; *Bazinas,* Duke J. Comp. Int. L. 12 (2002) 365, 369.

Inhaltlich entsprechende Regelungen finden sich für die Anknüpfungsregel des Art. 30 Abs. 1 in Art. 30 Abs. 2 und 3 sowie in Art. 32.

Art. 23 Abs. 1 enthält einen *ordre public*-Vorbehalt, wie er auch in anderen internationalen Übereinkommen zu finden ist.[637] Danach sind die Vorschriften des nach Art. 22 ermittelten Rechts nicht anzuwenden, wenn sie im konkreten Fall zu einem Ergebnis führen, das mit der öffentlichen Ordnung des Staates, dessen Gerichte den Fall zu entscheiden haben, offensichtlich unvereinbar ist. Die Vorschrift stellt mit dem Wort „manifestly" klar, daß sie nur in besonderen Ausnahmefällen eingreift und im Interesse der Rechtssicherheit eng auszulegen ist.[638] Entstehen durch das Eingreifen des *ordre public*-Vorbehalts Regelungslücken, dürfen sie nicht mit dem eigenen Sachrecht des Gerichtsstaates,[639] sondern müssen ausgehend von den Wertungen der *lex causae* geschlossen werden. Der Rückgriff auf die *lex fori* ist stets subsidiär.[640]

In der Praxis ist Art. 23 Abs. 1 nur dann von Bedeutung, wenn über das Rangverhältnis entgegenstehender Rechte an einer Forderung nicht in dem Staat entschieden wird, dessen Recht nach Art. 22 anwendbar ist.[641] Das ist beispielsweise der Fall, wenn der Forderungsschuldner den geschuldeten Betrag in seinem Heimatstaat hinterlegt und sich die Prätendenten in diesem Staat um den hinterlegten Betrag streiten. Obwohl ein derartiger Sachverhalt der Entscheidung des Hoge Raad vom 16. Mai 1997[642] zugrunde liegt und in der Praxis häufig vorkommen dürfte, geht das UNCITRAL-Sekretariat davon aus, daß Streitigkeiten über sich entgegenstehende Rechte an Forderungen in der Regel dort ausgetragen werden, wo der Zedent an-

---

[637] A/56/17 (Bericht der Kommission), Rdnr. 39. Vgl. Art. 16 EVÜ: „offensichtlich [...] unvereinbar"; Art. 16 des Haager Übereinkommens über die Zuständigkeit der Behörden und das anzuwendende Recht auf dem Gebiet des Schutzes von Minderjährigen vom 5. 10. 1961, BGBl. 1971 II 219; Art. 4 des Haager Übereinkommens über das auf Unterhaltsverpflichtungen gegenüber Kindern anzuwendende Recht vom 24. 10. 1956, BGBl. 1961 II 1013; Art. 11 des Haager Übereinkommens über das auf Unterhaltspflichten anzuwendende Recht vom 2. 10. 1973, BGBl. 1986 II 837.

[638] A/56/17 (Bericht der Kommission), Rdnr. 39: "the word 'manifestly' was necessary to ensure that public policy exceptions would be interpreted restrictively and paragraph 1 would be invoked only in exceptional circumstances concerning matters of fundamental importance for the forum State."

[639] A/CN.9/489/Add. 1 (Kommentierung des Sekretariats), Rdnr. 39: „It is not intended to result in the application of a rule of the law of the forum"; *Bazinas,* ZEuP 2002, 782, 798; *ders.,* Duke J. Int. Comp. L. 12 (2002) 365, 382.

[640] Vgl. zu Art. 6 EGBGB: *von Hoffmann,* Internationales Privatrecht, § 6, Rdnr. 154; *Kegel/ Schurig,* Internationales Privatrecht, S. 472ff.; MünchKomm/*Sonnenberger,* Art. 6, Rdnr. 90 f.

[641] A/CN/489/Add. 1 (Kommentierung des Sekretariats), Rdnr. 38; *Walsh,* Dick. L. Rev. 106 (2001) 159, 180.

[642] N. J. 1998, Nr. 585.

sässig ist,[643] so daß der *ordre public*-Vorbehalt nur in Ausnahmefällen zum Tragen komme.

Nach Art. 23 Abs. 1 sind Konflikte zwischen der *lex fori* und den Vorschriften der nach Art. 22 maßgeblichen Rechtsordnung grundsätzlich zugunsten der letzteren zu entscheiden.[644] Dieser Grundsatz wird durch Art. 23 Abs. 2 erweitert. Gegenstand der Vorschrift sind die zwingenden Normen der *lex fori* und von Drittstaaten, die nach dem Willen der nationalen Gesetzgeber unabhängig vom anwendbaren Recht beachtet werden müssen. Art. 23 Abs. 2 verwehrt auch diesen Vorschriften im Interesse der Rechtssicherheit den Vorrang vor der nach Art. 22 ermittelten *lex causae*.[645] Die Vorschrift wurde erst spät in die Konvention eingefügt.[646] Sie bringt die grundsätzliche Wertung zum Ausdruck, die zuvor lediglich stillschweigend in dem jetzigen Art. 23 Abs. 3 vorausgesetzt wurde.

Art. 23 Abs. 3 enthält eine Ausnahme[647] von dem Vorrang der *lex causae* gegenüber den zwingenden Normen der *lex fori* und von Drittstaaten. Die Vorschrift greift ein, wenn über das Vermögen des Zedenten ein Insolvenzverfahren eröffnet worden ist und die *lex concursus* Rechte an einer Forderung gewährt, die unter der *lex causae* nicht bestünden. Diese Rechte können einem Zessionar unter zwei Voraussetzungen entgegengehalten werden: Sie müssen sich zum einen aus dem Gesetz und nicht aus einem Rechtsgeschäft ergeben, sie müssen zum anderen nach der *lex concursus* dem Recht eines Zessionars vorgehen. Ist dies der Fall, können die Gerichte von der *lex causae* abweichen und der *lex concursus* zur Durchsetzung verhelfen. In den Grenzen des Art. 23 Abs. 3 können daher die Rechte an Forderungen in der Insolvenz des Zedenten einheitlich nach der *lex concursus* beurteilt werden. Daß es sich bei Art. 23 Abs. 3 um eine eng auszulegende Ausnahmeregelung zu Art. 23 Abs. 2 und zu Art. 22 handelt, kommt in den Worten „notwithstanding paragraph 2 of this article" und „notwithstanding article 22" zum Ausdruck. Darüber hinaus enthält Art. 23 Abs. 3 lediglich eine Kann-Bestimmung. Den Vorschriften der *lex concursus* kann zur Durchsetzung verholfen werden („may be given priority"), die Gerichte sind dazu jedoch nicht verpflichtet.[648]

Eine andere Kann-Bestimmung enthält Art. 23 Abs. 3 Satz 2. Er sieht vor, daß die Vertragsstaaten eine Erklärung abgeben können, in der die gesetz-

---

643 A/CN/489/Add. 1 (Kommentierung des Sekretariats), Rdnr. 38.

644 A/CN/489/Add. 1 (Kommentierung des Sekretariats), Rdnr. 38.

645 A/56/17 (Bericht der Kommission), Rdnr. 40: "the mandatory law rules of the forum or another State that were applicable irrespective of the law otherwise applicable could not displace the priority rules of the law of the assignor's location"; A/CN.9/489/Add. 1 (Kommentierung des Sekretariats), Rdnr. 40; *Walsh*, Dick. L. Rev. 106 (2001) 159, 181.

646 A/56/17 (Bericht der Kommission), Rdnr. 40.

647 A/CN.9/489/Add. 1 (Kommentierung des Sekretariats), Rdnr. 40: „it is not intended to permit the substitution of the priority rules of the forum or another State for the priority rules of the applicable law"; *Walsh*, Dick. L. Rev. 106 (2001) 159, 181 f.

648 A/CN.9/489/Add. 1 (Kommentierung des Sekretariats), Rdnr. 40.

lichen Rechte Dritter angegeben sind, die im Falle einer Insolvenz als Gegenstand des Art. 23 Abs. 3 in Betracht kommen. Die Abgabe einer solchen Erklärung ist jedoch nicht Voraussetzung für das Eingreifen der Vorschrift.[649] Sie dient in erster Linie der Rechtssicherheit. Es stellt sich allerdings die Frage nach der Bindungswirkung einer solchen Erklärung, wenn ein Vertragsstaat Rechte benennt, die den Voraussetzungen des Art. 23 Abs. 3 nicht entsprechen. Da andernfalls ein Vertragsstaat den Inhalt der Konvention durch einseitige Erklärungen verändern könnte, ist eine solche Bindungswirkung zu verneinen. Eine Erklärung nach Art. 23 Abs. 3 Satz 2 ist kein von der Konvention ausdrücklich zugelassener Vorbehalt im Sinne des Art. 44, sondern lediglich ein Anhaltspunkt für die Bewertung der in Betracht kommenden Vorschriften des nationalen Rechts. Sie unterliegen in vollem Umfang der gerichtlichen Überprüfung.

Schließlich enthält Art. 5 Buchst. i eine Einschränkung der Anwendbarkeit des nach Art. 22 ermittelten Rechts. Die Verweisung an das Recht des Staates, in dem der Zedent ansässig ist, erstreckt sich lediglich auf das Sachrecht dieses Staates, nicht jedoch auf dessen Internationales Privatrecht. Dadurch wird ein *renvoi*[650] aus Gründen der Rechtssicherheit ausgeschlossen.[651]

4. Bewertung

Wegen ihrer unterschiedlichen Aufgabenstellungen sind Art. 22 und 30 Abs. 1 auch unterschiedlich zu bewerten.

a. Art. 22 UN-Konvention

Art. 22 ergänzt die sachrechtlichen Vorschriften der Konvention. Diese regeln sowohl die Wirkungen einer Forderungsübertragung zwischen Zedent und Zessionar[652] als auch ihre Wirkungen gegenüber dem Schuldner:[653] Eine in den Anwendungsbereich der Konvention fallende Forderungsübertragung entfaltet zwischen den Zessionsparteien dingliche Wirkungen, sobald sie vereinbart worden ist; sie ist gegenüber dem Schuldner wirksam, sobald dieser von der Forderungsübertragung in Kenntnis gesetzt worden ist.

Für die Wirksamkeit der Forderungsübertragung gegenüber Dritten verweist Art. 22 auf nationales Recht. Dieses muß mit den sachrechtlichen Vorschriften der Konvention möglichst reibungslos zusammenwirken. Das ist nicht der Fall, wenn zwischen dem vereinheitlichten Sachrecht der Konvention

---

[649] A/CN.9/489/Add. 1 (Kommentierung des Sekretariats), Rdnr. 40; *Walsh*, Dick. L. Rev. 106 (2001) 159, 182.
[650] Dazu: *Cheshire/North*, Private International Law, S. 51 ff.; *Kegel/Schurig*, Internationales Privatrecht, S. 334 ff.; *Loussouarn/Bourel*, Droit intenational privé, Rdnr. 198 ff.
[651] A/CN.9/489 (Kommentierung des Sekretariats), Rdnr. 70.
[652] Dazu *oben*, S. 146 ff.
[653] Dazu *oben*, S. 144 f.

und dem von ihr ergänzend zur Anwendung berufenen nationalen Sachrecht Abgrenzungs- und Koordinierungsschwierigkeiten auftreten.

Die Auslegung des Art. 12 EVÜ hat gezeigt, daß die Drittwirksamkeit einer Forderungsübertragung sowohl von ihren dinglichen Wirkungen zwischen den Zessionsparteien als auch von ihren Wirkungen gegenüber dem Schuldner in einer Weise abgegrenzt werden kann, die den Anforderungen an die Auslegung eines internationalen Übereinkommens gerecht wird.[654] Die Ergänzung der sachrechtlichen Vorschriften der UN-Konvention durch die Verweisung auf nationales Recht wirft insofern keine Schwierigkeiten auf.

Sie kann jedoch zu Koordinierungsschwierigkeiten führen. Diese treten in der Form von relativen Forderungszuständigkeiten beispielsweise dann auf, wenn die Übertragung zwar nach den sachrechtlichen Vorschriften der Konvention zwischen den Zessionsparteien wirksam ist, Dritten aber nicht entgegengehalten werden kann, weil die Voraussetzungen des nach Art. 22 anwendbaren nationalen Rechts nicht erfüllt sind.

Bei der Auslegung des Art. 12 EVÜ war die Gefahr solcher relativen Forderungszuständigkeiten ein entscheidendes Argument gegen eine gesonderte Anknüpfung der Wirksamkeit zwischen den Zessionsparteien einerseits und der Wirksamkeit gegenüber Dritten andererseits:[655] Der Zessionar sollte nicht die Anforderungen zweier Rechtsordnungen beachten müssen, um eine Forderungsübertragung sowohl dem Zedenten als auch Dritten entgegenhalten und damit sicherstellen zu können, daß ihm die Forderung tatsächlich zusteht und er deren wirtschaftlichen Wert auch in Krisensituationen ungehindert realisieren kann. Das würde der Zielsetzung des EVÜ widersprechen, den Rechtsverkehr und das Funktionieren des Gemeinsamen Marktes zu erleichtern.

Die Gefahr relativer Forderungszuständigkeiten ist bei Art. 22 UN-Konvention jedoch geringer als bei Art. 12 EVÜ. So kann Art. 22 nicht dazu führen, daß eine Forderungsübertragung zwar gegenüber Dritten wirksam ist, nicht jedoch zwischen Zedent und Zessionar.[656] Dies liegt daran, daß Art. 22 nicht mit einer Anknüpfungsregel für die Wirksamkeit *inter partes*, sondern mit den sachrechtlichen Regelungen der Konvention koordiniert werden muß. Diese setzen lediglich eine formlose Einigung über den Forderungsübergang voraus. Es ist unwahrscheinlich, daß die nach Art. 22 anwendbare nationale Rechtsordnung einer vertraglichen Forderungsübertragung die Wirksamkeit gegenüber Dritten zuerkennt, ohne daß eine solche formlose Einigung zwischen Zedent und Zessionar vorliegt. Insofern besteht im Unterschied zu Art. 12 EVÜ nicht die Gefahr erheblicher Wertungsdiskrepanzen.

---

[654] Dazu *oben*, S. 252 f. und 270 ff.
[655] Dazu *oben*, S. 259 ff.
[656] Dies ist bei Art. 12 EVÜ anders. Vgl. *oben*, S. 260.

Relative Forderungszuständigkeiten können auch in der Form auftreten, daß eine Forderungsübertragung zwar gegenüber dem Schuldner wirksam ist, Dritten aber nicht entgegengehalten werden kann, weil die Anforderungen des nach Art. 22 anwendbaren nationalen Sachrechts nicht erfüllt sind. Ebenso ist die umgekehrte Situation denkbar, daß die Voraussetzungen für die Drittwirksamkeit vorliegen, nicht jedoch die sachrechtlichen Anforderungen der Konvention für die Wirksamkeit gegenüber dem Schuldner.

Die Position des Schuldners wird durch solche relativen Forderungszuständigkeiten jedoch nicht beeinträchtigt. Bereits die Auslegung des Art. 12 EVÜ hat gezeigt, daß die Anwendbarkeit unterschiedlicher Rechtsordnungen auf die Wirksamkeit einer Forderungsübertragung gegenüber dem Schuldner einerseits und gegenüber Dritten andererseits nicht zu einer Beeinträchtigung des Schuldnerschutzes führt.[657] Daher bestehen unter diesem Aspekt auch keine Bedenken gegen eine Ergänzung der sachrechtlichen Schuldnerschutzvorschriften der UN-Konvention durch die Verweisung der Wirksamkeit einer Forderungsübertragung gegenüber Dritten an nationales Recht.

Anders ist die Situation eines Zessionars, der sicherstellen will, daß die Forderungsübertragung ihren wirtschaftlichen Zweck zuverlässig erfüllt und daß er auch in Krisensituationen ungehindert auf die Forderungen zugreifen kann. Dieses Ziel kann der Zessionar nur dadurch erreichen, indem er relative Forderungszuständigkeiten ausschließt. Er muß daher nicht nur die nicht nur die sachrechtlichen Voraussetzungen der UN-Konvention für die Wirksamkeit der Forderungsübertragung zwischen den Zessionsparteien und gegenüber dem Schuldner erfüllen, sondern auch die Voraussetzungen des nach Art. 22 anwendbaren nationalen Rechts für die Wirksamkeit gegenüber Dritten. Es besteht jedoch die Gefahr, daß dieses nationale Recht dem Zessionar aufwendige und kostenintensive Anforderungen auferlegt und keine zuverlässig Feststellung ermöglicht, ob andere Dritte bereits ein vorrangiges Recht an der Forderung erworben haben. Der Rechtsverkehr kann dadurch erheblich beeinträchtigt werden.

Das Risiko, daß Art. 22 auf eine nationale Rechtsordnung verweist, die den Anforderungen der Praxis an die rechtlichen Rahmenbedingungen internationaler Forderungsübertragungen nicht gerecht wird, ist eine zwingende Folge des kollisionsrechtlichen Ansatzes. Die damit einhergehende Beeinträchtigung des Rechtsverkehrs ist angesichts der zentralen Bedeutung der Wirksamkeit einer Forderungsübertragung gegenüber Dritten ein erheblicher Nachteil der Konvention. Diese wird insofern den selbst gesetzten Anforderungen nicht gerecht.

Sie verbessert die rechtlichen Rahmenbedingungen internationaler Forderungsübertragungen gegenüber dem geltenden Recht jedoch insofern, als

---

[657] Dazu *oben*, S. 272 ff.

sie das Risiko der Anwendbarkeit ungeeigneter nationaler Vorschriften auf die Wirksamkeit gegenüber Dritten begrenzt. Für die Wirksamkeit zwischen Zedent und Zessionar und die Wirksamkeit gegenüber dem Schuldner stellt die Konvention die erforderlichen sachrechtlichen Vorschriften selbst zur Verfügung und läßt insofern keinen Raum für die Anwendbarkeit nationalen Rechts. Sie schließt dadurch erst recht eine unterschiedliche Anknüpfung der verschiedenen dinglichen Wirkungen einer Forderungsübertragung aus, die dazu führen kann, daß nicht nur eine, sondern mehrere aus Sicht der Praxis ungeeignete Rechtsordnungen zu beachten sind. Die UN-Konvention schafft insofern ein höheres Maß an Rechtssicherheit.

Die bisherigen Argumente sind davon unabhängig, welche Rechtsordnung die Konvention auf die Wirksamkeit gegenüber Dritten für anwendbar erklärt. Art. 22 verweist auf das Recht des Staates, in dem der Zedent ansässig ist, und folgt damit der Anknüpfungsregel, die sich bei einer isolierten Betrachtung als vorzugswürdig erwiesen hat.[658]

Das Ergebnis dieser isolierten Betrachtung ist für die Bewertung des Art. 22 UN-Konvention ausschlaggebend, denn Art. 22 muß weder von anderen Anknüpfungsregeln abgegrenzt noch mit ihnen koordiniert werden. Die im Verhältnis zu den sachrechtlichen Vorschriften der Konvention auftretenden Koordinierungsschwierigkeiten sind notwendige Folge des kollisionsrechtlichen Ansatzes und davon unabhängig, auf welche Rechtsordnung letztlich verwiesen wird.

Die Entscheidung der Konvention für das Recht des Staates, in dem der Zedent ansässig ist, ist daher folgerichtig. Die Anknüpfungsregel gewährleistet, daß das anwendbare Recht von den Dritten ebenso vorhergesehen werden kann wie von Zedent und Zessionar. Sie erleichtert Globalzessionen und die Übertragung zukünftiger Forderungen. Sie wird schließlich dem Gesichtspunkt der engsten Verbindung gerecht. Das Anknüpfungsmoment des Art. 22 reduziert die aus dem kollisionsrechtlichen Ansatz zwingend sich ergebenden Nachteile auf das unvermeidbare Mindestmaß.

Art. 22 führt aus Sicht des deutschen Rechts jedoch zu einer Zersplitterung des Kollisionsrechts, da nach Art. 33 Abs. 2 EGBGB auf die Wirksamkeit gegenüber Dritten das Forderungsstatut Anwendung findet.[659] Es ist daher zwischen Forderungen, die der UN-Konvention unterfallen, und solchen, die nach Art. 33 EGBGB anzuknüpfen sind, zu unterscheiden.

Dieser Nachteil wiegt jedoch weniger schwer als der mit der Konvention verbundene Vorteil, daß zumindest für die Wirksamkeit zwischen den Zessionsparteien und gegenüber dem Schuldner den Anforderungen der Praxis entsprechende Wirksamkeitsvoraussetzungen aufgestellt werden und insofern die Anwendbarkeit einer aus Sicht der Praxis ungeeigneten Rechtsord-

---

[658] Dazu *oben*, S. 211 f.
[659] *Oben*, S. 293.

nung ausgeschlossen wird. Insofern erleichtert die Konvention den Rechtsverkehr gegenüber der Rechtslage unter dem EGBGB. Zwar muß für die Wirksamkeit gegenüber Dritten nach wie vor auf ein nationales Recht zurückgegriffen werden, doch stellt Art. 22 eine Kollisionsregel zur Verfügung, die eine einfache und sachgerechte Anknüpfung ermöglicht und zudem den Anforderungen der Praxis besser gerecht wird, als die Verweisung des Art. 33 Abs. 2 EGBGB an das Forderungsstatut.

Aus Sicht des deutschen Rechts führt daher Art. 22 in Verbindung mit den sachrechtlichen Vorschriften der UN-Konvention zu einer Verbesserung der rechtlichen Rahmenbedingungen internationaler Forderungsübertragungen. Ein Inkrafttreten der Konvention würde internationale Forderungsfinanzierungen erleichtern.[660]

b. Art. 30 Abs. 1 UN-Konvention

Art. 30 Abs. 1 gehört zum fünften Kapitel der UN-Konvention, dessen Vorschriften das Kollisionsrecht internationaler Forderungsübertragungen umfassend vereinheitlichen sollen. Er verweist die Wirksamkeit einer Forderungsübertragung gegenüber Dritten an das Recht des Staates, in dem der Zedent ansässig ist, und wiederholt insofern die Regelung des Art. 22.

Die Sitzungsberichte der Arbeitsgruppe und der Kommission zeigen, daß diese Übernahme des Art. 22 in das fünfte Kapitel der Konvention als unproblematisch angesehen wurde. Lediglich der unterschiedliche Anwendungsbereich der beiden Vorschriften wurde diskutiert.[661] Auch die Kommentierung durch das Sekretariat beschränkt sich auf die Feststellung, daß Art. 30 Abs. 1 die Regelung des Art. 22 wiederholt.[662]

Dabei wird jedoch außer acht gelassen, daß Art. 30 Abs. 1 anders als Art. 22 nicht vor dem Hintergrund der sachrechtlichen Regelungen in den Kapiteln III und IV, sondern vor dem Hintergrund der Kollisionsregeln des Kapitels V gesehen werden muß. Aus dem unterschiedlichen Regelungszusammenhang können sich bei der Anwendung des Art. 30 Abs. 1 besondere Schwierigkeiten ergeben und zu einer abweichenden Bewertung der Vorschrift führen. Dies gilt insbesondere im Hinblick auf das Zusammenspiel des Art. 30 Abs. 1 mit den Anknüpfungsregeln für die Wirkungen einer Forderungsübertragung gegenüber dem Schuldner und zwischen Zedent und Zessionar.

---

[660] Vgl. A/CN.9/WG.II/WP.99 (Stellungnahme der Haager Konferenz für Internationales Privatrecht), Rdnr. 4, 4. 4. und 4. 5.

[661] A/56/17 (Bericht der Kommission), Rdnr. 55; A/CN.9/455 (Bericht der Arbeitsgruppe), Rdnr. 106–110; A/CN.9/486 (Bericht der Arbeitsgruppe), Rdnr. 86.

[662] A/CN.9/489/Add. 1 (Kommentierung des Sekretariats), Rdnr. 50. Vgl auch *Bazinas*, ZEuP 2002, 782, 802.

Bereits die Auslegung des Art. 12 EVÜ hat allerdings gezeigt, daß die Drittwirksamkeit sachgerecht von diesen Aspekten einer Forderungsübertragung abgegrenzt werden kann.[663] Ihre gesonderte Anknüpfung wirft daher zumindest keine Abgrenzungsschwierigkeiten auf, die gegen eine solche kollisionsrechtliche Behandlung sprechen würden.

Art. 29 verweist die Wirkungen einer Forderungsübertragung gegenüber dem Schuldner an das Forderungsstatut und erklärt somit ein anderes Recht für anwendbar als Art. 30 Abs. 1 für die Wirksamkeit gegenüber Dritten. Dies kann zu Beeinträchtigungen des Rechtsverkehrs führen, da ein Zessionar, der seine Rechte umfassend absichern will, den Anforderungen zweier Rechtsordnungen genügen muß, um die Forderungsübertragung sowohl dem Schuldner als auch Dritten entgegenhalten zu können.[664] Die Kosten internationaler Forderungsübertragungen werden in die Höhe getrieben, denn der Zessionar muß die maßgeblichen Rechtsordnungen nicht nur ermitteln, sondern auch deren unter Umständen aufwendige und teuere Voraussetzungen erfüllen. Die gesonderte Anknüpfung erhöht das Risiko, daß eine Rechtsordnung beachtet werden muß, deren Vorschriften eine leichte und sichere Übertragung von Forderungen nicht ermöglichen. Dies steht mit dem Ziel der Konvention, internationale Forderungsübertragungen zu erleichtern, nicht in Einklang.

Hinsichtlich des Zusammenspiels des Art. 30 Abs. 1 mit der Anknüpfungsregel für die dinglichen Wirkungen einer Forderungsübertragung im Verhältnis zwischen Zedent und Zessionar besteht die erste Schwierigkeit darin, daß das Kapitel V, obwohl der sachliche Anwendungsbereich der Konvention eröffnet ist, keine Anknüpfungsregel enthält, der diese Frage eindeutig zugeordnet werden könnte. Verschiedene Lösungen sind denkbar.

Die dinglichen Wirkungen einer Forderungsübertragung zwischen Zedent und Zessionar könnten zunächst als Voraussetzung, unter der die Forderungsübertragung dem Schuldner entgegengehalten werden kann, nach Art. 29 an das Forderungsstatut angeknüpft werden.[665]

Es kommt aber auch eine Anknüpfung nach Art. 28 Abs. 1 an das von den Parteien gewählte Recht in Betracht. Fehlt eine Rechtswahl, wäre nach Art. 28 Abs. 2 das Recht anzuwenden, mit dem die Übertragungsvereinbarung am engsten verbunden ist. Beide Vorschriften nennen allerdings als Anknüpfungsgegenstand lediglich die „mutual rights and obligations of the assignor and the assignee arising from their agreement" und scheinen somit auf die schuldrechtlichen Aspekte des Verhältnisses von Zedent und Zessionar beschränkt zu sein. Dies wird in den Materialien zur Entstehungsgeschichte der Vorschrift scheinbar bestätigt: „paragraph 1 does not cover

---

[663] Dazu *oben*, S. 252 f. und 270 ff.
[664] Vgl. zu Art. 12 Abs. 2 EVÜ *oben*, S. 275.
[665] Vgl. die entsprechende Argumentation bei Art. 33 Abs. 2 EGBGB *oben*, S. 291.

[...] the proprietary aspects of assignment".[666] Die Aussage in der Kommentierung des Sekretariats wird jedoch unmißverständlich auf diejenigen Forderungsübertragungen beschränkt, die in den Anwendungsbereich der sachrechtlichen Vorschriften der Konvention fallen.[667] Das läßt den Umkehrschluß zu, daß Art. 28 auf die dinglichen Aspekte derjenigen Forderungsübertragungen angewendet werden kann, die zwar nicht von den sachrechtlichen Vorschriften der Kapitel III und IV, aber von den Kollisionsregeln des Kapitels V erfaßt werden.

Diese Auslegung des Art. 28 wird durch dessen Entstehungsgeschichte gestützt: Die Arbeitsgruppe war sich auf ihrer 29. Sitzung einig, daß das von den Parteien gewählte Recht nicht nur die schuldrechtlichen Aspekte einer Forderungsübertragung regeln sollte, sondern auch deren dingliche Wirkungen im Verhältnis zwischen Zedent und Zessionar: „the law chosen by the parties should govern not only their rights and obligations but also the entire assignment contract, and [...] it should also reach beyond the contractual sphere to govern the proprietary effects of the assignment as between the assignor and the assignee."[668] Es wurde ausdrücklich festgestellt, daß Art. 28 der UN-Konvention über den Regelungsbereich des Art. 12 Abs. 1 EVÜ hinausgeht.[669]

Aus den Berichten über die weiteren Sitzungen der Arbeitsgruppe geht nicht hervor, daß der ursprünglich vorgesehene Anknüpfungsgegenstand eingeschränkt werden sollte. Es bestand lediglich die Sorge, daß die Vorschrift mißverstanden und die Wirksamkeit einer Forderungsübertragung gegenüber dem Schuldner und gegenüber Dritten in ihren Regelungsbereich einbezogen werden könnte.[670] Vor allem aber wollte die Arbeitsgruppe sicherstellen, daß die Kollisionsregeln des Kapitels V nicht die sachrechtlichen Vorschriften der Kapitel III und IV überlagern.[671] Deshalb wurde die ursprünglich vorgesehene Formulierung „contract of assignment" durch „mutual rights and obligations of the assignor and the assignee arising from their agreement" ersetzt.[672]

---

666 A/CN.9/489/Add. 1 (Kommentierung des Sekretariats), Rdnr. 45.

667 A/CN.9/489/Add. 1 (Kommentierung des Sekretariats), Rdnr. 45: „With respect to assignments falling within the ambit of the provisions of the draft Convention other than those in chapter V, paragraph 1 is not intended to cover the substantive validity aspects addressed in the draft Convention [...]. In the case of such assignments, paragraph 1 does not cover either the proprietary aspects of assignment addressed in the draft Convention."

668 A/CN.9/455 (Bericht der Arbeitsgruppe), Rdnr. 82; *Bazinas*, Duke J. Comp. Int. L. 8 (1998) 315, 355.

669 A/CN.9/455 (Bericht der Arbeitsgruppe), Rdnr. 82.

670 A/CN.9/455 (Bericht der Arbeitsgruppe), Rdnr. 79; A/CN.9/466 (Bericht der Arbeitsgruppe), Rdnr. 151.

671 A/CN.9/466 (Bericht der Arbeitsgruppe), Rdnr. 151; A/CN.9/489/Add. 1 (Kommentierung des Sekretariats), Rdnr. 45.

672 A/CN.9/489/Add. 1 (Kommentierung des Sekretariats), Rdnr. 45.

Der enge Wortlaut des Art. 28 soll demnach den Vorrang der sachrechtlichen Regelungen der Konvention sicherstellen. Wo diese Vorschriften aber nicht anwendbar sind, wie dies bei Forderungsübertragungen der Fall ist, die ausschließlich in den Anwendungsbereich des Kapitels V fallen, steht dieses Ziel einer weiten Auslegung der Vorschrift nicht entgegen. Die dinglichen Aspekte einer Forderungsübertragung zwischen Zedent und Zessionar können daher trotz des eingeschränkten Wortlauts nach Art. 28 angeknüpft werden.[673]

Daneben kommt eine Anknüpfung nach Art. 30 Abs. 1 an das Recht des Staates in Betracht, in dem der Zedent ansässig ist. Nach Art. 5 Buchst. g erfaßt die Kollisionsregel auch die Frage "whether any requirements necessary to render the right effective against a competing claimant have been satisfied." Da eine Forderungsübertragung gegenüber Dritten nur dann wirksam sein kann, wenn sie auch *inter partes* dingliche Wirkungen entfaltet, lassen sich die dinglichen Wirkungen im Innenverhältnis zwischen Zedent und Zessionar dem Regelungsbereich der *priority* zuordnen und nach Art. 30 Abs. 1 anknüpfen.[674] Gegen eine solche weite Auslegung des Art. 5 Buchst. g spricht jedoch dessen Wortlaut, der ausdrücklich auf die Voraussetzungen beschränkt ist, die für die Wirksamkeit gegenüber Dritten bestehen. Art. 30 Abs. 1 lautet gerade nicht: „The law of the State in which the assignor is located governs the effectiveness of the assignment". Die Vorschrift setzt vielmehr voraus, daß ein dingliches Recht des Zessionars bereits besteht.

Denkbar ist schließlich eine ergänzende Anwendung des Kollisionsrechts des Gerichtsstaates, wenn die dinglichen Wirkungen zwischen Zedent und Zessionar keiner Anknüpfungsregel des Kapitels V zugeordnet werden können und damit eine Regelungslücke besteht.[675] Ein Rückgriff auf die allgemeinen Grundsätze der Konvention nach Art. 7 Abs. 2 ist zur Ergänzung der Vorschriften des Kapitels V ausgeschlossen.[676] Deutsche Gerichte hätten daher Art. 33 Abs. 2 EGBGB anzuwenden, der auf das Forderungsstatut verweist.

---

[673] So auch *Einsele* in ihrem Referat auf dem Hamburger Symposium zum UN-Konventionsentwurf zum Recht der Internationalen Forderungsabtretung, vgl. den Bericht von *Janzen,* RabelsZ 63 (1999) 368, 372. Anders *Kuhn,* in: Liber amicorum et discipulorum Kurt Siehr, 93, 117 ff.

[674] *Bazinas,* Duke J. Comp. Int. L. 12 (2002) 365, 381.

[675] A/CN.9/486 (Bericht der Arbeitsgruppe), Rdnr. 74: "to the extent that [...] chapter V did not address a matter, chapter V would be supplemented by the private international law rules of the forum."

[676] A/55/17 (Bericht der Kommission), Rdnr. 124: "It was also generally considered that the possibility of applying general principles extended only to the substantive law part of the convention and not to chapter V." Vgl. *Kuhn,* in: Liber amicorum et discipulorum Kurt Siehr, 93, 122 f.; *Ferrari,* in: Liber Amicorum Kurt Siehr, 179, 194.

Indem die Konvention keiner der genannten Lösungsmöglichkeiten eindeutig folgt, schafft sie Rechtsunsicherheit und wird bereits insofern ihrer Zielsetzung nicht gerecht.

Geht man angesichts der Entstehungsgeschichte der Konvention davon aus, daß die dinglichen Wirkungen einer Forderungsübertragung zwischen Zedent und Zessionar nach Art. 28 anzuknüpfen sind, hat die Anknüpfung der Drittwirksamkeit nach Art. 30 Abs. 1 zur Folge, daß die Wirkungen einer Forderungsübertragung von bis zu drei Rechtsordnungen beherrscht werden: Die Wirksamkeit zwischen den Parteien unterliegt dem von ihnen gewählten Recht, die Wirksamkeit gegenüber dem Schuldner dem Forderungsstatut und die Wirksamkeit gegenüber Dritten dem Recht des Staates, in dem der Zedent ansässig ist. Ein Zessionar, der seine Rechte umfassend und verläßlich absichern will, muß diese Rechtsordnungen nicht nur ermitteln, sondern auch die unter Umständen unterschiedlichen und aufwendigen Wirksamkeitsvoraussetzungen erfüllen. Internationale Forderungsübertragungen werden dadurch erheblich erschwert.

Für Art. 30 Abs. 1 spricht allein, daß ihm die Anknüpfungsregel zugrunde liegt, die sich bei einer isolierten Betrachtung der verschiedenen Anknüpfungsmöglichkeiten als vorzugswürdig erwiesen hat. Die hierfür entscheidenden Argumente haben bei der Bewertung des Art. 22 den Ausschlag gegeben, weil diese Kollisionsregel vor dem Hintergrund der sachrechtlichen Regelungen der UN-Konvention zu beurteilen war. Bei Art. 30 Abs. 1 müssen dagegen die Kollisionsregeln des Kapitels V berücksichtigt werden. Die sich aus diesem Regelungszusammenhang ergebenden Koordinierungsschwierigkeiten sind jedoch so erheblich, daß sie die Vorteile einer Anknüpfung an das am Wohnsitz des Zedenten geltende Recht mehr als aufwiegen.

Daher wird Art. 33 EGBGB, obwohl er die Wirksamkeit einer Forderungsübertragung gegenüber Dritten an das Forderungsstatut verweist, den Anforderungen der Praxis an die rechtlichen Rahmenbedingungen internationaler Forderungsübertragungen besser gerecht als das fünfte Kapitel der UN-Konvention. Von der Möglichkeit, dessen Anwendbarkeit durch eine Erklärung nach Art. 39 auszuschließen, sollten auch jene Staaten Gebrauch machen, „that [are] not parties to well established international texts dealing with private international law issues“,[677] und die damit die eigentliche Zielgruppe des fünften Kapitels bilden. Dessen Kollisionsregeln behindern den Rechtsverkehr durch die Anwendbarkeit von bis zu drei Rechtsordnungen für die dinglichen Wirkungen einer Forderungsübertragung und werden daher dem Ziel, internationale Forderungsübertragungen zu erleichtern, nicht gerecht.

---

677 A/CN.9/455 (Bericht der Arbeitsgruppe), Rdnr. 70.

Die Verbindung der sachrechtlichen Regelungen der Kapitel III und IV mit den Kollisionsregeln des Kapitels V hat sich als Nachteil erwiesen. Sie hat dazu geführt, daß die den sachrechtlichen Teil der Konvention ergänzende Kollisionsregel des Art. 22 in den rein kollisionsrechtlichen Teil übernommen wurde, ohne daß den Schwierigkeiten, die sich aus dieser Veränderung des Regelungszusammenhangs ergeben, Aufmerksamkeit geschenkt wurde. Sie hat darüber hinaus Abgrenzungsfragen aufgeworfen, zu deren Vermeidung für die Kollisionsregeln des Kapitels V Formulierungen gewählt wurden, die zwar den Vorrang der sachrechtlichen Vorschriften der Konvention sicherstellen, den Regelungsbereich der Kollisionsregeln des Kapitels V aber zweifelhaft werden ließen. Eine selbständige Konvention über das auf internationale Forderungsübertragungen anwendbare Recht hätte diese Schwierigkeiten eher vermeiden können.[678]

[678] Für eine Vereinheitlichung des Kollisionsrechts in einer getrennten Konvention hat sich auch *Einsele* in ihrem Referat auf dem Hamburger Symposium zum UN-Konventionsentwurf zum Recht der Internationalen Forderungsabtretung ausgesprochen, vgl. den Tagungsbericht von *Janzen*, RabelsZ 63 (1999) 368, 372.

Zusammenfassung

Die folgenden Thesen fassen die Ergebnisse der Arbeit zusammen:

1. Die internationale Forderungsfinanzierung ist ein Sammelbegriff für Rechtsgeschäfte, die der Kapitalbeschaffung dienen und dadurch gekennzeichnet sind, daß die Finanzierung auf der Grundlage von Forderungen erfolgt, deren wirtschaftlicher Wert dem Finanzier durch eine grenzüberschreitende Übertragung von Forderungen oder durch eine Übertragung grenzüberschreitender Forderungen zugewiesen wird. Beispiele sind das internationale Factoring, die Forfaitierung, die Finanzierung durch Asset Backed Securities und die Projektfinanzierung. Der weite Anwendungsbereich dieser Finanzierungstechniken verdeutlicht die praktische Bedeutung der rechtlichen Rahmenbedingungen internationaler Forderungsübertragungen.

2. Die Anforderungen der Praxis an diese rechtlichen Rahmenbedingungen können mit den Stichworten Rechtssicherheit und Leichtigkeit des Rechtsverkehrs zusammengefaßt werden. Durch einfache und klare Regelungen auf der Ebene des Sachrechts muß der in den Forderungen liegende Vermögenswert eindeutig zugeordnet werden können. Ein Zugriff Dritter auf die übertragenen Forderungen muß ausgeschlossen sein. Die sachrechtlichen Regelungen müssen einfache und kostengünstige Möglichkeiten für die Übertragung einer Vielzahl bestehender und zukünftiger Forderungen vorsehen. Das Internationale Privatrecht muß die Vorhersehbarkeit des anwendbaren Rechts gewährleisten.

3. Zu den rechtlichen Rahmenbedingungen internationaler Forderungsübertragungen gehören auch die Voraussetzungen, unter denen sie Dritten entgegengehalten werden können. Dritte sind andere Zessionare, denen der Zedent die Forderungen ebenfalls übertragen hat die Gläubiger des Zedenten, die im Wege der Zwangsvollstreckung versuchen, auf sie zuzugreifen und der Insolvenzverwalter des Zedenten, der die Forderungen für die Masse verwerten möchte.

4. Die Vorschriften, die in den nationalen Rechtsordnungen die Wirksamkeit von Forderungsübertragungen gegenüber Dritten regeln, lassen sich auf drei Lösungsansätze zurückführen: Die Drittwirksamkeit kann davon abhängig gemacht werden, daß der Schuldner in einer vorgeschriebenen Form von der Forderungsübertragung in Kenntnis gesetzt wird. Sie kann sich aus einer *erga omnes* wirkenden Übertragungsabrede ergeben. Sie kann schließlich eine Eintragung in einem öffentlichen Register erfordern.

5. Beispiele für den ersten Lösungsansatz sind die *signification* nach Art. 1690 Code civil und die nach der Entscheidung *Dearle v. Hall* erforderliche formlose Benachrichtigung des Schuldners. Dem zweiten Lösungsansatz folgen die Forderungsabtretung nach § 398 BGB, die *subrogation conventionnelle* nach Art. 1249 ff. Code civil und die Forderungsübertragung durch Übergabe eines Forderungsverzeichnisses nach Art. L. 313-23 ff. Code monétaire et financier. Dem dritten Lösungsansatz kann das Registrierungserfordernis nach s. 395 (1) Companies Act 1985 zugeordnet werden.

6. Der erste Lösungsansatz stützt sich auf die Annahme, daß die Benachrichtigung des Schuldners die Publizität der Forderungsübertragung gewährleistet. Dem Schuldner wird die Aufgabe übertragen, ein Privatregister über die gegen ihn gerichteten Forderungen zu führen. Dieses private Registrierungssystem ist jedoch nur eingeschränkt funktionsfähig: Der Schuldner ist nicht verpflichtet, schnell und zuverlässig Auskunft zu geben. Im Fall einer Globalzession müssen bei zahlreichen Schuldnern Erkundigungen eingezogen werden. Daher wird der erste Lösungsansatz dem praktischen Interesse an Rechtssicherheit kaum gerecht. Er beeinträchtigt darüber hinaus die Leichtigkeit des Rechtsverkehrs, da bei einer Globalzession eine Vielzahl von Schuldnern benachrichtigt werden muß. Dies ist teuer und zeitaufwendig, vor allem wenn die Benachrichtigung besonderen Anforderungen genügen muß.

7. Der zweite Lösungsansatz stellt die Leichtigkeit des Rechtsverkehrs in den Vordergrund. Er ermöglicht einfache, schnelle und kostengünstige Forderungsübertragungen. Er kann jedoch zu einer Aushöhlung des Vermögens des Zedenten führen, die für den Rechtsverkehr nicht erkennbar ist. Dies ist vor allem dann der Fall, wenn auch zukünftige Forderungen übertragen werden können. Daher ist der zweite Lösungsansatz zum Schutz des Rechtsverkehrs stets mit Einschränkungen verbunden. Sie beeinträchtigen die Rechtssicherheit, wenn sie – wie die deutsche Rechtsprechung – auf die Umstände des Einzelfalls abstellen. Sie beeinträchtigen die Leichtigkeit des Rechtsverkehrs, wenn sie – wie das französische Recht – die Übertragung zukünftiger Forderungen weitgehend ausschließen. Die Vorteile des zweiten Lösungsansatzes werden dadurch zumindest teilweise wieder aufgehoben.

8. Der dritte Lösungsansatz wird den Anforderungen der Praxis an die rechtlichen Rahmenbedingungen internationaler Forderungsübertragungen am besten gerecht. Er gewährleistet ein hohes Maß an Rechtssicherheit, ohne die Einfachheit und Leichtigkeit des Rechtsverkehrs mehr als erforderlich zu beeinträchtigen. Er ermöglicht stille Forderungsübertragungen, soweit daran ein schutzwürdiges Interesse besteht. Er verhindert aber eine für den Rechtsverkehr nicht erkennbare Aushöhlung des Vermögens des Zedenten.

9. Das deutsche Recht unterscheidet zwischen den verpflichtenden und verfügenden Aspekten einer Forderungsübertragung. Diese Unterscheidung findet sich auch im englischen und französischen Recht, obwohl beide Rechtsordnungen die Verpflichtung zur Übertragung einer Forderung und ihren Übergang *inter partes* als Einheit ansehen. Sie zeigt sich vor allem dann, wenn sich der Zedent verpflichtet, zukünftige Forderungen zu übertragen. Eine solche Verpflichtung hat nach französischem Recht keine dinglichen Wirkungen. Das gleiche gilt nach englischem Recht, wenn der Verpflichtung des Zedenten keine wirksame *consideration* des Zessionars gegenübersteht. In beiden Fällen muß die Übertragung der Forderungen durch ein gesondertes Rechtsgeschäft nachgeholt werden, sobald sie entstanden sind. Dieses Rechtsgeschäft hat ausschließlich dingliche Wirkungen. Es dient allein der Erfüllung einer sich aus einem anderen Rechtsgeschäft ergebenden Verpflichtung. Bei der Forderungsübertragung durch Übergabe eines Forderungsverzeichnisses nach Art. L. 313-23 ff. Code monétaire et financier ist die Unterscheidung zwischen ihren verpflichtenden und verfügenden Aspekten gesetzlich verankert.

10. Die Forderungsabtretung nach Art. 1689 ff. Code civil ist von der Unterscheidung zwischen den *effets entre les parties* und den *effets à l'égard des tiers* geprägt. Diese Unterscheidung durchzieht jedoch nicht das gesamte französische Recht. Bei der *subrogation conventionnelle* tritt sie nicht in Erscheinung und in Art. 313-27 Code monétaire et financier wird sie für die Forderungsübertragung durch Übergabe eines Forderungsverzeichnisses ausdrücklich fallengelassen. Das englische Recht unterscheidet im Anwendungsbereich der Regel aus *Dearle v. Hall* zwischen der Wirksamkeit gegenüber anderen Zessionaren auf der einen Seite und der Wirksamkeit zwischen den Zessionsparteien, gegenüber den Gläubigern des Zedenten und gegenüber dessen Insolvenzverwalter auf der anderen Seite. Das deutsche Recht behandelt die dinglichen Wirkungen einer Forderungsabtretung grundsätzlich einheitlich. Damit treffen das deutsche, englische und französische Recht keine einheitliche Unterscheidung zwischen den verschiedenen dinglichen Wirkungen einer Forderungsübertragung.

11. Sie stellen jedoch übereinstimmend für die Wirksamkeit gegenüber dem Schuldner besondere Voraussetzungen auf und unterscheiden sie deutlich von den übrigen Wirkungen einer Forderungsübertragung. Für den Schuldner ist die Forderung eine Leistungsverpflichtung und nicht – wie für die übrigen Beteiligten – ein Vermögensgegenstand. Es gilt der Grundsatz, daß dem Schuldner eine Forderungsübertragung erst dann entgegengehalten werden kann, wenn er von ihr Kenntnis erlangt hat.

12. Die UN-Konvention über die Forderungsübertragung im internationalen Handelsverkehr enthält kein einheitliches Sachrecht für die Wirksamkeit einer Forderungsübertragung gegenüber Dritten. Sie bestimmt in Art. 22 lediglich das anwendbare nationale Recht und beschränkt sich somit auf eine Vereinheitlichung des Kollisionsrechts. Die Arbeitsgruppe konnte sich

nicht einigen, welcher Lösungsansatz einer einheitlichen Regelung zugrunde gelegt werden sollte.

13. Die Konvention stellt in ihrem Anhang drei sachrechtliche Regelungsmodelle zur Verfügung. Sie macht aber nicht deutlich, welches den praktischen Anforderungen internationaler Forderungsfinanzierungen am besten gerecht wird. Damit wird sie den Interessen der Staaten, die die eigentliche Zielgruppe des Anhangs bilden, weil ihr nationales Recht keine oder nur unvollständige Vorschriften enthält, nicht gerecht. Die Konvention gibt diesen Staaten keine Anhaltspunkte, wie sie internationale Forderungsfinanzierungen am ehesten erleichtern und die Finanzierungsschwierigkeiten ihrer Unternehmen am besten überwinden können.

14. Die Konvention verzichtet nicht nur auf eine Bewertung der verschiedenen Lösungsansätze. Sie räumt den Vertragsstaaten auch zahlreiche Wahlmöglichkeiten ein und läßt Einschränkungen und inhaltliche Veränderungen der verschiedenen Regelungsmodelle zu. Die Konvention leistet auf diese Weise keinen Beitrag zur Harmonisierung der unterschiedlichen nationalen Vorschriften. Sie erhöht auch nicht die Rechtssicherheit, da sich der Rechtsverkehr nicht auf die Regelungen im Anhang der Konvention verlassen kann. Er muß stets auch die nationalen Einschränkungen und Veränderungen beachten. Darüber hinaus müssen die Vorschriften des Anhangs durch nationales Recht ergänzt werden. Der Rechtsverkehr muß sich daher nicht anders als bisher über die Rechtslage in anderen Staaten informieren. Auf den komplizierten *opting-in*-Mechanismus des Art. 42 Abs. 1 hätte verzichtet und der Anhang deutlich als unverbindliches Modellgesetz gekennzeichnet werden sollen. Dann wäre es auch möglich gewesen, bei dessen Erarbeitung den Anforderungen des Rechtsverkehrs mehr Gewicht beizumessen als den Unterschieden zwischen den nationalen Rechtsordnungen.

15. Die Konvention enthält keine Regelung, die ausdrücklich vorsieht, daß eine Forderung bereits durch die Übertragungsabrede im Innenverhältnis zwischen Zedent und Zessionar übergeht. Dies entspräche jedoch der Zielsetzung der Konvention, und aus ihrer Entstehungsgeschichte geht hervor, daß Arbeitsgruppe und Kommission von dieser Rechtslage ausgingen. Vor diesem Hintergrund kann ein Forderungsübergang *inter partes* aufgrund der Übertragungsabrede mit der Definition des *assignment* in Art. 2 Buchst. a begründet werden.

16. Bei der Bildung von Teilfragen ist zu unterscheiden zwischen den Voraussetzungen für das Vorliegen einer Teilfrage und ihrer kollisionsrechtlichen Behandlung. Eine Teilfrage liegt vor, wenn sich eine Rechtsfrage durch eine besondere kollisionsrechtliche Interessenlage von der ihr übergeordneten Hauptfrage unterscheidet. Die Wirksamkeit einer Forderungsübertragung gegenüber Dritten betrifft die Interessen eines besonderen Personenkreises, der von der Forderungsübertragung im übrigen nicht betroffen ist. Sie ist daher einer eigenständigen kollisionsrechtlichen

Bewertung zugänglich und kommt als Gegenstand einer eigenständigen Anknüpfungsregel in Betracht.

17. Die Vorhersehbarkeit des anwendbaren Rechts ist zu bejahen, wenn der Betroffene den Auslandsbezug des Sachverhalts erkennen konnte und es ihm möglich gewesen wäre, die für die Bestimmung des anwendbaren Rechts erforderlichen Umstände zu ermitteln. Entscheidend ist das Erkennenkönnen, nicht das Erkennenmüssen.

18. Überträgt man die Gründe, die im Internationalen Sachenrecht dazu geführt haben, daß fast alle Rechtsordnungen der Anknüpfung an die *lex rei sitae* im Grundsatz folgen, auf die Übertragung von Forderungen, führt dies zu einer Anknüpfung ihrer dinglichen Aspekte an das Forderungsstatut: Ebenso wie ein dingliches Recht an einem körperlichen Gegenstand in erster Linie durch das an seinem Lageort geltende Recht geschützt wird und ihm seine rechtliche Anerkennung und damit auch seine Existenz verdankt, so verdankt eine Forderung ihre rechtliche Anerkennung und ihre Existenz dem Forderungsstatut. Eine Anknüpfung der Wirksamkeit einer Forderungsübertragung gegenüber Dritten an das am Wohnsitz des Schuldners geltende Recht kann mit dem Grundsatz der Anknüpfung an die *lex rei sitae* dagegen nicht begründet werden.

19. Bei einer isolierten Betrachtung der verschiedenen Anknüpfungsmöglichkeiten für die Wirksamkeit einer Forderungsübertragung gegenüber Dritten erweist sich die Anknüpfung an das am Wohnsitz des Zedenten geltende Recht als vorzugswürdig. Sie kommt den Anforderungen der Praxis entgegen, da sie Globalzessionen und die Übertragung zukünftiger Forderungen erleichtert. Dies geschieht nicht auf Kosten der von einer Forderungsübertragung betroffenen Dritten, da diese das anwendbare Recht ebenso wie Zedent und Zessionar zuverlässig vorhersehen können. Der Nachteil, daß die Zessionsparteien keine Möglichkeit haben, ein ihren Bedürfnissen entsprechendes Recht zu wählen, wird dadurch aufgewogen.

20. Die rechtsvereinheitlichende Zielsetzung des EVÜ hat Auswirkungen auf die bei jeder Rechtsanwendung zu beantwortende Frage, in welches Verhältnis die das Recht prägenden Maximen der Gerechtigkeit und Zweckmäßigkeit einerseits und der Rechtssicherheit andererseits zu setzen sind. Bei der teleologischen Auslegung des EVÜ muß die Rechtssicherheit betont, müssen Klarheit, Eindeutigkeit und Vorhersehbarkeit in den Vordergrund gerückt werden.

21. Die teleologische Auslegung des EVÜ muß nicht nur zu europaweit einheitlichen, sondern auch zu materiell gerechten Ergebnissen führen. Es ist derjenigen Auslegung zu folgen, durch die das EVÜ vor dem Hintergrund der unterschiedlichen nationalen Rechtsordnungen seine materiellen Ziele am besten erreichen kann.

22. Die Auslegung des EVÜ muß die nationalen Rechtsordnungen der Vertragsstaaten in ihrer Eigenständigkeit und Verschiedenheit berücksichtigen. Sie darf sie nicht in einem ersten Schritt *zueinander* in Beziehung setzen und in einem zweiten Schritt die sich daraus ergebenden Erkenntnisse als allgemeine Rechtsgrundsätze in die Auslegung des Übereinkommens einbringen. Sie muß vielmehr die verschiedenen Rechtsordnungen nacheinander als jeweils einzelne *unmittelbar mit dem Übereinkommen* in Beziehung setzen, um ihre Besonderheiten in dessen Auslegung einzubringen. Aus der zweistufigen rechtsvergleichenden Auslegung im eigentlichen Sinn wird ein fortlaufender Prozeß der Berücksichtigung einzelner Rechtsordnungen.

23. Der Interpret muß sich nacheinander in die Rechtsordnungen der Vertragsstaaten hineinversetzen und ausgehend von einem jeweils neuen Vorverständnis den als hermeneutischen Zirkel bekannten Verstehensprozess durchlaufen. Die sich dabei ergebende Auslegung kann die ursprüngliche, vom eigenen Vorverständnis ausgehende Auslegung bestätigen, kann ihr aber auch widersprechen. Ein solcher Widerspruch muß zugunsten derjenigen Auslegung aufgelöst werden, bei der die Nachteile, die vor dem Hintergrund einer Rechtsordnung im Hinblick auf die Zielsetzung des Übereinkommens bestehen, weniger schwer wiegen als die Vorteile vor dem Hintergrund der anderen Rechtsordnung.

24. Auf diese Weise wird der hermeneutische Zirkel, der der Auslegung nationalen Rechts zugrunde liegt, bei der Auslegung international vereinheitlichten Kollisionsrechts zu einer hermeneutischen Kugel. Das mit diesem Begriff bezeichnete Vorgehen gewährleistet, daß der Interpret den Gegenstand seiner Auslegung nicht nur aus dem Blickwinkel seiner eigenen Rechtsordnung betrachtet, sondern ihn gleichsam umschreitet, um ihn auch mit den Augen anderer Rechtsordnungen zu sehen. Je weiter der Interpret den Auslegungsgegenstand umrundet, desto mehr vertieft sich sein Verständnis, desto näher kommt er dem Ziel einer europaweit einheitlichen Auslegung.

25. Eine rechtsvergleichende Auslegung im eigentlichen Sinn berücksichtigt dagegen die einzelnen Rechtsordnungen lediglich mittelbar. Sie betrachtet ihren Gegenstand aus einem einzigen Blickwinkel, aus dem der allgemeinen Rechtsgrundsätze. Die entscheidende Bedeutung der Rechtsvergleichung im Rahmen der funktionellen Qualifikation wird jedoch nicht in Abrede gestellt. Das beschriebene Vorgehen beantwortet lediglich die Frage, wodurch der bei der Auslegung des nationalen Kollisionsrecht gebotene, bei der Auslegung des EVÜ aber unzulässige Rückgriff auf die *lex fori* als Ausgangspunkt der funktionellen Qualifikation ersetzt werden kann.

26. Aus Art. 1 Abs. 1 EVÜ geht nicht hervor, ob die Wirksamkeit einer Forderungsübertragung gegenüber Dritten in den Anwendungsbereich des EVÜ fällt. Die rechtsvereinheitlichende Zielsetzung des Übereinkommens

und dessen Bezüge zum Europäischen Gemeinschaftsrecht sprechen dafür, Forderungen nicht nur als Leistungsbeziehung zwischen Zedent und Schuldner, sondern auch als Vermögensgegenstände in den Anwendungsbereich des EVÜ einzubeziehen. Der Wortlaut und die Entstehungsgeschichte des Art. 1 Abs. 1 EVÜ sowie der Sachverständigenbericht von *Giuliano* und *Lagarde* stehen einer weiten Auslegung der Vorschrift jedoch entgegen.

27. Die Anwendbarkeit des EVÜ kann damit begründet werden, daß Art. 12 EVÜ die Drittwirksamkeit einer Forderungsübertragung regeln will und auch sachgerecht regeln kann. In diesem Fall legt es die Systematik des Übereinkommens nahe, seinen Anwendungsbereich ungeachtet der Unbestimmtheit des Art.1 Abs. 1 EVÜ als eröffnet anzusehen.

28. Die Auslegung des Art. 12 Abs. 1 EVÜ hat nicht gezeigt, daß die Wirksamkeit einer Forderungsübertragung gegenüber Dritten in den Regelungsbereich der Vorschrift einzubeziehen und akzessorisch an das Statut des Verpflichtungsgeschäfts anzuknüpfen ist. Der Wortlaut spricht gegen eine Einbeziehung. Sie ist auch nicht erforderlich um Abgrenzungs- und Koordinierungsfragen zu vermeiden, die sich bei einer anderen Anknüpfung ergeben könnten. Die Entstehungsgeschichte macht deutlich, daß es bei der Erarbeitung des Art. 12 Abs. 1 EVÜ vor allem darum ging, den von Art. 12 Abs. 2 EVÜ gewährleisteten Schutz des Schuldners nicht zu beeinträchtigen. Sie legt die Annahme nahe, daß die Forderung als Vermögensgegenstand von Art. 12 EVÜ nicht erfaßt wird.

29. Die historische Auslegung internationaler Übereinkommen zur Harmonisierung des Privatrechts sollte nur auf solche Quellen gestützt werden, die dem Rechtsverkehr zugänglich sind, damit der Nachweis einer bestimmten Regelungsabsicht der Vertragsstaaten allgemein nachvollzogen werden kann. Dementsprechend sollte die Auslegung des EVÜ nicht auf unveröffentlichte Protokolle der Arbeitsgruppe gestützt werden.

30. Auch die Auslegung des Art. 12 Abs. 2 EVÜ hat nicht gezeigt, daß die Drittwirksamkeit einer Forderungsübertragung in den Regelungsbereich dieser Vorschrift einzubeziehen und akzessorisch an das Forderungsstatut anzuknüpfen ist. Wortlaut und Entstehungsgeschichte legen eine Beschränkung auf die Wirkungen gegenüber dem Schuldner nahe. Sie stehen insbesondere einer Auslegung entgegen, die Art. 12 Abs. 2 EVÜ als Grundregel für die Anknüpfung aller mit einer Forderungsübertragung verbundenen Fragen ansieht. Der Schutz des Schuldners als das eigentliche Ziel der Vorschrift ist auch bei einer gesonderten Anknüpfung der Drittwirksamkeit gewährleistet. Lediglich die Koordinierungsschwierigkeiten, die eine gesonderte Anknüpfung nach sich ziehen kann, legen eine Einbeziehung der Drittwirksamkeit in den Regelungsbereich des Art. 12 Abs. 2 EVÜ nahe. Sie tun dies jedoch nicht mit der aus Gründen der Rechtssicherheit gebotenen

Deutlichkeit, um aus der Anwendbarkeit des Art. 12 Abs. 2 EVÜ auf die Anwendbarkeit des EVÜ schließen zu können.

31. Eine analoge Anwendung des Art. 12 Abs. 2 EVÜ auf die Wirksamkeit einer Forderungsübertragung gegenüber Dritten ist unzulässig. Da der Anwendungsbereich des Übereinkommens nicht eröffnet ist, fehlt es an einer planwidrigen Regelungslücke. Der Anwendungsbereich eines internationalen Übereinkommens kann durch eine analoge Anwendung seiner sachlichen Vorschriften nicht erweitert werden.

32. Das auf die Wirksamkeit einer Forderungsübertragung gegenüber Dritten anwendbare Recht ergibt sich nicht aus Art. 12 EVÜ, sondern ist nach nationalem Kollisionsrecht zu bestimmen.

33. Bei der Auslegung und Anwendung des Art. 33 EGBGB können außerhalb des Anwendungsbereichs des EVÜ andere Gesichtspunkte Berücksichtigung finden als bei der Auslegung und Anwendung des nahezu wortgleichen Art. 12 EVÜ. Diese Differenzierung verstößt nicht gegen Art. 36 EVÜ.

34. Eine funktionelle Qualifikation nach Art. 33 EGBGB kann außerhalb des Anwendungsbereichs des EVÜ von den Begriffen und Abgrenzungen des deutschen Sachrechts *qua lex fori* ausgehen. Dies ist bei einer funktionellen Qualifikation nach Art. 12 EVÜ wegen der rechtsvereinheitlichenden Zielsetzung des Übereinkommens unzulässig. Dessen Anknüpfungsgegenstände sind so auszulegen, als läge ihnen eine gleichsam europäische *lex fori* zugrunde, die durch eine schrittweise Berücksichtigung der verschiedenen Rechtsordnungen der Vertragsstaaten zu ermitteln ist.

35. Die Auslegung des Art. 33 EGBGB zeigt, daß die Wirksamkeit einer Forderungsübertragung gegenüber Dritten gemäß Art. 33 Abs. 2 EGBGB an das Forderungsstatut anzuknüpfen ist. Ausschlaggebend ist, daß der Auslegung die Begriffe und Unterscheidungen des deutschen Sachrechts zugrunde zu legen sind. Das Trennungs- und Abstraktionsprinzip des deutschen Sachrechts verleiht dem auf die Verpflichtungen zwischen Zedent und Zessionar beschränkten Wortlaut des Art. 33 Abs. 1 EVÜ ein besonderes Gewicht. Hinzu kommen der kodifikatorische Charakter des EGBGB, die Entstehungsgeschichte des Art. 33 und die bei einer gesonderten Anknüpfung entstehenden Koordinierungsschwierigkeiten. Da nach deutschem Recht eine Forderungsübertragung nur dann dem Schuldner entgegengehalten werden kann, wenn sie auch gegenüber Dritten wirksam ist, erweist sich der Wortlaut des Art. 33 Abs. 2 EGBGB als weit genug, um auch die Wirksamkeit gegenüber Dritten zu erfassen. Eine analoge Anwendung des Art. 33 Abs. 2 EGBGB ist nicht erforderlich

36. Art. 33 Abs. 2 EGBGB ist damit eine gespaltene Norm, die sich aus einem international vereinheitlichten und einem originär nationalen Teil zusammensetzt. Auf der einen Seite stehen die Rechtsfragen, die die Rechts-

stellung des Schuldners betreffen und von Art. 33 Abs. 2 EGBGB in Übereinstimmung mit Art. 12 Abs. 2 EVÜ an das Forderungsstatut verwiesen werden. Auf der anderen Seite stehen die Voraussetzungen der Wirksamkeit einer Forderungsübertragung gegenüber Dritten. Sie werden von Art. 12 Abs. 2 EVÜ nicht erfaßt, jedoch von Art. 33 Abs. 2 EGBGB an das Forderungsstatut angeknüpft.

37. Die UN-Konvention über die Forderungsübertragung im internationalen Handelsverkehr enthält zwei Anknüpfungsregeln für die Wirksamkeit einer Forderungsübertragung gegenüber Dritten. Art. 22 ergänzt die sachrechtlichen Regelungen der Kapitel III und IV, Art. 30 Abs. 1 ist Bestandteil des Kapitels V, dessen Ziel die umfassende Vereinheitlichung des Kollisionsrechts internationaler Forderungsübertragungen ist. Beide Vorschriften verweisen auf das Recht des Staates, in dem der Zedent ansässig ist.

38. Art. 22 verbessert die rechtlichen Rahmenbedingungen internationaler Forderungsübertragungen, obwohl die Vorschrift dazu führt, daß ein Zessionar, der sicherstellen will, daß eine Forderungsübertragung ihren wirtschaftlichen Zweck zuverlässig erfüllt, neben den sachrechtlichen Anforderungen der Konvention auch die Voraussetzungen des nach Art. 22 anwendbaren Rechts erfüllen muß. Dabei besteht die Gefahr, daß Art. 22 auf eine Rechtsordnung verweist, deren Vorschriften den Anforderungen der Praxis nicht entsprechen und aufwendige und teure Wirksamkeitsvoraussetzungen vorsehen. Dies ist eine notwendige Folge des kollisionsrechtlichen Ansatzes der UN-Konvention. Sie wird jedoch durch den Regelungszusammenhang mit den sachrechtlichen Vorschriften der Konvention auf die Wirksamkeit gegenüber Dritten begrenzt. Insofern schafft die Konvention gegenüber dem geltenden Recht ein höheres Maß an Rechtssicherheit. Das anwendbare Recht wird durch Art. 22 einfach und sachgerecht bestimmt, so daß die sich aus dem kollisionsrechtlichen Ansatz der UN-Konvention zwingend ergebenden Nachteile auf das unvermeidbare Mindestmaß begrenzt werden.

39. Die Anwendbarkeit der Kollisionsregeln des fünften Kapitels der UN-Konvention würde internationale Forderungsübertragungen erheblich erschweren. Sie können dazu führen, daß die dinglichen Wirkungen einer Forderungsübertragung von bis zu drei Rechtsordnungen beherrscht werden. Ein Zessionar, der seine Rechte umfassend absichern will, muß diese drei Rechtsordnungen nicht nur ermitteln, sondern auch die jeweiligen, unter Umständen aufwendigen und teuren Wirksamkeitsvoraussetzungen erfüllen. Die Anwendbarkeit des fünften Kapitels sollte daher durch eine Erklärung nach Art. 39 ausgeschlossen werden. Die von Art. 22 abweichende Bewertung des Art. 30 Abs. 1 beruht darauf, daß Art. 22 vor dem Hintergrund der sachrechtlichen Vorschriften der Kapitel III und IV zu beurteilen ist. Regelungszusammenhang des Art. 30 Abs. 1 sind dagegen die übrigen Kollisionsregeln des Kapitels V.

40. Die Kollisionsregeln des fünften Kapitels der UN-Konvention genügen den praktischen Anforderungen nicht zuletzt deshalb nicht,weil sie mit den sachrechtlichen Regelungen der Kapitel III und IV zu einer Konvention verbunden wurden. Dies hat dazu geführt, daß Abgrenzungsfragen in den Vordergrund getreten sind und den unterschiedlichen Regelungszusammenhängen der Art. 22 und 30 Abs. 1 nicht die erforderliche Aufmerksamkeit geschenkt wurde. Dies hätte bei der Erarbeitung getrennter Konventionen vermieden werden können.

Anhang 1

UN Convention on the Assignment of Receivables in International Trade

vom 12. 12. 2001

Preamble

The Contracting States,

Reaffirming their conviction that international trade on the basis of equality and mutual benefit is an important element in the promotion of friendly relations among States,

Considering that problems created by uncertainties as to the content and the choice of legal regime applicable to the assignment of receivables constitute an obstacle to international trade,

Desiring to establish principles and to adopt rules relating to the assignment of receivables that would create certainty and transparency and promote the modernization of the law relating to assignments of receivables, while protecting existing assignment practices and facilitating the development of new practices,

Desiring also to ensure adequate protection of the interests of debtors in assignments of receivables,

Being of the opinion that the adoption of uniform rules governing the assignment of receivables would promote the availability of capital and credit at more affordable rates and thus facilitate the development of international trade,

Have agreed as follows:

Chapter I
Scope of application

Article 1
Scope of application

1. This Convention applies to:

(a) Assignments of international receivables and to international assignments of receivables as defined in this chapter, if, at the time of conclusion of the contract of assignment, the assignor is located in a Contracting State; and

(b) Subsequent assignments, provided that any prior assignment is governed by this Convention.

2. This Convention applies to subsequent assignments that satisfy the criteria set forth in paragraph 1 (a) of this article, even if it did not apply to any prior assignment of the same receivable.

3. This Convention does not affect the rights and obligations of the debtor unless, at the time of conclusion of the original contract, the debtor is located in a Contracting State or the law governing the original contract is the law of a Contracting State.

4. The provisions of chapter V apply to assignments of international receivables and to international

assignments of receivables as defined in this chapter independently of paragraphs 1 to 3 of this article. However, those provisions do not apply if a State makes a declaration under article 39.

5. The provisions of the annex to this Convention apply as provided in article 42.

Article 2
Assignment of receivables

For the purposes of this Convention:

(a) "Assignment" means the transfer by agreement from one person ("assignor") to another person ("assignee") of all or part of or an undivided interest in the assignor's contractual right to payment of a monetary sum ("receivable") from a third person ("the debtor"). The creation of rights in receivables as security for indebtedness or other obligation is deemed to be a transfer;

(b) In the case of an assignment by the initial or any other assignee ("subsequent assignment"), the person who makes that assignment is the assignor and the person to whom that assignment is made is the assignee.

Article 3
Internationality

A receivable is international if, at the time of conclusion of the original contract, the assignor and the debtor are located in different States. An assignment is international if, at the time of conclusion of the contract of assignment, the assignor and the assignee are located in different States.

Article 4
Exclusions and other limitations

1. This Convention does not apply to assignments made:

(a) To an individual for his or her personal, family or household purposes;

(b) As part of the sale or change in the ownership or legal status of the business out of which the assigned receivables arose.

2. This Convention does not apply to assignments of receivables arising under or from:

(a) Transactions on a regulated exchange;

(b) Financial contracts governed by netting agreements, except a receivable owed on the termination of all outstanding transactions;

(c) Foreign exchange transactions;

(d) Inter-bank payment systems, inter-bank payment agreements or clearance and settlement systems relating to securities or other financial assets or instruments;

(e) The transfer of security rights in, sale, loan or holding of or agreement to repurchase securities or other financial assets or instruments held with an intermediary;

(f) Bank deposits;

(g) A letter of credit or independent guarantee.

3. Nothing in this Convention affects the rights and obligations of any person under the law governing negotiable instruments.

4. Nothing in this Convention affects the rights and obligations of the assignor and the debtor under special laws governing the protection of parties to transactions made for personal, family or household purposes.

5. Nothing in this Convention:

(a) Affects the application of the law of a State in which real property is situated to either:

(i) An interest in that real property to the extent that under that law the assignment of a receivable confers such an interest; or

(ii) The priority of a right in a receivable to the extent that under that law an interest in the real property confers such a right; or

(b) Makes lawful the acquisition of an interest in real property not permitted under the law of the State in which the real property is situated.

Chapter II
General provisions

Article 5
Definitions and rules of interpretation

For the purposes of this Convention:

(a) "Original contract" means the contract between the assignor and the debtor from which the assigned receivable arises;

(b) "Existing receivable" means a receivable that arises upon or before conclusion of the contract of assignment and "future receivable" means a receivable that arises after conclusion of the contract of assignment;

(c) "Writing" means any form of information that is accessible so as to be usable for subsequent reference. Where this Convention requires a writing to be signed, that requirement is met if, by generally accepted means or a procedure agreed to by the person whose signature is required, the writing identifies that person and indicates that person's approval of the information contained in the writing;

(d) "Notification of the assignment" means a communication in writing that reasonably identifies the assigned receivables and the assignee;

(e) "Insolvency administrator" means a person or body, including one appointed on an interim basis, authorized in an insolvency proceeding to administer the reorganization or liquidation of the assignor's assets or affairs;

(f) "Insolvency proceeding" means a collective judicial or administrative proceeding, including an interim proceeding, in which the assets and affairs of the assignor are subject to control or supervision by a court or other competent authority for the purpose of reorganization or liquidation;

(g) "Priority" means the right of a person in preference to the right of another person and, to the extent relevant for such purpose, includes the determination whether the right is a personal or a property right, whether or not it is a security right for indebtedness or other obligation and whether any requirements necessary to render the right effective against a competing claimant have been satisfied;

(h) A person is located in the State in which it has its place of business. If the assignor or the assignee has a place of business in more than one State, the place of business is that place where the central administration of the assignor or the assignee is exercised. If the debtor has a place of business in more than one State, the place of business is that which has the closest relationship to the original contract. If a person does not have a place of business, reference is to be made to the habitual residence of that person;

(i) "Law" means the law in force in a State other than its rules of private international law;

(j) "Proceeds" means whatever is received in respect of an assigned receivable, whether in total or partial payment or other satisfaction of the receivable. The term includes whatever is received in respect of proceeds. The term does not include returned goods;

(k) "Financial contract" means any spot, forward, future, option or swap transaction involving interest rates, commodities, currencies, equities, bonds, indices or any other financial instrument, any repurchase or securities lending transaction, and any other transaction similar to any transaction referred to above entered into in financial markets and any combination of the transactions mentioned above;

(l) "Netting agreement" means an agreement between two or more parties that provides for one or more of the following:

(i) The net settlement of payments due in the same currency on the same date whether by notation or otherwise;

(ii) Upon the insolvency or other default by a party, the termination of all outstanding transactions at their replacement or fair market values, conversion of such sums into a single currency and netting into a single payment by one party to the other; or

(iii) The set-off of amounts calculated as set forth in subparagraph (l) (ii) of this article under two or more netting agreements;

(m) "Competing claimant" means:

(i) Another assignee of the same receivable from the same assignor, including a person who, by operation of law, claims a right in the assigned receivable as a result of its right in other property of the assignor, even if that receivable is not an international receivable and the assignment to that assignee is not an international assignment;

(ii) A creditor of the assignor; or

(iii) The insolvency administrator.

Article 6
Party autonomy

Subject to article 19, the assignor, the assignee and the debtor may derogate from or vary by agreement provisions of this Convention relating to their respective rights and obligations. Such an agreement does not affect the rights of any person who is not a party to the agreement.

Article 7
Principles of interpretation

1. In the interpretation of this Convention, regard is to be had to its object and purpose as set forth in the preamble, to its international character and to the need to promote uniformity in its application and the observance of good faith in international trade.

2. Questions concerning matters governed by this Convention that are not expressly settled in it are to be settled in conformity with the general principles on which it is based or, in the absence of such principles, in conformity with the law applicable by virtue of the rules of private international law.

Chapter III
Effects of assignment

Article 8
Effectiveness of assignments

1. An assignment is not ineffective as between the assignor and the assignee or as against the debtor or as against a competing claimant, and the right of an assignee may not be denied priority, on the ground that it is an assignment of more than one receivable, future receivables or parts of or undivided interests in receivables, provided that the receivables are described:

(a) Individually as receivables to which the assignment relates; or

(b) In any other manner, provided that they can, at the time of the assignment or, in the case of future receivables, at the time of conclusion of the original contract, be identified as receivables to which the assignment relates.

2. Unless otherwise agreed, an assignment of one or more future receivables is effective without a new act of transfer being required to assign each receivable.

3. Except as provided in paragraph 1 of this article, article 9 and article 10, paragraphs 2 and 3, this Convention does not affect any limitations on assignments arising from law.

Article 9
Contractual limitations on assignments

1. An assignment of a receivable is effective notwithstanding any agreement between the initial or any subsequent assignor and the debtor or any subsequent assignee limiting in any way the assignor's right to assign its receivables.

2. Nothing in this article affects any obligation or liability of the assignor for breach of such an agreement, but the other party to such agreement may not avoid the original contract or the assignment contract on the sole ground of that breach. A person who is not party to such an agreement is not liable on the sole ground that it had knowledge of the agreement.

3. This article applies only to assignments of receivables:

(a) Arising from an original contract that is a contract for the supply or lease of goods or services other than financial services, a construction contract or a contract for the sale or lease of real property;

(b) Arising from an original contract for the sale, lease or licence of industrial or other intellectual property or of proprietary information;

(c) Representing the payment obligation for a credit card transaction; or

(d) Owed to the assignor upon net settlement of payments due pursuant to a netting agreement involving more than two parties.

Article 10
Transfer of security rights

1. A personal or property right securing payment of the assigned receivable is transferred to the assignee without a new act of transfer. If such a right, under the law governing it, is transferable only with a new act of transfer, the assignor is obliged to transfer such right and any proceeds to the assignee.

2. A right securing payment of the assigned receivable is transferred under paragraph 1 of this article notwithstanding any agreement between the assignor and the debtor or other person granting that right, limiting in any way the assignor's right to assign the receivable or the right securing payment of the assigned receivable.

3. Nothing in this article affects any obligation or liability of the assignor for breach of any agreement under paragraph 2 of this article, but the other party to that agreement may not avoid the original contract or the assignment contract on the sole ground of that breach. A person who is not a party to such an agreement is not liable on the sole ground that it had knowledge of the agreement.

4. Paragraphs 2 and 3 of this article apply only to assignments of receivables:

(a) Arising from an original contract that is a contract for the supply or lease of goods or services other than financial services, a construction contract or a contract for the sale or lease of real property;

(b) Arising from an original contract for the sale, lease or licence of industrial or other intellectual property or of proprietary information;

(c) Representing the payment obligation for a credit card transaction; or

(d) Owed to the assignor upon net settlement of payments due pursuant to a netting agreement involving more than two parties.

5. The transfer of a possessory property right under paragraph 1 of this article does not affect any obligations of the assignor to the debtor or the person granting the property right with respect to the property transferred existing under the law governing that property right.

6. Paragraph 1 of this article does not affect any requirement under rules of law other than this Convention relating to the form or registration of the transfer of any rights securing payment of the assigned receivable.

Chapter IV
Rights, obligations and defences

Section I
Assignor and assignee

Article 11
Rights and obligations of the assignor and the assignee

1. The mutual rights and obligations of the assignor and the assignee arising from their agreement are determined by the terms and conditions set forth in that agreement, including any rules or general conditions referred to therein.

2. The assignor and the assignee are bound by any usage to which they have agreed and, unless otherwise agreed, by any practices they have established between themselves.

3. In an international assignment, the assignor and the assignee are considered, unless otherwise agreed, implicitly to have made applicable to the assignment a usage that in international trade is widely known to, and regularly observed by, parties to the particular type of assignment or to the assignment of the particular category of receivables.

Article 12
Representations of the assignor

1. Unless otherwise agreed between the assignor and the assignee, the assignor represents at the time of conclusion of the contract of assignment that:

(a) The assignor has the right to assign the receivable;

(b) The assignor has not previously assigned the receivable to another assignee; and

(c) The debtor does not and will not have any defences or rights of set-off.

2. Unless otherwise agreed between the assignor and the assignee, the assignor does not re-

present that the debtor has, or will have, the ability to pay.

Article 13
Right to notify the debtor

1. Unless otherwise agreed between the assignor and the assignee, the assignor or the assignee or both may send the debtor notification of the assignment and a payment instruction, but after notification has been sent only the assignee may send such an instruction.

2. Notification of the assignment or a payment instruction sent in breach of any agreement referred to in paragraph 1 of this article is not ineffective for the purposes of article 17 by reason of such breach. However, nothing in this article affects any obligation or liability of the party in breach of such an agreement for any damages arising as a result of the breach.

Article 14
Right to payment

1. As between the assignor and the assignee, unless otherwise agreed and whether or not notification of the assignment has been sent:

(a) If payment in respect of the assigned receivable is made to the assignee, the assignee is entitled to retain the proceeds and goods returned in respect of the assigned receivable;

(b) If payment in respect of the assigned receivable is made to the assignor, the assignee is entitled to payment of the proceeds and also to goods returned to the assignor in respect of the assigned receivable; and

(c) If payment in respect of the assigned receivable is made to another person over whom the assignee has priority, the assignee is entitled to payment of the proceeds and also to goods returned to such person in respect of the assigned receivable.

2. The assignee may not retain more than the value of its right in the receivable.

Section II
Debtor

Article 15
Principle of debtor protection

1. Except as otherwise provided in this Convention, an assignment does not, without the consent of the debtor, affect the rights and obligations of the debtor, including the payment terms contained in the original contract.

2. A payment instruction may change the person, address or account to which the debtor is required to make payment, but may not change:

(a) The currency of payment specified in the original contract; or

(b) The State specified in the original contract in which payment is to be made to a State other than that in which the debtor is located.

Article 16
Notification of the debtor

1. Notification of the assignment or a payment instruction is effective when received by the debtor if it is in a language that is reasonably expected to inform the debtor about its contents. It is sufficient if notification of the assignment or a payment instruction is in the language of the original contract.

2. Notification of the assignment or a payment instruction may relate to receivables arising after notification.

3. Notification of a subsequent assignment constitutes notification of all prior assignments.

Article 17
Debtor's discharge by payment

1. Until the debtor receives notification of the assignment, the debtor is entitled to be discharged by paying in accordance with the original contract.

2. After the debtor receives notification of the assignment, subject to paragraphs 3 to 8 of this article, the debtor is discharged only by paying the assignee or, if otherwise instructed in the notification of the assignment or subsequently by the assignee in a writing received by the debtor, in accordance with such payment instruction.

3. If the debtor receives more than one payment instruction relating to a single assignment of the same receivable by the same assignor, the debtor is discharged by paying in accordance with the last payment instruction received from the assignee before payment.

4. If the debtor receives notification of more than one assignment of the same receivable made by the same assignor, the debtor is discharged by paying in accordance with the first notification received.

5. If the debtor receives notification of one or more subsequent assignments, the debtor is discharged by paying in accordance with the notification of the last of such subsequent assignments.

6. If the debtor receives notification of the assignment of a part of or an undivided interest in one or more receivables, the debtor is discharged by paying in accordance with the notification or in accordance with this article as if the debtor had not received the notification. If the debtor pays in accordance with the notification, the debtor is discharged only to the extent of the part or undivided interest paid.

7. If the debtor receives notification of the assignment from the assignee, the debtor is entitled to request the assignee to provide within a reasonable period of time adequate proof that the assignment from the initial assignor to the initial assignee and any intermediate assignment have been made and, unless the assignee does so, the debtor is discharged by paying in accordance with this article as if the notification from the assignee had not been received. Adequate proof of an assignment includes but is

not limited to any writing emanating from the assignor and indicating that the assignment has taken place.

8. This article does not affect any other ground on which payment by the debtor to the person entitled to payment, to a competent judicial or other authority, or to a public deposit fund discharges the debtor.

Article 18
Defences and rights of set-off of the debtor

1. In a claim by the assignee against the debtor for payment of the assigned receivable, the debtor may raise against the assignee all defences and rights of set-off arising from the original contract, or any other contract that was part of the same transaction, of which the debtor could avail itself as if the assignment had not been made and such claim were made by the assignor.

2. The debtor may raise against the assignee any other right of set-off, provided that it was available to the debtor at the time notification of the assignment was received by the debtor.

3. Notwithstanding paragraphs 1 and 2 of this article, defences and rights of set-off that the debtor may raise pursuant to article 9 or 10 against the assignor for breach of an agreement limiting in any way the assignor's right to make the assignment are not available to the debtor against the assignee.

Article 19
Agreement not to raise defences or rights of set-off

1. The debtor may agree with the assignor in a writing signed by the debtor not to raise against the assignee the defences and rights of set-off that it could raise pursuant to article 18. Such an agreement precludes the debtor from raising against the assignee those defences and rights of set-off.

2. The debtor may not waive defences:

(a) Arising from fraudulent acts on the part of the assignee; or

(b) Based on the debtor's incapacity.

3. Such an agreement may be modified only by an agreement in a writing signed by the debtor. The effect of such a modification as against the assignee is determined by article 20, paragraph 2.

Article 20
Modification of the original contract

1. An agreement concluded before notification of the assignment between the assignor and the debtor that affects the assignee's rights is effective as against the assignee, and the assignee acquires corresponding rights.

2. An agreement concluded after notification of the assignment between the assignor and the debtor that affects the assignee's rights is ineffective as against the assignee unless:

(a) The assignee consents to it; or

(b) The receivable is not fully earned by performance and either the modification is provided for in the original contract or, in the context of the original contract, a reasonable assignee would consent to the modification.

3. Paragraphs 1 and 2 of this article do not affect any right of the assignor or the assignee arising from breach of an agreement between them.

Article 21
Recovery of payments

Failure of the assignor to perform the original contract does not entitle the debtor to recover from the assignee a sum paid by the debtor to the assignor or the assignee.

Section III
Third parties

Article 22
Law applicable to competing rights

With the exception of matters that are settled elsewhere in this Convention and subject to articles 23 and 24, the law of the State in which the assignor is located governs the priority of the right of an assignee in the assigned receivable over the right of a competing claimant.

Article 23
Public policy and mandatory rules

1. The application of a provision of the law of the State in which the assignor is located may be refused only if the application of that provision is manifestly contrary to the public policy of the forum State.

2. The rules of the law of either the forum State or any other State that are mandatory irrespective of the law otherwise applicable may not prevent the application of a provision of the law of the State in which the assignor is located.

3. Notwithstanding paragraph 2 of this article, in an insolvency proceeding commenced in a State other than the State in which the assignor is located, any preferential right that arises, by operation of law, under the law of the forum State and is given priority over the rights of an assignee in insolvency proceedings under the law of that State may be given priority notwithstanding article 22. A State may deposit at any time a declaration identifying any such preferential right.

Article 24
Special rules on proceeds

1. If proceeds are received by the assignee, the assignee is entitled to retain those proceeds to the extent that the assignee's right in the assigned receivable had priority over the right of a competing claimant in the assigned receivable.

2. If proceeds are received by the assignor, the right of the assig-

nee in those proceeds has priority over the right of a competing claimant in those proceeds to the same extent as the assignee's right had priority over the right in the assigned receivable of that claimant if:

(a) The assignor has received the proceeds under instructions from the assignee to hold the proceeds for the benefit of the assignee; and

(b) The proceeds are held by the assignor for the benefit of the assignee separately and are reasonably identifiable from the assets of the assignor, such as in the case of a separate deposit or securities account containing only proceeds consisting of cash or securities.

3. Nothing in paragraph 2 of this article affects the priority of a person having against the proceeds a right of set-off or a right created by agreement and not derived from a right in the receivable.

Article 25
Subordination

An assignee entitled to priority may at any time subordinate its priority unilaterally or by agreement in favour of any existing or future assignees.

Chapter V
Autonomous conflict-of-laws rules

Article 26
Application of chapter V

The provisions of this chapter apply to matters that are:

(a) Within the scope of this Convention as provided in article 1, paragraph 4; and

(b) Otherwise within the scope of this Convention but not settled elsewhere in it.

Article 27
Form of a contract of assignment

1. A contract of assignment concluded between persons who are located in the same State is formally valid as between them if it satisfies the requirements of either the law which governs it or the law of the State in which it is concluded.

2. A contract of assignment concluded between persons who are located in different States is formally valid as between them if it satisfies the requirements of either the law which governs it or the law of one of those States.

Article 28
Law applicable to the mutual rights and obligations of the assignor and the assignee

1. The mutual rights and obligations of the assignor and the assignee arising from their agreement

are governed by the law chosen by them.

2. In the absence of a choice of la w by the assignor and the assignee, their mutual rights and obligations arising from their agreement are governed by the law of the State with which the contract of assignment is most closely connected.

Article 29
Law applicable to the rights and obligations of the assignee and the debtor

The law governing the original contract determines the effectiveness of contractual limitations on assignment as between the assignee and the debtor, the relationship between the assignee and the debtor, the conditions under which the assignment can be invoked against the debtor and whether the debtor's obligations have been discharged.

Article 30
Law applicable to priority

1. The law of the State in which the assignor is located governs the priority of the right of an assignee in the assigned receivable over the right of a competing claimant.

2. The rules of the law of either the forum State or any other State that are mandatory irrespective of the law otherwise applicable may not prevent the application of a provision of the law of the State in which the assignor is located.

3. Notwithstanding paragraph 2 of this article, in an insolvency proceeding commenced in a State other than the State in which the assignor is located, any preferential right that arises, by operation of law, under the law of the forum State and is given priority over the rights of an assignee in insolvency proceedings under the law of that State may be given priority notwithstanding paragraph 1 of this article.

Article 31
Mandatory rules

1. Nothing in articles 27 to 29 restricts the application of the rules of the law of the forum State in a situation where they are mandatory irrespective of the law otherwise applicable.

2. Nothing in articles 27 to 29 restricts the application of the mandatory rules of the law of another State with which the matters settled in those articles have a close connection if and insofar as, under the law of that other State, those rules must be applied irrespective of the law otherwise applicable.

Article 32
Public policy

With regard to matters settled in this chapter, the application of a provision of the law specified in this chapter may be refused only if the application of that provision is manifestly contrary to the public policy of the forum State.

Chapter VI
Final provisions

Article 33
Depositary

The Secretary-General of the United Nations is the depositary of this Convention.

Article 34
Signature, ratification, acceptance, approval, accession

1. This Convention is open for signature by all States at the Headquarters of the United Nations in New York until 31 December 2003.

2. This Convention is subject to ratification, acceptance or approval by the signatory States.

3. This Convention is open to accession by all States that are not signatory States as from the date it is open for signature.

4. Instruments of ratification, acceptance, approval and accession are to be deposited with the Secretary-General of the United Nations.

Article 35
Application to territorial units

1. If a State has two or more territorial units in which different systems of law are applicable in relation to the matters dealt with in this Convention, it may at any time declare that this Convention is to extend to all its territorial units or only one or more of them, and may at any time substitute another declaration for its earlier declaration.

2. Such declarations are to state expressly the territorial units to which this Convention extends.

3. If, by virtue of a declaration under this article, this Convention does not extend to all territorial units of a State and the assignor or the debtor is located in a territorial unit to which this Convention does not extend, this location is considered not to be in a Contracting State.

4. If, by virtue of a declaration under this article, this Convention does not extend to all territorial units of a State and the law governing the original contract is the law in force in a territorial unit to which this Convention does not extend, the law governing the original contract is considered not to be the law of a Contracting State.

5. If a State makes no declaration under paragraph 1 of this article, the Convention is to extend to all territorial units of that State.

Article 36
Location in a territorial unit

If a person is located in a State which has two or more territorial units, that person is located in the territorial unit in which it has its place of business. If the assignor or the assignee has a place of business in more than one territorial unit, the place of business is that place where the central administration of the assignor or the assignee is exercised. If the debtor has a place of business in more than one territorial unit, the place of business is that which has the closest relationship to the original contract. If a person does not have a place of business, reference is to be made to the habitual residence of that person. A State with two or more territorial units may specify by declaration at any time other rules for determining the location of a person within that State.

Article 37
Applicable law in territorial units

Any reference in this Convention to the law of a State means, in the case of a State which has two or more territorial units, the law in force in the territorial unit. Such a State may specify by declaration at any time other rules for determining the applicable law, including rules that render applicable the law of another territorial unit of that State.

Article 38
Conflicts with other international agreements

1. This Convention does not prevail over any international agreement that has already been or may be entered into and that specifically governs a transaction otherwise governed by this Convention.

2. Notwithstanding paragraph 1 of this article, this Convention prevails over the Unidroit Convention on International Factoring ("the Ottawa Convention"). To the extent that this Convention does not apply to the rights and obligations of a debtor, it does not preclude the application of the Ottawa Convention with respect to the rights and obligations of that debtor.

Article 39
Declaration on application of chapter V

A State may declare at any time that it will not be bound by chapter V.

Article 40
Limitations relating to Governments and other public entities

A State may declare at any time that it will not be bound or the extent to which it will not be bound by articles 9 and 10 if the debtor or any person granting a personal or property right securing payment of the assigned receivable is located in that State at the time of conclusion of the original contract and is a Government, central or local, any subdivision thereof, or an entity constituted for a public purpose. If a State has made such a declaration, articles 9 and 10 do not affect the rights and obligations of that debtor or person. A State may list in a declaration the types of entity that are the subject of a declaration.

Article 41
Other exclusions

1. A State may declare at any time that it will not apply this Convention to specific types of assignment or to the assignment of specific categories of receivables clearly described in a declaration.

2. After a declaration under paragraph 1 of this article takes effect:

(a) This Convention does not apply to such types of assignment or to the assignment of such categories of receivables if the assignor is located at the time of conclusion of the contract of assignment in such a State; and

(b) The provisions of this Convention that affect the rights and obligations of the debtor do not apply if, at the time of conclusion of the original contract, the debtor is located in such a State or the law governing the original contract is the law of such a State.

3. This article does not apply to assignments of receivables listed in article 9, paragraph 3.

Article 42
Application of the annex

1. A State may at any time declare that it will be bound by:

(a) The priority rules set forth in section I of the annex and will participate in the international registration system established pursuant to section II of the annex;

(b) The priority rules set forth in section I of the annex and will effectuate such rules by use of a registration system that fulfils the purposes of such rules, in which case, for the purposes of section I of the annex, registration pursuant to such a system has the same effect as registration pursuant to section II of the annex;

(c) The priority rules set forth in section III of the annex;

(d) The priority rules set forth in section IV of the annex; or

(e) The priority rules set forth in articles 7 and 9 of the annex.

2. For the purposes of article 22:

(a) The law of a State that has made a declaration pursuant to paragraph 1 (a) or (b) of this article is the set of rules set forth in section I of the annex, as affected by any declaration made pursuant to paragraph 5 of this article;

(b) The law of a State that has made a declaration pursuant to paragraph 1 (c) of this article is the set of rules set forth in section III of the annex, as affected by any declaration made pursuant to paragraph 5 of this article;

(c) The law of a State that has made a declaration pursuant to paragraph 1 (d) of this article is the set of rules set forth in section IV of the annex, as affected by any declaration made pursuant to paragraph 5 of this article; and

(d) The law of a State that has made a declaration pursuant to paragraph 1 (e) of this article is the set of rules set forth in articles 7 and 9 of the annex, as affected by any declaration made pursuant to paragraph 5 of this article.

3. A State that has made a declaration pursuant to paragraph 1 of this article may establish rules pursuant to which contracts of assignment concluded before the

declaration takes effect become subject to those rules within a reasonable time.

4. A State that has not made a declaration pursuant to paragraph 1 of this article may, in accordance with priority rules in force in that State, utilize the registration system established pursuant to section II of the annex.

5. At the time a State makes a declaration pursuant to paragraph 1 of this article or thereafter, it may declare that:

(a) It will not apply the priority rules chosen under paragraph 1 of this article to certain types of assignment or to the assignment of certain categories of receivables; or

(b) It will apply those priority rules with modifications specified in that declaration.

6. At the request of Contracting or Signatory States to this Convention comprising not less than one third of the Contracting and Signatory States, the depositary shall convene a conference of the Contracting and Signatory States to designate the supervising authority and the first registrar and to prepare or revise the regulations referred to in section II of the annex.

Article 43
Effect of declaration

1. Declarations made under articles 35, paragraph 1, 36, 37 or 39 to 42 at the time of signature are subject to confirmation upon ratification, acceptance or approval.

2. Declarations and confirmations of declarations are to be in writing and to be formally notified to the depositary.

3. A declaration takes effect simultaneously with the entry into force of this Convention in respect of the State concerned. However, a declaration of which the depositary receives formal notification after such entry into force takes effect on the first day of the month following the expiration of six months after the date of its receipt by the depositary.

4. A State that makes a declaration under articles 35, paragraph 1, 36, 37 or 39 to 42 may withdraw it at any time by a formal notification in writing addressed to the depositary. Such withdrawal takes effect on the first day of the month following the expiration of six months after the date of the receipt of the notification by the depositary.

5. In the case of a declaration under articles 35, paragraph 1, 36, 37 or 39 to 42 that takes effect after the entry into force of this Convention in respect of the State concerned or in the case of a withdrawal of any such declaration, the effect of which in either case is to cause a rule in this Convention, including any annex, to become applicable:

(a) Except as provided in paragraph 5 (b) of this article, that rule is applicable only to assignments for which the contract of assignment is concluded on or after the date when the declaration or withdrawal takes effect in respect of the Contracting State referred to in article 1, paragraph 1 (a);

(b) A rule that deals with the rights and obligations of the debtor applies only in respect of original contracts concluded on or after the date when the declaration or withdrawal takes effect in respect of the Contracting State referred to in article 1, paragraph 3.

6. In the case of a declaration under articles 35, paragraph 1, 36, 37 or 39 to 42 that takes effect after the entry into force of this Convention in respect of the State concerned or in the case of a withdrawal of any such declaration, the effect of which in either case is to cause a rule in this Convention, including any annex, to become inapplicable:

(a) Except as provided in paragraph 6 (b) of this article, that rule is inapplicable to assignments for which the contract of assignment is concluded on or after the date when the declaration or withdrawal takes effect in respect of the Contracting State referred to in article 1, paragraph 1 (a);

(b) A rule that deals with the rights and obligations of the debtor is inapplicable in respect of original contracts concluded on or after the date when the declaration or withdrawal takes effect in respect of the Contracting State referred to in article 1, paragraph 3.

7. If a rule rendered applicable or inapplicable as a result of a declaration or withdrawal referred to in paragraph 5 or 6 of this article is relevant to the determination of priority with respect to a receivable for which the contract of assignment is concluded before such declaration or withdrawal takes effect or with respect to its proceeds, the right of the assignee has priority over the right of a competing claimant to the extent that, under the law that would determine priority before such declaration or withdrawal takes effect, the right of the assignee would have priority.

Article 44
Reservations

No reservations are permitted except those expressly authorized in this Convention.

Article 45
Entry into force

1. This Convention enters into force on the first day of the month following the expiration of six months from the date of deposit of the fifth instrument of ratification, acceptance, approval or accession with the depositary.

2. For each State that becomes a Contracting State to this Convention after the date of deposit of the fifth instrument of ratification, acceptance, approval or accession, this Convention enters into force on the first day of the month following the expiration of six months after the date of deposit of the appropriate instrument on behalf of that State.

3. This Convention applies only to assignments if the contract of assignment is concluded on or after the date when this Convention enters into force in respect of the Contracting State referred to in article 1, paragraph 1 (a), provided that the provisions of this Convention that deal with the rights and obligations of the debtor apply only to assignments of receivables arising from original contracts concluded on or after the date when this Convention enters into force in respect of the Contracting State referred to in article 1, paragraph 3.

4. If a receivable is assigned pursuant to a contract of assignment concluded before the date when this Convention enters into force in respect of the Contracting State referred to in article 1, paragraph 1 (a), the right of the assignee has priority over the right of a competing claimant with respect to the receivable to the extent that, under the law that would determine priority in the absence of this Convention, the right of the assignee would have priority.

Article 46
Denunciation

1. A Contracting State may denounce this Convention at any time by written notification addressed to the depositary.

2. The denunciation takes effect on the first day of the month following the expiration of one year after the notification is received by the depositary. Where a longer period is specified in the notification, the denunciation takes effect upon the expiration of such longer period after the notification is received by the depositary.

3. This Convention remains applicable to assignments if the contract of assignment is concluded before the date when the denunciation takes effect in respect of the Contracting State referred to in article 1, paragraph 1 (a), provided that the provisions of this Convention that deal with the rights and obligations of the debtor remain applicable only to assignments of receivables arising from original contracts concluded before the date when the denunciation takes effect in respect of the Contracting State referred to in article 1, paragraph 3.

4. If a receivable is assigned pursuant to a contract of assignment concluded before the date when the denunciation takes effect in respect of the Contracting State referred to in article 1, paragraph 1 (a), the right of the assignee has priority over the right of a competing claimant with respect to the receivable to the extent that, under the law that would determine priority under this Convention, the right of the assignee would have priority.

Article 47
Revision and amendment

1. At the request of not less than one third of the Contracting States to this Convention, the depositary shall convene a conference of the Contracting States to revise or amend it.

2. Any instrument of ratification, acceptance, approval or accession deposited after the entry into force of an amendment to this Convention is deemed to apply to the Convention as amended.

Annex to the Convention

Section I
Priority rules based on registration

Article 1
Priority among several assignees

As between assignees of the same receivable from the same assignor, the priority of the right of an assignee in the assigned receivable is determined by the order in which data about the assignment are registered under section II of this annex, regardless of the time of transfer of the receivable. If no such data are registered, priority is determined by the order of conclusion of the respective contracts of assignment.

Article 2
Priority between the assignee and the insolvency administrator or creditors of the assignor

The right of an assignee in an assigned receivable has priority over the right of an insolvency administrator and creditors who obtain a right in the assigned receivable by attachment, judicial act or similar act of a competent authority that gives rise to such right, if the receivable was assigned, and data about the assignment were registered under section II of this annex, before the commencement of such insolvency proceeding, attachment, judicial act or similar act.

Section II
Registration

Article 3
Establishment of a registration system

A registration system will be established for the registration of data about assignments, even if the relevant assignment or receivable is not international, pursuant to the regulations to be promulgated by the registrar and the supervising authority. Regulations promulgated by the registrar and the supervising authority under this annex shall be consistent with this annex. The regulations will prescribe in detail the manner in which the registration system will operate, as well as the procedure for resolving disputes relating to that operation.

Article 4
Registration

1. Any person may register data with regard to an assignment at the registry in accordance with this annex and the regulations. As provided in the regulations, the data registered shall be the identification of the assignor and the assignee and a brief description of the assigned receivables.

2. A single registration may cover one or more assignments by the assignor to the assignee of one

or more existing or future receivables, irrespective of whether the receivables exist at the time of registration.

3. A registration may be made in advance of the assignment to which it relates. The regulations will establish the procedure for the cancellation of a registration in the event that the assignment is not made.

4. Registration or its amendment is effective from the time when the data set forth in paragraph 1 of this article are available to searchers. The registering party may specify, from options set forth in the regulations, a period of effectiveness for the registration. In the absence of such a specification, a registration is effective for a period of five years.

5. Regulations will specify the manner in which registration may be renewed, amended or cancelled and regulate such other matters as are necessary for the operation of the registration system.

6. Any defect, irregularity, omission or error with regard to the identification of the assignor that would result in data registered not being found upon a search based on a proper identification of the assignor renders the registration ineffective.

Article 5
Registry searches

1. Any person may search the records of the registry according to identification of the assignor, as set forth in the regulations, and obtain a search result in writing.

2. A search result in writing that purports to be issued by the registry is admissible as evidence and is, in the absence of evidence to the contrary, proof of the registration of the data to which the search relates, including the date and hour of registration.

Section III
Priority rules based on the time of the contract of assignment

Article 6
Priority among several assignees

As between assignees of the same receivable from the same assignor, the priority of the right of an assignee in the assigned receivable is determined by the order of conclusion of the respective contracts of assignment.

Article 7
Priority between the assignee and the insolvency administrator or creditors of the assignor

The right of an assignee in an assigned receivable has priority over the right of an insolvency administrator and creditors who obtain a right in the assigned receivable by attachment, judicial act or similar act of a competent authority that gives rise to such right, if the receivable was assigned before the commencement of such insolvency proceeding, attachment, judicial act or similar act.

Article 8
Proof of time of contract of assignment

The time of conclusion of a contract of assignment in respect of articles 6 and 7 of this annex may be proved by any means, including witnesses.

Section IV
Priority rules based on the time of notification of assignment

Article 9
Priority among several assignees

As between assignees of the same receivable from the same assignor, the priority of the right of an assignee in the assigned receivable is determined by the order in which notification of the respective assignments is received by the debtor. However, an assignee may not obtain priority over a prior assignment of which the assignee had knowledge at the time of conclusion of the contract of assignment to that assignee by notifying the debtor.

Article 10
Priority between the assignee and the insolvency administrator or creditors of the assignor

The right of an assignee in an assigned receivable has priority over the right of an insolvency administrator and creditors who obtain a right in the assigned receivable by attachment, judicial act or similar act of a competent authority that gives rise to such right, if the receivable was assigned and notification was received by the debtor before the commencement of such insolvency proceeding, attachment, judicial act or similar act.

Anhang 2

Dokumente zur Entstehungsgeschichte der UN-Konvention über die Forderungsübertragung im internationalen Handelsverkehr

Generalversammlung

A/RES/56/81	Resolution der Generalversammlung vom 12. Dezember 2001	www.uncitral.org („News“)

Kommission

A/55/17	Bericht der Kommission (33. Sitzung, New York, 12. Juni–7. Juli 2000)	UNCITRAL-Yearbook 31 (2000) 3–65
A/56/17	Bericht der Kommission (34. Sitzung, Wien, 25. Juni–14. Juli 2001)	www.uncitral.org („Commission Sessions“)

Arbeitsgruppe

A/CN.9/420	Bericht der Arbeitsgruppe (24. Sitzung, Wien, 13.–24. November 1995)	UNCITRAL-Yearbook 27 (1996) 181–206
A/CN.9/432	Bericht der Arbeitsgruppe (25. Sitzung, New York, 8.–19. Juli 1996)	UNCITRAL-Yearbook 28 (1997) 121–151
A/CN.9/434	Bericht der Arbeitsgruppe (26. Sitzung, Wien, 11.–22, November 1996)	UNCITRAL-Yearbook 28 (1997) 169–200
A/CN.9/445	Bericht der Arbeitsgruppe (27. Sitzung, Wien, 20.–31. Oktober 1997)	UNCITRAL-Yearbook 29 (1998) 37–65
A/CN.9/447	Bericht der Arbeitsgruppe (28. Sitzung, New York, 2.–13. März 1998)	UNCITRAL-Yearbook 29 (1998) 88–109
A/CN.9/455	Bericht der Arbeitsgruppe (29. Sitzung, Wien, 5.–16. Oktober 1998)	UNCITRAL-Yearbook 30 (1999) 55–82
A/CN.9/456	Bericht der Arbeitsgruppe (30. Sitzung, New York, 1.–12. März 1999)	UNCITRAL-Yearbook 30 (1999) 107–145

A/CN.9/466	Bericht der Arbeitsgruppe (31. Sitzung, Wien, 12.–22. Oktober 1999)	UNCITRAL-Yearbook 31 (2000) 193–229
A/CN.9/486	Bericht der Arbeitsgruppe (32. Sitzung, Wien, 11.–22. Dezember 2000)	www.uncitral.org („Travaux Préparatoires")

Sekretariat

A/CN.9/378/Add. 3	vorbereitender Bericht des Sekretariats	UNCITRAL-Yearbook 24 (1993) 244–248
A/CN.9/397	vorbereitender Bericht des Sekretariats	UNCITRAL-Yearbook 25 (1994) 229–239
A/CN.9/412	vorbereitender Bericht des Sekretariats	UNCITRAL-Yearbook 26 (1995) 217–228
A/CN.9/WG.II/WP.87	Arbeitspapier des Sekretariats zur Vorbereitung der 25. Sitzung der Arbeitsgruppe	UNCITRAL-Yearbook 28 (1997) 152–169
A/CN.9/WG.II/WP.89	Arbeitspapier des Sekretariats zur Vorbereitung der 26. Sitzung der Arbeitsgruppe	UNCITRAL-Yearbook 28 (1997) 200–212
A/CN.9/WG.II/WP.93	Arbeitspapier des Sekretariats zu Vorbereitung der 27. Sitzung der Arbeitsgruppe	UNCITRAL-Yearbook 29 (1998) 66–88
A/CN.9/WG.II/WP.96	Arbeitspapier des Sekretariats zur Vorbereitung der 28. Sitzung der Arbeitsgruppe	UNCITRAL-Yearbook 29 (1998) 109–129
A/CN.9/WG.II/WP.98	Arbeitspapier des Sekretariats zur Vorbereitung der 29. Sitzung der Arbeitsgruppe	UNCITRAL-Yearbook 30 (1999) 82–100
A/CN.9/WG.II/WP.102	Arbeitspapier des Sekretariats zur Vorbereitung der 30. Sitzung der Arbeitsgruppe	UNCITRAL-Yearbook 30 (1999) 145–163
A/CN.9/WG.II/WP.104	Arbeitspapier des Sekretariats zur Vorbereitung der 30. Sitzung der Arbeitsgruppe	UNCITRAL-Yearbook 31 (2000) 230–253

A/CN.9/WG.II/WP.105	Kommentierung des Sekretariats auf der Grundlage der 30. Sitzung der Arbeitsgruppe (1. Teil)	UNCITRAL-Yearbook 31 (2000) 253–269
A/CN.9/WG.II/WP.106	Kommentierung des Sekretariats auf der Grundlage der 30. Sitzung der Arbeitsgruppe (2. Teil)	UNCITRAL-Yearbook 31 (2000) 269–289
A/CN.9/470	Kommentierung des Sekretariats auf der Grundlage der 31. Sitzung der Arbeitsgruppe	UNCITRAL-Yearbook 31 (2000) 290–346
A/CN.9/489	Kommentierung des Sekretariats auf der Grundlage der 32. Sitzung der Arbeitsgruppe.	www.uncitral.org („Travaux Préparatoires")
A/CN.9/491	Arbeitspapier des Sekretariats zur Vorbereitung der 34. Sitzung der Kommission	www.uncitral.org („Travaux Préparatoires")

Sonstige

A/CN.9/WG.II/WP.90	Stellungnahme der Haager Konferenz für Internationales Privatrecht	UNCITRAL-Yearbook 28 (1997) 212–216
A/CN.9/WG.II/WP.99	Stellungnahme der Haager Konferenz für Internationales Privatrecht	UNCITRAL-Yearbook 30 (1999) 100–106
A/CN.9/472	Stellungnahmen von Regierungen und internationalen Organisationen	UNCITRAL-Yearbook 31 (2000) 347–382
A/CN.9/490	Stellungnahmen von Regierungen und internationalen Organisationen	www.uncitral.org („Travaux Préparatoires")

Literaturverzeichnis

Arbeitskreis „Finanzierung" der Schmalenbach-Gesellschaft Deutsche Gesellschaft für Betriebswirtschaft e. V., Asset Backed Securities – ein neues Finanzierungsinstrument für deutsche Unternehmen?, zfbf 1992, 495–530.

Arrighi de Casanova, Carola; Douvreleur, Olivier, La codification par ordonnances à propos du Code de commerce, J. C. P. 2001 I 285.

Aubin, Bernhard, Zur Qualifikation der "signification" (Art. 1690 Cc) im deutschen IPR, in: Werner Barfuß, Bernard Dutoit, u. a. (Hrsg.): Festschrift für Karl H. Neumayer zum 65. Geburtstag, Baden-Baden: Nomos, 1985, S. 31–45.

Aubry, Charles; Rau, Charles-Frédéric, Droit civil français, Paris: Editions techniques, Band 5, 6. Auflage, 1947, von Paul Esmein.

Audit, Bernard, Droit international privé, Paris: Economica, 3. Auflage, 2000.

Bailey, Stanley J., Assignment of debts in England from the twelfth to the twentieth century, L. Q. R. 47 (1931) 516–535; 48 (1932) 248–271, 547–582.

Bankrechts-Handbuch, herausgegeben von Herbert Schimansky, Hermann-Josef Bunte, Hans-Jürgen Lwowski, München: Beck, 2. Auflage, 2001. Zitiert: *Bearbeiter,* in: Bankrechts-Handbuch.

Bar, Christian von, Zessionsstatut, Verpflichtungsstatut und Gesellschaftsstatut, IPRax 1992, 20–23.

ders., Internationales Privatrecht, München: Beck, Band 1: Allgemeine Lehren, 1987, Band 2: Besonderer Teil, 1991, München: Beck.

ders., Abtretung und Legalzession im neuen deutschen Internationalen Privatrecht, RabelsZ 53 (1989) 462–485.

Basedow, Jürgen, Internationales Factoring zwischen Kollisionsrecht und Unidroit-Konvention, ZEuP 5 (1997) 615–642.

Batiffol, Henri, Aspects philosophiques du droit international privé, Paris: Dalloz, 1956.

ders.; Lagarde, Paul, Droit international privé, Paris: L. G. D. J., 7. Auflage, Band 1, 1981, Band 2, 1983.

Baumbach, Adolf; Hefermehl, Wolfgang, Wechselgesetz und Scheckgesetz, München: Beck, 22. Auflage, 2000.

Baums, Theodor, Asset-Backed Finanzierungen im deutschen Wirtschaftsrecht, WM 1993, 1–12.

Baur, Jürgen F.; Stürner, Rolf, Sachenrecht, München: Beck, 17. Auflage, 1999.

Bazinas, Spiros V., Der Beitrag von UNCITRAL zur Vereinheitlichung der Rechtsvorschriften über Forderungsabtretungen: Das Übereinkommen der Vereinten Nationen über Abtretungen von Forderungen im internationalen Handel, ZEuP 2002, 782–803.

ders., Multi-Jurisdictional Receivables Financing: UNCITRAL's Impact on Securitization and Cross-Border Perfection, Duke J. Comp. Int. L. 12 (2002) 365–387.

ders., UNCITRAL Draft Convention on Assingment of Receivables in International Trade, Tulane J. Int. Comp. L. 9 (2001) 259–294.

ders., Die Arbeit von UNCITRAL im Bereich der Forderungsabtretung zur Kreditfinanzierung, in: Walther Hadding, Uwe Schneider (Hrsg.): Die Forderungsabtretung, insbesondere zur Kreditsicherung, in ausländischen Rechtsordnungen, Berlin: Duncker & Humblot, 1999, S. 99–131.

ders., An International Legal Regime for Receivables Financing: UNCITRAL's Contribution, Duke J. Comp. Int. L. 8 (1998) 315–358.

Benner, Wolfgang, Asset Backed Securities – eine Finanzinnovation mit Wachstumschancen?, BFuP 1988, 403–417.

Berg, Alan, Charges over Book Debts: A Reply, J. B. L. 1995, 433–471.

Berger, Christian, Anmerkung zu BGH, Urteil vom 5. 4. 2001, IX ZR 441/99, JZ 2002, 46–48.

Berger, Klaus Peter, Auf dem Weg zu einem europäischen Gemeinrecht der Methode, ZEuP 9 (2001) 4–29.

Bernard, Hermann, Rechtsfragen des Forfaitierungsgeschäfts, Berlin: Duncker & Humblot, 1991.

Bernstorff, Christoph Graf von, Einführung in das englische Recht, München: Beck, 2. Auflage, 2000.

ders., Abtretung von Forderungen nach anglo-amerikanischem Recht, RIW 1984, 508–512.

Bette, Klaus, Abtretung von Auslandsforderungen, WM 1997, 797–805.

ders., Rechtsbeziehungen des Factors mit seinem Kunden – Der Factoringvertrag, in: K. F. Hagenmüller, Heinrich Johannes Sommer, Ulrich Brink (Hrsg.): Handbuch des nationalen und internationalen Factoring, Frankfurt am Main: Fritz Knapp, 3. Auflage, 1997, S. 175–211.

ders., Outsourcing und Factoring, FLF 1993, 43–45.

ders., Das Factoring-Geschäft, Stuttgart: Forkel, 1973.

Blaise, Jean-Bernard; Desgorces, Richard, Die Forderungsabtretung, insbesondere zu Sicherungszwecken, im französischen Recht, in: Walther Hadding, Uwe H. Schneider (Hrsg.): Die Forderungsabtretung, insbesondere zur Kreditsicherung, in ausländischen Rechtsordnungen, Berlin: Duncker & Humblot, 1999, S. 245–309.

Bolzoni, Paolo, Direct International Factoring, in: K. F. Hagenmüller, Heinrich Johannes Sommer, Ulrich Brink (Hrsg.): Handbuch des nationalen und internationalen Factoring, Frankfurt am Main: Fritz Knapp, 3. Auflage, 1997, S. 297–306.

Böhner, Reinhard, Factoring im deutsch-französischen Rechtsverkehr, 1985, 15–16.

Bonneau, Thierry, Droit bancaire, Paris: Montchrestien, 4. Auflage, 2001.

Bourdeaux, Gautier, Crédits à l'exportation, Crédits achteurs et fournisseurs, J.-Cl. int, Fasc. 566-80, Paris: Editions du Juris-Classeur, 1999.

ders., Affacturage international, J.-Cl. int., Fasc. 566-10, Paris: Editions du Juris-Classeur, 1998.

Brink, Ulrich, Rechtsbeziehungen des Factors mit seinem Kunden – Der Factoringvertrag, in: K. F. Hagenmüller, Heinrich Johannes Sommer, Ulrich Brink (Hrsg.): Handbuch des nationalen und internationalen Factoring, Frankfurt am Main: Fritz Knapp, 3. Auflage, 1997, S. 175–211.

ders.; Habel, Wolfgang, Recht der Kreditsicherheiten in europäischen Ländern, Teil IV: England, herausgegeben von Walther Hadding und Uwe H. Schneider, Berlin: Duncker & Humblot, 1980. Zitiert: *Brink/Habel,* Recht der Kreditsicherheiten in England.

Brownlie, Jan, Principles of Public International Law, Oxford: Oxford University Press, 5. Auflage, 1998.

Busse, Daniel, Internationales Bereicherungsrecht, Tübingen: Mohr, 1998.

Cabrillac, Michel, Les conflits entre les cessionnaires d'une même créance transmise par bordereau, D. S. 1990 Chronique 127–129.

ders.; Mouly, Christian, Droit des Sûretés, Paris: Litec, 3. Auflage, 1995.

Cadiet, Loïc, Art. 1689–1695 Code civil, J.-Cl. civ., Paris: Editions du Juris-Classeur, 1996.

Caliebe, Gabriele, Asset-Backed-Securities-Transaktionen und ihre Vereinbarkeit mit dem Rechtsberatungsgesetz, BB 2000, 2369–2380.

Carl, Michael M., Die Forderungsabtretung, insbesondere zur Kreditsicherung, in England, in: Walther Hadding, Uwe H. Schneider (Hrsg.): Die Forderungsabtretung, insbesondere zur Kreditsicherung, in ausländischen Rechtsordnungen, Berlin: Duncker & Humblot, 1999, S. 197–212.

Cheshire and North's Private International Law, von Peter North und James J. Fawcett, London: Butterworths, 13. Auflage, 1999. Zitiert: *Cheshire/ North,* Private International Law.

Cheshire, G. C.; Fifoot; Furmston, M. P., Law of Contract, London: Butterworths, 12. Auflage, 1991.

Chitty on Contracts, London: Sweet & Maxwell, 28. Auflage, 1999, herausgegeben von H. G. Beale. Zitiert: *Bearbeiter,* in: Chitty on Contracts.

Clarkson, Chris M. V.; Hill, Jonathan, Jaffey on the Conflict of Laws, London: Butterworths, 1997.

Collier, John G., Conflict of Laws, Cambridge: Cambridge University Press, 3. Auflage, 2001.

Curran, Vivian Grosswald, Cultural Immersion, Difference and Categories in U. S. Comparative Law, A.J.C.L. 46 (1998) 43–92.

Deschamps, Michel, The Priority Rules of the Unites Nations Receivables Convention, Duke J. Comp. Int. L. 12 (2002) 389–400.

Dicey and Morris on the Conflict of Laws, herausgegeben von Lawrence Collins, London: Sweet & Maxwell, 13. Auflage, 2000. Zitiert: *Dicey/ Morris*, Conflict of Laws.

Diehl-Leistner, Barbara, Internationales Factoring, München: Beck, 1992.

Ebenroth, Carsten Thomas, Kurzkommentar zu BGH, 26. 11. 1990, EWiR 1991, 160–161.

Einsele, Dorothee, Rechtswahlfreiheit im Internationalen Privatrecht, RabelsZ 60 (1996) 417–447.

dies., Das Internationale Privatrecht der Forderungszession und der Schuldnerschutz, ZvglRWiss 90 (1991), 1 – 24.

Ellinger, E. P.; Lomnicka, Eva, Modern Banking Law, Oxford: Oxford University Press, 2. Auflage, 1995.

Englard, Izhak, Restitution of Benefits Conferred Without Obligation, Int. Enc. Comp. L., Bd. 10, Kap. 5, Tübingen: Mohr, 1991.

English Private Law, herausgegeben von Peter Birks, Oxford: Oxford University Press, 2000. Zitiert: *Bearbeiter,* in: English Private Law.

Erman Bürgerliches Gesetzbuch, herausgegeben von Harm Peter Westermann, Köln: Aschendorff, 10. Auflage, 2000. Zitiert: *Erman/Bearbeiter.*

Esser, Josef; Schmidt, Eike, Schuldrecht, Band 1: Allgemeiner Teil, Teilband 2: Durchführungshindernisse und Vertragshaftung, Schadensausgleich und Mehrseitigkeit beim Schuldverhältnis, Heidelberg: Müller, 8. Auflage, 2000. Zitiert: *Esser/Schmidt,* Allgemeines Schuldrecht.

Factors Chain International, Annual Review 2001, Amsterdam, 2001.

Ferid, Murad, Internationales Privatrecht, Frankfurt a.M.: Metzner, 3. Auflage, 1986.

Ferrari, Franco, The Uncitral Draft Convention on Assignment in Receivables Financing: Critical Remarks on Some Specific Issues, in: Jürgen Basedow, Isaak Meier u. a. (Hrsg.): Private Law in the International Arena. Liber Amicorum Kurt Siehr, Den Haag: Asser Press, 2000, S. 179–196.

ders., The UNCITRAL Draft Convention on Assignment in Receivables Financing: Applicability, General Provisions and the Conflict of Conventions, M. J. I. L. 1 (2000) 1–18.

ders., Der internationale Anwendungsbereich des Ottawa-Übereinkommens von 1988 über Internationales Factoring, RIW 1996, 181–188.

Finsterwalder, Ottokarl, Forfaitierung, Factoring und Leasing im internationalen Finanzierungsgeschäft, in: Hans E. Büschgen, Kurt Reichelt (Hrsg.): Handbuch des internationalen Bankgeschäfts, Wiesbaden: Gabler, 1989, S. 175–210.

Firth, Ernest C. C., The Rule in Dearle v. Hall, L. Q. R. 11 (1895) 337–345.

Flessner, Axel, Juristische Methode und europäisches Privatrecht, JZ 2002, 14–23.

Früh, Andreas, Abtretungen, Verpfändungen, Verbriefungen und Derivate bei Kreditforderungen vor dem Hintergrund von Bankgeheimnis und Datenschutz, WM 2000, 497–504.

ders., Asset Backed Securities/Securitization am Finanzplatz Deutschland, BB 1995, 105–109.

Gabler Bank-Lexikon, herausgegeben von Wolfgang Grill, Ludwig Gramlich und Roland Eller, Wiesbaden: Gabler, 11. Auflage, 1995.

Gadamer, Hans-Georg, Gesammelte Werke, Band 1: Hermeneutik: Wahrheit und Methode, Grundzüge einer philosophischen Hermeneutik, Tübingen: Mohr, 5. Auflage, 1986.

Gavalda, Christian, Affacturage, Rép. int., Paris: Dalloz, 1998.

ders., Factoring, Rép. com., Paris: Dalloz, 1987.

ders., La cession et le nantissement à un banquier des créances professionnelles (loi n° 81-1 du 2 janvier 1981), D. S. 1981 Chron. 199–208.

ders.; Stoufflet, Jean, La loi bancaire du 24 janvier 1984, J. C. P. 1985 I 3176.

Gebauer, Martin, Zur Drittwirkung von Gerichtsstandsvereinbarungen bei Vertragsketten, IPRax 2001, 471–477.

ders., Neuer Klägergerichtsstand durch Abtretung eine dem UN-Kaufrecht unterliegenden Zahlungsforderung, IPRax 1999, 432–435.

Giuliano, Mario; Lagarde, Paul, Bericht über das Übereinkommen über das auf vertragliche Schuldverhältnisse anzuwendende Recht, ABl. EG 1980 C 282.

dies.; van Sasse van Ysselt, Th., Rapport concernant l'avant-projet de convention sur la loi applicable aux obligations contractuelles et non-contractuelles, in: Ole Lando, Bernd von Hoffmann, Kurt Siehr (Hrsg.): European Private International Law of Obligations, Tübingen: Mohr, 1975, S. 241–314.

Goode, Roy M., The Protection of Interests in Movables in Transnational Commercial Law, U. L. R. 1998, 453–465.

ders., Commercial Law, London: Penguin, 2. Auflage, 1995.

ders., Charges over Book Debts: A missed Opportunity, L. Q. R. 110 (1994) 592–606.

ders., The Effect of a Fixed Charge on a Debt, J. B. L. 1984, 172–174.

ders., Legal Problems of Credit and Security, London: Sweet & Maxwell, 1982.

ders., Some Aspects of Factoring Law, J. B. L. 1982, 240–243, 338–341, 410–412, 527–529.

ders., The Right to Trace and its Impact in Commercial Transactions, L. Q. R. 92 (1976) 360–401, 528–568.

Großfeld, Bernhard, Neue Rechtsvergleichung, in: Peter Gottwald, Erik Jayme, Dieter Schwab (Hrsg.): Festschrift für Dieter Henrich zum 70. Geburtstag, Bielefeld: Gieseking, 2000, S. 211–218.

Grundmann, Stefan; Riesenhuber, Karl, Die Auslegung des Europäischen Privat- und Schuldvertragsrechts, JuS 2001, 529–536.

Halsbury's Laws of England, London: Butterworths, 4. Auflage (Reissue), 1991. Zitiert: *Bearbeiter,* in: Halsbury's Laws of England.

Habermeier, Stefan, Das Trennungsdenken, AcP 195 (1995) 283–294.

Hakenberg, Michael, Juristische Aspekte der Exportforfaitierung, RIW 1998, 906–910.

Handbuch des Schuldrechts in Einzeldarstellungen, herausgegeben von Joachim Gernhuber, Band 2: Sukzessionen: Forderungszession, Vertragsübernahme, Schuldübernahme, von Knut Wolfgang Nörr, Robert Scheyhing und Wolfgang Pöggeler, Tübingen: Mohr, 2. Auflage, 1999. Zitiert: *Bearbeiter,* in: Handbuch des Schuldrechts.

Harries, Heinrich, Sicherungsstrukturen der Projektfinanzierung, in: Fritz Nicklisch (Hrsg.): Partnerschaftliche Infrastrukturprojekte, Heidelberg: Müller, 1996, S. 19–27.

ders., The Contract Law of Project Financing, in: Norbert Horn (Hrsg.): The Law of International Trade Finance, Deventer: Kluwer, 1989, S. 345–360.

Hartwieg, Oskar, Kollisionsrechtliches zur internationalen Abtretung – eine reale Reminiszenz, ZIP 1998, 2137–2144.

Häusler, Christoph, Das UNIDROIT Übereinkommen über internationales Factoring (Ottawa 1988) unter besonderer Berücksichtigung seiner Anwendbarkeit, Frankfurt am Main: Lang, 1998.

Heintzeler, Frank, Internationale Projektfinanzierungen – aus Sicht der Banken, in: Eberhard Dülfer (Hrsg.): Projektmanagement – international, Stuttgart: Poeschel, 1982, S. 163–174.

Hoffmann, Bernd von, Internationales Privatrecht, München: Beck, 7. Auflage, 2002.

ders., Empfiehlt es sich, das EG-Übereinkommen über das auf vertragliche Schuldverhältnisse anwendbare Recht in das deutsche IPR-Gesetz zu inkorporieren?, IPRax 1984, 10–13.

ders., Die Forderungsübertragung, insbesondere zur Kreditsicherung, im Internationalen Privatrecht, in: Walther Hadding, Uwe Schneider (Hrsg.): Die Forderungsabtretung, insbesondere zur Kreditsicherung, in ausländischen Rechtsordnungen, Berlin: Duncker & Humblot, 1999, S. 3–25.

ders., General Report on Contractual Obligations, in: Ole Lando, Bernd von Hoffmann, Kurt Siehr (Hrsg.): European Private International Law of Obligations, Tübingen: Mohr, 1975, S. 1–41.

ders.; Höpping, Ulrike, Zur Anknüpfung kausaler Forderungszessionen, IPRax 1993, 302–305.

Hoffmann-Klein, Friederike, Die Anerkennung ausländischer, insbesondere US-amerikanischer Sicherungsrechte an Forderungen in Deutschland, Frankfurt am Main: Lang, 2000.

Hofmann, Carsten, Mortgage und Charge, Berlin: Duncker & Humblot, 2002.

Hollweg-Stapenhorst, Susanna, Sicherungsabtretung zugunsten des Geldkreditgebers und Factoring nach deutschem und französischem Recht, Berlin: Duncker & Humblot, 1991.

Holzner, Christian, Zur Sicherungszession im IPR, ZfRV 1994, 134–137.

Horn, Norbert, Das Vertragsrecht der internationalen Projektfinanzierungen, in: L. Christian Hinsch, Norbert Horn (Hrsg.): Das Vertragsrecht der internationalen Konsortialkredite und Projektfinanzierungen, Berlin: de Gruyter, 1985, S. 201–267.

Huber, Peter, Internationales Insolvenzrecht in Europa, ZZP 114 (2001) 133–166.

Huc, Théophile, Traité théorique et pratique de la cession et la transmission des créances, Paris: Librairie Cotillon, 1891.

James, Philip S., Introduction to English Law, London: Butterworths, 12. Auflage, 1989.

Janzen, Dorothee, Der UNCITRAL-Konventionsentwurf zum Recht der Internationalen Forderungsabtretung, RabelsZ 63 (1999) 368–377.

Jauernig, Othmar, Trennungsprinzip und Abstraktionsprinzip, JuS 1994, 721–727.

Jayme, Erik, Identité culturelle et intégration: le droit international privé postmoderne, Den Haag: Nijhoff, 1995.

ders., Narrative Normen im Internationalen Privat- und Verfahrensrecht, Tübingen: Eberhard-Karls-Universität, 1993.

ders., Betrachtungen zur „dépeçage" im internationalen Privatrecht, in: Hans-Joachim Musielak, Klaus Schurig (Hrsg.): Festschrift für Gerhard Kegel zum 75. Geburtstag, Stuttgart: Kohlhammer, 1987, S. 253–268.

ders., Das neue IPR-Gesetz – Brennpunkte der Reform, IPRax 1986, 265–270.

Jobard-Bachellier, Marie-Noëlle, Créances (Opérations sur), Rép. int., Paris: Dalloz, 1998.

dies., Anmerkung zu Cour d'appel de Paris, 26. 3. 1986, Rev. crit. dr. int. privé 76 (1987) 358–369.

Joustra, Carla, Proprietary Aspects of Voluntary Assignment in Dutch Private International Law, IPRax 1999, 280–284.

Junker, Abbo, Die einheitliche europäische Auslegung nach dem EG-Schuldvertragsübereinkommen, RabelsZ 55 (1991) 674–696.

Kaiser, Erhard, Verlängerter Eigentumsvorbehalt und Globalzession im IPR, Pfaffenweiler: Centaurus, 1986.

Kegel, Gerhard, Internationales Privatrecht, München: Beck, 5. Auflage, 1985.

ders.; Schurig, Klaus, Internationales Privatrecht, München: Beck, 8. Auflage, 1995.

Keller, Hubertus, Zessionsstatut im Lichte des Übereinkommens über das auf vertragliche Schuldverhältnisse anzuwendende Recht vom 19. Juni 1980, Diss., München, 1985.

Keller, Max; Siehr, Kurt, Allgemeine Lehren des internationalen Privatrechts, Zürich: Schulthess, 1986.

Kieninger, Eva-Maria, Das Statut der Forderungsabtretung im Verhältnis zu Dritten, RabelsZ 62 (1998) 678–711.

Kindler, Peter, Internationale Zuständigkeit und anwendbares Recht im italienischen IPR-Gesetz von 1995, RabelsZ 61 (1997) 227–284.

Klein, Peter, Die Abtretung von Forderungen nach englischem Recht, WM 1978, 390–398.

Kohler, Christian, Practical Experience of the Brussels Jurisdiction and Judgment Convention in the Six Original Contracting States, I.C.L.Q. 34 (1985) 563–583.

ders., The Case Law of the European Court on the Judgments Convention, E. L. R. 7 (1982) 3–18.

ders.; Knapp Andreas, Nationales Recht in der Praxis des EuGH, ZEuP 2002, 701–726.

König, Andreas; Aerssen, Rick van, Das Rundschreiben des Bundesaufsichtsamtes für das Kreditwesen zur „Veräußerung von Kundenforderungen im Rahmen von Asset-Backed Securities-Transaktionen durch deutsche Kreditinstitute", WM 1997, 1777–1786.

Kötz, Hein, Europäisches Vertragsrecht, Band 1: Abschluß, Gültigkeit und Inhalt des Vertrages, die Beteiligung Dritter am Vertrag, Tübingen: Mohr, 1996.

ders., Rights of Third Parties: Third Party Beneficiaries and Assignment, Int. Enc. Comp. L., Bd. 7, Kap. 13, Tübingen: Mohr, 1992.

Kronke, Herbert, Parteiautonomie und Prorogationsfreiheit im internationalen Mobiliarsicherungsrecht: Zwei Grundprinzipien der Konvention von Kapstadt, in: Hilmar Krüger, Heinz-Peter Mansel (Hrsg.): Liber Amicorum Gerhard Kegel, München: Beck, 2002, S. 33–42.

ders., Ziele – Methoden, Kosten – Nutzen: Perspektiven der Privatrechtsharmonisierung nach 75 Jahren UNIDROIT, JZ 2001, 1149–1157.

ders., Der „commercial approach" in der Rechtsangleichung und das Internationale Privat- und Verfahrensrecht, in: Peter Gottwald, Erik Jayme, Dieter Schwab (Hrsg.): Festschrift für Dieter Henrich zum 70. Geburtstag, Bielefeld: Gieseking, 2000, S. 385–392.

ders., Electronic Commerce und Europäisches Verbrauchervertrags-IPR, RIW 1996, 985–993.

ders.; Berger, Gerlinde, Wertpapierstatut, Schadensersatzpflichten der Inkassobank, Schuldnerschutz in der Zession – Schweizer Orderschecks auf Abwegen, IPRax 1992, 316–320.

Kropholler, Jan, Europäisches Zivilprozeßrecht, Heidelberg: Verlag Recht und Wirtschaft, 7. Auflage, 2002, 4. Auflage, 1993.

ders., Internationales Privatrecht, Tübingen: Mohr, 4. Auflage, 2001.

ders., Die vergleichende Methode und das Internationale Privatrecht, ZVglRWiss 77 (1978) 1–20.

ders., Internationales Einheitsrecht, Tübingen: Mohr, 1975.

Kübler, Bruno M.; Prütting, Hanns (Hrsg.), Kommentar zur Insolvenzordnung, Köln: RWS, Loseblatt, Stand: März 2001. Zitiert: *Kübler/Prütting/Bearbeiter*.

Kuhn, Hans, Materielle Rechtsvergleichung und IPR – Das internationale Zessionsrecht im UNCITRAL-Übereinkommen über die Forderungsabtretung, in: Peter Johannes Weber, Marc Weber, u. a. (Hrsg.): Liber amicorum et discipulorum, Festschrift für Prof. Dr. Kurt Siehr zum 65. Geburtstag, Zürich: Schulthess, 2001, S. 93–125.

Kümpel, Siegfried, Bank- und Kapitalmarktrecht, Köln: Schmidt, 2. Auflage, 2000.

Kusserow, Berthold; Dittrich, Kurt, Rechtsprobleme bei Asset-Backed Securities-Transaktionen deutscher Kreditinstitute unter besonderer Berücksichtigung datenschutzrechtlicher Aspekte, WM 1997, 1786–1796.

Küting, Karlheinz; Weber, Claus-Peter, Die Bilanzanalyse, Stuttgart: Schäffer-Poeschel, 6. Auflage, 2001.

Lagarde, Paul, Le nouveau droit international privé des contrats après l'entrée en vigueur de la Convention de Rome du 19 juin 1980, Rev. crit. dr. int. privé 80 (1991) 287–340.

Lalive, Pierre, The Transfer of Chattels in the Conflict of Laws, London: Oxford University Press, 1955.

Lando, Ole, The EC Draft Convention on the Law Applicable to Contractual and Non-Contractual Obligations, RabelsZ 38 (1974) 6–55.

Larenz, Karl, Methodenlehre der Rechtswissenschaft, Berlin: Springer, 6. Auflage, 1991.

ders., Lehrbuch des Schuldrechts, Band 1: Allgemeiner Teil, München: Beck, 14. Auflage, 1987. Zitiert: *Larenz,* Allgemeines Schuldrecht.

ders., Canaris, Claus-Wilhelm, Lehrbuch des Schuldrechts, Band 2: Besonderer Teil, Halbband 2, München: Beck, 13. Auflage, 1994. Zitiert: *Larenz/Canaris,* Besonderes Schuldrecht.

Larroumet, Christian, Le conflit entre cessionnaires successifs d'une créance transmise par bordereau, J. C. P. Entreprises 1990 II 15877.

Leflar, Robert A.; McDougal, Luther L.; Felix, Robert L., American Conflicts Law, Charlottesville: Michie, 4. Auflage, 1986.

Lipstein, Kurt, Comments on Arts. 1 to 21 of the Draft Convention, in: Ole Lando, Bernd von Hoffmann, Kurt Siehr (Hrsg.): European Private International Law of Obligations, Tübingen: Mohr, 1975, S. 155–164.

Lorenz, Werner, Vom alten zum neuen internationalen Schuldvertragsrecht, IPRax 1987, 269–276.

Lorvellec, Louis, Art. 1249–1252 Code civil, J.-Cl. civ, Paris: Editions du Juris-Classeur, 1987.

Loussouarn, Yvon; Bourel, Pierre, Droit international privé, Paris: Dalloz, 7. Auflage, 2001.

Lüderitz, Alexander, Internationales Privatrecht, Neuwied: Metzner, 2. Auflage, 1992.

Malaurie, Philippe; Aynès, Laurent, Cours de droit civil, Band 6: Les obligations, Paris: Éditions Cujas, 4. Auflage, 1993.

Mangold, Werner, Die Abtretung im Europäischen Kollisionsrecht, Frankfurt am Main: Lang, 2001.

ders., Das Internationale Privatrecht der Abtretung am Beispiel des deutsch-spanischen Rechtsverkehrs, in: Peter Hommelhoff, Erik Jayme, Werner Mangold (Hrsg.): Europäischer Binnenmarkt: Internationales Privatrecht und Rechtsangleichung, Heidelberg: Müller, 1995, S. 81–92.

Mankowski, Peter, Warenübereignung durch Dokumentenübertragung und Internationales Privatrecht, in: Rainer Lagoni, Marian Paschke (Hrsg.): Seehandelsrecht und Seerecht: Rolf Herber zum 70. Geburtstag, Hamburg: Lit, 1999, S. 147–186.

ders., Seerechtliche Vertragsverhältnisse im Internationalen Privatrecht, Tübingen: Mohr, 1995.

ders., Zur Analogie im internationalen Schuldvertragsrecht, IPRax 1991, 305–313.

Mansel, Heinz-Peter, Rechtsvergleichung und europäische Rechtseinheit, JZ 1991, 529–534.

Markell, Bruce A., UNCITRAL's Receivables Convention: The First Step, But Not The Last, Duke J. Comp. Int. L. 12 (2002) 401–410.

Martinek, Michael, Moderne Vertragstypen, Band 1: Leasing und Factoring, München: Beck, 1991.

Martiny, Dieter, Europäisches Internationales Vertragsrecht, ZEuP 1999, 246–270.

ders., Das Römische Vetragsrechtsübereinkommen vom 19. Juni 1980, ZEuP 1993, 298–305.

ders., Autonome und einheitliche Auslegung im Europäischen Internationalen Zivilprozeßrecht, RabelsZ 45 (1981) 427–446.

Marty, Gabriel; Raynaud, Pierre; Jestaz, Philippe, Droit civil: Les obligation, Band 2: Le régime, Paris: Sirey, 2. Auflage, 1989.

Marty, Gabriel; Raynaud, Pierre, Droit civil, Band 2, Teilband 2: Les biens, Paris: Sirey, 1965.

Mayer, Hans Volker, Factoring als Finanzierungsinstrument, in: K. F. Hagenmüller, Heinrich Johannes Sommer, Ulrich Brink (Hrsg.): Handbuch des nationalen und internationalen Factoring, Frankfurt am Main: Fritz Knapp, 3. Auflage, 1997, S. 103–116.

Mayer, Pierre, Droit international privé, Paris: Montchrestien, 6. Auflage, 1998.

Mayer-Sparenberg, Wolfgang, Staatsvertragliche Kollisionsnormen, Berlin: Duncker & Humblot, 1989.

Mazeaud, Henri; Mazeaud, Léon; Mazeaud, Jean; Chabas, François: Leçons de droit civil, Paris: Montchrestien.

– Band 1, Teilband 1: Introduction à l'étude du droit, 10. Auflage, 1991.

– Band 2, Teilband 1: Obligations, Théorie générale, 9. Auflage, 1998.

– Band 2, Teilband 2: Biens, Droit de propriété et ses démembrements, 6. Auflage, 1984, von François Gianviti.

McLauchlan, D. W., Priorities - Equitable Tracing Rights and Assignment of Book Debts, L. Q. R. 96 (1980) 90–100.

Mestre, Jacques, Anmerkung zu Cass. com., 29. 1. 1991, Rév. trim. dr. civ. 90 (1991) 531.

ders., Anmerkung zu Cass. com, 9. 1. 1990, Rév. trim. dr. civ. 89 (1990) 661.

ders., La subrogation personnelle, Paris: L. G. D. J., 1979.

Möllenhoff, Wolfgang, Nachträgliche Rechtswahl und Rechte Dritter, Berlin: Duncker & Humblot, 1993.

Moshinsky, Mark, The assignments if debts in the conflict of laws, L. Q. R. 108 (1992) 591–625.

Münchener Kommentar zum Bürgerlichen Gesetzbuch, herausgegeben von Kurt Rebmann, Franz Jürgen Säcker, Roland Rixecker. Zitiert: MünchKomm/*Bearbeiter.*

– Band 1: Allgemeiner Teil, §§ 1–240, AGB-Gesetz, 4. Auflage, 2001.

– Band 2: Schuldrecht, Allgemeiner Teil, §§ 241–432, FernAbsG, 4. Auflage, 2001.

– Band 10: Einführungsgesetz zum Bürgerlichen Gesetzbuche (Art. 1–38), Internationales Privatrecht, München: Beck, 3. Auflage, 1998, 1. Auflage, 1983.

Münchener Kommentar zum Handelsgesetzbuch, herausgegeben von Karsten Schmidt, Band 5: Viertes Buch: Handelsgeschäfte, Erster Abschnitt, Allgemeine Vorschriften: §§ 343–372, Recht des Zahlungsverkehrs, Effektengeschäft, Depotgeschäft, Ottawa Übereinkommen über Internationales Factoring, München: Beck, 2001. Zitiert: MünchKommHGB/*Bearbeiter*.

Münchener Kommentar zur Zivilprozeßordnung, herausgegeben von Gerhard Lüke und Peter Wax, Band 3: §§ 803–1066, EGZPO, GVG, EGGVG, Internationales Zivilprozeßrecht, München: Beck, 2. Auflage, 2001. Zitiert: MünchKommZPO/*Bearbeiter*.

Münchener Vertragshandbuch, Band 3: Wirtschaftsrecht, Halbband 1: Wirtschaftsrecht, herausgegeben von Rolf A. Schütze, München: Beck, 4. Auflage, 1998. Zitiert: *Bearbeiter*, in: Münchener Vertragshandbuch.

Neuhaus, Paul Heinrich, Die Grundbegriffe des Internationalen Privatrechts, Tübingen: Mohr, 2. Auflage, 1976.

Nicklaus, Antje, Die Kollision von verlängertem Eigentumsvorbehalt und Factoringzession im deutschen und englischen Recht, Berlin: Duncker & Humblot, 1997.

Nolte, Georg, Zur Technik der geplanten Einführung des EG-Schuldvertragsübereinkommens in das deutsche Recht aus völkerrechtlicher Sicht, IPRax 1985, 71–76.

Oditah, Fidelis, Legal Aspects of Receivables Financing, London: Sweet & Maxwell, 1991.

ders., Priorities: Equitable versus Legal Assignments of Book Debts, O. J. L. S. 9 (1989) 513–533.

Palandt, Otto, Bürgerliches Gesetzbuch, München: Beck, 61. Auflage, 2002, bearbeitet von Peter Bassenge, Gerd Brudermüller, Uwe Diederichsen u. a. Zitiert: *Palandt/Bearbeiter*.

Palmer's Company Law, herausgegeben von Geoffrey Morse u. a., London: Sweet & Maxwell, 25. Auflage (Loseblatt), Stand 1999. Zitiert: *Bearbeiter*, in: Palmer's Company Law.

Pardoel, Dorothée, Conflits de lois en matière de cession de créance, Paris: L. G. D. J., 1997.

Peltzer, Oliver, Die Forderungsabtretung im Internationalen Privatrecht, RIW 1997, 893–899.

Pennington, Robert R., Company Law, London: Butterworths, 6. Auflage, 1990.

Planiol, Marcel; Ripert, Georges, Traité pratique de droit civil français, Band 7: Obligations, Paris: L. G. D. J., 2. Auflage, 1954, von Paul Esmein, Jean Radouant und Gabriel Gabolde.

Plender, Richard, The European Contract Convention, London: Sweet & Maxwell, 1991.

Ponsard, André; Blondel, Pierre, Subrogation, Rép. civ., Paris: Dalloz, 1976.

Posch, Willibald, Mehrfache Sicherungsabtretung im deutsch-österreichischen Rechtsverkehr: eine Quelle kollisionsrechtlicher Probleme, IPRax 1992, 51–55.

Raape, Leo; Sturm, Fritz, Internationales Privatrecht, München: Vahlen, Band 1: Allgemeine Lehren, 6. Auflage, 1977.

Rabel, Ernst, The Conflict of Laws. A Comparative Study, Ann Arbor: University of Michigan, 2. Auflage, Band 2: 1960, Band 3: 1964.

ders., Das Problem der Qualifikation, RabelsZ 5 (1931) 241–288.

Radbruch, Gustav, Rechtsphilosophie, Suttgart: Köhler, 6. Auflage, 1963.

Rebman, Eberhard, Das UNIDROIT-Übereinkommen über das internationale Factoring (Ottawa 1988), RabelsZ 53 (1989), 599–621.

Reehuis, Willem H. M., Forderungen als Sicherheit in den Niederlanden, in: Walther Hadding, Uwe H. Schneider (Hrsg.): Die Forderungsabtretung, insbesondere zur Kreditsicherung, in ausländischen Rechtsordnungen, Berlin: Duncker & Humblot, 1999, S. 469–508.

Reinhart, Gert, Zur einheitlichen Auslegung vereinheitlichter IPR-Normen nach Art. 36 EGBGB, RIW 1994, 445–452.

Reithmann, Christoph; Martiny, Dieter (Hrsg.), Internationales Vertragsrecht, Köln: Otto Schmidt, 5. Auflage, 1996. Zitiert: *Reithmann/Bearbeiter.*

Rieg, Alfred, Cession de Créance, Rép. civ., Paris: Dalloz, 1970.

Rieger, Harald, Juristische Aspekte der Projektfinanzierung, in: Klaus Backhaus, Otto Sandrock, u. a. (Hrsg.): Projektfinanzierung, Stuttgart: Poeschel, 1990, S. 63–75.

Rinze, Jens Peter; Klüwer, Arne Cornelius, Securitisation und das Rechtsberatungsgesetz, BB 2000, 2483–2487.

dies., Securitisation – praktische Bedeutung eines Finanzierungsmodells, BB 1998, 1697–1704.

Ripert, Georges; Roblot, René, Traité de droit commercial, Paris: L. G. D. J., 16. Auflage, 2000, bearbeitet von Philippe Delebecque und Michel Germain.

Rives-Lange, Jean-Louis; Contamine-Raynaud, Monique, Droit bancaire, Paris: Dalloz, 6. Auflage, 1995.

Rogerson, P. J., The Situs of Debts in the Conflict of Laws – Illogical, Unnecessary and Misleading, C. L. J. 1990, 441–460.

Sandrock, Otto, Die Bedeutung des Gesetzes zur Neuregelung des Internationalen Privatrechts für die Unternehmenspraxis, RIW 1986, 841–855.

Schlechtriem, Peter, Schuldrecht, Allgemeiner Teil, Tübingen: Mohr, 4. Auflage, 2000. Zitiert: *Schlechtriem,* Allgemeines Schuldrecht.

ders. (Hrsg.), Kommentar zum Einheitlichen UN-Kaufrecht, München: Beck, 3. Auflage, 2000. Zitiert: *Schlechtriem/Bearbeiter.*

ders., Deutsche Grundsätze zum „Sprachrisiko" als „Datum" unter italienischem Vertragsstatut, IPRax 1996, 184.

Schmitthoff, Clive, Export Trade: The Law and Practice of International Trade, London: Sweet & Maxwell, 10. Auflage, 2000, bearbeitet von Leo d'Arcy, Carole Murray, Barbara Cleave.

Schmidt, Dominique; Gramling, Philippe, La loi n° 81-1 du 2 janvier 1981 facilitant le crédit aux entreprises, D. S. 1981 Chron. 217-226.

Schumann, Hans, Die Forderungsabtretung im deutschen, französischen und englischen Recht. Entwicklung und heutige Gestalt, Marburg: Elwert, 1924.

Schütze, Rolf A., Kollisionsrechtliche Probleme der Forfaitierung von Exportforderungen, WM 1979, 962–966.

Schwarcz, Steven L., Towards a Centralized Perfection System for Cross-Border Receivables Financing, U. Pa. J. Int. Econ. L. 1999, 455–476.

Schwind, Fritz Freiherr von, Von der Zersplitterung des Privatrechts durch das Internationale Privatrecht und ihrer Bekämpfung, RabelsZ 23 (1958) 449–465.

Seipen, Christoph von der, Akzessorische Anknüpfung und engste Verbindung im Kollisionsrecht der komplexen Vertragsverhältnisse, Heidelberg: Winter, 1989.

Serick, Rolf, Eigentumsvorbehalt und Sicherungsübertragung, Heidelberg: Verlagsgesellschaft Recht und Wirtschaft,

– Band 3: Die einfache Sicherungsübertragung, Zweiter Teil, 1970.

– Band 4: Verlängerungs- und Erweiterungsformen des Eigentumsvorbehalts und der Sicherungsübertragung, Erster Teil: Verlängerungsformen und Kollisionen, 1976.

ders., Die Sonderanknüpfung von Teilfragen im Internationalen Privatrecht, RabelsZ 18 (1953) 633–650.

Siehr, Kurt, Zum Vorentwurf eines EWG-Übereinkommens über das Internationale Schuldrecht, RIW 1973, 569–587.

Sinay-Cytermann, Anne, Obligations, J.-Cl. int., Fasc. 554, Paris: Éditions du Juris-Classeur, 1998.

dies., Les conflits de lois concernant l'opposabilité des transferts de créance, Rev. crit. dr. int. privé 81 (1992) 35–60.

Smith, Edwin E., The Draft UNCITRAL Convention on Assignment in Receivables Financing: A Brief Overview, U. Pa. J. Int. Econ. L. 1999, 477–486.

Snell's Principles of Equity, London: Sweet & Maxwell, 26. Auflage, 1966, von R. E. Megarry und P. V. Baker. Zitiert: *Snell,* Principles of Equity.

Soergel, Hs. Th. (Begr.), Kommentar zum Bürgerlichen Gesetzbuch, herausgegeben von W. Siebert, Jürgen F. Baur und anderen, Stuttgart: Kohlhammer. Zitiert: *Soergel/Bearbeiter.*

– Band 10: Einführungsgesetz, 12. Auflage, 1996.

– Band 13: Schuldrechtliche Nebengesetze 2; Übereinkommen der Vereinten Nationen über Verträge über den internationalen Warenkauf (CISG), 13. Auflage, 2000.

Sommer, Heinrich Johannes, Grenzüberschreitendes Factoring im Zwei-Factor-Verfahren, in: K. F. Hagenmüller, Heinrich Johannes Sommer, Ulrich Brink (Hrsg.): Handbuch des nationalen und internationalen Factoring, Frankfurt am Main: Fritz Knapp, 3. Auflage, 1997, S. 287–296.

Sonnenberger, Hans Jürgen, Affacturage (Factoring) und Zession im deutsch-französischen Handelsverkehr, IPRax 1987, 221–225.

Spellenberg, Ulrich, Eigentumsvorbehalt in Frankreich, ZfRV 1994, 105–118.

Stadler, Astrid, Der Streit um das Zessionsstatut – eine endlose Geschichte?, IPRax 2000, 104–110.

dies., Gestaltungsfreiheit und Verkehrsschutz durch Abstraktion, Tübingen: Mohr, 1996.

Staudinger, Julius von (Begr.), Kommentar zum Bürgerlichen Gesetzbuch mit Einführungsgesetz und Nebengesetzen, Berlin: Sellier – de Gruyter. Zitiert: *Staudinger/Bearbeiter.*

– Zweites Buch, Recht der Schuldverhältnisse, §§ 398–432, 13. Auflage, 1999.

– Zweites Buch, Recht der Schuldverhältnisse, §§ 581–610, 12. Auflage, 1989.

– Drittes Buch, Sachenrecht, Einleitung zum Sachenrecht, §§ 854–882, Neubearbeitung 2000.

– Einführungsgesetz zum Bürgerlichen Gesetzbuche, Art 27–37 (Internationales Vertragsrecht), Art 10 (Internationales Namensrecht), 12. Auflage, 1998.

– Einführungsgesetz zum Bürgerlichen Gesetzbuche/IPR, Art 27–37, 13. Auflage, 2002.

– Einführungsgesetz zum Bürgerlichen Gesetzbuche/IPR, Internationales Sachenrecht, 13. Auflage, 1996.

Stöber, Forderungspfändung, Zwangsvollstreckung in Forderungen und andere Vermögensrechte, Bielefeld: Gieseking, 13. Auflage, 2002.

Stockmayer, Albrecht, Projektfinanzierung und Kreditsicherung, Frankfurt am Main: Metzner, 1982.

Stoll, Hans, Anknüpfung bei mehrfacher Abtretung derselben Forderung, IPRax 1991, 223–227.

ders., Internationalprivatrechtliche Fragen bei der landesrechtlichen Ergänzung des Einheitlichen Kaufrechts, in: Andreas Heldrich, Hans Jürgen Sonnenberger (Hrsg.): Festschrift für Murad Ferid zum 80. Geburtstag, Frankfurt am Main: Verlag für Standesamtswesen, 1988, S. 495–518.

Stoufflet, Jean, Anmerkung zu Cass. com., 3. 1. 1996, J. C. P. Entreprises 1996 II 848.

ders.; Chaput, Yves, L'allégement de la forme des transmissions de créances liées à certaines operations de crédit, J. C. P 1981 I 3044.

Struycken, H. D., The Proprietary Aspects of International Assignment of Debts and the Rome Convention, Article 12, Lloyd's M. C. L. Q. 24 (1998) 345–360.

Sutz, Robert, Projektfinanzierung im internationalen Bankgeschäft, in: Hans E. Büschgen, Kurt Richolt (Hrsg.): Handbuch des internationalen Bankrechts, Wiesbaden: Gabler, 1989, S. 211–240.

Terré, François; Simler, Philippe; Lequette, Yves, Droit civil: Les obligations, Paris: Edition Dalloz, 7. Auflage, 1999.

Terré, François ; Simler, Philippe, Droit civil: Les biens, Paris: Editions Dalloz, 5. Auflage, 1998.

Treitel, Guenter H., The Law of Contract, London: Sweet & Maxwell, 10. Auflage, 1999.

Trunk, Alexander, Internationales Insolvenzrecht, Tübingen: Mohr, 1998.

Uekermann, Heinrich, Risikopolitik bei Projektfinanzierungen, Wiesbaden: Deutscher Universitäts-Verlag, 1993.

ders., Technik der internationalen Projektfinanzierung, in: Klaus Backhaus, Otto Sandrock, u. a. (Hrsg.): Projektfinanzierung, Stuttgart: Poeschel, 1990, S. 13–28.

Ulmer, Peter, Vom deutschen zum europäischen Privatrecht?, JZ 1992, 1–8.

Voigt, Heinz, Handbuch der Exportfinanzierung, Frankfurt am Main: Knapp, 3. Auflage, 1989.

Vasseur, Michel, Anmerkung zu Cour d'appel de Paris, 25. 9. 1989, D. S. 1990 Somm. 234–235.

Wacke, Andreas, Wer zuerst kommt, mahlt zuerst – Prior tempore potior iure, JA 1981, 94–98.

Wagner, Udo N., BOT-Projekte – Chance oder Risiko?, in: Fritz Nicklisch (Hrsg.): Partnerschaftliche Infrastrukturprojekte, Heidelberg: Müller, 1996, S. 3–18.

Walch, Georg, Gespaltene Normen und Parallelnormen im deutschen Internationalen Privatrecht, Frankfurt am Main: Lang, 1991.

Walsh, Catherine, Receivables Financing and the Conflict of Laws: The UNCITRAL Draft Convention on the Assignment of Receivables in Internationale Trade, Dick. L. Rev. 106 (2001) 159–204.

Weber, Hansjörg, Kreditsicherheiten, Recht der Sicherungsgeschäfte, München: Beck, 4. Auflage, 1994.

Weber, Rolf H., Parteiautonomie im Internationalen Sachenrecht?, RabelsZ 44 (1980) 510–530.

Weller, Matthias, Die UNIDROIT-Konvention von Ottawa über internationales Factoring, RIW 1999, 161–169.

Westphalen, Friedrich Graf von, Rechtsprobleme der Exportfinanzierung, Heidelberg: Verlag Recht und Wirtschaft, 3. Auflage, 1987.

Wiegand, Wolfgang, Bankrechtliche Aspekte der Asset Backed Securities, in: Norbert Horn, Hans-Jürgen Lwowski, Gerd Nobber (Hrsg.): Bankrecht – Schwerpunkte und Perspektiven: Festschrift für Herbert Schimansky, Köln: RWS Verlag, 1999, S. 837–855.

Wiese, Götz Tobias, Steuerliche Behandlung von Securitisations, BB 1998, 1713–1720.

Wilmowsky, Peter von, Europäisches Kreditsicherungsrecht, Tübingen: Mohr, 1996.

Witz, Claude, La fiducie en droit privé français, Paris: Economica, 1981.

Wolff, Martin, Private International Law, London: Oxford University Press, 2. Auflage, 1950.

Wood, Philip R., Law and Practice of International Finance: Project Finance, Subordinated Debt and State Loans, London: Sweet & Maxwell, 1995.

Zaccaria, Alessio, Internationales Factoring nach Inkrafttreten der Konvention von Ottawa, IPRax 1995, 279–286.

Zweigert, Konrad, Das Statut der Vertragsübernahme, RabelsZ 23 (1958) 643–658.

ders., Zur Armut des Internationalen Privatrechts an sozialen Werten, RabelsZ 37 (1973) 435–452.

ders.; Kötz, Hein, Einführung in die Rechtsvergleichung auf dem Gebiete des Privatrechts, Tübingen: Mohr, 3. Auflage, 1996.

Studien zum Europäischen und Internationalen Wirtschaftsrecht
Studies in European and International Economic Law

Herausgeber/Editors: Peter Hay, Meinhard Hilf,
Herbert Kronke und Wolfgang Oehler

Band/Volume 1 Ralf Scheibach: Importrelevante Investitionsauflagen und das GATT. Eine Untersuchung über Investitionsmaßnahmen mit handelspolitischen Auswirkungen und ihre Vereinbarkeit mit dem GATT. 1992.

Band/Volume 2 Ilona Muráti: Gläubigerschützende Maßnahmen zur Sicherung der Kapitalaufbringung und der Kapitalerhaltung im spanischen Aktienrecht. Ein Vergleich mit der Rechtslage nach dem deutschen AktG unter Einbeziehung der EG-Richtlinien zur Koordinierung der Schutzbestimmungen auf dem Gebiet des Gesellschaftsrechts. 1993.

Band/Volume 3 Johannes Zügel: Mitwirkung der Arbeitnehmer nach der EU-Richtlinie über die Einsetzung eines Europäischen Betriebsrats. Eine Untersuchung der Richtlinie 94/45 und der vorangegangenen Richtlinienvorschläge unter Berücksichtigung der Praxis multinationaler Unternehmen. 1995.

Band/Volume 4 Torsten Straub: Zur Rechtswahl im internationalen Wechselrecht. Vergleichende Darstellung der Kollisionsnormen Deutschlands, Englands und der UNCITRAL unter dem Aspekt der Parteiautonomie. 1995.

Band/Volume 5 Andreas Kadletz: Haftung und Versicherung im internationalen Lufttransportrecht. 1998.

Band/Volume 6 Wolfram Bechtel: Umzug von Kapitalgesellschaften unter der Sitztheorie. Zur europarechtskonformen Fortentwicklung des internationalen Gesellschaftsrechts. 1999.

Band/Volume 7 Angela von Falkenhayn: Das Verhältnis von Factor und Debitor beim Factoring. Abtretungsverbot und andere Einwendungen im deutschen und amerikanischen Recht und nach der UNIDROIT-Konvention. 1999.

Band/Volume 8 Bettina Grünwald: Das Verbot der irreführenden Werbung nach § 3 UWG – ein Handelshemmnis? 2000.

Band/Volume 9 Hans-Eric Rasmussen-Bonne: Alternative Rechts- und Forumswahlklauseln. Eine vergleichende Darstellung. 1999.

Band/Volume 10 Werner Meier: Grenzüberschreitender Durchgriff in der Unternehmensgruppe nach US-amerikanischem Recht. Jurisdiktions- und Prozeßrecht, Kollisionsrecht, materielles Recht. 2000.

Band/Volume 11 Heiner Braun: Joint Ventures im amerikanischen und deutschen Internationalen Privatrecht. Inhalt und Grenzen des Vertragsstatuts. 2000.

Band/Volume 12 Hanno Naumann: Der Regelungsbereich des UN-Kaufrechts im Spannungsfeld zwischen Einheitsrecht und Kollisionsrecht. 2000.

Band/Volume 13 Markus A. Papmehl: Die Schiedsfähigkeit gesellschaftsrechtlicher Streitigkeiten. 2001.

Band/Volume 14 Heike Bruhn: Niederlassungsfreundliche Sitzverlegung und Verschmelzung über die Grenze nach italienischem Recht. Eine rechtsvergleichende Untersuchung unter Berücksichtigung der europäischen Niederlassungsfreiheit. 2002.

Band/Volume 15 Necla Agdag-Güney: Umwandlung öffentlicher Unternehmen in der Türkei. Eine rechtsvergleichende Untersuchung zum deutschen und türkischen Recht der Umwandlung von öffentlichen Wirtschaftsunternehmen im Rahmen eines Privatisierungsvorhabens. 2002.

Band/Volume	16	Valerio Sangiovanni: Die Ad-hoc-Publizität im deutschen und italienischen Recht. 2003.
Band/Volume	17	Renate Dendorfer: Aktives Telefonmarketing. Erfassung und Neubewertung der wettbewerbsrechtlichen Beurteilung unerbetener Werbeanrufe. Unter Berücksichtigung europarechtlicher Entwicklungen und US-amerikanischer Regelungen. 2003.
Band/Volume	18	Stephan Bode: Die Wirksamkeit einer Forderungsübertragung gegenüber Dritten vor dem Hintergrund der internationalen Forderungsfinanzierung. 2007.

www.peterlang.de

Peter Lang · Europäischer Verlag der Wissenschaften

Frederike Schwenke

Factoring im deutsch-französischen Rechtsverkehr

Frankfurt am Main, Berlin, Bern, Bruxelles, New York, Oxford, Wien, 2006.
295 S.
Schriften zum internationalen Privat- und Verfahrensrecht.
Herausgegeben von Rainer Hausmann und Astrid Stadler. Bd. 1
ISBN 3-631-55178-9 · br. € 51.50*

Die Arbeit beschäftigt sich rechtsvergleichend mit dem Factoring in Deutschland und Frankreich. Die Rechtsinstitute, die das französische Recht für den Forderungsübergang bereit hält, werden umfassend dargestellt. Untersucht wird darüber hinaus das deutsch-französische Factoring im Rahmen des EVÜ. Ausgehend von der Analyse der kollisionsrechtlichen Behandlung erfolgt daraufhin eine Darstellung international-rechtlicher Harmonisierungsakte. Es wird des Weiteren der Frage nachgegangen, ob das UNIDROIT-Übereinkommen über das internationale Factoring das grenzüberschreitende Factoring im deutsch-französischen Verhältnis erleichtert und wie das Verhältnis zu der neuen UNCITRAL-Konvention über Forderungsabtretungen im internationalen Handel ist.

Aus dem Inhalt: Factoring in Deutschland und Frankreich · Deutsch-französisches/internationales Factoring im Rahmen des EVÜ · UNIDROIT-Übereinkommen über das internationale Factoring · UNCITRAL-Konvention über Forderungsabtretungen im internationalen Handel